Moscas en la Telaraña

Historia de la comercialización de la existencia—y sus medios

Jorge Majfud

ILLEGAL HUMANUS
SAN DIEGO-ACAPULCO

Moscas en la telaraña. Historia de la comercialización de la existencia—y sus medios.
1ra. edición, junio 2023.
© Jorge Majfud 2023 jmajfud@ju.edu
© Illegal Humanus 2023
ISBN: 978-1-956760-30-9
humanus.info
editor@humanus.com
Todos los derechos reservados para cualquier comercialización del texto completo. Cualquier parte de este libro puede ser reproducida o utilizada por cualquier medio gráfico, electrónico o mecánico, incluyendo fotocopia o información y sistemas de recuperación, con la sola condición de no adulterar el texto original.

Algunas especies de arañas, como la araña avispa, agregan diseños en zigzag en el centro de sus telas, construidas en seda blanca, la que es capaz de reflejar la luz ultravioleta. Los científicos llamaron *stabilimentum* a este diseño por su asumida función estructural pero luego probada como mínima o irrelevante. En 2012, el profesor Kim Kil-Won y su equipo observaron que las telas que incluían esta decoración eran más efectivas atrayendo insectos, logrando atrapar hasta el doble que las otras telarañas. Según Kim, *"al decorar la red con este estabilizador, las arañas usan un sesgo preexistente* [bias, prejuicio] *en un animal de presa, favorable a las superficies que reflejan rayos ultravioletas"*.[1]

Behavioral Ecology and Sociobiology, 2012

ÍNDICE

Justificación 11
I. MODELO DE PROGRESIÓN INVERSA
   Variación alterna de la historia 19
   Ejemplos descriptivos 24
   Corolario 26
II. PREHISTORIA: EL MARCO PSICOLÓGICO
UNA NEUROLOGÍA DE LA PROPAGANDA **29**
   Fortalezas cavernícolas; debilidades cibernéticas 29
   1. El miedo y el deseo 30
   2. La atracción por las malas noticias 34
   3. Masculinidad toxica 36
   4. Sadismo y placer. Los débiles deben ser eliminados 37
   5. La necesidad de combatir: mi tribu o la de ellos 39
   6. La necesidad (y obligación) de creer 41
   7. La literatura del poder 43
   8. Dame un enemigo y te haré mi vasallo 52
   9. El líder 53
   10. Somos excepcionales, el pueblo elegido 54
   11. Pornografía ancestral, obesidad intelectual 59
   12. La cultura del Ping-pong 62
   13. La noticia urgente 66
   14. El oráculo 68
   15. Propaganda por repetición, censura por olvido 70
   16. La curva de la excitación 74
   La libertad de la fotocopiadora 77
III. EL MARCO IDEOLÓGICO
CAPITALISMO Y LIBERALISMO **81**
   Algo salió mal 81
   Fósiles del capitalismo 85
   La fosilización del lenguaje capitalista 87
   La utopía liberal que nunca existió 89
   La hoja antes del bosque 94
   El bosque antes del árbol 95
IV. EL NACIMIENTO DEL EGO-MERCANCÍA
PROPIEDAD PRIVADA, DEMOCRACIAS IMPERIALES **101**
   La revolución industrial que murió al nacer 101
   La gestación del capitalismo anglosajón 108
   El nacimiento del Capitalismo 117
   Abstracción, privatización, cambio y continuidad 122

 Monarquías y señores feudales; Estados y liberales..130
 Feudos, corporaciones y democracias liberales 134
Privatización, sociedad de mercado, ego-mercancía **136**
 Una nueva especie humana 136
 La privatización de la tierra—y de los súbditos...138
 John Locke: la tierra es de quien (no) la trabaja 141
 El feudalismo y el capitalismo se cruzan—y procrean..150
 El libre mercado 151
 La tierra, el capital y la narrativa de la libertad 157
Nuevas formas de coerción **159**
 El dogma abstracto 159
 El poder de los liberales neofeudales 160
 Ideología del sistema judicial 163
 Narraturas 164
 Democracias secuestradas. Libertad de los de arriba 167
 Dinero postcapitalista. Fantasía financiera 171
Deuda y neocolonialismo **174**
 La (primera) diplomacia del dólar 174
 Tus deudas son tu problema; las mías, también 175
 Perdona nuestros pecados 177
 Ayuda para el progreso—de nuestra hegemonía 178
 Abajo y al margen 181
 Esclavitud moderna 184
El imperio abstracto del dólar **187**
 La novedosa ilusión de la igualdad 187
 Viva el déficit..190
 Dólar, fe y temblor..193
 Impuestos para ellos, bonos para nosotros 199
Postcapitalismo: la agonía de una civilización **204**
 La teología del dinero 204
 Los dioses y sus templos financieros 208
 La comercialización de la existencia..210
 Tanto tengo tanto valgo 212
 Narraturas 215
 Las mismas ideas, los mismos resultados opuestos 219
 Libertad, democracia y propiedad...222
 El Derecho a la verdad y el derecho al exterminio 232
 El poder de las palabras 239
 La lucha por el campo semántico 242
 Lobbies y la administración del significado legal 248
 Tribus cibernéticas 250
 A lo que hemos llegado 252
V. Historia: el marco (geo)político
Brevísima historia de la manipulación **259**
 Democracias imperiales, dictadura solidarias 259

Libertad de expresión en tiempos de la esclavitud..260
El Destino manifiesto..267
La guerra política y la guerra cultural 269
Periodismo fotográfico del siglo XIX 273
Nacimiento de la Prensa amarilla..277
Guerra psicológica..281
El peligro de las ideas ajenas...283
La CIA y las "fake news" durante la Guerra Fría 288
Lumumba. Demoniza y que otros lo remuevan..303
Cuba y la guerra mediática con diferentes recursos 308
La prensa mercenaria...313
Teorías de la conspiración y pensamiento crítico 317
Libertad de expresión bajo vigilancia 322
La policía ideológica. El gobierno paralelo del FBI..327
El gobierno paralelo de la NSA y la CIA..332
Propaganda y censura en "El mundo libre" 342
Voice of America y sus misioneros...349
Escritores y editores mercenarios 351
Los cien millones de muertos del comunismo...358
El factor protestante: acción y narración 374
Fake news y prensa amarilla..379
Super PACs, super *influencers* 381

CORRUPCIÓN LEGALIZADA..385
Ilegal solo cuando no puede ser legalizada 385
Paraísos fiscales y piratas modernos 388
Que parezca legal 390
Lawfare para los No-alineados 392
La realidad pasa; las ficciones quedan 394

Espionaje y propaganda computacional 402
Agencias secretas: la mano invisible del mercado..402
Dos clases de seres humanos 408
Somos malos sólo cuando nos descubren 412
Quema, borra y miente con arte 418
Filtraciones malas y filtraciones buenas 420
La manipulación de la cultura..425
Relaciones sociales y *astroturfing* 429
Espionaje estatal, manipulación privada 432
OSINT, el espionaje abierto 439
Rebeliones y contra rebeliones inoculadas 440
La prisión sin muros 441
Propaganda y metástasis de los mitos históricos 444
La censura en el Mundo Libre 447
Propiedad privada, censura por marginación 449
Viejos conflictos, nuevos instrumentos 457
Cierra los ojos, cree y consume 458

La lógica de los combos políticos 461
VI. Posthistoria: la irrelevancia de la realidad
Hemisferio izquierdo, ventrículo derecho **467**
   Postcapitalista, posthumano, postreal 467
   Prensa tradicional y Redes sociales 473
   Nuevas redes sociales, viejas narrativas 481
   Neomedievalismo vs Ilustración 484
   Cierra los ojos y cree 489
   Las redes sociales son de derecha 491
   Ilustración, Medioevo y redes sociales 497
   El Ping-Pong dialéctico 501
   El paradigma de la comercialización 503
   Negocio de la atención, estrategia de la distracción 514
   El negocio del prejuicio: sexo, racismo y mucha cólera 521
   Trolls —aficionados, profesionales y mercenarios 526
   Bots: racismo, clasismo y lucha de clases 528
   Tecnología sexista 533
   Los carteles de la comunicación 534
   Plataformas mercenarias 536
   La verdad no vende; miénteme lentamente 542
   Pornografía puritana 545
   La publicidad y la fuerza de lo personal 546
   El negacionismo y la fe sobre todo y sobre todos 548
   Personalización de la propaganda 552
   El ego globalizado y la libertad del individuo-masa 557
   La lógica de las elecciones 559
Compañías y corporaciones **561**
   El secuestro de las democracias 561
   Ejemplos exitosos de neocolonialismo 570
   Fascismo y liberalismo 572
   Fascismo, narcisismo colectivo y el miedo a la libertad 574
   Low tech 577
VII. ¿Es posible otro mundo?
Posible e inevitable **581**
   Cambio de modelo civilizatorio o extinción 581
   Rescatar el lenguaje es rescatar la conciencia 586
   Crisis y civilización Post-anglosajona 588
   Un mundo post-dólar 590
   Estructuras de poder, colonización del futuro 590
   La difícil salida del laberinto 592
   Cyborgs e Inteligencia Artificial 594
   Sistemas sociopolíticos 595
   Familias socialistas, sociedades capitalistas 597
   La paradoja singular del renacimiento chino 598
   Geopolítica, geoeconomía 601

    Redistribución y Salario Universal 603
    Un mundo sin hambre y sin opresiones 606
    Tecnología, arma y herramienta 609
    Prohibir, regular, sobrevivir 611
    Wikipedia, un caso de estudio 612
    Democracias digitales 613
    Cooperativas y democracia laboral 614
    Propiedad privada 621
    Un nuevo paradigma civilizatorio 622
BIBLIOGRAFÍA **627**
FUENTES **631**

Justificación

NO POR CASUALIDAD, las teorías sobre "el genocidio blanco" ya eran populares en el siglo XIX en Australia, en Estados Unidos y en la Europa del norte. Este fenómeno se disparó cuando los colonialistas blancos tomaron conciencia de que la mayoría de la población del planeta no era blanca. Este descubrimiento hizo cundir el pánico del luego llamado "Mundo civilizado", primero, y del "Primer mundo" más tarde, durante la Guerra Fría. La ambición desenfrenada y la paranoia que los había llevado a esclavizar a casi todo el planeta, les reforzó el miedo a ser perseguidos y exterminados como ellos habían hecho con los otros pueblos, impulsados por más miedo, por más desarrollo militar y por una explotación económica sin precedentes en la historia de la humanidad.

Pero esta obsesión racial no es el único centro del problema anglosajón o noroccidental que, en gran medida, estructuró el mundo que tenemos hoy. A lo largo del nacimiento y desarrollo del capitalismo desde el siglo XVI en delante, veremos la obsesión de las ganancias económicas a cualquier precio como motor de acumulación de poder que maduró en el imperialismo global y todavía sobrevive y funciona con distintos recursos. La excusa verbalizada por el poeta Rudyard Kipling sobre "*la pesada carga del hombre blanco*" para llevar la civilización a las razas inferiores se ha abandonado en gran medida, sobre todo luego del conflicto global contra los nazis en la Segunda Guerra, bastante menor en cantidad de muertos y en cantidad de años que el ejercicio racista de buena parte de Europa y Estados Unidos en los siglos previos el cual, no por casualidad, sirvió de inspiración al mismo Adolf Hitler.

Desde la Guerra Fría hasta hoy, el imperialismo se ejerció bajo otras excusas. En la narrativa global se reemplazó la palabra *negros* por *comunismo* y se mantuvo las palabras *libertad* y *prosperidad* (*desarrollo*), que fueron las preferida de los esclavistas y de las compañías privadas que, desde el siglo XVI, destrozaron y vampirizaron América, Asia y África.

Hoy, a más de tres décadas de terminada la Guerra Fría, esa narrativa continúa luego del fracaso de fosilizar al islam como el enemigo principal, sobre todo en aquellas democracias liberales, como Estados Unidos, donde el miedo no genera muchos réditos políticos ya que se ejerce sobre un sector de la población que está muy lejos de tener una influencia política significativa en la política doméstica. No obstante, es suficiente, sobre todo en Europa, para madurar un retorno de la xenofobia fascista, alimentada por la fuerte percepción de una real decadencia económica, social y narrativa derivada de una creciente rebelión y resistencia de las neocolonias.

El mismo miedo anglosajón a perder el control (sobre la naturaleza, sobre sí mismo y sobre otras tribus-naciones) sobrevivió y se expandió a lo largo del siglo XX, para lo cual se hizo uso de todos los recursos: desde (1) un obsesivo poder armamentístico, militar y económico hasta (2) una narrativa proselitista por parte de la gran prensa, que no es otra cosa que el afiebrado sermón protestante en su versión laica.

De la misma forma que el protestantismo separó fe de moral y el capitalismo separó finanzas de economía, la gran prensa separó la moral de los negocios, convirtiéndose en el perfecto mercenario del capitalismo y del orden anglosajón. Para la reacción conservadora de los años 80 (en los dos años de campaña electoral que precedieron a la derrota de Jimmy Carter a manos del actor de películas de cowboys de mala calidad, de rígidos estereotipos y de mitos nacionales, Ronald Reagan), medios como el *Newsweek* habían publicado 57 artículos sobre la necesidad de aumentar el gasto en defensa, 46 de ellos en favor a gastar más para defenderse del viejo peligro de los otros, de los pueblos inferiores. Gracias a esta masiva y bien diseñada campaña mediática, se pudo revertir la opinión pública de los estadounidenses, de los cuales, para 1970 (incluso en medio de la guerra de Vietnam y de los millones de dólares derramados sobre la prensa para crear opinión pública favorable), apenas el 10 por ciento creía que no se estaba invirtiendo suficientemente en armamento militar. Sin embargo, como no podía ser de otra forma, en una sociedad educada en los medios de comunicación y en la comercialización de la vida, esta campaña logró modelar la Opinión Pública. Para 1980, a pesar de que la Guerra en Vietnam ya había terminado hacía años, una clara mayoría ya pensaba que había que invertir mucho más en *defensa* y en armamento militar.[2]

Según los terroristas blancos de la extrema derecha, como el de El Paso, y según sus cómplices intelectuales (desde el Tea Party hasta no pocos autodenominados *libertarios*), "*la rabia y el orgullo*" de Oriana Fallaci estaban justificados:[3] *los otros*, los hispanos están *invadiendo* Estados Unidos y, por lo tanto, la matanza no se trataba de una "reacción imperialista" sino de un "acto de sobrevivencia". En el texto publicado en el ciberespacio poco antes de entrar al Walmart para asesinar a 23 hombres y mujeres con apariencia "hispana", el asesino escribió: "*Mis opiniones sobre armas automáticas, sobre inmigración y como todas mis otras opiniones son anteriores a Trump y a su campaña presidencial*".[4] ¿Por qué carajo es importante *su* opinión, la opinión de un Yo entre, al menos 330 millones de otros ciudadanos o habitantes estadounidenses? ¿El hecho de que estuviese fuertemente armado y decidido a cometer una masacre, le confiere la importancia que los demás mortales no tienen?

Aparte del viejo fanatismo racial que ha vuelto (como en el siglo XIX, presentándose como víctima de sus esclavos, desplazados y colonizados, mientras los culpa de auto victimarse) hay que agregar una patología más reciente: *la globalización del Yo*, que no es otra cosa que la globalización de la metrópoli imperial, la ilusión de la existencia de un *individuo libre* que no deja de repetir, como los medios se lo exigen, que es libre a pesar de todas las evidencias de ser una burda copia. Un producto de la sociedad de consumo, como las quince o treinta marcas diferentes de agua embotellada e importada en un supermercado.

Como había observado Fiódor Dostoyevski en el siglo XIX (un siglo antes que Andy Warhol), cualquiera puede convertirse en una celebridad pasajera cometiendo un crimen. En nuestro tiempo, puede ser por cualquier otra idiotez. La nueva cultura de los nuevos medios de la fragmentación (individual y colectiva) han creado, en cada uno de los miles de millones de habitantes, un centro del Universo, por el cual cada uno es Buda, Jesús, Sócrates, Newton, Rosa Luxemburgo, Hitler, Milton Friedman, Margaret Thatcher, Barack Obama y MrBeast. Cada uno asume que el resto de la humanidad debería prestarles atención porque tienen algo importante que decir: *La* verdad, eso que el resto de la humanidad y de las mejores mentes de la historia no fueron capaces de ver, aunque pocos o ninguno tenga ni la más vaga idea de la conversación milenaria que ha ido formando nuestro mundo. No leen: escriben. No escuchan; hablan. No preguntan; contestan. No aman; odian. Al fin y al cabo, sus padres los criaron levantándoles la autoestima cada día para que pudieran competir en un mundo despiadado de gente exitosa y sean felices—lo cual es un oxímoron.

Es un fenómeno global. Sin embargo, por lo menos hasta bien entrado el siglo XXI, esta actitud, esta ideología (como el resto de los tics culturales que entretienen al mundo) ha surgido y se ha irradiado desde el centro político, económico, militar y cultural del mundo desde la maduración de su sistema esclavista. Por esta misma razón, para conocer las raíces de los fenómenos políticos y sociales en el Norte y en Sur Global, en Oriente y en Occidente, es necesario estudiar las innovaciones tácticas y tecnológicas en Estados Unidos, cuya cultura, valores e ideología continuará proyectándose aún luego de que deje de dictar de facto como primera potencia económica, primero, y militar después.

Este libro es sólo un intento de ver con más claridad cómo se han creado las opiniones, las obviedades que una mayoría necesaria llama o asume como *verdades* en un mundo dominado y manipulado por el dinero y la narrativa ideológica que procede de él. Un mundo avanzado, un mundo que ha heredado siglos y milenios de progreso científico, tecnológico y social, pero es incapaz de superar sus viejos miedos, sus conflictos y el dolor en todas sus formas más básicas como el hambre, las guerras, la avaricia y de la injusticia social acometida por un puñado de hombres que ha secuestrado, de una forma increíblemente efectiva, el esfuerzo de toda la humanidad. Un mundo atrapado en un sistema moribundo y opresivo que se auto representa como el paradigma de la libertad, el Capitalismo, totalmente incapaz de enfrentar y mucho menos de resolver los graves problemas que ha creado, como las extremas desigualdades sociales, la explotación y el odio por los de abajo, la neurosis colectiva de la mercantilización de la existencia, el consumismo y la profunda crisis climática, por los cuales, por primera vez en su historia, la misma existencia de la humanidad como especie está en cuestionamiento.

¿Cómo ha sido posible semejante absurdo? ¿Cómo hemos llegado hasta aquí? ¿Cuándo comenzó todo esto? Son las preguntas que intentamos responder aquí. La respuesta asume que, algo diferente al sistema esclavista tradicional en el cual los esclavos estaban sometidos por la libertad de portar armas del amo blanco, los esclavos contemporáneos, en una medida mucho mayor que los esclavos del siglo XIX, son sus propios capataces. No se trata tanto de la fuerza de las armas sino de la fe del esclavo. No se trata tanto del valor del dinero sino de la fe colectiva que le confiere valor. No se trata tanto del sermón dominical sino de la propaganda diaria que escupen los medios de comunicación en manos de una minoría, como siempre, de los antiguos amos y señores feudales ahora disfrazados de Exitosos Hombres de Negocios, los campeones de la libertad. De *su* libertad.

¿Es que acaso hay alguna salida al laberinto? Si la hay, ésta debe comenzar por una nueva conciencia, un nuevo sistema. Para liberar la conciencia antes se debe liberar el lenguaje, atrapado en la telaraña mediática y cultural. La otra forma de tomar conciencia es esperar a la crisis terminal, para que unos pocos sobrevivientes logren comprender la grave deriva de sus antepasados—algo que, en un estado de desesperación y necesidad extrema, podría no ocurrir nunca.

Antes de comenzar, una última consideración sorbe nuestra concepción de la lógica del presente y de la historia humana. A lo largo de este libro veremos cierta continuidad en la historia, por ejemplo, desde los señores feudales hasta los hombres más ricos del planeta, pasando por los millonarios esclavistas y sus escribas liberales; desde el despojo de las tierras de los campesinos ingleses hasta la explotación de las colonias en el resto del mundo, todo bajo la ideología del libre mercado (que en la práctica es su opuesto, el mercantilismo clásico y, más recientemente, corporativo) y las leyes de la oferta y la demanda; desde los sermones eclesiásticos que legitimaban el despojo y la acumulación de la aristocracia medieval hasta los modernos medios de comunicación y las más recientes redes sociales… No es necesario considerar que la historia es un proceso rígido e inevitable sólo porque podemos extraer una lógica bastante clara de todo el caos de los acontecimientos finalmente materializados. Es posible pensar que, así como la Edad Media europea interrumpió otros procesos de desarrollo anteriores y simultáneos, también podemos pensar que muchos otros mundos, muchos otros procesos de desarrollo (China, India, África, América Latina) fueron interrumpidos y extinguidos por el eventual predominio de uno solo, como el capitalismo inglés, su obsesión de la propiedad privada y sus ganancias por sobre cualquier otro derecho, incluido el derecho a la vida, y su estado de guerra permanente.

No podemos más que vagamente especular sobre "lo que pudo haber sido", pero sí podemos afirmar que fueron procesos interrumpidos por la fuerza militar, económica e ideológica de uno de ellos (el más violento de todos), al extremo de reclamar todo el crédito por los progresos contemporáneos comparándose con cualquier otra opción de desarrollo en sus etapas anteriores a la interrupción, es decir, comparar el siglo XX y XXI con los siglos XVI y XVII.

Este libro, que antes de los recortes y las mutilaciones rondaba las mil páginas, está pensado y dedicado a unos pocos lectores, algunos humanos de finales del siglo XXI. ¿Por qué alguien acometería un proyecto tan absurdo? Pues, nadie, ni su autor podrían nunca contestar a esa pregunta. Pero aquí está, el propósito, la pregunta y el libro.

JM, Jacksonville, abril 2023.

I. MODELO DE PROGRESIÓN INVERSA

Variación alterna de la historia

AUNQUE LA REPRESENTACIÓN DEL TIEMPO OCCIDENTAL continua siendo una línea donde el futuro está hacia adelante y el pasado hacia atrás, la realidad se empeña en darle la razón a culturas más antiguas y contemplativas: el pasado está hacia adelante y el futuro hacia atrás, por lo cual sólo podemos ver el primero y no el segundo. Pero predecir el futuro ha sido para la humanidad más importante que encontrar la gallina de los huevos de oro.

En la rutina laboral, por ejemplo, el elemento más importante en la solicitud de un trabajo cualquiera es el currículum y las cartas de referencia del individuo o de la empresa postulante. En cualquier caso, la sección de proyectos y objetivos es bastante menor y menos relevante que el resto que se refiere a los antecedentes del postulante, sean éticos o profesionales. A pesar de que el empleador está interesado en lo que el candidato tiene para aportar en el futuro, al leer el currículum y las referencias se centra siempre en el análisis del pasado del postulante para formarse una vaga idea del futuro. Incluso los sistemas de inteligencia artificial que leen postulaciones, cuyo objetivo es predecir la conducta de un candidato, lo hacen exclusivamente en base a los antecedentes.

A mayor escala, lo mismo hacen la sociología y la economía: sus principales instrumentos de comprensión y predicción no están en las ecuaciones sino en la historia. Esto ya lo había reconocido John Maynard Keynes cuando, luego de predecir las consecuencias trágicas de las imposiciones sobre la Alemania derrotada en la Primera Guerra mundial falló en prever el gran colapso de los mercados y de las economías en 1929. De su obsesiva búsqueda de un patrón de las bolsas pasó a reconocer que la impredecibilidad de la economía se debe al "factor animal" de la psicología humana. Claro que no observó que el factor animal en los seres humanos es bastante más complejo e impredecible que en el resto de los animales.

Los mismos economistas han observado que aún hoy, cuando alguno de ellos logra predecir una crisis se debe al factor suerte, no a algún cálculo objetivo. De cientos y miles de predicciones realizadas por los economistas antes de la gran crisis de 2008, pocos especialistas acertaron. Uno de ellos fue el economista Nouriel Roubini, quien luego de hacerse célebre por la predicción (a la que atribuía a su olfato, no a un cálculo matemático) continuó haciendo predicciones que nunca se concretaron—también la nariz se equivoca.

No obstante, la historia humana no es una sucesión de hechos caóticos e inconexos. No sólo rima sino que es posible encontrar ciertos elementos comunes, ciertos patrones, como las crisis cíclicas del capitalismo descriptas por Marx. También es cierto que la búsqueda de patrones tiene sus peligros, no porque no existan los patrones (como las etapas físicas y psicológicas de los seres humanos) sino porque sus simplificaciones suelen llevar a conclusiones equivocadas y hasta opuestas.

Una de las abstracciones más simples y generales que se derivan de este estudio es un modelo que podríamos llamar *modelo de progresión inversa*.

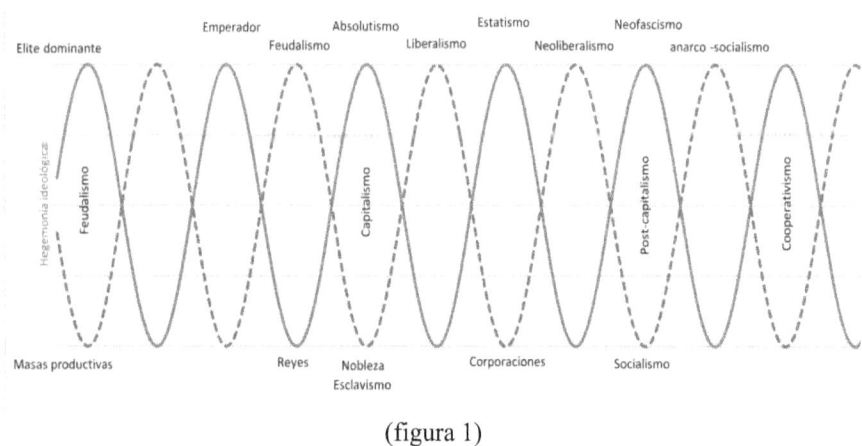

(figura 1)

Por razones de espacio, para este modelo de la historia nos limitaremos a considerar los últimos mil años, analizando solo los últimos cinco siglos y deteniéndonos más en detalle en nuestro tiempo. En este sentido, podemos observar que cada período reacciona contra el anterior y cristaliza sus reivindicaciones, pero, en todos los casos, se trata de narrativas ideológicas opuestas que sirven a un mismo objetivo: la acumulación de poder en una minoría dominante, usualmente el uno por ciento de la población, a través de la explotación del resto por el ejercicio de la coacción física en primer lugar, seguida del proselitismo narrativo y, finalmente, consolidada por "el sentido común" y las obviedades creadas por los medios de comunicación. Un vez agotado el sistema económico conveniente a la minoría por el creciente consenso inverso de las mayorías (el cristianismo en tiempos de Constantino) o de una nueva minoría con creciente poder (la burguesía capitalista del siglo XVII), es reemplazado por la alternativa revindicada por los de abajo (movimientos contra el racismo, el sexismo) y, finalmente, capturada, secuestrada y colonizada por la minoría dominante. De esta forma, podemos ver una continuidad entre ideologías opuestas, como, por ejemplo, el feudalismo y el liberalismo, el esclavismo rural y el corporativismo industrial, el absolutismo monárquico y el estatismo soviético.

Partimos del axioma de que la condición humana es el resultado de una dialéctica entre un componente histórico y otro ahistórico que le precede. Nos detendremos sobre todo en la observación del primer elemento del par, la historia, pero consideraremos su componente ahistórico como siempre presente, como lo están las necesidades psíquicas y fisiológicas.

Por otra parte, este modelo de lectura de la historia se basa en otro componente ahistórico, negado por más de medio siglo por el pensamiento postestructuralista: el dualismo de acción y reacción en la acción y la percepción humana. Por ejemplo, en las democracias liberales las elecciones se deciden casi siempre por una moneda, es decir, por el dos o tres por ciento de los votos. Cuando no por el uno por ciento. En muchos otros aspectos de la vida individual y social, la complejidad de la realidad suele reducirse a un par de opuestos, desde las religiones (bien-mal, ángel-demonio, yin-yang), la política (derecha-izquierda, estado-empresa privada, socialismo-capitalismo, liberal-conservador, rico-pobre) hasta cualquier otro aspecto de la vida intelectual y emocional: arriba-abajo, blanco-negro, adelante-atrás, frío-caliente, placer-dolor, adentro-afuera, euforia-depresión, etc.

En junio de 2016, en una entrevista sobre las posibilidades de triunfo de Donald Trump en las elecciones de noviembre, mencionamos este patrón y este componente emocional en las elecciones políticas, por la cual si una cabra compite con Mahatma Gandhi, luego de un cierto tiempo de campaña electoral la cabra cerraría la supuesta lógica ventaja del candidato rival.[5] En junio de 2016 la mayoría de las encuestas y de los analistas descartaban un triunfo de Trump. Como en las elecciones de 1844, cuando todos se reían de las carencias intelectuales del candidato James Polk. En 2016 la diferencia a favor de Hillary Clinton fue del dos por ciento del total de votos (aunque Trump fue elegido presidente debido al sistema de electores heredado del sistema esclavista). En 1844 James Polk ganó las elecciones por un uno por ciento, lo que a la postre significó un cambio radical en la historia del mundo en el siglo siguiente.[i]

El capitalismo surge como novedad y rección (aunque no intencional ni planificada) contra el absolutismo monárquico, el que a su vez había surgido como reacción al feudalismo y al poder de los señores de la tierra. Su sistema económico e ideológico se opone al sistema feudal y absolutista al mismo tiempo que se sirve de ambos y, más tarde, terminará reproduciéndolos con la consolidación de las corporaciones económicas y financieras, a través de una cultura radicalmente diferente: el poder oligopólico de las

---

[i] Explicamos esto en *La frontera salvaje* (2021).

corporaciones transnacionales servidas por estados neocoloniales más débiles y protegidos por metrópolis centrales con poderes casi absolutos, expresiones de sistemas políticos democráticos deudores de sistemas económicos dictatoriales.

La nueva clase capitalista, la burguesía, funda y fundamenta su revolución en la oposición democrática contra los reyes y los absolutismos, pero una vez convertida en clase dominante, arácnida, no renuncia a la tradición de la acumulación de la minoría sobre las mayorías. Como su bandera es la democracia, no puede abandonarla apenas monopolizado el poder, sino que debe *travestirla* para continuar la dinámica de apropiación de la riqueza-poder de las mayorías. De esta forma fue posible que *durante toda la Edad Moderna los imperios más brutales del mundo fueron democracias*. Su ideología, el liberalismo y más recientemente el neoliberalismo, también nace como crítica al poder de la minoría de su tiempo (el absolutismo monárquico) se convierte en la narrativa que justifica el poder dominante de la nueva minoría, empresarial e imperial, articulada por economistas funcionales al poder de turno con un barniz de ciencia y objetividad material. En el centro de las nuevas narrativas neoliberales está un componente puramente ideológico y cultural: la reducción de la existencia humana a un único objetivo: *la búsqueda de los beneficios individuales a cualquier precio*, incluso al precio de la deshumanización más radical, de la simplificación del ser humano como una máquina productora-consumidora y de la destrucción del planeta. Todo en nombre de la democracia y la libertad.

Los liberales son la continuación de los señores feudales, opuestos a los reyes absolutistas (a los gobiernos centrales), pero no pueden renunciar a la bandera de la libertad y la democracia, aunque de estos dos principios sólo tengan las palabras, repetidas mecánicamente como en un rosario. Por libertad se refieren a la libertad de los señores capitalistas, de las minorías en el poder financiero. Por democracia se refieren a ese sistema electoral que se puede comprar cada dos o cuatro años o, como lo resumirá Edward Bernays, el inventor de la propaganda moderna, a ese sistema que le dice a la gente lo que debe pensar por su propio bien.

En todos los casos, veremos que existe un divorcio progresivo entre narrativa y realidad hasta que una nueva super crisis, un cambio de paradigma social y civilizatorio hace colapsar a ambas. Cuanto más se secuestra y se repiten palabras como *libertad* y *democracia*, menos relevancia tienen. Una realidad crea una tela-narrativa dominante y esta narrativa sostiene la realidad para que no se disuelva en sus propias contradicciones. Para ello, la narrativa echa recurso al sermón religioso, en nuestro tiempo dominado por los medios de comunicación masiva.

En este estudio analizaremos los momentos más significativos de los últimos cuatro siglos de esta dinámica. En base a la propuesta "Progresión inversa" ilustrada antes, comenzaremos proyectando esa misma lógica a periodos anteriores en el esquema siguiente que, sin duda, debe ser ajustado en sus detalles y para mayor claridad de diferentes lectores.

Esquema de pares ideológicos

Períodos	Dominante		Resistente	
	Monocrático	Policrático	Monocrático	Policrático
Antigüedad		Politeísmos	Monoteísmos	
Clásico Edad Media	Imperios			Tribus/Provincias
		Confederación Repúblicas Califatos	Dictaduras Imperios regionales	
	Iglesia Católica			Cristianismos no canónicos
		Feudalismo	Monarquía	
Era Moderna	Monarquía católica			Protestantismo Liberalismo
		Liberalismo Federalismo	Monarquía Centralismo	
	Imperialismo			Anticolonialismo
		Esclavismo Confederación	Nación, Unión	
XIX	Nación-Imperio			Colonias
XX		Capitalismo corporativo	Capitalismo estatal	
	Fascismo Estalinismo			Socialismo Anarquismo
		Capitalismo liberal	Socialismo estatal	
	Capitalismo estatal			Social democracias, Sindicalismo
		Neoliberalismo Neofeudalismo	Socialismo capitalista	
XXI	Capitalismo militarista			Democracia cooperativa
		Democracia cooperativa	Capitalismo comunista	

Ejemplos descriptivos

ANTES DE COMENZAR, PONGAMOS UNOS POCOS y breves ejemplos. Cuando surge el capitalismo, el feudalismo se transmuta al mismo tiempo en liberalismo antimonárquico en Europa y, más tarde, en esclavismo contra el gobierno central en Estados Unidos. Esta tradición *ideocultural* persiste hoy en el principio sureño de la "defensa de la independencia de los estados", la misma que llevó a la Guerra Civil para mantener la esclavitud más de un siglo atrás y luego la trasmutación de los esclavistas en CEOs y directorios de las corporaciones dominantes.

En la actualidad, los neoliberales repiten la retórica imperial del *libre mercado* cuando, en realidad, se refieren a la escuela anterior que refutaban, el *mercantilismo*. El mercantilismo fue un sistema de acumulación de divisas que, en gran medida, practicó el intervencionismo de los estados imperiales para proteger sus propias economías y destruir las de sus colonias con políticas proteccionistas y con imposición de compras por parte de otros países a punta de cañón. No sin paradoja, la ideología del libre mercado capitalista terminó con el libre mercado. Lo que tenemos hoy, cinco siglos después, es mercantilismo corporativo, donde las corporaciones ya no son los gremios medievales sino los mismos señores feudales que acumulan más poder que las monarquías. En la actualidad, el superávit (acumulación de capitales) prescripto por los mercantilistas del pasado no residen en los gobiernos nacionales sino en los neo feudales señores de las finanzas. Por el contrario, los países administran deudas.

En Estados Unidos, como en otros países, la competencia entre dos partidos políticos tarde o temprano terminará invirtiendo roles, como los Demócratas esclavistas del sur y los Republicanos liberales del norte en el pasado. La identificación inversa de los sureños confederados con el partido Republicano, en cierta medida a partir de Franklin D. Roosevelt, o probablemente antes, durante la Era Progresista, y de los demócratas de izquierda, sigue ese modelo y nos lleva a predecir que tarde o temprano volverá a invertirse, sobre todo a partir de algunas reivindicaciones de la derecha republicana que coincide con viejas reivindicaciones de la izquierda demócrata. Sospecho que este cruce e inflexión se dará antes en sus disputas sobre política internacional, que nunca han sido muy antagónicas. En capítulos como "Las redes sociales son de derecha" aportaremos un caso más reciente.

Si consideramos el presente más inmediato y una proyección a futuro, podemos ver el caso de Estados Unidos durante el Postcapitalismo. Sólo en el último siglo, la superpotencia experimentó la sinusoide de la Progresión Inversa de forma acelerada, con periodos de cincuenta años. Durante la Gran depresión de los años 30, las políticas progresistas no solo migraron de los republicanos a los demócratas sino que establecieron el paradigma para los próximos cincuenta años. Este paradigma fortaleció los sindicatos, hizo posible la creación de la Seguridad Social del Estado y la intervención del gobierno en la economía sin grandes cuestionamientos. Este ciclo terminó con la elección de Ronald Reagan en 1980 y el triunfo de la reacción neoconservadora-neoliberal, también consecuencia de la crisis mundial de los 70. En todos los casos, los cambios ideológicos fueron seguidos de trasmutaciones y travestismos de las elites en la punta de la pirámide de poder social para mantener una continuidad en el cambio.

Hoy, cincuenta años después, el sistema se encuentra otra vez en crisis por tercera vez, con síntomas menores pero con causas mayores. Para Estados Unidos todavía no es una crisis económica masiva, pero ya es una crisis de hegemonía que terminará con sus privilegios monetarios y, más tarde, geopolíticos. Como ocurrió con la crisis del imperio español en 1898, este país deberá volcarse a una profunda introspección.

Esta megacrisis ocurrirá probablemente en los años 30 o 40, y será una nueva oportunidad, a juzgar por la dinámica de la Progresión inversa, para que las nuevas generaciones se reorganicen en un sistema alejado del neoliberalismo, del capitalismo como marco existencial y cuestionen la dictadura postcapitalsita con opciones atomizadas pero con el factor común de una política y filosofía menos consumista y más cooperativa. La muerte del paradigma capitalista no significará la automática desaparición de sus instituciones, sino una nueva forma de ver y vivir el mundo. Llevando la teoría de la Progresión inversa, no sería exagerado predecir que, incluso, si se mantiene el sistema bipartidista, el hoy Partido republicano, secuestrado por la ultraderecha nacionalista, hasta podría volver a cambiar roles en unas décadas y representar estas nuevas aspiraciones que en el silgo pasado se asoció a la izquierda, mientras que el partido demócrata volvería a su rol del siglo XIX de representar al sur conservador, corporativo y eurocéntrico. Pero esto último sería un detalle.

En el siglo XXI, otro par comienza a invertirse: una gran cantidad de políticos y gobiernos de centro izquierda se posicionan a favor del "libre mercado" y los acuerdos comerciales (que poco y no nada tiene de libre mercado sino que garantiza, en acuerdos secretos como el caso del TPP, la libertad de los inversores) mientras otros gobiernos conservadores de derecha, como el caso de Donald Trump, se posicionan en la tradicional línea proteccionista de la izquierda. Mientras en Occidente el modelo neofeudal representado por las mega compañías y corporaciones cuyos poderes son superiores al de los Estados, significa no solo la muerte del capitalismo clásico sino un regreso a su predecesor socioeconómico, el feudalismo, en China el sistema de capitalismo de estado centrado en el Partido Comunista es una confirmación del modelo monárquico, donde los feudos (las corporaciones) están subordinadas al Estado.

Corolario

EN UNA GRÁFICA CARTESIANA podemos ubicar en el eje de las x una progresión que va desde un (a) gobierno absoluto ($x=0$) hasta una (z) anarquía absoluta y autorregulada ($x=10$) y en el eje de las y distribuimos el grado de fanatismo religioso, comenzando desde (a') una sociedad radicalmente secular o atea ($y=0$) hasta otra (z') teocrática o sectaria ($y=10$). Podríamos especular que en sociedades seculares y con gobiernos centralizados, como China, su posición sería: $x\rightarrow 0$; $y\rightarrow 0$. La Edad Media o Feudal podría ubicarse en el tope de la curva ($x\rightarrow 5$; $y\rightarrow 10$) con un poder político fragmentado, el de los señores feudales, pero no anárquico-democrático. El extremo $x\rightarrow 10$; $y\rightarrow 0$ significa un quiebre con el Medioevo donde la fragmentación del poder ha rebasado la curva máxima del sectarismo religioso hasta hacerlo inefectivo como ligamento (religión, *re-ligare*) de los poderes concentrados e independiente de los señores feudales del Medioevo o de las elites financieras de nuestro tiempo. Obviamente, el traspaso de este punto crítico ($x\rightarrow 5$; $y\rightarrow 10$) no puede ocurrir sin una conmoción general, un conflicto probablemente a escala global.

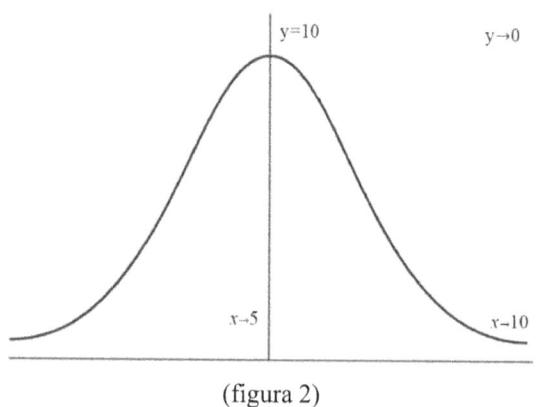

(figura 2)

II. PREHISTORIA: EL MARCO PSICOLÓGICO

Una neurología de la propaganda

Fortalezas cavernícolas; debilidades cibernéticas

(16 fósiles neuronales)

LA IDEA CENTRAL DE ESTE CAPÍTULO podría resumirse de la siguiente forma: aquello que nos ayudó a sobrevivir como especie por miles de años se ha convertido en nuestra mayor debilidad. Estas características ancestrales son explotadas como debilidades por el poder social de turno. En la actualidad, organizado económica y culturalmente por el sistema capitalista (sobre todo el capitalismo financiero y consumista). Así como la industrialización (no necesariamente capitalista) significó una fortaleza y un progreso humano hace apenas tres siglos, hoy se ha convertido en uno de los factores principales del capitalismo el cual se ha convertido rápidamente en el único sistema social en toda la historia que ha podido poner en duda la existencia de la especie humana y hasta el resto de la vida sobre el planeta.

Pero aparte de esta realidad que convierte una virtud en una debilidad, nos centraremos brevemente en algunas características de la psicología humana que alguna vez fueron desarrolladas para beneficiarnos como especie y que ahora son explotadas por una elite de caníbales en su contra. Aunque los individuos solemos tener una imagen demasiado generosa de nosotros mismos y nos creemos seres racionales, por lo general somos lo contrario. En la arena individual, familiar, social y política solemos movernos por impulsos irracionales, mucho más parecidos a la conducta de un hincha en un estadio de fútbol que a la de un científico que observa y manipula ratones en un laboratorio o un calculista que decide la dosificación de concreto y la cantidad de hierro que debe llevar una viga de hormigón armado.

Repasemos aquellos componentes constitucionales de nuestra psiquis ancestral, aquellas características ahistóricas que nuestra especie desarrolló para su propia supervivencia y que cada momento histórico (en nuestro caso, el sistema capitalista) explota al máximo para su propio beneficio, como una araña extrae el jugo de las moscas atrapadas en la telaraña donde la llevaron sus propios deseos. Entiendo que esta es una lista personal que puede y debe ser mejorada por otras contribuciones:

1. El miedo y el deseo

NUESTRAS SOCIEDADES ESTÁN MOLDEADAS en la comercialización de la vida, la cual, en Estados Unidos, ya existía desde mucho antes (¿qué fue el sistema esclavista sino eso mismo?) pero comenzó a radicalizarse en sus formas actuales a principios del siglo XX. El mercado y su púlpito mediático se basan en dos sentimientos básicos y primitivos que hicieron posible la sobrevivencia de la especie: el miedo y el deseo. Dos fortalezas que hoy son debilidades. Para el mercado, el deseo se centra en su impulso sexual (sin sexo no se venden ni autos ni canciones) y en la promoción del miedo.

En las democracias secuestradas, la política es un mercado, no solo del poder sino al servicio del mercado financiero. Por lo tanto, el miedo y el deseo también son sus dos componentes fundamentales. El deseo (la utopía) ha sido un bastión de la izquierda, como el miedo (la distopía) lo ha sido de la derecha. Como estamos en un tiempo histórico claramente distópico (ya no intentamos imaginar un mundo justo y feliz, sino salvarlo de la catástrofe social y climática) la derecha vende más fácil.

Es lo que está ocurriendo en casi todo Occidente y, en particular, en el centro ideológico de ese mundo comercializado, propenso a la narrativa irracional de la propaganda comercial y del sermón religioso, despegado de toda evidencia. De ahí, por ejemplo, que los negacionistas de las elecciones suelen ser los partidos de derecha. ¿Qué más negacionista que una religión o la cultura del consumo?

Los anuncios políticos de la derecha estadounidense se centran en la inoculación del miedo a los inmigrantes, a la "ideología de género" y contra todo grupo que por alguna razón es percibido como más débil: la *amenaza* de los de abajo (traducción: el *miedo* a los de abajo). Los diez millones de inmigrantes ilegales, los trabajadores más abnegados del país, poseen en su conjunto una criminalidad mucho más baja que el resto de la sociedad, pero son el blanco perfecto de la industria del miedo porque no sólo no pueden hacer lobby como la mafia de Florida sino, además, no votan. Por su parte, la "ideología de género" no es un mal reciente que va a destruir a la Humanidad, como plantean estos políticos, sino que es más vieja que las pirámides de Egipto: es el milenario machismo, con su necesidad de poder y con sus miedos sexuales. Si supieran que la aristocracia europea usaba peluca, calzas y tacones altos (símbolo de masculinidad, debido al uso en la equitación que le dieron los árabes), que los niños de la clase alta hasta hace poco eran vestidos de niñas, como el caso del presidente F. D. Roosevelt, y que los colores rosa y celeste por sexo fueron una invención reciente de las tiendas estadounidenses, se caerían de espaldas. O, más probable, lo negarían.

En política, como en el mercado, existen dos motores fundamentales: el miedo y el deseo. Más en una cultura basada en el consumo y en un sistema mercantil y exitista, casi siempre presentados como si se tratase de un organismo natural regido por una única ley, la Ley de la oferta y la demanda. Esa misma cultura se retroalimenta de la idea de que ambos, el mercado y su Ley primera son expresiones lógicas, abstractas y universales; no un sistema y una ley regulados y dirigidos por una ideología hegemónica y sus diferentes políticas locales.

El capitalismo promueve el deseo y castiga el placer. El deseo está en la raíz de toda publicidad comercial, pero el mercado del miedo también es importante, desde la venta de servicios de seguridad privada hasta los antivirus. En política, como estrategia y creador de realidad a partir de una ficción, el miedo es aún más fuerte que el deseo o la esperanza. Echando una mirada a los fenómenos más importantes de los últimos doscientos años, podríamos decir que tal vez la izquierda se centró más en reivindicaciones liberales sobre el deseo de los de abajo, desde la abolición de la esclavitud hasta las reivindicaciones de las minorías sexuales, raciales o nacionales. El miedo, en cambio, ha sido el componente central del fascismo, el que no sólo, en nombre de la libertad, requería que el individuo se sometiese a un líder o a un grupo étnico o nacionalista, con la mirada siempre puesta al pasado (factor común con las religiones) para salvar su existencia de los "peligrosos otros" a quienes debemos combatir e invadir antes que ellos lo hagan con nosotros. Es decir, el miedo real de los de arriba adoptado como miedo imaginario de los de abajo contra otros de más abajo, por su condición económica, militar, por su número o su estatus legal: campesinos, artesanos, judíos, negros, indios, inmigrantes, homosexuales, musulmanes, pobres, sin techo... La clase media siempre le ha temido más a una posible revuelta de los de abajo que a un constante y natural despojo de los de arriba, razón por la cual el miedo fascista prende con tanta facilidad cada poco tiempo, incluso en los de muy abajo que han ascendido un escalón hasta clase media baja.

El arte, aunque con un propósito diferente, también está lleno de obras que combinan estos dos poderosos motores de la vida psicológica y social. Los ejemplos más descarnados se encuentran en los cuentos de hadas y de historias sobre seres misteriosos en todos los continentes. En la antigua

Grecia este impulso miedo-deseo se ilustró con los sátiros. Mil años más tarde, la historia surrealista más antigua que conocemos hoy como los cuentos de los Hermanos Grimm pero que los precedieron por muchos siglos, es el de la *Caperucita roja*. Como en un sueño, esta historia (sobre todo en sus versiones originales antes que los Hermanos Grimm y Disney la higienizaran con cloro) mezcla sexo, crueldad, misterio, engaño y muerte de formas tan inverosímiles como poderosas, lo cual se prueba con la misma edad del cuento: en 2023 la inocente Caperucita cumplirá mil años sobreviviendo al peligro del lobo en el bosque y en la casa del campo. Pero del par erótico miedo-deseo, el primer término representa la moralización de los otros para reprimir al segundo par, el que lleva a la tentación y al rompimiento de la prohibición. La prohibición representa la civilización, la lay, civil o religiosa. La autonegación, la auto represión, la renuncia son esas mismas leyes interiorizadas.[ii] Por estas mismas razones, en las expresiones públicas, desde la literatura, el cine hasta los sermones políticos, el miedo es la cara visible de la luna. Del otro lado está el deseo, la necesidad de transgresión, de cambio.

El miedo y el deseo llenan también las novelas policiales, de misterio, las películas comerciales y hasta el cine-arte. Crímenes, violaciones, la bella y la bestia, vampiros que clavan sus dientes en el sensual cuello de la indefensa mujer... Por no ir a la siempre recurrente Grecia antigua, con sus estereotipos sexuales: los hombres racionales tenían un pene pequeño, tipo el David o el Adán de Miguel Ángel, mientras los peligrosos y holgazanes sátiros del bosque (fantasías dionisíacas, irracionales) eran representados con penes tamaño burro de carga. La misma percepción se lee en las cartas de los esclavistas blancos del siglo XIX, temerosos de que la liberación de los negros esclavos condujera a una violación masiva de las mujeres blancas, cuando la realidad indicaba lo contrario: no sólo los hombres negros debían sufrir del látigo y el fusil, sino que las violaciones eran de los amos y patrones contra sus esclavas o sirvientas negras, casi siempre menores de edad, como fue el caso del Padre fundador de la democracia estadounidense Thomas Jefferson y de prácticamente todos los demás honorables esclavistas desde Canadá hasta Argentina. Este miedo-deseo pornográfico linchó a miles de negros liberados luego de la Guerra Civil en Estados Unidos. Linchamientos preventivos—y legales, como lo recomendaba la educadora y feminista y primera senadora por Georgia Rebecca Latimer Felton, quien en 1898 recomendó linchar a los negros que ganaron las elecciones en Carolina del Norte, ya que, afirmaba, cuanto más educados y cuanto más participan en política los negros, mayor amenaza suponían a la virginidad de las mujeres blancas.[6]

[ii] Sobre la tensión entre ética y estética, entre la renuncia religiosa la experimentación dionisíaca del mundo, nos detuvimos en *Crítica de la pasión pura* (1998).

El mismo patrón es explotado actualmente y desde hace generaciones, por la industria poderosa de la pornografía, la cual abunda en hombres negros sobre mujeres blancas. Es decir, el miedo del poder abre una válvula de escape en su propia imaginación. Es la tradición de la festividad que rompe las reglas sociales y da vuelta su orden político una o dos veces al año, en contraste con la necesidad del ritual que, tanto en las religiones como en los tics psicológicos, necesita repetir cierto orden para sentir que tiene algún control sobre el futuro incierto, sobre lo inesperado, sobre lo temido, sobre lo que en realidad no tiene control.

Según Stephens-Davidowitz en su análisis de Big Data (*Everybody Lies*, 2017, las mujeres consumen dos veces más que los hombres videos pornográficos donde se ejerce violencia contra las mujeres. No hace falta aclarar que esto no significa ninguna valoración moral o ética, ya que refiere a fenómenos psicológicos.[iii] Uno de los personajes de mi novela *Crisis* (2012), uno de esos personajes detestados por su propio autor, lo había resumido así: "*Al final, después que todas estas tonterías pasan, las aburriditas amas de casa, las correctas profesionales de corte feminista desean un macho que las humille en la cama. Sólo así recuperan sus olvidadas capacidades orgásmicas, deseando todo lo que su educación y su buena moral aborrece...*"[7] Está en el índice de cualquier libro de Freud: en las ficciones, en los cuentos populares, el sexo ha sido cubierto por una espesa capa de simbolismo, como en los sueños. Hay que agregar: cubierto por el término más visible y represivo: el miedo.

Este factor constituyente de miedo y deseo también tiene una explicación en la más profunda prehistoria. En 2008, el profesor de psicología de la Universidad de Michigan (miembro del Laboratorio de Biopsicología y Neurociencia Afectiva) Kent Berridge observó que la dopamina, procedente del núcleo accumbens (área central del hipotálamo) y motivador de los animales en su búsqueda de recompensas placenteras (comida, sexo, drogas), también es responsable de la producción de miedo. Una vez que el equipo Michigan inhibió la producción de dopamina en ratones, no sólo decreció en ellos el deseo por recompensas, sino también, de forma simultánea, las ansiedades producidas por el miedo. El mismo equipo logró identificar las áreas del cerebro que efectivamente se relacionan con el miedo y el deseo, y encontraron que ambas estaban separadas por milímetros.[8] Tanto el placer como el miedo son los responsables del éxito de supervivencia de la especie.

[iii] Una posible discusión sobre cómo este consumo alienta o perpetúa la violencia machista queda abierto, pero muy lejos de la lógica que lleva a prohibir y criminalizar el consumo de imágenes pedófilas.

Una vez más, no es casualidad que los poderes del momento, desde los regímenes autoritarios clásicos hasta las democracias liberales dominadas por la ideología del mercado y un número reducido de señores feudales llamados *corporaciones*, hayan explotado y amplificado en su beneficio estas dos reacciones constitucionales de cada individuo. Desde los discursos políticos hasta los masivos anuncios publicitarios y, más recientemente, la dinámica algorítmica de las redes sociales.

2. La atracción por las malas noticias

VAMOS CONDUCIENDO POR UNA AUTOPISTA y, de repente, otro maldito embotellamiento. Nos molesta la imposibilidad de no avanzar a la máxima velocidad. Descargamos esa rabia imaginando e insultando a alguien que, por querer ir más rápido que el resto, terminó rozando a algún otro auto y, como consecuencia, cientos, sino miles de otros conductores responsables tienen que moverse a velocidad de tortuga durante diez, veinte minutos. Cuando el flujo de autos comienza a recuperar su velocidad normal, de repente vemos dos o tres automóviles destrozados a un costado de la autopista.

¿Qué es lo más racional que podemos hacer en esta situación? La policía y los paramédicos ya se han encargado de la situación. Nada podemos hacer para ayudar a alguien que ya no está o a alguien cuya vida quedará marcada para siempre con ese lugar y, sobre todo, por ese día que volverá una y mil veces por el resto de sus días. Lo racional de nuestra parte es mirar hacia adelante, concentrarse en el tránsito y evitar un nuevo accidente…

Pero no. Imposible no mirar hacia la trágica escena. Una persona se encuentra tendida en el suelo, aparentemente cubierta por una sábana o algo parecido. Otra es llevada en una camilla a la ambulancia. ¿Por qué tenemos que mirar una escena que desde el principio no prometía nada bueno? Miramos una, dos, tres veces hasta que por centímetros no chocamos otro auto, cuyo conductor también iba mirando los autos chocados y los cuerpos a un costado. Lo racional es enfocarse en el camino, en el tráfico intenso de la autopista, pero elegimos lo irracional: mirar las malas noticias, los policiales, los reportes de la guerra de turno.

Lo mismo hacemos cada día. Los informativos dedican secciones enteras a accidentes, asesinatos, balaceras, guerras y todo tipo de información tóxica que en ningún caso sirve para reducir la criminalidad en una ciudad o, dudosamente, sirva para elevar la conciencia pacifista en el resto del mundo. Desde un punto de vista político, ideológico, será usada para amplificar o minimizar una realidad, pero en cualquier caso el material de construcción procede de la más profunda naturaleza humana.

Esta irracionalidad fundamental no tiene excepciones porque procede de nuestros genes, los que evolucionaron por decenas de miles de años gracias a esta atracción de la atención por las malas noticias. Por entonces, esta atención-atracción por las malas noticias tuvo una utilidad para la sobrevivencia del individuo, de la familia y del grupo. Si las personas se concentraban más en lo que estaba bien tal vez hubiesen podido vivir mejor, pero para sobrevivir debían prestar más atención a lo negativo: una fiera merodeando la aldea; una tribu foránea aproximándose a nuestra tribu; un desconocido acercándose a la granja; una peste que se llevó al vecino o a una ciudad del otro lado del río.

Por cientos de miles de años, nuestra sobrevivencia dependió de prestar atención a las malas noticias, no a las buenas. No nos hizo más felices, pero a la evolución no le importa nuestra felicidad sino la conservación del grupo o de la especie. Aquellos que, por accidente genético, nacieron con la capacidad de ser felices con poco murieron antes de reproducirse. Aquellos obsesivos, a veces paranoicos, a veces fanáticos de alguna historia imposible, estaban más preparados, más alertas, y tomaron las mujeres que dejaron los felices ingenuos. Y se reprodujeron como conejos.

La cultura que surgió luego en sociedades complejas, sociedades de cientos de millones de individuos, trató de corregir esta realidad genética que, por cientos de miles de años, había surgido de tribus menos numerosas. Probablemente haya sido la primera contradicción entre nuestros buenos genes prehistóricos y nuestras malas respuestas a la nueva realidad de las primeras civilizaciones. Pero los vestigios de la atracción por la violencia, junto con el sexo, quedan y son el principal material de trabajo en una cultura hiper comercializada y en una civilización basada en el consumismo. Entre ellos los medios de comunicación, los cuales han dejado de ser un servicio público para convertirse en un negocio. En países compuestos de varios países, como Estados Unidos, los canales locales, muchas veces pertenecientes a conglomerados nacionales, priorizan el reporte de crímenes.[iv] Las cadenas nacionales o internacionales no hacen algo muy diferente: reportan guerras o promueven los eternos miedos que tarde o temprano llevan a los países y a los pueblos a guerras o todo tipo de violencia civil, casi siempre con un fuerte

---

[iv] Diferentes estudios muestran que los canales locales dedican entre un 25 y un 50 por ciento de sus noticias a la cobertura de crímenes violentos, lo cual produce el efecto de hacer creer a la población que la criminalidad está siempre en aumento, aun cuando disminuye en las estadísticas policiales. (Lipschultz, J. H., Hilt, M. L. (2003). *Race and Local Television News Crime Coverage* y O'hear, M. Marquette *Law Review Marquette Law Review Violent Crime and Media Coverage In One City*, etc.)

componente racista, clasista o nacionalista (en gran medida, tres variaciones de los mismo).

Pero si esta negatividad nos ayudó como especie por cincuenta mil o por cientos de miles de años, en nuestro tiempo no sólo sirven para intoxicar nuestras vidas, sino para que unas pocas compañías (en este caso, de la industria de la información) se lleven todos los beneficios por explotar, amplificar y traducir en beneficios monetarios una debilidad constitucional de la especie humana que, por lo general, pasa de forma invisible.

En Estados Unidos, la meca de los medios de comunicación controlados por corporaciones privadas, el negocio sobre esta debilidad evolutiva es incuestionable. Según el Center for Communication and Social Policy de la Universidad de California, para 1998 los programas de televisión centrados en la violencia ya sumaban el 60 por ciento de toda la oferta y la tendencia era al alza.[9] Para 2012, la Indiana University registraba que el 70 por ciento de los programas de televisión para niños tenían contenidos violentos.[10]

Esta misma investigación concluyó que los niños podrían consumir programas no violentos si el mercado fuese capaz de crearlos. En otras palabras, más allá de la explotación fácil de las debilidades humanas por la ideología del mercado y sus beneficios, existe algo llamado *educación y cultura* que podría traducir las energías ancestrales en un nivel de civilización más elevado, fundamental para la sobrevivencia de los individuos y de la especie humana.

3. Masculinidad toxica

ESTA REALIDAD PREHISTÓRICA también se puede observar en la repetida persistencia de algunos elementos de la nueva cultura digital. Uno de ellos, por ejemplo, consiste en miles de videos breves sobre un muchacho que es acosado por un *bully*, muchas veces defendiendo a la desprotegida mujer. El muchacho a veces es un presidiario, un bebedor de cerveza en un bar o un estudiante preuniversitario. El muchacho es bueno. Es decir, o somos nosotros o es un miembro de nuestra tribu, los cuales siempre son buenos y son atacados sin razón.

La fórmula no es un invento de *TikTok* o de los videos de otras redes sociales. Ya existía en la era del cine y de las películas de Hollywood, tipo Rocky Marciano. La misma fórmula fue puesta en práctica por miles de años. A los efectos de este estudio, recordemos el discurso de Andrew Jackson de 1832 y de muchos otros presidentes, diarios, revistas y canales de televisión:

"fuimos atacados sin provocación"; "debimos defendernos"; "nunca lo olvidaremos".

Luego de recibir la burla y varios golpes humillantes por parte de "el otro", nuestro héroe tribal (alter ego de nosotros mismos) reacciona y termina acertándole varios golpes fulminantes. Los espectadores, sin excepción (ni religiosa, ni política, ni ideológica ni de clase social) lo disfrutamos. Disfrutamos de la violencia y lo justificamos como la única forma de responder a una agresión previa. Más allá de que si juzgamos cada situación por separado es razonable pensar así, lo que importa para este análisis es la popularidad y repetición sin muchas variaciones de la misma fórmula. ¿Por qué? Porque la escena apela a instintos básicos, primitivos, prehistóricos, que dicen mucho de nosotros mismos, quienes no estamos dispuestos a ser analizados de esta forma.

La masculinidad del gladiador, del guerrero de la tribu (luego sublimada en el ídolo del fútbol y en el general genocida de alguna guerra lejana) era funcional a la salvación de la tribu, de nuestro grupo contra el grupo de los otros. En las sociedades más complejas de los últimos siglos, sólo se trata de una masculinidad toxica que produce más problemas que soluciones. Como el patriarcado: si alguna vez se justificó en alguna forma de organización feudal, desde hace siglos es un obstáculo al funcionamiento de sociedades más contemporáneas.

El software que alguna vez sirvió a un sistema llamado Windows 95 en este momento se ha convertido en un obstáculo, sino en un virus. Así, el software genético que alguna vez sirvió a un sistema de sobrevivencia humano, hoy es un virus, un obstáculo para el progreso o para, simplemente, la organización de una sociedad funcional y que aspire a la sobrevivencia como especie.

4. Sadismo y placer. Los débiles deben ser eliminados

POR MILLONES DE AÑOS, la naturaleza se ha servido del placer para impulsar a los individuos a tomar riesgos, a invertir energías que en principio no resultaban en ninguna ganancia, como sí lo eran la defensa o la alerta ante un peligro inminente, de la que ya hablamos más arriba. Una acción que no provee de un beneficio inmediato debe ser premiada por el placer. Ese ha sido el caso del sexo (gracias a la diversidad genética fue posible una evolución más rápida y, por lo tanto, una adaptación más efectiva a los cambios del ambiente) y, muy probablemente, podemos especular, ha sido también el caso del sadismo y de la burla.

El sadismo, el placer por el dolor ajeno, es otro impulso primitivo que ha saltado desde los rincones marginales de la sociedad civilizada (desde los rincones oscuros de algún barrio pobre o desde los rincones iluminados de alguna oficina rica) hasta las pantallas del mundo entero.

Excepto en las cárceles secretas que mantienen dictaduras y democracias, este sadismo no se trata del sadismo físico de la tortura, sino de un sadismo de baja intensidad. Pero esta baja intensidad es el requisito para mantener esas energías oscuras dentro de los marcos legales y hasta morales de las sociedades. Al mismo tiempo, estos dos factores (baja intensidad y legalidad) convierten al sadismo en un fenómeno ubicuo y transparente, de forma que se naturaliza y se extiende hasta convertirse en un fenómeno global y transcultural.

Como los reflejos anteriores, también esta debilidad es explotada por el mercado y por el poder de turno. Con un agregado y un nuevo incentivo: en un mundo despiadado donde todos los individuos están desesperados por buscar una fuente de sobrevivencia, el sadismo, el *bully* ya no es un ejercicio gratuito sino que suele transformarse en una fuente de ingresos. Me refiero a los *youtubers* que han desarrollado y multiplicado este mercado. Los *youtubers*, sean millones de fracasados que pierden años tratando de hacer cien dólares o sean esos pocos exitosos que hacen miles de dólares con cada video burlándose de alguien más, no dejan de representar y ser parte de los estratos bajos de la pirámide del poder. En la cúspide están los dueños de las plataformas, los grandes inversionistas que le dan una mejor utilidad a esta cultura de la burla permanente y frivolidad sin saciedad. Esta cultura vacía provee la sensación de libertad y de satisfacción, no muy diferente a la que puede sentir un drogadicto. De hecho, varios estudios muestran o demuestran que la sobreexcitación de los videojuegos o de actividades similares sin límites son tan adictivas como la cocaína. Esta cultura del vacío y el entretenimiento perenne no sólo evita el pensamiento crítico en un porcentaje suficiente de la sociedad (sobre todo jóvenes), sino que, además, les destruye el hábito al pensamiento no fraccionado.

Otra virtud que en el pasado debió servir para salvar a la tribu de la carga de los débiles y para reproducir los genes de los más fuertes que ahora se ha trasformado en una debilidad tóxica, explotada por los poderosos del momento según las reglas y las leyes del sistema dominante (el capitalismo), a favor de sus propias tribus de clase y en contra del resto de la humanidad.

5. La necesidad de combatir: mi tribu o la de ellos

EN EL SIGLO XXI, LA POLÍTICA DE LA IDENTIDAD ha colonizado izquierdas y derechas, desde las reivindicaciones de las minorías mayoritarias hasta el fanatismo de las hordas de las mayorías minoritarias, desde la conciencia de raza y género hasta el racismo y los nacionalismos. Aunque el fenómeno lo sea, no es algo nuevo. La guerra cultural entorno a las identidades tienen la fuerza de la visibilidad y del instinto más primitivo, como la identificación con una tribu, con un clan, con un centro emocional, sea religioso, político o deportivo.

El problema en sociedades complejas, como las modernas, es que sirve para invisibilizar conflictos mayores a través de opuestos arbitrarios como ciudad y campo, civilización y barbarie que hiciera famoso al educador y luego presidente argentino Domingo F. Sarmiento en el siglo XIX y que, incluso en el siglo XXI hace que hasta los peones más pobres y marginados se sienten identificados con sus hacendados, como los esclavos se identificaban con sus amos al extremo de que la mayoría de los afroamericanos hoy llevan los apellidos de los dueños de sus antepasados y no pocos lucharon a favor de la Confederación durante la Guerra Civil estadounidense. En otras regiones, como en América del Sur, los peones se identifican con una cultura, como la del gaucho, lo que hace que la abrumadora mayoría de ellos voten y sean incondicionales partidarios de sus empleadores más ricos que monopolizan los primeros puestos de las listas electorales, al tiempo que odian a los integrantes pobres del partido adversario que se identifican con las ciudades. Lo mismo los Norte y los del Sur, los blancos y los negros... La explotación del amo al esclavo, la defensa de los intereses de los de arriba y los intereses de los de abajo se invisibiliza o desaparece. Un peón rural y un peón industrial se convierten en jugadores de equipos de fútbol rivales, mientras el general y el soldado se identifican en la causa común de combatir al otro ejército compuestos con otros generales y otros soldades que no conoce.

Por otro lado, aparte de esta agrupación arbitraria e irracional pero milenaria, es muy probable que exista un condicionamiento universal de los seres humanos a movilizarse a través de la prédica, del sermón, de la arenga, del más reciente "discurso motivacional". De otra forma, no se explicaría cómo tradicionalmente los peones han ido de a miles (*milicia*) a morir en las guerras de los nobles, de la elite que recibía y recibe los beneficios materiales y morales de los despojos de los pueblos propios y ajenos. Es posible que la dinámica *proselitismo-acción* también hunda sus raíces en la larga prehistoria humana. Es decir, la vulnerabilidad de las emociones básicas antes descriptas, sobre todo las negativas como el miedo y la ira, a la *narración* del jefe o del líder de la familia (el padre) del clan (el patriarca), de la tribu (el jefe) y de la nación (el líder religioso, el líder político).

Ninguno de los grupos anteriores y ninguno de los administradores de la narración-poder de cada uno ha desaparecido. De la misma forma que el niño aprende a obedecer la palabra del padre (aunque en este caso se trata de una obediencia justificada) con períodos de rebeldía; de la misma forma que los distintos líderes tribales y religiosos tuvieron el poder de enviar a pueblos enteros a la guerra, así funcionan nuestras sociedades más civilizadas con distintos grados de violencia, dependiendo del momento histórico de la curva de Progresión inversa. En todos los casos, el poder de la coacción física directa, como en una guerra o en una sala de tortura, ha sido mucho menos persistente y menos ubicua que la fuerza omnipresente de la narración. A través de la narración establecida por una tradición previa, un líder o un grupo articula la comprensibilidad del mundo para el resto de su pueblo empujándolo a períodos de mayor paz o a la guerra. Aparte de las armas, la abstracción del dinero restringe y potencia la libertad de un grupo sobre otros, pero la cohesión social (por ejemplo para realizar un acto de fanatismo colectivo como una masacre o la defensa de su propia esclavitud) casi siempre procede de la narrativa del poder. En algunos casos, narrativas contestatarias a ese poder han reproducido ese mismo poder de cohesión pero a una escala menor.

Esto probablemente se debe a que por cientos de miles de años tanto la comprensión del mundo como la organización de una sociedad no se basó en ningún análisis racional sino en la *aceptación emotiva de una narrativa totalizadora*, generalmente mitos, leyendas simples y religiones más complejas. Dentro de este marco (que, por ejemplo en la Edad Media europea fue el cristianismo, al tiempo que en el por entonces primer mundo, el mundo árabe y persa era el islam) luego las narrativas aglutinantes fueron las teorías económicas, raciales e ideologías de distinto género. Todas apoyadas por la propaganda. La propaganda actúa como factor misionero del marco general, la mayoría de las veces confirmándolo (lo políticamente correcto) y con menos frecuencia cuestionándolo (rebeliones, revoluciones).[v]

---

[v] En *La narración de lo invisible* (2005) nos referíamos a este factor como "una narración de una realidad virtual [un] *logos* que hace inteligible el mundo para el sujeto que reflexiona sobre él. Es lo que llamaremos 'espacio metafísico' [...] una narración sobre el espacio metafísico con el uso correspondiente de una progresiva definición de las fronteras semánticas, de la definición lo más nítidamente posible del límite entre el C(+) y el C(-) [...] lo visto en el espacio metafísico de la especulación como si se tratase de una observación objetiva que un cronista hace de un espectáculo deportivo o un científico hace en su laboratorio [...] El lenguaje surge del espacio físico y sólo a través de metáforas y transferencias sígnicas puede alcanzar a describir el espacio metafísico. No obstante, de forma recíproca y simbiótica, el

En los capítulos que integran las secciones de este libro llamadas "Historia" y "Posthistoria", nos detendremos en más detalle sobre este fenómeno.

6. La necesidad (y obligación) de creer

POR AL MENOS CINCUENTA MIL AÑOS, los mitos y las leyendas explicaron el mundo, organizaron grupos, tribus, sociedades y promovieron futuros inexistentes—como todo futuro.[vi] El sentido común estuvo reservado a las cosas próximas, como mantener una vasija horizontal para que no se vierta su contenido. Para todo aquello que estaba más allá, desde la sociedad (en su mayor parte invisible, incomprensible e incontrolable) hasta la vida después de la muerte del individuo, estaba la imaginación. No la imaginación individual sino la imaginación colectiva. De hecho, los neandertales fueron superados y, en alguna medida, exterminados por los occidentales prehistóricos, los cromañones, por su realismo, por su incapacidad de imaginar fantasías al mismo nivel que nuestros ancestros directos.

Es quizás por esta razón evolutiva (si las cosas hubiesen sido diferentes, no estaríamos aquí) que se puede explicar la necesidad de creer en imposibles. Ramsés II viviendo para siempre; Moisés partiendo el Mar Rojo en dos; Noé poniendo a un macho y una hembra de cada una de las billones de especies animales en un barco de madera; Nostradamus prediciendo la caída de las Torres Gemelas siglos antes... Aparte de la milenaria tradición (por alguna razón ancestral y tal vez neurológica) de ocupar el intelecto de los niños con cuentos de hadas y fantasías más comerciales como Papá Noel y

---

espacio metafísico actuará sobre el espacio físico en forma de mitos, de ideologías, de paradigmas culturales, etc."

[vi] Actualmente se atribuye esta idea al gran historiador Yuval Harari, no obstante no es difícil encontrar propuestas similares en la historia del pensamiento. En un artículo titulado "El bombardeo de los símbolos" (Alai, 20 de mayo de 2008) citamos el estudio de un gripo de investigadores españoles que había llegado al centro de esta idea: *"la extinción de los neandertales hace más de veinte mil años —esos gnomos y enanitos narigones que pululan en los cuentos tradicionales de Europa— se debió a una inferioridad fundamental con respecto a los cromagnones. Según José Carrión de la Universidad de Murcia, nuestros antepasados homo sapiens poseían una mayor capacidad simbólica, mientras los neandertales eran más realistas y por lo tanto inferiores como sociedad. Nadie creería hoy en los mitos de aquellos abuelos nuestros, no obstante su utilidad se parece a la del geocentrismo ptolomeico que en su época sirvió para predecir eclipses".*

los Reyes Magos. ¿No es más simple decirles a los niños que los regalos los compraron los padres? ¿Por qué esa necesidad y ese placer de mentir? ¿Por qué todo ese gasto de tiempo y energía montando escenas e historias falsas para los niños, si no es por un condicionante que va más allá de las culturas hasta las raíces en un pasado en común?

¿Por qué? Porque los imposibles se llamaron milagros y los milagros no son un producto del indomable azar sino de una intervención divina, de un poder absoluto con una inteligencia humana superior pero desprovista de emociones superiores, con la cual se podía establecer un diálogo y una negociación. Pero ese diálogo no podía ser racional. La inteligencia superior de todos y de cada uno de los dioses y diosas, tampoco tenía ni un solo sentimiento ni una sola emoción superior. Por el contrario, los dioses reproducían las mismas miserias humanas que preocupaban a los humanos: celos, egoísmos, robos y saqueos legitimados; racismo y sexismo sin sentimientos de culpa; deseos de venganza y exterminación; promesas de riquezas, de poder y de salud eterna para disfrutarlos. Tal vez algunos momentos de los Evangelios revelan una excepción a esta regla, como el sentimiento y prescripción de amar hasta a los enemigos; prescripción que nunca, jamás fue tenida en cuenta ni por sus más fanáticos seguidores, sino todo lo contrario. Por lo general, los dioses no se distinguieron mucho de los Superhéroes de la cultura popular estadounidense del siglo XX: todos tenían superpoderes, pero no super inteligencia y mucho menos super sentimientos.

Por lo tanto, el diálogo entre los dioses y las creaturas dolientes debía estar asentado en la fe, como la fe está asentada en el más profundo componente de la psiquis humana y animal: el *miedo-deseo*. Es más, en algunos casos, como en el Génesis bíblico, el entendimiento pasó a ser un símbolo de pecado, el fruto prohibido. No en pocos casos, como en el de la tradición judeocristiano-islámica, la duda, la falta de fe fue considerada un peligro (pecado) al que se debía exterminar con la conversión, la amenaza del infierno y la persecución o el proselitismo para evitar el contagio del mal ejemplo ajeno.

Este componente ancestral (la necesidad de creer en una historia imposible o improbable) debe ser tenido en cuenta, como todos los demás, para explicar los fenómenos contemporáneos. En este caso, no sólo la propaganda política, ideológica y comercial, sino hasta las más espontáneas *fake news*. De otra forma no se podría entender por qué, según los estudios que veremos más adelante, las noticias falsas tienen seis veces más posibilidades de convertirse en virales que las noticias reales. Se podría pensar que las noticias falsas están financiadas por grandes organizaciones conspirativas, lo cual en muchos casos es cierto, pero eso no explica por qué en el resto de los casos, cuando no hay una organización detrás, la noticia falsa se propaga más y más velozmente que una noticia verificable. Tradicionalmente, es un fenómeno similar al rumor, del chisme de pueblo propagado por un modesto vecino. Es posible que la sospecha o percepción de que la historia no sea del todo cierta la dispare y potencie en su naturaleza viral.

7. La literatura del poder

CUANDO EL HOMO SAPIENS ABANDONÓ LOS ÁRBOLES primero y las sabanas después para internarse en una nueva complejidad creada por ellos mismos, las ciudades, debió aprender y adaptarse a las nuevas reglas de la nueva naturaleza. Algo similar está ocurriendo ahora: los sapiens abandonas las ciudades tridimensionales para internarse en una nueva naturaleza con sus propias leyes. Lo que no ha cambiado es su vocación de poder, cuando lo tiene, y de justician, cuando carece de ese poder. Esa ancestral necesidad de convertir a otros en "esclavos felices".

Desde que las sociedades más primitivas necesitaron de un mito unificador para un funcionamiento exogámico más complejo, la lucha por administrar las narrativas fundacionales y teleológicas, se crearon al mismo tiempo los medios y la propaganda. Las religiones llevaron estos dos componentes a su maduración hace miles de años con proselitismos y castigos para quienes se salieran del dogma dominante del tótem vencedor.

Por miles de años, las historias fueron las principales formas de transmitir un conocimiento, sea moral o práctico, por lo general a través de la emoción y la estética. Aún lo son. Ahora, si el mito unificador (religioso, ideológico) tuvo la funcionalidad de organizar la unidad y el poder en una sociedad, el instrumento para capturar la atención del individuo radicó en su opuesto, en la novedad. Este instrumento es central tanto en la literatura como en la producción de noticias. El objetivo de ambos es capturar la atención con un hecho referido, un hecho que es transmitido por la palabra y anuncia un acontecimiento importante o de vital importancia o lo describe como pasado, es decir, expuesto a la contemplación una vez desprovisto de la ansiedad de la incertidumbre y el peligro. Un cuento, una novela o una película deben atrapar la atención y la curiosidad del lector con el objetivo de profundizar en alguna pasión humana o, simplemente, para multiplicar el consumo. Pero si el objetivo de la ficción y de un periodismo honesto no es engañar al lector, el objetivo de la propaganda y de la publicidad, sea de forma consciente o inadvertida, sí. Es probable que en el origen de las historias contadas por nuestros ancestros en África y luego en Asia, ficción y no ficción fuesen la misma cosa. La mayor sofisticación de la historia escrita debió distinguir una de otra hasta que, irónicamente, se volvieron a unir, de forma deliberada, con el desarrollo de la tecnología moderna. Las narrativas religiosas continuaron siendo por siempre la excepción, ya que la distinción entre ficción y realidad nunca dependió de los hechos materiales sino de la fe.

A comienzos del siglo XVII, la Iglesia Católica subió un nivel de sofisticación en la comprensión y producción de propaganda. No por casualidad, este instrumento desarrollado por El Vaticano al principio de la gran expansión de las potencias europeas por el mundo tuvo una raíz proselitista e imperialista. De la narrativa de la tribu y la nación se pasó a la narrativa global. El 22 de junio de 1622, el Papa Gregorio XV promulgó la bula *Inscrutabili Divinae*, que instituyó la *"Congregatio de propaganda fide"*, oficina conocida como "Propaganda", la cual tenía como área de acción aquellos países donde el catolicismo no era mayoritario.

Uno de los enemigos de la Iglesia Católica, el protestantismo, desde sus inicios hizo uso intenso de la propaganda teológica a través de la nueva tecnología de la letra de caracteres móviles y la publicación masiva de libros y panfletos.

Poco después, en la era secular del Iluminismo europeo, esa función liberada de los mitos o las creencias religiosas se trasladó a los medios de prensa y a las ideologías seculares de razón, libertad e igualdad. De cualquier forma, tanto en sus períodos prehistóricos como religiosos, los medios de comunicación respondieron al poder político del momento, se trate de una monarquía absoluta o de una república democrática. Es obvio que en una democracia los medios y la propaganda son más importantes que en una dictadura personal, que deben vencer más obstáculos institucionales. Los poderes concentrados siempre han podido comprar fácilmente los medios dominantes, pero no han podido comprar tan fácilmente las democracias, por lo cual han usado los medios para manipular las democracias y adaptarlas a sus intereses. La historia demuestra que las democracias ha sido siempre un obstáculo para los poderes concentrados, que en nuestro mundo occidental han sido, desde hace al menos un par de siglos, los grandes capitales.

La toma de los territorios indígenas por parte de las Trece colonias, la compra de Luisiana sin consulta a su población (es decir, a la población indígena), la toma de la mitad del territorio mexicano y, más tarde, la expansión ultramarina, nunca se pudo llevar a cabo sin este mecanismo de convicción o fanatismo unificador, como lo fue, por ejemplo, el mito del Destino manifiesto, inventado por un periodista, John O'Sullivan a mediados del siglo XIX. Luego vendrían otros mitos, como el mito del genocidio blanco a finales del siglo XIX en Australia y en Estados Unidos, para justificar el genocidio de los pueblos negros alrededor del mundo, mito que inspiró a Adolf Hitler en Europa.

Para todo ello siempre fue necesario el secuestro de las innovaciones tecnológicas de los medios de comunicación por parte de las elites en el poder del momento. Bastaría con recordar uno de los secuestros clásicos y más influyentes en la historia, como el secuestro de los libro sagrados de las grandes religiones. Sin entrar en valoraciones religiosas y teológicas, se podría decir que el aparato de manipulación narrativa más efectiva fueron libros como la Biblia e ideas como "nosotros, el pueblo elegido de Dios" que justificaron diversas acciones políticas sobre otros pueblos, por no seguir con el Corán y la realización del imperio musulmán durante la Edad Media europea. Más tarde, la misma Biblia y, sobre todo el monopolio de su interpretación por el Imperio romano primero y luego por las naciones europeas que justificaron las cruzadas contra los musulmanes y diversas matanzas en Europa contra otros cristianos y en los otros continentes contra los paganos e idólatras que sirvió de apoyo moral a la espada y al cañón de la raza superior.

En este último caso, la tecnología secuestrada fue la imprenta de caracteres móviles de Gutenberg, la que comenzó por democratizar la cultura y continuó por legitimar la barbarie militarista de los colonos europeos. De hecho, los libros de bolsillo surgen como manuales prácticos de guerra para los campos de batalla. Lo mismo los diarios en el siglo XIX, la radio y la televisión en el siglo XX e Internet sobre todo a principios del siglo XXI.

En 1833 *The Sun* de Nueva York comenzó a vender diarios por un centavo (fenómeno conocido como *penny press*) haciendo que la producción de diarios superase por lejos la producción. A mediados del siglo XIX se perfeccionó la rotativa, lo que hizo posible la propagación ya no sólo de noticias falsas sino de mitos fundadores como el mito del Destino manifiesto. La tormenta auto complaciente de noticias falsas pero patrióticas, en gran parte surgidas en el mismo gobierno, se convirtió en una adicción imposible de parar. Distintos periódicos comenzaron a acusar sin fundamento a los mexicanos de ofender el honor de Estados Unidos, por lo cual se llamó a todos los jóvenes que se enlistaran como voluntarios para pelear a miles de kilómetros de las tabernas donde se emborrachaban con licor barato y canciones patrióticas. Una vez consumado el robo de más de la mitad del territorio mexicano, matanzas y violaciones mediante, no faltó el artista promovido por la complicidad de la generación siguiente. La pintura más icónica del período fue "American Progress", del artista John Gast, concluida en 1872. Una alegoría cursi donde se aprecia una mujer rubia y sexy (las mujeres blancas nunca muestran los senos completamente, como la india que huye, sino que los sugieren de forma delicada detrás de una túnica que nunca acaba de caer) flotando en el aire en representación de la civilización. Delante suyo huyen las fieras y los indios y la oscuridad, mientras que detrás la siguen la luz, la agricultura y el progreso tecnológico, como el ferrocarril. En una mano carga un "*book school*" (libro de escuela) mientras en la otra va desenrollando un cable de telégrafo.

Para entonces, lo último era la invención del telégrafo. Samuel Morse había descubierto esta técnica de transmitir señales en sistema binario en 1838 y, en 1844, había logrado transmitir el primer mensaje desde Washington a Baltimore: "LO QUE DIOS HA HECHO".[vii] Para 1880, había más de un millón de kilómetros de cableado en todo el mundo. El hermano de Samuel Morse, Sidney, le escribió una carta profética: "Tu invento, medido por el poder que le dará al hombre para llevar a cabo sus planes, no solo es el mayor invento de esta época, sino el mayor invento de cualquier época. Veo... que la superficie de la tierra estará interconectada y cada cable será un nervio, llevando a diferentes partes del mundo el conocimiento de lo que está haciendo cada una. ¡Este invento es invalorable!".[11] Pronto, Samuel Morse sería reconocido como "El pacificador de su tiempo". En 1958, luego de concluir el cableado interoceánico entre Washington y Londres, el presidente James Buchanan confirmó el mismo optimismo, nunca desprovisto de mesianismo: "que el Atlantic Telegraph, bajo la bendición del Cielo, demuestre ser un vínculo de paz y amistad perpetuas entre las naciones afines, y un instrumento diseñado por la Divina Providencia para difundir la religión, la civilización, la libertad y la ley en todo el mundo".[12] Para no defraudar las expectativas, pronto el telégrafo se convirtió en una herramienta más de las nuevas guerras.

Pero la maduración del poder de la imprenta ocurriría con el secuestro de la Revolución de Independencia de Cuba y la guerra hispano-estadounidense en 1898 con la invención de la prensa amarilla. Tres años antes, el 17 de febrero de 1895, desde el New York World Building, el edificio más alto de la ciudad, Joseph Pulitzer había lanzado a las calles un millón de ejemplares del *New York World* con el cómic de un personaje llamado Mickey Dugan. El 5 de mayo, el niño sin techo, descalzo, borracho y mal hablado, apareció vestido con una túnica amarilla en la primera tira a todo color que conoce el mundo. Lo nuevo era que lo viejo aparecía representado en un medio masivo. Por entonces, los niños malhablados y borrachos no eran una rareza. Los niños se hacían hombres con whisky en sus casas y los hombres se hacían valientes con más whisky en las tabernas. Poco después, el chico embustero se mudará, probablemente por dinero, al *New York Journal*, de William Randolph Hearst.

[vii] Ese mismo año, en Estados Unidos, se había patentado el tambor fijo de la impresión rotativa. Más o menos ese mismo año, otros dos Samuel inventaron el tambor de seis balas, el revolver *Colt Walker*. En 1847 el capitán de los *rangers* texanos Samuel Walker, luego de patentar, junto con Samuel Colt, la herramienta de matar más perfecta, murió por el disparo de una escopeta obsoleta a cincuenta kilómetros de Puebla, México, donde había ido a defender a su país de los mexicanos que no querían ceder más territorio a la causa de la esclavitud.

Como lo prueba la física cuántica, por algún tiempo el personaje continuó existiendo simultáneamente en su casa anterior y en la nueva.

Pero el *New York World* y el *New York Journal* también le dedicaban páginas más serias a la política y la futura guerra. La competencia entre ambos era a muerte, por lo que debían echar mano al sensacionalismo y a la fabricación de hechos que enardecían sentimientos primitivos como la ira y el patriotismo. El *New York Press*, un periódico modesto de la ciudad, despectivamente bautizó el trabajo persuasivo de los dos grandes diarios del país como "periodismo amarillo".

Cuando el ilustrador Frederic Remington le solicitó a William Randolph Hearst regresar a su casa por falta de noticias ("no hay ninguna guerra aquí", había informado), Herbst le ordenó quedarse: "tú proporcionas las imágenes y yo proporcionaré la guerra".[13] Las *fake news*, los grandes negocios privados y las guerras han estado entrelazados por siempre. Los enemigos, Pulitzer (el futuro paradigma del periodismo ético) y Hearst (el future mogul de los medios pro-Hitler), eran hombres de negocios y sabían que nada vendía más que una guerra, la desinformación y la exacerbación del patriotismo de tabernas. Para comienzos de 1898, el *New York Journal* había vendido la impresionante cantidad de 30.000 ejemplares por día. Para cuando estalló la Guerra contra España, que en realidad no fue una guerra, el *Journal* vendió más de un millón de ejemplares por día. Para entonces, pudo reducir el precio del periódico a la mitad (un centavo) en procura de captar lectores "menos sofisticados". Entre las historias favoritas que luego se reproducirán en cientos de otros diarios locales por todo el país, serán muy apetecibles aquellas donde se describía a los españoles como bárbaros criminales, depravados persiguiendo a indefensas cubanas casi desnudas. Esta guerra no fue la primera guerra en la cual los medios justificaron los fines, pero fue la primera en la historia alentada por los medios en procura de aumentar sus ventas. El despropósito alcanzó tales dimensiones que otros periódicos menores, como *St. Paul Globe* de Minnesota comenzaron a anunciarse como "*Las últimas noticias. Confiables. No fake War News*".[14]

Cuando el teléfono sustituyó al telégrafo, como no podía ser de otra forma, se repitió la historia. En 1876 Alexander Graham Bell logró que el presidente Rutherford Hayes aceptara en la Casa Blanca el primer teléfono con el número 1, código nacional de Estados Unidos hoy. La compañía de Bell se convirtió en AT&T. Una extensión de esta forma de transmitir la voz fue la radio de Marconi, la que comenzó con la comunicación Wireless y continuó con la emisión de la misma onda a más de un receptor. Según Marconi, la radio iba a ser "un heraldo de paz y civilización entre las naciones".[15] El mismo Marconi se lo vendió como instrumento de comunicación y propaganda a los británicos para sus guerras coloniales y a los belgas para su brutal explotación capitalista del Congo (la que, solo bajo la supervisión del rey Leopold II, dejó diez millones de muertos), a los rusos y japoneses para que se combatieran unos a otros.[16]

En 1906 se emitió el primer programa de radio en Estados Unidos. Pronto, los discursos políticos se redujeron de una hora a diez minutos. El político estadounidense que mejor supo usar el nuevo medio fue Franklin D. Roosevelt. En Alemania, los nazis. Hitler no sólo se inspiró en la tradición racista de los esclavistas y de teóricos como Madison Grant, sino que su ministro de propaganda aprendió de los libros de Edward Bernays. Hitler no tenía dudas y no andaba con vueltas: "Cuando se desencadena una guerra, lo que importa no es tener la razón, sino conseguir la victoria".

Bernays sistematizó la propaganda como su tío, Sigmund Freud había sistematizado el psicoanálisis. Sus teorías y sus exitosas practicas no solo inspiraron a los propagandistas nazis del Tercer Reich sino que sirvieron para vender una de las mayores *fake news* del siglo XX: la idea de que el presidente democráticamente electo de Guatemala era comunista, con lo cual la CIA pretendía proteger una de sus compañías favoritas y lo logró no sólo reemplazando a Árbenz en 1954 con un golpe militar (semejante al de Irán en 1953) sino que produjo una serie de dictaduras militares que en los cuarenta años siguientes dejaron más de 200.000 muertos solo en ese pequeño país. Todo, como siempre, en nombre de la democracia y de la libertad.

Más recientemente, durante la guerra en Ucrania, los medios y los gobiernos occidentales acusaron a los medios rusos de formar parte de la propaganda del gobierno ruso. La censura directa como en China o en Arabia Saudí no es el negocio de los medios ni de los megacapitales occidentales que siempre justifican sus abusos de poder con el argumento de ser los defensores de la libertad. Aunque la historia demuestra que los defensores de la "libre empresa" casi siempre defendieron dictaduras o políticas antipopulares, por una razón lingüística no pueden estar contra la "libertad" a secas mientras defienden la libertad que realmente les interesa a ellos. ¿Quién podría estar contra la libertad en los siglos del paradigma ilustrado? Si convencemos a la mayoría de los de abajo que cuando hablamos de la libertad no nos estamos refiriendo sólo a *nuestra* libertad, el negocio sale redondo. Nada diferente a los esclavistas estadounidenses que inventaron la República de Texas en 1836 para reinstaurar la esclavitud en ese territorio mexicano y luego continuaron expandiendo la esclavitud hacia el Oeste, siempre bajo la narrativa de la libertad. De la misma forma que cuando los esclavistas hablaban de "la libertad" se referían a la libertad de "la raza libre" (detalle que se perdió en la traducción de sus discursos a los libros de las escuelas primarias y secundarias, al cine y a los medios dominantes), los secuestradores de democracias después de la Guerra Civil en Estados Unidos, es decir los grandes empresarios y las corporaciones, comenzaron a referirse a la "libertad de empresa", la que llevó en América Latina a instaurar decenas de dictaduras desde finales del siglo XIX para protegerla, primero de los indios, los negros y los pobres y luego de la bruja del comunismo que ellos mismos crearon dos veces, primero como reacción popular y luego como ilusión diseñada en las oficinas de la CIA en Virginia.

La censura occidental siempre se centró en la verdadera propaganda, es decir, aquella idea inoculada que lleva a una mayoría significativa a pensar y hacer según los intereses de una elite a la que no pertenecen, ni ellos si sus propios intereses. La gran explosión de esta estrategia ocurrió con la independencia de las Trece Colonias, promovida por una elite de filósofos ilustrados que luchaban contra un monarca del otro lado del océano, pero tampoco querían poner en total práctica sus propios ideales, como aquello de "*We the People*" y "todos los hombres son creados iguales". De igual forma, como expusimos en *La frontera salvaje* (2021) la obsesión de unión surgió del terror a la fragmentación territorial y a la fragmentación social y racial sobre la que se asentaba todo el discurso idealista de los padres Fundadores. Parte central de toda propaganda no sólo es convencer a un grupo de personas a hacer algo que por sí mismas no harían sino, a largo plazo, convencerlas de pensar de una forma hasta convertirse en sus principales defensores. Para ello, la colonización del lenguaje es de importancia central.[17]

Uno de los mecanismos por el cual se realiza esta colonización semántica, consiste en la fosilización de una narrativa en apoyo incondicional con un dogma dominante. Es mucho más fácil e inmediato inocular un dogma en un grupo social (como un mosquito inocula un parásito en otro animal) que extirparlo del inconsciente colectivo. Por ejemplo, durante los primeros años de la Guerra Fría el poder de los comunistas latinoamericanos y de las posibilidades de interferencia de la Unión Soviética en el continente era virtualmente irrelevante. Washington y la CIA lo sabían. No obstante, la Agencia planificó la narrativa de "la lucha contra el comunismo" y, no sin ironía, "contra la influencia extranjera" para destruir democracias y plantar marionetas en las dictaduras amigas, de la misma forma que plantaba artículos en la prensa dominante. Una vez que la CIA reconoció que se había tratado de fabricaciones, los creyentes que poco o nada tenían que ganar con este dogma continuaron siendo sus mayores defensores y lo transmitieron a las generaciones siguientes. Algo similar ocurrió con la más reciente invasión de Irak. Una vez los presidentes George W. Bush y José María Aznar reconocen "el error de inteligencia" sobre la existencia de armas de destrucción masiva en manos de Saddam Hussein, aparte de sus supuestos vínculos con Al Qaeda, la mayoría de los consumidores estadounidenses de la red conservadora Fox News continuaron afirmando que la existencia de las armas prohibidas era real.[viii]

Así como Franklin D. Roosevelt ganó cuatro elecciones presidenciales gracias a su manejo de la radio, John F. Kennedy le ganó la elección de 1960 a Nixon gracias a su mejor manejo de la televisión y así lo hizo Barack Obama en 2008 por su manejo de Internet y Donald Trump en 2016 por su manejo de las redes sociales.

El nacimiento y desarrollo de Internet no fue diferente a todos los medios de comunicación que los precedieron: medios de comunicación e instrumentos militares, medios deliberación y de opresión. Medios secuestrados por los poderes de turno.

Durante la guerra de Ucrania, quienes responsabilizamos a la OTAN por la escalada bélica que condujo a la invasión rusa fuimos inmediatamente acusados de "pro-Putin", aun cuando de forma directa y explícita lo publicamos y negamos varias veces, diarios como *Le Monde* de París se hicieron eco de esta forma de censura moral distrayendo el foco de la crítica sobre las casusas.[18] Casi por unanimidad, las grandes y respetables cadenas de los gobiernos occidentales como DW, PBS y BBC además de las múltiples corporaciones privadas sólo presentaron un punto de vista: el de las víctimas ucranianas. Este punto de vista se basó en un hecho moral irrefutable (víctimas inocentes son víctimas inocentes), pero consistió, como toda pretendida objetividad, en una selección de la realidad para distorsionarla convenientemente. Las perspectivas contrarias a los intereses de la OTAN brillaron por su ausencia.

Cuando los congresos de determinados países han cuestionado mega plataformas como Twitter o Facebook por permitir discursos de odio o no controlar la masiva producción de *fake news*, sus dueños se han defendido siempre alegando que ellos no son "*the arbiters of truth*" ("los árbitros de la verdad"). Otra vez, la máscara anglosajona cubre y distrae la realidad. Sólo por mencionar un conflicto reciente, recordemos que plataformas como Twitter acompañaron cada enlace de RT con la advertencia "Este tweet está relacionado con un sitio dependiente del gobierno de Rusia". Por supuesto que en todos los demás casos no etiquetan ni mencionan las afiliaciones de los medios occidentales con los gobiernos alineados. Grandes cadenas creadoras de opinión, como Fox News o CNN, responsables de apoyar guerras masivas y

---

[viii] En abril de 2022, el expresidente George W. Bush sumó una nueva confesión, uno de sus tantos lapsus freudiano: reconoció que la Guerra en Irak fue "*completamente injustificada; una invasión brutal*" (The Guardian. "George W Bush accidentally admits Irak war was 'unjustified and brutal' in gaffe". 19 de mayo de 2022.)

ocular sus crímenes de lesa humanidad, no son más independientes por ser privadas, sino todo lo contrario: sus imperios no dependen de los lectores sino de sus millonarios anunciantes y los poderosos intereses de su micro clase social. Sus noticias deberían ser precedidas con la advertencia: "*este medio está afiliado o responde a los intereses especiales de lobbies, corporaciones y transnacionales*".

En gran medida, los canales que no ocultan su afiliación a un gobierno, a un sindicato o a una ideología son más honestos que aquellos con una proyección internacional y una influencia devastadora que posan de independientes y de campeones de objetividad informativa.

Es más: la objetividad mediática no existe y la neutralidad es mera cobardía, cuando no cinismo. Lo que existe y debería apreciarse es la honestidad, reconocer de una buena vez a qué visión del mundo apoyamos y si esa visión depende de nuestros intereses personales, de clase, o a algo más amplio llamado humanidad.

La guerra en Cuba de 1898 (prensa escrita), la destrucción de la democracia guatemalteca en 1954, la invasión fallida de Cuba en 1961 (radio), la destrucción de la democracia chilena en 1973 (prensa, radio y televisión) y tantas otras, fueron productos directos de las manipulaciones de las PR (*Press release*) y los medios de comunicación usados como medios de propaganda se trató de operaciones complejas pero mucho más simples de la realidad que enfrentamos hoy. Internet aumentó la diversidad, el alcance y la complejidad de la misma manipulación de la opinión pública. Con Internet y las redes sociales, la *participación* del lector aumentó *la idea* de libertad e independencia del consumidor.

La razón central de la manipulación de la opinión pública (de sus emociones y sentimientos) hay que buscarlos en el imperio de los poderes corporativos. Todas las campañas políticas y sociales requieren de dinero. Cuánto más dinero más poder mediático. El hecho de que hoy un puñado de hombres en Estados Unidos poseen tanta riqueza como la mitad de la población del país no es un detalle. Esa riqueza depende y se incrementa con inversiones, y una de esas inversiones más importantes, de la cual depende su misma existencia y el orden mundial, radica en inversiones en la opinión pública. Por ejemplo, atribuyendo a sus adversarios sus propias prácticas: el peligro radica en la propaganda de los socialistas, de los sindicatos, etc.

Las inteligencias artificiales agravarán esta situación.

8. Dame un enemigo y te haré mi vasallo

POR OTRO LADO, TAMBIÉN ES POSIBLE que conservemos restos culturales y hasta genéticos de toda esa historia, como conservamos las alergias de los neandertales, desaparecidos o eliminados por nuestros antepasados hace 40.000 años.[19] Me refiero a la necesidad de *relacionarnos con un enemigo*. Aún más que el sentimiento tribal de *pertenecer a un grupo*, la paranoia tribal necesita de un enemigo. Esa es la razón constitucional de toda bandera, de toda parafernalia de símbolos, sean *stickers* en los autos o tatuajes en los brazos y en la nuca. De otra forma, si alguien se siente parte de un grupo confederado, ¿qué necesidad tiene de flamearnos su bandera en una calle de Jacksonville o de Filadelfia? La misma reflexión aplica para cualquier otro fanático de sectas raciales o nacionalistas en cualquier otro continente, fanatismo que quienes se mantienen en el poder conocen y explotan muy bien, sea en dictaduras personales o en dictaduras de democracias secuestradas.

Creo que no es descabellado pensar que la adaptación evolutiva a proteger la tribu ha dejado la secuela de una predisposición permanente al antagonismo, al combate de algún otro. El problema es que esta "secuela tribal", ahora expresada en el fascismo, el nazismo, el racismo y en todas sus variaciones, tienen el mismo efecto que nuestros anticuerpos en un mundo hiper higiénico: los anticuerpos comienzan a reconocer como al enemigo invasor a nuestro propio cuerpo y lo atacan, produciendo todo tipo de serias enfermedades que terminan por matarnos.

La "necesidad de un enemigo" o de "un antagónico" permea casi todas las interacciones sociales en el mundo digital de hoy. En consecuencia, es explotada y maximizada por las corporaciones cuyo objetivo son los beneficios económicos, "la libre competencia" (a gran escala, léase "la eliminación de la competencia").[20]

Esto a nivel popular, es decir, de emociones básicas, primitivas, reptilianas. Pero la misma lógica funciona y domina en los niveles superiores de la sociedad y el poder, donde realmente tiene un beneficio concreto.

"*El enemigo nunca descansa... Tu misión es la nuestra*". Así y en primera plana, Lockheed Martin, una compañía privada que vende armamento de guerra (siempre haciendo referencia al "derecho de defensa" y a la "seguridad nacional") se anuncia en el *New York Times*, por si hay algún otro comprador, aparte del gobierno. 50.000.000.000 dólares a la búsqueda de nuevos enemigos. El 31 de diciembre de 2021 el *Wall Street Journal* publicó un extenso análisis. Sólo el título comienza con una pregunta y termina con la respuesta: "*Who Won in Afghanistan? Private Contractors*. El ejército estadounidense gastó 14 billones de dólares (*$14 trillions*) durante dos décadas de guerra; los que se beneficiaron van desde los principales fabricantes hasta los empresarios". Tras el nuevo fiasco militar en Afganistán, y tras semejante fortuna invertida por Washington en las compañías de la guerra, en los mercaderes de la muerte, es urgente encontrar un nuevo enemigo y un nuevo conflicto. Antes de una aventura mayor con China, la opción es clara: continuar violando los tratados de no expansión armamentístico de la OTAN hacia el Este, presionar a Rusia para que reaccione desplegando su ejército en la frontera con Ucrania y, acto seguido, acusarla de intentar invadir el país vecino. ¿No ha sido exactamente ésta la historia de los tratados firmados con los indígenas estadounidenses desde finales del siglo XVIII?

Según revela Edward Snowden en su libro *Permanent Record*, en base a los documentos de la NSA filtrados por él mismo, el "Presupuesto negro" de 2013 consistía en 52,6 mil millones sólo para la Comunidad de Inteligencia compuesta de 107.035 empleados (de los cuales 21.800 eran contratos tercerizados). Según el mismo Snowden, "*la mayor parte del trabajo de inteligencia ha sido privatizado*".[21] Algo que el periodista Ross Gelbspan ya había advertido en 1991 como un proceso iniciado por Ronald Reagan al tiempo que promovía a cualquier grupo conservador a las oficinas de Inteligencia.[22]

9. El líder

EL LÍDER ES EL DEPOSITARIO de lo que en economía se conoce como "ignorancia racional": no podemos investigar o saberlo todo, por lo cual tomamos medidas desinformadas sabiendo que los beneficios de una mayor información son menores que los costos de una decisión desinformada. Para ello debemos delegar nuestro poder de decisión a alguien que sepa algo del tema. El problema es que en los grandes temas sociales los costos de una decisión desinformada superan siempre los costos de un mayor esfuerzo de investigación.

En política, en la formación de opinión pública o colectiva, los individuos suelen delegar su poder de decisión a un líder. En las religiones funciona como depositario de todos los posible errores: si no sabemos qué es lo mejor, hagámoslo como dice el líder o el profeta, quien nunca se equivoca. Por algo es Dios o un enviado de Dios.

En política no es diferente. Dejar nuestro poder de decisión en manos de un Líder X nos descarga de un esfuerzo moral e intelectual, pero el precio consiste en apoyarlo y defenderlo, ayudar al líder a que nos ayude, sin importar si él o nosotros estamos equivocados.

Cuando en 1971 la inflación en Estados Unidos se aproximaba al siete por ciento, el presidente Richard Nixon decidió ir contra el dogma conservador-mercantilista de su propio partido y de sus fieles votantes y dispuso un control de precios. Encuestas de Gallup y de la Universidad de Columbia en Nueva York mostraron que el anuncio de control de precios no tuvo ningún impacto en los votantes del Partido demócrata que mucho antes habían estado a favor de esta medida, pero en los seguidores republicanos quienes apoyaban el control de precios subió del 37 por ciento al 82 por ciento en pocas horas.

Esta debilidad constitucional aparece destilada en los cuentos de hadas, donde el pobre campesino, el artesano humilde sueña con alcanzar un día o con la imaginación todos los días la bendición de la realeza. La Cenicienta que finalmente se casa con el príncipe, la oficinista que lee revistas de Ricos y Famosos. En los últimos siglo fue explotada por el realismo político, por gobiernos de Estados Unidos como el de Ronald Reagan, y por casi todas las marionetas plantadas por Washington y las Transnacionales privadas en las Repúblicas al sur del Rio Bravo desde el siglo XIX.

10. Somos excepcionales, el pueblo elegido

NADIE PUEDE AMAR UN ENTE ABSTRACTO y en gran medida ficticio como "la patria" o un país cualquiera de la misma forma que ama a una persona o a un grupo concreto de personas, como la familia o los amigos. Nos puede gustar un lugar, nuestra propia casa, pero de ahí a sentir amor hay una diferencia. El amor a un país es una fabricación, un producto cultural e ideológico y una sublimación narcisista que, como decía Bernard Shaw *"el patriotismo es la convicción de que este país es superior a todos los demás porque uno nació allí"*. Esta paradoja se observa de una forma aún más clara en el patriotismo súbito de aquellos inmigrantes que no "nacieron allí" quienes, al llegar a una superpotencia mundial se envuelven con su bandera, todo en nombre de "el amor a este gran país" y racionalizaciones semejantes que asume que los mártires por los derechos humanos y sus asesinos tienen algo en común que los une y debe ser amado y defendido con la vida del patriota. No es amor-amor. Es amor-propio. El patriotismo es el reflejo del amor propio en el espejo del altruismo.

Mucho antes que existieran los países con su bandera (algunas tomadas de una secta religiosa y otras, como la de Estados Unidos, de una compañía privada inglesa), tal como los concebimos ahora y desde no hace muchos siglos, desde antes de sumerios y egipcios hasta la Biblia y la diversas naciones que le siguieron (romanos, pigmeos, ingleses), cada tribu, cada pueblo se consideró a sí mismo como "los verdaderos hombres", "el pueblo elegido por los dioses"—por el dios o por los dioses propios, está de más decir—"la raza evolucionada", "el pueblo civilizado" o "la cultura correcta". En todos los casos, fue una declaración arbitraria y meramente arrogante de superioridad y de derechos especiales de unos pueblos sobre los otros. Si por alguna razón material ese pueblo, nación o país logró someter a otras e imponerles sus propias fantasías, la creencia de haber sido favorecido o elegido por sus dioses se probó a sí misma y quienes lo cuestionaron no sólo fueron asociados con los perdedores sino con el mal—el demonio, la ideología peligrosa, el enemigo.

No es necesario aclarar qué nación americana ha ejercido este papel en los últimos dos siglos. Luego de independizarse de Gran Bretaña para romper con el acuerdo del imperio europeo con las naciones indígenas y así poder cruzar los Apalaches para ejercer su "derecho de exploración" y tomar a punta de fusil las tierras de los salvajes que "eran demasiado egoístas y no querían compartirlas con los blancos", los colonos anglosajones se dedicaron a repeler las defensas de los despojados y llamar *ataque* a la defensa indígena y *defensa* a los ataques propios.[23] Luego que el presidente Andrew Jackson, conocido por el apodo de "Mata indios" firmase la última ley de Remoción de los pueblos nativos, el 4 de diciembre de 1832 se dirigió al Congreso e informó: *"Los indios fueron completamente derrotados y la banda de descontentos fue expulsada o destruida... Aunque debimos actuar con dureza, fue algo necesario; nos agredieron sin que nosotros los provocásemos, y esperamos que hayan aprendido para siempre la saludable lección"*.[24]

Este patrón psico-cultural se repetirá infinidad de veces por al menos dos siglos: (1) intervenimos, invadimos, tomamos y sometimos legitimados por *nuestras* leyes; para nosotros y para el mundo, repetimos: (2) "fuimos atacados sin provocación"; (3) "debimos defendernos"; (4) "nunca lo olvidaremos". Luego, la auto victimización debida a la incomprensión de las razas, de los pueblos y de las culturas inferiores se sintió identificada en el poema adulatorio del inglés Rudyard Kipling, viralizado en 1899 con motivo de la invasión de Estados Unidos a Filipinas: *"The White Man's Burden* (La pesada carga del hombre blanco)".

La idea de nación excepcional (los negros y otras razas inferiores no eran parte de esa nación) madura y articula su ideología en el mito del Destino Manifiesto, inventado por el periodista John O'Sullivan en 1845. No por casualidad, esta nueva narrativa surge poco antes de que el presidente James Polk invente, de la nada, una guerra contra México, en base a una supuesta ofensa y luego de un forzado "nos atacaron primero" con el objetivo de tomar todo el territorio mexicano que se extendía hasta California y poder así llevar "la bendición de la esclavitud al resto del mundo". Hacia el norte no había sido posible. En Canadá, habían sido derrotados en su intento previo de obtener el estado Catorce e, incluso, Gran Bretaña había respondido con la quema de Washington en 1812, la que luego fue vendida a los historiadores como una agresión injustificada, apoyada por los negros esclavos que se metieron en las estrofas del Himno Nacional como traidores antipatriotas. Al Sur y al Oeste estaban las razas inferiores. El mismo O'Sullivan publicó en 1852 que *"este continente y sus islas adyacentes les pertenece a los blancos; los negros deben permanecer esclavos..."*[25]

Según el nuevo dogma del Destino manifiesto, Dios había ordenado a la raza superior extenderse hacia el Oeste. Para eso, necesitaban inventar máquinas de guerra más avanzadas, como el revolver Colt-Walker.[ix] Este culto por el excepcionalísimo estadounidense se confirmó, al mismo tiempo, en uno de sus rasgos culturales todavía dominantes: su anti-intelectualismo. Sobre todo luego de que los "Padres fundadores", la generación de intelectuales ilustrados, ya habían muerto y, en 1829, un militar con una educación mínima y un fanatismo máximo, llamado Andrew Jackson, refundó el país en el culto de la fuerza de las armas y la "conquista de la frontera" por parte de la raza superior, amante de la libertad.

Esta impronta de la violencia protestante, de la ira divina, del Jesús amante de las armas y sediento de capitales a cualquier precio, tendrá múltiples traducciones, pero todas muy similares. En 1897, apenas nombrado secretario adjunto de la marina por el presidente McKinley, Theodore Roosevelt le escribió a un amigo: *"estoy a favor de casi cualquier guerra, y creo que este país necesita una"*.[26] Roosevelt era otro aristócrata que nunca superó el trauma de que sus padres hayan pagado a otro joven para que fuese a la Guerra Civil en su lugar. En sus años de Harvard se dedicó al boxeo, pero no fue suficiente para calmar sus complejos de macho blanco. Antes de llegar a la Casa Blanca como presidente, solía posar disfrazado de Daniel Boone en los estudios de Nueva York y repetía, día por medio, que quienes no se atrevían a ir a la guerra en tierras lejanas no eran hombres ni le hacían honor a la raza teutónica. Reluctante, el presidente William McKinley envió el USS Maine a La Habana para acallar las voces que dudaban de su masculinidad por no querer iniciar otra guerra. Decisión que, aunque no fuese la intención original del

---

[ix] En realidad, ni Samuel Colt ni Samuel Walker inventaron el revólver, pero lo patentaron en 1836. Walker murió en 1847, el mismo año en que su sueño de comercializar un revólver super potente se hizo realidad con el invento y marca registrada Colt-Walker. Alguien, probablemente una mujer, le había disparado desde un balcón en México, con una escopeta obsoleta, como forma de vengar las matanzas y violaciones de los invasores elegidos por dios en la Guerra del Despojo.

presidente, terminaría provocando la guerra contra España que la nueva prensa amarilla de Pulitzer y Hearst deseaban con desesperación. La guerra y el poder son adictivos. Finalmente, McKinley reconocerá en 1898: "*Necesitamos Hawái como necesitamos California; es el Destino manifiesto*". Poco después, McKinley recibe la visita de Dios, pidiéndole que también salve Filipinas con otra invasión, la que no sólo dejaría 200.000 muertos, el invento del deporte de cazar negros y nuevas formas de tortura, como el submarino, sino también un interesante acceso a los mercados de la siempre deseada China. El 17 de junio de 1902, el soldado Robert E. Austill le escibió a su amigo Herbert Welsh: "*nuestros compatriotas en América nos piden que matemos a todos los hombres aquí y que violemos a las mujeres para mejorar la raza en estas islas*". No se trató de una excepción sino de una repetición que se lee en decenas de otras cartas similares de sus camaradas. En 1914, el presidente progresista Woodrow Wilson, luego de intervenir en el Caribe y en América Central, declaró: "*Les voy a enseñar a los sudamericanos a elegir gobiernos decentes*". Casi una copia de las futuras palabras de Henry Kissinger el 12 de setiembre de 1971 cuando la CIA no logró que Salvador Allende pierda las elecciones, como en oportunidades anteriores, y declaró: "*No veo por qué razón deberíamos limitarnos a ver cómo un país se convierte en comunista por la irresponsabilidad de su propia gente*". El director de la CIA, Richard Helms, le respondió con la solución: "*Un repentino desastre económico será el pretexto lógico para justificar una acción militar*".[27]

A lo largo del siglo XX, y antes del regreso medieval del siglo XXI por el mismo camino del capitalismo, los superhéroes de la cultura pop estadounidense, los productos de la industria y del comercio cultural expresaron y reprodujeron este impulso primitivo, altamente efectivo y, no por mera casualidad, de fácil consumo. Todos los héroes clásicos (todos hombres blancos y con una frustración detrás) como el Llanero Solitario, Superman, Batman, Capitán América o Hulk poseen una doble personalidad, es decir, lo que son y lo que la gente cree que son. En ningún caso se destacan por su inteligencia, lo cual es una reversión radical de la literatura positivista y cientificista del siglo anterior, representada por los detectives como el Sherlock Holmes de Arthur Conan Doyle en Inglaterra o del mismo Edgar Alan Poe en Estados Unidos. De hecho, los superhéroes suelen ser bastante tontos e ingenuos, es decir, muy diferentes a su original y manipulado origen de El Zorro que, aparte de no ser un héroe anglosajón, actúa desde el margen, no desde el centro como todos sus sucesores.[x] Como Moisés, ninguno tiene padre ni madre

---

[x] Superman nace en los años 30, es decir, durante la Gran depresión, como un campeón de la clase trabajadora contra los despojos de los millonarios, pero esta perspectiva es rápidamente demonizada por los dueños de la gran prensa y de la

sino padrastros o substitutos. Pero el en superhéroe comercial no sólo el padre ha desaparecido sino también Dios. Los superpoderes de los líderes religioso que antes derivaban de Dios ahora pasaron, por un momento de máxima abstracción, a los superpoderes materiales y mecánicos del héroe enmascarado (del héroe de las dos caras, de la doble personalidad). Es el representante extremo del individuo alienado, sin espíritu y casi sin inteligencia, de la misma forma que, aunque las religiones insistan en que sus dioses son la inteligencia máxima, creadora del Universo, en ningún momento lo demuestran: los milagros son expresiones de poder, no de demostración racional de un fenómeno. Como cualquier padre, no necesita y no debe dar demasiadas explicaciones a sus hijos pequeños del porqué de sus decisiones. Es la autoridad y el poder que se ejerce y se protege alejándose de cualquier exposición dialéctica, de cualquier indicio de cuestionamiento.

Los gobiernos imperiales y sus ángeles, las agencias secretas como la CIA, fueron la expresión real de estos superhéroes seculares, semidioses materiales capaces de verlo todo, de escucharlo todo, de atemorizar, de imponer sus narrativas y de disponer de la vida de millones de personas, de decidir sobre la muerte de sus infieles ("que quieren apoderarse del mundo") por sobre cualquier justicia humana. Semidioses, superhéroes con poderes especiales: el poder de los capitales y de la tecnología, inaccesibles al resto de los mortales.

En la cultura anglosajona y, sobre todo, angloamericana, los problemas se resuelven por la fuerza. Pero como la fuerza muscular nunca es excepcional en ninguna raza, excepto excepciones como Hércules o Sansón, y a pesar del excepcionalísimo de una raza considerada superior, fueron necesarios los *poderes especiales* del superhéroe, fantásticas sublimaciones de las armas. El culto de las armas nació durante la esclavitud (como la policía nació de las milicias esclavistas) y se consolidó con cada despojo de pueblos "en la frontera", es decir, en el resto del mundo: indios, mexicanos, latinoamericanos, filipinos, africanos, asiáticos...

La confesión de Teo Roosevelt en 1897 (*"estoy a favor de casi cualquier guerra, y creo que este país necesita una"*) no fue una novedad ni fue la última de su género. Sólo por mencionar un ejemplo más, bastaría con recordar las palabras del entonces senador, luego presidente y responsable de las bombas atómicas sobre Japón y otras guerras aún peores en la región, Harry Truman. *"Si vemos que Alemania está ganando la guerra, debemos*

---

industria cultural, como William R. Hearst, con su campaña pronazi y anticomunista, por lo cual Superman se mueve rápidamente hacia el centro y comienza a luchar contra los "bandidos" del margen, aquellos que "quieren apoderarse del mundo"—de un mundo que ya tiene dueño.

ayudar a Rusia; y si es Rusia la que está ganando, debemos ayudar a Alemania; de esa manera, dejaremos que se maten entre ellos, tantos como sean posible ", confirmó Truman, con la convicción de los líderes, en 1941.[28]

11. Pornografía ancestral, obesidad intelectual

APARTE DE LA GRAN NOTICIA de "la amenaza exterior", el otro elemento de sobrevivencia provino siempre desde el interior. Es decir, el conflicto de posesión y control. Probablemente uno de los centros de conflictos más importantes dentro del grupo lo fue el sexo. Razón por la cual cualquier digresión a las rígidas normas como la exogamia o la monogamia fue siempre un poderoso imán para la atención popular y, por lo tanto, un valioso producto para los medios de comunicación del capitalismo. En algunas culturas más que en otras. Sobre todo, en culturas más represivas como la protestante.

El 22 de mayo de 2022, el hombre más rico del mundo, el afroamericano Elon Musk, perdió 10.000.000.000 (diez mil millones) de dólares, es decir, toda la economía de Haití en un solo día, debido a la sospecha de un incidente sexual inapropiado. Según varias fuentes, una azafata de Space X había recibido 250.000 dólares para que desistiera de revelar que el señor Musk le había propuesto tener sexo. Por la misma razón, el poderoso director del FMI, Dominique Strauss-Kahn, debió renunciar a su cargo y a sus aspiraciones a la presidencia de Francia cuando en 2011 le tocó las nalgas a la mucama de un hotel estadounidense. En otras palabras, el destino de millones de personas decidido en una alcoba (en un Primera clase de avión, en una cama de hotel) como en la Edad media.

La obsesión por el sexo y por la represión de todo lo sexual es propia de la cultura protestante-anglosajona, por lo cual un presidente puede lanzar una sangrienta guerra sin autorización del Congreso (y sin la aprobación de la ONU, aunque esto es un detalle simbólico), como lo hizo George W. Bush, pero no puede tener una relación extramarital, como lo hizo su predecesor, Bill Clinton. La guerra es algo que ocurre lejos de la aldea. El sexo, aunque ocurra a miles de kilómetros de distancia, tiene algo que ver con nosotros, con la tribu. La historia de Estados Unidos está plagada de ejemplos similares, pero veamos muy brevemente el caso del presidente Clinton.

De la misma forma que en 2016 uno de los congresos más corruptos de Brasilia destituyó a la presidenta de Brasil, Dilma Rousseff, por acusaciones de corrupción nunca probadas (o, en todo caso, bastante menores), en febrero de 1999 el Congreso de Estados Unidos pretendía remover al presidente

Clinton por pecados sexuales de los cuales muchos de sus miembros estaban a varias pedradas de arrojar alguna piedra contra el adúltero. Pero los defensores de Clinton fueron más astutos que los de Rousseff.

En 1999 la Cámara de representantes de Washington aprobó el proceso de *impeachment* del presidente Clinton por su escándalo sexual con la becaria Mónica Lewinsky. La decisión y segura remoción del presidente pasó al senado, dominado por el partido republicano. Para ello, se necesitaban dos tercios de los votos, número asegurado según las intenciones manifiestas de los senadores que querían ver al presidente saliendo por la puerta de atrás de la historia.

Perdido por perdido, la defensa del presidente contrató a Larry Flynt, el mogol de la pornografía mundial, dueño de revistas y productor de películas del género. Casi sin tiempo, Flynt pagó una página completa en el *Washington Post* ofreciendo un millón de dólares a aquellos que pudiesen probar historias similares a la del presidente, protagonizadas por miembros del Congreso. Miles de llamados y grabaciones cayeron de inmediato. Flynt ni siquiera se molestó en escucharlas.

Temerosos de escándalos públicos, algunos legisladores comenzaron a confesar infidelidades a sus esposas. La voz más importante a favor del *impeachment*, el portavoz de la cámara baja y representante del ultraconservador estado de Luisiana, Bob Livingston, renunció misteriosamente el mismo día en que se debía votar. Desde entonces y hasta hoy, Bobby se dedica al lobby en Washington (es decir, a visitar a los legisladores en sus oficinas y a invitarlos a fiestas para hablar de negocios). De repente, la mayoría condenatoria en la cámara alta se convirtió en minoría. Diez senadores republicanos votaron a favor de perdonar al presidente demócrata. De la obligación de matar a pedradas a la infiel, legislada en el Antiguo Testamento, se pasó, en pocos días, al amor del Nuevo Testamento: "Vete, hijo, y no peques más". El presidente fue perdonado.

Pero es probable que esta obsesión desmesurada por el sexo y, sobre todo, por las historias sexuales ajenas, tengan una raíz ancestral aún más profunda que la misma represiva cultura anglosajona. Puede ser un componente desarrollado a lo largo de muchos miles de años de evolución, algo que las redes sociales y el resto del poder social explotan sin saber.

El Oxford Internet Institute realizó una investigación sobre 22 millones de tweets y concluyó que, en el período analizado, los usuarios habían compartido más información falsa y conspirativa que información verdadera. Los investigadores calificaron a estas noticias como *junk news* ("noticias chatarra").[29] Singer y Brooking retomaron esta metáfora y resumieron resumen estas observaciones de la siguiente manera: "de la misma forma que la comida chatarra carece de valor nutritivo, estas historias carecen de valor informativo.

Como la comida chatarra, han sido hechas con ingredientes artificiales y edulcoradas en exceso de forma que se vuelven tentadoras". A finales de 2009, la socióloga Danah Boyd dio una conferencia en Nueva York titulada "Streams of Content, Limited Attention" en la que, de forma profética, observó: "*Nuestros cuerpos están programados para consumir grasas y azúcares porque son raros en la naturaleza. De la misma forma, estamos biológicamente programados para estar atentos a contenidos estimulantes como información que es brutal, violenta, con contenido humillante, vergonzoso y ofensivo. Si no tenemos cuidado, vamos a desarrollar el equivalente psicológico de la obesidad. En algún momento nos encontraremos consumiendo contenido que es perjudicial para nosotros como individuos y para el resto de la sociedad*".[30]

Por otro lado, también existe una necesidad en creer en una realidad que uno desea, sin importar si es real o no. En otras palabras, existe una profunda necesidad de mentirse a uno mismo para negar una realidad dolorosa, sobre todo cuando aún no se ha manifestado con claridad. Este mecanismo psicológico de negación es común en casos de enfermedades complicadas o terminales. No solo el paciente y sus familiares sino toda la estructura médica invierten enormes recursos con el sólo objetivo de mantener viva una esperanza de recuperación. Lo mismo, podemos especular, ocurre en la psicología social.

La combinación de dos impulsos ancestrales, (1) la amenaza del otro, de la otra tribu, y (2) la ancestral tendencia a consumir noticias que rompen la rutina, en principio por razones evolutivas de sobrevivencia, fue convertida en producto por el capitalismo por uno de sus principales instrumentos: los medios de comunicación.

Las redes sociales sólo reinventaron esta tradicional obsesión por el sexo y lo sucio, llevada al extremo por la cultura puritana, por ejemplo, a través de "*shitposts* (publicaciones de mierda)", es decir, de memes extremadamente negativos y ofensivos.[xi]

[xi] Es interesante notar por un simple análisis de Ngram cómo a medida que las expresiones verbales han ido perdiendo sofisticación, al mismo tiempo los insultos y las expresiones de frustración como "*fuck*" y "*shit*" multiplicaron exponencialmente su uso en las sociedades angloparlantes a partir de 1960. Algo similar se puede observar en otros idiomas, como el castellano.

12. La cultura del Ping-pong

OTRA DEBILIDAD CONSTITUCIONAL, ancestral y probablemente universal es el *ego*. Por mucho tiempo pudo expresarse en (1) la disputa física, la cual luego se tradujo en la lidia medieval y, más tarde, en el fútbol o en cualquier otro fanatismo deportivo-tribal en siglo XX y (2) la disputa dialéctica, la batalla entre dos egos que necesitan tener razón en cualquier cosa que afirman y sostienen en el tribalismo político o nacionalista. Tal vez la primera debilidad ancestral representa mejor a los súbditos y la segunda a los amos, aunque en materia de poder no tengan nada de amos o de líderes sino en su mera constitucionalidad psicología. Nadie, o pocos, resisten la crítica de alguien, por ejemplo, en una red social como Twitter o Facebook. Incluso, cuando se trata de amigos, de meros conocidos, de seguidores o de cualquier individuo que haya estado relacionado en buenos términos con el ofendido debido a una opinión intrascendente. La disputa dialéctica suele terminar en el insulto y en una de las peores enemistades que cualquier persona civilizada puede imaginarse. Este mecanismo de amor odio está potenciado, como el alcohol, por la *distancia mediática* que convierte a nuestros "amigos virtuales" en enemigos tribales.

La distancia virtual de los medios digitales fácilmente convierte al "uno de los nuestros" en "uno de los otros". El otro, aunque continúe perteneciendo a la misma burbuja ideológica, es siempre un "nosotros imperfecto", un casi otro que a la más mínima diferencia dialéctica o ideológica automáticamente se convierte en un enemigo absoluto. La única razón radica en la sensibilidad del *ego* herido, es decir, el complejo del antiguo líder de la tribu que ha sido cuestionado por la palabra de un *macho beta*, candidato a macho alfa.

Ahora, la complejidad de esta naturaleza ancestral se complica por mil debido a que en la batalla política o ideológica (la batalla por el poder) nunca se pierde o se gana un argumento fundamental, ya que es en esta frontera donde la política y la religión se superponen. Las discusiones factuales sólo se pueden limitar a datos muy precisos y limitados (la inflación, el índice de criminalidad o de desigualdad), ninguno de los cuales podría afectar la fe partidaria del involucrado. Supongamos que nos encontramos en una asamblea y, de repente, alguien informa de datos factuales que van contra las propuestas de un partido político, esté en el gobierno o en la oposición. Ninguno cambiaría de pertenencia, afiliación o simpatía, como nadie dejaría de ser católico, protestante, judío, musulmán o ateo porque alguien apareciera con la peor prueba posible en contra de alguna de estas creencias. No hay discusión posible que valga algo, aunque ha humanidad ha invertido siglos en este absurdo. Lo que sólo prueba una aspecto de nuestra condición humana.

En este sentido, ninguna idea racional tiene algún valor. Es cuestión de emociones, y cuánto más fuerte y extendida la emoción (por lo general, una emoción negativa) mucho mejor para el poder. Estar furioso no significa estar en lo correcto. En cualquier otro momento de la historia, este sería un axioma de Perogrullo. No en nuestro tiempo. Una característica de la actual cultura de las redes sociales es la "cultura de la argumentación". En castellano, una "discusión" familiar suele tener una connotación negativa, de disputa o pelea. En inglés *"to have an argument"* (disputa o pelea) se traduce incorrectamente "argumentar". En las redes sociales y más allá, la "cultura de la argumentación" es una mezcla de las dos interpretaciones, aunque no arriesgaríamos mucho si afirmamos que se trata del juego vacío de una lucha dialéctica. Algo así como un *ping-pong* discursivo. Causas justas nunca faltan, y por esta razón es imposible o muy difícil separar la paja del trigo. Pero sirve observar la característica fundamental de la nueva cultura para saber en qué parte del fango estamos parados.

Es muy probable que debido a nuestra adaptación evolutiva en, por lo menos los últimos cien mil años, es imposible extirpar del todo nuestra propensión al conflicto. Quien no tiene problemas se los crea. Esta es una razón para pensar que aun cuando en el futuro la humanidad no necesite trabajar para subsistir debido a una tecnología automatizada y a un salario universal (suponiendo que no destruimos el planeta antes) los individuos y los pueblos siempre necesitarán un cierto nivel de conflictividad, de lucha contra un adversario o contra un problema. De lo contrario, podría ocurrir lo que a nivel celular les ocurre a los anticuerpos que, en un medio excesivamente higiénico, no detienen su lucha y, en lugar de combatir infecciones, se dedican a combatir nuestro propio cuerpo, como es el caso de alegrías, algunas formas de artritis y otros problemas contemporáneos. Lo mismo podemos predecir cuándo analizamos el futuro de las sociedades.

Pero siempre puede haber una opción B. En este caso, sería la inversión de las energías conflictivas y combativas en casusas justas. En lugar de combatir a los otros por el color de su piel, por su lenguaje, su sexualidad, su condición económica o sus preferencias de vida, podríamos invertirlas en luchas más creativas, como la lucha por la justicia social, la creatividad artística y científica. Al fin y al cabo, ¿qué no es la pasión por el fútbol sino la sublimación de la caza y la guerra? Esa sublimación controlada en el campo de juego suele desbordarse a las tribunas en una expresión de violencia mucho más primitiva. Para ilustrarlo bastaría con considerar las peleas en algún estadio de Buenos Aires o la furia vandálica de los hooligans en Europa. Claro que esta posible solución es, por el momento, una utopía. La reacción irracional es un regreso a los bajos instintos prehistóricos, tribales, maquillados con alta tecnología. Para peor, los medios y el mercado se aprovechan de estos impulsos ancestrales, como las cadenas de *fast food* y sodas se convierten en corporaciones multimillonarias explotando una condición biológica que deriva de la prehistoria: la sobrevaloración de grasa y azúcar.

Poco antes de las elecciones presidenciales de 2016, una cuenta de Twitter asociada a supremacistas blancos publicó que el Departamento de Policía de la Ciudad de Nueva York había descubierto una red de pedofilia vinculada a miembros del Partido Demócrata. Este rumor creció cuando en noviembre WikiLeaks publicó correos de John Podesta, el director de la campaña electoral de Hillary Clinton, los cuales fueron leídos en retorcidas claves religiosas. Un anónimo en la red *4chan* afirmó que la frase "*cheese pizza*" (pizza con muzarella) hacía referencia a "c. p.", es decir "*child pornography*" (pornografía infantil). Los mismos correos revelaron que John Podesta mantuvo alguna correspondencia con el propietario de Comet Pizza, James Alefantis, un cocinero dueño de dos restaurantes y una galería de arte en Washington DC, afiliado al Partido Demócrata e identificado a sí mismo como gay.[31] Este tipo de códigos herméticos, más propios de la Edad Media, son comunes entre las redes sociales donde navegan los "alt-right" (extrema derecha post-Tea Party), según la cual un pancho o un frankfurter significa *muchacho*, "queso" *muchachita*, "helado" *prostituto* y "nuez", aparentemente, *negro*. Todo, como es tradición en la reprimida extrema derecha sectaria y religiosa, desbordante de contenidos y fijaciones sexuales.[xii]

Según la imaginación afiebrada de estos cruzados internautas, el lugar donde se ejecutaban estos actos criminales contra menores, acompañados de rituales satánicos, era una pequeña pizzería de nombre Comet Ping Pong, ubicada en la Avenida Connecticut 5037, en Washington DC.

Días antes de las elecciones, el 19 de octubre, en un pueblo rural cercano a Columbus, Ohio, el candidato Donald Trump había declarado en su

---

[xii] El delirio de las "*sovrainterpretaziones*", como diría Umberto Eco, continuó con el análisis de estrellas y medialunas en el diseño de la cartelería del restaurante, las cuales se pueden encontrar en "dibujos satánicos" tanto como en la bandera turca, en la estadounidense o en la de Carolina del Sur. Un logo con forma de corazón del hospital de niños St. Jude que aparecía en la página web del negocio fue considerada un secreto símbolo pedófilo. Luego se agregó una fotografía de Obama jugando al "Ping Pong" con un niño. Ping Pong → pizzería → *Cheese Pizza* → *Child Pronography* → rituales diabólicos. Otra de las "pruebas irrefutables" era una fotografía del dueño de otro restaurante, L'Enfant Cafe-Bar, el cual aparecía con una camiseta "I ♥ L'ENFANT" (en francés, "amo al niño"). La mitad de los votantes de Trump creían que Hilary Clinton había participado en orgías con menores en esta pizzería.

discurso, rodeado de cámaras y micrófonos, que "reconocería totalmente" el resultado de las elecciones "sólo si gano yo".[32] El martes 8 de noviembre, obtuvo casi tres millones de votos menos (dos por ciento del total) que su adversaria, Hillary Clinton. No obstante, debido al sistema electoral heredado del sistema esclavista, Trump se convirtió en presidente. No obstante, no dejó de insistir, por años, que esas elecciones habían sido sucias, porque muchos inmigrantes ilegales habían votado por Clinton. Naturalmente, la misma lógica, pero con más "estamina" fue usada para explicar su derrota en 2020 contra el demócrata Joe Biden. Naturalmente, sus seguidores *compraron* (expresión que se origina en Estados Unidos y actualmente se usa hasta en América Latina) lo que querían creer hasta llegar al violento asalto al Capitolio el 6 de enero de 2021.

El triunfo de Donald Trump el 8 de noviembre de 2016 no calmó los ánimos de sus seguidores. Todo lo contrario. Un ejemplo fue el Pizzagate, ocurrido poco después de las elecciones. El 4 de diciembre, Edgar Maddison Welch, residente de Carolina del Norte, viajó hasta el DC, entró en la pizzería del Diablo y disparó su AR-15. Una vez creado el terror, comenzó a buscar el sótano donde se violaban niños (una especie de bunker de hormigón, según aparecía en una imagen de Instagram) pero no encontró más que unos estrechos depósitos con artículos de limpieza. Según declaró Welch a la policía, su misión era salvar niños, aunque no le importó que en ese momento hubiese familias con niños disfrutando de un momento de tranquilidad. Aunque declaró que su intención era realizar una investigación y allanamiento del lugar por propia cuenta, y aunque su procedimiento no reveló ni confirmó ninguna sospecha, ni Welch ni los miles de consumidores de *4chan* y otras sectas digitales dejaron de dudar de la veracidad de su alucinada realidad.

Todas las alegaciones fueron desmentidas por el mismo departamento de policía, pero esto no calmó los ánimos de los racistas blancos ni les hizo cambiar de idea sobre lo que es verdad y qué es ficción. Por el contrario, chats anónimos como *4chan* y diversos periódicos de noticias falsas, como el *Your News Wire*, se encargaron de naturalizar y confirmar esta noticia falsa.[xiii]

Consistente con la misma tradición y al igual que las tapas de TIME, los escándalos sexuales que pueden acabar con el Universo deben tener rostros concretos. Por esta razón, QAnon y otras sectas digitales necesitan de historias como Pizzagate. En Estados Unidos, el consumo de imágenes pedófilas se paga con años de cárcel, pero la imaginación de los pedófilos (desde las cartas de los esclavistas que temían un fin de su supremacía legal hasta mujeres pseudo feministas como Rebecca Latimer Felton) tiene al menos dos siglos y no se castiga. Se premia y se reivindica.

[xiii] En 2018, el Your News Wire fue renombrado como NewsPunch

En la actualidad, la especialidad de los grandes medios, por razones profesionales, no suelen ser las noticias falsas, como lo fuera le invención del ataque y hundimiento del USS Maine en La Habana en 1898 por la prensa amarilla de Nueva York, sino la manipulación de las noticias verdaderas. En la Era de las redes sociales se ha vuelto a la creación directa de noticias falsas, con una diferencia: sus creadores y promotores no son poderosos directores de algún medio en procura de aumentar las ventas. Su mayor motivación es su propio fanatismo, es decir, son ellos los primeros en convencerse de una ficción antes de convencer a los demás, tal como lo indica la historia del proselitismo religioso. Los beneficios van a otros niveles sociales, por lo cual se puede, por lo menos, sospechar que, además de una consecuencia natural de una degradación socio económica, se trata de una consecuencia natural de un plan macroeconómico, como, por ejemplo, el neoliberalismo. Para no darle demasiado crédito a los dueños de los mayores capitales del mundo y atribuirle una intencionalidad detallada en la actual catástrofe cultural.

13. La noticia urgente

SEGÚN UNA VERSIÓN HISTÓRICA, en el año 490 antes de Cristo, el atleta ateniense Fidípides corrió cuarenta kilómetros desde Maratón hasta Atenas para anunciar que los persas del rey Darío I habían desembarcado en Maratón. Otra versión menciona que los atenienses lo habían enviado a Esparta para solicitar ayuda ante la invasión. En el camino, habría narrado el héroe, se encontró con el dios Pan, quien le había reprochado la falta de atención de los atenienses por su ego olímpico. En otras versiones más tardías, se narra la imposible hazaña de Fidípides, quien habría corrido 230 kilómetros en un día desde, Esparta hasta Atenas, para anunciar la victoria del ejército griego en la batalla, tras lo cual murió.

Asumiendo que este hecho ocurrió realmente, de todas formas está adornado con los componentes necesarios de todo mito resistente al tiempo. Aparte del clásico reclamo del dios ante un pueblo al borde de una catástrofe, aparte del componente trágico tan previsible y necesario como lo es la muerte del personaje principal en cumplimiento de una misión moral, lo que persiste es la importancia de la noticia, sea en un pueblo real o imaginario.

Desde la prehistoria hasta nuestros días, los eventos predecibles y rutinarios carecen de impacto tanto en la *atención* de los individuos y de los pueblos como en su *memoria*. La sobrevivencia de los individuos y de la especie humana dependió siempre de eventos extraordinarios como las catástrofes naturales o las más frecuentes amenazas de otras tribus y otra naciones. Ante una catástrofe natural (un huracán, una volcán o un terremoto), un pueblo responde con la humildad de sus propios pecados ante la furia de algún dios, pero ante la amenaza de otros humanos debe responder con emociones más intensas, como la indignación y el llamado al combate.

Como hubiese dicho el profesor Joseph Campbell, autor del clásico *The Hero with a Thousand Faces* (1949), el arquetipo de la historia se adecúa perfectamente a muchas otras. Como, por ejemplo, la del platero Paul Revere de Massachusetts, 1775, en plena rebelión de los colonos contra los administradores de Londres. El platero y dentista aficionado, como muchos otros colonos rebelados, se encontraba en decadencia económica y sufriendo la recesión económica del momento. Según este mito fundacional, Paul Revere cabalgó por la noche para avisar de la llegada de las tropas británicas. La famosa frase "*The British are coming* (*Llegaron los ingleses*)!", aunque repetida en escuelas, secundarios y medios de prensa, es otro de los tantos mitos estadounidenses. Por entonces, todos los blancos de las colonias, incluido el modesto orfebre, eran considerados *ingleses*. Empresarios ingleses. Colonos ingleses. Ingleses en tierra de salvajes... Por siglos, los verdaderos enemigos habían sido y continuaban siendo los "americanos", nombre reservado por entonces a los indígenas, los verdaderos enemigos de los colonos y la principal razón de la Revolución americana de 1775-1783. El mito presenta y representa a Revere montando por horas un caballo que nunca tuvo hasta proveer del crucial tesoro a su pueblo: *la gran noticia*.

Las versiones menores de estas historias la constituyen los incontables correvediles, los portadores de rumores, los anunciantes de muertes importantes, de infidelidades escandalosas. Todo esto es parte constitutiva del material genético y psicológico de la humanidad (de la *novedad* depende la sobrevivencia), pero, en cada momento, los poderes de turno fueron capaces de capitalizarlo de formas más elegantes y más poderosas que la del mero rumor de la vecina que comenta sobre una mujer que entró a altas horas de la noche en la casa del alcalde o sobre el hijo conflictivo del médico del pueblo que embarazó a su mucama—la que resultó ser la amiga de una amiga. Viejas historias de injusticias, está de más decir, pero que han jugado roles mezquinos e independientes de cualquier verdadera lucha social, de cualquier progreso humano hacia *el menos-dolor*.

"*No news, good news* (Ninguna noticia es una buena noticia)" es uno de los dichos más populares en inglés. Es decir, que una noticia sólo es noticia si es mala. Más allá del factor cultural, esto tiene una raíz mucho más general, probablemente arraigad en la bilogía evolutiva de la especie humana y de cualquier otra especie. La corteza orbitofrontal y la circunvolución del cíngulo anterior son las áreas del cerebro llevan la percepción de lo nuevo hacia la conciencia. Cuando un estímulo se repite demasiado, este tráfico se interrumpe hasta que el estímulo (por ejemplo, un sonido de fondo) desaparece y se hace perceptible por su ausencia repentina.

Probablemente, las investigaciones médicas son de las pocas noticias con algún perfil positivo que se publica y se consume en los medios (las investigaciones sobre el estado actual del medio ambiente son exactamente lo contrario). Sin embargo, la sola idea de *noticia* y de ciencia son incompatibles. El recurso de "una nueva investigación científica demuestra que..." es una herejía para cualquier comunidad científica. "Si usted come más avocados y bebe menos whisky prolongará su vida en 2,4 años". etcétera. Las noticias necesitan vender la *novedad*, pero ningún estudio científico que se publica pretende ser la última palabra. De hecho, lo común es que se trate de un avance sujeto a nuevos testeos por parte de otros científicos, que es a quienes realmente están dedicadas las publicaciones científicas. Eso cuando no se trata de investigaciones financiadas por corporaciones mafiosas, como las grandes farmacéuticas.

La necesidad de noticias y de prestar atención a los eventos excepcionales, no los rutinarios, está en la raíz de nuestra necesidad de supervivencia. Y el poder del momento, en nuestro caso quienes se encuentran en la punta de la pirámide del sistema capitalista, lo explotan como ninguno a su favor. No la vecina chismosa, el correvedile o el traficante de rumores y escándalos.

14. El oráculo

ESTAMOS HECHOS DE PASADO. Habitamos las ciudades de los muertos y sus ideas nos habitan. Sin embargo, diferente al universo físico en el cual su futuro (la trayectoria de un cometa, un eclipse) puede ser calculado con precisión, el universo humano no. La dificultad de prever el futuro humano se debe a las variables inestables, no deterministas, y éstas en gran medida proceden del hecho que nuestro presente no se explica sólo por nuestro pasado sino, también, por nuestras ideas sobre el futuro. Como en física cuántica, el observador modifica el fenómeno observado. Una vez que nuestro análisis del presente cambia, cambian nuestra visión del futuro y, en concordancia, cambian nuestras acciones presentes que tendrán un impacto en el futuro, y así sucesivamente. Estamos sentados en un salón de clase porque cumplimos con años de requisitos previos pero, sobre todo, porque tenemos un proyecto de vida. El otro factor constituyente radica en que podemos ver mejor el pasado que el futuro. La idea de que el futuro está hacia adelante y el pasado hacia atrás es una construcción imaginaria que procede del movimiento del cuerpo humano: caminamos hacia adelante, rara vez hacia adelante. Lo mismo cuando conducimos un automóvil. Si a eso le agregamos que desde los antiguos egipcios la representación del tiempo dejó de ser circular y se convirtió en una línea sobre la cual caminamos hacia la muerte, desde entonces cada gran civilización fosilizó en el lenguaje la idea del tiempo como algo que nos viene desde adelante y se va hacia atrás. Sin embargo, no todas las culturas y las civilizaciones entendieron el tiempo de igual forma. Para aquellas culturas más contemplativas que obsesionadas con la acción, como los más antiguos griegos o los quechuas u otros pueblos americanos y asiáticos, el tiempo era circular donde todo se repetía: lo que ocurrió alguna vez, volverá a aparecérsenos delante de nosotros. En otros casos era como un río que fluía. El observador podía contemplar río abajo, es decir, podía ver el pasado que, naturalmente estaba hacia adelante, mientras que el futuro era algo en proceso que procedía desde atrás y sólo se podía adivinar por sus rumores sin ninguna precisión.

De aquí la ansiedad por el futuro. En todas las religiones el futuro importa más que el pasado. El pasado condena pero no determina. En el futuro estaban el dolor, la muerte, el premio o el castigo más allá. Una forma de actuar sobre él era a través de la moral. El bueno se salva, el malo se condena. De todas formas, ninguna acción humana era garantía absoluta de un futuro deseado. ¿Cómo complacer completamente a los dioses? ¿Cómo ganar una guerra? ¿Cómo lograr la prosperidad?

En el caso de los antiguos griegos, esta ansiedad era volcada sobre el oráculo. De aquí procede el cambio semántico de la idea de profeta en la tradición cristiana cuando pasa por Grecia. En el Antiguo Testamento los profetas no son adivinos sino críticos sociales, como Amos, quienes señalaban las injusticias sociales de sus pueblos y las corrupciones morales. Actualmente la palabra *profeta* está más cargada de su sentido griego: el profeta es alguien que puede adivinar, ver el futuro y, así, ayudar a los pueblos a actuar sobre el presente. Por lo general, este tipo de profeta se adecúa al mito de Casandra, la diosa que podía predecir el futuro pero (por una maldición de Apolo, el dios de la razón y la verdad) nadie le creía.

En el mundo secular del humanismo y la ilustración, el profeta pasó a ser el filósofo de la historia. En particular, los economistas.

Hoy en día los economistas, acomplejados por el mundo determinista de las ciencias y de las necesidades materiales de los negocios presumen que la economía es una ciencia semidura. De ahí tantas ecuaciones y gráficas que nunca sirven para uno de los objetivos centrales de la economía que es prever el futuro. No se llaman filosofía económica sino Ciencias Económicas pero, como la CIA evitando supuestos ataques terroristas, nunca o casi nunca predicen las grandes crisis económicas que sus más destacados profesionales crean. Con frecuencia se menciona el caso del economista Nouriel Roubini, quien fue uno de los pocos economistas capaces de predecir la crisis de 2008 en Estados Unidos, cuando el resto de los expertos en la materia insistían en la solidez de los fundamentos económicos. Lo cual es como decir que alguien sacó la lotería porque le jugó a un número con el cual soñó la noche anterior y a esa coincidencia llaman premonición y le atribuyen una intervención del más allá. La prueba está en que el mismo Roubini volvió a predecir otra catástrofe para 2012 y ésta nunca llegó.

El mismo Roubini, en la cúspide de su fama de profeta, describió su método de predicción como una percepción holística, libre de fórmulas matemáticas, más como alguien que "usa su olfato", dijo, para evaluar "una gran enchilada" hecha de historia, literatura y variables económicas, razón por la cual algunos economistas describieron su método como propios de un chamán, es decir, un brujo o adivino que el mundo industrial y postindustrial suele llamar *primitivo*.

De todas formas, el futuro, su predicción o su acción sobre el futuro sigue siendo uno de los temas y justificaciones más importantes de la economía, como lo fue en el caso de Adam Smith, Karl Marx, John Keynes o Milton Friedman: estamos en el punto C (el presente, que no todos entienden) y para llegar al punto G (el placer, la prosperidad, la solución futura) debemos pasar antes por el punto F (los cambios dolorosos). En casi todos los casos, desde la Gran Depresión, pasando por los economistas soviéticos hasta las fórmulas mágicas del neoliberalismo más recientemente, una especialidad de los expertos en economía, sobre todo aquellos con la capacidad de crear futuro más que predecirlo (FMI, BM), ha sido por lo menos catastrófica.

De todas formas, algo parece claro: el futuro, la ansiedad por el futuro, es otro de los elementos constitutivos de la condición humana. Es decir, es otro componente ahistórico de la historia y ambos orbitan como dos estrellas orbitan entre sí, como dos bailarines de tango.

15. Propaganda por repetición, censura por olvido

ECHANDO UN VISTAZO A LOS CAMBIOS políticos en diferentes países del mundo, sospecho que existe una regla psicológica que pesa en los fenómenos políticos y culturales: quienes en su primera adolescencia vivieron un determinado régimen político, pronto se convertirán en partidarios del opuesto. Este fenómeno (si realmente es cierto) lo he observado en diferentes países de América Latina, de Estados Unidos o de Europa, aunque la realidad está tan cruzada por diferentes dimensiones que cada caso se convierte en un caso particular. De la misma forma que Chomsky logró demostrar que existía una Gramática Universal enraizada en el cerebro humano, es muy posible que exista una dinámica política e ideológica en la naturaleza neurológica de cada ser humano. Lo cual no dice nada de la justicia ni de la lógica del poder, pero sí mucho de por qué los individuos y los pueblos son capaces de conductas masivas que la lógica de las circunstancias no puede explicar. Pero este no es el tema central de este libro. Volvamos al análisis de la propaganda.

La información es un proceso que recurre a la racionalidad del consumidor, por ponerlo en un término actual. Por el contrario, tanto la publicidad (comercial) como la propaganda (política) apuntan al inconsciente, a los instintos más primitivos. En el caso de la publicidad, es el deseo, como el deseo sexual, llano y puro; en el caso de la propaganda nace de dos emociones básicas y primitivas, la primera más básica, primitiva y poderosa que la segunda: el miedo y la esperanza. La publicidad y la propaganda apuntan al inconsciente, a los instintos más primitivos, el cerebro reptiliano que todos llevamos muy por dentro de la corteza racional: hambre, sexo, miedo.

Pero, aunque las acciones nacen en este inconsciente profundo, nadie quiere reconocerlo. Nadie quiere aceptar que sus ideas políticas, por ejemplo, esas pasiones profundas de la prehistoria tribal, no están basadas ni en la razón ni menos en el análisis lógico de la realidad. Por lo tanto, se racionaliza estas decisiones irracionales con elementos y discursos que se refieren y apelan a supuestos pensamientos racionales, a hechos exteriores y no a sueños y pesadillas individuales. Todo lo cual llaman Verdad.

Desde un punto de vista filosófico y analítico, existe un espectro cuyos extremos están ocupados de un lado por el pensamiento crítico y del otro por la propaganda. En términos psicológicos, la propaganda encuentra terreno fértil y abonado entre los grupos conservadores, ya que son éstos quienes poseen un entrenamiento intelectual desde la más tierna infancia dedicado a creer. La fe en lo que procede de arriba es una virtud, mientras que el cuestionamiento de un orden dado, de una revelación, significa un mal de las fuerzas oscuras que quieren cambiar los valores morales y poner el mundo patas arriba. La fe es una virtud por sí misma. Si la lógica contradice la historia de Noé, más virtuoso es el creyente que la crea al tiempo que niega cualquier posibilidad de evolución de las especies a partir de un número escaso de especies animales salvadas del diluvio universal.

Sin propensión a creer no hay propaganda que sirva. El escepticismo no es su fuerte. Una sola contradicción podría acabar con una teoría científica, pero mil contradicciones nunca acabarán con un texto religioso. Más bien lo contrario. Si uno cree a pesar de las contradicciones lógicas y dialécticas, ha pasado la prueba. La creencia se basa en discursos fragmentados y repetitivos, como en un rosario, como en un sermón de domingo en cualquier iglesia, sea católica, protestante; sea una mezquita musulmana, un templo judío, budista o hindú. Para cualquier forma de pensamiento crítico es necesario dudar. Con esto no afirmamos que la izquierda no pueda albergar dogmáticos con una forma de pensamiento religiosa, sino que la izquierda o los grupos progresistas están más entrenados en la articulación de pensamientos no fraccionados, en teorías y narrativas más sofisticadas y más holísticas en su explicación de la realidad.

A la dimensión psicológica hay que agregarle la dimensión histórica, aquella que depende de un proceso cultural. En este sentido, para entender nuestro tiempo es necesario compararlo con dos grandes períodos anteriores que, si bien se desarrollaron en Noroccidente, fueron esparcidos por la colonización y el imperialismo de las potencias europeas y norteamericana en los últimos siglos. Uno es la Edad Media y el otro la Edad Moderna. Nuestro tiempo se parce más a la primera que a la segunda. Nuestro tiempo reacciones y se aleja de la segunda, dominada, en su elite intelectual e institucional, por las filosofías de la Ilustración que introdujeron los gobiernos seculares, las luchas por la igualdad en contra de sus propios poderes coloniales dominantes. Nos acercamos a la primera, a una nueva Edad Media donde la realidad es cada vez menos material y fáctica y cada vez más virtual, donde la epistemología social se aleja del análisis racional y la admiración del método científico para comprender el mundo y las sociedades y se acerca a la fe medieval como forma de crear su propia realidad a fuerza de discursos fraccionados, repetitivos propios del sermón y la propaganda.

Pero nuestro Neo feudalismo no es el feudalismo de hace mil años atrás. Aunque el paradigma religioso comienza a reemplazar el paradigma secular, aparece una nueva dimensión extraña a la Edad media: el creyente no es un abnegado trabajador, un vasallo austero. Es un consumidor de realidades materiales tanto como virtuales. Es un consumidor de excitaciones. Es un espíritu pornográfico que necesita comprar una realidad que sustituya a la suya, una historia que sabe que es falsa, pero quiere creer como verdadera. El único defecto de un producto semejante no es que se falsa, sino que no sea creíble. No por casualidad, las nuevas tecnologías de *deep fake* se usan principalmente en política y en pornografía; ambas están estrechamente relacionadas.[33] Por otra parte, las tecnologías sofisticadas para engañar a la gente no son estrictamente necesarias cuando una gran parte de la población ni siquiera es sofisticada.[xiv] Esto, que puede leerse como un insulto es apenas una observación

---

[xiv] Al surgimiento de videos *deep fake* donde vemos políticos conocidos diciendo cosas que nunca dijeron, diferentes laboratorios han respondido con otros softwares

sobre los dos polos mayores de la creación de opinión: la educación y el entretenimiento mediático. Como el acceso a la información se ha democratizado con internet, la solución ha sido disminuir el nivel de la educación en beneficio de un incremento del entretenimiento, es decir, de la *distracción*. Las sociedades están enfermas porque se alejaron del arte y se acercaron a la diversión.

En siglos pasados, en gran medida esta distracción se ejercía en los circos y en las iglesias. Con esto no estoy haciendo un juicio sobre la verdad metafísica de ninguna religión sino su uso político. Cuanta más miseria social, cuanta más injusticia social, más rezo y donaciones. La realidad no cambiaba, pero su percepción sí.

La posmodernidad significó un abandono del paradigma del escepticismo crítico, del análisis y la razón como sustitutos de la autoridad y un regreso a la fe religiosa como legitimación de una verdad o una representación del mundo (poco antes, y durante la Era Moderna, ocupada por la fe en las ciencias y la tecnología).[xv] Progresivamente hemos ido entrando en una nueva Edad Media, aunque iluminada con carteles de neón y pantallas de plasma. Al hiper fraccionamiento de las narrativas, a la repetición de rezos y rosarios publicitarios, hay que agregarle la lógica del consumo de imágenes. Si bien en sus inicios Internet significó un regreso tímido a la cultura escrita, no tardó mucho en volver a la imagen y, más aún, a la imagen como forma de crear sensibilidades chatarra (tan falsas como las *fake news*) y algo parecido a un pensamiento desarticulado. De igual forma que los bajorrelieves de las iglesias góticas narraban historias para un pueblo analfabeto y embrutecido por el trabajo afuera y el sermón adentro, Internet a través de sus "*influencers*" de YouTube o TikTok son los nuevos pastores de un mundo macdonalizado. Pero si la historia rima, no se repite. Esa fe religiosa ha sufrido algunos cambios importantes.

Según PEW, la afiliación religiosa en Estados Unidos ha declinado, del 63 por ciento en 1970 al 38 por ciento en 2018. Lo cual no significa que el espíritu religioso haya dejado lugar al pensamiento crítico, sino todo lo

---

que detectan esta manipulación, sobre todo en base a detalles como que hay pocas fotografías en el Universo de Internet de personas públicas con los ojos cerrados, por lo cual las DF no alcanzan a reproducir de forma realista sus pestañeos. Claro, que, en materia tecnológica, todo es cuestión de tiempo (ver Condie, Bill, and Leigh Dayton. "Four AI Technologies That Could Transform the Way We Live and Work." Nature, vol. 588, no. 7837, Dec. 2020, pp. S126–28).

[xv] El posmodernismo terminó, entre otras cosas, con el espíritu revolucionario de los humanistas de Constantinopla y, mucho antes, con la crítica de pensadores como el filósofo árabe Averroes o el inglés Adelardo de Bath, traductor de obras científicas del árabe y uno de los primeros *modernus* en el siglo XII.

contrario. La fe ha migrado de las tradicionales iglesias a las sectas digitales como 4chan. La más contemporánea "Guerra a la ciencia" explica por qué sólo cuatro de die estadounidenses confían en la ciencia.

En el mundo protestante todo se atomiza, incluso el monoteísmo, lo cual nos remite a las religiones precristianas de los pueblos teutónicos. Una de las nuevas sectas, una de las más conocidas y poderosas en términos de seguidores, es QAnon. Esta secta, surgida de una red social alternativa dominada por nazis y fascistas, llamada *4chan*, cumple con los requisitos de una centenaria tradición cristiana. Pera QAnon, como para los cristianos de la Edad Media, el mundo está gobernado por el Demonio y el demonio no se preocupa de las desorbitadas ambiciones de los capitalistas que concentran toda la riqueza de los fieles empobrecidos y frustrados sino de algo relacionado con la sexualidad. Algo horrible, como la pornografía, la homosexualidad y, peor, la pedofilia. Su causa y bandera definida como "El Gran Despertar" (Deep State) no sabe nada de matanzas y abusos imperialistas alrededor del mundo, ni del robo a los trabajadores en el país más poderoso del mundo, sino de esas cosas que hay entre las piernas y que, según ellos, Dios condenó porque la Creación le salió un poco defectuosa. Como nuestro siglo le sigue al Siglo político, ya no se pueden quemar brujas y herejes sino oponentes políticos, es decir, izquierdistas, progresistas y liberales (en la terminología estadounidense). Como nuestro siglo viene después del gran trauma de la Segunda guerra, ya no se puede repetir viejas teorías nazis (no todavía) y muchos menos tradiciones europeas de siglos anteriores sobre que los judíos comen niños los viernes de noche y otras tradiciones americanas más recientes sobre la potencia sexual de los negros que podrían desvirgar a todas las inocentes rubias, algunas tentadas por el placer según la imaginación pornográfica de los amos, y por los cuales se recomendaba el linchamiento por las dudas.

16. La curva de la excitación

UNA DE LAS FRASES MÁS REPETIDAS de los votantes del llamado "Mundo libre" consiste en que prefieren un "hombre de negocios" como presidente, porque es alguien que sabe administrar una empresa. No vamos a volver sobre la obviedad de que un país no es una empresa ni los ciudadanos son empleados, hecho que explica por qué el fracaso rotundo de tantos presidentes que fueron "exitosos hombres de negocio". Las excepciones del sistema capitalista, los "hombres exitosos", son promovidos en todos los medios como prueba de las bondades del sistema. También durante la esclavitud hubo negros dueños de esclavos, pero a nadie en su sano juicio se le ocurriría hoy presentar estos ejemplos excepcionales como prueba del sistema esclavista. Otro cliché arraigado en la narrativa popular consiste en la afirmación y el convencimiento de que los ciudadanos votan "por alguien que los represente", por "alguien que se parezca a ellos mismos", o por "alguien que conozca sus necesidades".

No sin ironía, esta mayoría de trabajadores industriales o de servicios que a duras penas llegan a fin de mes, que apenas tienen un seguro de salud, que solo por excepción pueden permitirse vacaciones en algún resort del odiado México y ni siquiera tienen suficientes ahorros para jubilarse decentemente, que en su mayoría vive endeudada (sea por haber cometido el pecado de estudiar o por ser cortadores de césped con la bandera confederada en sus camionetas) eligen y votan con apasionada y rabiosa convicción a billonarios como Donald Trump—porque él sí los representa.

Pero este no es sólo una particularidad curiosa de los republicanos en Estados Unidos. Por alguna razón, el senado y la "Cámara de representantes" está llena de millonarios. De hecho, 66 por ciento de los senadores y más de la mitad de los representantes de la Cámara baja pertenecen a ese uno por ciento más rico del país. Cuando la conclusión es que los pobres necesitan que los ricos representen sus derechos, cualquiera razonablemente entendería que hay un trabajo de propaganda muy fino y persistente, como el que en el siglo XIX llevaba a los esclavos a defender a muerte a sus amos.

Hay que aceptarlo o pelear una guerra perdida de antemano; en gran medida, las redes sociales son entretenimiento. Es decir, entre otras cosas, material político de distracción. Hay otros espacios que van en la misma dirección. La ruta del dinero y del poder. La ruta de la deshumanización.

Las nuevas tecnologías, como la Realidad Aumentada o la Realidad Virtual, no se distinguen demasiado de sus predecesoras. Sobreexcitar los sentidos del consumidor es lo que la humanidad ha estado invirtiendo en lo sentimos 150 años a través de los nuevos medios, desde la prensa de rotativa en 1843 hasta Internet, pasando por la radio, el cine y la televisión. Todas actúan sobre los sentidos. En realidad, la inversión de tantos millones de dólares para desarrollar la tecnología de realidad aumentada para diferentes usos como el militar o el mero entretenimiento no se distingue mucho del viejo y hasta hace poco prohibido efecto de la marihuana. Los usuarios de Realidad Aumentada y los fumadores de marihuana reportan exactamente lo mismo: un aumento de la sensibilidad ante el mundo que conocemos los demás. En Mozambique, donde (al menos en los años 90) la marihuana era una hierba silvestre, un amigo médico de Cuba decía que luego de su primer "cigarro de Mueda" escuchaba jazz y otra amiga, una periodista suiza, me aseguraba que podía sentir la luz de la luna en su piel. Por mi parte, la ausencia de luz eléctrica en las ciudades abandonadas de los colonos portugueses me resultaba más impresionante (digamos, excitantes) que el exceso de luminarias en los centros comerciales del Occidente.

Como cualquier droga, el consumo produce un efecto contrario al deseado: insensible, anestesia, cuando no depresión. El efecto producido por esta sobre excitación puede que sea similar a la del alcohol y de otras drogas excitantes, representado por la curva de Gauss: luego de un ascenso hacia la euforia, sigue el descenso a la depresión. En muchos casos, en este momento el individuo se vuelve agresivo al más mínimo estímulo contrario a sus deseos. Desde un punto de vista sociológico, nos encontramos en ese momento histórico en que la necesidad de antagonismo y combate ya no es un asunto privado sino colectivo, con una realidad aumentada por las redes sociales. Como todo lo colectivo, tiene una traducción política y el poder lo sabe. El fenómeno ha migrado de una lucha libresca en la corteza racional a una lucha emocional en el centro reptiliano. Es decir, desde una traducción ideológica, se trata de un desplazamiento de la izquierda a la derecha; del sentido de colectividad y solidaridad por el otro que no me beneficia directamente y de forma inmediata al combate tribal de "los perdedores" que quieren quitarnos lo que nos perteneces por mérito propio: algún privilegio que nos diferencia, destaca y aleja de los comunes.

Como los insectos, nos encandilamos con las luces de neón. Nos creemos superiores a los mwani de Mozambique por una simple razón de apariencias. Pero la estrategia de invertir en nuevas y mejores tecnologías para excitar los sentidos es vieja y no considera lo que tanto el Iluminismo como culturas más antiguas tenían en cuenta: la elevación del intelecto (en casos referido como espíritu, conocimiento o iluminación). Sólo la excitación y sobre excitación de los sentidos es inconducente. Su destino final es la adicción y la necesidad de un siempre creciente estímulo y, finalmente, la depresión. Para que esto no ocurriese, sería necesario modificar el código genético de los seres humanos, un resultado de cientos de miles de años de evolución y adaptación—y esto nunca sería posible sin correr un altísimo riesgo de auto aniquilación como especie.

El arte y el pensamiento requieren de cierta austeridad de medios. Cuando en el cine se invierte demasiado en efectos especiales y en misterios artificiales de la trama, se destruye la capacidad de sentir y reflexionar del espectador. Básicamente esa fue la propuesta del llamado "Cine imperfecto" latinoamericano, como una opción crítica al predominio de Hollywood. Lo mismo ocurre en la filosofía, en las ciencias y en una democracia en general: cuando los medios son los fines, el espectáculo, el entretenimiento, la distracción, el pensamiento crítico se encuentra bajo ataque, bajo el bombardeo de la distracción y la fragmentación. Es lo que ocurre en Internet, las redes sociales, a tal punto que ya no sólo un libro sino un medio como más austero en sus recursos, la radio (no pocas veces instrumento de manipulación política, sobre todo en el siglo XX), se convierte en una pausa a la ansiedad de interrumpir una reflexión o una percepción debido no sólo a la ansiedad del estímulo sino también a la urgencia de emitir una opinión sobre prácticamente todo, es decir, nada.

La libertad de la fotocopiadora

COMO VIMOS, LOS MEDIOS, las comunicaciones y las ideas religiosas, políticas e ideológicas tienen una base neurológica. Pero la forma en que esta condición heredada funciona o es manipulada y explotada al extremo por el mercado o por un dictador personal depende de una cultura y de un paradigma histórico, ese marco del que tal vez—si no pecamos de demasiado optimistas—solo el pensamiento crítico radical puede escapar en alguna medida. La manipulación psicosocial tampoco se limita a una simple agencia publicitaria y a un público consumidor sino que depende de un sistema ideológico y civilizatorio.

Veamos brevemente un ejemplo actual. El factor más importante en la monetización de un *youtuber* (productor doméstico de videos, llamado "creador") es su propio análisis de la popularidad de sus videos, datos que provee en detalle la misma plataforma. En este sentido, todos los expertos coinciden en la necesidad de ver "qué es lo que la audiencia quiere" para que "el creador" se concentre en ese tema, en ese aspecto y en ese estilo. Esto luego es vendido como una respuesta de la oferta a la demanda. Con el tiempo, "el creador" de contenido se habrá especializado en satisfacer a una determinada audiencia que no fue creada por él—de la misma forma que la popularidad fugaz de fenómenos como los Minions no se trató de una decisión del gremio mundial de niños sino de una campaña publicitaria que costó casi mil millones de dólares.

El *creador* artesanal de videos sin los capitales de Universal Studios y McDonalds se educará y se desarrollará en base a esta demanda sin advertir que la demanda, la sensibilidad del público fueron previamente creadas por una mega industria digital que, a su vez, está enmarcada en el paradigma de su época, es decir, en el capitalismo y poscapitalismo que considera éxito a la popularidad, al dinero y a la mercantilización de la existencia.

Todo muy creativo.

III. EL MARCO IDEOLÓGICO

Capitalismo y liberalismo

Algo salió mal

HACE UN SIGLO, LOS FUNDAMENTALISTAS cristianos en Estados Unidos tomaron nota de la creciente popularidad de la Teoría de la Evolución de Darwin entre los científicos y decidieron crear su propia teoría científica, la que llamaron "Diseño inteligente". Según esta teoría, basada más en perplejidades que en simples evidencias, lo que parece una adaptación lógica de los organismos a su medio solo puede deberse al diseño creado por una inteligencia superior creada a sí misma antes que el Universo existiera. No por la fuerza de la razón, sino por la fuerza política de una religión, un grupo de fanáticos logró que en Estados Unidos se prohibiera la enseñanza de la Teoría de la Evolución por varias generaciones.

Sin embargo, la Teoría de Darwin es más que efectiva para explicar el desarrollo de los fenómenos biológicos hasta en los diseños más complejos de la naturaleza, como el ojo falso en la cola de un pez, o las franjas estampadas en la piel de las cebras para confundir la mirada de sus depredadores. Su complejidad tiene un principio extremadamente simple: no hay nada que hasta el más azaroso método de prueba y error, con algunos millones de ocurrencias, no pueda corregir y adaptar.

Antes de Darwin, Adam Smith había sentado las bases del liberalismo económico según el cual cada individuo, al perseguir su propio beneficio, inevitablemente conduce a un "equilibrio natural" y al "bienestar general". El éxito de los mercaderes parecía confirmarlo: a lo largo de la historia, fueron ellos agentes relevantes, no sólo en el intercambio de bienes sino también en el intercambio de cultura y de conocimiento.

La exitosa (y maldita, para los creyentes de Noé) teoría de la evolución de Darwin ha sido actualizada varias veces, por ejemplo, para explicar el hecho de que un individuo se sacrifique en beneficio del grupo o de la especie. Un pájaro que con su canto alerta a sus iguales es presa fácil de un depredador, pero con su sacrificio el individuo salva al grupo. En lenguaje humano, se llama altruismo, acto heroico. Distintas particularidades intelectuales en los seres humanos (como un estado de alerta patológico en algunas personas) se pueden explicar como un perjuicio para el individuo en beneficio de la especie, al menos en tiempos pasados.

En casi todas las sociedades contemporáneas, el "menos apto" sobrevive gracias a la solidaridad y la compasión del grupo. Tal vez el *bullying* es un resabio de tiempos prehistóricos cuando el grupo o algunos individuos del grupo entendían que los débiles eran una carga inconveniente, pero hoy la cultura y la sensibilidad moral han revertido esa práctica a fuerza de educación en nuevos valores. La eterna disputa dialéctica entre el Poder y la Justicia (entre las posibilidades del beneficio del individuo y las del beneficio del grupo) se ha balanceado en favor de esta última. La disputa práctica, en cambio, parece definirse otra vez por el Poder, por la imposición de los más fuertes, no sin primero secuestrar la dialéctica de sus adversarios, aquellos que luchan por la justicia, generalmente una dialéctica igualitaria en favor del grupo. Para verlo, basta con echar una mirada al poder económico y militar acumulado por el uno por ciento de la población del mundo, lo cual, en principio, está en consonancia con la teoría y justificación moral de "la sobrevivencia del más apto", que tanto sedujo a la Europa imperial del siglo XIX, a los estadounidenses del siglo XX y a los ricos y poderosos de todos los siglos.

Por el contrario, el hecho de que los menos aptos, los más pobres, se reproduzcan más que los más aptos, lo más ricos, parecería indicar que la cultura contradice el principio evolucionista de la "sobrevivencia del más apto". Entonces, ¿los valores morales confirman o contradicen la teoría de la Evolución?

Lo más probable es lo primero. La moral, la cultura y la educación pueden significar la supresión o limitación de la violencia del más fuerte (del más apto) contra el resto del grupo, contra el resto de la especie. Es decir, la Justicia no es una contradicción de los principios básicos de la Evolución darwiniana sino uno de sus elementos necesarios para la sobrevivencia del grupo.

En contraposición con todo lo planteado anteriormente llegamos, finalmente, a un posible elemento de contradicción, de quiebre, o a una patología terminal, como puede serlo el cáncer en la lógica de un cuerpo sano. La historia reciente de la humanidad parece mostrar una seria y critica excepción a la lógica de la evolución. No son las sociedades más pobres, los países menos desarrollados los que están amenazando la existencia de la especie en la faz de la Tierra sino los más poderosos, "los más aptos".

Luego de una explosión en desarrollo tecnológico que nos ha llevado a la robotización y a la inteligencia artificial, la humanidad se encuentra en una posición de alta vulnerabilidad. Por muchas razones. Una de ella, radica en el proceso de su propia inteligencia. Durante el siglo XX, los especialistas habían observado algo que se conoció como "el efecto Flynn". En general, el promedio del coeficiente intelectual de los individuos había ido en aumento de forma sostenida, muy probablemente debido a las mejoras en la alimentación, la educación y la eliminación del plomo a la que, hasta mi generación, estábamos expuestos en diversas formas, como cañerías de agua y tubos de pasta de dientes. Sin embargo, apenas el siglo XXI comenzó, la gráfica de crecimiento del CI comenzó a descender, por primera vez desde que se tienen registros. El gran sospechoso en este proceso de declive ha sido la misma tecnología.

Este peligro no sólo radica en la mayor potencia de destrucción militar de los países más poderosos sino en sus capacidades de destrucción del medio ambiente. Son los más aptos (los más fuertes, los más ricos, los ganadores) los más capacitados para poner en peligro la existencia de la especie humana. Peligro que ha dejado de ser una potencialidad y comienza a concretarse.

Es posible que la inteligencia humana (al menos aquella al servicio del poder) sea una anormalidad cancerosa de nuestra especie, si consideramos que los tiburones y las hormigas han estado en este planeta millones de años antes que nosotros. En apenas unos pocos miles de años y, sobre todo como consecuencia de los últimos siglos, la especie humana se ha acercado peligrosamente, como nunca antes, a la extinción por suicidio propio.

Tarde o temprano, la inteligencia humana terminará por exterminar la especie. Aquellos que niegan esta posibilidad en base a múltiples predicciones previas, casi todas desde el mesianismo religioso, usan la misma lógica que podría resumirse como: "*yo nunca me voy a morir porque nunca me morí antes*".

Las especies no evolucionan hacia un estado superior, sino hacia una adaptación mejor. Razón por la cual podemos pensar que la inteligencia humana en algún momento se convirtió en su opuesto original: de ser uno de los mejores ejemplos de adaptación al medio, a través de la adaptación del medio a sus necesidades, se ha convertido en lo opuesto: la inteligencia humana es una patología, como tantas en la naturaleza, que lleva a una especie a su extinción debido a su inadaptación, como al principio, como consecuencia de la destrucción de ese mismo medio adaptado a las necesidades de una sola especie y de una sola clase social dentro de la especie. El peligro de la existencia humana y de muchas otras especies en el planeta se debe al éxito inicial de la inteligencia humana, la que perdió poder de adaptación en su éxito por adaptar el mundo a sí misma. A partir de 1970, el mundo ha comenzado a consumir más recursos de los que el planeta puede renovar, mientras la ideología dominante, el capitalismo y su versión más radical, el neoliberalismo, insisten en que la solución es continuar destruyendo el planeta para maximizar la única dimensión que importa en un ser humano (exitoso), es decir, los *beneficios*. De hecho, así como la palabra *improvement* (mejoría) nació en Inglaterra para significar "mayor renta" (de *emprowement*, lucro), así en distintos idiomas hoy en día la palabra *beneficios* se sobreentiende como "ganancias económicas". No por casualidad, el capitalismo nace con el ejercicio del *improvement* de la tierra y de la expropiación y privatización de las tierras comunales en el siglo XVI en Inglaterra y luego en otras partes del mundo, como en América y en África hasta hoy en día. Por no seguir con la sobreabundancia de expresiones en inglés moderno que se refieren al dinero o a alguna ganancia material para expresar otros aspectos de la vida humana como el interés por algo o la felicidad o la belleza (*"you feel like a million dollars"*).

Tanto los países capitalistas como los llamados socialistas o comunistas están enmarcados en la lógica del capitalismo, la cual exige que, para que los de abajo no pierdan sus empleos y no se mueran de hambre, los países deben lograr un crecimiento económico anual e ilimitado del PIB. En realidad, el crecimiento del PIB de un país no siempre significa mejores salarios, pero siempre significa mejores beneficios para los inversores. Esta obsesión de la economía capitalista surgió en los años 30, durante la Gran Depresión, y desde entonces suma tanto la producción de bienes necesarios, innecesarios, constructivos, destructivos y contaminantes en un mismo número. En 1937, su inventor, el economista y luego premio Nobel Simon Kuznets, llegó a advertir ante el Congreso de Estados Unidos del peligro de un uso simplificado de su propio invento, pero la conferencia Bretton Woods lo canonizó en 1944 como la única medida de éxito económico y social. En 1962, en plena Guerra Fría, Kuznets insistió: *"Es necesario distinguir entre la cantidad y la calidad del crecimiento, entre los costos y los rendimientos, y entre el corto y el largo plazo. Las metas para un mayor crecimiento deben especificar de qué y para qué necesitamos más crecimiento"*.[34] Jason Hickel observa que *"desde 1980, el PIB mundial se ha triplicado, mientras los pobres sobreviviendo con menos de cinco dólares diarios ha crecido en 1,1 mil millones; esto se debe a que a partir de cierto punto, el crecimiento comienza a producir más efectos negativos que positivos"*.[35]

Por una razón enraizada en el sistema, la cultura y probablemente en la tendencia humana a mentirse a sí mismo a largo plazo para obtener resultados satisfactorios a corto plazo, estas advertencias pasaron desapercibidas o nunca fueron consideradas seriamente por ningún líder mundial ni por ninguna gran organización o por ninguna campaña de concientización mediática, sino todo lo contrario. Consecuentemente, tampoco por los pueblos. No importa que ya desde 1970 el planeta produce para alimentar más de la población que posee, pero la explotación de recursos para mantener un crecimiento ilimitado es varias veces lo que el planeta puede sostener. Un absurdo que se ha cristalizado desde hace muchas generaciones como sentido común: "no puede haber redistribución sin crecimiento", etc. El biólogo e historiador británico

David Attenborough lo resumió de forma clara: *"Alguien que piense que es posible sostener un crecimiento infinito en un medio finito o es un loco o es un economista"*.[36]

No obstante, si la inteligencia se ha convertido en la patología principal de nuestra especie, la conciencia de esta situación podría ser la posible solución a nuestra propia destrucción a través de la destrucción de nuestro medio. En el triunfo de una de ellas nos jugamos nuestro futuro en este planeta y, probablemente, nuestra existencia en este Universo.

Claro que también es posible que el optimismo también sea parte de nuestra propia debilidad como especie: nos mentimos a nosotros mismos como *otra forma* de adaptar el medio, la realidad, a nuestros deseos y no al revés.

Fósiles del capitalismo

CAMINANDO POR EL CAÑÓN del Colorado no es raro encontrarse con un trozo de árbol que se petrificó millones de años atrás. En el idioma común, petrificar significa inmovilizarse, pero, para inmovilizarse, para petrificarse, ese trozo de madera debió dejar de ser madera para convertirse en piedra. Lo mismo cuando vemos una hoja estampada en una roca que ha sido abierta, un caracol, un pez o una abeja fosilizada 70 millones de años atrás. Esos fósiles ya no son madera, no son hueso, no son carne ni uñas sino, básicamente, roca. Lo que vemos es la forma, el reflejo de un pasado lejano, no su naturaleza original.

El mismo proceso ocurre con las ideas fundadoras, desde las religiosas hasta las ideológicas. Pero el dogmático trasforma la forma original en el fetiche originario. *Las formas sobreviven al contenido.* En tiempos de Jesús, la acusación contra los maestros de la ley, aquellos escribas y fariseos que administraban la religión desde el poder como hoy lo hacen los legisladores de una república bananera o una neocolonia, era que habían conservado la forma pero perdido el contenido. Lo mismo ocurre con la constitución de Estados Unidos. La obsesión radica en deducir e interpretar *correctamente* la intención original de quienes vivieron hace 250 años y hablaron una forma de inglés algo diferente al actual y, sobre todo, vivieron en un mundo que ha desaparecido y que no tenían idea de la realidad y los problemas actuales. Un ejemplo clásico es la discusión que rodea la Segunda Enmienda: esa simple línea ¿se refiere al derecho de portar armas de una "milicia regulada" o de individuos desconectados, ejerciendo el dogma del derecho individual, como el derecho a la propiedad, por encima de cualquier otro derecho?[xvi] ¿Es necesario leer esa línea como un religioso lee un texto sagrado que asume fue escrito por la mano de Dios o podemos entender que los llamados Padres fundadores no sólo eran hombres mortales sino, además, poderosos dueños de esclavos que organizaron una constitución a su imagen y conveniencia en nombre de principios universales?

Lo mismo podemos ver en las interpretaciones ideológicas que se convierten en dogmas. Todas las grandes ideas, aquellas que se han expandido a distintos pueblos y distintas generaciones, sufren un observable proceso de fosilización—que, como un fósil, también es un proceso de simplificación. Con esto no me refiero sólo a una fijación e incapacidad para el cambio, sino lo contrario. Es un lugar común acusar a los marxistas de ser dogmáticos, a pesar de que es una de las corrientes de pensamiento más abiertas a las correcciones y nuevas interpretaciones de su propia ideología o interpretación del mundo. No por casualidad la izquierda ha estado históricamente más fragmentada políticamente que la derecha. La razón, entiendo, radica en que, pese a la multiplicidad de recursos tradicionales (religión, patria, orden, capital, propiedad) a la derecha la unen los intereses económicos, que son los que dominan el mundo, mientras que la izquierda ha pasado la mayor parte de su historia deliberando diferentes estrategias de resistencia a ese poder.

Por lo general, las acusaciones sobre el dogmatismo de la crítica marxista proceden del otro extremo del especto político, los liberales de la extrema derecha. Su fósil suelen ser profetas como Adam Smith o Milton Friedman—un radical versión moderada de Friedrich Hayek. Pero sus lecturas están fosilizadas y sólo mantienen la forma, como la idea de "la mano invisible del mercado" o el principio del "egoísmo como motor del progreso", cuando el mismo Smith nunca alcanzó este grado de simplificación fósil.

En una entrevista de setiembre de 2022, analizando los problemas presentes y el problema del futuro de Estados Unidos, el economista Nicholas Eberstadt, fue categórico: "*lo que realmente necesitamos en lugar de un Premio Nobel de economía es un Premio Nobel de literatura, porque estamos*

[xvi] "*Siendo necesaria una Milicia bien organizada para la seguridad de un Estado libre, no se violará el derecho del pueblo a poseer y portar armas*" (*A well regulated Militia being necessary to the security of a free State, the right of the people to keep and bear Arms, shall not be infringed*"). La interpretación "conservadora" del NRA y de los defensores de las armas, consiste en ignorar lo de "milicia regulada" e interpretar "*people*" no como pueblo sino como "individuos". Lo más objetivo que podemos decir más allá de la interpretación del texto es que ha sido esta última interpretación la que ha dominado la práctica, logrando que Estados Unidos sea un arsenal de armas en nombre de una seguridad que nunca ha llegado debido a las masacres diarias.

*hablando de Zeitgeist, del corazón humano, de todas las cosas que dan sentido a la humanidad".*³⁷

La fosilización del lenguaje capitalista

COMENCEMOS POR LA BASE SEMÁNTICO-LINGÜÍSTICA de la ideología capitalista que se resume en su propia definición. La literatura al respecto es abundante, pero las variaciones son mínimas. Todos conocemos esta definición, pero para hacerlo aún más impersonal, pidámosle una definición a un robot con inteligencia artificial (como todo, inventada y desarrollada por asalariados o por fondos gubernamentales para propiedad de las corporaciones privadas), uno de esos especialistas en resumir la gran herencia de prejuicios y lugares comunes de la humanidad, como ChatGPT.

La respuesta es previsible y resume el sentido común de las teorizaciones sobre el tema en los últimos siglos: *"El capitalismo es un sistema económico caracterizado por la propiedad privada de los medios de producción y la creación de bienes o servicios con fines de lucro en un mercado competitivo. En un sistema capitalista, los individuos y las empresas poseen y controlan los recursos utilizados para producir bienes y servicios, como la tierra, las fábricas y los equipos y son libres de comprar y vender recursos, bienes y servicios producidos con ellos. Las fuerzas del mercado de la oferta y la demanda determinan los precios de los bienes y servicios, y las personas y las empresas están motivadas por el potencial de ganancias para realizar inversiones y participar en la actividad económica".*[xvii]

Un simple análisis revela que toda la definición y su ideología se sustentan en ambigüedades, arbitrariedades y contradicciones. La *"propiedad privada de los medios de producción y la creación de bienes o servicios con fines de lucro"* es indiscutible desde Marx. El problema surge con *"un mercado competitivo"*. La competencia de mercado ya existía (por milenios) antes del capitalismo y, como veremos en este estudio, fue destruida por el capitalismo. Sus arcángeles, las corporaciones privadas, aparte de dictaduras no se dedican a la libre competencia sino a la *destrucción* de la competencia. Así

[xvii] La palabra *capitalista* probablemente fue usada por primera vez por James Mill, padre de John Stuart Mill, en su *Elementos de economía política* de 1821. Más tarde, Karl Marx y Friedrich Engels usaron *capitalismo* de forma más sistemática y consciente para referirse a un modo de producción específico dentro de un marco histórico más amplio.

fue desde el siglo XVI con la privatización y expulsión de los campesinos de sus tierras en Inglaterra y con la destrucción de las economías y la libre competencia de los mercados asiáticos bajo los cañones ingleses, holandeses y franceses.

Luego: "*En un sistema capitalista, los individuos y las empresas poseen y controlan los recursos utilizados para producir bienes y servicios*". Nada más lejos de la realidad. La confusión surge de considerar *individuos* como entes abstractos, *como si fuesen piezas de un juego de damas y no de ajedrez*. Al menos que por *individuos* no se refiera a los trabajadores, productores y consumidores. Es decir, a la mayoría de la humanidad.

Otra afirmación que nunca fue real, por las razones ya anotadas, es que estos individuos y empresas "*son libres de comprar y vender recursos, bienes y servicios producidos*". Un monumento a la hipocresía imperial y de las finanzas que gobiernan los negocios mundiales.

No solo los gobiernos sino, sobre todo, las corporaciones hacen que la siguiente afirmación sea un simple idealismo, cuando no hipocresía que repentinamente olvida la esclavitud, la opresión y los golpes de Estado en países del Sur Global para obtener mejores precios y más beneficios para las empresas imperiales: "*Las fuerzas del mercado de la oferta y la demanda determinan los precios de los bienes y servicios*".

La idea común de que "*las personas y las empresas están motivadas por el potencial de ganancias*" asume e impone que todos los individuos por igual "están motivados por el potencial de ganancias" y no "obligados". Aquellos individuos que tienen otras motivaciones y otras ideas sobre la existencia no pueden salirse del sistema social, al menos que se recluyan en una isla deshabitada en el Pacífico. Se les impone una acción y, en la mayoría de los casos, un deseo a través de una necesidad. Pero que eso: aquellos individuos que no están motivados por la mera ganancia económica deben sufrir el despojo de sus derechos políticos y vivir en un sistema autoritario, dictatorial que amablemente, no pocas veces, se llama a sí mismo "democracia".

Desde un punto de vista más restringido, la frase "*las personas y las empresas están motivadas por el potencial de ganancias*" motor de las economías imprecisamente llamadas capitalistas, también se ha revelado como el gran problema global, ya que ignora las *externalidades* de sus geniales negocios como, por mencionar solo unos pocos ejemplos, la degradación, simplificación y deshumanización de la educación y de la cultura, la cosificación de la publicidad y los medios de comunicación, el odio generalizado de los beneficios derivados de los conflictos en las redes sociales y, por si fuese poco, la destrucción del planeta.

La ideología capitalista y liberal, nunca fue aplicada según su propio idealismo, porque la realidad no se puede simplificar a ese extremo. De hecho fueron sus apóstoles quienes se encargaron siempre de que se aplique en cuentagotas, siempre y cuando fuese de interés a las micro clases hegemónicas. El dogma capitalista liberal es un acto de manipulación lingüística a través de su simplificación. Como el famoso "*We the people*" no aclara que por *gente* solo se refería a los hombres blancos y propietarios, donde el dogma capitalista liberal dice "los individuos son libres", no aclara a qué individuos se refiere; pero todos sabemos que son aquellos que tienen el dinero y el poder para ser libres de imponer su voluntad sobre el resto. Es un extremismo lingüístico propio de cualquier religión: "el *verbo* creó el mundo". Por lo tanto, la palabra es más importante que cualquier otra realidad. La palabra no explica sino que impone, inventa su propia realidad independiente de cualquier prueba o evidencia. Confundir deseo con realidad puede ser catastrófico para cualquier individuo, excepto si se trata de un individuo con poder. Entonces, es catastrófico para la realidad.

La utopía liberal que nunca existió

A TRAVÉS DE LA NARRATIVA RELIGIOSA O POLÍTICA se crea una realidad aglutinante y paralela, la que justifica y promueve el interés del poder y de la minoría en el poder o la mayoría aspirante a ocupar algún día el poder en una suerte de utopía individual. En este sentido, es necesario atender no solo a los poderosos medios de comunicación que desde la Era Moderna han creado o consolidado esta *narratura*, sino también al más tradicional método de proselitismo y evangelización que procede de las religiones establecidas.

A partir del Renacimiento, el cristianismo dominante (dejemos de lado teologías subalternas, como la Teología de la liberación) se convirtió en el aliado fundamental del capitalismo. Ambos, capitalismo y religión, son dos profesiones de fe, pero el cristianismo se adaptó al capitalismo, no al revés, contradiciendo todos los preceptos de los Evangelios, donde si algo no había era propiedad privada ni alabanza a los ricos y a las clases poderosas, ni condena al pago de impuestos ("al César lo que es del César") ni una defensa encarnizada de las guerras y de las armas.

La narrativa conservadora (capitalista) no se ha cansado de repetir lo contrario en los últimos siglos. Incluso, si consideramos el protestantismo (revolución de la "ética capitalista") como un regreso al Viejo testamento, veremos que tampoco en el Viejo testamento existe la propiedad privada; ni sus reyes ni sus líderes fueron alabados por algún tipo de liberalismo; ni existió nunca algo como la libre competencia entre los individuos en un mercado que establecía las normas y leyes sociales sino todo lo contrario. Como todas las religiones y filosofías históricas, en sus orígenes fueron colectivistas (lo cual no significa pérdida de la *individualidad* sino sociedades no basadas en el *individualismo* como dogma), desde el confucionismo hasta las religiones abrahámicas, por no considerar la rica y extensa tradición africana y americana en el mismo sentido.

De hecho, la libertad individual fue siempre condenada en nombre de la sumisión a Dios y al líder político. Cuando hubo rebeliones, no fueron realizadas en nombre del derecho de los individuos a decidir libremente qué pensar y cómo vivir, sino todo lo contrario. Es más, los profetas bíblicos criticaron siempre las injusticias sociales basadas en la avaricia de los ricos que provocaba grandes diferencias sociales, las cuales se resolvían periódicamente con un "perdona nuestros pecados", donde *pecados* significaban *deudas* que el rey de turno cancelaba con un solo decreto, mientras las redistribuciones de tierras eran algo frecuente y procedían de la voluntad de un gobierno centralizado, no de un libre mercado y mucho menos de laguna forma sagrada de "propiedad privada".

Ahora pasemos a la lógica interna del dogma capitalista-liberal, el que contiene su propia contradicción desde la raíz: la libertad ilimitada y egoísta de los individuos para comprar y vender, a través de la concentración de capitales (condición básica del sistema capitalista) rápidamente destruye la libertad de los individuos, no sólo para comprar y vender en un nunca-libre mercado, sino para no ser gobernados, en el más amplio sentido de la palabra, por una elite progresivamente más pequeña y más poderosa.

Esto no solo es una evidencia histórica, sino que lo vieron y advirtieron los más venerados fundadores del liberalismo moderno, desde Adam Smith hasta los economistas liberales del siglo XXI. Adam Smith apenas usó un par de veces su famosa metáfora de "la mano invisible del mercado" en la biblia liberal *La riqueza de las naciones* (1776) y no pocas veces en base a una particular fe humanista que nunca ocurrió en la historia. En *Theory of Moral Sentiments* (1759), la tesis central del padre del liberalismo gira en torno a la capacidad humana de empatía, de solidaridad social y cooperación. Tal vez su mayor error consiste en que, al reconocer que la excesiva acumulación de los ricos que emplean a miles de trabajadores sólo satisface su *"egoísmo y rapacidad naturales"*, confió que "la mano invisible" podía redistribuir esta riqueza concentrada a cada uno de los trabajadores.[38] Algo parecido a su idea de "espectador imparcial", una especie de superego freudiano que es capaz de regular los excesos del egoísmo y la rapacidad social de los poderosos. Demasiado utópico, sino ingenuo.

La misma mano invisible, según Smith, haría que los grandes industriales e inversores prefieran siempre invertir en sus países antes que en el extranjero. En todo caso, Smith se apoyaba en los buenos sentimientos de las personas para redistribuir los beneficios de un sistema que era amoral. Incluso confiaba en que el amor por el dinero no era tan grande como la vergüenza social, por lo que los superricos renunciarían a parte de sus fortunas vía caridad, afectados por este sentimiento moral (social). Otra vez, la historia parece indicar lo opuesto.

Esa *mano invisible* era la responsable de crear riqueza, desigualdades y redistribución, primero dogmatizando el egoísmo y luego apelando al altruismo como ad hoc para resolver todos los problemas de la solución inicial—ya sea "el buen corazón" de los ricos o "el mal necesario" de los Estados. Los liberales contemporáneos echaron al olvido esta segunda parte, el valor de la cooperación, es decir, una de las prescripciones (legales, morales y religiosas) más importantes de todas las civilizaciones a lo largo de la historia. Es más, en la versión sociópata de Ayn Rand, los ultraliberales dictaminaron que sólo el egoísmo era moral, mientras que el altruismo era una forma de degeneración humana.

La idea central del egoísmo como motor del bienestar social se basa en el entendido de que es parte central de la naturaleza humana. En esto, los liberales conservadores, que por lo general son religiosos creacionistas, son fueles subscriptores del darwinismo. Cualquier cosa que intente limitar la natural tendencia al egoísmo, a la destrucción creativa, es una limitación *la libertad*.

Está demás decir que es una definición arbitraria y estrecha de libertad, pero aun dejando de lado este factor filosófico, vemos que tampoco se corresponde con los estudios psicológicos, neurológicos o antropológicos, como los del psicólogo y etólogo Francis de Waal o los de Karen Wynn en psicología infantil. A principios de este siglo, Wynn y su equipo estudiaron las reacciones de niños de seis a doce meses, expuestos a escenas con figuras geométricas que se comportaban unas de forma egoísta y otras de forma altruista con otras figuras geométricas. Descubrieron que luego, cuando se les ofrecía a los niños tomar una de las figuras, todos tomaban aquellas que se habían comportado de forma altruista—*prosocial*.[39] Esto no quiere decir que el egoísmo sea algo completamente adquirido, sino que en sociedad, desde la más temprana edad los individuos prefieren aquellos otros individuos que no destacan por esa característica personal.[40] Si, además, consideramos el marco cultural e ideológico en que se educarán y desarrollarán esos niños (el capitalismo consumista y exitista), no es difícil considerar que serán educados y estimulados minuto a minuto a una actitud egoísta y egocéntrica.[xviii]

[xviii] Estudios similares sobre el racismo arrojan las mismas conclusiones.

Joseph Schumpeter es otro de los ídolos liberales y neoliberales, aunque, por lejos, más serio que Rand. Schumpeter es uno de los economistas y filósofos más citados por la derecha política de las últimas generaciones, casi exclusivamente para mencionar su famosa "destrucción creativa" (casi tan citada como "la mano invisible" de Adam Smith) y su juicio sobre la ineficiencia del Estado para crear nuevas tecnologías y su confianza en el individuo y el libre mercado para crear prosperidad.

En su famoso libro *Capitalism, Socialism and Democracy* de 1942, Schumpeter concluyó que el capitalismo y la democracia no son necesariamente compatibles y que en el sistema capitalista las sociedades son dominadas por elites de millonarios y por el poder descontrolado de las grandes corporaciones que manipulan los gobiernos y los sistemas políticos a su favor, algo que está bastante alejado de cualquier idea de democracia y que nunca ha dejado de radicalizarse, sobre todo a partir de los años 70. El reconocido profesor de economía Henry Calvert Simons, mentor de Milton Friedman en la Universidad de Chicago y uno de los campeones del *laissez-faire* (dejar hacer) fue explícito sobre los peligros antidemocráticos derivados de la concentración de poder de una corporación con influencia en el poder político: "*El gran enemigo de la democracia es el monopolio, en todas sus formas... corporaciones, asociaciones comerciales, sindicatos—o, en general, la organización y concentración del poder en clases funcionales*".[41]

En tiempos de Schumpeter todavía no se planteaba el mayor problema del capitalismo (aparte del poder de los individuos y las corporaciones orientadas por la búsqueda ilimitada de ganancias económicas) como está planteado hoy, aunque todavía casi como si fuera un detalle: la destrucción del planeta. Sí se sabía, o comenzaba a saberse, que el rol de los gobiernos en el desarrollo económico y tecnológico, por no mencionar el más obvio socorro de sociedades enteras de las crisis propias del capitalismo (crisis económicas). Sí se sabía, y lo sabía Adam Smith casi dos siglos antes, que el libre mercado no fue practicado por aquellos centros imperiales que lo difundieron como ideología para consumo de las colonias.

La asociación del capitalismo con el libre mercado que continúa siendo popular y central en los discursos políticos hoy en día, es tan forzada como la asociación del capitalismo y del libre mercado con la libertad y la democracia. La doctrina del *laissez faire* del mercado como fórmula de prosperidad económica nunca se aplicó a los países económicamente prósperos, como los europeos, como Estados Unidos, ya que en todos los casos se desarrollaron bajo fuertes políticas proteccionistas, bajo fuertes intervencionismos estatales en la economía (no sólo en tiempos de crisis sino para también para desarrollar casi toda la tecnología que hoy se le atribuye a los privados "genios de garajes") y se enriquecieron gracias al brutal despojo, opresión y destrucción imperialista en todos los continentes. Donde se aplicó de forma más radical la ideología del libre mercado fue en sus colonias, y siempre por imposición directa, a través de bancos como el FMI o de sus propios mayordomos criollos, no pocas veces echando recurso a sangrientas dictaduras militares. Sólo las dictaduras en África y América Latina son ejemplos de ese experimento extremo articulado por economistas como Milton Friedman y Friedrich Hayek, refiriéndose al caso chileno: *"Prefiero una dictadura liberal a una democracia que no respete el liberalismo"*.[42]

Uno de los argumentos centrales del neoliberalismo radica en el poder del mercado para autorregularse. ¿Qué significa esto? ¿A qué regulación se refiere? En cada discusión la palabra "autorregulación" queda en el limbo semántico. Si se refiere al poder de no derivar en despotismos feudales que contradigan sus propios principios ideológicos (aunque no sus principios históricos, como explicaremos), la historia nunca proveyó ningún ejemplo y toda la experiencia posterior a la experiencia neoliberal indica exactamente lo contrario: los mercados no se autorregulan sin la intervención del maldito Estado que es, paradójicamente, el gran regulador. Incluso en sus versiones monetaristas, los neoliberales explican las crisis por una cuestión de administración del dinero (emisión, liquidez, recaudación impositiva, balances financieros) lo cual es otra paradoja: desde este punto de vista, es en el Estado donde radica la existencia misma del mercado y su posible crisis o prosperidad. Para el neoliberalismo, el Estado debe ser mínimo mientras la economía le funcione a los superricos; cuando llegan las inevitables crisis, no sólo porque es parte de la naturaleza del capitalismo sino porque está administrada por individuos y corporaciones cuya meta y objetivo son las ganancias ilimitadas a cualquier precio. Entonces se convierten en los más agresivos estatistas para volver a saquear al pueblo con salvatajes estatales. Durante la crisis de 2009, los neoliberales en el gobierno económico de Estados Unidos nacionalizaron más empresas (GM, Bancos, etc.) que en todo el siglo anterior lo hicieron los gobiernos de izquierda. No hubo golpe de Estado como en alguna república bananera porque los afectados "es decir, los salvados) sabían que una vez que esas megaempresas volvieran a funcionar el gobierno no las privatizaría sino que, más que eso, las entregaría de nuevo a "sus naturales dueños", los inversores. Cuando Barack Obama ganó las elecciones, tuvo el mayor apoyo popular de las últimas generaciones y, en lugar de revertir el super ciclo neoliberal iniciado por Ronald Reagan en 1980, se limitó a consolidarlo y radicalizarlo. No sólo salvó megaempresas y corporaciones financieras, las recapitalizó con dinero de los trabajadores, sino que en todo el proceso designó a los mismos responsables de la crisis. Esto parece sugerir que es más probable que in *insider* como Franklin D. Roosevelt o Ronald Reagan, en tiempos de grandes crisis, realice cambios estructurales que un *outsider* (o alguien percibido y auto percibido como outsider como Obama) tratando de hacer buena letra.

El libre mercado siempre tiende a la eliminación de su principio más básico: la libre competencia. Desde Adam Smith hasta Joseph Schumpeter, el mayor problema del libre merado fue consecuencia de su misma naturaleza y sólo el gobierno podía salvarlo de su autodestrucción, ese mismo gobierno que los neoliberales querían reducir al mínimo o hacer desaparecer en un orden ideal.

Si el capitalismo no se ha hundido antes en su espiral de "destrucción creativa" ha sido por los programas sociales de sus gobiernos (llamémoslo *socialismo subalterno*) que han salido al rescate de bancos hasta poblaciones enteras de desocupados, drogadictos, seres humanos con problemas de seres humanos.

Desde un punto de vista más general (más profundo, más humano), queda una discusión aún más importante que la meramente económica: el sentido de la existencia, la mercantilización del ser humano, de su psicología y de sus relaciones sociales; las bondades del *libre mercado* comparada con la libertad *en/con* el mercado. Abordaremos estos aspectos más adelante.

La hoja antes del bosque

UNA DE LAS PERPLEJIDADES MÁS COMUNES de aquellos profesores de Estados Unidos que procedemos del llamado "Mundo subdesarrollado" (o "Países en vías de desarrollo", según el último eufemismo) ocurre cuando le preguntamos a nuestros estudiantes a qué piensan dedicarse luego de que se gradúen. La respuesta más común es "a cualquier cosa que me deje dinero". Nuestra perplejidad radica en que esperamos una respuesta relacionada a una vocación, a una pasión por algo (médico, pizzero, ingeniero, mecánico, agricultor, músico), a una forma de vida, no a una cuenta bancaria.

Las respuestas a esta perplejidad de subdesarrollado suelen ser (sobre todo desde el mundo subdesarrollado): "Por eso somos subdesarrollados y ustedes, profesores que viven en las nubes, deben emigrar al Primer mundo, no al revés". Hasta allí llega el gran pensamiento funcional de la obviedad dominante. Es decir, somos subdesarrollados porque no pensamos todo el tiempo en el dinero; porque no somos capitalistas sino asalariados o pequeños emprendedores que necesitan sobrevivir y alimentar a sus familias; porque no tenemos una mentalidad superior y representamos un estorbo al progreso y el bienestar que llueve de los "eficientes hombres de negocios". Para estos malos lectores de Adam Smith (supongamos que lo leyeron alguna vez), el mundo es plano; nunca existieron los imperios capitalistas, las naciones hegemónicas ni las colonias ni las dictaduras cipayas. No existen las clases sociales y mucho menos una "lucha de clases"—fantasía inventada por Karl Marx, etcétera.

Por un lado, el sistema socioeconómico estadounidense obliga a sus estudiantes universitarios, a sus "futuros líderes" a pensar de esa forma: primero el dinero, no sólo para pagar las deudas por haber estudiado sino, luego, para alcanzar el *éxito*, es decir, para convertirse en millonarios; luego todo lo demás. Diferente a países como Uruguay o Alemania (donde los estudiantes que se reciben de las universidades más serias, es decir las públicas, se reciben sin deudas) en Estados Unidos las universidades más prestigiosas son privadas y cuestan una fortuna. Incluso aquellos que se reciben en universidades públicas lo hacen con pesadas deudas (excepto si son militares), por lo cual deben pasarse los siguientes diez o treinta años de sus vidas (justo en la edad más creativa y productiva) tratando de liberarse del monstruo, para lo cual se esclavizan en trabajos que detestan o que poco tienen que ver con su especialización académica, profesional o vocacional.[xix]

¿Cómo llegamos a esta incuestionada normalidad llamada *capitalismo*, encandilada con las luces del progreso ajeno? Echemos una brevísima mirada a la historia.

El bosque antes del árbol

ANTES DE ENTRAR A UN ANÁLISIS DETALLADO del tema central de este libro (el fenómeno político-narrativo de los medios de comunicación y dominación) es necesario ponerlo en su contexto histórico. Como ocurre con las mismas ciencias físicas, una fórmula matemática no es *la realidad* sino una abstracción cuantitativa de una realidad más compleja. Pero esa abstracción debe ser capaz de explicar diferentes fenómenos, aparentemente contradictorios; fenómenos que el sentido común y el resto de los sentidos perciben como

---

[xix] En 2021, el promedio de endeudamiento de un estudiante universitario era 29.719 dólares, 5.954 más que en 2009 (Kerr, E., & Wood, S. "See How Average Student Loan Debt Has Changed". US News & World Report.) Si consideramos que muchos terminan de pagar su deuda entre quince y veinte años, podemos entender que no todos están en la misma situación de inicio en el repetido cliché de "el camino hacia el éxito" en un mundo sabiamente regido por la "libre competencia".

un caos. En la novela *Sobre héroes y tumbas*, un personaje del Ernesto Sábato decía que lo importante es poder explicar que "*la piedra que cae y la Luna que no cae representan un solo y mismo fenómeno*".[43]

Claro que las variables se multiplican cuando la ecuación trata de resumir una complejidad humana. Hay muchas formas de definir algo, entre ellas la historia humana. Para mí, la historia se desarrolla en la permanente lucha entre dos fuerzas principales: el poder y la justicia. Es decir, la supremacía cultural, ideológica, económica y militar de una minoría y la necesidad de limitar y distribuir ese poder concentrado al resto de la sociedad a través de la moral y el derecho en sus múltiples variaciones.

Si nos detenemos un momento en el primer factor, podemos observar que, a lo largo de la historia, el poder ha procedido y ha tendido siempre de la acumulación de recursos materiales a través de dos herramientas indispensables: 1) *los medios de coacción física* y 2) *los medios de narración de la realidad*, desde cómo se creó el mundo hasta cómo se creó la prosperidad y el progreso. Más adelante trataremos de entender y explicar el primer pilar para luego analizar en más detalle el segundo.

Cada acumulación de recursos propios es, naturalmente, una expropiación de recursos ajenos (lo que Marx llamó *mehrwert*, *valor agregado* o *plusvalía* y los economistas liberales llamaron *beneficio*). Esta apropiación tiene dos limitaciones: 1) la necesidad de mantener viva y funcional la fuerza de producción a la que se extrae su valor excedente, de la misma forma que los esclavistas se preocupaban por la salud y la conformidad de sus esclavos más jóvenes (la araña no debe exterminar a las moscas) y 2) la lucha organizada de los grupos productivos o fuera del poder central para limitar el flujo de riqueza de la mayoría hacia una minoría dominante.

En tiempos de Adam Smith y de Karl Marx, los productores eran, básicamente, los trabajadores rurales e industriales—el proletariado. Sin embargo, desde siglos anteriores (y en la actualidad de forma más determinante) el factor intelectual de los inventores de máquinas y de nuevas tecnologías ha sido parte de esta fuerza productiva a la que se le extrae plusvalía o beneficio, secuestrando sus novedades y presentándolas como propias por parte de la clase dominante, de los inversionistas, de los CEOs de mega compañías como Jeff Bezos o Elon Musk.

Es el caso, por ejemplo, de la computación, de las tecnologías espaciales, de Internet, de la robótica y de la Inteligencia Artificial, todos productos de esfuerzos e inversiones a largo plazo realizada mayoritariamente por gobiernos, universidades o innovadores independientes antes que sus logros finales fuesen privatizados por los venerados "hombres de negocios", los "genios de garajes", aquellos que finalmente se enriquecieron secuestrando los frutos de la humanidad, acumulados por siglos."[xx]

En una carta de 1903 a Helen Keller (la primera persona ciega y sorda en graduarse de una universidad y prolífica activista social del partido socialista estadounidense) Mark Twain ya demostraba una clara conciencia sobre esta realidad: "*Se necesitan mil personas para inventar un telégrafo, una máquina de vapor, un fonógrafo, una fotografía, un teléfono o cualquier otra cosa importante, pero la última se lleva el crédito y luego nos olvidamos de los demás. (...) Esto debería enseñarnos que de noventa y nueve partes de todas las cosas que proceden del intelecto son plagios*".[44]

Pero esta sucesión de aportes y progresos colectivos no es una línea horizontal interrumpida por el último genio. Existe un orden social que suele premiar al último de múltiples formas, no solo en los créditos. En un orden capitalista, el último ni siquiera es un inventor, sino el pescador que tira una red llamada *grandes negocios* y no solo recoge los beneficios económicos del esfuerzo colectivo sino que, además, es reconocido "como el hombre que cambió el mundo", no solo porque tiene los capitales suficientes para secuestrar las nuevas tecnologías y la propaganda adulatoria, sino que el sistema capitalista vive de esa ilusión colectiva que se parece mucho a un cuento de hadas donde las pobres campesinas soñaban con casarse con el príncipe, hasta que envejecían y ya no tenían ni fuerzas físicas ni instrumentos intelectuales para rebelarse o, al menos, para cuestionar el orden social en el que estaban atrapadas.

La historia de los avances tecnológicos, desde los más antiguos hasta los más modernos, está dominada por científicos e inventores asalariados o independientes quienes, contrariamente al cliché dominante, no estaban motivados por los beneficios económicos de sus descubrimientos. Los pocos que sí lo estaban, como Thomas Edison, hicieron todo lo posible para hacer fracasar inventos mucho más importantes que la lampara eléctrica, como lo fue

---

[xx] Esta idea fue popularizada por el libro de Mariana Mazzucato *El Estado emprendedor* (*The Entrepreneurial State*, 2013), ampliamente citada por políticos españoles como Íñigo Errejón y por Cristina Fernández en Argentina, y atacado con urgencia por una serie de serie de libros bastante elementales como *The Myth of the Entrepreneurial State* de Deirdre McCloskey y Alberto Mingardi (2020). Es de justicia recordar que Noam Chomsky propuso esas mismas ideas mucho antes, al menos cuarenta años antes según me recordó el mismo autor en una conversación reciente. Lo discutimos allá por 2009 en Princeton University y en el MIT y las incorporamos en el libro *Ilusionistas* (2012) y más recientemente en *Sin Azúcar* (2022). Otro antecedente académico puede encontrarse en el artículo de Kozul-Wright, Richard, "The Myth of Anglo-Saxon Capitalism: Reconstructing the History of the American State". *The Role of the State in Economic Change*, 1995, pp. 80-113.

la corriente alterna del serbio Nikola Tesla. A la ideología hegemónica le cuesta concebir que alguien levante una mano o realice un esfuerzo especial si no es por un interés monetario. No sólo le cuesta; le conviene. A pesar de ello, casi ninguno de los progresos científicos y tecnológicos fue aportado por un capitalista, más allá de que, de forma accidental, algunos pocos inventores a lo largo del último siglo se convirtieron en millonarios. No al revés. Cada uno de los nuevos inventos fue rápidamente secuestrado por la elite financiera en la cúspide de la pirámide de los negocios. De hecho, las únicas formas de convertirse en millonario es ser un hombre de negocios o un dictador absoluto en algún país periférico; nunca alguien que invierte décadas haciendo investigación en alguna universidad, construyendo casas, produciendo alimentos para miles de desconocidos o salvando vidas en un hospital. ¿Las "compañías exitosas" se destacan por su efectividad, como Amazon? Claro ¿cómo no ser efectivo cuando se monopoliza y se secuestra cada innovación, producto del capital intelectual humano? Microsoft, Apple, Amazon, Tesla… Cada invento sirvió y sirve para mejorar la red del pescador, la telaraña donde van a caer abejas y moscas por igual—inventores, trabajadores y consumidores. Por no remontarnos a las innovaciones más importantes de la humanidad ocurridas siglos y milenios antes, como el álgebra o la invención del algoritmo por parte del matemático persa Al-Khwarizmi en el siglo IX y que es crucial en el funcionamiento de todas las tecnologías digitales hoy en día, sólo por mencionar un ejemplo entre cientos.

Pero la estrategia del secuestro y acumulación no se reduce sólo a los inventos y a las nuevas tecnologías sino a casi cualquier otro aspecto de la vida social, desde (1) el económico (2) el político hasta (3) el narrativo. De la manipulación política para incrementar los *beneficios* económicos nos detendremos cuando analicemos la *corrupción legal*, por la cual las corporaciones evaden impuestos en los paraísos fiscales, presionan a países pobres a través de los bancos mundiales y de sus propias inversiones volátiles ("hot money") por la cual determinan las "políticas correctas" de desregulación, desprotección de trabajadores y destrucción de la soberanía de los países a través de tratados de "libre mercado"—aparte de escribir casi a su antojo las leyes en los países centrales, hegemónicos, imperiales o como quieran llamarlos.

IV. EL NACIMIENTO DEL EGO-MERCANCÍA

Propiedad privada, democracias imperiales

La revolución industrial que murió al nacer

DURANTE LA DISPUTA DEL MUNDIAL de futbol 2022 en Catar, los argentinos se sorprendieron de que la hinchada más fiel a su equipo, después de la argentina, estaba en Bangladés. Cada vez que jugaba la selección de Messi, miles de bangladesí salían a las calles con banderas argentinas. Esta tradición no era nueva. Había surgido a partir de la guerra de las Malvinas entre Argentina y Gran Bretaña en 1982. Una guerra con una causa justa, una guerra antimperialista, aunque con una motivación más bien oscura—la criminal necesidad de la dictadura militar argentina de mantenerse en el poder. En pocas palabras, una guerra entre dos dictaduras diferentes.

La nueva tradición en Bangladesh tiene una raíz muy profunda en la historia: el sentimiento popular antibritánico nacido de una historia olvidada en Occidente que explica la historia mundial de los últimos cuatro siglos, la historia del desarrollo del capitalismo, más específicamente, la historia del capitalismo anglosajón, y la historia de la llamada *Revolución industrial*.

No pocos historiadores insisten en identificar el origen del capitalismo en el intenso comercio de los Países Bajos en el siglo XVI o algo antes, en los bancos de Italia. Incluso no faltan quienes señalan que, a finales de la Edad Media, los Países Bajos habían desarrollado un intenso mercado sin la participación de un gobierno central, algo para nada raro en el resto del mundo a lo largo de los siglos anteriores.

Si no confundimos mercado con capitalismo, podemos ver que el capitalismo, como lo conocemos hoy, surgió en Inglaterra antes de *su* Revolución Industrial del siglo XVIII. También hay que señalar que la Revolución industrial inglesa, aunque excepcional en la escala de su impacto, no fue una novedad. Entre los siglos XVI y XVII, en Bélgica y Holanda ya se habían inventado la hiladora y el telar mecánico y, más tarde, décadas antes de la

Revolución Industrial en Inglaterra, en la todavía feudal Francia, había comenzado a desarrollarse la industria siderúrgica.

Pero esta historia, aunque cierta en los hechos mencionados, como casi toda la historia que consumimos en el Norte y en el Sur, es eurocéntrica. Es decir, está hecha de olvidos estratégicos y convenientes.[xxi] Hubo otras formas de capitalismos y otras revoluciones industriales que fueron destruidas y olvidadas por el capitalismo europeo en otras regiones del mundo. Tanto en el mundo islámico como en China, existieron formas de capitalismo que nunca sabremos cómo hubiesen evolucionado de no haber sido abortadas. En Bengala y en otras regiones del Imperio Mogol, una región geográfica ubicada en parte en lo que hoy es Bangladés, tuvo lugar una forma de revolución industrial en pleno apogeo comercial y productivo de esa región que desde hace siglos ha sido el símbolo de la pobreza y del subdesarrollo.

A partir del siglo XII, Bengala fue ocupada por los musulmanes y cuatrocientos años después se convirtió en parte del Imperio Mogol, el que luego le abrió las puertas al comercio portugués con su tráfico de esclavos. A principios del siglo XVII, con la fundación de las compañías privadas de la inglesa East India Company en 1599 y de la holandesa West India Company en 1600, los mercaderes anglosajones entraron en Bengala con promesas de buenos negocios.

Para el siglo XVI, la imprenta en India había producido una masiva alfabetización de la población y, junto con China, su comercio era el más importante del mundo. Poco después, en el siglo XVII y debido a la demanda internacional de sus productos manufacturados, algún indio anónimo inventó la hiladora giratoria, capaz de procesar hilos de algodón a gran velocidad, es decir, uno de los inventos centrales de la más tarde llamada Revolución

---

[xxi] Por ejemplo, a la *Belle Époque*, la Época Bella se la describe como "los años felices" y va desde 1870 hasta el inicio de la Primera Guerra Mundial en 1914. En ese período, Europa y Estados Unidos prosperaron y se desarrollaron como nunca antes, haciendo posible la revolución del Art Nouveau, la unión de arte y productos utilitarios en Europa y los primeros rascacielos en Chicago. Pero ni Wikipedia y mucho menos la Enciclopedia Británica mencionan que esos años felices, años de paz, de prosperidad, de innovación y desarrollo en Noroccidente se habían fortalecido bebiendo (como desde hacía ya algunos siglos) la sangre del Sur Global. Ni una palabra de los 165 millones de muertos en India por las hambrunas provocadas por Gran Bretaña sólo de 1880 a 1920; ni una palabra sobre la masacre de diez millones de congoleños, más otros millones de mutilados en el Congo por el pecado de no producir al ritmo deseado de sus dueños blancos. El rey belga Leopold II, condecorado veinte veces por su "contribución a la civilización del mundo", inventó esta empresa privada a la que dio bandera y bautizó oficialmente como "*Estado Libre del Congo*"... Por mencionar sólo dos casos.

Industrial y base del gran comercio mundial de la época, un siglo antes de ser atribuida al inglés James Hargreaves en 1764. También el telar mecánico fue inventado en India antes de que apareciera en Inglaterra como la gran innovación. Se puede argumentar que la operación de estos telares era menos mecanizada que la inglesa, pero este argumento asume que pueblos dinámicos y prósperos eran incapaces de continuar la misma evolución social y tecnológica que los llevó a ser dinámicos y prósperos. El estratégico olvido de la lógica cronológica hace que en otros casos, como en América, la imaginación popular tome por obvio que si los españoles no hubiesen acabado con las culturas nativas hoy los mexicanos seguirían usando taparrabos y practicando sacrificios por razones religiosas, más o menos lo que practicó la inquisición en Europa hasta siglos después de la caída de Tenochtitlan.

Pero volvamos un siglo atrás, que fue cuando se decidió la historia y la historiografía mundial. A partir de 1605 comenzaron a llegar a India y Bengala las compañías privadas de Holanda e Inglaterra. Para entonces, Daca era una ciudad de casi un millón de habitantes, mientras Londres rondaba los 300.000 y destacaba por su caos urbano, su alta criminalidad y su falta de higiene—el baño personal era una rareza, propia de los salvajes americanos; los desechos humanos arrojados por la ventana, una tradición.

Por entonces, India y Bengala poseían la mayor producción de telas del mundo. Incluso, mucho antes de la revolución del algodón que sustituyó la lana en los telares de Inglaterra a finales del siglo XVIII y expandió la esclavitud de Estados Unidos sobre México a principios del siglo XIX, Bengala ya producía telas de algodón a gran escala, las que exportaba a países de la región, lo que hoy son China, Indonesia y Tailandia. La mayor parte de las importaciones de los países más ricos y con mayor actividad comercial en Europa también procedían de India y Bengala. No se trataba solo de *especias*, como repite la historia clásica, sino de productos manufacturados. De hecho, éste fue el problema, la razón del conflicto y del brutal colonialismo que le siguió. Más adelante veremos que lo mismo le ocurrió a la poderosa economía China, destruida en el siglo XVIII por los cañoneros ingleses en nombre de la libertad de mercado de sus compañías privadas.

La producción bengalí estaba extendida por todo el país y destacaba en vestimentas de todo tipo, diseño y color en base a dos productos principales: el calicó, tela rústica pero práctica, hecha de algodón; y la muselina, una tela mucho más refinada, probablemente inventaba en Mosul, Irak, según da testimonio el mismo Marco Polo en 1298. La muselina ("tejido de aire") se convirtió en un atuendo de moda en Europa, pero ya era, por siglos, una vestimenta adaptada al diverso y más caliente clima de India y Medio Oriente, además de otros usos, como la fabricación de filtros de agua, de vino, para uso medicinal y, más tarde, en la producción de queso. Las calicó, más rústicas y resistentes, eran telas de algodón industrializadas en telares, inventadas y comercializadas en India desde el siglo XI. Para entonces, los telares indios ya ofrecían este producto en distintos colores y diseños impresos.[xxii]

La industria indo-bengalí no sólo estaba mecanizada sino que se organizaba según una división de trabajo que usualmente se le atribuye al capitalismo y a la industrialización occidental. Cuando se habla de "las condiciones especiales que hicieron posible la Revolución industrial en Inglaterra", es necesario recordar que esas condiciones ya se estaban desarrollando mucho antes en Asia, desde un mercado intenso (mucho más libre que el inglés y el holandés) a los talleres impulsados por innovaciones tecnológicas.

Ciertamente que la disponibilidad de ríos y carbón natural en Inglaterra ayudó a una revolución industrial más radical que la ocurrida en Asia. Ni que hablar del factor militar, de las nuevas armas de fuego y del viejo fanatismo utilitarista anglosajón. Pero el factor fundacional en la creación del capitalismo y poco después en la creación del orden capitalista mundial a través del imperialismo noroccidental fue el desplazamiento de los campesinos ingleses a las ciudades donde comenzaron a trabajar más de diez horas por día en condiciones de esclavitud asalariada.

Una cosa es la libertad y es la obligación de elegir entre múltiples opciones de lo mismo para poder sobrevivir. A esta último el capitalismo llamó y llama *libertad* y al incremento de ingresos llamó *prosperidad*. Los obreros ingleses sobrevivían en condiciones paupérrimas y sus salarios eran mayores que el de los indios y bengalíes, no porque éstos últimos fuesen más pobres sino que su producción agrícola de arroz, trigo y fibras para hilados era más efectiva y más económica.[45] Incluso sus innovaciones en la tecnología naval les permitía trasportar sus productos y comercializarlos más efectivamente. Una vez que Inglaterra y Holanda colonicen y destruyan la industria indo-bengalí, a fuerza de tarifas y de cañones, también destruirán su sector agrícola convirtiéndolo, como en muchos otros continentes, en países de monocultivo ("repúblicas bananeras" más tarde en América Central), lo cual, exactamente como le ocurrirá a Irlanda con la papa, provocará frecuentes hambrunas y se cobrará la vida de cientos de millones de vidas—cuando no frecuentes crisis económicas.

De forma sistemática, hasta mediados del siglo XX, estas colonias fueron forzadas a exportar o simplemente trasferir sus alimentos básicos a Europa, lo que aseguró a su clase proletaria una subsistencia que los campos europeos no podían proveer, así como como repetidas hambrunas debido a

---

[xxii] En latín y en lenguas romances, *fábrica, fabrique* se refería y se refiere a un taller donde se producen cosas. *Faber* era un obrero experto en trabajar en metal. En inglés, pasó a significar, literalmente *tela* (*fabric*).

fenómenos climáticos conocidos en el pasado, como sequías, pestes e inundaciones, los que nunca produjeron muertes masivas y periódicas como durante este período de brutal colonización. El centenario proceso de desarrollo económico e industrial indo-bengalí se interrumpió y destruyó a fuerza de leyes proteccionistas, de sanciones económicas y, sobre todo, por la poderosa razón del cañón imperial, es decir, lo que el mundo anglosajón llamará más tarde expansión de la *civilización*, de la *libertad*, la *democracia* y el *libre mercado*.

Debido al masivo éxito industrial y comercial indo-bengalí, en 1700 y 1721 Inglaterra aprobó las leyes llamadas Calicó (nombre de la famosa tela india), prohibiendo la importación de la mayoría de los textiles de algodón a Inglaterra para evitar el libre comercio que ejercía India y Bengala con mejores productos y a mejores precios. Inglaterra también quería proteger su lana, principal producto que dio inicio al capitalismo en el siglo anterior con la expulsión de los campesinos de las tierras comunales y su reemplazo por ovejas—y por el sistema de renta variable de la tierra, como veremos más adelante. Gracias a este proteccionismo feroz que nunca permitió a sus colonias, Gran Bretaña logró desarrollar sus industrias hasta superar a India, aunque esto le tomó casi dos siglos. Irónicamente, la gran prosperidad industrial en Inglaterra llega a finales del siglo XVIII con nuevos telares que reemplazaron la lana por el algodón y extendieron la esclavitud en América—también, irónicamente, justo cuando Inglaterra se presentó como el campeón del movimiento antiesclavista, cuando el tráfico de esclavos dejó de ser un buen negocio y su mismo parlamento propuso reemplazarlos por "consumidores de cosas innecesarias", es decir, por esclavos asalariados.[46]

Cuando a mediados del siglo XVII la inundación de productos manufacturados bengalíes estaban en su máximo nivel histórico, la burguesía y los políticos ingleses decidieron, a fuerza de leyes y tarifas, detener la paliza causada por el libre mercado imponiendo una práctica opuesta: el mercantilismo clásico.[xxiii] Naturalmente, esto afectó en muy menor medida la producción y la economía indo-bengalí, ya que sus productos llegaban a muchos otros puertos del mundo. En 1756, previendo los planes de las corporaciones privadas extranjeras, el Nawab de Bengala, Siraj-ud-Daulah, ordenó detener la

---

[xxiii] En el capítulo "Modelo de Progresión Inversa" mencionamos la diferencia (y cambio de roles) entre el libre mercado y el mercantilismo, entre las corporaciones feudales (gremios) y las corporaciones neo-feudales de la actualidad (corporaciones financieras). El mercantilismo fue un sistema de intervención de los estados imperiales para proteger sus propias economías y destruir las de sus colonias con políticas proteccionistas y con imposición de compras por parte de otros países a punta de cañón, como ocurrió en Asia, por ejemplo. El libre mercado terminó con el capitalismo y de ahí, tal vez, la queja de Adam Smith sobre su ausencia en Gran Bretaña.

construcción ilegal de sus fortificaciones, por lo que el gobierno de Gran Bretaña decidió proceder con el clásico Plan B: la fuerza militar. En este caso, Londres promovió una invasión militar compuesta por *aliados*, práctica que resonará hasta en el siglo XXI, con otros nombres.

El primer intento de invasión fue repelido, pero un año después, en 1757, los británicos lograron vencer a Siraj-ud-Daulah en la Batalla de Plassey, tal vez la batalla más importante de la historia mundial en los últimos quinientos años. Con el triunfo de los veloces caballos sobre los lentos elefantes y, sobre todo, por la decisiva traición del general Mir Jafar, los ingleses no solo se aseguraron ese país como colonia (ya no sólo comercial, sino ahora también política), sino que también comenzaron una intensa y persistente destrucción de la industria bengalí y luego India, no por casualidad diez años antes de la fecha en que los historiadores consideran el inicio de la Revolución Industrial en Inglaterra.

Como ocurrirá cientos de veces en la historia del Sur Global, desde América Latina hasta África, Siraj-ud-Daulah fue ejecutado y el general que lo traicionó, Mir Jafar, fue nombrado gobernador. Su función se redujo a la de un títere del Imperio, pero recibió por algún tiempo dinero de las compañías privadas inglesas por su servicio patriótico contra el dictador Siraj-ud.

En los primeros años de la nueva colonia inglesa, los *exitosos hombres de negocios* de la East India Company transfirieron el equivalente actual de miles de millones de dólares de Bengala e India a Inglaterra para desarrollar la industria en el cada vez más milagroso imperio anglosajón. Para 1760, la industria inglesa era muy similar a la industria bengalí y sus máquinas eran tan simples como las que en India producían ropa de forma más económica, eficiente y masiva.[47] Eliminada la competencia real a fuerza de cañón, viva la libre competencia—también, a fuerza de cañón.

Una vez iniciada la Revolución industrial en Inglaterra, el mercado interno no pudo absorber el exceso de producción, por lo que se obligó a las colonias desindustrializadas a consumir los productos ingleses. Negocio redondo. La primera fue Bengala, lo cual aceleró la destrucción de su próspera industria, la decadencia de su comercio y, finalmente, la destrucción de toda la economía de ese país y el exterminio de decenas de millones de personas debido a hambrunas provocadas por el civilizado imperio británico hasta poco antes de la Segunda Guerra Mundial. La también la próspera India siguió el mismo proceso de desindustrialización y creciente miseria con la cual solemos identificar esos países aún hoy. Según Shombit Sengupta, las políticas y las prácticas británicas de "*divide y vencerás creó en Bengala divisiones entre hindúes y musulmanes, que persisten en los rincones de toda la India en la actualidad*".[48]

Sólo a partir de 1779 la industria inglesa fue capaz de producir productos tan buenos como la industria bengalí. Esto no se debió sólo al mejoramiento de las máquinas hiladoras sino a una agresiva política tarifaria que duró cien años y a la intervención directa (económica, política y militar) en las colonias de Asia. La política era una: destruir la competencia, forzar a las colonias a abrir sus mercados al tiempo que en Europa se cerraban, y obligarlas a abandonar su propio desarrollo industrial para dedicarse al monocultivo a favor de las metrópolis europeas en beneficio del comercio y del desarrollo de la industria propia. Todo en nombre del libre mercado, el cual no sólo incluía tarifas proteccionistas e imposiciones de apertura comercial a fuerza de cañones y fusiles, sino también la discontinuidad de una tradición centenaria que consistía en la adopción de descubrimientos e inventos ajenos en diferentes partes del mundo.

En 1939 Joseph Schumpeter, refiriéndose a los telares, entendía que *"la historia industrial inglesa de 1778 a 1842 puede resumirse a la historia de una sola industria"*, pero más tarde los historiadores observarán que, en realidad, los capitales acumulados por la industria inglesa eran más bien menores en comparación al resto de su economía y la contribución industrial al histórico crecimiento de la economía británica se debía más bien a su comercio exterior.[49] Es decir, a la imposición por la fuerza militar de su ideología del "libre mercado" y su economía extractiva. Por entonces, mientras la prosperidad, el desarrollo y los avances tecnológicos se expandían por toda Europa occidental, un tercio del comercio exterior francés provenía de la explotación de esclavos en Haití, una minúscula mitad de una isla en el Caribe.

Cuando los historiadores enfatizan la ventaja de las industrias inglesas sobre las de India y Bangladesh para explicar el declive de éstas dos últimas, sistemáticamente omiten mencionar que no solo las poderosas compañías privadas inglesas y holandesas operaban a gusto en estos países asiáticos, sino que también los ejércitos y los cañoneros de los países europeos aparecían siempre que las condiciones no favorecían a los negocios de sus nacionales. Exactamente lo mismo qué hará Estados Unidos en su Patio trasero (el resto del mundo)mucho antes de desplazar a Gran Bretaña como arrogante, brutal y racista imperio mundial.

Omiten que no hubo nada ni por lejos compañías y armadas asiáticas, sean chinas, indias o bangladesís acosando, bombardeando los puertos europeos e imponiendo sus condiciones para un mejor y más libre mercado. Como si se tratase solo de un detalle—sistemáticamente silenciado.

La gestación del capitalismo anglosajón

NOS DETENDREMOS SOBRE LAS CONDICIONES materiales, sociales, ideológicas e institucionales que dieron nacimiento al capitalismo, pero antes debemos considerar otras dos dimensiones:

(I) Una (veremos en la última parte) es la naturaleza dogmática de un sistema dominante que se trasmite como cualquier dogma religioso: a través del sermón, del proselitismo sin pausa, de la evangelización permanente.

Éste se da, sobre todo, a través de tres fuentes de poder religioso: (a) una, la misma religión, en particular la religión protestante-calvinista, porque ese es su lenguaje y su precondición psicológica; (b) la otra, son los medios seculares, desde los periódicos, la radio, la televisión y los medios digitales; (c) la tercera son los clérigos de la economía, en particular los economistas de la Escuela austríaca, para los cuales hasta los keynesianos (capitalistas moderados) son simple propaganda, mientras que ellos se autodefinen (con una amplia sonrisa o con la mirada desorbitada) los "verdaderos economistas" que entienden "la única economía posible", la economía real y basada en la naturaleza del mercado. No por casualidad, esta arrogancia suele ir acompañada de un histrionismo y obviedad más propia de los pastores protestantes que de los académicos. No importa si se ahogan en un mar de contradicciones de principio: los dogmáticos del libre mercado y la libertad absoluta e irrestricta del individuo rechazan las fórmulas matemáticas en la economía al tiempo que consideran sus teorías una explicación "de la realidad", testeadas en "experimentos mentales" y no de las "fantasías de otras escuelas de economía". Para que su prédica funcione, deben excluir de sus modelos sobre la "libertad del individuo" y la "libertad del mercado", toda posible tiranía de los imperios y de las corporaciones, solo por mencionar dos elementos de la compleja realidad. También asumen que el capitalismo es parte de "la naturaleza" y no un conjunto de dogmas y realidades creadas por los seres humanos, la que ha existido por un breve período histórico y dejará de existir como cualquier otro sistema anterior. Pero la arrogancia del creyente es uno de los elementos de creación de la realidad que dicen analizar *objetivamente*.

La (II) segunda dimensión que debe ser considerada para explicar el nacimiento del capitalismo es la dimensión *cultural* en su más profundo sentido. Bastaría con comparar el paradigma socioeconómico de los pueblos americanos antes de la llegada de los europeos con el paradigma renacentista del capitalismo. También podríamos comparar el paradigma capitalista con el africano (el Ubuntu, el Nri) o con el asiático, más precisamente con el hinduismo y el budismo (algo que hicimos en el libro de ensayos de 1997, *Crítica de la pasión pura*). En pocas palabras, para la economía clásica (para la mentalidad anglo-céltica), el problema de la "escasez de recursos" es el pecado original que se debe resolver proveyendo recursos. Pero *la naturaleza humana es egoísta*, por lo cual debe liberarse esa potencialidad para el bien colectivo, tal como lo articuló Adam Smith a finales del siglo XVIII y se convirtió en dogma hasta el día de hoy, alcanzando su clímax patológico con economistas como Hayek y Friedman y escritores como Ayn Rand, para los cuales el altruismo es una inmoralidad porque va contra "la naturaleza humana". Más adelante veremos que esta definición limitada y arbitraria de la "naturaleza humana" no solo contradice otras filosofías occidentales y malinterpreta el darwinismo, sino también contradice estudios científicos más recientes.

Diferente, la tradición hindú y budista pone el acento en el cuidado del otro para disminuir el dolor constituyente del mundo (la escasez anglocéltica), en el cual el individuo se encuentra inmerso. Esta filosofía civilizatoria explica otras realidades históricas. Por ejemplo, la obsesión mercantilista, utilitaria, bélica, colonialista y violenta de Noroccidente en los últimos cuatro siglos en Europa, Asia, África y en América. Excepto por períodos de conflictos, muchas veces con motivaciones extraeconómicas, las guerras e invasiones en África y en Asia eran muy raras. Américo Vespucio se sorprendía de que en el Nuevo Mundo la gente no solo era muy saludable e higiénica, sino que no hacían la guerra por razones de ambición. La violencia en China e India fue, en su mayor medida, importada por los europeos. También podría explicar parte de los altos índices de violencia civil en el continente americano, en contraste con el asiático y el africano.

Cuando escribo "Noroccidente" es inevitable observar la actual coincidencia geopolítica e ideológica del militarismo de la OTAN. Antes de que China surgiese como nueva potencia económica, Washington y Londres ya estaban planeando una expansión de la OTAN hasta Ucrania para "contener" el nuevo peligro de Rusia, ya no comunista sino capitalista. Cuando luego de la desaparición de la Unión Soviética Polonia cayó en una profunda crisis económica, los bancos occidentales, con la aprobación de Washington, corrieron a su rescate. Funcionó. El miedo era que Polonia pudiese caer en la órbita de una Rusia resucitada. Por el contrario, cuando la nueva Rusia se encontraba en caída libre y era parte de la cena de los buitres neoliberales, Washington se negó a aceptar una propuesta similar del economista Jeffry Sachs para ayudar a estabilizar a Rusia.[xxiv]

[xxiv] El objetivo se revela aún más claro cuando se lee, por la misma época, un artículo del ex consejero de Seguridad Nacional de Jimmy Carter y arquitecto del terrorismo islámico en Afganistán contra la URSS, Zbigniew Brzezinski, el cual estableció un cronograma de expansión de la OTAN, el cual incluía en su última

Durante los trágicos años de la Peste negra en el siglo XIV, en Europa escasearon los alimentos y los trabajadores en el campo. De hecho, una de las posibles causas de la Pequeña Glaciación pudo deberse a una disminución considerable de la población en Europa, Asia y América a partir de este siglo hasta la Revolución Industrial. Como consecuencia, en Europa hubo más tierra disponible y, poco después, con el progresivo incremento de la población, comenzó una mayor presión por nuevas formas de producción de alimentos y los ingresos comenzaron a subir. Europa consolidó su condición de archipiélago de distintos pueblos obligados a negociar y a ver al otro como una permanente amenaza. La atomización de reinos heredada del feudalismo también se encontró con la particularidad de un continente cruzado por rios y rodeado de múltiples mares, Islas y penínsulas que estimularon el comercio con otros continentes. La persistente inestabilidad de sus fronteras y sus muchas guerras y conflictos internos son una prueba de esta dinámica económica, política y cultural que moldeó el carácter capitalista.

Creo que estas características geográficas también explican la posterior y más importante etapa del capitalismo: el imperialismo. Si vemos cada uno de los conflictos, de los períodos de guerras y de prosperidad económica, observaremos un patrón que se repite desde Europa hasta el continente americano, pasando por India y China. En los últimos siglos, la población mundial se concentró no solo al borde de los ríos sino también al borde de los mares y océanos. Esta particularidad impulsó las necesidades y el poder de pequeños países como Holanda e Inglaterra en Europa, como luego de 1890 Estados

---

fase a Ucrania. "*Sin Ucrania, Rusia no será un imperio euroasiático*", escribió en 1996. (Larrabee, Stephen. "Ukraine's Place in European and Regional Security." Harvard Ukrainian Studies, vol. 20, 1996, pp. 249–70.) Según Brzezinski, la integración de Ucrania a la OTAN se daría en la segunda década. (Brzezinski, Z. "The Cold War and Its Aftermath". *Foreign Affairs*, setiembre 1992.) No por casualidad, en 2014 Washington apoyó el golpe de Estado en favor de la privatización de las fértiles tierras de Ucrania y como forma de contención de Rusia, lo que inició un largo conflicto que, por las mismas razones, termino en una nueva guerra. "El peligro chino" surgió antes que cualquier amenaza por parte de China, más allá de su propio éxito económico. En mayo de 2023, la ex primer ministra británica Liz Truss, quien en campaña por su postulación había afirmado que iba a usar bombas atómicas en Rusia si fuese necesario, pidió que se use la OTAN económica" para enfrentarse a China. La misma obsesión anglosajona o anglo celtica: cualquiera que no esté bajo nuestro, es nuestro enemigo. Naturalmente, tarde o temprano el enemigo se armará contra esta psicopatología y será culpado de ser "una amenaza contra la paz y la libertad del mundo". Como desde hace siglo, el objetivo es el mismo y responde a la patología anglo-celtica-capitalista: no permitir ninguna competencia.

Unidos. Al mismo tiempo, hizo que poderosos países con marinas menos desarrolladas debiesen sufrir de la dictadura de los imperios noroccidentales, como fue el caso de América Latina, India y China, desde las guerras de la East India Company hasta las Guerras del Opio en China, por la cual un reino mucho más pequeño como Gran Bretaña pudo someter a un país gigante con la fuerza de sus cañoneros y de sus bombardeos sistemáticos sobre importantes ciudades costeras de China que no querían comprar nada a los británicos.

Aparte de sus particularidades geográficas (demográficas y psicológicas), el contacto de Europa con el mundo islámico (por entonces, el "primer mundo", el mundo desarrollado) aportó ideas exóticas, como el *análisis* contra la *autoridad*; el comercio, no como una actividad demoniaca sino como parte de la naturaleza humana. En un breve período, en algunas regiones de Europa comenzó a crecer la actividad comercial y, como inevitable consecuencia, una fluctuación continua entre la tolerancia de los humanistas y el rechazo a la diversidad de los inquisidores. Primero en Italia y poco después en los Países Bajos. Por razones obvias, también comenzó un período de crecimiento y de cambios, lo cual se radicalizó con la caída del Imperio romano de Oriente a manos del sultán turco Mehmed II y, consecuentemente, con la fuga de los humanistas de Constantinopla a Italia en 1453.

Diferentes historiadores han observado un aumento acelerado de la población en cada período que, como Paul Gallagher, llaman *renacimientos*, desde China hasta Europa, pasando por el mundo musulmán.[50] Pero, más que la causa, la Revolución Industrial puede y debe considerarse como una consecuencia de esos cambios demográficos en Europa, además de otros factores como el humanismo recibido de los márgenes de Europa, el mercantilismo, el cambio de sistema de propiedad de la tierra en Inglaterra, el colonialismo extractivo en el resto de los continentes, la acumulación de capitales, la mercantilización de las instituciones y de la existencia humana y, siglos más tarde, una incipiente idea de la higiene en la hasta por entonces pestilente Europa—a principios del siglo XIX, la higiene será el factor principal para la recuperación de la expectativa de vida de los europeos, perdida por siglos durante el capitalismo y la industrialización.

Estos son los antecedentes del capitalismo, dispersamente reconocidos por la historiografía académica, pero no terminan por explicar la lógica de su nacimiento. Como veremos más adelante, *el comercio no es el inicio del capitalismo*, ya que existió por miles de años y, para comienzos del Renacimiento europeo, era varias veces mayor, más próspero y más libre en otras regiones como Asia. Entre 1700 y 1800, el PIB de los países europeos comenzó a subir por una combinación simple y exponencial: (1) por el *crecimiento demográfico*; (2) por la *explotación ilimitada de las colonias* ultramarinas; y (3) por su propio *desarrollo industrial*, consecuencia de varios factores, entre ellos, la misma explotación imperial de las colonias y la destrucción del comercio y de las industrias en las nuevas colonias.

Al mismo tiempo que estos tres factores hacían posible una de las condiciones necesarias para el surgimiento del capitalismo (la acumulación de capitales excedentes), esos mismos factores se desplomaban, se interrumpían o se revertían en el resto del mundo como parte del mismo proceso. Para el resto del mundo, la Peste Blanca fue peor y más mortal que para Europa la Peste Negra. Cientos de millones de personas (algunos cálculos estiman, por lejos, más de mil millones) pertenecientes a "razas inferiores" en América, en África y en Asia fueron exterminados por la espada y la pólvora, por esclavitud, por enfermedades y, sobre todo, por hambrunas directamente provocadas por las políticas capitalistas y eurocéntricas. Cuando no por la esclavización y la explotación asalariada que no solo masacró directamente bajo el uso de las nuevas armas de guerra, sino que redujo en al menos una década la expectativa de vida de esos continentes. Sus comercios libres fueron destruidos en nombre del "libre mercado" y sus propios procesos de desarrollo fueron interrumpidos a través de la coerción de las armas, de los monopolios, de las guerras militares y comerciales y, finalmente, de las actuales deudas nacionales.

El comercio y el mercado son actividades humanas por lo menos ancestrales. Desde el neolítico, significaron no sólo intercambio de bienes sino, también, comunicación entre grupos diversos que iban más allá del clan, de la tribu y de la nación. Así se difundió la cultura, las artes, la tecnología, las ciencias y el conocimiento en general, creando condiciones de convivencia entre diferentes sociedades, la mayor parte del tiempo, y de guerras en otros momentos. Desde el siglo X hasta el inicio del comercio esclavista europeo, el antiesclavista de Reino de Nri que logró casi mil años de pacifismo radical basado en los principios de "paz, verdad y armonía", mantuvo un intenso comercio doméstico y con otros pueblos.[xxv] En Europa fueron los humanistas del siglo XV, inmigrantes de Medio Oriente, quienes traficaron la idea (entre muchas otras, como la libertad, la educación de los niños y el progreso de la historia) de que el comercio no era una invención diabólica sino, simplemente, una de las tantas actividades humanas, necesarias para beneficio de las sociedades.[51]

Pero, como lo observó el antropólogo Karl Polanyi, al comienzo del capitalismo el comercio y los mercados no competían entre sí; eran complementarios. La idea de que el capitalismo surgió del mercado y de la libertad del mercado es un dogma que ha sobrevivido un par de siglos. Antes que el

---

[xxv] La cultura Nri, localizada en lo que hoy es Nigeria, comparte con la filosofía Ubuntu del sur del continente su concepción colectiva del individuo y su concepción de la paz y la armonía social como objetivos superiores.

capitalismo comenzara sus cambios económicos e institucionales en Inglaterra, el mercado era mucho más fuerte y más libre en muchas otras partes del mundo, no sólo en los Países Bajos y en Italia sino en Asia.

Durante los últimos siglos de la Edad Media, el tamaño de la economía de África superaba a la de Europa. Para 1500, cuando el comercio comenzaba a expandirse en Europa y el oro y la plata ya fluían desde América pero el capitalismo ni siquiera había asomado sus principios fundamentales, la economía europea había duplicado a la africana. Pero en 1600, la economía de Europa apenas alcanzaba al 40 por ciento de la de China y de India y representaba apenas el 15 por ciento del total del PIB mundial, mientras China e India eran responsables del 65 por ciento. Gran Bretaña y los Países Bajos no sólo destruirán la poderosa economía de India primero y de China después por la fuerza de sus cañones, sino que producirán cientos de millones de muertos como consecuencia de la privatización de sus tierras, del robo sistemático de sus alimentos básicos y del bloqueo de sus exportaciones.

Por la superioridad de los cañones europeos, China, la otra superpotencia económica de la época, terminará reconociendo "el derecho" de los europeos a "comerciar libremente" en varias regiones de su costa sur, como en la provincia de Cantón, al tiempo que le informaba a los enviados británicos que no necesitaba ninguna cosa que se producía en aquella isla remota. Para imponer un balance comercial favorable, Londres echó mano a las drogas. De hecho, Hong Kong nació para facilitar el comercio de opio. Al mismo tiempo que los ingleses se aficionaban al té, los chinos eran inoculados con opio a través de un millonario mercado negro, es decir, un estimulante intelectual para los ingleses y un narcótico para los chinos.

Un reflejo de la destrucción de una superpotencia económica a fuerza de drogadicción se puede ver hoy en Estados Unidos con la epidemia de opioides y fentanilo, pero la escala de destrucción lograda en China fue varias veces mayor. Cuando Pekín protestó por esta actividad ilegal e ilícita, estalló la primer Guerra del Opio en 1839, para la cual Inglaterra encontró en un viejo adversario, Francia, un valioso aliado. Veinte años después, China fue obligada a ceder territorios "al libre comercio" y comprar productos que no necesitaba ni quería. Las virtudes del libre comercio capitalista fueron evidentes: para 1830, China representaba el 35 por ciento del PIB mundial y su ingreso per cápita era superior al europeo. Si en algo superaba Europa a China, aparte de su poderío naval, era en las tasas de analfabetismo y de mortandad infantil. Después de la "guerra de liberación" del opio, la economía china apenas alcanzaba un siete por ciento del total mundial y 30 millones de chinos habían muerto de hambre. Como siempre, los tratados impuestos al perdedor beneficiaron a las potencias imperiales de Occidente sin ninguna ganancia para

China sino todo lo contrario, lo cual hizo casi imposible la exportación de sus productos en el nuevo *libre mercado*.

En este proceso de interrupción de desarrollos ajenos y de enriquecimiento propio llamado *desarrollo* a partir del presidente Truman, debido a alguna superioridad racial o cultural, es importante señalar el caso de aquellos países o pueblos que no fueron sometidos por las potencias europeas. Un ejemplo claro es Japón. Debido a su particular situación insular y de escaso interés económico, no fue acosado ni sometido de la misma forma que lo fueron India y China. ¿Consecuencia? Japón es el único ejemplo de la región que se desarrolló dese mediados del siglo XIX hasta convertirse en un imperio y, consecuentemente, en un último adversario en Asia, finalmente demolido por las bombas estadounidenses al final de la Segunda Guerra mundial, cuando esta guerra ya estaba decidida a favor de los aliados. Un patrón similar podemos encontrarlo en América Latina: aquellos países o regiones como Norteamérica, Argentina y Uruguay sin grandes recursos naturales que pudiesen ser codiciados por las grandes potencias del momento fueron olvidados, por lo cual pudieron ser más independientes y, en consecuencia, desarrollarse más rápido que el resto de países latinoamericanos como Bolivia, Perú, Haití, y el resto de las "Repúblicas bananeras", históricamente brutalizadas, corrompidas y saqueadas por los imperios de turno debido a sus recursos. Es decir, cuanto más rico un pueblo colonial, más violencia y pobreza debió sufrir.

Este desbalance se dará vuelta luego de que el imperialismo europeo (y más tarde estadounidense) explote y destruya Asia y África. El gran salto se producirá con el genocidio en las Américas y la transferencia de miles de toneladas de oro y plata, además de fertilizantes para las empobrecidas tierras de Europa y otros productos esenciales de consumo como azúcar, algodón, café, bananas, sisal, hierro, cobre, estaño…

En Inglaterra, los campesinos desplazados a las ciudades por la agresiva privatización de sus tierras comunales y la desregulación de la renta, debieron venderse a las incipientes manufactureras. Podemos sospechar que el desplazamiento-desarraigo es otro elemento funcional al poder capitalista, algo que contrasta radicalmente con la estabilidad del sistema feudal. Con los desplazamientos forzados por razones políticas o económicas, se precarizó la existencia del trabajador, haciéndolo más vulnerable y, por lo tanto, más obediente y productivo. Esta práctica se puede observar desde el desplazamiento de los campesinos en la Inglaterra del siglo XVI y XVII y en las colonias. Se puede observar en el permanente desplazamiento de los pueblos nativos americanos y su reemplazo por trabajadores secuestrados en África: el esclavo no tenía hacia dónde huir y, cuando lo hacía, lo hacía a un mundo desconocido llevando en su piel la prueba del delito. Se puede observar hoy en Europa y Estados Unidos con respecto a los inmigrantes, sobre todo los inmigrantes ilegales, desplazados y expulsados de sus tierras, también y sobre todo por razones económicas y, en algunos casos políticas. Estos inmigrantes precarios por su condición legal son precarizados aún más con su criminalización y persecución, haciéndolos migrar también de un estado a otro, lo cual refuerzan la misma lógica de la explotación en países orgullosos de su libertad, democracia, justicia y derechos humanos. En ese aspecto, nada ha cambiado.

Volviendo al origen de la lógica del despojo en Inglaterra, la migración de los campesinos expulsados de sus tierras fue posible porque gran parte de su subsistencia fue cubierta por los alimentos de Asia que el oro y la plata robadas en América (a otros desplazados y despojados) podían comprar en el mercado internacional. El oro y la plata de América no sólo fue una fuerte inversión en las nuevas industrias europeas y en sus ejércitos imperiales (vía Imperio español y piratas ingleses), sino que hizo posible que gran parte de su población se dedicara a la industria en lugar de la agricultura. Estos metales que crearon las divisas imperiales no quedaron dormidos. Continúan trabajando hasta hoy en los grandes bancos para asegurar la estabilidad de sus países desarrollados.

Por mucho tiempo, España inundó el mundo con "emisión de moneda", es decir, con la emisión del Peso duro de plata (ocho reales) que por entonces y por un par de siglos fueron la divisa global.[xxvi] Como Washington imprimirá dólares sin respaldo de oro a partir de 1971 (y ahora agrega ceros electrónicos el sistema monetario), así procedía la Corona española con la plata de América del Sur y la mano de obra esclava de indígenas bolivianos y peruanos. La misma historia de Francia, Bélgica y otros países europeos en África. Esta lógica no sólo impulsó la Revolución industrial sino también el brutal imperialismo europeo en los siglos XVIII y XIX, justificado por diversas teorías seudocientíficas basadas en la fantasía de la superioridad racial y, luego en el siglo XX, por su elegante sustituto: la superioridad cultural.

En los últimos dos siglos, las colonias como en India y en África y en las neocolonias como América Latina, todas destruidas o con sus propios procesos de desarrollo interrumpidos, intentaron emular este "modelo del éxito" con catastróficos resultados debido a una simple razón cronológica: llegar

---

[xxvi] Jason Hickel en su libro *The Divide*, calcula que si en 1800 los 100 millones de kilogramos de plata robados a lo que hoy es América del Sur (una fracción menor del total y dejando de lado las toneladas de oro) hubiesen sido invertidas a un cinco por ciento de interés (es decir, el promedio histórico, nada arbitrario), en valor actual esos países despojados tendrían una renta extra de 165 trillones (165 billones, en castellano) de dólares. Es decir, el doble del PIB de todo el mundo. (Hickel, Jason. *The Divide: A Brief Guide to Global Inequality and its Solutions*. Random House, 2017, p. 71.)

tarde significa que el asiento ya está ocupado, por lo que hay que conformarse con las migajas que queden.

Ocupado por la fuerza, no por la famosa libre competencia. Cuando Gran Bretaña llegó a India, la industria textil de ese país estaba mucho más desarrollada que la suya en Europa. Pero eran una competencia que ni ingleses y ni holandeses tolerarían. Los campeones del libre mercado siempre se aseguraron de destruir libremente la competencia real, mientras vendían el discurso de los beneficios de la "libre competencia capitalista". Algo que aún hoy es la norma. Aparte de las leyes proteccionistas en Inglaterra y de las tarifas impuestas a India para hacer que sus exportaciones no compitan con las exportaciones de la maravillosa Revolución Industrial, Londres echó recurso a sus cañones y a precoces golpes de Estado (como el de 1757 contra Siraj-ud Daulah) para deshacerse de los regímenes que no entendían la libertad del mercado. Luego de siglos de llevar la civilización del capitalismo a India, ese país pasó de tener casi el 30 por ciento del PIB mundial a un magro y criminal tres por ciento, miseria de la cual comenzó a recuperarse muy lentamente una vez lograda su independencia del imperio moribundo. Cuando los británicos fueron expulsados siglos después, la industria india se reducía a la producción artesanal, totalmente fuera de competencia con las industrias europeas y estadounidenses.

Por siglos, la imposición de la privatización de tierras y aguas causaron decenas de millones de muertos en India y Bengala y un enriquecimiento aún mayor de las bolsas en Europa. Lo mismo ocurrió con la hambruna en Irlanda. Lo mismo en los territorios indígenas de Estados Unidos. Lo mismo en México, durante la dictadura de Porfirio Díaz a finales del siglo XIX, con la privatización de la tierra y su modernización al servicio de las compañías estadounidenses, lo cual también produjo una catástrofe nacional que terminó en la sangrienta y tristemente necesaria Revolución Mexicana de 1910. La tardía industrialización de Brasil en los 1930s y de Argentina en los 40s también terminará mal, en parte por su debilidad competitiva y, sobre todo, por la reacción política y militar de las oligarquías criollas al servicio del sistema global de división del trabajo—y del poder geopolítico. Lo mismo ocurrirá con la ola de privatizaciones en el Sur Global, como condición de las instituciones internacionales como el FMI para sus "préstamos y rescates" de las neocolonias arruinadas y endeudadas por las dictaduras amigas—todas experiencias que terminaron en catastróficas crisis sociales y se repitieron de forma cíclica como si los pueblos hubiesen arruinado sus memorias a fuerza de sobredosis de necesidad.

El nacimiento del Capitalismo

EL CAPITALISMO NO NACE CON LOS MERCADOS italianos, como repite el dogma histórico, ni siquiera con el poderoso comercio holandés, sino con la mercantilización de la tierra en la Inglaterra del siglo XVI, con la eliminación de tierras comunales, con la precarización de la renta, con la expulsión de los campesinos a las ciudades y, finalmente, con la imposición de las leyes abstractas del mercado (por la fuerza nada abstracta de la policía y los ejércitos) al resto de las instituciones, al resto de la actividad humana, material, psicológica y hasta espiritual. Nada de algún milagro llamado "libre mercado" o de "la raza superior que inventó las máquinas" como base y receta universal de la prosperidad, sino la vieja coerción de las armas, primero, y de los capitales después. Ni el capitalismo fue fundado por Adam Smith ni Smith descubrió la división del trabajo, algo que era común en los burgos medievales (de ahí los gremios) y en muchas otras regiones del mundo y algo que Smith, como luego Marx, consideraban una práctica altamente efectiva y altamente peligrosa para la alienación de los individuos.

El libre mercado y la libre competencia no fueron las causas y mucho menos consecuencias del capitalismo. Durante su nacimiento en Inglaterra, la competencia fue fuertemente regulada por los gobiernos para evitar un colapso del mercado. Para el siglo XVI, ningún estado europeo estaba más unificado y centralizado que la Corona inglesa. Aún después, en 1776, en plena maduración del capitalismo, el mismo santo de los cruzados por el libre mercado, Adam Smith, en su fundacional y masivo libro *The Wealth of Nations*, se quejaba de la ausencia de libertad de mercado en Gran Bretaña (aunque en este libro nunca usó el eslogan "free market"). *"Esperar que la libertad de comercio sea restaurada en Gran Bretaña, es tan absurdo como esperar que se establezca en Oceanía o en Utopía"*, escribió.[52] Alguien podría argumentar que Smith era más radical que sus contemporáneos y, por eso, no estaba conforme. Pero basta con prestar atención a la palabra que usa, "restaurada" (*"entirely restored in Great Britain"*), para entender que se refiere a un retroceso en esa libertad, a una libertad perdida, *preexistente*. En la Europa antigua, observó Smith, claramente reconociendo derechos precapitalistas que se habían perdido en su tiempo, *"los ocupantes de la tierra eran todos arrendatarios a voluntad"*. La esclavitud *"era de un tipo más suave que la conocida entre los antiguos griegos y romanos, o incluso en nuestras colonias de las Indias Occidentales. [Los campesinos] pertenecían más directamente a la tierra que a su amo. Por lo tanto, podrían venderse con él, pero no por separado... Sin embargo, no eran capaces de adquirir propiedad"*.[53] Smith prefería los trabajadores asalariados a los esclavos por las mismas razones por la que Gran Bretaña ilegalizará la esclavitud en sus colonias en 1833: el asalariado es más barato que el esclavo tradicional. De hecho, para Smith, los salarios no serían el principal motor de la suba de precios y de la pérdida de competitividad, sino las ganancia de los empresarios. *"En los países que se enriquecen más rápidamente, la baja tasa de ganancia puede compensar los altos salarios... En realidad, las altas ganancias son más responsables del aumento del precio del trabajo que los altos salarios... El precio de la mercancía debida al aumento de salarios está en proporción aritmética... Pero las ganancias de todos los empresarios* [en el proceso de producción y comercialización] *está en proporción geométrica"*.[54]

La ironía no sólo radica en que la industria del algodón en Inglaterra multiplicó la necesidad de expandir la esclavitud en Estados Unidos, no sólo provocó la anexión de Texas y de la mitad de México hasta California a ese país esclavista, sino que en las colonias británicas, como India, la tragedia se multiplicó: los esclavos asalariados (hombres y mujeres que, por alguna razón misteriosa serán calificados como "trabajadores libres", de los cuales una proporción importante eran niños) comenzaron a trabajar más y a morir más jóvenes. De hecho, entre 1880 y 1920, 160 millones de personas murieron en India a causa del hambre y la explotación.

Smith estaba en lo cierto: Inglaterra, por sus nuevas leyes proteccionistas, por su brutal imperialismo sobre otras naciones, se había desarrollado y enriquecido gracias a practicar lo opuesto a lo que predicaba para las otras naciones. Siete páginas antes, Smith había establecido como obviedad y como ideal que *"el interés de una nación... es, como el de cualquier comerciante..., comprar barato y vender lo más caro posible"*.[55] A partir de ahí, describe el escenario de *"la más perfecta libertad de comercio"* como una relación entre iguales, entre estados soberanos decidiendo libremente qué comprar y qué vender sin ninguna coacción externa. Ésta es la perfecta definición del comercio tradicional, precapitalista, practicado por miles de años. El comercio capitalista se basará en la separación del valor de cambio del valor de uso (descubrimiento retomado por Marx), sobre todo aplicado a la tierra, algo inexistente antes, y hará que las leyes del mercado se impongan al resto de la sociedad a través de la extorción abstracta del mercado financiero, no personal, como era el caso del feudalismo. Cuando esta extorción no sea suficiente, el poder de los capitales acumulados utilizará la extorción de los ejércitos nacionales. La "libertad de mercado" fue un eslogan del capitalismo industrial luego y antes de reducir esta libertad a escombros a través de la coerción y la imposición.

Pero el idealismo de Smith no sólo era y es una utopía de los actuales capitalistas sin capitales, sino que, de haberse aplicado, hubiese frenado no sólo el desarrollo de Gran Bretaña sino también el surgimiento y la dominación internacional del capitalismo. Algo que, para beneficio del centro desarrollado, se produjo en las colonias y en las repúblicas capitalistas de África y América Latina.

El historiador Polanyi observó que, durante la Revolución Industrial, fueron los Estados europeos (los Tudor y los Stuart) los que retrasaron este proceso de "libre competencia" preservando, de forma inadvertida, el entramado social que, de otra forma, hubiese colapsado.[56] Pero las cosas no cambiaron radicalmente desde entonces. La "libertad de mercado" fue siempre la libertad de los mercados de las colonias; nunca de las metrópolis imperiales que lo predicaban. Razón por la cual la prédica de los colonizados de parecerse a los ahora llamados países desarrollados imponiendo en sus repúblicas la libertad del mercado como doctrina, ideología y sistema, no es una paradoja nueva, sino una vieja práctica, funcional al desarrollo de las metrópolis ahora llamadas hegemónicas para evitar la palabra imperialismo.

Como observó la historiadora Ellen Meiksins Wood, *"una 'economía de mercado' sólo puede existir en una 'sociedad de mercado', es decir, en una sociedad que se ajusta a las leyes del mercado en lugar de ser el mercado que se ajusta a ella"*.[57] El adjetivo "libre" en el eslogan "libre mercado" no significa libertad de los individuos sino, libertad de los mercados. Como no quedan doctrinas que promuevan la esclavitud en nombre de la libertad, como en el siglo XIX, el enroque narrativo debía identificar la "libertad de los mercados" con la "libertad de los individuos". Ahora, si un individuo está sometido a la libertad del mercado, difícilmente pueda definirse como libre sino como esclavo o, al menos, como nuevo vasallo. Al menso que se trate de un noble, de un amo o de un millonario, los verdaderos dueños de la libertad de los mercados.

En base a los datos históricos que poseemos, podemos especular que la gran diferencia entre las sociedades *con* mercado y las actuales sociedades *de* mercado que dio paso al capitalismo como lo conocemos hoy fue básicamente construida por nueve factores:

1) FRAGMENTACIÓN. La fragmentación geográfica y política del feudalismo europeo primero y la centralización de las monarquías (absolutistas y parlamentarias) después. Es decir, el proto-liberalismo feudal y el proto-imperialismo monárquico, ambos fundidos en un abrazo ideológico llamado capitalismo.

2) NUEVO PARADIGMA. El cambio de paradigma que llevó de una naturaleza encantada, la del Medioevo, a una naturaleza muerta, material, del Renacimiento, fue la base necesaria para otros cambios radicales, desde la ética protestante del calvinismo hasta la

concepción de la naturaleza (salvajes incluidos) como mercancía y oportunidades de explotación mercantilista.

3) ACUMULACIÓN. Un proceso de acumulación radical de riqueza (primero mercantil, luego industrial y finalmente financiera) derivada del despojo de los productores (nacionales e internacionales) a través de un sistema abstracto rebautizado como *economía* y *mercado*.

4) ABSTRACCIÓN. La acumulación de riquezas en la Edad Media (tierras, trabajo, oro) continuó en el Capitalismo pero de una forma abstracta, intangible e invisible y, por lo tanto, más difícil de resistir o cuestionar. ¿Quién puede luchar contra el dinero, que es la misma sangre de la existencia? El *valor de uso* y el *valor de cambio* (definidos por Aristóteles y centrales en la economía liberal y marxista) se separaron hasta que el segundo dominó al primero. El derecho a la propiedad de la tierra dejó de estar vinculado al trabajo y se convirtió en un *derecho de la acumulación de capital*. Las reglas del mercado se impusieron a la producción y al resto de la existencia humana—y de la naturaleza toda. De la *libertad en el mercado* se pasará a la *libertad del mercado*, de *libre del comercio* al *libre comercio*.

5) ANSIEDAD. El desarrollo de un estado psicológico basado en la ansiedad, en la inestabilidad y la incertidumbre existencial, potenció la competencia económica y sentó las bases de la (obsesiva) ética del trabajo del protestantismo. Este factor se articuló con la teología y la ética calvinista pero se convirtió en estructural poco después, con el despojo sistemático de tierras privadas y comunales en la Inglaterra del siglo XV y, de forma más significativa, en los dos siglos siguientes. Para el siglo XVII, esta práctica y sus leyes crearon en Inglaterra una masa de arrendatarios y vagabundos que derivó en la Revolución Industrial, en la brutalidad de la esclavitud de los imperialismos, y continuó con la precariedad del empleo en el siglo XX y sus narrativas de eficiencia, productividad y éxito económico.

6) FANATISMO. El desarrollo del fanatismo calvinista legitimó las ansias de riqueza a cualquier precio, convirtió un pecado en una virtud y divorció la moral de la fe. No sólo la naturaleza había muerto, sino que las razas inferiores no tenían alma ni espíritu, por lo cual podían ser conquistadas y explotadas en nombre de Dios, del beneficio económico y de la civilización. Desde entonces, un genocidio y

la acumulación de riquezas dejaron de ser obstáculos en el camino a la salvación eterna si quien cometía el error lo hacía movido por el amor al verdadero dios. Dos bombas atómicas sobre Japón, una matanza en Corea o en Vietnam estaban justificadas si se hacía en nombre de la fe correcta. Este fanatismo religioso no era algo totalmente nuevo, pero la sacralidad del *improvement* (ganancia material) y la irrelevancia de la moral ante la fe, sí.

7) IMPERIALISMO. El nuevo imperialismo global explotó sus colonias por todo el mundo gracias al nuevo paradigma materialista y al fanatismo religioso (primero de los católicos ibéricos y luego de los protestantes anglosajones) e interrumpió el desarrollo de continentes como África, América Latina y otros centros mundiales de mayor actividad económica, como Asia. En un principio se basó en la brutalidad militar y la superioridad tecnológica, se especializó en la extracción de recursos ajenos (como una araña chupa los nutrientes de sus moscas, la mayoría de las veces con la fanática aprobación de las moscas) y se perpetuó por varias generaciones en base a los medios de comunicación—complemento y, a veces, sustitutos de la Biblia.

8. DINERO Y FE. No hubo civilización basada en el mero trueque, sino en alguna forma de dinero. Desde sus orígenes en Mesopotamia, el dinero fue, a un mismo tiempo, crédito, deuda y probable origen de la escritura. No obstante, ambas relaciones de un individuo con el futuro material estaban dentro de su horizonte existencial. Cuando las deudas individuales se convertían en un problema social, el gobernante de turno cancelaba todas las deudas de un plumazo, práctica que fue una tradición desde tiempos bíblicos. El capitalismo radicalizó la abstracción y la complejidad inalcanzable del dinero separándolo de cualquier patrón material (como el dólar en 1971, abandonando el patrón oro para un robo más fácil e inmediato a los productores). Si en algún momento las finanzas dependieron de la economía, actualmente es al revés. Los bancos sólo poseen el diez por ciento del dinero que prestan. Prestan deudas ajenas (convierten deuda ajena en capital propio) asumiendo un futuro que, cuando no cumple con las expectativas del sistema financiero o algún gran inversor no puede dominar su pánico, se producen masivas crisis económicas.

9. Crisis económicas. Las crisis sociales y económicas son viejos compañeros de la humanidad. Sin embargo, antes del capitalismo las crisis económicas y sociales se debían a catástrofes concretas: una peste, una guerra, la erupción de un volcán, una larga sequía, un huracán, una inundación... Fue el capitalismo que inventó las crisis sociales originadas en las frecuentes contradicciones de su propio sistema económico. El neoliberalismo llevó ese fenómeno de las crisis económicas a las crisis financieras, por las cuales cualquier error monetario o excesiva ambición de sus señores feudales puede producir un tsunami de despidos y la destrucción de las economías más fuertes del planeta. Así, por ejemplo, la Gran Recesión de 2008 se originó en el sistema inmobiliario de Estados Unidos (crisis de hipotecas subprime) y se extendió al resto del mundo como si, del día para la noche, alguien hubiese incendiado millones de casas que, en realidad, solo pasaron de estar ocupadas con familias a estar desocupadas—paradójicamente, entre muchos otros problemas serios, el abandono produjo carencia de mantenimiento y una degradación real en muchas casas.

Abstracción, privatización, cambio y continuidad

Los humanos somos un producto de la historia y en la historia nunca hay rupturas absolutas sino continuidades por otras formas. Podríamos decir que en la historia profunda nada se crea; todo se transforma. Por ejemplo, la Guerra Civil en Estados Unidos produjo cambios importantes en el reconocimiento legal de algunos derechos de los hombres y mujeres negras, pero no es difícil observar una sobrevivencia de la ideología de la Confederación derrotada en la misma Unión que intentaban romper. No sólo el racismo constitucional de los esclavistas del Sur sobrevivió y se expandió por el resto del país y luego por las neocolonias del imperialismo estadounidense, sino que los amos, sus cofradías y sus milicias represivas se convirtieron en las elites de las grandes corporaciones, mientras los demonizados esclavos se convertían en los trabajadores asalariados, los representantes del peligro al sagrado orden de Dios y del Mercado.

Esta observación no sólo surge de considerar en su globalidad los dos sistemas aparentemente contradictorios (el esclavista y el corporativo, ambos basados en la acumulación capitalista) sino también en sus expresiones culturales, siempre cambiantes para adaptarse a la sensibilidad ética y estética de cada momento pero sobreviviendo en sus fundamentos. Bastaría con recordar que la famosa expresión que cantan y repiten con orgullo los estadounidenses *"the land of the free and the home of the brave* (la tierra de los libres y el hogar de los valientes)" es una estrofa derivada del himno nacional. La letra no solo fue escrita por Francis Scott Key, un esclavista como casi todos los propietarios poderosos de la época, sino que además su poema revela más de lo que dice. La tercer estrofa, pudorosamente salteada en las versiones más recientes, con orgullo patriótico dice:

No refuge could save the hireling and slave
From the terror of flight or the gloom of the grave,
And the star-spangled banner in triumph doth wave
O'er the land of the free and the home of the brave

Aquí, no solo *brave* (valiente) rima con *slave* (esclavo), sino que queda claro que para principios del siglo XIX un esclavo y un trabajador asalariado tenían algo en común, aparte de ser sujetos de desprecio: *"No refuge could save the hireling and slave/From the terror of flight or the gloom of the grave* (Ningún refugio podría salvar al asalariado y al esclavo/Del terror de la huida o de la oscuridad de la tumba)".

La historia del nacimiento del capitalismo en Inglaterra con el despojo de los campesinos a fuerza de privatizaciones de la tierra y la imposición de las reglas del mercado al resto de la vida de la sociedad en el siglo XVII, se reprodujo como una copia en las colonias proveedoras de materias primas, aunque con el resultado opuesto. Las colonias fueron en el resto del mundo lo que los campesinos despojados fueron en Inglaterra. En ambos casos, la coerción estatal surgió para asegurar la acumulación de capitales en una clase minoritaria. Pero si este despojo y esta acumulación tenían un rostro durante la Edad Media, en el nuevo orden capitalista era un poder abstracto, llamado *economía*, *mercado* y *ley de la oferta y la demanda*, contra el cual resultaba mucho más difícil luchar, física e intelectualmente.[xxvii]

[xxvii] En 2002 publicamos "La teología del dinero" con estos mismos conceptos: *"Antes un vasallo estaba unido a su señor por un juramento. Una infracción a las reglas de juego podía significar un palo en la cabeza del campesino. Para el desdichado, lo simbólico no era el palo, sino el Rey o el Señor que emitía su deseo en forma de orden. El Señor significaba la protección y el castigo. Con todo, la injusta relación social todavía era de hombre a hombre: el campesino podía llegar a ver al Señor; e incluso, podía llegar a matarlo, con un palo igual de consistente que el anterior. La relación que en nuestro tiempo nos une con el Dinero es del todo abstracta. En eso se parece nuestra sociedad a la del Medioevo: tememos a un ente simbólico e invisible, como hace mil años los hombres temían a Dios. Los valores*

Este proceso de abstracción fue un proceso de múltiples separaciones: separó al campesino de la tierra; al trabajador del trabajo; a la iglesia del gobierno; a la ley religiosa de la ley civil; al arte de la religión y de la política... La progresiva separación y abstracción de los diversos aspectos de la vida humana hicieron que cada individuo navegue y viva en múltiples esferas al mismo tiempo. Como en cualquier otro sistema anterior, una minoría de la sociedad y de los países dominaron y acumularon el poder de esas diversas esferas a través del capital y de las fuerzas de coacción, como la policía y el ejército (cuyo nuevo paradigma fue el *mecano* y la deshumanización del soldado), los cuales son el resultado, a su vez, de sus propias abstracciones: en teoría, su profesionalización los separó de la política, de la religión, de un gobierno particular. En la práctica, el poder del dinero volvió a vincularlos con los dueños del dinero.

Otra continuidad histórica ocurrió en el proceso de someter feudos vecinos hasta convertirse en un imperio, todo facilitado por la abstracción del mercado y del dinero que proyectaron el poder de cocción del vencedor más allá del alcance del brazo del señor feudal. En el nuevo sistema, *el antiguo señor feudal se convirtió en el liberal capitalista* gracias a esta abstracción y libertad impersonal del nuevo poder de coerción. El capitalismo separó política de Estado en un sentido medieval, personal, y proyectó el feudalismo al resto del mundo. La coerción se concentró en el Estado central (policía, ejércitos) al tiempo que sus beneficiarios abogaban por la independencia regional, corporativa e individual. Independencia del Estado.

Primero, Inglaterra se convierte en Gran Bretaña al sumar Gales y Escocia, y luego, con Irlanda del Norte, en el Reino Unido. En el mismo proceso de expansión, Inglaterra no se detiene hasta invadir casi todos los países del mundo y detenerse a explotar los más jugosos, como India. Los imperios proceden por uniones al tiempo que promueven divisiones. Con sus particularidades, fue el mismo caso de Francia, de los Países Bajos y de las Trece Colonias estadounidenses a partir de 1776. En todos los casos, procedieron de la misma forma: una vez anexados los feudos vecinos, se proyectaron al resto del mundo, no sólo con colonias administradas directamente por gobiernos europeos, no sólo con protectorados, sino con el imperio de sus corporaciones privadas, de naturaleza chárter (empresas privadas con apoyo militar y económico de los estados) como fue el caso de la West India Company de los Países Bajos, la East India Company de Inglaterra, las Áfricas de Bélgica y

---

de las bolsas cambian sin nuestra participación. Entre los valores y nosotros existe una teología del dinero llamada "economía" que, por lo general, se encarga de explicar racionalmente algo que no tiene más razón que poder simbólico". (La República, Bitácora. Montevideo, 6 de noviembre de 2002)

Francia o corporaciones estadounidenses como la United Fruit Company o la Estándar Oil company, por nombrar unas pocas.

Otra continuidad por mutación podemos verla en el camino que llevó al feudalismo a reproducirse en los feudos esclavistas en las Américas. Esta nueva trasmutación del feudalismo se convirtió en la ideología liberal que opuso a los señores feudales contra el Estado absoluto, contra la monarquía, y luego a los empresarios, las corporaciones y los federalistas contra el centralismo, contra el poder del Estado moderno. Como en todos los casos, la elite del poder en cada régimen siempre receló o se opuso al poder centralizado de los Estados, sean monárquicos o democracias, al mismo tiempo que los usó a su favor, sobre todo porque la coerción se ejercía a través de la policía, los ejércitos nacionales dentro de las colonias y los ejércitos imperiales sobre las colonias. Si en el siglo XIX la dicotomía fue liberales contra conservadores monarquistas, para el siglo XX los liberales y neoliberales ya eran el dogma conservador y, en todo caso, formaban alianzas con el poder de turno: con las monarquías, las dictaduras militares y las democracias liberales dominadas por las megacorporaciones, nacionales (Europa, Estados Unidos) o internacionales (repúblicas bananera, colonias).

En esta orgía política y de travestismos ideológicos que surgen al observar los últimos mil años desde la Edad Media, subsiste siempre una misma lógica: (1) acumulación de poder por parte de una elite y (2) coerción financiera y estatal, más sermón-propaganda desde ese poder contra los de abajo.

El conflicto surgirá siempre por el par dialéctico *justicia/poder*. Una parte menor o mayoritaria de aquellos marginados del poder, aquellos que deben sufrir de la explotación de cada sistema, resistirán al poder y, cada tanto, se rebelarán. En algunos casos producirán revoluciones armadas y, en otros, revoluciones progresivas. En todos los casos no sólo encontrarán resistencia del status quo del poder sino que también se toparán con reacciones violentas (dictaduras) o progresivas (propaganda ideología y cultural desde dentro de los sistemas democráticos).

Antes de convertirse en un nuevo feudalismo más radical, como lo es en la actualidad el capitalismo financiero, el capitalismo primitivo y, sobre todo, la circulación del dinero, habían logrado cierta democratización en la clase media al erosionar la aristocracia feudal basada en lazos directos de sangre. Pero también radicalizó el despojo de los derechos de los de abajo desde el comienzo, como veremos más adelante, con la desregulación, la privatización y el despojo de tierras comunales en el siglo XVI en Europa y más tarde en las Américas, práctica que se continúa hoy como trasferencia de los pequeños y medianos propietarios a los grandes capitales agropecuarios.[xxviii]

El dinero fue una abstracción que posibilitó a las nuevas generaciones acceder a derechos y privilegios vedados a sus padres. Los *snobs* (estudiantes hijos de zapateros) comenzaron a acceder a las universidades. Luego de unos siglos, el sistema reprodujo el patrón de sistemas anteriores (estudiando de forma exhaustiva por Walter Scheidel en su libro *The Great Leveler,* 2017): la acumulación progresiva de la riqueza social en una minoría casi invisible hasta que ese orden desigual termine con uno de los cuatro Jinetes del Apocalipsis: la guerra, la revolución, el colapso del Estado y las pandemias.[58]

Pero los lazos de sangre directos y por ley no fueron completamente abolidos. En las sociedades capitalistas (post y neo feudales) los lazos de sangre continúan en el sistema de herencias familiares y de clubes sociales de todo tipo (incluidas las universidades de elite).[xxix] ¿Qué es diferente? Sobre todo, es diferente la representación de la sociedad. Diferente a la Edad Media y, sobre todo desde el siglo XVI, la sociedad capitalista se representa a sí misma como una sociedad libre, al igual que se representaba la sociedad esclavista que la servía durante el siglo XIX. Por su lado material, hay otra diferencia. La coacción de la minoría dominante sobre el resto ya no reside sólo en la fuerza de las armas sino que, en gran parte, es un reemplazo de la abstracción de Dios y de la iglesia en cuanto que es un poder abstracto con leyes

---

[xxviii] En las últimas décadas se ha argumentado que la concentración de tierras hace más efectiva la producción de alimentos, pero diferentes reportes, incluidos de la ONU, indican que el efecto es el contrario, ya que producen inseguridad en el mercado. Sin considerar que la disminución del hambre en el mundo en gran parte se debe a un cambio de metodología para medirla: para la FAO y la ONU, las calorías necesarias se refieren a gente con trabajos sedentarios, una minoría en los países pobres. Según un estudio de la Universidad de Virginia, la acumulación de tierras en África y Asia para cultivos de exportación y biocombustibles es la responsable de mantener a las poblaciones desnutridas y hambrientas. ("*Food appropriation through large scale land acquisitions*" Maria Cristina Rulli and Paolo D'Odorico. Department of Environmental Sciences, 2014.) Por otra parte, sin recurrir a estas políticas, China redujo dramáticamente el hambre en los años 90 procediendo a apoyar los pequeños campesinos.

[xxix] Las universidades de elite, como Harvard University o el Imperial College London, suelen acumular premios Nobel e investigadores de gran valor por una simple razón de poder económico. Sin embargo, desde un punto de vista pedagógico, las diferencias entre estas universidades y otras medianas es muy menor, sino inexistente. Las diferencias sociales no. La mayor ventaja de enviar a los hijos a universidades de elite radica en lo que podríamos resumir en la expresión "clubes de influencia", por los cuales los padres suelen pagar por año tanto como el salario completo de un profesional promedio.

invisibles: la *economía* y el *mercado*. Este orden, estas leyes abstractas (intangibles pero más llenas de política e ideología que de su supuestas leyes científicas), no pueden ser violadas sin que todo el sistema se resienta hasta conducir a la inseguridad, la aislación (el bloqueo) y a la pobreza de aquellos experimentos que intentan cuestionarlo.

Aun en pleno apogeo y maduración de la Revolución comercial, en la Francia del siglo XVII, los campesinos podían visualizar el poder del Estado que los presionaba a través de los impuestos y la coacción directa de la fuerza. Los campesinos y la burguesía francesa, que tenían un sistema de reta mucho más estable que los ingleses, podían identificar al poder que extraía su plusvalía. Sus iguales ingleses debían enfrentarse a un poder más abstracto e invisible llamado *mercado*, sufriendo no sólo la extracción de parte de su producción a manos de los terratenientes que progresivamente los fueron despojando de las tierras comunales que, por siglos, representaron un alivio ante la pobreza o la pérdida de sus tierras. Los campesinos ingleses, despojados de sus tierras y de las tierras comunales, tuvieron que competir con otros en su misma condición para el acceso a la renta de la tierra privatizada.

En este sentido también, el nuevo sistema, el capitalismo, fue más brutal que el feudalismo. En el feudalismo, el campesino gozaba de "derecho de habitar" la tierra donde se encontraba él y su familia. El señor feudal no podía expulsarlo de su tierra al menos que el campesino cometiese un delito capital, como matar o robar. Cuando la tierra era vendida o traspasada a otro señor feudal, los campesinos tenían derecho a permanecer donde estaban. Diferente al esclavo, *los campesinos no podían ser vendidos como propiedad privada* separada de la tierra.

El nuevo sistema de renta capitalista eliminó ese derecho. Es más, el arrendatario perdió su derecho a una renta fija (*firm*, firma, firme; *farm*, granjero), la cual fue reemplazada por una variable e inestable renta fijada por el fluctuante mercado. El arrendatario y su tierra fueron separados en un nuevo proceso de abstracción que sólo aumentó la inestabilidad económica y psicológica del ahora trabajador asalariado, despojado de sus derechos anteriores a su tierra y a la tierra comunal. En todo caso, el nuevo concepto de "propiedad privada" significó, desde el comienzo, *derecho de exclusión*. El nuevo arrendatario, despojado de sus derechos e incapaz de pagar su renta, debió migrar a las ciudades (Manchester, Londres) donde fue a potenciar las industrias financiadas por el oro y la plata de las Américas. Se convirtió en un esclavo asalariado y su destino quedó en manos de los dueños del capital, lo que la prensa bautizó como "la libertad del mercado".

A partir de entonces, no sólo las condiciones de vida (física, social y psicológica) de los despojados campesinos, ahora obreros, de desmoronó, sino también la misma expectativa de vida se redujo notablemente. En contraste, del otro lado del Atlántico, las naciones indígenas no solo mantuvieron la propiedad comunal, condiciones de vida que no los obligaba a trabajar ni la mitad que los asalariados europeos, sino que, además, en promedio vivían más y eran más altos, debido a una mejor alimentación, higiene y cuidado comunitario. Todo lo cual, está de más decir, no duró mucho luego del arribo del progreso europeo.

En todo caso, el poder no sólo era abstracto e invisible sino que el único enemigo visualizable estaba formado por otros campesinos y otros obreros en su misma condición. La competencia los hacía enemigos. En el siglo XIX los esclavistas fomentaron, de forma declarada, el odio entre blancos pobres, negros e indios. Lo mismo y por las mismas razones hicieron los británicos en Asia, promoviendo el odio entre musulmanes e hindúes que persiste hasta hoy. Hoy, los enemigos proyectados por la hiper abstracción de un sistema global e inaccesible de las finanzas, reproduce la misma historia en diferentes escenarios y con sus variaciones mínimas que aparecen como novedades: los enemigos de los trabajadores pobres son otros pobres, otras etnias y los trabajadores inmigrantes de otros países—tan desposeídos como los campesinos ingleses del siglo XVII y por el mismo sistema.

¿Por qué los desposeídos y los esclavos no se rebelaban contra sus amos si eran muchos más? ¿Por qué un batallón no puede rebelarse contra sus generales si son muchos más? ¿Por qué los obreros no pueden rebelarse contra sus patrones si son muchos más? En realidad, rebeliones, revueltas y revoluciones hubo muchas y por las mismas razones. Casi todas fracasaron o fueron absorbidas por el mismo sistema contra el cual suponían luchar. El poder no está simplemente en el látigo o en las armas (los medios de coacción directa) sino en el sistema social que lo hace posible (los medios de coacción indirecta). La trama del orden capitalista permea cada comunidad, cada país, cada institución (religiones, educación, cultura, sistemas legales, jurídicos, financieros, medios de prensa). No es más natural sino mucho más complejo, abstracto e intangible que sus padres, el sistema feudal y el sistema esclavista. Por esta razón, es un entramado difícil de desarticular y más difícil de reemplazar por otras opciones socioeconómicas, incluso por otras concepciones de la existencia humana, desde el Ubuntu africano, el colectivismo indígena americano hasta el socialismo más contemporáneo.

No uno, sino los cuatro jinetes del apocalipsis podrían ponerlo de rodillas. En la actualidad ya nos encontramos sumergidos en crecientes diferencias sociales y de apropiación de la riqueza de las sociedades y sumergidos en el inicio de (1) una catástrofe ambiental que acelerará (2) una rebelión o revolución social que deberá lidiar con (3) las pandemias y (4) las guerras derivadas del traspaso de poder de Occidente (básicamente, la OTAN) a Oriente (China).

Con los nuevos medios de coacción abstracta que rigen sobre sociedades y medios de producción fragmentados por la especialización y la división del trabajo, el poder de la minoría dominante (el poder abstracto concentrado en el dinero) comenzó a controlar la producción y la distribución (el antiguo mercado) a través de un mercado que se representa como una expresión de la naturaleza, de la libertad y del darwinismo más simplificado. Ese mercado, que alguna vez fue la sangre del conocimiento y la diversidad cultural, ahora es la nueva ideología dominante, uniforme y simplificadora de una diversidad moribunda, justo cuando la diversidad adquiere categoría de paradigma ético. Es decir, el mercado capitalista (no de intercambio sino de control de la producción y el consumo) se convirtió en parte de la coacción contra esa misma diversidad y contra esa misma idea que fue su aliada por miles de años. Ese mercado que ya no está al servicio de la existencia humana sino que ha colonizado a los humanos para hacerlos parte de su existencia.

La historiadora Ellen Meiksins Wood observó que el capitalismo logró separar economía de política en el sentido feudal de las palabras, es decir, cuando el poder de coerción, los impuestos y las políticas dependían de un señor feudal concreto.[59] La mercantilización de la tierra no sólo separó el valor de uso del valor de cambio (todas estas separaciones son procesos de abstracción) sino que el mercado también separó el poder de coerción económica del feudo proyectándola más allá de lo personal y visible. En otras palabras, no es que la economía y la política hubiesen terminado su matrimonio sino que la relación se había vuelto más liberal—y promiscua. Cuando la realidad se vuelve desagradable o inconveniente para el ahora ubicuo señor feudal, el capital puede intimidar, presionar o huir.

Con el capitalismo llegamos al momento en que la acumulación de la expropiación en nombre de la propiedad y la coerción en nombre del mercado se realizan a través del ente abstracto de las leyes de la economía. Desde un punto de vista histórico y concreto, esta nueva abstracción se centra primero en el mercado de las grandes ciudades (Florencia, Ámsterdam), en la mercantilización de la producción en el siglo XVIII (Inglaterra) y, más tarde, en la mercantilización del resto de la vida humana, desde la deshumanización de la industrialización en los siglos XIX y XX hasta la deshumanización del consumismo en el siglo XXI.

Monarquías y señores feudales; Estados y liberales

EN LA EUROPA CENTRAL, el Renacimiento heredó la fragmentación del feudalismo, la cual extendió la división del trabajo, la economía del intercambio, el comercio, la acumulación no estatal y sentó las bases de lo que luego sería conocido como *liberalismo*. Esta lógica no es tan lineal ni está libre de paradojas, es decir, de contradicciones aparentes. Como lo analizó la historiadora Ellen Meiksins Wood, Francia siguió un camino diferente a Inglaterra por algún tiempo. No hubo capitalismo ni siquiera en la Revolución francesa de 1789. Francia tenía un mercado interno limitado y su apropiación de la tierra seguía siendo feudal, no capitalista. Los burgueses no lucharon por un sistema capitalista. La reacción fue contra la monarquía absolutista que primero había cuestionado y limitado el poder feudal y luego el poder de los burgueses, que eran feudales reconvertidos.[60]

Francia continuó seduciendo a la América india por lo que tenía de no capitalista, pero algo compartía con Inglaterra, Bélgica y los Países Bajos: su poder acumulado que pronto se proyectó al resto de los continentes para explotarlos, destruirlos y contribuir al desarrollo de la Europa civilizada.

Otra fragmentación de carácter y función opuesta ocurrió más tarde en los continentes sujetos a los dictados colonialistas de Europa y Estados Unidos, mientras esas mismas potencias, antes fragmentadas por el feudalismo, las ciudades independientes de Europa y los Estados esclavistas en Norteamérica, comenzaron a consolidarse por un proceso inverso: por anexiones, por uniones políticas, territoriales, corporativas, religiosas e ideológicas al tiempo que promovían la fragmentación territorial en los países periféricos y la desmovilización (otra forma de fragmentación) de sus trabajadores dentro de fronteras. En ambos casos, la propaganda mediática y cultural fue decisiva para esta improbable cohesión de fragmentos contradictorios—cohesión en favor siempre del poder acumulado.

La unión imperialista, concentración de poder económico y militar, fue también, y sobre todo, acumulación de capitales y de territorio; fue cohesión ideológica en base a los mitos del *Pueblo elegido por Dios*, del *Destino manifiesto*, de la *superioridad de la raza blanca*, y de otras excusas universales como *La libertad*, *La democracia* y el *Libre mercado*. Por el otro lado (por el lado de abajo) la fragmentación de las colonias sirvió para debilitar su poder geopolítico y perpetuar su sumisión y su dependencia por su condición de nuevos vasallos, de nuevos cipayos y de nuevos pueblos sometidos por la incontestable fuerza bruta del nuevo orden mundial: *un sistema de feudalismo global*, cuyos señores y nobles se convirtieron en la elite financiera y los antiguos vasallos se convirtieron en los esclavos, primero, y en asalariados después. Es decir, en mano de obra barata y embrutecida de sociedades extractivistas de materias primas necesarias en el norte.

Este dominio privado de los nuevos señores feudales nunca ha dejado de estar en permanente conflicto y asociación, en una relación amor-odio, con los gobiernos centrales. Así ocurrió con los antiguos señores feudales convertidos en liberales a partir del siglo XVI con la mercantilización de la tierra en Inglaterra; en el siglo XVII con las primeras teorizaciones de un terrateniente distinguido como filósofo, John Locke; en el siglo XVIII con Adam Smith; en el siglo XX con los neoliberales; y en el siglo XI con los llamados libertarios—en todos los casos se insistió sistemáticamente con la palabra *libertad* y todos sus derivados.

Cuando el capitalismo surge en Inglaterra, los señores feudales estaban contra de la pérdida de *sus* libertades y privilegios a manos de las nuevas monarquías. Pero el vasallo y el campesino, antes unido a la tierra, ahora habían perdido sus derechos feudales y reclamaban con revueltas y ataques al cercado de tierras comunales, contra el nuevo sistema de arrendamientos en base al mercado y contra los desalojos en base a las fuerza represiva del gobierno central. Como respuesta, tanto la monarquía como los mismos señores feudales, antes y después adversarios en teoría, fundaron una nueva alianza de clase. Los nuevos feudales pasaron a encargarse del negocio y de los beneficios y el Estado inglés (luego todos los demás estados) se encargó de la represión y de las pérdidas cuando algo iba mal.

Así también ocurrió en India con los campeones de la empresa privada como la West India Company de los Países Bajos y la East India Company de Inglaterra desde 1600 y luego en todas las colonias europeas del resto de los continentes, con excepción de la Antártida. Las mismas colonias británicas en la costa atlántica de Norteamérica eran, en realidad, compañías privadas, como la Virginia Company of London establecida en 1606 con accionistas de Londres, por lo cual no es de extrañar que la bandera de Estados Unidos sea casi una copia de la East India Company. Estas compañías estaban gobernadas por sistemas de acciones mixtas, como las escuelas y los negocios *charters* de hoy, por la cual la corporación privada se beneficia económicamente de la ayuda de un gobierno mientras reclama su libertad de empresa privada.[xxx]

[xxx] Es muy difícil traducir la palabra *charter* usada ampliamente hoy en día en Estados Unidos para referirse, por ejemplo a las escuelas *charter* (escuelas primarias y secundarias privadas y lucrativas con capitales del gobierno), pero una aproximación sería "título de alquiler o derecho de explotación" de un negocio—entendiendo negocio en el sentido amplio de la palabra en inglés, como cualquier actividad que produzca ganancias, beneficios, *improvemement*. Algo similar fue el sistema de vasallaje de las *encomiendas* medievales que los españoles exportaron a América. A

A partir de ahí, como lo sugirió el mismo Adam Smith mucho después, se terminó el libre mercado real y comenzó la narrativa del libre mercado. El libre mercado pasó a significar *libertad de los capitalistas* de decidir y extraer beneficios ajenos mientras sus gobiernos acosaban, reprimían o masacraban con sus novedosas armas y poderosos ejércitos y marines a quienes no entendían de qué iba la cosa. La misma historia de la esclavitud en las Américas. En nombre de la libertad y de la libre empresa, los esclavistas neofeudales monopolizaban los negocios, apoyados por sus propias milicias esclavistas (los antecedentes de la policía en Estados Unidos), con el ejército y los marines del gobierno en casos más serios y más interesantes, como la expropiación de gigantescos territorios indígenas y mexicanos a lo largo del siglo XIX. La misma lógica durante el período de las "repúblicas bananeras" en el Caribe y en América Central y de las guerras y represiones en casi todas partes del mundo.

En todos los casos, el Estado, el gobierno (la antigua monarquía, ahora resultado de elecciones celebradas como democráticas) jugó un rol más que fundamental en el éxito de los *emprendedores*: cumplió con un rol crucial y determinante. Esta lógica se repitió también hacia dentro de los imperios. Campeones del liberalismo y del neoliberalismo económico en el siglo XX, como Friedrich von Hayek y Milton Friedman, apoyaron dictaduras en América Latina, como la del Chile de Pinochet, como condición necesaria para el éxito de su libertad liberal y de mercados. El mismo Friedman explicó la Gran Depresión de Estados Unidos en los años treinta no como una crisis o desajuste entre la oferta y la demanda, no como un resultado de las políticas liberales y capitalistas de las décadas anteriores ni por el exceso de crédito dado por los bancos a negocios que no tenían solvencia, sino por una razón monetaria. Para Friedman *"money is the most important commodity"* (el dinero es la mercancía más importante) y, en el caso de la Gran Depresión de los años 30, todo se redujo a que hubo un *desbalance* entre el dinero y el crédito, el cual es regulado por el precio del crédito, es decir, por las tasas de interés. Por lo tanto, la culpa de la Gran Depresión fue que el Gobierno no calculó bien su política monetaria. Esta explicación simplista y estas teorías económicas hicieron escuela y, pese a sus masivos fracasos, continúan vivas y orgullosas debido al éxito de la potencia hegemónica del mundo, basada en su poder centralizado del gobierno estadounidense, y a la derrota, económica, ideológica y militar, de cualquier otra opción de ser, de existir. En otras palabras, no es sólo que cuando las cosas salen bien es gracias a la libre empresa y cuando salen mal la culpa es del gobierno, sino que, según los campeones de

---

partir de mediados del siglo XVI, las encomiendas fueron reemplazadas por el pago de impuestos de los nativos.

la libertad del mercado y de la libre empresa capitalista, *el gobierno es el árbitro máximo del éxito o del fracaso* de toda una economía y su orden social. Aun así, el dogma no se cansa de repetir que el estado perfecto del libre mercado es aquel donde no hay intervención humana que interfiera con sus *leyes naturales*. Es decir, un mercado y una economía libre de seres humanos, una utopía que deja muda a cualquier utopía comunista, pero en el nombre de la realidad, la libertad y otras cosas bonitas administrados siempre por alguna elite de elegidos.[xxxi]

La lógica de la corona al rescate de los señores feudales, del poder de los gobiernos centrales (imperiales) al rescate de los liberales y del libre mercado rimó con la política de Londres para Asia, de Lisboa, Ámsterdam, París y Bruselas para África, de Washington para América Latina y, en todos los casos, más tarde para el resto del mundo. A finales del siglo XIX, la conocida *Diplomacia de cañonero* de Washington había sido reemplazada por la *Diplomacia del dólar*, es decir, la política de prestar dólares fáciles a países pobres, pero de interés, sabiendo que no podían pagar sus deudas, luego de lo cual los marines invadieron y ocuparon varios países del patio trasero una y otra vez. Todo lo que derivó en la creación de las llamadas Repúblicas bananeras. ¿Existió algo más planificado, centralizado y estatizado que el capitalismo de los imperios, es decir, de las naciones desarrolladas?

La relación *señor feudal-monarquía* se repite también en el mundo hiper tecnológico de hoy, de forma más que evidente. A principios del 2023, Elon Musk, el hombre más rico del mundo y ejemplo destacado del capitalismo neofeudal, acusó al Foro de Davos de convertirse en *"un gobierno mundial no electo que la gente nunca pidió y nunca lo quiso"*.[61] Como si los nuevos señores feudales (como Musk) hubiesen sido electos por algún pueblo. El mismo resabio de los feudales contra las nuevas monarquías del siglo XVII y XVIII. Opuesto a ambos, surgió una parte de la burguesía del siglo XVIII, como luego la actual izquierda, en oposición a los señores ultra millonarios, dueños de las vidas ajenas, y a los poderes políticos concentrados en monarquías que nadie eligió, como el Foro de Davos, el FMI y unas pocas más.

[xxxi] Desde 1954 el Club Bilderberg reúne cada año y en secreto a un centenar de poderosos miembros del club de ultra millonarios, reyes y grandes inversores. El lema del club es "promover el libre mercado" a través de ideas y estrategias de conferencistas y expertos que sus selectos asistentes tienen prohibido citar.

Feudos, corporaciones y democracias liberales

SIGUIENDO EL DIAGRAMA DE PROGRESIÓN INVERSA, resumamos la continuidad alterna de la estructura de poder político y económico de los últimos siglos. El postcapitalismo actual reproduce la estructura histórica del feudalismo pero sin el acento en la propiedad de la tierra.

Ahora los feudos son las corporaciones y los señores feudales son sus dueños y su corte está compuesta por CEOs (duques, condes, marqueses), sus accionistas (caballeros, nobleza; banqueros, comerciantes) y los medios dominantes (alto y bajo clero; curas y monjas). Esta misma estructura feudal calcificó en el capitalismo del siglo XVII con la radicalización de las super empresas privadas y su extensión a la arena internacional, como la East India Company o la Virginia Company donde el poder de la corona (del gobierno central) se reducía al monopolio de la coerción armada en beneficio y rescate de esas compañías privadas, combinación del sistema democrático de los piratas (los imperios más brutales de la Era Moderna fueron democracias) y de los liberales posteriores.

Esta estructura de poder se reprodujo en las repúblicas modernas y posmodernas. De la misma forma que los poderes ejecutivos, legislativos y judiciales están separados (en teoría, no en la práctica) y organizados por un sistema electoral, el sistema de democracia privada de los piratas y de las *company* privilegia al grupo con poder económico, llamados desde 1600, accionistas. Siempre, en lo posible, *con la ayuda y sin la interferencia* de los gobiernos centrales.

En su misma estructura interior, las grandes compañías y corporaciones actuales reproducen este modelo republicano—o es al revés. Poseen dueños (señores feudales), CEOs (Primer ministros), un directorio con poder de voto (los congresos), los que son elegidos por los accionistas (en las democracias liberales, "el pueblo", que con más frecuencia que excepciones ha estado limitado por ley a un grupo minoritario y, más tarde, luego de la universalización del voto, ha estado bajo la presión y el poder de la propaganda y de las instituciones dictatoriales como los bancos internacionales. En las compañías y las corporaciones, los usuarios, los consumidores, los trabajadores tienen cero voz y voto en la dinámica laboral, productiva y de consumo que los envuelve. Son los accionistas que votan y sus votos depende de la cantidad de acciones que posean. Es decir, quién más posee poder económico posee más poder político. En las corporaciones es una realidad escrita en piedra; en las democracias liberales, es una realidad nunca reconocida en el discurso idealista de sus defensores.

A su vez, estos feudos corporativos, legalmente bajo las coronas, bajo los gobiernos centrales, son los mayores poderes de presión de esos mismos gobiernos que, en nombre de los vasallos, protege a los señores feudales del vulgo, de ese mismo pueblo.

PRIVATIZACIÓN, SOCIEDAD DE MERCADO, EGO-MERCANCÍA

Una nueva especie humana

A LO LARGO DE LA HISTORIA HUMANA, todas aquellas religiones y filosofías que se extendieron más allá del clan, en sus enseñanzas sociales y morales pusieron un especial acento en la solidaridad, en el altruismo y en la cooperación. Incluso antes. Por decenas de miles de años, el héroe podía ser un guerrero tribal, pero su sacrificio era siempre altruista. Hasta dioses o semidioses, como Prometeo, Quetzalcóatl y Jesús se sacrificaron en vida por el resto de la humanidad.

Filosofías y religiones sofisticadas, desde el hinduismo, el confusionismo, el budismo, el sintoísmo, pasando por religiones más violentas como el judaísmo del Viejo testamento o las mesoamericanas, los profetas bíblicos y otros textos religiosos insistieron hasta el hastío y de formas diversas en la necesidad de una moral basada en la justicia social y el altruismo. Probablemente el más radical de todos fue Jesús, al menos la figura histórica que nos ha llegado por los relatos bíblicos, y su prédica de ayudar a los pobres, a los enfermos y desfavorecidos, de ofrecer la otra mejilla ante la ofensa y de amar hasta a los enemigos. A pesar de haber tenido tiempo de sobra, Jesús nunca condenó la homosexualidad, no sacralizó la propiedad privada, ni la riqueza, ni la posesión de armas, sino todo lo contrario. Claro, eso antes de que el cristianismo se convirtiese en un instrumento del capitalismo. A partir de entonces, un ejército de elocuentes pastores y diversos medios propagandísticos se encargarán de insistir en lo contrario—en nombre de Dios, está de más decir.

No por casualidad la *avaricia* fue, en todos los casos, un pecado. No en pocos, la misma riqueza, la acumulación. No por casualidad, el paradigma de la propiedad privada de la tierra era, en todos los casos, irrelevante. A partir de la mercantilización de la tierra en la Inglaterra del siglo XVI, con la mercantilización de la mano de obra desplazada por el *enclosure* y la privatización del despojo de las colonias por parte de las poderosas compañías imperiales como la East India Company (con el mismo modelo democrático de los piratas del Caribe), a partir del nacimiento del paradigma del precapitalismo en el siglo XVI, de la ética calvinista y de la consolidación de la mercantilización de la existencia humana en los siglos posteriores, el *egoísmo* (y la avaricia) pasó a ser, por primera vez en la historia, un valor ético e ideológico dominante. Su madurez ideológica llegó con el concepto de que la búsqueda del bienestar individual (más que bien, *bienestar*) es éticamente superior porque a largo plazo conduce al bienestar del resto de la humanidad. Por supuesto que la primera parte de la ecuación predominó siempre a costa de la segunda, y así los imperios nunca dejaron de exterminar, saquear y vampirizar el resto del mundo en procura del bienestar propio que algún día podría llegar a los tataranietos de los millones de víctimas hambreadas, esclavizadas y masacradas. En la segunda mitad del siglo, los neoliberales ilustraron ese ideal con la Teoría del derrame, según la cual el bienestar y la riqueza ilimitada de los de arriba algún día podía alcanzar a los de abajo.

Durante la Guerra Fría, la escritora ruso estadounidense Ayn Rand quiso llevar al extremo las ideas liberales sobre las bondades del egoísmo y denunció el altruismo como una plaga de la humanidad. La empatía y la compasión son irracionales y destructivos. Los ricos son ricos porque lo merecen y los pobres deben morir si no son capaces de ganar en el juego capitalista. En las últimas décadas, Rand se convirtió en la autora de cabecera de los políticos de la derecha estadounidense. Paul Ryan, el influyente representante de Wisconsin (el mismo estado de Joseph McCarthy) y distinguido con la Medalla del Departamento de Defensa, lo reconoció de forma explícita: "*Ayn Rand, más que nadie, hizo un trabajo fantástico al explicar la moralidad del capitalismo, la moralidad del individualismo y eso, para mí, es lo más importante*". En otro momento: "*La razón por la que me involucré en el servicio público, en general, si tuviera que darle crédito a un pensador, a una persona, sería Ayn Rand*".[62]

Antes que descubriese que Rand era atea, Ryan le regalaba sus libros a sus amigos y empleados. Como vimos antes, estudios psicológicos más recientes han demostrado lo contrario: la cooperación y el altruismo son mejor valorados por los humanos en su infancia antes de ser corrompidos por una educación egocéntrica, supercompetitiva y psicópata.

La paranoia utilitarista no se limitó nunca al Primer Mundo sino que se exportó convenientemente a las colonias también. Bastaría con echar una mirada a los llamados Tigres Asiáticos en las últimas décadas para corroborar esta hipótesis. Veremos este caso en el capítulo "Ejemplos exitosos de neocolonialismo".

La privatización de la tierra—y de los súbditos

VOLVAMOS AL ORIGEN EUROPEO de este largo proceso, llamado capitalismo, y a una nueva paradoja. El absolutismo monárquico, enemigo del feudalismo primero y del liberalismo después, funcionó como *disruptor* de los lazos de servidumbres entre los vasallos y los señores feudales. Para el siglo XVI, Inglaterra había centralizado el poder a costa de la fragmentación feudal mucho antes que los otros estados europeos y Londres había concentrado gran parte de su población, convirtiéndose en la ciudad más grande de Europa—aunque nada impresionante para el resto del mundo, incluida Tenochtitlan en México antes de la llegada de los españoles.

Pero tanto Londres como el mercado dependían de la agricultura y ésta estaba en el proceso de una transformación radical, más que tecnológica, ideológica e institucional. Mucho antes que en el resto del continente, la concentración de tierras en menos manos y el incremento de campesinos rentistas, sin tierra, expuestos a la inestabilidad, a la incertidumbre abstracta del mercado y a la presión de los nuevos dueños de la tierra, desesperados por maximizar sus beneficios. La misma etimología de la palabra inglesa *farmer* (campesino, granjero), por entonces significaba "arrendatario". Lo mismo se puede observar de la palabra *improvement* (mejoramiento), que por entonces no significaba simplemente "mejorar algo" sino "obtener más ganancias" ("*to increase profits*").[xxxii] Para el siglo XVII la palabra ya aplicaba también a la

---

[xxxii] a. *Farmer* (granjero), del latín *firmare* (firma, renta fija, arrendatario que confirma, fortalece un compromiso). También "hombre libre de bajo rango", en cuyo origen dos siglos antes era más apropiado para un esclavo que trabajaba la tierra. b. *Improve* (mejorar): "*to use to one's profit, to increase (income)*" (lograr que los ingresos económicos crezcan); del anglo-francés *emprouwer* (producir ganancias), *profit*, ganancia, beneficio obtenido de la tierra. (Etymonline, 2014). El lenguaje guarda una memoria secreta y oculta. Entre 2003-2007, con otros estudiantes internacionales en UGA un fin de semana, prometimos escribir un diccionario sobre los "*idioms*" (dichos) en inglés a los que nos habían sometido en los exámenes TOEFL, los que significaban lo opuesto a lo que el resto del mundo asumía. Mi hipótesis radicaba en que todos tenían algo que ver con el dinero: "*I feel like a million dollar / bill*", ("me siento como un millón de dólares, me siento muy bien"), con algo referido al mercado: "*It is not your business*" ("no es tu negocio, no te importa"); "*I don't buy it*" ("no lo compro, no lo creo"), o con una acción: "How are you doing" ("cómo lo estás haciendo? Cómo te va?"); "still working? ("todavía trabajando? no has terminado de comer?") etc.

"mejoría estética", la que consistía en limpiar las tierras del señor de ranchos pobres para que no estropeasen el paisaje.[63] La necesidad de tener todo bajo control, desde las razas inferiores, las clases más pobres y la misma naturaleza se ilustra aun hoy con la obsesión anglosajona y protestante de vestir formalmente para ir a una iglesia o de mantener el césped y los arbustos de espacios deshabitados geométricamente controlados como corte de pelo militar. Por si no fuera poco esta observación psicológica impregnada en la cultura anglosajona, recordemos muy rápidamente el origen histórico de ese absurdo costoso y antiecológico de regar, fertilizar y volver a cortar el césped para que anuncie nuestra casa y nuestro status y obediencia. Su origen tiene mucho que ver con el nacimiento del capitalismo que analizaremos en capítulos posteriores: la expulsión de los campesinos de tierras comunales, la privatización de la tierra, y la presunción de propiedad e improductividad con vastas áreas de terrenos con césped alrededor de los nuevos castillos y haciendas. Algo que, naturalmente se exportó como se exportó el capitalismo a través del brutal imperialismo en las colonias, hasta el absurdo extremo de reproducirlo en climas y territorios inapropiados para semejante plantación ornamental, como India y África. Hoy es uno de los símbolos más populares del "sueño americano" en Estados Unidos, la colonia imperial, la natural y perfecta continuación del imperio británico. Para mantener este inútil símbolo imperial y actual obsesión anglosajona contra cualquier sentido ecológico, sólo los estadounidenses invierten cada año 11 billones de litros de agua, 2200 millones de litros de gasolina y un total combinado de 76 millones de kilos de pesticidas y herbicidas, por un total de 60 mil millones de dólares.

Ahora volvamos a la propiedad privada de la tierra, que es tan antigua como la civilización sumeria. Esta forma particular de propiedad, rara vez mayoritaria, fue reconocida más tarde en el derecho romano y practicada desde el siglo XII en Inglaterra. En cualquier caso, era un derecho limitado y no extendido, ya que coexistía de diferentes formas con la propiedad comunal y estatal que eran las formas más comunes de propiedad de la tierra.

Con el capitalismo surgió la comercialización de la tierra y la propiedad privada se convirtió en un derecho superior y en un dogma incuestionable de organización económica, social y existencial. Por entonces, la privatización de la tierra tuvo un impacto infinitamente mayor que la idea de propiedad privada de cosas móviles, como una pala o un burro, ya que la tierra definía un espacio y una forma de vida.

En el sistema feudal, hasta el siglo XVI, la tierra no se compraba ni se vendía como cualquier mercancía. No existía el negocio inmobiliario. Su derecho de usufructo no era el derecho de propiedad, pero el campesino que pagaba un alquiler o sus impuestos al señor feudal o terrateniente tenía derecho a la permanencia, aunque no absoluto, sobre la tierra. Diferente a un esclavo, un vasallo no podía ser vendido separadamente de la tierra que ocupaba. El señor feudal tampoco podía desalojarlo sin una causa judicial, como un crimen (sobre todo considerando que no existía un sistema carcelario como el moderno, sino el exilio).

Esto cambió cuando el capitalismo convirtió la tierra en un bien de mercado, objeto de compraventa. El cercamiento de la tierra europea fue similar al alambrado en las Américas siglos más tarde, el que, bajo la misma lógica y un mismo mecanismo de explotación global capitalista produjo realidades diferentes y hasta opuestas. Aunque en menor proporción, como en la América indígena, también en Europa existían tierras comunales. De hecho, existieron por miles de años. Eran tierras que proveían leña y pastura para la comunidad circundante o para la villa más próxima y áreas de cultivo para los sin tierra. Con el objetivo de mantener este beneficio colectivo, los derechos y obligaciones estaban reguladas por cada comunidad.

A través de la práctica del *enclosure* (cercado) las tierras comunales fueron desregularizadas primero y privatizadas después por los propietarios más poderosos, primero como práctica ilegal (la cual expropiaba e incrementaba el valor de la tierra privatizada) y luego con el reconocimiento de la ley. Este proceso de privatización produjo varias rebeliones violentas de los comuneros despojados en los siglos XVI y XVII lo que, podemos especular, potenció la necesidad de una fuerza represiva mayor, más organizada y centralizada (como más tarde, en el siglo XIX, producirá los amplios bulevares en París): el ejército y la policía.[xxxiii] Por entonces, como en 1607, el ataque de miles de campesinos desplazados en Inglaterra y el derribo de los cercados se parecían mucho a los llamados "desalambrar" en América Latina, aunque estos fueron condenados como comunistas y los anteriores como comunales.

En ambos casos, los despojados fracasaron por una simple razón de fuerza cohesiva. En Inglaterra los *revoltosos* murieron en los enfrentamientos o fueron colgados como ejemplo de lo que no se debe hacer. A mediados del siglo XVIII el parlamento estaba dominado por los nuevos terratenientes capitalistas, es decir, ya no feudales o feudales convertidos al nuevo paradigma

---

[xxxiii] En algunos casos, esta práctica no se debió a las implacables *nuevas leyes del mercado* sino a las no menos implacables leyes de la clase alta. En 1542, Enrique VIII le regaló a su amigo Sir William Herbert los edificios y el terreno del monasterio de Wilton Abbey, en Salisbury. Herbert ya tenía bastante tierras para cultivar, por lo que decidió embellecer el lugar expulsando a sus habitantes *cercando* el área recibida, para dedicarse a la caza sin que la chusma anduviese trabajando por allí. Esta expulsión no sólo afectó a los campesinos sino que devastó al pueblo más cercano. Los comuneros respondieron con una rebelión destruyendo las vallas, pero Sir. Herbert organizó una policía privada de 200 hombres y ordenó cazar a los violentos como se cazan los peligrosos lobos.

de los beneficios del mercado sobre cualquier otra razón. Del otro lado del Atlántico, la retórica de "el buen pobre" se convertirá en "el buen indio" y "el buen negro". El parlamento inglés, sin representantes del campesinado desplazado, legalizó el cercado y privatización de la tierra (*enclosure*) y a partir de allí, por primera vez, la palabra *pobreza* se hizo popular en la prensa, en la cultura y en las banales discusiones políticas. En el siglo XVIII, la pobreza en masa ya había producido su clásico literario, *Oliver Twist* (1837), catapultando a Charles Dickens a la gloria literaria y a Inglaterra a la cultura de masas. Un poco antes, en la década de 1870, el parlamento inglés ya había privatizado un 20 por ciento de la tierra disponible y la miseria y los criminales asolaban las grandes ciudades.

En 1895, luego de analizar las protestas de los trabajadores ingleses que, pese al robo masivo de las colonias no lograban alcanzar un salario de subsistencia, el millonario británico Cecil Rhodes concluyó que la solución era el imperialismo (es decir, más imperialismo): "*cada vez estoy más convencido de la importancia del imperialismo... para salvar a los 40 millones de habitantes del Reino Unido de una sangrienta guerra civil, nosotros, los administradores de las colonias, debemos adquirir más tierras [en otros continentes] para dárselas al exceso de población y conseguir nuevos mercados para colocar nuestros excedentes... si realmente queremos evitar una guerra civil, debemos convertirnos todos en imperialistas*".[64] Quince años después, en 1910, la diferencia entre el uno por ciento en Europa y el resto de la población era mayor que en Asia. Cuatro años más tarde, la conocida *Belle Époque* (la *Época dorada* en la Europa Imperial que se coincidió con múltiples holocaustos, masacres y hambrunas inoculadas por el nuevo sistema civilizatorio de esa misma insaciable Europa en sus colonias de África y Asia) terminaría con la Primera Guerra mundial, de la misma forma que los "años locos" del capitalismo salvaje en Estados Unidos terminarían con la Gran Depresión quince años después.

John Locke: la tierra es de quien (no) la trabaja

LA CONCENTRACIÓN DE TIERRA en menos manos produjo también la concentración de población en menos ciudades. En 1500, cuando Tenochtitlan (México) era una ciudad racionalmente planificada, higiénica, con un mercado intenso y su población ascendía a 400.000 habitantes, Londres era una ciudad sucia e insalubre con apenas 60.000 habitantes. Para 1700 seguía siendo sucia e insalubre, o más que antes, y su población llegaba a 600.000. En 1890, en el apogeo del imperialismo global británico, llegó a 5,5 millones. Estos números esconden un factor fundamental: la precarización de la existencia en manos del mercado convirtió a dueños y arrendatarios estables en asalariados o arrendatarios inestables, ambos sujetos a las volátiles leyes del mercado. Nada volátiles para aquellos ocupados en el proceso de acumularon capitales. Los desposeídos por la agresiva mercantilización de la tierra inglesa migraron a la gran ciudad como en el siglo XIX los esclavos liberados, nuevos ciudadanos pero sin tierra, debieron buscar trabajo en las grandes ciudades estadounidense para sobrevivir de las propinas o, más recientemente en el siglo XX, los indígenas, negros y campesinos pobres latinoamericanos sin tierra fueron a buscar trabajo en las industrias y servicios de las grandes ciudades y terminaron creando masivos asentamientos suburbanos llamados favelas o villas miseria. Un proceso que, como siempre, repetía otros en las naciones imperiales llamadas "desarrolladas" pero de forma tardía y sin posibilidades para expandirse de forma autoritaria en otras regiones del mundo ya ocupadas por los imperios dominantes.

Los desposeídos ingleses fueron la fuerza principal que produjo la Revolución industrial, así como siglos más tarde los esclavos en las Américas y los desposeídos hasta más recientemente fueron y son la fuerza principal en la provisión de materias primas baratas para ese mismo proceso que ya lleva unos cuantos siglos. De la misma forma que el despojo de tierras y de derechos del campesino durante el feudalismo (como el derecho a habitar, el derecho a las tierras comunales y el derecho a una renta fija) produjo rebeliones en continentes periféricos o coloniales, como América Latina, así habría ocurrido antes en la misma Europa y, más precisamente, en el centro de este nuevo cambio de paradigma social: Inglaterra.

Está de más decir que en esta aventura humana, una minoría (de clase, de nacionalidad) acumuló casi todos los beneficios y todos los créditos resultantes del esfuerzo colectivo. Como lo analizó la historiadora Ellen Wood, *"sólo los avances tecnológicos no fueron responsables por la llamada 'revolución agrícola', base de la industrialización posterior; por otra parte, los cambios tecnológicos que iniciaron la 'Revolución industrial' fueron, en todos los casos, muy modestos"*.[65] Hay que agregar que esos y otros avances tecnológicos ya estaban en marcha en India y Bangladesh antes de ser destruidos por el luminoso Imperio Británico a fuerza de cañón, de leyes proteccionistas y de imposiciones mercantiles en nombre de un libre mercado estratégicamente destruido en beneficio de la civilizada Europa. Del detalle de los cientos de millones de muertos en el proceso, hablaremos más adelante.

El famoso político y escritor inglés, Thomas More, se consideraba a sí mismo uno de los desplazados por la privatización y concentración de la tierra. Como en muchos casos el fenómeno estaba motivado por la expansión de los criadores de ovejas, More lo definió en su clásico libro *Utopía* como el proceso por el cual *"las ovejas se comen a los hombres"*.[66] A fines del siglo XVIII, un nuevo invento reemplazará la lana y el lino por el algodón, el que ya era ampliamente usado en Asia. Como siempre, alguien de abajo pagará por ese nuevo progreso. En este caso, serán los esclavos del Sur de Estados Unidos primero y, a partir de 1836, los mexicanos con la expansión de la esclavitud estadounidense y la pérdida de más de la mitad de su territorio. Finalmente, como lo observa la historiadora Ellen Wood, el despojo y desalojo de los campesinos por la fuerza en Inglaterra fue legalizado por el Parlamento y luego legitimado como *Ley de la naturaleza* y *Voluntad de Dios* por intelectuales como John Locke.

En su *Second Treatise of Government,* publicado en 1639 de forma anónima, Locke (no un desplazado sino un terrateniente) reflexionó sobre uno de los mayores temas de discusión de la época, el problema de la propiedad, operando una transición narrativa que justificó de forma insuperablemente efectiva, el nuevo predominio de la propiedad privada sobre la propiedad comunal: *"Dios, que ha dado el Mundo a los Hombres en posesión común, también les ha dado la razón para hacer uso de él para la mejor ventaja de la Vida y conveniencia (...) Todos los frutos que produce la naturaleza y las bestias que alimenta pertenecen a la Humanidad en común (...) Ningún cuerpo tiene originalmente un Dominio privado, exclusivo del resto de la Humanidad, ya que están así en su estado natural. Sin embargo, al estar dados para el uso de los Hombres, debe haber necesariamente un medio para apropiarse de ellos. La fruta, o venado, que alimenta al indio salvaje, que no conoce cercado, y es todavía un inquilino en común, debe ser suyo y tan suyo, es decir, una parte de él, que otro ya no puede tener ningún derecho sobre él"*. Más adelante entiende la propiedad privada como aquello que el trabajo de un individuo ha agregado o sacado de la naturaleza: *"El trabajo de su cuerpo y el trabajo de sus manos, podemos decir, son propiamente suyos. Entonces, todo lo que saca del Estado que la Naturaleza ha proporcionado y lo ha dejado, lo ha mezclado con su Trabajo y le ha unido algo que es suyo, y por lo tanto lo convierte en su Propiedad"*.

Hasta aquí podría ser acusado de comunista por algún mayordomo del siglo XX o, incluso, del siglo XXI. Pero en 1689, cien años antes de la Toma de la Bastilla del otro lado del canal, el padre del liberalismo realiza un enroque casi inadvertido sobre el problema de la propiedad privada de la tierra (siempre recurriendo a Dios), momento preciso del nacimiento ideológico del sistema capitalista: *"Pero el asunto principal de la Propiedad no es ahora los Frutos de la Tierra, y de las Bestias que subsisten en ella, sino de la Tierra misma (...) Creo que es claro que la Propiedad en eso también se adquiere como lo primero. Cuanta tierra labre, plante, mejore, cultive y pueda usar el producto de un hombre, tanto es su propiedad. Él, por su Trabajo, lo excluye, por así decirlo, del Común (…) Dios, cuando dio le dio a toda la Humanidad el Mundo en propiedad común, mandó al Hombre también a trabajar, y la penuria de su Condición se lo exigió. Dios y su Razón le ordenaron sojuzgar la Tierra, es decir, mejorarla en beneficio de la Vida, y poner en ella algo que era suyo, su trabajo. El que en obediencia a este Mandato de Dios, sometió, labró y sembró cualquier parte de ella, le anexó algo que era su propiedad, sobre la cual otro no tenía título, ni podía quitarle sin perjuicio".*

Pero aún fata un paso más: la intermediación capitalista en la expropiación del plusvalor ajeno. De la idea de que alguien que trabaja la tierra es su propietario natural y hasta propietario privado (idea revindicada por los socialistas y revolucionarios del Tercer mundo y de todas a las reformas agrarias), a la intermediación de que su propietario no es quien la trabaja sino quien ha invertido un capital, hay un último y decisivo paso. *"De modo que Dios dio Autoridad para la apropiación. La Condición de Vida Humana, que requiere Trabajo y Materiales para trabajar, necesariamente introduce Posesiones privadas"*. Locke y la historia pasa del "derecho de quien trabaja la tierra" al derecho por título (propiedad privada), lo que luego convertirá la tierra en un indiscutible bien de compra y venta. Un bien de mercado cualquier otro, como una camisa o un jarrón producido en un taller, a pesar de que la tierra siguió siendo "un bien natural" y una camisa o un jarrón "productos creados por el trabajo". Luego de un salto sobre esta contradicción, se llega al artículo de propaganda del sistema dominante. Según Locke, la *"conservación de la Vida, de las Libertades y de los Bienes, los llamo por el su nombre general: Propiedad"*. Ahora ¿cómo hacer efectiva y cómo proteger esta nueva realidad de quienes no están de acuerdo? Pues, como siempre, recurriendo al monopolio de la coerción: *"Por lo tanto, el gran y principal fin de los hombres que se unen en comunidades y se ponen bajo el gobierno es la preservación de su propiedad"*.[67]

De este proceso inicial de convertir en un derecho de propiedad el despojo de los trabajadores de las tierras comunales en Inglaterra a practicar lo mismo en las Américas hay un solo paso llamado Atlántico, no muy difícil de realizar. El colonialismo y el imperialismo en el "nuevo mundo", en África y luego en Asia no son otra cosa que la continuación de esta convicción y práctica exitosa de acumulación de riquezas, de la misma forma que la conquista española en el mismo continente fue una continuación de su fanatismo medieval, desarrollado durante los ocho siglos de luchas contra los musulmanes en la península Ibérica.

El mismo John Locke lo teorizó en su Capítulo V sobre la propiedad, especie de Evangelio capitalista. Para Locke, tomar "tierra improductiva" de los indios americanos era un derecho y una obligación, ya que con ese despojo no se le estaba quitando nada a la Humanidad sino que, por el contrario, se le estaba dando algo—la idea de que los salvajes, como las mujeres, no tenían alma era tema de debate; no era debatible el hecho de que no pertenecían a la Humanidad y mucho menos a la Civilización.

La explotación imperial de recursos ajenos fue practicada por varias potencias europeos, pero el origen y desarrollo del capitalismo estuvo en Inglaterra. Podemos agregar que la continuidad de este proceso es bastante obvia: el despojo basado en las leyes del mercado fue practicado por Inglaterra primero sobre sus propios campesinos, luego sobre Irlanda y, finalmente, sobre el resto del mundo. Una vez que Irlanda adoptó las nuevas reglas impuestas a la fuerza por sus vecinos ingleses y escoceses, y en el siglo XVII comenzó a significar una competencia para Inglaterra, Londres echó mano al viejo recurso de suspender sus propias leyes y contradecir su propio sermón para imponer restricciones que impidiesen cualquier independencia de su primera colonia. Los irlandeses desposeídos por el nuevo régimen se vendieron a sí mismos como esclavos *indenture* en las colonias de Norteamérica, África y en India para la gigante privada East India Company, una de las primeras extensiones del imperialismo británico. Luego de ser discriminados por pobres y por blancos imperfectos, con el tiempo y gracias al color de su piel (el mayor capital disponible de los inmigrantes pobres) sus hijos se convirtieron en administradores de segunda o en exitosos hombres de negocios. De igual forma, el próximo imperio dominante, Estados Unidos, primero ensayó sus métodos de colonialismo corporativo en México, América Central y el Caribe antes de proyectarlo a otros continentes. Una diferencia notable radicó en que el Imperio Británico comenzó como una compañía privada en sus colonias y terminó como un gobierno central administrando directamente sus propias colonias. Estados Unidos procedió de la forma contraria. Luego de una etapa fuertemente proteccionista, Washington (como antes Londres) predicó el libre mercado y la democracia para el resto de las repúblicas al sur y destruyó ambos cada vez que amenazaron con salirse de su órbita de influencia desafiando el imperio comercial de sus transnacionales privadas. En la actualidad, la coerción militar directa (tanto la imperial en la esfera internacional como la criolla en la esfera nacional de las repúblicas más débiles) ha sido reemplazada por la coerción económica y el resguardo indirecto de la fuerza militar. Las transnacionales privadas, como en un sistema feudal global, continúan dominando la vida social, política y económica de distintos continentes, pero la coerción se ejerce a través de los Estados locales y éstos lo ejercen sobre sus pueblos a través de la prensa dominante nacional y de ejércitos nacionales que rara vez se involucran en algún conflicto con otras repúblicas pero la coerción directa e indirecta sobre sus propios pueblos es permanente. Aquellos casos que se salen de un estado de obediencia y funcionalidad, sean democracias o dictaduras, son inmediatamente acosados y bloqueados, siempre en base al discurso políticamente correcto del momento, el que suele ser la libertad (del mercado) y el imperio de la democracia (la oligarquía criolla). Esta realidad es difícil de visualizar por quienes la sufren y fácil de enmascarar por la propaganda, cuyo principio central consiste en la fragmentación y la simplificación, algo semejante a la fe sectaria y religiosa. Es muy difícil llamar "dictadura" a un sistema global que ha reemplazado a la misma naturaleza. La ley del mercado, aunque está llena de política y es una ideología en sí misma, es representada y percibida como la Ley de la gravedad de Newton (abolida hace un siglo por Einstein).

Todo derecho tiene su ideología. Para esta nueva teoría que se naturalizará como algo obvio e incuestionable en los siglos por venir, el derecho a la propiedad procedía de quien la trabajaba. Algo que suena a una vieja reivindicación de la izquierda latinoamericana durante el siglo XX y de los reclamos por una reforma agraria, también resumida en eslóganes como *"a desalambrar"*,[xxxiv] lo cual, como vimos, paradójicamente hunde sus raíces en la reacción contra el cercado de tierras comunales (*enclosure*) en Inglaterra al comienzo del Capitalismo. No por casualidad aquellos gobiernos democráticos que lo intentaron, como el de Jacobo Árbenz en Guatemala, fueron eliminados por golpes de Estados promovidos por las corporaciones (los nuevo señores neofeudales, campeones del neoliberalismo). Así, el original derecho de un capitalista a apropiarse de una "tierra improductiva" no aplicaba ni aplica al derecho de un pueblo de trabajadores sin tierra o de un gobierno popular a expropiar tierra improductiva (incluso compensando al expropiado según el valor del mercado, como fue el caso de Guatemala en los 50s).

Pero es justo en este momento en que ocurre una de esas abstracciones que cambian el significado de forma que el día se convierte en noche en pocos minutos. Locke comienza insistiendo que la tierra es propiedad de quien la trabaja (de quien le agrega algo con su propio esfuerzo) y termina traspasando ese derecho del *valor de uso* al *valor de cambio*, es decir, a aquel que paga por ella, no quien la usa o la trabaja. La historiadora Ellen Meiksins Wood observó este preciso momento en 2002 con absoluta claridad, cuando afirmó que el *"énfasis en la creación de valor de cambio como la base de la propiedad es crucial en la teorización de la propiedad capitalista"*.[68] Luego de considerar que si los hombres se hubiesen conformado con la propiedad comunal, aunque basada en la abundancia de que Dios la había provisto, hubiesen muerto de hambre. Por esto, los hombres (algunos hombres) tomaron parte de esa propiedad en común y, al trabajarlo lo convirtieron en su

---

[xxxiv] *"A desalambrar, a desalambrar / Que la tierra es nuestra, es tuya y de aquel / De Pedro y María, de Juan y José"*. (Daniel Viglietti, 1970).

propiedad privada, algo que no depende del consentimiento de los comuneros que usufructúan esas tierras. Luego, Locke razona (aquí el ejemplo clásico): *"el pasto que ha comido mi caballo; las hierbas que mi siervo ha cosechado; y los minerales que he excavado en cualquier lugar donde tenga derecho a ellos en común con otros, todo se convierte en mi propiedad, sin necesidad de asignación o consentimiento de nadie; el trabajo que era mío, el que sacó todo eso del estado común en que estaban, los ha transformado en ellos mi Propiedad"*.[69] La misma Wood observa que Locke (y, consecuentemente, el resto de los capitalistas) consideran que *"las hierbas que mi siervo ha cosechado"* y *"los minerales que yo he excavado"* son la misma cosa. Es decir, el naciente capitalismo y el feudalismo convivieron en beneficio del primero. Actualmente no es muy diferente, sólo que se ha reemplazado la fea palabra *siervo* por *asalariado*.

Inglaterra no sólo impuso el *enclosure* (privatización de la tierra por cercado) a Irlanda y a Norteamérica, sino también a India y Bangladesh, con el mismo resultado: al tiempo que las minorías en el poder político y comercial se enriquecían a escala astronómica, los pueblos que perdieron sus tierras comunales, su forma de vida, de producción y consumo, sufrieron hambrunas masivas con decenas de millones de muertos. Pero la privatización de la tierra se extendió también a la privatización del agua, de los ríos y de sus peces (como en India 1870 y con el Private Fisheries Protection Act de 1897), bajo la excusa de hacer que la población sea más productiva según las leyes del mercado y según los intereses de los dueños del "libre mercado".[xxxv]

Con el tiempo, desde el punto de vista de esta mentalidad extractiva, "siervo", "esclavo" y "trabajador asalariado" serán variaciones de la misma cosa. Esta idea, difícil de tomar en serio por la mayoría de los europeos de su época y, sobre todo, por los habitantes del resto del mundo hasta no hace mucho, tiene un antecedente en Norteamérica, 29 años después de la creación de la poderosa e imperial compañía privada East India Company en 1600 (cuya bandera fue, por un par de siglos, la misma que la adoptada por Estados Unidos, con trece franjas rojas y blancas). En 1629, el puritano hijo de ricos terratenientes ingleses y primer gobernador de Massachusetts, John Winthrop, lo había resumido de la siguiente forma: *"Dios ha dado a los hombres un doble derecho sobre la tierra; hay un derecho natural, y un derecho civil. El primer derecho era natural cuando los hombres poseían la tierra en común... Luego, a medida que aumentaban los hombres y sus ganados, se apropiaron de ciertas parcelas por encierro y se les otorgó un derecho civil... Los nativos americanos no cercan ninguna tierra... Si les dejamos suficiente para su uso,*

[xxxv] Recién en 2022 Bangladesh abolió la ley Private Fisheries Protection Act de 1889.

podemos legítimamente tomar el resto".[70] Exactamente las mismas ideas justificadoras aplicadas a los más civilizados irlandeses poco antes, sobre todo en el Ulster.

A juzgar por estas palabras y por la historia posterior, para entonces el *derecho natural* ya se había convertido en algo irrelevante. Aparte de recurrir a Dios y las Leyes naturales para justificar el despojo de los dueños anteriores de sus tierras, el mismo Winthrop explica la alta mortandad de los nativos recurriendo al mismo argumento: "*Dios ha consumido a los indios con grandes pestes, de modo que quedan pocos habitantes*".[71] Fue Dios; no fuimos nosotros quienes trajimos las pestes a las Américas que, en algunos casos, redujeron la población nativa al diez por ciento y, aun así, seguían siendo naciones tan populosas como las mismas colonias europeas.

En 1971, mi amigo Ariel Dorfman y el sociólogo Armand Mattelart publicaron *Para leer al pato Donald*. Los autores observaron que "*todos los intentos de Disney se basan en la necesidad de que su mundo sea aceptado como natural (…) en esto reside el hecho de que su mundo esté poblado por animales*". Los primitivos cantan, bailan y, a veces, por divertirse, hacen revoluciones. "*No habiendo otorgado a los buenos salvajes el privilegio del futuro y del conocimiento, todo saqueo no parece como tal, ya que extirpa lo que es superfluo* [el oro, el petróleo, la materia prima]. *El despojo capitalista irrefrenable se escenifica con sonrisas y coquetería. Pobres nativos. Qué ingenuos son. Pero si ellos no usan su oro, es mejor llevárselo. En otra parte servirá de algo*".[72] Es decir, John Locke con esteroides, sólo que tres siglos más tarde. Si el bien, la propiedad no es traducida al *valor de cambio*, no es propiedad y hay que convertirla en tal.

Pero volvamos al origen del fenómeno. Mientras los más ricos cercaban las tierras de Gran Bretaña, los parlamentos legalizaban el despojo, los intelectuales del poder lo legitimaban y se producía una ola de vagabundos. El resto de los campesinos tuvo que competir por el acceso y arrendamiento de tierra y luego por la colocación de sus productos en el mercado. Los perdedores se hundieron en la miseria o migraron a las ciudades donde más tarde se convertirían en el proletariado, propiciando la Revolución industrial inglesa, la que fue una revolución total. No sólo se tradujo en una forma diferente de producir y en un nuevo imperio que invadiría casi todos los países del mundo para interrumpir otros procesos de desarrollo y multiplicar su propia acumulación, sino que creó una nueva moral (la victoriana) y nuevos conceptos de belleza, los que, a su vez, reforzarían el racismo imperial.[xxxvi]

[xxxvi] La idea de la raza superior articulada y madurada en el siglo XIX, también fue definida como "la raza bella". Su canon estético, como suele ocurrir con los cánones

Esta paradójica pérdida de propiedad de los campesinos por la privatización de sus tierras se confirmó con la introducción de vallados de la propiedad. En Francia, donde los campesinos eran propietarios de su tierra y los arrendatarios pagaban un precio fijo, la presión de la competencia por la renta y por la producción era menor que en Inglaterra. El capitalismo inicial (como lo propuso Wood, surgido en el campo inglés y no en el comercio de las ciudades) resultó más efectivo que el feudalismo medieval como sistema dominante, pero promovió el feudalismo moderno en el resto del mundo para continuar con su lógica de *coacción-acumulación-narración*. Por un lado se incrementó la producción de cosas, la riqueza y el poder militar en el centro del mundo, la esclavitud en las colonias y en los países periféricos y la ansiedad derivada de la incertidumbre existencial por todas partes. El mercado se convirtió en el dictador supremo y en la traducción económica del darwinismo. El éxito produjo más éxito y el fracaso más fracaso, aumentando las diferencias sociales en cada país y las diferencias nacionales a nivel global. Al comienzo de la expansión del capitalismo fuera de Europa, la diferencia económica entre Europa y África era muy menor. Antes que las potencias capitalistas destruyeran (más a fuerza de cañón que de inventos industriales durante la Revolución industrial) las potencias asiáticas como India y China, las diferencias económicas globales no favorecían en nada a Occidente. Para 1800, las diferencias entre países ricos y pobres alcanzaba un desequilibrio de tres a uno. En la segunda mitad del mismo siglo, la desproporción era 35 a uno. Esto no son sólo números sino que se tradujo en cientos de millones de

---

culturales, sobrevivió más allá de los cambios económicos y sociales gracias a la industria cultural. Por ejemplo, el canon Marilyn Monroe aún es el canon de belleza más extendido en el mundo, con algunas variaciones. Durante la Edad Media, la nobleza habitaba palacios y castillos y sus mujeres eran pálidas como la muerte. Trabajar era un sinónimo de pobreza y, por lo tanto, de fealdad. Las mujeres campesinas eran fuertes, delgadas y tenían la piel quemada por el sol. Aún durante el Renacimiento, la belleza y la sensualidad se resumía en mujeres bien alimentadas y pálidas, como un cuadro de Rubens. La Revolución industrial hizo que las jóvenes campesinas perdiesen su color en las industrias y luego en las oficinas del siglo XX, lo que corrigió en algo la estética: las mujeres de la clase alta, las que no necesitaban trabajar para vivir, bronceaban sus pieles en las playas del mediterráneo o del Caribe. Eran más sexys porque el poder es sexy. El nuevo canon de belleza continuaba adoptando a la mujer de la raza imperial y rica (desarrollada), pero a finales del siglo XX ya la obligaba a broncearse vuelta y vuelta como pollo al espiedo en las playas, aunque fuesen obreras pobres. Porque de eso siempre se ha tratado la moda desde la antigua Roma: de imitar a las clases altas. Al mismo tiempo, la pornografía abría una válvula de escape poniendo el mundo patas arriba: el esclavo, el pobre feo (negro) tiene sexo con una bella mujer (blanca), un botín de guerra.

muertos debidos al nuevo sistema capitalista y a la nunca lograda (más bien destruida en su propio nombre) "libertad del mercado".[73]

El creciente abismo entre países ricos y pobres, es decir, entre países colonialistas y países colonizados, entre saqueadores y saqueados, comenzará a revertirse en los años sesenta, es decir, con el proceso de descolonización de lo que durante la Guerra Fría se llamó el "Tercer mundo".

El feudalismo y el capitalismo se cruzan—y procrean

EL ABSOLUTISMO MONÁRQUICO facilitó la transición del sistema feudalista hacia el capitalismo.[xxxvii] Los terratenientes y la aristocracia se desmilitarizaron y la coacción física se concentró en los ejércitos del gobierno central, los que más tarde extenderían su poder (y la misma lógica de *coacción-acumulación-narración*) hacia el resto del mundo creando imperios. Más que un nuevo orden social, se estableció un nuevo orden político, institucional, legal e ideológico. Al mismo tiempo, como en su etapa final, el capitalismo adolescente se asentaría ideológicamente en el liberalismo, el cual nació de la misma tradición feudal de los señores dominantes contra el poder concentrado de los reyes—el poder del maldito Estado.

Luego de una etapa proteccionista, la ideología del libre mercado se convirtió en el factor común de ambos con la narrativa de *la libertad* en abierta contradicción (en función de máscara) a su práctica, la coacción derivada del nuevo poder incontestable: ya no de la espada del señor feudal o del látigo del esclavista sino del capital concentrado del inversor.

No fue el liberalismo económico (el levantamiento de las restricciones a los mercados dominados por sus principales inversores) lo que desencadenó las fuerzas capitalistas. "*No fueron los mercados ni las industrias que hicieron posible el nacimiento del capitalismo, sino la transformación de las relaciones de propiedad en el sector rural inglés*",[74] lo que luego derivó en una transformación de la naturaleza del mercado, de la industria y, sobre todo,

---

[xxxvii] En otros libros y artículos hemos mencionado las contradicciones del discurso capitalista sobre la libertad y sus frecuentes casamientos con el sistema eslavista del siglo XIX, con las dictaduras nazis y fascistas, a lo largo del siglo XX, y con el comunismo chino en el siglo XXI. Por donde se lo mire, el capitalismo, al menos después de su etapa inicial, no fue una fuerza democratizadora, como lo repite la propaganda de los medios dominantes y hasta la educación formal en los países desarrollados, sino todo lo contrario.

en la aparición del trabajador asalariado como norma, previamente despojado de sus tierras por la práctica del cercado (*enclosure*) y despojado de toda decisión sobre su propio trabajo.

En el siglo XVI, el centro de desarrollo comercial se había trasladado de Italia a los Países Bajos y luego, en el siglo XVII, a Inglaterra, no a pesar de que los campesinos y las ciudades inglesas estaban sujetas a mayores restricciones que las italianas y las holandesas sino por eso mismo. El proteccionismo estatal inglés fue brutal hasta que la isla se convirtió en la fábrica del mundo y, ya sin competencia, además de textiles, comenzó a exportar la ideología del "libre mercado" hacia las colonias y hacia los países independientes que no podían competir con sus industrias, pero sí debían aportar materias primas como el "oro blanco" (el algodón producido por esclavos en el sur de Estados Unidos), el opio indio para un mercado inventado a fuerza de cañón en China, y para consumidores más ricos en Occidente y en otras provincias de América del Sur.

En el siglo XVI, el nuevo mercado internacional ya no se reducía a productos de lujo sino a productos de necesidad básica, como alimentos y vestimenta. El mercado capitalista surge cuando el mercado pasa a controlar la producción de alimentos, no sólo a nivel nacional sino internacional. Es decir, cuando Holanda controla el mercado de granos del Báltico. En otras palabras, el nuevo mercado profundizó la división del trabajo, ya no solo por clases sociales sino por naciones y regiones, con el importador de materias primas y exportador de productos manufacturados imponiendo precios, condiciones y tratados internacionales a la fuerza.

Es entonces cuando los procesos de producción y consumo se separan de forma radical. Esta relación desigual de productor y consumidor (más tarde de industrialistas y extractivistas) se profundizó con la colonización de América y del resto del mundo. Todo lo cual impulsará a Europa hacia la modernidad y el desarrollo, al mismo tiempo que hundirá a sus colonias y a otros continentes, antes prósperos, en un nuevo feudalismo con consecuencias trágicas que la historiografía subestima y la propaganda olvida.

El libre mercado

POR SI ESTA COMPLEJIDAD (aparentemente contradictoria) fuese poca, basta con echar un vistazo al sistema esclavista en las Américas que contribuye a la misma Revolución Industrial en Inglaterra, desde la explotación de los esclavos en el rico sur estadounidense en el siglo XIX hasta los esclavos asalariados en las colonias, desde Asia y África hasta América Latina—sean poblaciones enterradas en las minas de las corporaciones trasnacionales o sen obreros contemporáneos.[xxxviii]

En la Inglaterra de finales del siglo XVIII, los nuevos inventos para procesar algodón más rápido reemplazaron la lana y el lino como materia prima principal. Aunque Inglaterra prohibió el comercio de esclavos en 1807 y la esclavitud en 1833, estos nuevos inventos industriales y el vertiginoso crecimiento de la demanda de algodón que provocó, promovieron la expansión de la esclavitud en Estados Unidos, lo que llevó a una nueva multiplicación del territorio de ese país, esta vez sobre territorios mexicanos, para reinstaurar la esclavitud como derecho de "la raza libre" y consolidar la masiva acumulación de capitales de los principales bancos del Sur esclavista, de los millonarios y del imperio capitalista estadounidense. Claro, siempre en nombre de la democracia y la libertad.

Los líderes políticos estadounidenses, aunque por lejos más hipócritas en sus discursos sobre la libertad y la democracia, demostraron una inteligencia estratégica muy superior. Durante sus primeros años, la nueva república exportaba productos agrícolas para importar productos manufacturados, exactamente como las colonias ibéricas y africanas. El primer secretario del Tesoro, Alexander Hamilton (*Report on Manufactures*, 1791), luego de analizar el caso británico, supo que no había industrialización posible sin políticas proteccionistas y una economía independiente basada en el desarrollo de la industria, de la tecnología y de las ciencias.[75] La política mercantilista de Hamilton no era de fronteras abiertas a la "libre competencia" sino que estaba fuertemente protegida por subsidios y tarifas, aparte de una política tendiente a un Estado más fuerte y centralizado (algo que, por obvias razones, Thomas Jefferson al principio, y luego los esclavistas y sus herederos, resistirán hasta el siglo XXI). Tres cuartos de siglo después, el presidente Ulysses Grant, poco después de la Guerra Civil, lo entendió y resumió de esta forma: *"Durante siglos, Inglaterra ha confiado en la protección, la ha llevado al extremo y ha obtenido resultados satisfactorios de ella. No hay duda de que deben su fuerza actual a este sistema. Pero después de dos siglos, Inglaterra considera conveniente adoptar el libre comercio porque entiende que la protección ya no puede ofrecerle nada. Muy bien entonces, señores, mi conocimiento de nuestro país me lleva a creer que dentro de doscientos años, cuando Estados Unidos haya sacado de la protección todo lo que puede ofrecer, también será un campeón del libre comercio"*.[76] Un par de décadas más tarde, otro presidente, William McKinley, confirmó el mismo sentido común:

[xxxviii] Nos detuvimos en esta lógica histórica de Esclavitud-Revolución industrial-capitalismo corporativo en *La frontera salvaje* (2021) y otros escritos.

"Bajo el libre mercado, el comerciante es el amo y el productor el esclavo. La protección no es más que la ley de la naturaleza, la ley de la autopreservación, del autodesarrollo".[77]

Al mismo tiempo, los países latinoamericanos seguían el curso contrario. Los países latinoamericanos (mejor dicho, su oligarquía liberal), desde México hasta Argentina, adoptaron el cuento británico del libre mercado sin pensarlo dos veces. En 1860, el argentino Juan Bautista Alberdi reconocía que *"son las campañas las que tienen los puntos de contacto y de mancomunidad con la Europa industrial, comercial y marítima, que fue la promotora de la revolución, porque son ellas las que producen las materias primas, es decir, la riqueza, a cambio de la cual la Europa suministra a la América las manufacturas de su industria. Las campañas rurales son lo que América tiene de serio para Europa"*. Más adelante: *"En 1852 la Francia iba a abandonar toda esperanza de libertad fluvial de los afluentes del Plata (tratado Lepredour) cuando las provincias argentinas vencieron el americanismo de Buenos Aires, y se dieron a la Francia y al mundo, sin condiciones, la libertad de navegación fluvial y de comercio"*.[78]

Un adversario político y enemigo personal de Alberdi, el presidente Domingo Faustino Sarmiento, como la gran mayoría de la oligarquía nacional, era de la misma idea de que *"nosotros no seremos fabricantes sino con el lapso de los siglos y con la aglomeración de millones de habitantes: nuestro medio sencillo de riqueza, está en la exportación de las materias primas que la industria europea necesita"*.[79] Todo lo que se parece al grito español de Unamuno: *"que inventen ellos"*.[80]

Esta ideología extractivista del colonizado proveyó de cierta riqueza mercantilista a la Argentina por algunas décadas, hasta que todo terminó en los años 1930 y con las propuestas tardías de industrialización del primer período peronista. Podríamos seguir con otros ejemplos que regaron África y América Latina con sangre y miseria, pero cerremos con el caso del dictador liberal de México, Porfirio Díaz. En nombre del progreso y de *"una invasión pacífica"*, Díaz entregó su país a las corporaciones anglosajonas y arruinó a la población campesina e indígena con sus políticas extractivistas y con la continuación de la privatización de la tierra iniciada en los 1850s, todo lo que terminaría con la mayoría de la población campesina sin tierras y, consecuentemente, con el violento e inevitable quiebre de la Revolución mexicana de 1910.

Ahora vayamos a las raíces ideológicas de este dogma moderno, de esta ideología imperialista del *libre mercado*, que nada tiene que ver con la libertad, ni de los individuos ni de los pueblos ni del mismo mercado. En gran medida, fue articulada por Adam Smith y, sobre todo por David Ricardo. Ricardo, un clásico de la economía liberal, se hizo rico especulando en las bolsas y más aún con las guerras napoleónicas y las prohibiciones de la libre importación y del libre mercado impuestas en Inglaterra. Tanto Adam Smith como David Ricardo (las ideas del segundo son las del primero llevadas a la arena internacional) intentaron solucionar las contradicciones de sus modelos abstractos con *ad hocs* que recuerda a la recurrencia de Isaac Newton a Dios para suturar grietas en sus teorías—la "Mano de Dios" explicaba por qué sus cálculos a veces no se correspondían con las observaciones astronómicas.

En el caso de Smith y Ricardo, estos ad hocs eran psicológicos. Smith consideraba que el peligro de la hiper acumulación de las corporaciones se solucionaría porque los millonarios se desprenderían generosamente de aporte de sus riquezas, ya que el prestigio social era más fuerte que la ambición material. Por su parte, Ricardo explicó que el peligro de la destrucción de trabajo en un país en beneficio de otro más barato debido a su teoría de la "ventaja competitiva" en un libre mercado abstracto se solucionaría porque los capitalistas preferirían ganar menos en sus países que mover sus capitales a otros países para ganar más—no hace falta recordar que la experiencia histórica lo niega rotundamente.

En su clásico *The Principles of Political Economy and Taxation* de 1817, David Ricardo concuerda con Adam Smith en que el colonialismo (palabras como *imperialismo, esclavitud, India* o *Bangladesh* no forman parte de su léxico) contradice sus ideas abstractas sobre el libre mercado y, no sin candor, consideran que le hacen mal tanto al colonizado como al colonizador.[81] Declaración que es solo eso, una declaración, sin fundamento en la historia, sino todo lo contrario. Su único argumento consiste en una situación hipotética donde, siendo Inglaterra una colonia de Francia, y Francia imponiendo subsidios a la exportación de trigo, Francia también perdería al no lograr reducir el precio de trigo en una situación de prefecta libre competencia. El árbol impidiendo ver el bosque.

Los imperios modernos se beneficiaron del libre mercado en las colonias y del proteccionismo en sus metrópolis, hasta el día de hoy. Sin las tarifas y subsidios de Inglaterra en el siglo anterior a Ricardo, ni la economía ni la industria indo-bangladés hubiese sido destruida ni la economía ni la industria inglesa se hubiesen desarrollado como lo hizo; probablemente la Revolución industrial hubiese terminado de madurar en las colonias más ricas y efectivas de India y Bangladés antes de ser interrumpidas por la fuerza de los cañones europeos. O, más probablemente aún, otra forma de desarrollo, tal vez menos mercantilizada, hubiese desplazado al orden capitalista que surgió en su lugar a fuerza de todo tipo de violencias que, para nada, se ajustaban al dogma idealista y utópico del libre mercado ricardiano.

Pero una cosa fue (y es) el idealismo del libre mercado de Smith y Ricardo y otra fue (y es) el pragmatismo de los políticos y de los hombres de negocios. Incluso cuando el político y el hombre de negocios es Ricardo. Ricardo también fue miembro del parlamento británico y amasó una fortuna en el sector financiero del gobierno. Básicamente, como Adam Smith, cuestionó la teoría dominante del mercantilismo (para el cual el objetivo era una balanza comercial favorable en divisas, oro y plata) en favor del "libre mercado", según el cual cada país tenía "una ventaja natural" (luego definida como "ventaja absoluta") y le debía dedicar sus energías a esta ventaja. Los países con minerales debían dedicarse a exportar minerales y los países con industrias debían exportar productos manufacturados.

Ricardo olvidó decir que las industrias nunca fueron una "característica natural" de los países industrializados, por lo cual, mientras avanzaba el siglo y el apogeo del imperialismo europeo, se echó mano a la idea de superioridad racial, de raza emprendedora: unas razas, las negras, habían nacido para obedecer y otras, las blancas, para mandar—todo dicho por los campeones del libre mercado. Cuando esta centenaria tradición imperialista cayó en desgracia, se reemplazó el prejuicio racial por el prejuicio cultural y hasta ideológico para continuar practicando lo mismo.

Esta teoría ricardiana se tradujo en el siglo XX en la teoría Heckscher-Ohlin, según la cual aquellos países que poseían mano de obra barata debían dedicarse al cultivo intensivo (típico sistema esclavista y extractivo), mientras aquellos otros que tenían exceso de capitales debían dedicarse a la inversión—todo decorado con misteriosas gráficas cartesianas para darle a sus teorías socioeconómicas un aura de ciencia dura. Lo cual es otra magnífica paradoja imperialista: la mano de obra barata en las colonias fue mantenida en ese estado por la violencia comercial y militar de los imperios, los que, a su vez, extrajeron riquezas naturales, desde oro, plata, diamantes y todo tipo de materia prima necesaria para sus industrias y para alcanzar la mágica categoría de *países con exceso de capitales que deben dedicarse a la inversión en los países con carencia de capitales y exceso de mano de obra barata.*

Para que esta lógica colonial funcione, es necesario remover todos los "factores que distorsionan el libre mercado". Es decir, los subsidios, los impuestos y las tarifas que desarrollaron las industrias en los imperios del Norte y que aún hoy mantienen, mientras continúan vendiendo la idea del "libre mercado" a través de sus políticos enfurecidos y sus mayordomos escandalizados por el atraso de la raza-cultura subdesarrollada—para estas teorías de gabinete, la esclavitud (la de látigo y la asalariada) no era un *factor de distorsión* de los mercados; sólo una piedra en el zapato de la conciencia moral.

Tanto Adam Smith como luego David Ricardo estaban en contra de las políticas que hicieron posible la industrialización en Inglaterra, la hegemonía capitalista y militar de Europa y luego de Estados Unidos: los subsidios y las tarifas proteccionistas. Naturalmente, aquellos que la sufrían en las colonias o en las repúblicas dependientes, inmediatamente subscribieron y practicaron estas fórmulas salvadoras y desarrollistas que nunca aplicaron en sus modelos mundiales. De hecho, *no existe ningún ejemplo histórico de prosperidad y desarrollo basado en el libre mercado*; el libre mercado fue la ideología adoptada, de forma por demás entusiasta, por los esclavos de las colonias.

Todas estas celebradas teorías económicas que desde en el siglo XX adoran las pseudo ecuaciones matemáticas fracasaron, no sólo como teorías libres de contradicciones y con algún mínimo poder de predicción, sino como instrumentos para prevenir o salvar a países pobres y ricos de sus respectivas crisis económicas. Excepto cuando tuvieron una marina armada de poderosos bombarderos, colonias o, más recientemente, cientos de bases militares por todo el mundo.

Un siglo antes, en 1848, Karl Marx criticó estas ideas abstractas sobre el mercado y las ventajas productivas (diferencias democráticas donde todos participan de la decisiones y se benefician de cada transacción) como propias y convenientes al imperialismo: las ventajas productivas de un país dependen de una imposición colonial, no de la mera naturaleza. En una conferencia dada en Bruselas sobre el "libre comercio", y con alusiones claras a David Ricardo y sus apologistas, Marx lo resume de la siguiente forma: *"Llamar fraternidad universal a la explotación cosmopolita es una idea que sólo puede engendrarse en el cerebro de la burguesía. Todos los fenómenos destructivos que provoca la competencia ilimitada dentro de un país se reproducen en proporciones más gigantescas en el resto del mundo (...) Se nos dice que el libre comercio crearía una división internacional del trabajo y, por lo tanto, daría a cada país la producción que esté más en armonía con su ventaja natural. Ustedes creen, señores, que la producción de café y azúcar es el destino natural de las Indias Occidentales, pero hace dos siglos, la naturaleza, que no sabe nada de comercio, no había sembrado allí ni caña de azúcar ni café"*.[82]

En 1902, el economista e historiador británico John Hobson publicó su célebre y maldecido libro *Imperialism: A Study* en el cual expresó una conciencia que quemaba por entonces y sigue quemando hoy: *"Gran Bretaña se ha convertido en una nación que vive de los tributos del extranjero, y las clases sociales que disfrutan de este tributo tienen un incentivo cada vez mayor para emplear la política pública, el erario público y la fuerza pública para ampliar el campo de sus inversiones privadas y así salvaguardar y mejorar sus inversiones privadas"*.[83]

En otras palabras, si los pragmáticos y fanáticos hombres de negocios anglosajones les hubiesen hecho algún caso a Adam Smith y a David Ricardo, ni Europa ni Estados Unidos se hubiesen convertido jamás en las superpotencias globales que dominaron, se beneficiaron, hicieron y deshicieron el mundo a su antojo como perfectas dictaduras en nombre de la civilización, la libertad, la democracia y los Derechos Humanos—dejando países destruidos y cientos de millones de personas masacradas o muertas en decenas de catastróficas hambrunas.

La tierra, el capital y la narrativa de la libertad

PARA CERRAR ESTE CAPÍTULO, volvamos brevemente al relevante problema de la tierra. En Europa, el sistema feudal sobrevivió por siglos al nacimiento del capitalismo, de la misma forma que el capitalismo sobrevivirá por mucho tiempo cuando una nueva forma de organizar la existencia humana tome su lugar. En América Latina, el *enclosure* se llamó *alambrado, vallado* o *cercado* y se practicó hasta no hace muchos años sobre las tierras de los pueblos nativos en la mayoría de su territorio o desplazando comunidades afros como en Brasil o Colombia.

Hoy, a dos décadas de iniciado el siglo XXI, la misma práctica que se inició en la Inglaterra del siglo XVI sobre las tierras comunales y el desplazamiento de poblaciones nativas en beneficio de los grandes negocios continúa practicándose, sobre todo, en África. La mayoría de las comunidades nativas de este continente aún posee la tierra como la mayoría del mundo la poseyó por miles de años, es decir, de forma comunal. De mi experiencia personal en los años 90s en Mozambique, me quedó la idea de que para este vasto continente, sobre todo para su región subsahariana, el comunismo moderno no era menos extraño que el capitalismo más moderado. Como en casi todos los casos anteriores, aun hoy estas comunidades y sus individuos no poseen un papel en alguna oficina inalcanzable de los gobiernos de sus países, los que son fácilmente corrompidos por los intereses extranjeros y de la oligarquía criolla que siempre logran legalizar el imparable despojo privado de grandes negocios, desde la extracción de madera hasta de minerales.

Actualmente, cuando en algunos casos, gobiernos como el de Sud África confisca una pequeña porción de *"tierras poseídas puramente con fines especulativos"*, la prensa y algunos institutos libertarios (neoliberales) como el Mises Institute, informan de *"incautación de tierras de cultivo, propiedad de blancos sin compensación"* y lo titulan como una acusación que en el pasado significaba la antesala de un golpe de Estado: "SOCIALISMO CON OTRO NOMBRE".[84] El proyecto de ley de la excolonia holandesa, organizada luego bajo el apartheid, fue ampliamente criticado como racista porque los afectados son "abrumadoramente blancos". En 2018, el entonces presidente

Donald Trump criticó la medida por "*quitarle las tierras a los granjeros blancos*" y los supremacistas blancos difundieron esta desinformación para consolidar el mito del "genocidio blanco", invento de los colonialistas del siglo XIX y narrativa de la decadente extrema derecha del siglo XXI.[85]

El presente es un producto del pasado. La colonización de Sud África comienza cuando dos empleados de la Dutch East India Company naufragaron en 1647 y sobrevivieron por meses gracias a la provisión de agua y alimentos por parte de los nativos antes de pasar a manos del Imperio Británico. Similar historia a la de los colonos en Norteamérica y su celebrado Thanksgiving. Al regreso a su país, los colonos informaron de la fertilidad de la tierra en el extremo sur de África, lo que la hacía una excelente parada del tráfico colonial hacia India—otra vez, la misma historia de los cazadores de negros fugados de Estados Unidos que cruzaban la frontera mexicana buscando la libertad y, finalmente, terminaron anexando Texas.

El fanatismo anglosajón por las ganancias por sobre cualquier otra dimensión humana es ahora cosa de mero "sentido común". En realidad, fue una particularidad la historia de la humanidad. Actualmente, el 72 por ciento de la tierra sudafricana está en manos de blancos, los cuales suman el nueve por ciento de toda la población. Las políticas que apuntan a revertir un pasado centenario de racismo genocida, colonización y despojo son, naturalmente, calificados de racismo y políticas socialistas perversas.

No hay despojo completo si no hay colonización de la verdad y el sentido común por parte de la gran narrativa. Como una planta, como un virus, una vez inoculada, la narración maestra se reproduce sola por muchas generaciones. Ni siquiera es necesario defenderla. Se defiende sola. No por ningún estudio complicado sino por la simplicidad del eslogan y la confortable ignorancia.

Nuevas formas de coerción

El dogma abstracto

SERÍA UNA ESPECULACIÓN INÚTIL si nos preguntásemos qué hubiese sido del mundo si en lugar del capitalismo se hubiese desarrollado otro sistema. Lo que sabemos, concretamente, es que el capitalismo interrumpió otras formas de desarrollo en América, Asia y África. El progreso tecnológico, base del progreso no sólo capitalista sino de muchos otros sistemas, se venía produciendo desde siglos y milenios antes de que en Inglaterra se desarrollara una nueva concepción de la propiedad de la tierra y de todo lo demás en base a la abstracción del dinero, del mercado y del concepto de valor de cambio. Sólo en Europa, en el siglo XII ya se había producido una revolución agrícola en base a nuevas tecnologías, la que, a su vez, produjo un crecimiento de la población—interrumpida por la primera ola de la Peste negra.

La larga historia de la extracción y acumulación parasitaria de excedentes productivos en nombre de Dios primero (John Locke), luego del darwinismo (imperialismo), de la producción, del progreso y de la paz (neoliberalismo) y, finalmente, del anticomunismo y de Dios otra vez (neofascismo), tuvo un objetivo claro que se ha radicalizado de forma progresiva, pero no sin críticos y menos sin contradicciones internas. El dogma liberal se fue adecuando a los intereses de las elites del momento, tanto como olvidando sus principios constitucionales—al fin y al cabo, tampoco eran tan importantes y mucho menos sagrados.

Por ejemplo, el mismo Adam Smith reconoció que alguien que debe trabajar bajo coacción no es libre. Como más recientemente lo observó el economista Michel Hudson, la teoría económica dominante hoy es el dogma de la Escuela de Chicago, la cual sirve a los antiguos rentistas, ahora llamados inversores, semidioses de las finanzas. Esta escuela no sólo ha reforzado el mito del libre mercado, de la libre competencia, de la disciplina fiscal y todo eso que Washington y otros imperios anteriores le exigen a los demás países y jamás practican, sino que han consolidado el mito cientificista de que la economía es una ciencia dura, separada de toda política y geopolítica, llena de gráficas cartesianas que nunca sirven para predecir nada más que aleccionar a las neocolonias y hacerlas "responsables de sus propios fracasos" por no entender cómo funciona el mundo y las matemáticas. Hasta la física relativista y la cuántica han reconocido el rol participativo del observador en el objeto observado, pero no la economía. Con algunas excepciones. Una teoría económica no es la explicación abstracta e higiénica de un fenómeno económico sino parte de él.

Los arácnidos lograron popularizar una definición propia de "libre mercado", cambiando el concepto clásico de "mercado libre de rentistas" por el más conveniente "mercado de los rentistas libres". Consecuente con la práctica y sus intereses, esta escuela ha impuesto un lenguaje economicista para consolidar la idea de que no existen opciones realistas al modelo actual: la separación ficticia entre política y economía, entre ideología y realidad. Si bien el capitalismo logró algo parecido a una separación de economía y política, de finanzas y economía real, ambos continúan orbitando uno alrededor del otro, como dos estrellas próximas.

El poder de los liberales neofeudales

EN EL MODELO DE PROGRESIÓN INVERSA, el liberalismo contemporáneo se corresponde con, por ejemplo, los oligarcas romanos asesinando a sus emperadores y con de los feudales-liberales oponiéndose a la centralidad de los Estados siglos después. En la Europa de la Ilustración, esos Estados estaban en manos de monarcas arbitrarios y absolutos, algo que resultaba indefendible por el nuevo pensamiento burgués, razón por la cual durante el siglo XIX los intelectuales progresistas fueron liberales. En el siglo XX los liberales se revelaron como lo que eran: neo feudales, oligarcas enemigos de un Estado central que cuestionase "su libertad" de hacer y deshacer en los mercados que ellos dominaban por la fuerza del capital y de los medios. No por casualidad, los esclavistas del sur estadounidense, derrotados militarmente en 1865, se convirtieron en las corporaciones que detestaban el poder central del Gobierno federal y avocaban por la "libertad" de los Estados independientes como lo hicieron antes para defender su derecho particular de seguir acumulando riquezas gracias a la "institución particular", la esclavitud. En Estados Unidos, estos esclavistas millonarios se llamaron conservadores, porque lo eran, pero su tradición socioeconómica fue el liberalismo (procedente del feudalismo, europeo y americano) y, de forma más radical, el neoliberalismo a partir de la segunda mitad del siglo XX.

Las reparaciones de los gobiernos de turno siempre fueron para los esclavistas que perdieron sus propiedades (los esclavos), nunca para los esclavos o para sus descendientes. Inglaterra pagó el equivalente a 21 mil millones de dólares (el 40 por ciento de su presupuesto estatal) a los esclavistas que se vieron perjudicados por la abolición de la esclavitud (que en realidad continuó aportando materias primas a las industrias inglesas desde las Américas). El pago fue a cuenta de deuda nacional, por lo cual la corona inglesa terminó de compensar a los esclavistas recién en el año 2015.[86] Una cifra similar fue pagada por la empobrecida Haití al imperio de Francia de 1820 a 1947 y por las mismas razones: los criminales en el poder perdieron parte de su propiedad privada. Lo que pierden los de abajo nunca importa. El profesor de la Universidad de Connecticut, Thomas Craemer, ha calculado que si se sumaran las horas no pagadas de esos esclavos sólo en Estados Unidos, el valor en salarios hoy sumaría 17 billones de dólares, es decir, casi el total de la actual economía estadounidense.[87] Un cálculo similar se podría hacer si recalculamos la diferencia entre el salario de los trabajadores, los beneficios extraídos por los inversores y dueños de corporaciones y el valor real de la producción.

En 2021, el candidato favorito de los conservadores a la gobernación de California, Larry Elder, afirmó que es razonable que los blancos exijan una reparación por la abolición de la esclavitud, ya que los negros eran de su propiedad. *"Guste o no, la esclavitud era legal"*, dijo Elder. *"La abolición de la esclavitud les arrebató a los amos blancos su propiedad"*. Elder es un abogado negro por parte de madre, padre, abuelos y tatarabuelos. Es decir, descendiente de propiedad privada.

En todo caso, el factor común ha sido la acumulación de poder concreto, nacional e internacional, basado en la abstracción de los capitales. Esta lógica también tiene un proceso histórico. El comercio capitalista (es decir, no el comercio tradicional de *circulación* de bienes sino de *imposición* de sus leyes en otras instituciones de una sociedad) no fue suficiente para pasar a la etapa del capitalismo industrial. El desarrollo de las ciudades que explican el surgimiento del mercado precapitalista no explica la industrialización de Inglaterra. Karl Marx fue el primero en observar lo que llamó "transiciones fallidas", es decir, el retraso industrial de poderosas urbes mercantiles como Florencia y luego los poderosos Países Bajos, cuya prosperidad y acumulación se centró en el comercio, no en el libre comercio sino en las ventajas "extra comerciales" de siempre, como su desarrollo en nuevas tecnologías agrícolas, su sistema bancario y su gran poderío naval y militar. Más rural, Inglaterra también desarrolló su capitalismo comercial y, sobre todo, industrial.

La producción agrícola en la Francia estatista del siglo XVIII era la misma que la de Inglaterra. Pero el nuevo sistema inglés, basado en la renta según las leyes del mercado, ejerció una mayor presión sobre el campesino para aumentar la producción o perderlo todo en un sistema inestable. Para ello, Inglaterra también echó mano a los mismos poderes extraeconómicos de coacción (la policía militar), pero radicalizó una característica fundamental del capitalismo: la coerción desde la acumulación de capitales y (diferente a las llamadas "transiciones fallidas" como Holanda) la coacción sobre la producción. Si bien esta presión de extraer el plusvalor de las clases campesinas y obreras por parte de las clases altas no fue algo radicalmente novedoso, el nuevo capitalismo inglés presionó para aumentar la producción reduciendo costos y maximizando beneficios. ¿Suena conocido?

Como ya mencionamos antes, para maximizar estos objetivos, al inicio de la llamada Revolución industrial, Inglaterra estableció fuertes medidas proteccionistas, por lo cual la ideología del "libre mercado" solo fue un producto de exportación cuando sus industrias no tuvieron competencia en el mundo y necesitaban colocar su excedente manufacturado. Tanto la extracción como la venta de manufacturas fue también un proceso de brutales imposiciones y coacciones, pese a las bonitas banderas de la libertad y el libre mercado.

Otra particularidad central de la nueva coacción que se desarrolla en el capitalismo industrial consistió en que las tradicionales apropiaciones del excedente productivo de las clases trabajadores ya no se realizaron a través de coacciones personales sino por medios más abstractos e invisibles, dictados por el sistema económico dominante, lo cual, al no existir un rey o un aristócrata a quien decapitar, será central en la propaganda ideológica y cultural de los siglos siguientes. Como en otros tiempos, también al paradigma del momento se llamó y se llama "economía real". En palabras de Ellen Wood, "*El capitalismo se convirtió en la única forma de apropiación de la producción de sus productores directos, quienes (diferente a los esclavos y sirvientes) son legalmente libres mientras su plusvalía es despojada por medios puramente económicos*".[88] Es decir, la misma antigua tradición de apropiación de la producción ajena, pero ahora sin una coerción directa, humana, visible, sino más bien *natural*, casi divina.

Aun así, esta lógica abstracta y despersonalizada de apropiación y acumulación nunca estuvo libre de la coacción física. Si en las colonias y en los países satélites los ejércitos imperiales y sus complementos, los ejércitos nacionales, cumplieron esta función, dentro de los países centrales, extractores, los ejércitos dejaron lugar a otras instituciones casi tan sacrosantas como los ejércitos. Por ejemplo, los parlamentos y el sistema judicial.

Ideología del sistema judicial

RECORDEMOS UN CASO (vastamente olvidado en el mar de la contaminación mediática) que concentra institucionalidad, cultura e ideología capitalista. Henry Fort fue uno de los tantos millonarios admiradores y condecorados de Hitler, con un sentido aristocrático y racista de las sociedades. Su decisión de otorgarles a sus trabajadores uno de los derechos más largamente revindicados por los sindicatos en 1926, las ocho horas laborales (8-8-8) se basaba en que los obreros debían tener tiempo y poder de consumo para ampliar los negocios de los de arriba. Como Hitler, Ford fue aún más allá en eso de producir un "auto del pueblo" (Volkswagen).

Siete años antes, y debido al éxito de las *Fort T*, Ford Company había acumulado un exceso de capital, por lo cual su gerente, Henry Ford, decidió aumentar el salario de sus obreros. En gran medida se trató de una estrategia publicitaria y, sobre todo, de la sospecha de Ford de que algunos accionistas estaban acumulando ganancias para abrir o expandir sus propias compañías para competir con la suya, pero en los hechos iba a beneficiar a los obreros de la compañía.

Los hermanos John y Horace Dodge, proveedor de algunas piezas mecánicas para Ford y con un diez por ciento de las acciones de la compañía, demandaron a Ford Co. argumentando que los capitales acumulados pertenecían a los accionistas, no a los trabajadores, cuyos salarios ya eran competitivos en el mercado. ¿Para qué más? La demanda se basó en la acusación de que los trabajadores le estaban robando el dinero que le pertenecía a los inversionistas.

En 1919, la Suprema Corte de Michigan le dio la razón a los Dodge, lo cual no sólo les permitió recibir un capital de inicio para su propia *Automotora Dodge*, sino que, más importante que eso, sentó un antecedente judicial, cultural e ideológico. Desde entonces, las decisiones de otras cortes y de otros medios convirtieron en dogma escrito la idea de que *los capitales y sus beneficios le pertenecen a los accionistas, no a los trabajadores*. De forma explícita, la Suprema Crote del estado determinó que los gerentes de una compañía deben administrar sus compañías para beneficio de sus accionistas, no para la caridad de sus trabajadores. Filosofía que se parece mucho a la del sistema esclavista, abolido medio siglo antes pero gozando de buena salud en el resto de la cultura dominante, reproducido y practicado desde el mogul de los medios William Hearst hasta cada uno de los CEOs de las transnacionales más poderosas del país.

En cualquier caso, volvemos siempre al factor decisivo: la *concentración del poder* por parte de una micro minoría. El paso del sistema *feudalista* medieval al *capitalista* es una transferencia de poder de concentración de bienes (básicamente la tierra) hacia una concentración de capitales, es decir, un proceso de acumulación y abstracción. Pero luego del reemplazo político de los señores feudales por los Estados monárquicos y su concentración de poder político (los estados absolutistas), los nuevos liberales, es decir los viejos feudales, retomaron la administración del poder. Las llamadas corporaciones medievales dejaron de ser gremios de trabajadores y se convirtieron en las corporaciones modernas y postmodernas, es decir, gremios de millonarios, los nuevos señores feudales que superan el poder de los propios gobiernos nacionales, como en la Edad Media.

Del mundo *encantado* del campo y la producción agrícola de la Edad Media se pasó a la abstracción de las ciudades y del dinero.[xxxix] Este proceso de abstracción, de separación (*alienación*, en términos marxistas) de los individuos del producto de su trabajo ocurre incluso en los mercados. El mercado tradicional, el mercado precapitalista, era una actividad importante como lo será durante el capitalismo, pero la vida humana y las instituciones sociales no estaban definidas por su comercialización. Como lo observaron historiadores como Ellen Wood, el capitalismo no surge con el mercado sino con la mercantilización de la tierra. Hasta entonces, no existía un mercado inmobiliario como no existía un mercado laboral, consecuencia de la expulsión de los campesinos de sus propiedades comunales y de sus rentas fijas. La comercialización radical, como la industrialización primero y como el consumismo y la robotización después, serán procesos consistentes hacia la deshumanización—la depresión, la pérdida de sentido de la existencia y la rabia colectiva a través del confort, la sobreexcitación y el placer consumista.

Narraturas

CADA PERÍODO HISTÓRICO SE HA DISTINGUIDO de los demás por sus propias formas de ejercer estas leyes básicas de lo que podríamos resumir como CAN

[xxxix] Al caer la Edad Media *"el sujeto se ve como alguien que se ha liberado de la esclavitud de los 'encantamientos' de la naturaleza, así como de la necesidad de obediencia a la autoridad o del control externo. En segundo lugar, y estrechamente relacionado con la posición del sujeto como 'espectador ideal', se encuentra una visión del yo como agente de cambio en el mundo externo. [...] El tercer elemento de este relato expresa las consecuencias sociales de los dos primeros: un estado entendido de súbditos será considerado como una asociación libre de individuos iguales cuya identidad corporativa se confirma por el éxito de los fines sociales y económicos individuales"*. Cascardi, Anthony J. *The Subject of Modernity*, p. 60.

(*Coacción-Acumulación-Narración*) y por el grado de brutalidad con que lo hizo; no por haber abolido o suspendido estas leyes en algún momento. Por ejemplo, durante la Edad Media europea, la coacción de la nobleza sobre los campesinos radicó, básicamente, en la fuerza de las armas (la espada, el caballo y la fortaleza) mientras la narración que la legitimaba procedía en gran medida de la iglesia, de los biógrafos y ensayistas cortesanos (Marqués de Santillana, Fernando del Pulgar, Fernán Pérez de Guzmán, Juan de Zabaleta) y de los más populares cuentos de hadas—luego canonizados en versiones como *Caperucita roja*, *La Cenicienta* o el más que significativo *Rumpelstiltskin, el duende saltarín*.

La referencia católica "*a Dios rogando y con el mazo dando*" en sus orígenes aludió al esfuerzo laboral, pero la tradición, por razones obvias o por sabiduría popular, la ha entendido en un sentido más político. Desde el centro del poder protestante, el presidente Theodore Roosevelt resumió y aplicó en su política del *big stick* la misma idea: "*muestra que llevas un garrote mientras hablas con amabilidad*". Se refería a su política exterior sobre las "repúblicas de negros" ("*la raza perfectamente estúpida*", según uno de sus artículos de 1895), política sustentada en la cultura esclavista del siglo XIX, traducida en imperialismo republicano, brutal y amable en el siglo XX.

En la Edad Media (y en casos, como el de España, hasta el siglo XVIII) el sistema de justicia era estamental y se aplicaba dependiendo de la clase social, de la etnia, de la religión y del sexo del sujeto.[89] Aparte de los sermones sobre las virtudes de la obediencia y la pobreza que la población analfabeta escuchaba cada domingo (tradición que se extendió aún durante la Era Moderna y, más tarde, hasta bien entrado el siglo XX), la narración social no sólo se encargaba de dejar en claro que los nobles no eran malos (eran nobles) sino que protegían a los vasallos del campo y de la villas (los villanos) de algún ataque exterior. Los campesinos y villanos no tenían forma de cuestionar este relato, por lo que se llagaba a la paradoja de que los señores feudales no sólo eran quienes les usurpaban parte de su producción a discreción sino que, a la hora de ir a las guerra de sus supuestos protectores, eran ellos, los peones, quienes iban al frente, como en el ajedrez, mientras la nobleza recogía el botín (nievas tierras) y se llenaba de gloria y honor en los libros y en los cuadros de sus artistas protegidos.

Esta lógica no ha cambiado mucho, si consideramos las guerras de los imperios y de las corporaciones actuales, pero en la Edad Media y hasta avanzada la Inquisición, el acceso a la información, a las ideas subversivas (herejes) y a la aceptación de algún movimiento contestatario eran prácticamente nulas. Los intelectuales eran clérigos, monjes y vasallos de palacios escribiendo biografías adulatorias de sus mecenas—todos con tiempo para leer y copiar textos antiguos, viviendo de la caridad de los ricos que vivían del trabajo de los pobres. Incluso avanzado el siglo XVI, en 1575 Juan Huarte, uno de los médicos más famosos de la historia de España, escribió el clásico *Examen de ingenios para las ciencias* donde concluyó que, para ser inteligente y sabio era necesario *"tener el cabello sub-rufo, que es un color de blanco y rubio mezclado. Porque este cabello es un vapor grueso que se levanta del conocimiento que hace el cerebro al tiempo de su nutrición... Sin embargo, no es el caso de los alemanes e ingleses, porque su cabello rubio nace de la quema del mucho frío"*.[90] La descripción, casualmente, coincide con el fenotipo de su rey, Felipe II. Por si fuese poco, Huarte repitió otro mito europeo, según el cual la Biblia menciona que Dios prefirió a David, el hijo rubio de Samuel, y se cuidó también de describir a Jesús como un hombre rubio.[xl]

Como ocurre hoy, cualquier cuestionamiento al poder, a su legitimidad y belleza, se encontraba demonizado. Los medios de coacción física y narrativa estaban monopolizados. Sin romper con estas leyes básicas, el Renacimiento y el Capitalismo cambiaron algunas cosas. Por ejemplo, aunque la coacción física continuó radicando en los ejércitos (a partir del siglo XVI como infantería profesional, invento suizo-español) y en la policía parisina y, más tarde, victoriana, la narrativa continuó sólo en parte en manos de la iglesia. Con la prensa escrita, los juglares medievales más independientes se convirtieron en medios masivos y en manos de propietarios poderosos. El siglo XIX fue testigo de una explosión de la prensa, como el *penny press* tres años antes de la secesión de Texas (a uno o dos centavos el ejemplar); la invención de la rotativa en 1843, tres años antes de la invasión y despojo de México y, a finales de siglo, la invención del color impreso y de la Prensa amarilla que inventó la Guerra hispano-estadounidense y el mito del ataque al USS Maine (*"Nunca lo olvidaremos"*) por razones comerciales y geopolíticas.

Pero dejemos por momento la N (narrativa) de CAN y volvamos a las dos primeras, Coacción y Acumulación.

[xl] Huarte se basa en la versión de la distorsionada Vulgata citando los pasajes bíblicos que se refieren al fenotipo de los profetas: *"erat autem rufus, et pulcher aspecto decoraque facie..."* Como en los Evangelios no hay referencia a Jesús como hombre rubio (de hecho, cuando Judas lo entrega a los romanos, debe señalarlo con un dedo entre la multitud, ya que Jesús se parecía al resto de los habitantes de la región de la época, es decir, era moreno), Juan Huarte menciona a un tal Publio Léntulo, romano que escribió al Senado del Imperio desde Jerusalén describiendo a Jesús como un hombre de ojos claros y pelo como la avellana madura (Huarte, p. 306).

Democracias secuestradas. Libertad de los de arriba

A TODOS LES GUSTA EL SEXO. A todos les gusta la libertad. En el mundo capitalista, el mercado se hace cargo del sexo y la política de la libertad—ni del sexo real ni de la libertad real, está de más decir, sino de sus fetiches.

No estamos frente a una contradicción sino a un mismo proceso. De la misma forma que, luego de la Guerra civil en Estados Unidos, los millonarios esclavistas (con sus fortunas agazapadas en bancos de Georgia, Luisiana y Mississippi) se convirtieron en los millonarios empresarios de los siglos XX y XXI. Podemos ver una continuidad semejante de los señores feudales, de los banqueros y de los grandes industrialistas más tarde: *todos estaban en contra de un poder centralizado* (el rey o el Estado moderno) que regulase las relaciones sociales y les impidiesen maximizar sus beneficios privados que llamaban *libertad*—la libertad privada de los dueños del poder económico del momento.[xli] Tantos los esclavistas, primero, como los campeones de la "libre empresa" en Estados Unidos reniegan aún hoy del gobierno centralizado y abogan por la independencia de los estados y, dentro de sus estados, por la independencia de sus empresas multimillonarias.[xlii]

Igual recelo inspiró mucho antes en Europa a los señores feudales contra los reyes, de la misma forma que la nueva burguesía comercial e industrial se rebeló contra el poder centralizado de los gobiernos. Todos, desde los señores feudales hasta los grandes empresarios, pasando por los esclavistas y los pequeños burgueses, desarrollaron la ideología económica del liberalismo. Es decir, del liberalismo económico, porque, en general, fueron socialmente antiliberales, como lo dejaron claro los esclavistas y los padres del neoliberalismo en el siglo XX, los economistas Friedrich von Hayek y Milton Friedman, ambos en favor y promotores de brutales dictaduras liberales de extrema derecha en las neocolonias de África y América Latina.

Los imperios de las coronas española y portuguesa que se inician en 1492 tenían poco y nada de capitalistas, pero, a través de la transferencia de

---

[xli] Un estudio por demás serio sobre por qué los conservadores de hoy y de siempre están en favor de la autonomía estatal y en contra del gobierno central federal, la dan los profesores de sus respectivas facultades de leyes, Peggy Cooper Davis (New York University), Aderson Bellegarde Francois (Howard University) y Colin P. Starger (University of Baltimore) en el artículo titulado *"The persistence of the Confederate Narrative"*.

[xlii] De hecho, en las últimas décadas lograron que la Corte suprema identificase el dinero invertido en política como sujeto de derecho de la "libertad de expresión".

miles de toneladas de oro y plata a Europa, entre otros bienes cruciales como el guano peruano, aceleraron la acumulación de capitales que multiplicó el comercio en Los Países Bajos y la posterior industrialización con centro en Inglaterra. Lo cual marcó la diferencia militar para convertir al resto del mundo en colonias e interrumpir sus propios procesos de desarrollo, todo lo cual fue luego justificado con teorías de una raza y una cultura superior.[xliii] Sin el oro y la plata de las Américas varias economías de países europeos hubiese colapsado ante el déficit comercial que tenían con India y China. La plata de Potosí fue por entonces a Europa lo que la impresión de dólares ha sido para Estados Unidos. Para el siglo XVIII, gracias a la mano de obra esclava de millones de secuestrados en África, Portugal extrajo más oro de Brasil de lo que había transferido España y los piratas a Europa en siglos anteriores. En 2017 el historiador Jason Hickel observó que el argumento clásico de muchos economistas, según el cual el Sur Global no se desarrolló por falta de capitales, es simplemente falso: al Sur le sobraban capitales, sólo que fue robado y su población, al igual que en África, fue secuestrada para el trabajo forzado de extracción y transferencia.[91] Lo mismo que ocurre hoy con las deudas nacionales, pero de otras formas.

En 2017 el diplomático e intelectual indobritánico Shashi Tharoor participó en un panel en Australia. Un asistente cuestionó su posición recordándole la historia oficial: *"según usted, Gran Bretaña dejó a India en peores condiciones de las que la había encontrado…¿qué hay de las habilidades en ingeniería, la infraestructura y, sobre todo, la educación que los indios adquirieron gracias a Inglaterra?"* La respuesta de Tharoor puede resumirse en pocas frases: *"los británicos llegaron a uno de los países más ricos del mundo, cuyo PIB alcanzaba el 27 por ciento de la riqueza global en el siglo XVIII, 23 por ciento en el siglo XIX, y luego de 200 años de saqueos y destrucción, India fue reducida a un país pobre. Cuando los británicos abandonaron India en 1947, el país apenas representaba un tres por ciento del PIB del mundo, con el 90 por ciento de la población bajo el nivel de pobreza, un índice de alfabetización del 17 por ciento y una expectativa de vida de 27*

[xliii] La idea atribuida a mi amigo Eduardo Galeano de que *"El subdesarrollo no es una etapa del desarrollo. Es su consecuencia. El subdesarrollo de América Latina proviene del desarrollo ajeno y continúa alimentándolo"* fue, luego de la publicación de *Las venas abierta de América Latina* (1971) demonizada por todos los medios con libros como *Manual del Idiota latinoamericano* que sólo probaron que sus autores eran especialistas en la materia de la idiotez, disimulada con su clásico tono de obviedad. No lograron ningún éxito en las universidades del mundo, que era lo que menos le importaba a sus promotores, muy probablemente apoyados por los millones de dólares que la CIA solía y suele canalizar en la "promoción del arte y la cultura", siempre y cuando sirvan de propaganda ideológica.

años. Los institutos de tecnología hoy existentes fueron inaugurados en India luego de su independencia (...) India fue el mayor productor de textiles del mundo por dos mil años... La excusa clásica es: 'oh, no es nuestra culpa que ustedes perdieron el tren de la Revolución Industrial'. Claro que perdimos el tren; fue porque ustedes no tiraron debajo de las ruedas. En el nombre del 'libre mercado', los británicos destruyeron a punta de cañón el libre mercado que ya existía en India".[92]

En 2022, los profesores Jason Hickel y Dylan Sullivan publicaron un detallado análisis titulado *"Capitalism and extreme poverty"* donde calculan el impacto de las políticas imperiales del capitalismo. Sólo en India, en apenas cuarenta años, el colonialismo británico causó más de 100 millones de muertes y robó al menos 45 billones de dólares en bienes, es decir, más de diez veces la actual economía de todo el Reino Unido. Analizando tres factores cuantitativos básicos (salarios reales, estatura física y mortalidad) los investigadores demolieron la idea de que antes del reinado del capitalismo el 90 por ciento de la población vivía en extrema pobreza y que fue, precisamente el capitalismo, el sistema que creó riqueza global. El prejuicio popular sólo se podría aplicar a los países imperialistas, no al resto del mundo. *"El surgimiento del capitalismo provocó un deterioro dramático del bienestar humano. En todas las regiones estudiadas, la incorporación al sistema mundial capitalista se asoció con una disminución de los salarios por debajo del mínimo de subsistencia, un deterioro de la estatura humana y un repunte de la mortalidad prematura. En partes del sur de Asia, África subsahariana y América Latina, los niveles de bienestar aún no se han recuperado. Donde ha habido progreso, mejoras significativas en el bienestar humano comenzaron varios siglos después del surgimiento del capitalismo. En las regiones centrales del noroeste de Europa, el progreso comenzó en la década de 1880, mientras que en la periferia comenzó a mediados del siglo XX, un período caracterizado por el surgimiento de movimientos políticos socialistas y anticoloniales que redistribuyeron los ingresos y establecieron sistemas de abastecimiento público"*.[93] En un artículo publicado en *New Internationalist*, los mismos autores resumen su estudio anterior de la siguiente forma: en el siglo XX, *"la cantidad de alimentos que se podía comprar en América Latina y gran parte del África subsahariana con el salario de un trabajador promedio disminuyó notablemente, alcanzando niveles inferiores a los de los siglos XVII y XVIII"*. En referencia a los últimos 50 años, concluyen que, a partir de la reacción contra los movimientos sociales y progresistas en el Norte Global *"la política neoliberal fue implementada por gobiernos alineados con las corporaciones, más notoriamente los de Margaret Thatcher y Ronald Reagan. En el Sur Global, a menudo se hizo a través de golpes y otras intervenciones imperialistas violentas por parte de EE. UU. y sus aliados, incluso en países como Indonesia (1965), Chile (1973), Burkina Faso (1987) e Irak (2003). El FMI y el Banco Mundial impusieron la ideología neoliberal a los países que no estaban sujetos a invasiones y golpes de estado en forma de 'Programas de Ajuste Estructural' (SAPs), que requerían que los gobiernos privatizaran los recursos nacionales y los bienes públicos, recortaran las protecciones laborales y medio ambientales, restringir los servicios públicos y, lo que es más importante, eliminaran los programas que buscaban garantizar el acceso universal a los alimentos u otros bienes esenciales. Entre 1981 y 2004, 123 países (el 82 por ciento de la población mundial), se vieron obligados a implementar las SAPs. La política económica para la mayoría de la humanidad llegó a ser determinada por banqueros y tecnócratas en Washington".*[94]

No sobra aclarar que el llamado "Sur global", a pesar de que en el mapa mundial aparece dominado por los océanos, en realidad no es sólo el área al sur de la línea ecuatorial, sino que se extiende desde América Latina, África y Asia muy al norte hasta representar, por lejos, la mayoría de la población mundial. Pero los bancos internacionales funcionan como cualquier corporación. En el FMI, el 85 por ciento de la población mundial posee solo el 45 por ciento de los votos; como en cualquier directorio de una corporación, cuanto más dinero más votos. En realidad, como cualquier democracia secuestrada. La democracia estadounidense, por ejemplo, también surgió bajo los mismos criterios, condicionada a que las personas comunes (no blancas y sin grandes propiedades) fuesen excluidas de un real poder de decisión.

Este tipo de análisis factual y documentado de la historia siempre pasa por exagerada, por radical e, incluso, es condenada y hasta prohibida. Sin embargo, aparte de valiente es correcta. Como ya lo explicó Karl Marx en *El Capital*, riqueza y capital no son lo mismo, aunque ambos tienden a la acumulación. El capitalismo (el sistema y la cultura entorno al capital) exigía la *reinversión de la plusvalía* y la maximización de la mano de obra, desprendida (*alienada*) del objeto producido y, como fue el caso inicial de Inglaterra, desposeída de su tierra para que sus hijos se convirtiesen en trabajadores asalariados. "*La separación del trabajo de su producto, la separación de la fuerza del trabajo subjetivo de su condición objetiva, fue el fundamento real y el punto de partida de la producción capitalista. [...] El trabajador, por tanto, produce constantemente riqueza material —objetiva— pero bajo la forma de capital, es decir, de un poder ajeno que lo domina y lo explota*".[95] Más de cien páginas después: "*Hoy, la supremacía industrial implica la supremacía comercial. [...] La creación de plusvalía se ha convertido en el único objetivo de la humanidad*". Más adelante, como una ironía que resuena hoy en día, Marx observa que "*la única parte de la llamada riqueza nacional que realmente forma parte de las posesiones colectivas de los ciudadanos modernos es su deuda nacional".*[96]

Este frenético proceso europeo interrumpió el desarrollo económico y civilizatorio en otras partes del mundo, desde las Américas hasta Asia. Cabe preguntarse si esta imposición de la nueva cultura luego del feudalismo hubiese sido exitosa sin un fuerte grado de fanatismo. Creo que no, como en cualquier otro momento de la historia. El fanatismo (colectivo) es un componente fundamental de todo éxito geopolítico e histórico, sean las guerras feudales, las guerras imperiales del capitalismo o del comunismo del siglo XX. El vencedor impondrá sus intereses, sus valores, y creará una nueva visión del mundo, es decir, una nueva normalidad, por la cual hasta sus víctimas defenderán con pasión y convicción.

A mediados del siglo XIX, Marx observaba: *"El sistema colonial, con sus deudas públicas, sus pesados impuestos, su proteccionismo y sus guerras comerciales, son el resultado de la revolución manufacturera. Todo lo cual aumenta de forma gigantesca durante la infancia de la industria moderna. Como consecuencia tenemos una gran matanza de inocentes"*. Más adelante complementa: *"La Guerra Civil estadounidense trajo consigo una deuda nacional colosal y, con ella, una gran presión de impuestos y el ascenso de la vil aristocracia financiera [...] En resumen, una concentración más rápida del capital. En otras palabras, la gran república americana, ha dejado de ser la tierra prometida para los trabajadores emigrantes".*[97]

Dinero postcapitalista. Fantasía financiera

ES MUY PROBABLE QUE EL SIGLO XXI sea el escenario de cambios sociales y geopolíticos como no hemos visto en los últimos siglos. Aun así, o por esas mismas razones, el colonialismo, el imperialismo y la obsesión por las "ganancias primero" se continúan ejerciendo de diferentes maneras como, por ejemplo, el mantenimiento de las estratégicas deudas nacionales del Sur Global y el monopolio de las instituciones políticas y financieras globales, como el FMI, el Banco Mundial y la Organización Mundial del Comercio, aparte de las poderosas agencias secretas de las potencias mundiales y las no menos poderosas corporaciones y lobbies comerciales, como el de la industria y el comercio de la guerra perpetua.

Hay un detalle que nunca se menciona: la diferencia entre capital y poder (de extorción), razón por la cual, entiendo, actualmente el problema de los dueños del dinero no es la falta de capitales acumulados en los grandes centros financieros sino lo opuesto, el exceso o, al menos cierto grado de exceso de acumulación que no agrega poder de coacción (institucional, político, militar) de forma proporcional. Al fin y al cabo el dinero, sobre todo la divisa global *fiat* a partir de 1971, no es otra cosa que un símbolo basado principalmente en la fe. Una especie de *inflación del poder* que no lo hace tan efectivo como sería deseable para los dueños del capital.

A lo largo de la historia, el capital fue acompañado del desarrollo de fuerzas represivas como la policía y los ejércitos. Los ejércitos imperiales se encargaron de las guerras, de las invasiones, del orden internacional. Los ejércitos nacionales se encargaron de la represión interna en sus países. En diferentes momentos, la acumulación de capitales tuvo diferentes poderes de extorción a través de diferentes políticas, ideologías y narrativas que los justificaron. Por ejemplo, en el nacimiento del capitalismo, la destrucción de las superiores economías de Asia y la explotación masiva de otras colonias en África y América Latina necesitó de la intervención directa de los ejércitos europeos. Hace algo más de un siglo, la práctica por parte de Washington se llamó "Diplomacia del dólar", por la cual los países pobres eran forzados a tomar deudas sabiendo que no podrían pagarlas y, en consecuencia, Washington y sus corporaciones debían invadir esas repúblicas bananeras. Un deber moral, un sacrificio de la raza civilizada para poner orden en las repúblicas que no sabían gobernarse a sí mismas.

Desde hace unas cuantas décadas, sobre todo a partir de los años 80, la repetición de prácticas imperiales y colonialistas se basó en la *creación de deudas impagables* en el Sur Global. Casi todas creadas como ayudas a las dictaduras amigas. Estas deudas son un negocio fantástico para los centros financieros, ya que si bien se puede crear dinero aparentando la tecla "0" en un banco y creando deuda de la nada para prestársela a un individuo real, no se puede crear riqueza de la misma forma, como por arte de magia: son necesarios los *deudores*. El asalariado que se compra una casa a pagarla en treinta años, el pequeño empresario que pide un crédito y el banco se lo otorga inventando un dinero que no tiene debe devolverlo con intereses. (No sin ironía, para asegurarse que el trabajador podrá "devolverlo", el banco revisa su historial financiero y su capacidad de pago, para evitar burbujas crediticias). Para cancelar esa deuda, el endeudado debe producir algo para ganar algún dinero y así cancelar su deuda pagando intereses que embolsa el banco sobre un capital que nunca tuvo.

Lo mismo ocurre con los países endeudados del Sur. Como no pueden imprimir dólares ni apretar la Tecla-0, deben producir bienes y servicios *reales* para hacerse de dólares, los cuales en gran parte depositarán en las arcas del FMI o de algún otro acreedor del Norte. Es la forma que un norte productivamente deficiente tiene para extraer la creación de riqueza de los países que no administran la dictadura financiera.

Desde los años 70, y de forma más radical hoy, el problema de los centros financieros no es la falta de capitales sino la colocación de los excesos de acumulación en países periféricos. El exceso de acumulación de riqueza no ha sido acompañado por el mismo coeficiente de acumulación de extorción, por lo cual es necesario derivar parte de esa acumulación e invertirla no sólo para hacer más dinero sino, aún más importante que eso, para fortalecer su debilitado poder de extorción. ¿Qué valor tiene el dinero, qué poder tiene un banco si sus deudores no pueden devolverle sus préstamos? ¿Qué valor tiene la fortuna de un millonario si no tiene una masa de gente necesitada que le sirva con servicios y lo proteja con su apoyo político o con su miedo y obediencia? El poder real es un poder de coacción y sometimiento que opera el acreedor sobre sus deudores, incluso pasando por encima de los derechos humanos más básicos. A los acreedores les interesa más la relación de servidumbre (es decir de poder) que el dinero en sí mismo.

A estas mega instituciones capitalistas no les interesa tener reservas acumuladas en sus arcas. ¿Para qué querrían esto, como cualquier familia? Aunque cueste imaginarlo (porque para el común de los mortales el drama económico es siempre la falta de dinero, no su sobra) para los más poderosos el problema no es tanto que falte sino que sobre en la bodega de un banco. El dinero en un cofre no es dinero. Es papel. Solo empieza a volar cuando se gasta, cuando se invierte, cuando surge algún conflicto internacional y hay que financiar el negocio de la seguridad nacional, de la guerra, del "derecho a defendernos". ¿Dónde está el mayor valor del dinero acumulado sino en la posibilidad de hacer efectiva su fuerza de coacción sobre el resto de los servidores? Sin la necesidad de los servidores, el dinero se convierte en papel, en dígitos sin valor. Por eso hay que hacerlo circular.

Ahora, la deuda del gobierno estadounidense es el crédito de alguien más. Es el crédito condicionado de algunos países y de las grandes corporaciones estadounidenses. ¿Alguien conoce a una megacorporación endeudada? Cuando las corporaciones estadounidenses quiebran, como ocurrió con los bancos y las automotoras en 2008, el gobierno las rescata. En 2009 se nacionalizó las automotoras más importantes del país y, luego de que se recuperaron, fueron entregadas de nuevo a aquellos exitosos hombres de negocio que las habían fundido, no a los trabajadores y ni resto de la población que las rescató con sus impuestos.

DEUDA Y NEOCOLONIALISMO

La (primera) diplomacia del dólar

DESPUÉS DE HABER GOBERNADO FILIPINAS por tres años, William H. Taft fue nombrado Secretario de Guerra en 1904 y, poco después, se nombró a sí mismo gobernador de Cuba para *"estabilizar la isla"*. Una vez elegido presidente de Estados Unidos, Taft, envió a los *marines* para ocupar una vez más Cuba y República Dominicana y en el marco de las constituciones de esos países (escritas en Washington). Para mejorar la contabilidad, el National City Bank de Nueva York tomó posesión del Banco Nacional de Haití. Taft declaró con la autoridad de la experiencia: *"No está muy lejos el día en que nuestra bandera cubrirá desde el Polo norte hasta el Polo sur, pasando por el canal de Panamá. Todo el hemisferio será nuestro debido a nuestra superioridad racial. De hecho ya lo es, por la fuerza de nuestra moral"*.[98]

En la campaña electoral de 1912, el candidato progresista Woodrow Wilson criticó a sus predecesores por impulsar políticas imperialistas y acusó al presidente Taft de abusar de la diplomacia del dólar, resumida en la frase *"substitución de balas por dólares"*. Según el Wilson en campaña electoral, era injusto presionar a las repúblicas pobres del sur a tomar préstamos de Wall Street sabiendo que los marines los iban a forzar a pagar deudas infladas por los intereses. La promesa antiimperialista de Wilson de *"no quedarse ni con un centímetro más de tierra ajena"* fue sustituida por tratados y arrendamientos forzados por la necesidad de las deudas. En 1905, Washington había ocupado República Dominicana, según se declaró, para controlar la deuda externa del país caribeño. Once años más tarde, el presidente Wilson envió 750 marines para proteger al país de una posible ocupación alemana. Tres años después, en 1914, Nicaragua firmó el tratado Bryan-Chamorro, por el cual la administración Wilson introdujo una enmienda similar a la Enmienda Platt en Cuba, para asegurarle a esa isla una independencia sin independencia. Nicaragua se convirtió en otro protectorado, entregando por noventa y nueve años dos islas y reconociendo el derecho de Estados Unidos a instalar bases militares en su territorio. Además, decía el acuerdo, Nicaragua *"concede a perpetuidad al Gobierno de los Estados Unidos, libre en todo tiempo de toda tasa o cualquier otro impuesto público, los derechos exclusivos y propietarios, necesarios y convenientes para la construcción, operación y mantenimiento de un canal interoceánico..."* El alquiler le costó a Estados Unidos tres millones de pesos nicaragüenses, los que fueron descontados de la deuda que mantiene el país centroamericano con los bancos del mundo civilizado.

Tus deudas son tu problema; las mías, también

ESTOS SON SÓLO EJEMPLOS DE UNA PRÁCTICA recurrente y una lógica que se continúa hoy con otras narrativas. El objetivo de las deudas soberanas es mantener la dependencia hasta el grado que sea posible. Por un lado, los bancos solo poseen un diez por ciento de todo el dinero que prestan, funcionando como aspiradoras de la producción y recursos de deudores. Por el otro, y a nivel internacional, el objetivo principal no es que los países endeudados paguen sus deudas. Al BM y al FMI no les interesa tener reservas acumuladas en sus arcas. ¿Para qué querrían esto, como cualquier familia? Aunque cueste imaginarlo, porque para el común de los mortales el drama económico es siempre su falta, para los más poderosos el problema no es que falte dinero sino que sobra. ¿Dónde está el mayor valor del dinero acumulado sino en la posibilidad de hacer efectiva su fuerza de coacción sobre el resto de los servidores? Sin la necesidad de los servidores, el dinero se convierte en papel, en dígitos sin valor. Los países del Sur Global, sobre todo las neocolonias endeudadas, están obligados a crecer por encima de las tasas de interés de sus propias deudas. Crecer para pagar. Crecer para exportar recursos. Lo que, además, radicaliza el dogma de un crecimiento económico ilimitado que está destruyendo el planeta y las relaciones sociales e internacionales.

Pero como *crecimiento* básicamente significa *ampliación de los beneficios privados de las corporaciones capitalistas* (cuyos efectos colaterales, en el mejor de los casos, puede significar algún aumento salarial marginal), si un país no crece la otra opción es que privatice todos sus haberes y activos, como ocurrió con las recetas neoliberales impuestas por los bancos internacionales bajo la órbita de Washington en el Sur Global en los 70, en Rusia a partir de los años 90 y hasta en Estados Unidos, aunque no con tanta suerte como en el resto del mundo.

Cuando ocurrió la crisis del petróleo en los años 70, el exceso de dólares de algunos países árabes fue a parar a los grandes bancos europeos y estadounidenses. A su vez, este *exceso de liquidez* generó un problema en esos bancos, por lo cual debieron presionar a sus dictaduras amigas de África y América Latina para que tomaran más deuda como si se tratase de dinero regalado. Exactamente lo mismo había ocurrido cuando a principios de siglo se sustituyó la política del cañonero por la política del dólar (con el cañonero detrás, como bien material de reserva). El objetivo de tantos préstamos desbordados no era que los países del Patio trasero fuesen a pagar, sino exactamente *lo contrario*. El no pago aseguró a Washington y a los capitales estadounidenses la intervención libre de esos países. Para los bancos mundiales, en manos de europeos y, sobre todo, de estadounidenses, como en cualquier otra gran institución capitalista-imperialista, el objetivo no es poner a dormir capitales seguros sino hacerlos circular como capitales de riesgo, donde el mayor riesgo no lo corren los inversores centrales sino los países periféricos y sus trabajadores.

La deuda estadounidense está en su propia moneda, por lo que si quiere pagarla sólo debe imprimir dólares y, si no quiere, no la paga. Los países del tercer mundo deben producir algo para comprar dólares y pagar sus deudas.[xliv] Por si fuese poco, se echa recurso a la *guerra de los alimentos*. La idea del Banco Mundial y del FMI es que ningún país produzca sus propios alimentos.[99] Deben exportarlos e importados, y la transacción debe ser hecha en dólares, algo que "el dictador" Muamar el Gadafi intentó cambiar en 1999 con su idea de una Unión Africana. Todos sabemos cómo terminó. Con una rebelión programada como la que creó Panamá en 1903.

La coacción a través de una rebelión inoculada o un golpe de Estado para remover al líder peligroso, como los democráticamente electos Mohammed Mossadegh en el Irán de 1953 (por nacionalizar el petrolero), Jacobo Árbenz en la Guatemala de 1954 (por nacionalizar una pequeña porción de

---

[xliv] Aun así, los gobiernos que lograron cancelar las deudas con los buitres del FMI y el BM fueron aquellos demonizados como socialistas o de izquierdas. Argentina logró cancelar la mayor parte de su deuda durante los gobiernos de Kirchner (*El País* de Madrid, 3 de enero de 2006). En 2015 el exitoso hombre de negocios elegido presidente, Mauricio Macri, revirtió este logro de un plumazo y pasando por encima del proceso legal de endeudamiento, endeudando a Argentina por más de 50 mil millones de dólares y culpando a la administración anterior, como lo indica el manual. El Brasil de Lula también logró pagar la deuda con el FMI. El 6 de agosto de 2011, en Colombia, el presidente Lula resumió: *"Después de dos años de gobierno le devolvimos 16.000 millones de dólares que le debíamos. Hoy el FMI nos debe 14.000 millones de dólares que les préstamos para ayudar a la crisis de los países ricos"*. (Semana.com, 13 de agosto 2011).

tierra), Sukarno en la Indonesia de 1967 (por no alineado), Salvador Allende en el Chile de 1973 (por mostrar el mal ejemplo de un declarado socialista electo en las urnas), como en el caso de líderes dictadores demasiado independientes como Muamar el Gadafi en 2011, o una masiva invasión militar para remover a otro líder-dictador que amenazaba con reemplazar el dólar por el euro, Sadam Husein en 2003, entre muchos otros ejemplos, ilustran el recurso de la violencia militar y tecnológica directa del Mundo Libre para mantener su hegemonía geopolítica, económica, financiera, ideológica y cultural. Otras formas más indirectas recurren a las sancionen y bloqueos económicos. Otras aún más indirectas, aunque derivadas de las sanciones comerciales (Cuba, Venezuela) y judiciales sobre las deudas externas de los países, consiste en obligarlos a devaluar sus monedas (bloqueo comercial y de créditos internacionales), ya que la devaluación de las monedas nacionales solo significaron que los trabajadores reciben menos salario con aumentos virtuales.

Perdona nuestros pecados

LA DICOTOMÍA FEUDO-CAPITALISTA de "señor feudal" vs. "estado absolutista" tiene mucho en común con el conflicto en la antigua Roma entre la oligarquía y los emperadores romanos. Según el economista Michael Hudson, experto en historia de las deudas, todas las sociedades anteriores, desde la sumeria, la babilónica, la egipcia y la judía (desde la Piedra Roseta hasta la Biblia, desde los profetas del Antiguo Testamento hasta Jesús) tenían el principio y la costumbre de periódicas amnistías de deudas para evitar la destrucción de la malla social. De hecho, el significado la Estatua de la Libertad de Nueva York alzando una antorcha procede, como todo, del pasado. En este caso, era el símbolo usado desde la Babilonia desde Hammurabi para decretar que, desde ese momento, todas las deudas quedaban canceladas y la sociedad podía volver funcionar libre de cadenas. Ese era el significado de *libertad*. Libre de pecados, es decir, libre de deudas. Lo mismo en las sociedades hebreas. La palabra "pecado" y "deuda" eran equivalentes, hasta que las traducciones bíblicas en Europa eliminaron la segunda acepción en plegarias como "perdona nuestros *pecados*". En el Antiguo testamento no existe ni el Paraíso ni el Infierno, y la plegaria más bien significaba "perdona nuestras *deudas*".[xlv]

[xlv] Bart Ehrman, como otros destacados expertos en estudios bíblicos, "*Nuestra opinión de que mueres y tu alma va al cielo o al infierno no se encuentra en ninguna*

Lo mismo razonaba Sócrates en *La República* de Platón y lo expresaba el resto de la cultura griega: los ricos enfermos de avaricia son tan peligrosos para una sociedad como un psicópata con un arma poderosa. La solución es sacársela.

Esta tradición bíblica y este razonamiento socrático se aplicó a la civilizada Alemania luego del nazismo: sus deudas fueron perdonadas. Por no entrar en detalles sobre el perdón de deuda que un pequeño país como Uruguay, por decisión de su presidente Baltasar Brum, realizó sobre el arrodillado imperio francés luego de la Primera Guerra mundial. O la deuda que a Haití le llevó un siglo pagarle al mismo imperio europeo, por su osadía de ser la primera república libre de América y, encima, una república de negros libres. Las excolonias no corrieron con la misma suerte por parte de la bondad universal del Norte, sino todo lo contrario. Por lo general, los imperios modernos exigieron el perdón de sus esclavos y de sus colonias al tiempo que los esclavistas y colonos recibían las compensaciones por las pérdidas de sus propiedades, es decir, de sus esclavos.[xlvi]

Hudson entiende que las dos primeras sociedades que interrumpieron la tradición milenaria de condonar deudas abusivas o impagables fueron la griega y la romana. La oligarquía romana asesinó a sus líderes máximos cuando se sintieron amenazadas por una amnistía de deudas para el pueblo, algo que reverbera en la historia más contemporánea. El mismo Huston trabajó en los años 60 para bancos como el Chase Manhattan Bank que necesitaban saber cuánto dinero podían ahorrar los países latinoamericanos para exigirle una cuota máxima de pago de deuda, haciendo cualquier forma de desarrollo imposible. Lo mismo se aplica a los países africanos.

Ayuda para el progreso—de nuestra hegemonía

EN 1947, WASHINGTON PRODUJO el Plan Marshall para la recuperación económica de Europa Occidental, incluidos sus enemigos Italia y Alemania hasta

---

parte del Antiguo Testamento, y no es lo que predicó Jesús". ("Heaven And Hell Are Not What Jesus Preached". NPR, (31 de marzo de 2020).

[xlvi] En inglés, "*forgive*" (perdonar), procede de *give* significa "dar", perder, renunciar a una deuda, mientras que "forget" (olvidar), aunque puede referir a *get*, obtener algo, etimológicamente refiere a "perder el poder" de algo. En todo caso, aunque en apariencia opuestos, tanto perdonar como olvidar indican una pérdida o una renuncia a favor de alguien más.

tres años atrás, con una asistencia de 13 mil millones de dólares (170 mil millones al valor de 2023). Con el mismo objetivo de vacunar a otro continente contra "la amenaza comunista", Washington presentó su plan Alianza para el Progreso para América Latina catorce años más tarde. Entre sus objetivos declarados estaba *"el establecimiento de gobiernos democráticos"*, *"la planificación económica y social"*, *"la reforma agraria"* y una *"más equitativa distribución del ingreso"*. Todas tradicionales reivindicaciones de los socialistas en América Latina. El lenguaje debía tener como objetivo real atraer a millones de latinoamericanos insatisfechos con la realidad creada por las dictaduras apoyadas por los gobiernos y las transnacionales de Estados Unidos por varias generaciones, pero tanto la historia anterior a la declaración de intenciones como la realidad que le siguió contradijeron estas mismas palabras.

El verdadero objetivo del Plan Marshal fue disponer de un superávit luego de la catastrófica guerra que pudiese ser absorbido y convertido en consumidores por los viejos imperios de Europa y Japón, ahora reducidos a cenizas. Había que evitar el tan temido colapso de Wall Street y de los inversores, como en 1929, cuando Washington tuvo un superávit considerable y los insaciables inversores no pudieron morder lo suficiente.

Desde el siglo XIX, las corporaciones estadounidenses habían revertido con golpes de Estado y dictaduras amigas en el Tercer Mundo las reivindicaciones populares, las que luego se convirtieron en reivindicaciones socialistas o comunistas. Con el retiro de los marines estadounidenses del Patio trasero debido a la Gran depresión de los años 30s y a la "Política del buen vecino" de F. D. Roosevelt, una decena de países latinoamericanos recuperaron sus democracias. Todas fueron destruidas luego de que la Washington, la CIA y las corporaciones estadounidenses comenzaron a reinvertir en los ejércitos latinoamericanos. Tanto las democracias como las economías más planificada y las reformas agrarias fueron sistemáticamente destruidas. Bastaría con recordar el caso de Guatemala en 1954, pero lo mismo ocurrió en todos los demás países que intentaron algo similar. El mismo impulsor de la Alianza para el Progreso, el presidente Kennedy, tres años antes (1959), como senador, había asegurado: *"No creo que otorgar esta ayuda a América del Sur sea fortalecerla contra la Unión Soviética. Pero los ejércitos allí son las instituciones más importantes y es importante para nosotros tener un enlace en la cantidad de países involucrados. Eso vale los 67 millones que les enviamos; es un despilfarro en un sentido militar, pero en el sentido político esperamos que hagan uso efectivo de la misma"*.[100]

Luego de la firma de este nuevo plan en 1961, en Punta del Este, gran parte de esta *ayuda* no sólo sirvió para aumentar las ganancias de compañías extranjeras que fueron transferidas a Estados Unidos, sino que el mismo Kennedy y los sucesivos presidentes propiciaron invasiones, golpes de Estado de todos aquellos gobiernos democráticos que intentaron alguna reforma agraria y alguna democratización real de sus países. Sólo en la década siguiente, Washington invadió República Dominicana (1965) y destruyó o apoyó la destrucción de democracias hostiles a la libre empresa extranjera en Honduras (1963), Ecuador (1963), Bolivia (1964), Brasil (1964), Guyana (1964), Argentina (1966) y Chile (1973). Para este último año, la decena de democracias que América Latina había recuperado desde los años 40s, gracias a la negligencia de Washington, ocupado primero en su Gran Depresión y luego en la Segunda Guerra Mundial, habían sido borradas completamente y, en su lugar, fueron plantadas brutales dictaduras militares y liberales, naturalmente obedientes y funcionales con el gran capital extranjero—todo en nombre de la defensa de la soberanía nacional.

Como gesto simbólico y propagandístico, en 2005 el FMI, responsable de las catástrofes neoliberales en África y América Latina, condonó la deuda de 19 países arruinados por un valor de 2.790 millones, lo cual representó un tercio de la deuda de uno de ellos, Bolivia, y una fracción ínfima y ridícula de las riquezas transferidas a la fuerza por ese país pobre a los "países desarrollados" durante varios siglos. Por no mencionar el derecho que debería tener ese país y todos los demás a una indemnización por múltiples golpes de Estado propiciados por Washington y sus corporaciones solo en el último silgo. Por no mencionar las sumas astronómicas trasferidas de otros países y continentes al mundo inteligente y civilizado. Claro que, según la historia, las indemnizaciones las pagan las víctimas a sus abusadores, no al revés.

Este brutal robo no es cosa del pasado. Actualmente, echando recurso a medios más sofisticados como las finanzas y las inversiones, cada año 1,1 billones de dólares (casi tres veces la economía de Argentina o 20 veces la economía del Congo o de Uruguay) son transferidos desde los países en vías de desarrollo a los países desarrollados a través de los capitales que evitan pagar impuestos y se refugian en los conocidos paraísos fiscales—los que, sólo por una misteriosa coincidencia, son casi todos excolonias británicas.[xlvii]

[xlvii] La Global Financial Integrity ha calculado que, entre 2004 y 2013, los *flujos financieros ilícitos* del Sur Global al Norte desarrollado sumaron 8,7 billones de dólares (o casi tres veces la economía de Brasil).

Abajo y al margen

LA ÚLTIMA ETAPA DEL COLONIALISMO CAPITALISTA ha alcanzado su máxima expresión de abstracción a través de las deudas de las naciones que han dejado de ser soberanas para pasar a sufrir las demandas de las transnacionales privadas, ahora soberanas. Es la servidumbre *indenture* (trabajo no remunerado o *ponguismo* en el mundo andino), lo que se llamó "esclavitud voluntaria" en el siglo XIX y "esclavitud asalariada" más tarde, la que encadena no sólo individuos sino naciones. En el mundo anglosajón, los antiguos amos blancos y sus plantaciones de esclavos se convirtieron en admiradas empresas en el sector "private equity" o "capital de inversión", por la cual una corporación se dedica a comprar deuda de países en apuros "para salvarlas" de los problemas creados por otras corporaciones privadas con la ayuda de sus propios gobiernos y de sus propios bancos centrales, como la FED o los "bancos para el desarrollo" como el Banco Mundial o el FMI, instituciones sobre las cuales Washington mantiene el derecho a veto como arma de coacción—legalizada.[xlviii]

Por lo general, estas corporaciones recogen miles de millones comprando sólo una parte de las acciones de otras empresas o países, las suficientes para mantener el control total. Una vez recogidas las ganancias se retiran en busca de otro animal moribundo al cual extraerle el máximo provecho con la menos inversión posible. En otras palabras, es la industria del dinero. Cuando las cosas no salen como según lo previsto, se recurre a los gobiernos de los países ricos que, para salvarlas, imprimen más papel moneda (o simplemente agregan unos ceros a las cuentas bancarias) y al sistema judicial de sus naciones dominantes, como fue el caso de los Fondos Buitres que demandaron a Argentina para que pagase sin reestructurar su deuda, en parte generada en los años 70s y 90s por los préstamos a las "dictaduras amigas" y a las "democracias neoliberales" que llevaron al país a la crisis del 2001. En parte por el poder de coacción de los mismos fondos buitres, llamados así por su costumbre de comprar bonos de países en problemas financieros por el diez por ciento de su valor para más tarde cobrarles el cien por ciento del su valor, más intereses. Es decir, extraen riqueza producidas por los países endeudados por ellos mismos pero con una tasa mayor de expropiación. Algunas de esas empresas de la industria monetaria son Kohlberg Kravis Roberts, Black Stone

---

[xlviii] En 1983, el gobierno racista de Sud África creó el *Development Bank of Southern Africa* (Banco de Desarrollo de África Meridional). En los años 70s, un movimiento social en Inglaterra había llevado una campaña por el boicot a los bancos en Sud África, como forma de presionar contra el apartheid en ese país.

Inc., CVC, etc. Todas con activos que superan el PIB de muchos países y con estatus de soberanías como cualquier país, pero apoyados por las leyes de los países dominantes.

Entre 1960 y 1995 y luego de todos los planes y préstamos de los bancos de desarrollo y de los planes de desarrollo del Primer Mundo, la brecha entre deudores y acreedores creció entre el 40 y el 90 por ciento. Poco después se aceleró cuando los países deudores se hundieron en las crisis económicas y sociales debidas a las políticas neoliberales impuestas por el Norte prestamista. En 1986 el líder revolucionario Thomas Sankara lo resumió en su discurso de julio de 1987, durante la asamblea de la Cumbre de los miembros de la Organización para la Unidad Africana en Addis Abeba: *"la deuda no se puede pagar; si no pagamos, ninguno de nuestros acreedores se va a morir, pero si pagamos, somos nosotros los que nos vamos a morir"*.[101] Tres meses después fue asesinado y la revolución en Burkina Faso fue revertida, siguiendo el viejo modelo de *revolución independentista-golpe de Estado-dictadura en nombre de la libertad*.

Desde sus orígenes en el siglo XX, las deudas del Tercer mundo fueron pagadas dos y tres veces sin ser nunca canceladas. Dejemos de lado las fortunas faraónicas que le deben a sus asaltantes; de la misma forma, las compensaciones de los Estados fueron siempre para los amos que perdieron sus esclavos y nunca para los esclavos. Para 2022, como premio a la crisis producida por la pandemia de Covid dos años antes, estos mismos países debieron pagar los intereses más altos en las últimas décadas. Muchos países pobres dedican al pago de intereses de deuda (llamados "*servicios* de deudas") más que a la educación de sus niños.[102] Como ha ocurrido desde hace siglos y a pesar de los discursos de salvación y desarrollo, la pobreza y precariedad de la mano de obra en los países pobres no es un problema para los países ricos sino una solución. Es un gran negocio. De lo contrario, las materias primas se encarecerían y la competencia aumentaría significativamente. Esto sin considerar las externalidades siempre ignoradas de los buenos negocios, como los efectos de la contaminación global de los países ricos que está golpeando de forma desproporcionada a los países pobres.

Por el contrario, las deudas en Europa y Estados Unidos no importan. Al menos por ahora, mientras tengan el dominio militar del mundo y la fe en la divisa global se mantenga gracias a los sermones y las prédicas mediáticas. Cada pocos años, en Estados Unidos los medios y los políticos advierten de una caída en el *default* de su gobierno. Esta amenaza es narrativa de guerra doméstica: todos saben que, como siempre, el partido en la oposición votará por una nueva suba del techo de endeudamiento que, como Manhattan, no tiene límite en altura, pero a cambio van a negociar alguna que otra concesión política. La deuda de los países dominantes no importa, porque siempre se puede crear dinero y disparar el *efecto Cantillon* (cuanto más cerca de la creación de divisa *fiat*, menos inflación se sufre; otra razón por la cual las diferencias entre ricos y pobres no dejan de crecer).[xlix] Para mantener a la población distraída en el circo político, la oposición repetirá que es necesario tener disciplina fiscal, algo que Estados Unidos y Europa nunca tuvieron, somo si se tratase de la economía de una familia donde los adultos responsables no gastan más de lo que ganan. Como ya explicamos, este discurso y esta práctica se las imponen a los países deudores del Sur Global, a través de préstamos de los bancos internacionales bajo control de los países centrales. Pero no es una lógica que los poderosos y los *creadores de dinero de la nada* apliquen a sí mismo.

Otro ejemplo de extrema planificación y centralización estatal y corporativa del "mundo libre", consistió en la imposición por la fuerza del Consenso de Washington (desmantelamiento del Estado de bienestar, privatización, desregulación, liberalización) a través de la coacción del FMI sobre los países endeudados del tercer mundo durante la segunda mitad de la Guerra Fría y gracias a dos factores: 1) la imposición de préstamos de los bancos estadounidenses en países con dictaduras amigas, impuestas en la primera mitad de la guerra fría, las que tomaron deuda para aliviar el exceso de liquidez de los bancos de Londres y Nueva York debido a la transferencia de petrodólares de la OPEC durante la crisis del petróleo y 2) la subida histórica de las tasas de interés de la Reserva Federal de Washington para bajar la inflación en el Norte, la que provocó que las deudas del Sur se hicieran impagables y sus pueblos se convirtiesen en nuevos esclavos, algo que las nuevas democracias apenas disimularon.

A partir desde 1980 hasta mediados de los años 90 (en medio de la bonanza neoliberal producida por la venta de activos públicos y aún antes de la Gran crisis del 2000), las personas sobreviviendo con menos de cinco dólares diarios aumentó en mil millones. La desregulación incrementó el trabajo informal (sin pago de impuestos y sin beneficios sociales). Todos los países que fueron forzados a aplicar las recetas maravillosas de los tecnócratas del Norte rico vieron aumentada su pobreza en un 50 por ciento hasta el doble en pocos años. Por todas partes hubo marchas y protestas populares, desde Venezuela hasta India, sin ningún resultado. Algunos economistas de los bancos mundiales, como el premio Nobel Joseph E. Stiglitz, reconocieron y denunciaron que todos los países que adoptaron las recetas de sus bancos quebraron con un alto costo para la economía y la democracia en esos países que decían

---

[xlix] Este efecto fue descripto por el economista franco irlandés Richard Cantillon, décadas antes que Adam Smith se pusiera a fantasear con un mercado perfectamente libre en una sociedad abstracta.

ayudar. Sin embargo, nunca alguno de ellos debió enfrentar juicio alguno ni hubo compensaciones económicas a las víctimas. ¿Por qué? Primero, porque es una tradición, desde antes de la abolición de la esclavitud cuando quienes recibieron compensaciones fueron siempre los amos, no los esclavos. Segundo, porque así lo dicen las leyes que ellos mismos escribieron: la International Organizations Immunities Act de 1945 (ley federal de Estados Unidos aprobada en 1945) establece que algunos grupos extranjeros que operan en el país están exceptos de algunos impuestos y poseen inmunidad de acción y protección de propiedad y activos contra cualquier confiscación. Tanto el FMI como el Banco Mundial fueron amparados por esta ley. Recién en 2019 la Corte Suprema de Estados Unidos determinó que, en algunos casos, el Banco Mundial podría ser sujeto de demandas si se probase responsabilidad en daños financieros.[103] Algo extremadamente excepcional que no tardará en ser neutralizado con nuevas leyes.

Esclavitud moderna

NO ES QUE EL SAGRADO MERCADO no pueda pagar mejor a los trabajadores, sino que no conviene. Una persona en estado de necesidad (atado a deudas o a su pobreza) es un esclavo moderno, dócil, manipulable, funcional. Exactamente como los países endeudados—los endeudados pobres, no los endeudados ricos.

¿Por qué los campesinos en Colombia, responsables de la producción de casi el 80 por ciento del mercado mundial de cocaína, ganan mil dólares por año y solo un kilo de cocaína se vende a 150.000 dólares en Estados Unidos? La respuesta dogmática es una de las mayores estafas del mundo capitalista que se repite en otros rubros, desde el agropecuario, el industrial hasta el profesional: los salarios responden a "la Ley de la oferta y la demanda".

Si los salarios en cualquier cadena productiva estuviesen dictados únicamente por esta ley, los trabajos más duros en la base de la pirámide (donde la oferta laboral es menor que en niveles más altos) o los especialistas en las elites académicas o científicas serían, por lejos, los puestos mejor remunerados. La razón radica en la misma pirámide de poder, justificada por una plétora de excusas propagandísticas que emanan de la micro clase en el poder y se reproducen en sus eslabones funcionales, desde gerentes, subgerentes, expertos en relaciones públicas, comunicadores, propagandistas, políticos, mercenarios, mayordomos, jornaleros hasta mendicantes. Todo fosilizado en instituciones (gobiernos, congresos, medios de comunicación, escuelas, universidades, iglesias, clubes, ejércitos, policías) que garantizan la sacralidad de la propiedad privada como si la existencia de un palacio y una chabola fuesen la demostración de la universalidad de este derecho.

Aparte de la razón capitalista que presiona siempre por una reducción de costos abajo y la maximización de las ganancias arriba, existe una necesidad de mantener a los grupos marginales en *estado de perpetua producción a través de la necesidad*, como el endeudamiento o la misma pobreza. Este estado perpetuo de necesidad deshumaniza hasta el grado de aleccionar al esclavo para convertirse en esclavista como premio a su propio sacrificio, algo que con suerte el uno por ciento logra y luego es destacado en las tapas de revistas y en las lecciones de los padres a sus pequeños hijos—no porque todos los padres se creen esta ficción histórica, sino porque deben preparar a sus hijos para sobrevivir en un mundo deshumanizado.

Si esos trabajadores semi esclavos de Colombia tuviesen remuneraciones más altas y mejores condiciones de vida, probablemente se educarían y migrarían a otros sectores de producción y servicios—la misma ilegalidad que hace que el producto sea caro, también hace que los productores sean baratos.

Lo mismo ocurre (sólo por poner un ejemplo más) con el trabajo esclavo en diferentes regiones de Asia, África y América Latina. En muchos casos, los esclavos sin salario del siglo XIX estaban mejor alimentados y menos envenenados que los actuales trabajadores africanos, desde las minas de cobalto del Congo a las montañas de desechos electrónicos de Gana y Tanzania, o a los madereros nativos de Mozambique, con los cuales conviví en los años 90s. Sin duda, en el siglo XIX la diferencia social entre los esclavos y sus amos, aunque obscena, no era tan grande como la que existe hoy entre los productores (llamados hombres y mujeres libres) y los amos de las corporaciones transnacionales.

Como lo expuso el profesor británico Siddharth Kara en su reciente libro *Cobalt Red* (2023), actualmente cientos de miles de congoleños y decenas de miles de niños son sometidos a las peores formas de esclavitud conocidas para que extraigan cobalto con una pala o con sus manos desnudas. Por un salario de siete dólares diarios cuando tienen suerte (y de dos dólares cuando es un día normal) estos hombres, mujeres y niños desarrollan diferentes enfermedades debido a que el cobalto es toxico al solo contacto con la piel. Sin considerar que esos siete dólares apenas le permite a una familia alimentarse de una forma insuficiente, al tiempo que el largo y doloroso trabajo les impide a sus niños ir a la escuela o tener una infancia digna.

El cobalto es esencial para las baterías recargables de teléfonos, computadoras y automóviles en todo el mundo y el 75 por ciento se extrae del Congo, país que no sólo posee uno de los peores récords de matanzas imperialistas sino de dictaduras brutales seguidas al asesinato del gran Patrice Lumumba por parte de los belgas en complicidad de la CIA, como no podía ser de otra forma. Todo en nombre de la noble defensa del capital, la propiedad privada (de los ricos) y el progreso de los países desarrollados.

Actualmente, los primeros beneficiados de esta nueva violación del Congo son las corporaciones como como Apple, Tesla, Samsung y los inversores chinos que se dieron cuenta del gran negocio hace más de una década. Luego siguen los consumidores globales, que en su mayoría ignoran o prefieren ignorar la existencia de esclavos modernos. Los primeros perjudicados son los cientos de miles de congoleños esclavos y el ecosistema global, ya que para que esta actividad minera ocurra se han eliminado y se continúa eliminando grandes áreas de bosques naturales—las clásicas *externalidades* que nunca entran en la ecuación de ningún negocio exitoso.

El solo hecho de que la minería artesanal sea ilegal, como lo es la producción de cocaína, es irrelevante. A los efectos de este análisis, debemos volver a hacernos la misma pregunta del comienzo: si los esclavos congoleños son esenciales en la cadena de comercialización del cobalto y son esenciales en el funcionamiento de nuestro mundo digital, ¿por qué sus salarios están por debajo de las condiciones mínimas de sobrevivencia y sus derechos por debajo de los derechos de los esclavos de siglos pasados?

Porque la deshumanización es un negocio redondo: deshumanización de los productores y deshumanización de los consumidores. ¿Y después se asustan de que la Inteligencia Artificial llegue un día a apoderarse del mundo? ¿No es un pánico del Primer Mundo, como lo es la idea de que dejarán de ser imperios parasitarios? ¿Cuál es la diferencia para un esclavo moderno, incluso para la clase media global, entre ser dominada por los robots o continuar siendo dominadas y explotadas por las elites humanas de siempre?

Habrá que volver a la misma explicación: mantener una masa de población en estado de necesidad es esencial para mantener el poder en la cima de la pirámide. Cada tanto esta brutalidad se encuentra con algún límite legal, producto de años de activismo social, pero estos límites no son parte de la lógica que gobierna el mundo sino la razón por la cual no todos se han olvidado de que existe algo llamado dignidad humana que, no por mera casualidad, siempre tiene que luchar contra los inconmensurables poderes (económicos, políticos y mediáticos) de los de arriba—y con la complicidad, la indiferencia o la amnesia de unos cuantos de los de abajo.

El imperio abstracto del dólar

La novedosa ilusión de la igualdad

COMO VIMOS ANTES, DESDE SU NACIMIENTO el capitalismo fue la imposición de una expulsión de los campesinos de la tierra y la acumulación de los rentistas a través de un sistema abstracto basado en unas leyes del mercado reguladas por los dueños del mercado y las instituciones (incluida la monarquía de los Tudor y los Stuart) que consolidaron la mercantilización de la vida humana. Por primera vez en la historia humana, la tierra se convirtió en mercancía y fue objeto de compraventa; consecuentemente, lo mismo ocurrió con el trabajo de los desplazados. Fue entonces que, por primera vez en la historia existió un mercado inmobiliario y un mercado laboral. También fue la primera vez que comenzaron a existir las crisis económicas sin causantes externas—en el Postcapitalismo, en la etapa extrema de la abstracción del poder, tenemos crisis financieras creadas por el mismo imperio de las finanzas.

El capitalismo terminó con el libre mercado. Una minoría se benefició de una abstracción que, a través del nuevo sistema de renta basado en precios variables del mercado y el cercado (privatización) del tercio de tierras comunales, fue desplazando por la fuerza a los campesinos de sus tierras y obligándolos a ofrecerse "libremente" en alquiler como obreros en las grandes ciudades. Desde el inicio, un elemento central de esta relación es la *asimetría*. Ésta siempre existió en otros sistemas, pero la asimetría del feudalismo y de la esclavitud, por ejemplo, eran claras y visibles. Por brutales que fueran, todavía estaban humanizadas. El noble y el vasallo, el amo y el esclavo no eran la misma cosa y ambos lo sabían y lo aceptaban como una decisión de Dios o de la naturaleza.[104]

El capitalismo conservó esta asimetría pero, en su proceso de abstracción e ilusionismo, no sólo convirtió la realidad en algo intangible e inalcanzable para el ex vasallo sino que logró imponer la idea de que tanto el empleado como el empleador, el endeudado como el acreedor, el imperio como la colonia, los países desarrollados como los subdesarrollados jugaban el mismo partido bajo las mismas leyes. Como en un partido de ajedrez o de fútbol, se asumía que había ganado el mejor y sus privilegios se debían a méritos propios. No deja de ser una paradoja histórica (es decir, una lógica enmascarada) que hayan sido los británicos quienes inventasen el *fair play* y, en general, los anglosajones quienes se consideran los campeones de vivir en países civilizados donde se respeta la ley. Es decir, no todos los hombres fueron creados igual. Algunos tenían más méritos que otros—incluso, algunos eran blancos.

Por otra parte, esta ilusión estaba en consonancia con las nuevas ideas que habían nacido en oposición al mismo capitalismo: las ideas de igualdad y libertad, las reivindicaciones de los de abajo como nacidos iguales y con los mismos derechos que los de arriba.[1] Esta contradicción entre discurso y realidad se materializó, de forma insuperable, con la Revolución de las Trece Colonias, con su Declaración de Independencia del 4 de julio de 1776 y con su constitución en 1789. Pero en la práctica, ni "*We the People*" incluía a negros, indios, blancos pobres y mujeres ni "*todos los hombres son creados iguales*" se aplicó en vida por quienes escribieron esas hermosas frases, como fue el caso de los ricos esclavistas Thomas Jefferson y George Washington.

Una de las hormas más comunes en el discurso patriótico estadounidense, no pocas veces repetido en los medios masivos a través de entrevistas y documentales, incluso repetido por analistas afroamericanos, consiste en condonar la contradicción de los Padres fundadores, como lo fueron sus discurso de democracia e igualdad mientras mantenían cientos de esclavos como propiedad privada y apoyaban la expulsión de los indios de sus propias tierras para expandir la libertad. La justificación más común radica en que Jefferson había suspendido la abolición de la esclavitud para poder construir "*el proyecto estadounidense*". La pregunta radical es simple: ¿En qué consistía, en qué consiste el famoso proyecto estadounidense? La respuesta políticamente correcta es, como lo era en boca de los congresistas sureños que luchaban por expandir la esclavitud: "en la expansión de la democracia y la libertad". No solo la historia contradice absolutamente esta narrativa, sino que la pregunta se responde por el mismo ejemplo de Jefferson y de otros "padres fundadores": el *proyecto estadounidense* recosiste en *suspender cualquier ley (civil o moral) cuando contradice nuestros intereses particulares.*

---

[1] Luego de ser propuestas por Pitágoras y Platón en la antigua Grecia y, en alguna medida, practicada por los primeros cristianos en tiempos de su persecución, la extraña idea de que todos los individuos son iguales fue retomada más de mil años después por pensadores como John Locke y Jean-Jacques Rousseau. Como Thomas Jefferson, John Locke no practicaba sus propios ideales, dejándole el sacrificio a las futuras generaciones.

Esta ley suprema, nunca escrita por razones obvias y sobre toda otra ley, se aplicó desde el primer día de la fundación de Estados Unidos, comenzando con la violencia contra las naciones indígenas que habían sido desplazadas hacia el otro lado de los Apalaches y nunca dejó de aplicarse hasta el día de hoy, cuando el ascenso económico de otra posible nación (en los 30 Argentina, en la segunda mitad del siglo XX la Unión Soviética y ahora China) es vista como una amenaza a la cual hay que extirpar antes de que florezca. Desde el primer día de existencia como país (y mucho antes como colonia anglosajona) hasta muy recientemente, se firmaron múltiples acuerdos con las naciones indígenas, los que sólo fueron respetados mientras le sirvió a los colonos anglos y al gobierno en Washington para ganar tiempo antes de apoderarse de más tierras y recursos ajenos, todo en nombre de la clásica excusa de haber sido "atacados primero" y ejerciendo el "derecho a defendernos" de nuestras propias provocaciones, manipulación de la narrativa, de la prédica religiosa y mediática, que justificaron y siguen justificando nuevos robos e invasiones. Cada una de las acciones políticas y geopolíticas estadounidenses hasta el día de hoy hunden sus raíces en su fundación y aún antes, en su trato y destrato de los pueblos indígenas despojados bajo una plétora de excusas y demonizados por todos los medios con el objetivo de justificarse ante Dios, ante el resto del mundo y, sobre todo, ante ellos mismos.

Por su parte, el progenitor imperialismo europeo, que colonizó y esclavizó a medio planeta, estableció una relación asimétrica en cuanto a oportunidades de desarrollo y libertad. El imperialismo estadounidense no cambió esa relación, pero adaptó su narrativa al exacto opuesto: en nombre de la *libertad*, imposición; en nombre de la *democracia*, dictaduras; en nombre del *imperio de las leyes*, violación de todas las leyes, contratos y acuerdos que dejaron de resultarle ventajosos; en nombre de la *lucha contra la corrupción*, corrupción a escala industrial, tanto la corrupción legalizada dentro de sus fronteras como la corrupción ilegal en el resto de sus dictaduras amigas y de sus democracias satélites; en nombre de los *derechos humanos*, cárceles secretas y sin leyes, tortura, persecución y muerte.

Todos los pueblos, las culturas y las civilizaciones se forman a partir de un momento fundacional que determinan su ADN psicológico y cultural. Para entender toda la historia de Estados Unidos y del presente se debe entender su relación inicial con los pueblos indígenas primero, con los esclavos negros y con los mexicanos y con el resto del mundo más tarde. La primera formación de su carácter fue su permanente sospecha sobre la hostilidad del vecino al cual se le estaba robando las tierras en nombre de una *teoría y derecho de la propiedad* basada en el *improvement* (mejoría de la productividad) articulado en Inglaterra por John Locke en el siglo XVII y más tarde por los economistas liberales clásicos. ¿Por qué nos atacan si sólo les robamos sus tierras improductivas? Básicamente ese fue el discurso del presidente Andrew Jackson ante el Congreso en 1932.[105]

La convivencia pacífica sólo fue aceptada cuando fue un reconocimiento del expoliado al poder anglosajón como dictador (en nombre de la democracia, la libertad y la civilización), buscando una excusa para atacar a los supuestos pueblos inferiores y expandirse sobe ellos en nombre de la "defensa propia" y una narrativa de la realidad al antojo del agresor. Su modelo y hábito intelectual fue el sermón y la prédica religiosa que siempre pasan por encima de cualquier realidad factual por la mera fuerza de la fe y la repetición semanal, cuando no diaria. Para esta mentalidad hegemónica, como para una manada de leones o de hienas, no hay lugar para un segundo macho alfa.

No hay posibilidad de reconocimiento del *derecho ajeno*, sean pueblos originarios, peligrosos esclavos, híbridos mexicanos, corruptos europeos, demoníacos soviéticos o, más recientemente, exitosos chinos. Para esta cultura la palabra *competencia* es sólo eso, una palabra; el concepto de que una negociación (pese a, o por su orgullosa tradición del hombre de negocios) pueda incluir un *beneficio mutuo* para las partes. Si no hay un ataque preventivo, *el otro* segundo nos exterminará como nosotros exterminamos a nuestros inferiores. No por casualidad muchos ciudadanos blancos estadounidenses están tan preocupados de que, debido a las últimas olas de inmigración, puedan convertirse algún día en minorías, porque asumen que serán tratados como ellos tratan hoy y desde siempre a las minorías en *su* país. Nada diferente cuando, a finales del siglo XIX, las potencias europeas y la naciente potencia global, Estados Unidos, luego de colonizar y explotar a medio planeta descubrieron que la mayoría del mundo no era blanca y entraron en pánico, desarrollando teorías como la del "reemplazo racial" que asumía que los súbditos querían exterminar a la raza bella y superior, por lo cual había que exterminarlos o someterlos a ellos primero.

Este es el mundo que, desde el siglo XVII, ha dado clases de libertad, democracia e igualdad de todos los seres humanos.

Viva el déficit

PARA 1949, ESTADOS UNIDOS tenía un problema que todas las economías periféricas quisieran tener: superávit. Es decir, el gobierno recaudaba más de lo que gastaba. Cuando un gobierno tiene superávit, los privados tienen déficit. Por el contrario, un gobierno endeudado significa que sus empresarios y negocios privados tienen un superávit o, al menos, un margen extra que, de otra forma, no les correspondería. Esto encendió algunas alarmas en los administradores del poder, ya que les recordaba al superávit de exactamente veinte años atrás, la borrachera capitalista de la Era progresista, el que fue seguido de la Resaca o Gran Depresión.

En el caso de Estados Unidos, si echamos una mirada a las estadísticas históricas de déficits y superávits, veremos que la mayoría de las veces a un superávit le siguió una recesión económica—y una guerra. De los pocos superávits que encontramos están el de Andrew Jackson en 1830, que intensificó las guerras de despojo de indígenas e inició la guerra contra México después. Ambas guerras, deseadas con pasión, ambos despojos duplicaron el territorio de los nunca satisfechos colonos. En 1917, el presidente progresista y anti intervencionista Woodrow Wilson se decidió a entrar en la Primera Guerra mundial cuando se hizo evidente que Washington no hubiese podido cobrar las deudas de Inglaterra y sus aliados si Alemania ganaba. Convencer a la opinión estadounidense produjo uno de los primeros experimentos masivos de propaganda con pretensiones de ciencia. En los años 20 y 30, Washington presionó a las economías del mundo a abrir sus mercados para colocar su superávit, el que pudo invertir masivamente durante la Gran Depresión y, sobre todo, en la Segunda Guerra mundial. Luego de la Segunda Guerra Mundial, Truman debió administrar un superávit y, casi de forma automática, ocurrió la Guerra de Corea. Otro momento excepcional de superávit tuvo lugar a finales del gobierno de Bill Clinton y George Bush se encargó de convertirlo en un conveniente déficit con la guerra en Irak. En otras palabras, los déficit en Washington sólo son malos en los discursos políticos, pero son deseables por cualquiera que maneje la economía o los grandes negocios de este país.

Veamos el caso concreto de la Guerra de Corea, la que dejó el 80 por ciento de ese país en ruinas bajo miles de toneladas de bombas e innumerables crímenes de guerra que nunca fueron juzgados y nunca serán reconocidos por la autocomplaciente conciencia colectiva. Los economistas están de acuerdo en que, como fue el caso de la Segunda Guerra Mundial, aunque con consecuencias geopolíticas menos importantes, la Guerra de Corea fue la responsable del boom económico de los años 50 y de los ahora llamados "años felices" por los conservadores de la actual derecha republicana. Por otro lado, el inoculado miedo rojo y la "lucha contra el comunismo" intensificó el acercamiento de otros países a la órbita del dólar.

En los años 20 y 30, el superávit estadounidense generó escasez monetaria y otra clásica crisis capitalista, como lo son las crisis económicas y, más recientemente, financieras. La Gran Depresión y, sobre todo, la tragedia de la Segunda Guerra *solucionaron el problema del sistema* hasta la creación de un nuevo superávit a finales de los 40. Desde los años 50 hasta principios de los 80, el déficit de Washington básicamente se debió a su astronómico gasto militar. Las guerras no sólo son bendiciones para la industria de las armas y todos sus derivados (agencias secretas, ejércitos privados), sino que, además, con ellas los gobiernos pueden reducir los gastos sociales sin que la población se indigne ni se atreva a algún gesto antipatriótico, es decir, algún gesto mínimo de desobediencia civil. Con excepciones, como fue el caso de los últimos años de la Guerra de Vietnam. Es decir, las guerras y la creación de déficit estatal suelen ser otra forma de desmovilización ciudadana y de privatización de sus servicios esenciales, como salud y educación. Aunque actualmente existen grupos de ejércitos privados, en general no es posible privatizar los monopolios legales de la violencia como el ejército y la policía. Todo lo demás está en el mercado para beneficio de los grandes capitalistas y en nombre de la libertad de empresa de *la libertad*. Por otro lado, si el superávit de Estados Unidos anterior a la Guerra de Corea hubiese continuado creciendo con oro y dólares acumulados en Washington, las reservas de capitales en otros países se hubiesen reducido y, como consecuencia, también las exportaciones estadounidenses hubiesen sufrido en un momento en que aún no se había pasado a una economía de consumo.

Por donde se lo mire, la Guerra de Corea fue una bendición—para el capital privado. Si en el período de entreguerras Washington presionó a otros países usando su *superávit*, luego de la guerra de Corea y, sobre todo luego de la *des-convertibilidad* del dólar continuará presionando al resto del mundo con su *déficit*. Las dos formas de coerción fundamentales fueron y son una conocida a lo largo de la historia de las civilizaciones y la otra conocida a lo largo de la historia del capitalismo: (1) la fuerza militar (más los permanentes y brutales complots de las agencias secretas, como la CIA y a NSA) y (2) la fuerza de una divisa global, el dólar. Cada vez que los países acosados amenazaron con reemplazar el dólar, fueron amenazados con invasiones militares, con cambios de regímenes, con el miedo a no recuperar sus masivas inversiones en Bonos del Tesoro, con el miedo a un dólar demasiado barato debido a la excesiva emisión de papel en Washington que redujera sus ahorros (públicos y privados) o con el miedo a un dólar demasiado caro que destruyera el principal sector de la economía de los países productivos: la exportación de bienes.

No es una paradoja sino parte de la lógica propagandística el hecho de que no son ni han sido los países comunistas los que acosan e imponen embargos comerciales a otros países ni son los países del Sur Global los que practican el subsidio masivo de su propio sector productivo, sino los países occidentales que se definen a sí mismos como los campeones de la libertad y el libre mercado.

Dólar, fe y temblor

PERO VEAMOS QUÉ PASÓ EN EL SIGLO XX con el proceso de abstracción del sistema capitalista iniciado en el siglo XVI en Inglaterra. A partir de la Segunda Guerra mundial, el dólar desplazó a la libra esterlina británica como divisa global. Por siglos, antes que la plata esterlina de Inglaterra, el real español (ocho pesos de plata o *Spanish Dollar*) cumplió este rol. Por más de dos siglos, el Peso duro fue la divisa global, creada y sostenida a fuerza de trabajo forzado en las colonias, como fue el caso de la extracción de plata de Potosí en Bolivia desde 1545 hasta 1820. Los pesos españoles inundaron el mundo, desde China hasta Estados Unidos, en muchos casos produciendo inflación—no sin el estratégico *efecto Cantillon*, que ya explicamos antes. Pero la inflación en una divisa global es un problema distribuido entre muchas naciones, por lo cual nunca alcanza a ser tan grave en el país que la emite, el país que se beneficia de esta relación económica radicalmente asimétrica.

La emisión de dinero no funciona simplemente como un lubricante de la economía sino que sirve para *succionar* riqueza de los sectores, nacionales o globales, que producen más riqueza de la que reciben a cambio en forma de divisas. Es el poder de la abstracción, el poder del símbolo que para nada es un medio neutral sino un instrumento de trasferencia de riqueza hacia aquel grupo que lo administra. Gracias a esta *producción de dinero*, España mantuvo un vasto imperio, lo que, de todas formas, no impidió que su población sufriera de una creciente desigualdad social, pobreza y frecuentes bancarrotas de su gobierno que debió volcar esos recursos a sus guerras imperiales. Nada muy diferente a lo que experimenta Estados Unidos hoy. Los imperios son caros.

La extendida práctica de robar plata y oro de las colonias para emitir divisas fue el equivalente al más reciente recurso imperialista de imprimir dinero en cantidades industriales. Ahora ya no tanto imprimir, sino crear dinero desde un teclado, como hacen los grandes bancos comerciales que prestan deuda y la convierten en deuda real para sus súbditos eventuales, los deudores, una especie de lavado de dinero higiénico y legalizado.

Pero no todas las divisas *fíat* son creadas igual. La impresión de papel moneda por parte del gobierno alemán para el pago de reparaciones de guerra generó una ola hiperinflacionaria en los años 1920s, lo que, a su vez, facilitó el ascenso de Hitler al poder, al capitalizar la rabia, la humillación y todas las frustraciones del pueblo alemán derivados del Tratado de Versalles. Lo mismo ocurrió y ocurre con países más débiles, como en África y en América Latina. Un caso extremo es Venezuela, cuyo gobierno, bloqueado en sus posibilidades de vender su principal producto, el petróleo, en los mayores mercados mundiales y sin acceso, por decreto de Washington, a créditos internacionales (incluso a sus propias reservas en oro depositadas en Londres) se vio forzado a imprimir bolívares, arruinando su divisa y su economía, expulsando a millones al exilio y dejando, según el economista Jeffrey Sachs, decenas de miles de muertos sólo como consecuencia del bloqueo.

Aunque básicamente papel, el dólar estadounidense, desde su creación, estuvo respaldado por plata y oro pero no fue hasta el Gold Standard Act de 1900 que se estableció la conversión oficial de un quinto de su valor a oro. En 1971, el presidente Nixon borró esa obligación propia y derecho ajeno un plumazo. El sistema Bretton Woods, creado luego de la Segunda Guerra para establecer el dólar como moneda global en reemplazo de la lira esterlina en 1944 terminó con el decreto de Nixon, pero su orden no. Calculado o no, fue un enroque maestro. Una vez que los países habían acumulado dólares en sus arcas lo menos que querían era que se devaluase, no sólo por mantener su valor de reserva sino también para mantener sus oportunidades de exportación. Razón por la cual cada vez que Washington imprime más y más dólares para financiar su déficit y su *way of life*, los países que basan su economía en sus exportaciones (casi todos) deben salir a comprar dólares para sostener su valor, lo que, a su vez, incrementa o sostiene la tenencia de la divisa basada no solamente en la fe sino, sobre todo, en el miedo. Lo último que desean países exportadores (sobre todo los endeudados) es que el sistema basado en dólares colapse. Un colapso de este sistema, *"dañaría más a cualquier país que al mismo Estados Unidos debido al peso desproporcionado del mercado internacional en la economía de cada uno"*.[106]

En otros casos, los países deben convertir sus excesos de dólares a bonos del tesoro de Estados Unidos, también por una mera cuestión de fe y temor, lo cual no es otra cosa que comprar deuda estadounidense. La fe y la propaganda dice que son los bonos más seguros del mundo y de ahí su nombre (*"security bonds"*), pero la historia sugiere otra cosa—no hay deuda que Estados Unidos esté, de hecho, obligado a pagar.[li] Por otro lado, si el Departamento del Tesoro de Estados Unidos imprime un exceso de dólares, o, más probablemente, si la FED hace que los bancos comerciales creen dinero de la nada a través de la venta de bonos del Estado para pagar los gastos del gobierno, esto puede crear inflación mientras esos dólares circulan dentro del país. Imprimir dólares para pagar bonos maduros (a corto o largo plazo de 30 años) significa que ese dinero a mediano plazo irá al exterior. Esta opción

---

[li] En Estados Unidos, los *bonos del tesoro* se usaron en 1812 y, sobre todo, en 1917 como "Bonos de Guerra" ("War bonds", "*Victory* bonds" y "*Liberty* bonds"), para financiar la entrada del país a la Primera guerra Mundial. La guerra siempre fue un excelente negocio.

inflacionaria no preocupa tanto a los inversores ultra millonarios, ya que ellos se harán de los capitales creados de la nada mucho antes que los capitales *fiat* produzcan inflación en la población trabajadora o extranjera. Claro que todo tiene un límite y mejor no averiguar cuál es.

Para finales de los años 60, el bendito déficit de Washington ya superaba las reservas de oro y la fracasada y genocida guerra en Vietnam amenazaba con hacer colapsar toda la economía, como otras guerras y otros genocidios en el pasado habían quebrado las economía de otros imperios—caso de España y Gran Bretaña en el pasado. En los 60s, estas reservas se estaban trasfiriendo a Francia y Alemania a través del sistema de convertibilidad y, como consecuencia, se estaban deshaciendo del dólar.

La conversión del dólar a una divisa *fiat* iba a cambiar varias reglas con respecto a los déficits para mantener el mismo orden. Para entonces, diferentes gobiernos subsidiarios, como Francia e Inglaterra, habían convertido gran parte de sus depósitos de dólares a su valor en oro. La guerra en Vietnam había cruzado el límite de la guerra deseada y amenazaba con desangrar la economía y el patriotismo estadounidense. El problema no era solo que Washington carecía de todo el oro que debería entregar a cambio de sus dólares, sino, mucho más importante que eso, que los países en proceso de reconstrucción, desde Europa hasta las colonias y las nuevas repúblicas independientes, dejaran de usar el dólar como moneda de transacción entre ellos.

El enroque era bastante obvio, aunque inimaginable. En 1971, la administración Nixon decidió despegar oficialmente al dólar de su valor en oro. No sólo se convirtió en un valor aún más abstracto y simbólico que el oro, sino que obligó al resto de países que realizaban transacciones en dólares a mantener el statu quo. Desde entonces, más allá del dólar no había nada. El dólar se convirtió en oro. Dólares para programas de inversión y desarrollo. Dólares para pagar las deudas infinitas de los países del Sur Global.[lii] Es más, Washington obligó a esos países a comprar *más* Bonos del Tesoro estadounidenses recién imprimidos. Como lo explicó el economista Michael Hudson, de esta forma *"el gasto de Washington en la Guerra Fría se convirtió en un impuesto a las economías extranjeras"*.[107]

A lo largo del tiempo y de forma más radical, como el rey Midas que convertía en oro todo lo que tocaba, a Washington le bastó con imprimir dólares cada vez que lo necesitó. Magia pura. Mejor imposible. El único problema fue que, como el Rey Midas convirtió en una estatua de oro a su hija con apenas tocarla, Washington también convirtió en dólares la existencia

---

[lii] Un resultado no explorado aquí sería los efectos de esta política monetaria global en la Unión Soviética, la que pudo haber derivado en su "colapso" o suicidio en 1990.

humana. Algo que, claro, no fue sólo su responsabilidad sino la etapa final de un proceso iniciado en Inglaterra cuatro siglos antes y que todos conocen como capitalismo.

Como toda fe y todo temor, éstos deben ser sostenidos a través del sermón, de la prédica y la repetición, lo que en el mundo comercial y político se llama *propaganda*. Pero la fe y el miedo son algo que se construye y, sobre todo en los ámbitos no religiosos, algo que se destruye rápidamente por algún acontecimiento histórico. La conversión del dólar en una divisa *fiat* basada en la fe también produjo un impacto en Estados Unidos, aunque menor que en el exterior. La medida fue provocada por la decisión de países como Francia de convertir a oro sus reservas en dólares, algo que permitía el sistema acordado en Bretton Woods para países pero que F. D. Roosevelt ya había prohibido para los ciudadanos estadounidenses durante la Gran Depresión de los 30. La devaluación inmediata provocó una escalada inflacionaria en los años 70 y la consiguiente subida histórica de las tasas de interés por parte de la FED, la que arruinó hasta las dictaduras amigas del Sur que Washington había apoyado con préstamos fáciles e, incluso, al mejor estilo de las políticas hacia el Patio trasero en las primeras décadas del siglo XX, con imposiciones de préstamos, perfectos caballos de Troya, todos bajo el título de "Diplomacia del dólar".

Gracias a esta catástrofe de las deudas soberanas en los 80, muchos países recuperaron sus democracias formales (naturalmente, nunca se habló de "*La caída del muro americano*"), pero esos países quedaron atrapados en la espiral de deudas, intereses y más préstamos de otras instituciones imperiales como el FMI y el Banco Mundial.

Salvo la suba de precios de los 70, el efecto de la irresponsabilidad fiscal de Washington no destruyó su economía sino, a largo plazo, reforzó su poder imperial. Si en los años 30 y 40 Estados Unidos imponía condiciones comerciales a otros países deudores, demandando la apertura de mercados a sus productos, a partir de los años 70 continuó haciendo *lo mismo pero desde la posición inversa*.

La medida fue provocada por la decisión de países como Francia de convertir a oro sus reservas en dólares (algo que permitía el sistema Bretton Woods firmado en 1944 por 44 países) pero que F. D. Roosevelt ya había decretado con la prohibición para los ciudadanos estadounidenses de convertir dólares a oro durante la Gran Depresión de los 30. Más bien les impuso lo contrario. Si esta conversión hubiese continuado a principios de los 70s, los países se habrían deshecho de sus dólares de reserva. Por el decreto de Nixon, a partir de 1971 un dólar quedó respaldado por otro dólar y por nada más que la fe y el miedo ajeno. Como lo explicó el economista Michael Hudson en 1972 (luego olvidado por un cuarto de siglo), Estados Unidos pasó a forzar a sus aliados y a otros países del Tercer mundo a financiar su propia deuda para evitar que los mercados, atados al dólar, se desbalancearan y produjesen dolorosas crisis en países menores. El secretario del Tesoro John Connaly, un mes después del decreto de Nixon, lo resumió de la siguiente forma: *el déficit del gobierno de Estados Unidos era (es) el problema del resto del mundo*.[108]

Actualmente, el dólar continúa drenando valor de las excolonias, definidas a sí mismas como repúblicas independientes. Por ejemplo, cuando en un país periférico como Angola o Argentina el dólar pierde demasiado valor debido a la orgía de impresiones (de tecleos) en Washington y luego del "efecto Cantillon", los bancos centrales de esos países salen a comprar más y más dólares. Pero ¿por qué, Dios? Porque si el dólar se devalúa demasiado los empresarios criollos pierden capacidad de competir en el mercado internacional y las exportaciones se deprimen. Sobre todo en economías extractivas (como África y América Latina, donde la burguesía criolla y empresarial no necesita importar materias primas para exportar sus productos manufacturados; no tanto los bastiones manufactureros de Asia, como Taiwán o Singapur). Los países periféricos deben producir algo para comprar dólares y poder de esa forma pagar sus deudas; no pueden imprimirlos como lo hace el Rey Midas. Así que, a más demanda de los bancos centrales de la periferia, más se valoriza el dólar y más dólares emite Washington para succionar más valor de los países que lo usan o de los trabajadores que lo mantienen como ahorros de vida.

La asimetría real, una vez más, es encubierta con un discurso simétrico (recíproco, igualitario). A través de sus brazos financieros como el FMI y el Banco Mundial, Washington y Europa sermonean sobre la falta de "disciplina fiscal" de los países del Sur Global, de los países deudores, de los países corrompidos por siglos por el imperialismo del Norte. Naturalmente, como ha ocurrido por siglos, los colonizados adoptan la ideología y la moral del colono y repiten el mismo discurso para autoflagelarse o para mantener a las masas productivas bajo control de culpabilidad y obediencia debida.

Mientras tanto, en Estados Unidos los políticos no se cansan de hablar de "disciplina fiscal", cuando ésta nunca ha existido ni importa más que en el mercado electoral que tiene al miedo como principal *commodity*. De la misma forma que hacen con los impuestos (innecesarios en el país de la divisa global pero convenientes para mantener cierto control social), obligar a los países a tener disciplina fiscal es una forma de mantenerlos controlados y a disposición de los inversores internacionales. La otra forma es a través de sus deudas nacionales.

El centro pregona *disciplina fiscal para sus excolonias*, algo que los países acreedores no tienen y nunca tuvieron. ¿Es que acaso existe un país más irresponsable en sus finanzas que Estados Unidos? ¿Es que acaso los políticos estadounidenses pueden acusar a cualquier otro país de corrupción e ineficiencia de sus políticos, como lo hacen con países con economías bloqueadas y destruidas pero sin la posibilidad de acosar, saquear a otros países y mucho menos de imprimir irresponsablemente una divisa global? No, no pueden, pero la maquinaria mediática es tan poderosa que por todos lados encontramos ciudadanos decentes repitiendo estos mismos mitos sobre la *corrupción de los países subdesarrollados* como si fuesen explicaciones obvias sobre su problemas económicos y sociales.

Sin embargo, muy probablemente esta orgía monetaria esté llegando a su fin. ¿Tomará veinte, cuarenta años? Imposible saberlo. La persistencia de una alta inflación en Noroccidente podría no solo deberse a hechos circunstanciales como la pandemia del Covid19 y la guerra en Ucrania, sino también al efecto de impresión (y de creación virtual) de dólares en un mundo que lentamente se va desprendiendo de esa divisa global.

La supremacía global del dólar es más importante que cualquier otro recurso, incluso el recurso del millonario poder militar de Estados Unidos, altamente inefectivo y corrupto (tanto en sus finanzas como en sus procedimientos en el exterior), ya que éste depende del dólar como del dólar depende el resto de los excesos económicos en el país. Al igual que con la invasión de Irak en 2003 o de Libia en 2011, el objetivo de los años por venir será evitar que esta supremacía desaparezca, lo cual dejaría al rey desnudo con sus masivos déficits y deudas internacionales. Ni siquiera su extendida arquitectura residencial en base a la madera y a un intenso y permanente mantenimiento soportaría este cambio. Por mencionar solo un efecto más.

Es por esta misma razón (aparte del imperativo cultural protestante de considerar al resto de la humanidad, sean indios, negros, mexicanos, hinduistas, socialistas, pobres y todo tipo de otros sus enemigos a los que se debe combatir invadiéndolos antes de que los eternos miedos tribales se hagan realidad) que el traspaso de hegemonía de Estados Unidos a China y a otros centros mundiales muy probablemente será violento, aún más violento que la guerra en Ucrania.

Al fin y al cabo, no debemos olvidar que el conflicto internacional no sólo ha sido una obsesión anglosajona en su empresa de someter-a-otros-que-podrían-someternos-a-nosotros-si-no-los-sometemos-a-ellos-primero, sino también ha sido un recurso económico. En los siglos pasados fue un instrumento altamente beneficioso para las arcas de las metrópolis. Pero siempre necesitó de una excusa maestra, pera convencer al mundo y para convencerse a sí mismo de que lo que debían hacer era una obligación moral.

Más recientemente, y por reducir esta observación sólo al dólar, debemos recordar los dos principales momentos en que esta divisa estuvo bajo cuestionamiento y a un pelo de perder su predominio mundial desde el acuerdo Bretton Woods de 1944. El primereo fue, como vimos, la desconvertibilidad o abandono del estándar oro en 1971, justo cuando varios países europeos estaban cuestionando esta supremacía deshaciéndose de sus dólares al convertirlo en oro. La desconvertibilidad detuvo este proceso. Aunque produjo varios problemas, como, tal vez la crisis inflacionaria de los 70s, tuvo el efecto casi mágico de consolidar la divisa estadounidense como reserva de seguridad, aún que estuviese basada en solo fe en la potencia de la superpotencia. El segundo momento ocurrió con la creación del euro en 1999. La creación de una divisa con posibilidades de competir con la supremacía del dólar fue seguida del Setiembre 11 y de las nuevas guerras a gran escala de Washington. El derrocamiento de Saddam Hussein, justo un proponente de usar el euro en lugar de dólares y casi una década después la caída de Mohammad Gadafi, quien había propuesto la creación de una moneda común africana salvaron al dólar, sino de una caída al menos de una pérdida de poder geopolítico. Ahora, en 2023 los países del BRICS impulsan un tercer intento de reemplazo del ´dólar como divisa dictatorial. Debido al ascenso de China y de la notable decadencia interna de Estados Unidos, no es difícil imaginar un fin de la hegemonía del dólar. Sin embargo, recordemos dos factores que ya se han probado en la historia: 1) las divisas creadas para ser compartidas con diferentes economías con diferentes siclos y necesidades económicas no funcionan a la altura del dólar. El Euro debería ser suficiente prueba; pero aún un grupo unido por razonables reivindicaciones geopolíticas pero distanciado económica y culturalmente como el BRICS; 2) Washington sabe que la inoculación de conflictos geopolíticos, militares, no sólo significa ganancias para sus principales corporaciones de las cuales e4s prisionero, sino que produce un efecto conocido: los inversores y ahorristas corren a la "divisa segura", el dólar, por una mera razón psicológica y cultural, algo que no se cambia en pocos años. La guerra de Ucrania, las tensiones en Taiwán (iniciadas por Washington, no por Pekín) son parte de un patrón conocido y muy previsible.

Impuestos para ellos, bonos para nosotros

LA ESTRATEGIA DEL SECUESTRO DEL ESFUERZO ajeno y la acumulación de sus réditos no se reduce sólo a los inventos y a las nuevas tecnologías sino a casi cualquier otro aspecto de la vida social, desde (1) el económico (2) el político hasta (3) el narrativo. "Con nuestro éxito y nuestra riqueza, nosotros aportamos a la prosperidad de los países mientras los vagos de abajo nos roban con los impuestos", etc. Máscaras narrativas que, por supuesto, se cultivan en los medios masivos y germinan siempre en una buena porción de los de abajo, porción suficiente para ganar elecciones o mantener el statu quo cuando se pierde alguna.

De la manipulación política para incrementar los *beneficios* económicos nos detuvimos hace años cuando analizamos la *corrupción legal*, sobre todo en potencias hegemónicas como Estados Unidos, por la cual las corporaciones evaden impuestos en los paraísos fiscales, presionan a países pobres a través de los bancos mundiales y de sus propias inversiones volátiles ("hot money") por la cual determinan las "políticas correctas" de desregulación, desprotección de trabajadores y destrucción de la soberanía de los países a través de tratados de "libre mercado"—aparte de escribir casi a su antojo las leyes en los países centrales, imperiales o como quieran llamarlos.

A través del control político de los gobiernos, de los parlamentos y hasta del sistema judicial, el gremio del Uno Porciento controla las instituciones capitalistas e imperiales como el ejército de Estados Unidos, los bancos nacionales e internacionales como el FMI, el Banco Mundial y la Organización Mundial del Comercio establecen leyes que se aplican según el poder económico y militar de cada país. Gobiernos como el de Washington, administran la divisa global y su fuerza militar para continuar y acelerar la transmisión de riqueza de las clases trabajadoras hacia el Club del Uno.

Un ejemplo más es la *dinámica impuestos-bonos del tesoro*. En los últimos cien años, las organizaciones populares como los gremios de trabajadores han sido demonizados por los grandes medios (caso de William R. Hearst a principios del siglo XX, entre otros) hasta desmovilizarlos y casi anularlos. Este proceso, que a partir de los 80 produjo un crecimiento de la diferencia entre producción y salarios, y un distanciamiento entre el Club del Uno y el resto de la población, se aceleró con el aumento del déficit del gobierno de Estados Unidos.

Los gastos de las guerras siempre fueron a las arcas de El Uno. Para eso están. También los sacralizados "recortes de impuestos para estimular la economía". En 2017, por ejemplo, el gobierno de Donald Trump aprobó un recorte de impuestos para los ultra millonarios por billones de dólares, mientras sus votantes y los votantes del partido Demócrata estaban distraídos en una disputa sobre racismo, el patriotismo y el peligro de los inmigrantes pobres de América Central. Este recorte para estimular la economía, como muchos otros, no tuvo ningún efecto en la economía, pero todos los estudios posteriores confirmaron lo más obvio: el único efecto, aparte de crear un abismo en el déficit público, fue que quienes menos necesitaban de una ayuda del Estado incrementaron sus fortunas de forma notable.

Es decir, a más capitales acumulados, más poder político y mediático de El Uno y, consecuentemente, más conflictos entre los de abajo: blancos pobres contra negros, negros contra indios, indios contra mujeres, mujeres contra inmigrantes, inmigrantes legales contra inmigrantes ilegales, Dios contra el Diablo... Bueno, así es como ha funcionado desde siempre y en casi todos los países.

Ahora ¿cómo hace un gobierno para cerrar la brecha entre gastos e ingresos? Una solución es imprimir dinero. Los países del Sur Global no pueden hacerlo, porque producen hiperinflación casi inmediatamente. Washington tiene un margen mucho mayor, porque el dinero que imprime está distribuido por cada rincón del planeta y sus efectos inflacionarios también. Claro que todo tiene un límite. Así que para no imprimir tantos cientos de miles de millones por año la otra opción es emitir "Treasury securities", títulos, notas y bonos del Tesoro, dependiendo del tiempo de maduración de cada uno. Se llaman *seguros* porque se asume que el Departamento del Tesoro de Estados Unidos siempre tendrá capacidad de pago—es decir, capacidad de imprimir cada vez que está al borde del default. Otra razón para entender los peligros que acarrea la dolarización de las economía de los países vampirizados por el BM y el FMI, otros dos instrumentos imperialistas de Washington que les exige e impone a las neocolonias una responsabilidad fiscal que Washington nunca, jamás ha practicado.

Pero esta exigencia de disciplina fiscal en otros países se debe a tres razones: (1) crear condiciones para más privatizaciones, cuyos beneficiarios serán siempre los grandes inversores internacionales; (2) mantener a los países del Sur global endeudados es una forma de prolongar el neocolonialismo por otros medios y (3) el masivo déficit de Washington necesita que otros países, como China y Alemania, tengan superávits. El superávit de los países se trasfiere a Wall Street y a Washington a través de depósitos y de compra de bonos estadounidenses, los que se pagan imprimiendo y aumentando el déficit. Claro que mucho de lo bueno siempre puede resultar malo en algún momento, por lo cual los banqueros y el presidente de la FED necesitan jugar el arte de la extracción de riqueza a través del sistema financiero global con cierto cuidado. (1) Un exceso de impresión de dólares puede producir una inflación excesiva y la pérdida de fe en la divisa global. (2) Un exceso de deuda estadounidense sin su equivalente de superávits en otros países también. (3) La retracción del consumo, el ahorro no especulativo de dólares es no-dinero, ya que el dinero es tal cuando circula en forma de gasto o de inversiones. Mil millones de dólares en un cofre es dinero para quien lo posee, pero para el capitalismo es nada—no es dinero, está muerto.

Ahora ¿quienes compran los bonos del tesoro? Los millonarios y las corporaciones ultra millonarias. No los trabajadores. ¿Alguien conoce un compañero de trabajo que ha decidido poner, por decisión propia, sus ahorros en bonos del tesoro de Estados Unidos o de sus propios países? No es algo imposible ni está prohibido por ninguna ley, pero en la práctica son rarezas. *Los trabajadores pagan impuestos*. Es decir, cuando un trabajador asalariado o el dueño de un pequeño negocio, sea una pizzería o una fábrica de baldosas paga sus impuestos, le está entregando el cien por ciento de ese dinero al Estado. Si recibe algo a cambio será de una forma muy indirecta y a través de un servicio público que no es de su propiedad. Diferente, cuando un capitalista o sus corporaciones compran notas o bonos del Tesoro, lo que están haciendo es prestarle al Estado el dinero que no han pagado en impuestos. Los bonos suelen ser de varios tipos; unos maduran en un año, otros, en quince o en treinta años. En cualquier caso, el prestamista del gobierno no sólo se asegura que su capital estará bien guardado, sino que recibirá el cien por ciento de regreso más intereses. Estos bonos en realidad son Deuda del Estado, las que, llegado el momento de honrar sus compromisos con los inversores, deberán pasarla a los trabajadores en forma de impuestos o de reducción de servicios básicos como salud y educación. Todo en nombre del sinceramiento y la responsabilidad fiscal, "como la de cualquier hogar decente".

El negocio es redondo y prácticas como estas, legalizadas por las mismas instituciones nacionales y globales, sólo incrementan el poder de los de arriba a costa del sudor de los de abajo, al tiempo que los convence de que si hoy están algo mejor que ayer (en el mejor de los casos), si hoy textean desde un teléfono de última generación mientras que sus abuelos tenían que escribir cartas a mano, todo se debe a las bondades del capitalismo y de que el Club del Uno ha sido protegido de los destructivos y fracasados críticos de siempre que quieren que los pobres y los vagos vivan del Estado sin trabajar—castigando el éxito de los ricos e impidiendo que la República X no se convierta en un país desarrollado como aquellos que saben cómo hacer las cosas, que tienen "otra cultura y otra mentalidad", como Inglaterra o Estados Unidos.

Postcapitalismo: la agonía de una civilización

La teología del dinero

COMO VEREMOS BREVEMENTE MÁS ADELANTE, el libre mercado fue siempre uno de los dogmas principales de liberales y capitalistas, pero nunca fue practicado ni por las liberales ni por los capitalistas. Todas las teorías y metáforas, como "la mano invisible del mercado", "la forma libre de organizar una economía", y las múltiples e inútiles gráficas que algunos economistas inventaron para creer que la economía era una ciencia dura como la física y no parte de las ciencias sociales, sólo funcionaron en la imaginación simplificada de sus autores y seguidores. Pocos dogmas tan simplistas como *el libre mercado*, y de ahí su fuerza: siempre fue algo fácil de consumir.

Pocas cosas tan irreales y sin ningún ejemplo histórico concreto. En todos los casos, son propuestas despojadas de casi todas las variables más importantes de la realidad social y humana. Ya no hablemos de moral y justicia, sino de poder. La ley de la *oferta y la demanda*, de la *libertad de los mercados*, el *egoísmo individual* como motor del progreso colectivo, no incluyen la política, el poder imperial, las manipulaciones monetarias y financieras—mucho menos las externalidades.

Ni siquiera incluyen el efecto devastador de la aplicación de sus propias teorías. Hasta la Teoría de la relatividad y de la Física cuántica consideran que el observador es participante en la modificación del fenómeno observado. Los economistas liberales y neoliberales no. Según ellos, sus teorías describen cómo funcionaría la realidad en un mundo utópico, abstracto, como si se tratase de una observación divina. En una sociedad organizada por el mercado no existe la acumulación de poder y la destrucción de la libertad del mercado, aun cuando liberales fundadores como Adam Smith, David Ricardo o más recientemente Joseph Schumpeter reconocieron esa debilidad de la maravillosa teoría. No en pocos casos la llamaron corporaciones.

La prosperidad y la riqueza acumulada por las mayores potencias del mundo fue posible al imponer esas reglas a las colonias mientras las hacían imposibles dentro y, sobre todo, fuera de sus fronteras. El gobierno global de las corporaciones privadas es la continuación, expansión y globalización del sistema esclavista, no su antagónico. El mismo presidente Rutherford Hayes observó, un par de décadas después de la abolición de la esclavitud, que el gobierno estadounidense estaba al servicio de las corporaciones, no del pueblo; que las leyes se aprobaban para proteger y beneficiar a los primeros, no a los segundos.

El capitalismo surgió en la Inglaterra del siglo XVII con la sacralización del derecho a la propiedad privada sobre cualquier otro derecho (incluido el derecho a la vida) y su imperio surgió con la imposición por la fuerza de los intereses de sus compañías privadas, como la East India Company, asistida por su gobierno como antes la monarquía había asistido a los señores feudales a despojar a los campesinos de sus tierras bajo el nuevo sistema de comercialización de la tierra y luego del trabajo. Este proceso se radicalizó con el sistema financiero. Si al comienzo este servía a la economía capitalista, hoy es al revés: la economía capitalista (lo que queda de ella) sirve al sistema financiero y a quienes lo controlan. De liberalismo y capitalismo clásico, nada. El sistema global actual es tan opuesto al capitalismo como lo era el capitalismo a su predecesor, el feudalismo, razón por lo cual lo llamamos por muchos años neofedualismo (por su referencia económica) y neomedievalismo (por su referencia cultural).

El capitalismo ha muerto. Lo que vemos es un zombi que camina sin vida y asusta a apologistas y detractores. Como ha ocurrido a lo largo de la historia, la respuesta es un ciego y fanático negacionismo. Lo que estamos viviendo es la etapa postcapitalista marcada por crecientes y más frecuentes crisis económicas y sociales. La dictadura real de los carteles de las finanzas se ejerce a través del capital virtual. Es la radicalización extrema de la abstracción iniciada por el capitalismo en el siglo XVII sobre el valor de cambio de los bienes, de los servicios y de las vidas humanas. Los capitales extraídos a los trabajadores y productores para inversión en la industria y el comercio ya no son necesarios. Ahora se los extrae directamente a través de las finanzas, de la creación de dinero y deudas. La trasferencia de riqueza (productiva) de las clases medias y de las neocolonias se realiza a través de (1) pago de deudas ajenas en dinero real y pago de deudas propias en dinero creado de la nada; (2) trasferencia de recursos de las clases trabajadoras para financiar guerras eternas de la industria militar, en manos de la una elite financiera; y (3) privatizar sus despojos y exigir compensaciones a las naciones destruidas que, a su vez, dejarán de ser competencia o posibles aliados de la competencia.[liii]

[liii] Uno de los ejemplos más recientes y controvertidos derivó en la guerra en Ucrania, la que no se inició en 2022 con la invasión rusa sino en 2014 como el golpe de

Si la humanidad sobrevive al destrucción postcapitalista, un día el fanatismo belicista del capitalismo euroamericano será estudiado como una patología histórica por lejos peor que el fanatismo de los cruzados la Edad Media europea.

Esta ha sido la historia occidental por siglos: exterminación del otro, imposición del propio fanatismo sobre el vecino, algo que se radicalizó con el ascenso de los imperios europeos y más del mundo anglosajón a partir del siglo XVI. La llamada "Paz de los cien años" (1815-1914) fue, según Karl Polanyi, *"un fenómeno inaudito en los anales de la civilización occidental"*. Claro que debemos considerar un detalle frecuentemente olvidado por estos títulos, como el de la "Belle Époque": en ese mismo período de cien años, el imperialismo europeo y estadounidense exportó casi toda su violencia a las colonias en Asia y África y a las repúblicas bananeras en América. En radical contraste, los estados naciones de Asia, desde China hasta India, se mantuvieron tres siglos sin agresiones ni invasiones militares, desde 1598 a 1894, en ambos casos por conflictos con Japón. Si consideramos China, el período sin guerras expansionistas suma quinientos años desde la breve invasión a Vietnam en 1406.

En Asia y en África existieron culturas y civilizaciones basadas en el pacifismo y la cooperación, como es el caso del Ubuntu—incluida la hoy tan denostada tradición islámica en España y en África occidental. Bastaría con considerar la historia de las guerras en Asia, la África y en la América preeuropeas, con todos sus rituales y sacrificios sangrientos nunca alcanzaron la frecuencia, la intensidad y la sistematización de la barbarie de la buena y pacífica civilización occidental. El Reino de Nri en África, por ejemplo, duró mil años y se destacó por su pacifismo radical, su prohibición de la esclavitud, su propiedad comunal de la tierra y la producción y su intenso y libre mercado con otras naciones—todo lo que terminó con el arribo del cristianismo y el mercado esclavista de los marineros portugueses.

Estado facilitado por la CIA y las potencias occidentales para destruir la democracia en nombre de la democracia y continuar no solo la expansión armamentística de la OTAN sino la ola privatizadora (en este caso de las más que fértiles tierras ucranianas, entre otros bienes públicos o distribuidos entre pequeños privados) y la clásica trasferencia de riqueza de las clases trabajadoras a las corporaciones a través del gasto de Estados Unidos y Europa para financiar "la defensa contra la agresión rusa". Como siempre, para los estados es deuda (que deberá pagar la población de Estados Unidos, de Ucrania y de Europa), mientras que para el complejo industrial militar y todas las corporaciones satélites es simple ganancia—sin contar con la pretensión de exigir reparaciones de guerra a Rusia como en el tratado de Versalles le exigió en 1919 reparaciones imposibles a Alemania.

Si antes las finanzas eran una forma de administrar los capitales, ahora son los capitales una forma de administrar las finanzas. Quienes administran este juego de extracción de valor creando dinero de la nada pertenecen a una micro elite. El poder de los gobiernos es simbólico, virtual; ellos representan la gran distracción en la lucha de antagónicos: para los pueblos, ellos son los demonios o son los salvadores, pero el poder lo tienen los bancos y las corporaciones del Faraón—un poder que nunca ha dejado de crecer en el último siglo. En 1790 el fundador de la dinastía Rothschild de banqueros, Mayer Rothschild ya lo había adelantado: *"Permítanme emitir y controlar el dinero de una nación, y no me importará quién haga sus leyes"*.[109]

En ese proceso extremo de abstracción, los bancos crean dinero apretando varias veces la tecla "0" de un teclado. No por casualidad, cuando hindúes y árabes inventaron ese dígito lo representaron con un círculo sin ángulos para representar la nada. El cero, la nada, se convirtió en el número más importante para poder desarrollar una contabilidad más compleja y, sobre todo, para desarrollar las matemáticas y las ciencias después.

Es así como todo el sistema de robo faraónico queda suspendido de un solo hilo: la fe. Si a partir de 1971 el dólar sustituyó el patrón oro por la fe de los tenedores, ésta todavía tenía una vinculación con la realidad material: se asumía que el gobierno de Estados Unidos iba a sostener su valor a través del valor real de su economía. Pero la economía de Estados Unidos no sólo cambió superávit por déficit, sino producción por consumo. Para principios del siglo XXI, el consumo representaba el 70 por ciento de su economía lo que, por simple lógica, se sostenía con un creciente déficit, por las exportaciones y los superávits de otros países, y por la impresión de papel dólar.[liv]

Pero un sistema basado en la fe necesita de templos, de sacerdotes y de creyentes. El Humanismo y el Renacimiento sustituyó en parte las iglesias por los medios de prensa, alcanzando uno de sus momentos cumbre de manipulación de la opinión pública con la "prensa amarilla" a finales del siglo XIX y a principios del siglo siguiente con la propaganda analizada y desarrollada por Edward Bernays y luego por los nazis en Europa.

Este proceso de evangelización capitalista se ha acelerado hasta alcanzar su ápice en nuestro tiempo. Como el dinero, como los capitales, la realidad es una creación virtual. Sólo una crisis global podría cambiar, y esa crisis será una crisis de fe, una conversión religiosa. Razón por la cual los tiempos donde se la mantiene a través de la prédica constante y obsesiva pasan a ser más importantes que cualquier sistema productivo y cualquier reserva de oro. Esos templos son los medios de comunicación. Como cualquier

---

[liv] En 2002 publicamos el artículo "La teología del dinero", donde analizamos este mismo problema de una forma más breve.

templo religioso, su recurso principal es la inoculación del miedo a un ente que es venerado como creador de prosperidad y temido como destructor del orden mundial: el creyente no debe cuestionar al ente ni al orden recibido, sino mantenerlo y consolidarlo a base de repeticiones. Cualquier duda es demonizada como artilugio de los ángeles oscuros que quieren destruir el mundo con sus peligrosas ideas.

Vivimos en un sistema de transición donde un sistema ha terminado y el nuevo no ha comenzado. Ese es el mundo de la dictadura financiera actual. En todos los casos es una nueva forma de una vieja práctica: el juego de que una minoría viva del trabajo del esfuerzo de la mayoría la acumulación y la radicalización de la abstracción del capitalismo el mundo Financiero

El sistema de acumulación actual ha traspasado hace mucho tiempo las reglas mismas del capitalismo Si antes se necesitaban capital real robado a las colonias o a las clases trabajadoras para invertirlo y producir productos servicios hoy ese capital es un capital virtual. Es el mayor sistema de asalto de la historia. Nunca antes la humanidad había organizado un sistema tan perfecto de robo global que ya no solo se restringe a los imperios sino una micro elite dentro de esos eximperios que, en su mayoría, puede estar en los países desarrollados o en otros. El sistema es tan perfecto que, cuando se lo expone a la luz del día, la gente prefiere mantenerlo porque siente que es mejor un robo masivo bajo cierto orden, que pequeños robos de delincuentes comunes que afectan de forma concreta a unos individuos. Así se crean sociedades esclavizadas defendidas por sus propios esclavos.

Los dioses y sus templos financieros

En 2011, la calificadora de riesgo Standard & Poors, uno de los tres arcángeles, bajó la calificación de la deuda de Estados Unidos de AAA a AA. Esto provocó una suba de los intereses de la deuda estadounidense, lo cual le costó al país más de mil millones de dólares en pago de intereses. Los pagos de intereses son lo que realmente importa, no las deudas en sí, ya que sin éstos los gobiernos endeudados caen en default y el efecto es sobre la fe de los acreedores y, en este caso, del sistema todo.

Pero este milagro divino fue más bien un castigo para enderezar la moral de los políticos en Washington que habían llegado a esta situación por una mera puja entre republicanos y demócratas, y no por la incapacidad del gobierno de imprimir dólares bonos del tesoro levantando el arbitrario "techo de la deuda" inventado en 1917 para crear la superstición de responsabilidad fiscal.[lv]

Ante un default, el gobierno tiene la opción de pagar alguno de sus gastos. Por ejemplo, puede pagar a los tenedores de bonos y dejar de pagar las pensiones. En este caso, la crisis económica inducida por la dinámica financiera sería menor que si el gobierno procediera al revés, pagando primero las pensiones y aquellos servicios a la población más vulnerable, dejando a los grandes inversores en espera. En este caso la crisis sería total.

No es lo mismo imprimir dinero que crearlo. Técnicamente, es el Tesoro de Estados Unidos el único organismo que imprime dólares. Pero éstos, como es el caso de otras potencias como Gran Bretaña, sólo representan un tres por ciento del dinero circulante. El resto es dinero virtual y es producido por los bancos centrales, como la FED y por los mayores bancos comerciales. Cuando la FED le vende bonos a los bancos, los bancos le están entregando dinero al gobierno, pero los bancos privados pueden crear dinero de la nada. Cuando un trabajador común pide un préstamo para comprar una casa o iniciar su propio negocio, el banco simplemente escribe en su sistema la cifra solicitada y ese simple acto se convierte en dinero como por arte de magia. Cuando el solicitante logra pagar su deuda en diez o treinta años, el banco elimina esa cifra y se queda con los intereses pagados. Los intereses de deuda son más reales que las deudas y que los capitales todos.

En la actualidad, el dinero circulante en el mundo alcanza el valor de un cuatrillón, es decir, diez veces el valor del PIB del mundo. Sólo Wall Street posee tanto dinero como dos veces el PIB de Estados Unidos. Cada vez que los bancos comerciales y la FED crean dinero, los primeros en recibir los beneficios de esta bendición son los grandes inversionistas. Es este el único lugar donde la Teoría del derrame funciona, aunque este capital creado de la nada suele evaporarse antes de alcanzar los extractos más bajos. Los de abajo deben trabajar si quieren ganarse la vida. ¿Si no, quién produciría algo en este mundo sino los esclavos y los endeudados? En el siglo XVII el economista Richard Cantillon explicó este fenómeno que hoy reconocen los economistas del siglo XXI y llaman "Cantillon Effect". Es muy simple: cuando se crea dinero, quienes realmente se benefician de ello son los primeros en recibirlo. Son los primeros quienes pueden hacer negocios y comprar bienes y servicios antes de que la creación de dinero produzca inflación. Cualquier puede deducir corolarios como: cuando el dinero llega a los de abajo, los precios ya habrán aumentado y quienes administran los negocios arriba se beneficiarán

---

[lv] La ironía consistió en que los inversores entraron en pánico y se refugiaron en la tradición de comprar bonos del tesoro de Estados Unidos.

también de esto. En pocas palabras, la creación de dinero por parte de los más ricos aumenta la diferencia económica y social. Mas simple no es posible resumirlo.

Desde sus orígenes miles de años atrás, el dinero es deuda de unos y crédito de otros. Por lo general, hasta el capitalismo, era creado por los gobiernos. Desde el siglo XVIII los bancos comenzaron a emitir bonos, es decir, comenzaron a vender deuda, aunque ellos gobiernos se reservaron el derecho a regular. Es lo que ocurre hoy en día es lo mismo, con mayor libertad. Los bancos crean dinero vendiendo deuda que será pagada por quien recibe el crédito. El crédito y la deuda son la misma cosa, solo que los bancos le prestan a un individue el dinero que no tienen y el individuo debe ganarse ese dinero trabajando para poder devolverlo con intereses.

El problema radica cuando los bancos crean una cantidad de deuda que luego los solicitantes no pueden pagar. Es cuando la burbuja explota y el sistema todo caen en una crisis de fe: los accionistas e inversores retiran sus capitales en un proceso que, si no los detiene el gobierno, se convierte en una caída de piezas de dominó. Para poner una paleta entre dos piezas, como los bomberos queman una franja de bosque para evitar que el incendio se extienda, el gobierno rescata a los bancos, por ejemplo comprando bonos privados o comprando (nacionalizando) las deudas que en 2008 se llamó "tóxicas" por ser incobrables. Como siempre, "el maldito gobierno" salió al rescate del capitalismo hundido a manos de los capitalistas. Como siempre, nacionalizó las pérdidas y luego privatizó las ganancias.

Si en su infancia el capitalismo separó la política de la economía, el valor de uso del valor de cambio, el capitalismo senil separó la producción de los capitales primero y, luego, la economía de las finanzas.

La comercialización de la existencia

UN ESTUDIO PUBLICADO EN LA BRITISH Medical Association en 2006 reveló un consistente aumento de los problemas psicológicos en niños y jóvenes ingleses en las décadas anteriores.[110] Todo pese al incremento del PIB nacional, a la relativa estabilidad de la inflación y de la economía británica de entonces. Pongo esta referencia académica solo como ejemplo, porque este tipo de observaciones han sido algo común desde entonces. Incluso cuando ya ni la inflación ni el PIB son motivos de orgullo nacionales. No pocos han observado una correlación entre este problema y el incremento del PIB se debe al incremento de la creciente presión del sistema económico para mantener la competitividad entre los individuos desde la educación hasta el ámbito del trabajo—probablemente hoy ese estrés se haya desplazado a la conciencia de las catástrofes económicas que asolan el alguna vez llamado Primer Mundo sin haber sustituido la obsesión materialista y exitista por algo mejor.

Más tarde, la obsesión por el éxito económico es coronada de forma kafkiana con el conocido "síndrome de Willy Loman", en referencia al personaje de Artur Miller, *Muerte de un viajante* (1949). Loman no solo representa el desencanto, el cuestionamiento tardío al "sueño americano" sino al capitalismo en sí mismo. Justo en el momento de la vida en que entendemos que la edad ya nos ha demostrado que nuestras ambiciones no serán posibles y, si lo son, ya no importan tanto como cuando éramos jóvenes. O no eran otra cosa que una dulce mentira: la convicción del viajante Loman (metáfora del homo capitalista) siempre se basó en que *el éxito radica en gustarle a la gente, en saber venderse.*[lvi]

A punto de jubilarse, Loman descubrirá, como una prostituta vieja que es abandonada al olvido y la indiferencia del mundo, que a nadie le importan sus problemas. Desempleado y desengañado de sus propias teorías, Lowan decide suicidarse para que sus hijos cobren el seguro de vida.

Actualmente, el cobro de un seguro de vida por suicidio no es tan fácil. Las compañías aseguradoras han tomado medidas para que la gente no cometa este acto reprobable, no porque les preocupe la vida de nadie sino porque les preocupa que los beneficios vayan para gente que realmente lo necesita. Si otras grandes compañías como Walmart o ATT se benefician de la muerte de sus trabajadores, entonces ya entra en el ámbito de los negocios. Esto se explica con la actual práctica de la compra de seguros de vida por parte de las compañías para sus empleados. Si el empleado se muere o comete suicidio podrá reemplazarlo fácilmente por otros, pero las ganancias por el cobro del seguro son considerables.[111]

Los seguros de vida que las grandes compañías contratan para sus empleados son llamados *"seguro de vida corporativo"*. Esta práctica, iniciada en Estados Unidos en los años 80, se realizaba sin conocimiento de los empleados. Cuando se hizo público, dio lo mismo, porque pocos la entendían y al resto, demasiado ocupado en sobrevivir o en ser exitosos, no le importaba.

[lvi] De otra forma, el personaje de mi novela *Silicona 5.0* (2017), un exitoso inmigrante argentino y hombre de negocios, lo experimenta a través de sus deseos de llegar a los diez millones de dólares antes de cumplir cincuenta años. La novela comienza con el descubrimiento de que alguien le ha robado la identidad y, en la búsqueda del criminal del otro lado de la frontera, México, descubre que ha sido él mismo: *"te mataron allá del otro lado, vaya a saber cuándo, y ahora crees que persigues algo y, en realidad, huyes de tu propio cadáver. Eres un fugitivo que se cree el detective".*

Cuando en 2006 el IRS obligó a las compañías a informar de este seguro a sus empleados, la práctica no cambió demasiado. Por lo general las compañías se cubren de riesgos contra el consumidor entregándoles un contrato tipo *Cien años de soledad* que el abrumado firmante casi nunca lee y, si lee, no alcanza a descubrir dónde está la frase que realmente importa. De ahí que este tipo de seguro fuese conocido con el nombre de "campesino muerto". Ni él ni su familia están informados ni a nadie le importa en las oficinas de la ciudad. Excepto a quien se quedó con sus tierras o las usó en secreto para obtener algún crédito.

La compañía que contrata este tipo de seguros es la beneficiaria de la póliza, es decir, cuando el empleado se muere, la compañía cobra la compensación por la pérdida del activo, desde un cargo ejecutivo (definido como "persona clave") hasta un empleado invisible (definido como "dólar dividido", ya que parte de las compensaciones llegan a la familia del occiso) para la pequeña dictadura privada. El objetivo sagrado es salvar a la pequeña dictadura y, sobre todo, al sistema neofeudal (la dictadura global) definido por la sacralidad de los beneficios privados de cada corporación.

Esto, que debería ser clasificado como una patología, al menos por la psicología que tiene cualquier variación de la existencia humana clasificada como *síndrome*, es una enfermedad extendida por los continentes y por los últimos siglos. Tanto que no se considera como tal sino como *lo deseable*.

Tanto tengo tanto valgo

EN UNA ENTREVISTA DE JUNIO de 2023, el reconocido presentador Piers Morgan le preguntó a la actriz británica Elle Brooke si no tenía vergüenza de su trabajo en la industria de la pornografía a lo que respondió que su padre había muerto y su madre vivía de lo que ella ganaba. Cuando le preguntó cómo imaginaba que se podrían sentir sus hijos algún día, la respuesta fue contundente y consistente: "*podrán llorar en una Ferrari*".[112] Es decir, no reivindicó su libertad personal sino la perspectiva de la dominante moral materialista.

Meses antes, a finales del año 2022 se viralizó una polémica en Twitter entre un ex *kickboxer* e *influencer* llamado Andrew Tate y la joven ecologista Greta Thunberg. Tate, un activista de la extrema derecha, conocido por sus declaraciones misóginas, millonario y anti-ecologista, le envió el siguiente mensaje a la joven sueca: "*Hola @gretathunberg. Tengo 33 autos. Mi Bugatti tiene un turbo w16 8.0L. Mis dos Ferrari 812 de competencia tienen 6.5L v12. Esto es solo el comienzo. Pásame tu dirección de correo para que pueda enviarte una lista completa de mi colección de automóviles y las enormes emisiones que producen cada uno*".[113] La ecologista le pasó una dirección de correo ficticia (smalldickenergy@getalife.com) haciendo referencia al tamaño del pene de Tate, probablemente aludiendo a un conocido complejo de hombres que presumen de cosas grandes. Los seguidores de Tate respondieron con argumentos como "*¿Y tú, Greta, qué tienes?*".

La polémica (que terminó en el arresto de Tate y acusación de tráfico humano y trata de blancas cuando se supo de su paradero en Rumania por un video que él mismo subió recibiendo una caja de *Jerry's Pizza*) es una síntesis de nuestro tiempo. Por un lado, la reacción machista y patriarcal a los logros de los movimientos civiles, como consecuencia de la frustración por la pérdida de privilegios que, a su vez, derivó en la nueva reacción conservadora y neofascista.[lvii] Por otro lado, la reacción negacionista de la catástrofe climática derivada del consumismo y su valorización de la existencia humana por el dinero y las posesiones materiales.

Esta cultura, enraizada en nuestro tiempo, es la culminación de la comercialización de la vida iniciada con el Capitalismo mismo (En capítulos posteriores, veremos este efecto y práctica en los medios de comunicación). La misma cultura que reduce todo sentido humano a la riqueza es una marca de fábrica de los nuevos artistas comerciales, por ejemplo los raperos, famosos no solo por llevar sus ideas tatuadas en la piel sino por presumir en sus canciones y en el resto de sus vidas de todo el dinero que poseen y de todas las mujeres que se les arrastran para quedarse con parte de ese dinero legítimamente ganado. Algo, además, que lleva también la marca de la CIA y de la NSA cuando invierten sus millones de dólares en cultura. ¿Qué mejor que anular el arte crítico, el arte problemático, el verdadero arte sustituyéndolo por el sometimiento al dios dinero y la obediencia a un sistema lógico para una micro minoría pero absurdo para el resto de la sociedad?

Ya bosquejamos el proceso de cómo llegamos a esta orgullosa vida de zombis. Una vez derribado el sistema feudal en Europa y cualquier otro sistema en sus colonias saqueadas y embrutecidas, *se identificó el mercado con el capitalismo*, a pesar de que uno existió por milenos y el otro por apenas unos siglos. El capitalismo no inventó ni el mercado ni sus reglas; sólo convirtió su natural tendencia a las ganancias económicas en el centro de la vida humana y la acumulación de riquezas, sea por el comercio o por el masivo saqueo imperialista, en el objetivo funcional e ideológico. Es más: convirtió a los individuos en productores y consumidores, y la existencia humana en un

---

[lvii] Aunque su padre fue un maestro de ajedrez afroamericano, Tate prefirió las piñas, las patadas en la cabeza y la amistad de líderes neonazis y supremacistas blancos.

producto. Cosificó a los habitantes de las colonias, primero como esclavos en base a la raza y luego como esclavos en base al salario y a su clase social.

Ahora, aunque sobrerrepresentados, los seres inferiores ya no son necesariamente negros o mulatos como Mr. Tate, sino pobres o idealistas sin propiedades y sin grandes capitales, como Mrs. Thunberg. Es decir, ricos vs. pobres, exitosos vs. fracasados, sacrificados vs. holgazanes. Una perfecta lucha de clases que no quiere ni escuchar hablar de lucha de clases. Como observó la historiadora Ellen Meiksins Wood, el mercado capitalista no es un mercado de oportunidades sino de imposición. La revolución capitalista no radica en el mercado sino en las instituciones (políticas, legales, culturales e ideológicas) que lo convirtieron en el centro de la existencia humana.[114]

El capitalismo nació en las nuevas formas de propiedad de la campiña inglesa. Para entonces, el milenario mercado ya había iniciado un proceso precapitalista con el crecimiento de las ciudades en Italia y en los Países Bajos, pero se convirtió en lo que los historiadores llaman "proceso fallido". Fue en la Inglaterra rural donde el mercado se liberó de otros límites sociales y se convirtió en una imposición y en un abierto despojo no sólo de la tierra sino de la estabilidad psicológica de los nuevos campesinos arrendatarios. Un veterinario belga había observado que *"los ingleses valoran su tierra solo para sacar provecho de ella"*.[115] El 26 de diciembre 1822, el embajador mexicano en Washington, José Manuel Bermúdez Zozaya, le informó al canciller José Manuel de Herrera: *"La soberbia de estos republicanos no les permite vernos como iguales sino como inferiores…; aman entrañablemente a nuestro dinero, no a nosotros, ni son capaces de entrar en convenio de alianza o comercio, sino por su propia conveniencia, desconociendo la recíproca…"*[116] Once años más tarde, el 10 de junio, un miembro del Parliament, Rigby Watson, había explicado la lógica de abolir la esclavitud y promover el consumismo en los negros: *"Para hacerlos trabajar y crearles el gusto por los lujos y las comodidades, primero se les debe enseñar, poco a poco, a desear aquellos objetos que pueden alcanzarse mediante el trabajo. Existe un progreso que va desde la posesión de lo necesario hasta el deseo de los lujos; una vez alcanzados estos lujos, se volverán necesidades en todas las clases sociales. Este es el tipo de progreso por el que deben pasar los negros, y este es el tipo de educación al que deben estar sujetos"*.[117] Por poner sólo unos pocos ejemplos.

Cuando la vida humana se comercializó. Luego de la gran excepción de la Edad Media europea, la que duró un milenio, hubo un momento en que la vida de las ciudades (burgos) se separó de la producción de alimentos. Luego, el mercado comenzó a imponer sus reglas al resto de la existencia humana (dejemos de lado el ecosistema y el resto de la vida en el planeta). Lo que Marx llamó el *"fetichismo de la mercancía"*. Luego, el trabajo del obrero se independizó (se "alienó", en términos del mismo Marx) del producto final de consumo. En el siglo XX, hubo otro momento en que los capitales comenzaron a independizarse de los bienes de producción y consumo. Es decir, fue un proceso progresivo y sostenido de *abstracción*, como lo anotó Ernesto Sábato hace setenta años, en *Hombres y engranajes* (1951) y recordando al penador ruso Nikolai Berdyaev: el Renacimiento "*fue un movimiento humanista que terminó en la deshumanización*".[118]

Narraturas

TODO ESTO DESDE UN PUNTO DE VISTA materialista, estructural y económico. Pero, como lo veremos en el capítulo sobre los Campos semánticos, y como lo veremos en más detalles en los capítulos siguientes, existe una dinámica semántico-psicológica que, si bien puede proceder de las necesidades materiales de partida, también condicionan o sostienen esta realidad aun cuando las formas de producción y consumo han cambiado. Las narrativas religiosas son un ejemplo claro. El protestantismo cambió la teología cristiana para adaptar e impulsar el naciente capitalismo. Pero, de la misma forma que el racismo y los diversos crímenes y masacres de inocentes mencionadas en la Biblia (como razones de Dios "que no podemos comprender") son aceptados miles de años después a pesar de los cambios materiales y éticos que vienen con la historia, así ocurre con las narraciones que persisten a pesar de las evoluciones sociales e ideológicas: las flagrantes contradicciones no destruyen las narrativas dominantes, ya que la propaganda (social, política, mediática) no necesita someterse al principio racional de no-contradicción sino al principio emocional de deseo.

Por ejemplo, una de las asociaciones arbitrarias de la ideología capitalista consiste en identificarla con la democracia, cuando en realidad su feudo es el liberalismo económico y la acumulación de poder en el ápice de la pirámide social. La historia está llena de dictaduras apoyadas y financiadas por los capitalistas liberales, desde las dictaduras de extrema derecha en América Latina hasta la dictadura comunista en China. Una de las tantas contradicciones fundadoras del cristianismo protestante consiste en identificar las enseñanzas de Jesús con la prédica de los capitalistas; el Jesús expulsando a los mercaderes del templo con los mercaderes del templo; o el Jesús advirtiendo de lo difícil que es para un rico entrar al paraíso con la alegoría del camello y la aguja, con la convicción de los pastores protestantes de que cuanto más ricos son más los ama Dios a ellos y odia (condena) a los pobres. O el milagro de Jesús cuando distribuyó alimento gratis a la población y sanó a los enfermos sin cobrarles. O su recomendación de no pensar nada para mañana porque Dios proveerá, ese mismo Dios que promete un paraíso donde todos sean iguales, donde no exista ni dinero ni clases sociales y todo esté gobernado por una autoridad máxima, utopía que más que capitalista se parece al paraíso de los comunistas.

El 7 de junio de 1944, el Congreso estadounidense desestima la anexión de Texas por 16 votos a favor y 36 en contra. Ha vencido la sensatez, se dice en los pasillos. La prensa asegura que el candidato del partido Whig, Henry Clay, más ambiguo con el tema de Texas y la esclavitud, sólo tiene que caminar hacia la Casa Blanca.

Pero James Polk huele una estrategia que dará vuelta todos los debates sobre Texas y la esclavitud que dominan la política ese año. En lugar de seguir discutiendo sobre la *anexión*, comienza a hablar de *re* anexión de Texas. Polk no es un hombre religioso, pero su esposa Sarah lo ha obligado a presentarse como devoto. Más importante que eso: Polk es parte de una cultura de la fe donde más importante que la evidencia es lo que uno cree, y si lo que uno cree contradice la evidencia más clara, más mérito tiene el que cree. ¿Un río no se puede parir en dos? Pues, solo se parte para quienes cierran los ojos y creen que se puede partir a fuerza de creer. La palabra religiosa no tiene ningún compromiso con los hechos observables y también en política valen más que los hechos, por lo cual la batalla más importante es la batalla dialéctica. Las palabras crean el pasado y fuerzan el futuro. Las palabras crean la realidad como Dios creó el mundo a partir del verbo. A pesar de su desinterés por Dios, aparte de sus propias ambiciones y su escasa preparación, estos son todos los instrumentos intelectuales desde los cuales el presidente Polk y sus gobernados ven la realidad.

La idea de comenzar a hablar de *re*-anexión de Texas, como siempre, no es suya, sino del senador de Mississippi Robert J. Walker. Según el senador, Texas ya estaba incluida en la compra de Luisiana. Luisiana había sido comprada al imperio francés porque el gigante territorio poblado de millones de indios no valía un cobre comparado con la pequeña colonia de Haití. Como siempre, las naciones indígenas no fueron invitadas a la negociación de Luisiana, pero tampoco el imperio español, por lo que difícilmente Texas hubiese estado incluido en el contrato de venta con los franceses. De hecho, luego de cerrado el negocio con Napoleón Bonaparte en 1804, los límites de estos territorios habían sido definidos y pactados con extrema claridad por el tratado Adams-Onís, firmado por el presidente John Quincy Adams y el representante del imperio español en 1819. Este tratado definía el río Sabine, futuro límite entre los estados de Luisiana y Texas, como el límite de los territorios adquiridos a Francia.

La estrategia lingüística de los racistas del sur para anexar Texas y sumar otro estado esclavista a la Unión, no falló. Polk fue elegido por un margen de casi el uno por ciento entre los ciudadanos con derecho a voto (como siempre, las elecciones importantes en una democracia liberal se define por una moneda). Suficiente para cambiar la historia de Estados Unidos y del mundo entero. Pese a la resistencia de algunos políticos y de los generales estadounidenses enviados a provocar a México en su propio territorio, Polk logrará lo que tanto ansiaban los poderosos y sobrerrepresentados políticos del Sur: una guerra con un México destruido por un terremoto y sin recursos militares para resistir el robo de la mitad de su territorio y la expansión de la esclavitud en nombre de la libertad y la democracia. La nueva rotativa y el nuevo periódico popular a un centavo desparramarán la idea y la causa de la esclavitud patriótica. Intelectuales complicados como David Thoreau, que se negaron a pagar impuestos en protesta contra esta guerra y contra la esclavitud, las cuales consideraban inmoral, no serán escuchados.

Un siglo después, ganada las Segunda Guerra y disuelta la alianza salvadora con Stalin, con los otros dos imperios, japón y Europa, reducidos a escombros, Estados Unidos estaba sentado en el trono absoluto de la mayor superpotencia. Como siempre, debía diseñar estrategias para mantenerse o incrementar ese poder basándose en nuevos mitos legitimadores. En el discurso de 1947 para la segunda presidencia de Truman, apareció un nuevo elemento lingüístico, el que acompañaría a su socio, la lucha contra el comunismo. Ante una audiencia de diez millones, Truman anuncia un plan de ayuda "para el *desarrollo*" de naciones menos favorecidas por la inteligencia y la rectitud moral del ganador. A partir de entonces, los imperios expoliados pasarán a referirse como "naciones desarrolladas", y las colonias, en colonias y repúblicas dependientes o acosadas se llamarán "países subdesarrollados", el tercer mundo holgazán que, como durante las invasiones de las Repúblicas bananeras a principios del siglo XX no podían desarrollarse, ya no tanto por pertenecer a razas inferiores sino porque poseían una cultura enferma. "La pesada carga del hombre blanco (*The White Man's Burden*)" resumido y popularizado por el británico Rudyard Kipling en 1899, se tradujo en "ayudaremos a las pobre y explotadas colonias a que logren algo de lo que nosotros hemos logrado para se mantengan tranquilas". Los explotados pasaron a ser los "holgazanes que recibían dinero de las potencias hechas en base a su propio trabajo".

Pero la propaganda existe no para informar sino para mentir, es decir, para convencer a alguien que haga algo que de otra forma no lo haría. Es una máscara, de la misma forma que las narrativas dominantes enmascaran la realidad dominante, como por ejemplo la bandera del "libre mercado" capitalista que nunca fue libre sino todo lo contrario. No solo porque los imperios industrializados nunca se destacaron por su libertad sino porque se desarrollaron en base a intervenciones de los Estados en su propio desarrollo comercial e industrial, con subsidios, tarifas y otros recursos proteccionistas que fueron condenados en las colonias y en los países capitalistas dependientes. Lo mismo ocurrió con el discurso de "la ayuda para el *desarrollo*" iniciado por Truman y vendida por los sucesivos gobiernos en Washington: cada vez que un país intentó desarrollarse, sus gobiernos democráticos e incipientemente independentistas sufrieron brutales golpes de Estado, casi todos organizados por la CIA (creada por el mismo Truman), desde Irán en 1953 y Guatemala en 1954, Indonesia en 1965, hasta Bolivia en 2019, pasando por Brasil en 1964, Ghana en 1966, Indonesia en 1967, Chile en 1973 y tantos otros.

Beneficios, acumulación y *propiedad privada* por un lado y *democracia* e *igual-libertad* por el otro son la principal contradicción del capitalismo que su narrativa ha logrado amalgamar con éxito al punto de que una mayoría suficiente identifica *capitalismo, democracia* y *cristianismo* casi como las Tres Marías.

Lo del comienzo: nada de esas contradicciones importan tanto como la fe del creyente y la insistencia de la propaganda fragmentada—si la propaganda no fuese fragmentada, no sólo sería difícil de consumir, sino que la mayoría no podría digerir un hilo lógico y continuo por más de sesenta segundos, un tweet o un meme.

En un sentido semántico y determinante del orden global en el último siglo, existe un poderoso paralelo entre (1) *el dólar* y (2) *la narrativa mediática* de la ideología dominante estadounidense. Cuando en 1971 Nixon decretó el fin de la convertibilidad del dólar a su respaldo en oro, el dólar se convirtió en una divisa fíat (por decreto), es decir, basada únicamente en la decisión del emisor y en la fe del receptor. Fe y temor, como exige el dios del Antiguo Testamento, como valores supremos. Para no perder sus propios ahorros y para continuar exportando, los países productivos, las excolonias y hasta los eximperios europeos, debieron confirmar y reforzar su fe y su miedo hacia el dólar para mantenerlo como divisa hegemónica. Así, Washington se dedicó a imprimir toneladas de papel moneda y a continuar acosando a otros países, desde entonces no por su superávit comercial sino por su déficit (explicaremos esto más adelante).

De la misma forma que Washington puede imprimir irresponsablemente dólares para inundar el planeta con un símbolo basado en la fe y el temblor, así también procede con una narrativa que probablemente procede de su raíz religiosa: *la oración*. La realidad no importa; la verdad de una afirmación no depende de ningún hecho material sino de su propio discurso. El arca de Noe no existió porque alguien pueda creer (mucho menos probar) que

Noe metió en unos meses millones de especies animales con sus respectivas parejas en un barco de madera y los alimentó por 150 días, sino porque así lo dicen los textos sagrados. Si alguien duda, lo que debe hacer es repetir muchas veces y visitar todos los domingos su iglesia para eliminar cualquier duda. Lo mismo las narrativas sobe la expansión de la democracia y la libertad, al tiempo que se expandía el sistema esclavista en el siglo XIX y las dictaduras militares más sangrientas en el siglo XX. Al fin y al cabo, el dólar es narrativa y a Washington le basta con imprimirlo. De la misma forma, las narrativas sobre la Democracia, la Libertad y los Derechos Humanos son dólares, y tanto políticos como medios dominantes pueden repetirlo (imprimirlo) cuantas veces quieran, no importa si lo hacen para justificar una guerra como la de Vietnam, la de Irak o la tortura sistemática en Guantánamo.

Aunque la dinámica de la cultura de resistencia y la propaganda del poder es fundamental en la definición de políticas que deciden entre un capitalismo moderado o un capitalismo radical, los *superciclos* están definidos por imparables cambios materiales en las formas de producción y consumo, es decir de supervivencia. Un super ciclo determinó el reemplazo del sistema feudal y de la Edad Media por una economía y una sociedad de mercado, el capitalismo. Es muy probable que las tecnologías radicales en desarrollo durante este siglo XXI, como la robótica y la Inteligencia Artificial produzcan un nuevo super ciclo que reemplace el capitalismo por una nueva Era, donde, por ejemplo, los individuos ya no estén atados ni al trabajo ni a las leyes del mercado debido a recursos como el Salario Universal y una nueva forma de anarquía organizada contra un sistema absolutista de capitales financieros y gobiernos que los sirven.

Las mismas ideas, los mismos resultados opuestos

EL MISMO PROCESO DE PRIVATIZACIÓN de las tierras comunales en la Inglaterra de los siglos XVI y XVII a través del cercamiento, primero ilegal y luego legal de tierras comunales, ocurrió en las Américas inmediatamente después con las tierras de los pueblos originarios. La gran diferencia fue que, hasta entrado el siglo XX, los campesinos despojados y viviendo en tierras ajenas (gauchos en el Cono Sur, indios pongo en los países andinos, negros quilomberos e indios *patarrajadas* en México, en América Central y en el Caribe) no se convirtieron en arrendatarios ni provocaron ninguna revolución industrial ni post industrial. Como los campesinos ingleses, emigraron a las ciudades en el siglo XX cuando hubo planes de desarrollo industrial, como en el Brasil de Getulio Vargas y en la Argentina de Juan Perón.

Este proceso de industrialización tardía (conocida como ISI o "Industrialización por sustitución de importaciones") tuvo un éxito muy limitado. El economista argentino Raúl Prebisch fue quien articuló la comprensión de este momento histórico, observando una progresiva disminución del precio de las materias primas exportadas por los países pobres y un aumento del precio de los productos industrializados en los países ricos. Para responder a esta sostenida tendencia de la historia reciente, propuso la industrialización de las sociedades pobres o independientes para sustituir su dependencia de importaciones de los países ricos. El problema, además del *timing* histórico, fue que los países latinoamericanos no tenían colonias ni en África ni en Asia ni en Europa. Por lo cual eso de "sustitución de importaciones" nacionales no se pudo sustituir por "imposición de importaciones" en alguna otra parte del mundo.

En los 60s, algunos teóricos como Andre Gunder Frank articularon sus observaciones en la "Teoría de la dependencia" de los países capitalistas satélites, lo que fue retomado por Eduardo Galeano en *Las venas abiertas de América Latina* (1971) y largamente desacreditada por la propaganda central, pero que se mantiene más que viva en la academia, desde las universidades estadounidenses hasta las europeas y latinoamericanos. En los gobiernos reaccionarios de Argentina y Brasil en los 50s y 60s, la idea y el proceso derivó en el fenómeno de las favelas, los rancheríos suburbanos y las villas miserias.

El poder político y mediático se encargó de dejar pasar una parte importante de la lógica de este momento: el Norte industrializado abortó este plan de desarrollo en nombre de sus "ayudas para el *desarrollo*", promoviendo golpes y dictaduras militares en cada país independentista de África, Asia y América Latina. La industrialización de las excolonias no sólo podía resultar en alguna competencia, por débil que fuese, sino, sobre todo, significaba un encarecimiento de las materias primas debido a la mayor demanda y al encarecimiento de la mano de obra, tradicionalmente barata en sistemas de semi esclavitud o de esclavitud asalariada. En la segunda mitad de la Guerra Fría, se comenzará a sustituir las tradicionales dictaduras amigas por democracias estratégicamente endeudadas y atrapadas en la inflación. En cualquier caso, los golpes, dictaduras y deudas externas del Sur fueron planificadas en el Norte.

En resumen, la idea de desarrollo industrial, con diferentes resultados desde Argentina hasta China, no fue una mala idea, pero, en términos históricos, se aplicó demasiado tarde. Para peor, se aplicó en países con un sistema de "capitalismo dependiente" (es decir, el modelo del capitalismo del Primer mundo pero sin el poder de coacción del Primer mundo) y contra una brutal resistencia de la tradicional oligarquía ruralista y minera, apoyada por los ejércitos entreguistas, ambos al servicio de las corporaciones extranjeras. Claro, siempre en nombre del patriotismo y contra la intervención extranjera. En América Latina, esta industrialización tardía se produjo a pocas décadas de la Era post industrial en Europa y Estados Unidos, la que se inició en los 70s. Por si no fuese suficiente, las sucesivas dictaduras en África y América Latina durante los 60s y 70s, organizadas y apoyadas por Londres, Washington y la CIA, devolvieron esas sociedades al feudalismo más funcional para los capitales del norte.

¿Por qué la diferencia entre un proceso y el otro? Por la misma lógica CAN (coacción-acumulación-narración). Una vez desarrollada la industria en Inglaterra primero y en Estados Unidos después, el neo feudalismo latinoamericano no sirvió al desarrollo de la industrialización propia sino de la expansión de la industrialización ajena, la de los imperios noroccidentales. Esto, que fue un proceso económico fue controlado y administrado por las fuerzas de coacción física de los imperios establecidos. Las "leyes del mercado" fueron liberadas a conveniencia del poder concentrado del norte (primero proteccionista y luego campeón de la ideología del "libre mercado") al resto del mundo no industrializado. Lo que en un momento histórico es medicina, en otro es veneno. Lo que sirvió para desarrollar el norte anglosajón, sirvió para mantener al resto del mundo en estado de servidumbre. Servidumbre económica, legal, geopolítica, ideológica, mediática, ética y estética.

En 1885, el senador Henry Dawes de Massachusetts, reconocido como un experto en cuestiones indígenas, informó al Congreso que entre los cheroquis *"no había una familia en toda esa nación que no tuviera un hogar propio. No había pobres ni la nación debía un dólar a nadie. Los cheroquis construyeron su propia capital y sus escuelas y sus hospitales. Sin embargo, el defecto del sistema es evidente. Han llegado tan lejos como pueden, porque son dueños de sus tierras comunales... Entre ellos no hay egoísmo, algo que está en la base de la civilización. Hasta que este pueblo no decida aceptar que sus tierras deben ser divididas entre sus ciudadanos para que cada uno pueda poseer la tierra que cultiva, no harán muchos progresos..."* Naturalmente, la opinión de los administradores del éxito ajeno prevalecerá y las tierras cheroquis serán divididas y generosamente ofrecidas a sus habitantes en forma de propiedad privada con resultados catastróficos. En 1877 el Congreso aprobó la ley del "Desert Land Act" para desarrollar la zona, radicalizando el despojo y las diferencias sociales a través de la privatización de la tierra y del agua.

Lo mismo ocurrió más al norte y más al sur. En el derrotado y despojado México de los años 1850s, Miguel Lerdo de Tejada logra aprobar una ley de privatización de tierras, en principio razonable, considerando la acumulación de tierras improductivas en manos de la iglesia católica. Esta ley y esta política fue continuada y radicalizada por el dictador liberal Porfirio Díaz desde los años 70s. Como fue una tradición latinoamericana hasta finales del siglo siguiente, a medida que crecía la economía crecía también la pobreza. Díaz era otro de los dictadores preferidos de las megacorporaciones norteamericanos y de la "invasión pacífica", por razones obvias. Por eso de "la libertad". Los campesinos mexicanos (como en otras partes del continente), por siglos adaptados a su propio *way of life* que no le impusieron a Occidente, basado en la producción y consumo comunitario, pronto comenzó a empobrecerse y a vender sus tierras. Para cuando estalló la Revolución mexicana en 1910, ocho de cada diez campesinos era un sintierra.

¿Qué hay de nuevo? El sistema dominante ya no está en su infancia de las granjas de Inglaterra del siglo XVI y de sus industrias después. Por entonces, la futura isla imperial era un campo abierto en expansión y, cuando se cerró, quedaba todo el planeta para expandir el modelo. Pues, lo nuevo es eso. Ahora nos encontramos ante un mundo cerrado, sin espacio para la expansión del nuevo sistema, el sistema capitalista. Peor que eso, nos encontramos frente a sus peores y más peligrosas consecuencias, como lo son la catástrofe climática y las diferencias sociales extremas.

Libertad, democracia y propiedad

EL CAPITALISMO NO SURGIÓ en la América anglosajona, pero sus formas, concepciones y paradigmas contemporáneos hunden sus raíces en un sistema que, a priori, se podría considerar como algo distinto y hasta opuesto: el sistema esclavista. Sobre todo aquel sistema madurado en los estados del Sur de la Unión. A su vez, el nuevo esclavismo anglosajón se construyó en base no sólo de la paranoia racial, sino también de su concepción fanática de la propiedad privada y de la desacralización del mundo material (como la naturaleza y otros pueblos), fuente de beneficios económicos del individuo, del ego que participa de una empresa colectiva sólo como accionista y tiene al egoísmo como dogma matriz de progreso, prosperidad y felicidad.

Cada sistema histórico necesita de herramientas ideológicas que lo sostenga más allá de sus fuerzas materiales. Éstas suelen ser aportadas en un momento determinado de la historia. Así como el feudalismo contra las monarquías absolutas se continuó en el liberalismo, el esclavismo estadounidense se continuó en las corporaciones y en la tradición antigubernamental de los sureños confederados, en la demonización de los trabajadores asalariados, sustitutos de los negros esclavos—y asalariados defensores de del capitalismo continuaron la tradición de los negros esclavos defensores de la esclavitud, bajo los mismo instrumentos de la narración ideológica de los medios dominantes del momento, sea la iglesia o cadena de medios de prensa y audiovisuales más modernos.

En otros momentos, nos hemos detenido sobre las múltiples continuidades del sistema esclavista estadounidense con el sistema de capitalismo corporativo que siguió, no por casualidad, a la Guerra civil finalizada (como acción armada) en 1865. Los grandes empresarios, los lobbies de hoy, son los esclavistas de ayer. Los trabajadores asalariados de hoy son los peligrosos esclavos de ayer. Ideas como la Teoría del derrame ya existían durante el esclavismo. De hecho, aunque nunca nombrada como tal, es la única teoría económica del sistema esclavista: cuanto más ricos los amos, mejor ración recibían sus esclavos. Por lo general y con excepciones, no era lo mismo ser el esclavo de un pobre blanco que de un próspero negro. El derrotado Sur de Estados Unidos triunfó sobre los supuestos ideales del Norte liberal al punto que un antagonista de las monarquías y de la esclavitud, el liberalismo, fue colonizado por esta mentalidad hasta madurar en el neoliberalismo y sumar fuerzas con todos las ideologías fascistas, nazis y de extrema derecha en el siglo XX y XXI. Sólo las dictaduras latinoamericanas son un ejemplo de ese experimento extremo articulado por economistas como Milton Friedman y Friedrich Hayek: *"Prefiero una dictadura liberal a una democracia que no respete el liberalismo"*.[119] Cuando las recetas neoliberales (resumidas en el conceso de Washington) fueron impuestas sobre países acosados por sus deudas contras por la "dictaduras amigas" de las corporaciones privadas, en todos y cada uno de los casos terminaron en el desmantelamiento de la trama social y en históricas crisis económicas. Por poner un solo ejemplo, recordemos el caso de la privatización del agua en Bolivia. La promesa de que "los privados lo hacen mejor" ya que están motivados por la ambición del éxito de los beneficios olvida lo más obvio: están motivados por el éxito de sus beneficios. Es decir, a la reducción del costo operativo (salarios, beneficios sociales) se debe sumar los beneficios de la compañía, los cuales, para ser exitosos, deben ser los más altos posibles. De lo contrario proceden con extorciones. En los años 90s, el Banco Mundial presionó al gobierno de Bolivia para privatizar el agua en Cochabamba. El gobierno accedió y otorgó el agua a Bechtel, una corporación estadounidense. Como es sabido, la historia no terminó con una baja de los precios y una mejora del servicio sino precisamente lo contrario, lo que derivó en protestas e inestabilidad social en el año 2000. La misma historia de la privatización del agua se repitió desde África hasta India. Por supuesto, el Banco Mundial no reconoció ningún error. Años más tarde, el mismo banco insistió en negar la catástrofe privatizadora. Lars Thunell, vicepresidente y CEO de International Finance Corporation, (miembro del Grupo del Banco Mundial), en 2008 explicó la verdadera razón: *"Creemos que brindar servicios de agua potable y saneamiento es una verdadera oportunidad de hacer buenos negocios"*.[120]

Lo dicho antes: *Beneficios*, *acumulación* y *propiedad privada* por un lado y *democracia* e *igual-libertad* por el otro son la contradicción fundadora del capitalismo que su narrativa ha logrado enmascarar con su opuesto, por lo cual, por generaciones, *capitalismo*, *democracia* y *cristianismo* casi como las Tres Marías. Esta contradicción de principio posee una rígida consistencia histórica: la Grecia inventora de la democracia no sólo tenía esclavos, sino que, en base a su poderío económico y a pesar de su tolerancia y diversidad interna, era un imperio arbitrario como cualquier otro. El origen de Estados Unidos reclama en la narrativa popular, mediática e, incluso, libresca, el título de primera democracia de las Américas y del mundo moderno. Más allá de los discursos, de una prolija Declaración de Independencia y de una razonable constitución, en los hecho era un sistema esclavista y, desde el inicio, con un fanatismo imperialista que arrasó territorios indígenas, mexicanos y más allá de los trópicos, todo en base a su concepción mesiánica de ser un pueblo elegido y de estar constituido por una raza superior que no debía mezclarse con el resto de negros y de híbridos indeseables a los que sólo se podía invadir para extraer sus recursos en nombre de la civilización.

Los piratas ingleses no fueron muy diferentes. De hecho, *los piratas eran muy democráticos*. Sus Capitanes y su organización interna dependía de la votación del resto de la tripulación, y podían ser elegidos o removidos dependiendo de su efectividad en robar a otros barcos. En los siglos XX y XXI la excusa de "la democracia" por parte de los imperios anglosajones será usada múltiples veces para piratear los recursos de otros pueblos, sean gobernados por "dictadores enemigos" o por "democracias" que no entendieron completamente qué significa eso.

La comercialización de la existencia (todo se compra y se vende, incluso la vida humana de los de abajo), la privatización de la economía (los amos tienen derechos feudales), la política federalista en favor de la independencia de los estados y el odio a los gobiernos federales (los feudos y sus señores no aceptan órdenes, excepto de Dios), el amor a las armas y a las milicias privadas (las milicias mencionadas en la Segunda enmienda era la policía esclavista y necesitaba portar armas para mantener a la mayoría de abajo bajo control y en nombre de la libertad), todas maduraron en el sistema esclavista y se impusieron sobre sus enemigos del norte industrial, hasta convertirse en la cultura nacional y en la política imperial del nuevo imperio.

No es un detalle y no se debe olvidar que, después de todo, la Primera enmienda que garantiza la "libertad de expresión", así como el resto de la constitución estadounidense, fue pensada y escrita por ricos esclavistas. Los derechos fundamentales fueron establecidos para confirmar su independencia del imperio de la época y, a la vez, proteger los derechos de su clase social, rica, blanca, patriarcal y profundamente racista, por lo cual las discusiones presentes sobre "el verdadero espíritu" de los Padres fundadores en esta o aquella ley o enmienda resulta por lo menos paradójica como criterio dogmático de interpretación judicial. ¿Por qué todas las energías teóricas se invierten en interpretar algo que escribieron esos señores esclavistas hace más de dos siglos y casi nada sobre la posibilidad de abolir o enmendar esas famosas enmiendas? ¿Por qué cientos de millones de personas hoy deben estar atadas a los criterios de un puñado de hombres que ni siquiera imaginaban un automóvil o un cohete a propulsión? La respuesta radica en el fanatismo anglosajón de considerar que, como el vino, la verdad moral es más verdad y más moral cuanto más vieja. Prejuicio que proviene del entrenamiento eclesiástico de buscar la verdad del texto en las intenciones originales de Dios, lo cual es absolutamente imposible. Aparte de que Jefferson no era Jesús e, incluso, reconoció que las nuevas generaciones debían escribir sus propias leyes.

Este origen fundacional, impronta de casi todo pre-pensamiento nacional, explica expresiones como la que lanzara en agosto de 2011 el candidato republicano a la presidencia, el empresario Mitt Romney: "*Corporations are people, my friend*" (Las corporaciones son personas también"). Desde los años 70s, como una reacción a los cuestionamientos nacionales e internacionales de los años 60s, la reacción neoconservadora había logrado instalar la idea de que la Primera enmienda, la libertad de expresión, debía ampliarse a los negocios también. Algo así como, "el dinero tiene derecho a expresarse". Al fin y al cabo, el sistema electoral todavía vigente, es una herencia del sistema esclavista que no acepta el principio democrático de "una persona, un voto". En 2010 (y con el antecedente del fallo Buckley vs. Valeo de 1976) la Suprema Corte de Justicia, compuesta en su mayoría por jueces nominados por presidentes republicanos, falló que se debía levantar todo límite de donaciones de las grandes corporaciones a los partidos políticos, porque éstas estaban contempladas en la "libertad de expresión". Otra vez, el espíritu mercantilista, utilitario de la esclavitud por la cual la propiedad, incluida la propiedad de otros seres humanos, está en el corazón de las leyes que decían proteger la libertad y la democracia.

No por casualidad, estos mismos ideólogos de la "libertad de empresa" y "libertad de expresión" son los primeros en restringir la libertad de expresión ajena apenas llegan al poder político. En 2021 y 2022, el gobernador de Florida Ron DeSantis aprobó varias leyes prohibiendo la revisión de la historia racista y esclavista de este país en las escuelas secundarias y la sola mención de la existencia de gays y lesbianas. Lo mismo intentó hacer con las universidades, permitiendo que los estudiantes lleven a juicio a los profesores que, ejerciendo la libertad de cátedra, expresen teorías críticas sobre el racismo constitucional estadounidense. *"No permitiremos que los dólares de los impuestos de Florida se gasten en enseñar a los niños a odiar a nuestro país"*, declaró el gobernador, dejando en claro el valor del dinero por sobre cualquier verdad incómoda.[121] Buscar y decir la verdad de frente no es un acto de amor sino de odio. Sólo se permite la adulación patriótica. En agosto de 2022, el juez Mark Walker bloqueó temporalmente esta ley, argumentando que *"prohíbe oficialmente que los profesores expresen puntos de vista desfavorables en las aulas universitarias y permite la expresión sin restricciones de los puntos de vista opuestos. Los demandados argumentan que, según esta ley, los profesores disfrutan de 'libertad académica' siempre que expresen solo aquellos puntos de vista que el Estado aprueba. Esto es positivamente distópico"*. Un mes después, el gobernador De Santis arrasó en las elecciones. Fue reelecto gobernador y se posicionó como uno de los candidatos más fuertes del Partido republicano para las presidenciales de 2024.

Debido a tres factores fundamentales (la *propaganda privada*, presente en los medios y en la cultura popular; las poderosas *instituciones secretas* con el poder de decidir quién vive y quién no; y el poder ilimitado de las *corporaciones*) es imposible equiparar este tipo de *democracia liberal* con una *democracia*, a secas. Las democracias liberales, secuestradas por la ideología de los capitales, el dictado de las corporaciones y las decisiones secretas de las poderosas agencias secretas, han reducido el derecho del pueblo a gobernarse según sus propios intereses al derecho a votar. Una cosa es que un pueblo haya logrado el derecho al voto universal y otra es que tenga el control de la economía.

Según la historiadora Ellen Meiksins Wood, Estados Unidos no es una democracia sino un sistema liberal. Paradójicamente, el liberalismo fue desarrollado en Europa por los señores feudales en la Edad Media para proteger sus derechos contra la injerencia de los monarcas y más tarde se transformó en la narrativa, en la ideología y en un sistema de leyes a favor de la propiedad privada como derecho supremo separado del poder del Estado.[122] Una forma de democracia liberal puede incluir al liberalismo como ideología, pero, como hemos insistido antes con respecto al capitalismo, fácilmente se casa con cualquier tipo de dictadura. Una larga lista de pruebas históricas la aportaron las dictaduras militares en América Latina. Como lo resumió en 1981 el economista británico Friedrich Hayek, amigo de Milton Friedman y cómplice en el sermón que bendijo la dictadura de Augusto Pinochet en Chile, *"Prefiero una dictadura liberal a una democracia que no respete el liberalismo"*.[123]

Algo similar ocurriría en Estados Unidos con el dogma de la independencia de los estados del gobierno federal. De 1825 a 1836 los inmigrantes anglos le solicitaron al gobierno de México hacer una excepción legal con Texas, para que ellos pudiesen mantener su derecho a poseer esclavos como ganado. Cuando finalmente en la capital mexicana los unitarios (meses después La República Centralista) reemplazaron a los federalistas, murieron todas sus esperanzas y lo resolvieron con una rebelión de los de arriba: la independencia de Texas en 1836. Lo mismo ocurrió cuando Texas y otros estados sureños, bajo la bandera de la Confederación, fueron a la Guerra Civil en 1860 contra Estados Unidos para mantener su derecho a la esclavitud y perdieron cinco años después, se convirtieron en los campeones de la libertad de los estados para dictar sus propias leyes, entre las cuales estuvieron las leyes Jim Crow que establecieron la discriminación contra los nuevos ciudadanos negros.

Como hemos insistido antes, la idea de que Estados Unidos nunca tuvo una dictadura sólo se sostiene a fuerza de mitos nacionales, de la misma forma que la esclavitud se expandió hacia el Oeste salvaje en nombre de Dios, la civilización, el humanismo y la libertad. De hecho, fue una perfecta dictadura étnica, compuesta de millonarios y esclavistas. Luego de la refundación del país a partir de la Guerra civil finalizada en 1865, al menos en la constitución y en la ley, se reconoció la existencia de los negros como seres humanos y como ciudadanos. La Era de la Reconstrucción fue más bien una reconstrucción de la ideología de la derrotada Confederación esclavista. Algunas elecciones locales ganadas por los negros fueron revertidas a fuerza de golpes de estado, de indignadas y violentas turbas blancas, y por las nuevas leyes Jim Crow que impusieron la discriminación racial y obstáculos para el ejercicio del voto de los negros, con el cobro de una tarifa individual por cada participación en las elecciones. La participación fue tradicionalmente baja. Incluso, para las elecciones de 1912, votó el 59 por ciento de los habilitados, pero la cifra representó menos del 20 por ciento de la población, en gran parte debido a la mayor ola de inmigrantes de la historia de este país, a la desmovilización de los negros y a la apatía del resto de la sociedad. Lo mismo continuaría ocurriendo, aunque no de forma tan radical, hasta entrado el siglo XXI. Ya en 1989 Robert Entman había titulado este fenómeno en su libro *"Democracy without citizens"*.

Para 1998, apenas un tercio de los electores habilitados participaron en la elección presidencial. En los últimos años, la participación ha aumentado debido a la fuerte militancia de los grupos de la extrema derecha, surgido, al igual que en Europa, de un fuerte sentimiento (aunque no conciencia) de una progresiva pérdida de poder en la decisión de los "cambios de regímenes" y de las políticas en los países ajenos. Todo lo cual coincide con una reducción del poder de compra y del estándar de vida (*"our way of life"*) de la clase media. Del obsceno incremento de la brecha entre el uno por ciento de la población y el resto, prácticamente no hay debate. Según la publicación estrella de los negocios y del mundo capitalista, *Forbes*, en 2020 el uno por ciento más rico de los hogares estadounidenses ya poseía quince veces más riqueza que la suma de la riqueza de la mitad inferior.[124] Nada de qué sorprenderse. En los años 70, las nuevas políticas neoliberales del Norte habían comenzado a imponerse en países del Sur Global por la fuerza de las armas y la represión. Uno de los principales laboratorios (más ideológico que económico) fue el Chile de Augusto Pinochet. El Chile de Pinochet no fue bloqueado hasta "hacer que su economía grite de dolor", como dijo e hizo Nixon con el Chile de Allende, sino todo lo contrario: como otras dictaduras amigas, este Chile recibió tsunamis de dólares. De la misma forma, el Norte podía proveerse de casi ilimitada liquidez imprimiendo papel moneda. Hoy, agregar ceros a la economía ni siquiera requiere de ese esfuerzo de impresión. Cuando esta ideología se importó a Estados Unidos a partir de los años 80 (la Doctrina del Chorreo del neoliberalismo no es otra cosa que el viejo capitalismo llevado al extremo), las gráficas de aumento de productividad y aumento salarial de los trabajadores comenzó a separarse. La brecha no dejó de crecer hasta hoy.[125] De hecho, el aumento de salarios se mantuvo estancado. La diferencia entre mayor producción y devolución de ganancias a los salarios fue, obviamente, acaparada por los Administradores de los negocios y la economía. No se llama asalto sistemático porque ofende algunas sensibilidades. Quienes se atreven a mencionarlo son etiquetados de socialistas, lo que en Estados Unidos equivale a comunista o estalinista, una fosilización intelectual que impide cualquier cuestionamiento serio a una realidad decadente que no ha parado de agravarse desde los reaganianos años 80.

Las opciones electorales se han reducido aún más. Sin temor a exagerar, podemos decir que en la elección de 1896 o la de 1900, en las cuales se enfrentaron el presidente republicano McKinley y el antiimperialista demócrata William Bryan, ofrecía una mayor diversidad ideológica y diferentes propuestas concretas que cualquiera otra elección de las últimas generaciones.

Cada vez que se aproxima una elección en Estados Unidos, sea elecciones presidenciales o de "medio término", los votantes recibimos en el correo una larga lista de candidatos: par presidentes, para senadores, para representantes, para jueces de Estado o comisario de distrito. La abrumadora mayoría de los votantes sólo conoce los dos o tres primeros (presidentes o senadores) por el bombardeo de los medios tradicionales, casi siempre acusando al adversario de ser flojo o amigo de comunistas, musulmanes o inmigrantes ilegales (no por casualidad, minorías o grandes grupos que no pueden votar). Por lo general marcan el ovalito al lado del nombre que pertenece a su partido favorito, Demócrata o Republicano, que son los dos únicos partidos con chances de alternar en el poder político. Con frecuencia aparecen algunos nombre de candidatos independientes (del partido de las abejas o en favor de maños mixtos). Casi nadie logra identificar la decena de nombres que siguen más abajo. Por un lado, el sistema da la fuerte impresión de una democracia que funciona. Desde el cómodo sofá de su casa el votante siente que tiene el poder de elegir y de cambiar algo. Una vez terminada la selección de candidatos, se levanta y mete su voto en el correo y vuelve a su sofá para (si no hay alguna tragedia de último momento con la cual indignarse) continuar mirando *pranks* y programas de entretenimiento. Según lo que he podido averiguar a lo largo de muchos años, muy pocos (probablemente nadie) conoce todos esos nombres debajo de los senadores. En mi caso, siempre me tomo un tiempo para buscar cada uno de esos nombres en Internet. Cuando termino de leer una decena de biografías y "contribuciones a la sociedad", terminó dejando la mayoría de las observaciones en blanco. Los candidatos independientes suelen ser aún peores que los conocidos senadores y candidatos a la presidencia. Lo cual se contradice con la larga lista de individuos y grupos que cada día plantean una real opción diferente al status quo.

Alguna vez en una clase los estudiantes me preguntaron si ya había votado y qué me había parecido el sistema electoral. Recordando las experiencias resumidas más arriba, contesté: *"El sistema funciona perfectamente. Como votante, siento lo mismo cuando entro a un McDonald's. En la cola de espera, uno debe mirar un largo menú de imaginativas variaciones sobre lo mismo y elegir una. Claro que, como consumidor, uno puede irse del McDonald's y probar otro restaurante. Pero como ciudadano, no como consumidor, uno no puede irse de un país a votar en otro. En mi caso, podría ir a votar en Uruguay, pero como no soy un capitalista sino un asalariado, dependo de mi trabajo y mi trabajo, la sobrevivencia de mi familia, depende de la oferta y de la oportunidad de un momento dado".*

La idea de libertad es tan antigua como la humanidad misma, pero la idea de democracia es más reciente. Aún más reciente, con apenas unos pocos siglos, es la idea de igualdad. Diferente a las democracia ateniense de hace más de dos mil años y la democracia estadounidense del siglo XIX, que en realidad eran aristocracias no hereditarias, la idea contemporánea de democracia combina los otros dos valores: ya no se trata de la *libertad* de unos pocos sobre unos muchos sino la progresión hacia una *igual-libertad*. Cuando esto no se día, podemos decir que no hay *justicia* social. La historia y la realidad presente son el resultado de la lucha dialéctica entre poder y justicia. Uno, el poder, intenta perpetuarse en la oscuridad y el otro, la justicia, apela a la exponer la realidad a la luz del día. Es en este sentido histórico y social que podemos hablar de *verdad* o de *mentira*. La verdad social y política es la revelación de aquello que el poder oculta para manipular el paradigma en curso, es decir, en nuestro tiempo el paradigma de la *igual-libertad*.

La historia es hecha y desecha por el par dialéctico poder-justicia. Quien no tiene uno se especializa en la búsqueda o en el ejercicio del otro. La política es la encargada de administrar, a través del conflicto, el poder socioeconómico de un grupo, un país o una región. La política puede ser partidaria o no, pero en cada grupo las proporciones del par son diferentes. Unos grupos poseen un gran poder social a través de organizaciones populares y de la cultura. Los otros sustentan su poder político en un gran poder económico, que se expresa en otras áreas como la industria de la cultura y la propiedad de los medios de comunicación. De ahí que las elecciones de las democracias liberales casi siempre se resuelvan con una diferencia de unos pocos puntos de diferencia, aunque un grupo pertenezca al poder económico concentrado de un uno por ciento de la sociedad y el otro se sustente en el poder social del resto.

Si vamos al caso concreto y específico de los actuales medios de comunicación y de las plataformas de las redes sociales, una solución hacia esa verdad radica en una potenciación de la democracia, es decir, de la igual-libertad, precisamente lo que el poder intenta limitar usando la fuerza de su poder económico y financiero para incrementar su poder económico y financiero.

Desde un punto de vista institucional, la solución no radica ni en la censura ni en los trabas legales al ejercicio de la expresión, sea de los periodistas, de los intelectuales o de los usuarios de redes. Los países gobernados por regímenes no democráticos como China o Arabia Saudí pueden ejercer la censura sin mayores problemas, ni técnicos ni culturales. Los países con democracias liberales no, pero, como hemos visto, la manipulación de los medios y de la prensa tradicional a través de la propaganda son las soluciones que el poder ha encontrado desde siempre cuando debió moverse dentro de estos sistemas.

Aunque la regulación de las redes sociales a través de nuevas leyes pueda poner algunos límites a los abusos de la propaganda y la manipulación de la opinión pública, siempre será muy tímida. La historia demuestra que el poder acumulado, sea político o financiero, siempre encuentra una forma de sacar ventaja. La solución para sociedades más democráticas y menos manipuladas por la prensa tradicional, por las plataformas de Internet y más adelante por la inteligencia artificial es, simplemente, erosionar o acabar por la acumulación desproporcionada de poder.

En nuestro mundo, eso significa limitar o acabar con la acumulación desproporcionada de la riqueza. Una democracia saludable debería sabotear por todos los medios posibles la acción de los lobbies y los caprichos de los grandes inversores, los grandes donantes de las campañas políticas y los grandes clientes y benefactores de los medios tradicionales. En cuanto al poder de plataformas como Facebook o Twitter, se debería anular los derechos de las empresas privadas que, en caso de pequeños y medianos negocios se reservan derechos de admisión. Una mega plataforma que tiene en su bolsillo a mil millones de usuarios debería de ser considerada de interés social, es decir, las sociedades deberían tener derecho a voto como si fuesen accionistas (de hecho, ¿no lo son?), si es que creemos que aún creemos que la democracia no debe ser reemplazada por una plutocracia, la igual-libertad por la libertad de los capitales.

Una democracia se mide por dos condiciones fundamentales: primero, por el nivel de participación popular en la gestión y control del poder; segundo, porque el pueblo suele equivocarse como cualquier individuo, pero a mayor escala, por la aceptación de sus críticos más radicales. Así de simple y así de difícil de instrumentar.

Pero para entender nuestro futuro es imperioso entender no solo nuestra historia sino, también, nuestra prehistoria. Consideraremos esta condición humana, esa oscura y lejana realidad que aún vive dentro de todos nosotros, como las patas reptilianas persisten en las aves que ahora dominan nuestros cielos.

A su vez, veremos, también, las consecuencias ideológicas y financieras de la explotación de esas debilidades ancestrales, sobre todo a través de la hiper comercialización de la cultura (el consumo del placer inmediato y la violencia) en la etapa más reciente del capitalismo. Como ejércitos serviles, veremos el rol de los medios como creadores de opinión o como distractores. El cliché de la prensa como "El cuarto poder" no se ha desprestigiado, pero su significado se ha desplazado de "el poder del pueblo" a "el poder de las corporaciones". Al mismo tiempo, como veremos, el otro principio democrático y republicano de la "Separación de los poderes" se ha revelado como otra idea idealista o utópica. Si en las democracias liberales los tres poderes principales (Ejecutivo, Legislativo y Judicial) todavía mantienen cierta independencia legal entre ellos, no la tienen con respecto a las poderosas Corporaciones y los grandes negocios, que son los principales donantes a las campañas presidenciales (ejecutivo), quienes escriben las leyes (legislativo) y quienes presionan permanentemente las cortes (judicial) para que aprueben o bloqueen leyes aprobadas en el Congreso. Para la derecha, la política siempre fue la continuación de los negocios por otros medios.

Por no continuar con la independencia y la acción secreta e impune del Gobierno Paralelo (Agencias secretas y corporaciones), el cual no tiene ni un gramo de republicanismo y mucho menos de democracia. De esto también nos ocuparemos más adelante en este libro.

El Derecho a la verdad y el derecho al exterminio

A PRINCIPIOS DE LA DÉCADA DE 1980, la poderosa cadena de restaurantes A&W lanzó una nueva hamburguesa para competir con la Quarter Pounder de McDonald's. Con 1/3 libras, la hamburguesa A&W tenía más carne que la 1/4 Pounder, era más barata y, en las pruebas de sabor, los clientes la puntearon más alto. Una campaña de marketing de radio y televisión de A&W resaltó estas ventajas. Sin embargo, la hamburguesa 1/3 fracasó porque los consumidores entendían que era más pequeña que la 1/4 de libra. ¿Por qué, preguntaban, deberían pagar lo mismo por un tercio de libra de carne que pagaban por un cuarto de libra en McDonald's? ¿No es el 4 más grande que el 3?

Esto es lo que podríamos llamar "ignorancia irracional", patológica o inducida de las sociedades de consumo, parafraseando un término en uso en la academia. En economía existe el concepto de "ignorancia racional", es decir, cuando un individuo o un grupo toma una decisión sabiendo que no está debidamente informado porque el costo de informarse excede los beneficios de una decisión correcta. A una escala social podemos observar que un ciudadano sin tiempo para realizar una investigación profunda sobre temas que no son de su especialidad, deba apoyarse en las investigaciones que realizan otros. Eso en el mejor de los casos, porque a partir de un determinado punto, la costumbre de ignorar temas relevantes para la vida de una sociedad producen un hábito intelectual, la anulación del órgano crítico.[lviii] Más si vivimos en una cultura global basada en la distracción y el consumo de placeres breves, inmediatos y constantes, lo que convierte a la ignorancia racional es mera ignorancia o, peor y más probable, en una "ignorancia cómplice". De aquí que la mayor paradoja de aquellos que todavía creemos en alguna forma de democracia es que, al mismo tiempo, creemos en el gran poder de las decisiones irracionales de los pueblos y en la alta vulnerabilidad de la manipulación de la opinión pública.

Por esta razón, por ejemplo, que en Estados Unidos vemos frecuentes y legítimas marchas contra el racismo (por el racismo intramuros, no el

---

[lviii] En 1986, el 24 por ciento de los estadounidenses no sabía quién había sido su vicepresidente de los últimos años (John Zaller, p. 16). Un año antes, la mitad de la población no sabía que su país estaba en conflicto con Nicaragua ni sabía qué eran los Contras a los cuales su gobierno financiaba (p. 25).

racismo imperialista), pero no contra el Estado paralelo, no demandando trasparencia en las Agencias secretas y en las supercompañeras privadas que tienen en su bolsillo a cientos de millones de clientes cautivos.

En una democracia real, los ciudadanos supervisan al gobierno, no al revés. En la práctica los astronómicos presupuestos y las redes institucionales de agencias como la NSA y la CIA de Estados Unidos, la GCHQ de Inglaterra, el Mossad de Israel, el GIP de Arabia Saudita, el FSB de Rusia o el MSS de China se encargan de que esta regla básica del derecho ciudadano se aplique de forma inversa, más allá de si se trata de una democracia liberal o de una dictadura comunista-capitalista como la china. Uno de los dogmas de la CIA *"Admit Nothing. Deny Everything. Make Counter-Accusations"* (*"No admitir nada. Negarlo todo. Acusar al acusador"*) se convirtió no sólo en la práctica más extensa de todo los Estados paralelos sino de los Estados oficiales, de los políticos que compiten por puestos menores como el de presidente, de la Gran prensa y de casi todo el resto de los soldados dialécticos de las Redes Sociales. Si algo no tolera ni admite el Poder es una verdad independiente, como un marido celoso del siglo XIX.

Incluso en Occidente, cuyos gobiernos se enorgullecen de ser los paladines del "Mundo libre", el derecho a la verdad es muy limitado y sólo sale a la luz cuando alguien filtra información crucial sobre actividades ilegales.[lix] En 2005, la CIA destruyó las cintas de video que mostraban a prisioneros en Guantánamo siendo interrogados bajo tortura. Varios cientos de estos prisioneros, la mayoría de ellos declarados inocentes por Washington y descriptos por la misma CIA como *"muchachos en el lugar equivocado en el momento equivocado"* luego de más de una década de torturas y de violaciones a todas las normas internacionales sobre Derechos Humanos. La justificación interna de la Agencia fue que las imágenes que revelaban los videos eran tan horribles podría ser *"devastador para la CIA"*. Naturalmente que la devastación de gente inocente no importa para un imperio que todos los años publica reportes sobre la violación de derechos humanos en otros países.

Cuando el presidente Harry Truman creó la CIA en 1947, limitó su radio de acción a cualquier país que no fuese Estados Unidos para evitar que se convierta en una nueva Gestapo. De hecho, según sus palabras, la idea era oficina que mantuviese informado al presidente sobre temas globales, nunca *"como una agencia de espionaje"*. Pero el General William Donovan no estaba de acuerdo: *"En una guerra global y totalitaria, la inteligencia debe actuar de forma global y totalitaria"*.[126] Poco después, el presidente Truman

---

[lix] En palabras de Edward Snowden, *"lo que el gobierno de China hace de forma pública a sus ciudadanos, es probable que el gobierno de Estados Unidos lo esté haciendo al mundo de forma secreta"*. (*Permanent Record,* 2019, pg. 171)

creó la NSA en 1952 para expandir la jurisdicción de la "recolección de información" a territorio estadounidense. De cualquier forma, no sólo los ciudadanos de este país pertenecen a una categoría superior al resto del mundo en términos legales, sino que los territorios extra nacionales como Guantánamo o las decenas de cárceles secretas de la CIA ("*black sites*", "sitios oscuros" donde no se aplica ninguna ley nacional o internacional, reconocidos por el mismo informe del Senado) son paraísos de ilegalidad donde, en nombre de la libertad y la democracia agentes anónimos y secreto violan todos los derechos humanos.[lx]

La libertad y la democracia no existen en Estados Unidos por esta violación sistemática de los derechos humanos ajenos sino a pesar de ellos. Existe por aquellos que se atreven a revelar estas barbaridades y luego son acusados de antipatriotas o de "poner en peligro la seguridad nacional" y otras excusas criminales.

Nuestra época es el escenario entre dos grandes movimientos civilizatorios: la Ilustración, (dominante no en la mayoría de la población mundial sino como paradigma de la vanguardia intelectual del mundo) y el Medioevo, representado por una reacción contra la Ilustración en base a dos realidades necesarias y suficientes: (1) una estructura económica capitalista progresivamente similar al feudalismo y (2) una cultura religiosa que combina la fe y la realidad factual según se entendía en la Edad Media.

Las diferencias, sin embargo, son alarmantes. El progreso acumulado de ciencia y tecnología no se han enterado de las reacciones parapléjicas del pensamiento social. Por opresivo que fuese el Medioevo europeo, por vandálico que fuese el fanatismo de las cruzadas en el siglo XII y XIII, nunca llegó a poner en cuestionamiento la existencia de la especie humana sobre la Tierra como lo está haciendo en este momento. Para no hablar de otros peligros a mayor escala que enfrenta el resto de la flora y la fauna de esta planeta que compartimos. Claro que sin nosotros nada de eso importa (y con nosotros, menos).

Para el año 2022, compañías como Google ya habían logrado una "supremacía cuántica"; los laboratorios de los principales centros científicos ya habían logrado programar células vivas como si fuesen computadoras; la inteligencia artificial ya había resuelto nuestros futuros deseos y necesidades;

[lx] Incluso medios privado-oficiales como NBC lo reportaron en informes laterales. Los "*black sites*" desde la siempre colaboradora Polonia hasta la siempre complicada Afganistán alojaron estas prisiones ilegales y sin ley, en algunos casos llamados "S*ite cobal*" o "*Salt Pit*". (Windrem, R., & Reynolds, T. (2014, December 9). How the CIA Tried to "Break" Prisoners in "The Salt Pit." NBC News).

la teletransportación ya había dejado de ser cosa de las novelas de ciencia ficción y la eliminación del 40 por ciento de los trabajos en un par de décadas.

Pero la Humanidad todavía seguía empantanada en viejas discusiones, en actitudes mentales más propias del siglo XIX, progresivamente acercando como un tren bala a la Edad Media. Por ejemplo, todo este enorme capital humano invertido en la tecnología continuaba invirtiéndose en miedos ancestrales, en obsesiones prehistóricas como la tribu y el enemigo. El enemigo principal, no ese animal con rostro de león sin con rostro humano. Todavía a principios del altamente tecnológico siglo XXI, los mayores poderes concentrados en los Estados, en las Agencias secretas y en las mega compañías privadas continuaban insistiendo en la urgencia de concentrar todas las energías en la "Seguridad Nacional". Algo tan trágicamente contradictorio como tener el poder de volar el planeta entero, manipular el ADN de la Humanidad, todo en nombre de un fragmento, de un país fundado siglos atrás, o, más primitivo aún, de unos maquillajes faciales establecidos por algún accidente evolutivo como los ojos rasgados, la piel negra o el pelo rubio. Un fragmento llamado tribu, nación, país. Sólo por poner un ejemplo concreto y no volver a mencionar el imperialismo occidental que continúa devastando pueblos y el planeta entro, mencionemos la mayor preocupación y objetivos del gobierno chino sobre la necesidad de desarrollar de forma aún más acelerada los avances de la tecnología y la Inteligencia artificial para *"aprovechar las ventajas estrategias para la competencia militar"*.[127]

Ahora consideremos un proceso que posee tres grandes instancias, las que funcionan de forma simultánea en las superpotencias globales y, aún con mayor claridad e influencia, en la superpotencia hegemónica actual. En este libro desarrollaré cada uno de estos puntos en diferentes capítulos, pero aquí los resumo para mayor brevedad y claridad:

1. Gobiernos paralelos. Incluso en un sistema democracia liberal como la estadounidense (una democracia limitada y vigilada), las agencias secretas como la NSA y sus sucursales como la CIA existen, planean y deciden políticas y acciones concretas, muchas veces más allá del conocimiento de los presidentes y de los congresistas electos. Estas super poderosas organizaciones no sólo son secretas para el mundo, para los ciudadanos estadounidenses sino también para los gobiernos electos de este país. Aunque su justificación genética y casi exclusiva radica en "la defensa de la seguridad nacional", su historia y su presente demuestran que poseen una *ideología* que nada tiene que ver con las eventuales menciones a la "libertad" y la "democracia" sino a sus precisos opuestos: la destrucción de democracias y la imposición de dictaduras en otros países y la consolidación antidemocrática en el propio país por la vía del secreto, la mentira, la falta de transparencia y control político y

ciudadano y la protección de las grandes corporaciones, sobre todo las nacionales. Todo con la asistencia del ejército más poderoso (o al menos el más caro) del mundo y la complicidad de los ejércitos neocoloniales de las repúblicas bananeras. Todo lo que, a su vez, es parte de otros lobbies y otras corporaciones, como el complejo industrial militar y, ahora también, el complejo digital militar.

2. LOBBIES Y CORPORACIONES. Es un secreto a voces, y es totalmente legal, la permanente interferencia de los "grupos de intereses especiales" en los gobiernos, tanto en la presidencia como en los congresos. Desde hace muchos años sabemos, por pruebas irrefutables, que las grandes compañías y corporaciones escriben las leyes en las comisiones redactoras de los congresos, donde tienen un veedor y un vocero "sin voto". Por si fuese poco, estas corporaciones son las principales donantes de los representantes y senadores que se encargan de aprobar esas mismas leyes. En el exterior, fueron las grandes corporaciones las que indujeron a agencias secretas como la CIA a destruir democracias e instaurar o apoyar sangrientas dictaduras militares, dictaduras capitalistas "en defensa de la seguridad nacional" y de los intereses de las corporaciones extranjeras en nombre de la "libertad". No sólo por sus historiales, la misma naturaleza de cualquier corporación es dictatorial, tan dictatorial como los diversos feudos de la Edad Media.

3. MEDIOS Y OPINIÓN PÚBLICA. Conscientes o no, los grandes medios nacionales e internacionales cerraron el negocio al posibilitar que la opinión de los ciudadanos comunes apoyara las decisiones en base a los intereses de las corporaciones como si se tratase de intereses propios. Gracias a la propaganda mediática, los *gobiernos paralelos* y las corporaciones fueron justificadas o perdonadas por los pueblos aterrorizados por el mismo discurso de la "seguridad nacional" y por una resistencia (a veces armada en países lejanos) al secuestro de las democracias por parte de la elite económica y financiera.

Ahora, paremos el mundo por un momento. ¿Es posible imaginar algo tan absurdo y maquiavélico? Bueno, esa es la realidad actual. No es necesario recurrir a ninguna teoría conspiratoria. Todo, o casi todos, está a la vista y es de conocimiento público. Lo que el público ignora es, en gran parte, secreto desclasificado, al alcance de cualquier investigador. Cada vez que salta un escándalo que refleja crímenes de Estado, naturalmente ocurre cuando alguien filtra documentos clasificados. De otra forma no nos enteramos de más ejemplos brutales que conforman la regla pero que podrían enfurecer a los pueblos y reclamar una disolución o recorte de presupuestos a alguna de estas super agencias. Como respuesta se recurre al auxilio de las propias víctimas, quienes retoman la excusa de "la seguridad nacional" y le suman "quien no tiene nada que ocultar no tiene nada que temer" Otra vez: las leyes se escriben para los de abajo y el sermón se repite para los de abajo. A nadie se le ocurre cuestionar: "bueno, si las super agencias no tienen nada que temer, por qué le ocultan todo a sus ciudadanos?". Sólo unos pocos senadores que forman parte del Comité de seguridad tienen alguna idea de todas estas prácticas secretas, una gran parte de ellas totalmente ilegales, como los asesinatos y los golpes de Estados en otros países o el espionaje y vigilancia de sus propios ciudadanos. Con todo, sabemos más de lo que necesario para escandalizar a cualquier ciudadano decente de este y de cualquier país. Lo único que falta es poner las piezas en orden y hacer consciente la ley que los rige. Pero los efectos son irrelevantes.

El hermetismo y la manipulación van desde el espionaje comercial en Internet hasta el espionaje ideológico y militar, ya que ambos espionajes están conectados. La práctica de las grandes decisiones confiando en la ignorancia de los ciudadanos es antigua, pero cuando esos ciudadanos tienen las herramientas digitales como para enterarse de algo, se opta por el secreto deliberado. Por ejemplo, en 2005 se comenzó a diseñar y aprobar las bases del Acuerdo Transpacífico de Cooperación Económica (TPP) firmado en 2016. Bueno o malo, el hecho es que los pueblos de una decena de países no fueron informados y mucho menos hubo debate sobre las bondades del acuerdo que intentaba, desde la perspectiva de Estados Unidos, reproducir en la cuenca del Pacífico (con el 40 por ciento del comercio mundial) el acuerdo Atlántico con Europa. La razón radicaba en que las primeras interesadas en el acuerdo eran las mayores corporaciones de cada país. Por este acuerdo, se establecerían reglas iguales y convenientes para esa micro clase transnacional. El conveniente secreto se logra de dos formas: (1) evitando que la información crucial llegue a oídos del pueblo y (2) distrayendo al pueblo con una desproporcionada dosis de frivolidad y distracción. Como lo resumió Robert McChesney, mientras se cocinaba el nuevo tratado comercial, *"por cada estadounidense que estaba informado sobre el TPP, había decenas de miles que ni siquiera habían escuchado hablar del mismo pero habían participado del debate sobre si Kim Kardashian se había hecho un implante en el culo"*.[128] Por las razones correctas o equivocadas, fue el presidente Trump quien sacó a Estados Unidos de este acuerdo en 2017.

De una forma o de otra, esta es la realidad que ha dominado desde siempre, sobre todo desde los últimos cinco siglos con la brutalidad criminal de los imperios occidentales, convenientemente e hipócritamente presentados como condiciones para la paz, el progreso y la libertad. Los negros, los mestizos, los amarillos, los pobres en general, son seres peligrosos que quieren destruir el mundo colonizándonos o, directamente, exterminándonos. Por eso debemos hacerlo primero. El problema es que, a medida que la misma mentalidad persiste, el progreso exponencial de la tecnología está convirtiendo un cortocircuito en una catástrofe nuclear.

¿Hay alternativas a este proyecto de exterminio global? Claro que sí, y una observación surge de la misma enfermedad. Si podemos hablar (y actuar en consecuencia) de "seguridad nacional", por encima de los intereses de unas ciudades sobre otras, de unas provincias sobre otras dentro de un mismo país, ¿por qué no podemos hablar de una "seguridad global" por encima de un país sobre otro?

Descartemos por el momento el ideal de que no existan agencias secretas, ni gobiernos paralelos, ni poder político y económico hiper concentrado, ni medios a su servicio en nombre de la verdad y de los intereses populares. Supongamos que no somos tan radicales para imaginar un mundo mucho mejor. Supongamos que vamos a negociar con la realidad, con el poder global de turno, que el 99 por ciento del mundo opta por la opción moderada de rogarle al uno por ciento más rico y poderoso una negociación pacífica. Bueno, en ese caso no propondríamos una de las soluciones al abuso de los gobiernos secretos, de las corporaciones y de la manipulación de los medios cambiando la estructura económica que los ordena, como por ejemplo proponiendo una mayor y mejor redistribución de la riqueza producida por la Humanidad. Aun así, aún si los pueblos degradaran sus reclamos de libertad y sus derechos a los beneficios colectivos, esos productos de la historia humana, podrían proponer políticas como la creación de "comisiones de supervisión", por poner un solo ejemplo que ya hemos mencionado años antes. Por este tipo de comisiones, en lugar de que las corporaciones tengan miembros en los comités de redacción de los congresos, se guían los pueblos que tendrían representantes en los directorios de empresas que traspasan los límites del barrio para dictar sobre la vida de millones de personas. Es el caso de super empresas como Walmart, Microsoft, Apple, y cualquier otra que tenga en su planilla el destino de miles de empleados y de millones de clientes. Lo mismo con respecto a los medios creadores de opinión: las pocas empresas de medios tradicionales y de redes sociales deberían rendir cuentas a ese comité o comisión popular sobre sus algoritmos, por ejemplo. Debido a la naturaleza internacional de estos negocios, de todos estos fenómenos, las comisiones de transparencia y verdad tendrían que ser internacionales, al igual que las leyes que las rijan.

Claro que para llegar a esta etapa de superación nacionalista se debe superar el nacionalismo anacrónico que hoy ha revivido, no misteriosamente sino por la misma lógica de las fuerzas reaccionarias, manipuladas por las redes sociales y otros medios. Basado en lo que acabamos de explicar, es lógico que las corporaciones del 0,1 por ciento estén muy interesadas en evitar o demorar esta superación nacionalista que podría llevar a la pérdida de sus privilegios y a la muerte de su dominio global. Esa elite que domina los gobiernos, que decide los algoritmos, que actúa impunemente de forma global, debe inocular lo contrario en sus vasallos y consumidores: el nacionalismo, el tribalismo, la fragmentación, el conflicto, el ruido, la distracción.

Pero si este cambio hacia el ejercicio del "derecho a la verdad" y el "derecho a los beneficios de la Humanidad" no se da de forma negociada, se dará por eventos extremadamente violentos.

Alguien me dijo en 2007 que las advertencias de los ecologistas y de los "redistribucionistas" sobre los peligros que podría enfrentar la Humanidad si las condiciones actuales se perpetúan en el tiempo, que esa Humanidad había pasado por muchos momentos en que la gente anunció el fin del mundo y, por obvias razones, el mundo no ha terminado aún. Más allá de esos milenaristas que se basaban en interpretaciones religiosas, es necesario entender que no puedo decir que yo nunca me voy a morir porque nunca me morí antes.

La diferencia es obvia: la historia no registra ninguna experiencia de la destrucción de la humanidad. Si ocurrió alguna vez, no tenemos memoria de ese trauma como para siquiera considerarlo. Pero si no podemos apoyarnos en la memoria, en la experiencia, sí podemos apoyarnos en la razón. Podemos, pero no queremos.

El poder de las palabras

AÑOS ATRÁS, CENANDO EN CASA DE UN PROFESOR amigo, un ingeniero de la Universidad de Texas amablemente me reprochaba el hecho de haber cambiado la arquitectura por la literatura. El reproche no iba porque la historia hubiese perdido algo (nunca fui bueno ni en una cosa ni en la otra) sino porque el cambio parecía una crítica, si no una traición simbólica, de una especialidad hacia la otra.

Mi respuesta entonces fue apenas un recuerdo de algo que había escrito en alguna parte: "me cambié de disciplina cuando comprendí que la realidad estaba hecha más de palabras que de ladrillos". No era una buena razón personal, pero era una razón verificable, al fin y al cabo.

Poco después me di una vuelta por la biblioteca principal de la universidad. Me habían llegado unos libros y unos documentos que había pedido, las cinco mil páginas de la Investigación sobre Desaparecidos en Uruguay, entre otros. Aproveché para perderme entre los anaqueles. El silencio y el olor de las bibliotecas estimulan la curiosidad y la imaginación. Deambulé por la historia de la Rusia del siglo XIII, por la Francia de los cromañones, por la primitiva Teoría de la relatividad de Potincaré, por una carta de Einstein al presidente de Estados Unidos, por la Segunda Guerra mundial.

Entonces, inevitablemente, derivé a Hiroshima y Nagasaki. Recordé una discusión con alguien que defendía las bombas atómicas como necesarias para terminar la Segunda Guerra mundial. Creo que le propuse mudar el museo de Hiroshima a Washington o alguna parte del mundo donde sirviera para aprender algo. He discutido tantas veces de tantas cosas que ni me acuerdo de aquel sujeto de cachetes colorados y bigotes tipo Hulk Hogan. Me pregunto si yo los sigo o ellos me persiguen. No creo que fuese algún colega porque en esto no son muy originales. Todos han rechazado semejante *acto de humanismo* que puso fin a la guerra, evitando así la muerte de miles de inocentes si se hubiesen usado otros métodos más tradicionales.

Bajé a la sala de archivos y leí las revistas de entonces, 1943, 1944, 1945. Febrero, marzo, abril. Las noticias de la guerra aparecían fragmentadas entre los inevitables anuncios de felicidad, casi todos basados en la proliferación tecnológica. Autopistas aéreas, automóviles con aire acondicionado. "*Asado in the Argentine*", por entonces reconocida en la publicidad como un "gigante industrial".

Para bien y para mal los norteamericanos dieron forma a nuestro mundo posmoderno. Aun hoy sus obsesiones y fantasías renacen en los lugares más impensados del planeta bajo otras banderas. No obstante, cada Atenas, cada Roma tiene sus desastres propios, sus catástrofes difíciles de repetir.

Difíciles, aunque no imposibles. El número de *Time* del 13 de agosto cita a Truman, quien informa: "*hace dieciséis horas un avión estadounidense lanzó una bomba sobre Hiroshima, una importante base del ejército japonés. Esa bomba tenía más poder que 20.000 toneladas de TNT... Es una bomba atómica. Es un beneficio del poder básico del universo; lo que se ha hecho es el mayor logro de la ciencia en su historia... […] ahora estamos preparados para destruir más rápida y completamente todas las empresas productivas que los japoneses tienen sobre su suelo... si no aceptan nuestros términos, pueden esperar otra lluvia de fuego, como nunca se ha visto en esta tierra*". En Londres, Winston Churchill también se refirió a estas proezas de la ciencia: "*debemos orar para que este horror conduzca a la paz entre las naciones y que, en lugar de causar estragos inconmensurables en todo el mundo, se conviertan en la fuente perenne de la prosperidad mundial*".[129]

En su portada del 20 de agosto la misma revista recibía al lector con un gran disco rojo con fondo blanco y una X que tachaba el disco. No era la primera bomba atómica de la historia arrojada sobre una población de seres humanos sino el sol o la bandera de Japón. En la página 29, un artículo bajo el título de "*Awful Responsability*" ("Una responsabilidad terrible") el presidente Truman trazaba las líneas de lo que iba a ser más tarde el pasado. Como un buen hombre de fe siempre que es colocado por Dios en el poder, Truman reconoció: "*Le damos gracias a Dios porque esto haya llegado a nosotros antes que a nuestros enemigos. Y rezamos para que Él nos pueda guiar para usar esto según Su forma y Sus propósitos*".[130] En la inversión semántica de sujeto-objeto, por "esto" se refiere a la bomba atómica que "nos ha llegado"; por "nuestros enemigos", obviamente, se refiere Hitler e Hirohito; por "nosotros", a nosotros, los protegidos de Dios.

No cabe duda de que Hitler e Hirohito eran criminales. Criminales, asesinos desde un punto de vista humanista, secular. Desde un punto de vista religioso eran dos demonios. Uno de ellos cristiano, a su manera. A Truman, a quien se le puede reconocer parte de la liberación de Europa, deteniendo o mitigando así el holocausto judío, no se le acusa al mismo tiempo de criminal. Como en una telenovela, uno es bueno o es malo, pero no las dos cosas a la vez. Porque según la mentalidad religiosa judeocristianomusulmana los estados intermedios, la vida humana y el purgatorio, son temporales, casi inexistentes. No caben tonos grises; uno es ángel o demonio, está en el cielo o en el infierno. Por lo tanto, es natural que se pensara que Dios estaba de parte de uno de los bandos y que haya sido partidario de arrojar un par de bombas atómicas ("según Su forma y Sus propósitos") sobre ciudades llenas de hombres, mujeres y niños que, solo haciendo un gran esfuerzo de imaginación, y con ayuda de la Santa Inquisición, podríamos atribuir alguna responsabilidad mortal.

En la revista, ninguna mención al número de víctimas. Mucho menos a las víctimas. Apenas algunos porcentajes, que nunca dan una idea de la escala real del objeto medido en términos relativos. Porque uno no puede ser un instrumento de Dios o del bien habiendo suprimido a tantos inocentes. Al menos que se compare Hiroshima y Nagasaki con Sodoma y Gomorra. En la Edad Media se exageraba el número de muertos en nombre de Dios. Ahora los números se han disparado a las nubes, pero nadie habla de los muertos que convierten a un soldado en héroe y al comandante en líder espiritual.

En el número siguiente de *Time*, en un rincón de la página 92, unas líneas dan cuenta que junto con la desaparición del treinta por ciento de Nagasaki, desapareció también la comunidad jesuita, la comunidad cristiana más antigua de Japón. Pero todo sea por una buena causa.

El principio atribuido a Maquiavelo de "los fines justifican los medios", tan común en las revoluciones y contrarrevoluciones políticas de la Era Moderna, encontró su aliado posmoderno en su exacto inverso: *los medios justifican los fines*. Gracias a los medios, las palabras de un hombre poderoso pueden pasarle por encima a cualquier realidad. Ahora, si uno es un pobre diablo, la realidad le pasará por encima. Incluso si uno es una celebridad incómoda. En 2002, se le prohibió a Armando Maradona entrar en Japón para asistir al mundial de fútbol. Lapidario, Maradona respondió: "*yo no maté a nadie y respeto las leyes japonesas; yo no les tiré ninguna bomba nuclear; si quieren proteger a los japoneses deberían no permitirle entrar a los jugadores de Estados Unidos*".[131] Lapidario pero sin importancia. La realidad creada por el poder es siempre más fuerte que la revelada por sus críticos.

Si la realidad no se adapta a las palabras, peor para la realidad. No importa que esa realidad sea una bomba atómica y miles de muertos. Lo que importa es qué diremos y qué escucharemos de ellos. Al fin y al cabo, la realidad diaria no es más que lo que percibimos y entendemos (o queremos entender) como real.

Tengo la fuerte sospecha que existe una realidad real, la verdad, que es siempre la primera y la última víctima de todo poder descontrolado. Pero ¿qué no es la prensa sino el casi monopolio, el dominio o el predominio de la palabra? Y la palabra pesa más que cualquier realidad muda. En 1998, los tres medios más importantes de Suecia estaban a favor de la ideología del "libre mercado", a pesar de que la mayoría de la población estaba en contra, en favor de los sindicatos y de los programas sociales del estado. Como consecuencia, el gobierno fue mantenido entre el Partido Socialdemócrata (con la progresiva pérdida de poder de la izquierda sueca) y el Partido Moderado (en Occidente, "moderado" significa "conservador de economía liberal").

La lucha por el campo semántico

ANTES DE ENTRAR EN LA FACULTAD de Arquitectura en 1988, debí pasar por un preuniversitario que en Uruguay se conocía como "Orientación científica", donde las matemáticas jugaban el rol central de la formación de los adolescentes. Las intensa experiencia a esa edad me dejó una huella epistemológica: la idea de que lo que llamamos *verdad* o un *pensamiento válido* requiere de algunas condiciones previas, principios claros, como un axioma, unas premisas, una hipótesis, un teorema, una demostración y un corolario. Por poner un ejemplo simple: la propiedad transitiva (si A es mayor que B y B mayor que C, *ergo* A es mayor que C) es un ejercicio deductivo irrefutable. De dos observaciones se derivan, por simple lógica, un tercer hecho que no se encuentra presente ni observable.

Sin embargo, una vez abandonada la arquitectura (sobre todo, el cálculo de estructura y algunas clases de matemáticas en el preuniversitario público para complementar mi magro salario) por las humanidades, lo primero que me llamó la atención no fue solo la obviedad de que la realidad humana es más dramática y compleja que la abstracción científica, sino que el método de análisis es más simple y menos confiable. A mayor variables menor rigor deductivo. Esto no significa una renuncia del pensamiento racional sino la necesidad de otros instrumentos intelectuales, como una partida de ajedrez puede ser ganada por una supercomputadora basada en el cálculo puro de probabilidades, pero un ser humano, en última instancia, debe recurrir a su intuición profesional. En general, observé, con muda obsesión, que los ensayos se reducían a A = A. En *Crítica de la pasión pura* (1998) anoté que, al final de toda especulación matemática pura, también todo se reduce a A = A (solo que la segunda A está llena de variantes, está llena de otras realidades representadas en símbolos). Pero en la reflexión y el análisis humanístico, ensayístico, esa fórmula se reducía a *A es A*. Usando muestras de la realidad, el autor debía convencer, más que demostrar, que *A es K* y *K no es N* (C+ y C- en *La narración de lo invisible*).

Este "es" es evidente y repetitivo en autores como el poeta y premio Nobel mexicano, Octavio Paz. Otros, como el escritor argentino Ernesto Sábato, tal vez por haber sido doctor en física nuclear, usaba más el "por lo que" o "razón por la cual". Claro que en el ensayo el método más usado es la inducción, mientras que la ficción ya escapa a estos límites racionales: su verdad, definitivamente, no tiene nada que ver con la lógica sino con la empatía y la conmoción interior. La reflexión en una novela, en un cuento, en un poema tienen muy poco de racional y mucho de la reflexión emocional, así como lo que vemos en un espejo es una reflexión sensible, no deductiva, de nuestro rostro y, muy frecuentemente, de nuestro propio interior.

Aquí lo que más nos importa ahora: en la narrativa social, por lo general "narrativa ideológica" o "relato político", el "es", el equivalente matemático "=", es dominante y se reduce a unos pocos eslóganes o clichés. Si a eso agregamos la hiper fragmentación el pensamiento posmoderno y neo medieval de las redes sociales, las partes no tienen por qué estar relacionadas ("Una Ford *es* erección", "el amor *es* odio", "la patria *es* Dios", etc.). La relación procede de la misma operación micro narrativa, es decir, del dictado. ("¿Qué hora es, soldado?". "La que usted diga, mi general".)

A principios de 2005 defendí mi tesis de maestría en la Universidad de Georgia *La Narración de lo invisible: Una teoría política de los campos semánticos*. Básicamente, el estudio se refería a la lucha social por la narrativa, por el control de la verdad a través del control del lenguaje (en particular los *ideoléxicos*, neologismo agregado un año después) y como resultado de diversos éxitos y derrotas entre el poder y los grupos sociales que se le oponen. Como ejemplo y metáfora inicial usé una fotografía que me había impresionado mucho en mi primer año en Estados Unidos: en 1959, un grupo de manifestantes en Little Rock, Arkansas, marchó con carteles afirmando "*Governor Fabus, Save Our Christina America*" ("Gobernador Fabus, salve nuestra América cristiana") y "*Race Mixing Is Communism*" ("La integración racial es comunismo"). No me llamó la atención la afirmación del segundo cartel sino la naturaleza dialéctica, su propósito y sus efectos sociales e históricos. No por ser una rareza, sino por lo contrario.

Aquí aparecía el referido "es" (*is*) como *conector* a una supuesta "prueba" de una verdad, que en realidad reflejaba una actitud de "revelación" propia de los grupos cuyo intelecto ha sido entrenado desde niños en una iglesia. No había inducción, no había abducción, y menos había deducción. Sólo un dictado, una revelación, de la misma categoría epistemológica que cualquier revelación religiosa. Una revelación que ni siquiera tenía una escritura sagrada que la conectara (religare), como si la religión se hubiese liberado de su propio dios para cumplir los propósitos políticos, para defender los intereses sociales de forma más directa.

Para resumirlo brevemente, en mi tesis de 2004 traté de analizar y contrastar, desde este punto de vista semántico, diferentes discursos epistemológicos, desde clásicos de la izquierda, como *Las venas abiertas de América Latina* de Eduardo Galeano hasta respuestas de la derecha política como *Las rices torcidas de América Latina* de Alberto Montaner pasando por otros textos europeos (Unamuno/Ortega y Gasset) y latinoamericanos (Sarmiento/Alberdi). El resultado era claro: como en el ajedrez, en la narrativa social había (hay) una lucha de dos oponentes por el centro del tablero. Un campo semántico positivo (C+) que debe ser definido en sus límites con la mayor claridad posible (lo que es) y un campo semántico negativo (C-, lo que no es). "Justicia social es W, no Z". "Libertad es X, pero no Y".

Ahora, para lograr el éxito en esta lucha semántica, es necesario otro nivel dialectico: la *valoración*. Es decir, "X es bueno; Y es malo". ¿Cómo ganar la batalla de la valoración positiva y negativa sobre los ampos positivos y negativos? Asociando. En el caso de *"Race Mixing Is Communism"* se trata de dos campos semánticos definidos en el momento, pero con dos valoraciones opuestas. El primer término (*integración racial*) es el termino en disputa. El segundo (*comunismo*) ya ha sido definido y confirmado en su valoración social (es negativo). Por lo tanto, es necesario asociar el término en disputa con el término consolidado para que el segundo confiera la negatividad al primero a través del equivalente vinculante "es". (*"Social Distance = Communism"*, 2020).[lxi]

Todos saben que, en este caso específico, la lucha por el significado de este grupo que (en el mundo dominado por la ideología capitalista) intentaba asociar la integración racial al comunismo fracasó. Los demonizados grupos por los Derechos civiles de los años 60 lograron una de esas pocas victorias contundentes de los de abajo sobre la ideología y el poder de los de arriba. Parcial y reversible, como todo, es cierto. Pero una victoria al fin.

Sin embargo, las victorias del capitalismo sobre los Campos semánticos son múltiples y abrumadoras. Bastaría con mencionar solo una, entre las menos obvias. Una de ellas se basa en la simplicidad de una supuesta ley, simple como requisito de la narrativa conservadora. Ante cualquier cuestionamiento de un determinado orden social, se echa mano recurrentemente a la famosa *Ley de la oferta y la demanda*. Creo que las viejas disputas entre economistas anglosajones como John Keynes y Milton Friedman deberían ser suficientes para entender que *la Ley de la oferta y la demanda está llena de política*. Las decisiones del mercado no obedecen a una ley natural sino a decisiones políticas que benefician a unos o a otros, a aquellos en el poder o a aquellos de abajo que amenazan con poner el orden patas arriba.

[lxi] En esta lucha semántica hay otras estrategias o resultados imprevistos, como puede serlo el vaciamiento de significado. Es lo que ocurre con expresiones como "yo no soy racista", la cual en la actualidad tiene poco o ningún valor semántico.

En el pasado, eran las iglesias las que creaban la ilusión de que una gran institución podía ser políticamente neutral. En los 1950s y 1960s, los "Teólogos de la liberación" en América Latina destruyeron ese mito que fue reinstalado luego en el norte anglosajón con la reacción de los 80s. Un mito semejante surgió con la absurda idea de que con la caída del Muro de Berlín habían terminado las ideologías, como si el muro hubiese caído sobre la cabeza de cada habitante del globo y los hubiese dejado en estado vegetativo, incapaz de conectar dos ideas, condición mínima para tener una ideología. Los políticos de todo el mundo, sobre todo los de derecha, o los alineados, se llenaron la boca y ganaron elecciones con el cliché de "La muerte de las ideologías". Mientras el profesor Francis Fukuyama hacía su trabajo de evangelización ideológica con *El fin de la historia y el último hombre* (1992), otro profesor de Harvard, Samuel Huntington, articulaba la segunda pata del asalto final del planeta por parte del neoliberalismo con su teoría del *Choque de civilizaciones* (1996). Vaya el diablo a saber si todo fue por casualidad.

Aunque las iglesias, sobre todo las protestantes, no cedieron todo su poder de definir los Campos semánticos, en auxilio a esta guerra de los significados, la gran prensa continuó su rol tradicional en apoyo a las instituciones y a las corporaciones dominantes. Según el influyente diario británico *Financial Times*, por ejemplo, la mejor forma que tiene una democracia capitalista para ser exitosa es "*la despolitización de la economía*".[132] Como lo demuestra la tradición eclesiástica, no hay nada más brutalmente político e ideológico que convencer a una mayoría sobre la neutralidad del poder económico de una sociedad. La realidad no cambia pero (y por eso mismo) su representación sí. Por lo general, la narración de una realidad por parte de un poder establecido siempre crea un mundo paralelo y opuesto, algo que antes llamamos "la cultura de las máscaras", sintetizada en el popular héroe enmascarado, la figura masculina de la doble personalidad que lucha por la libertad y la justicia y siempre triunfa por el uso de la fuerza. Noam Chomsky, analizando el informe de Samuel Huntington y Joji Watanuki titulado *The Crisis of Democracy: Report on the Governability of Democracies to the Trilateral Commission* (1975), observó que cuando en los años sesenta la gente reclamó y comenzó a participar en política, se comenzó a hablar de "*crisis de la democracia*".¹³³ En su brillante análisis sobre el origen del capitalismo, la historiadora Ellen Meiksins Wood observó que, en sus orígenes, la clase propietaria y en el poder político nunca se llamaron a sí mismas "productores". Más tarde, los capitalistas que se apropian de la producción ajena a través de la inversión de capitales con el objetivo de obtener beneficios, se apropiaron de esta término.¹³⁴ En América Latina todavía se reserva la palabra "productores" para quienes participan en el sector agrícola, pero crecientemente esta término se ha desplazado del peón y del campesino conectado directamente con la labor de cultivo hacia la clase estanciera o hacendada, en su mayoría la tradicional oligarquía dominante en los negocios, la política y los medios de prensa de las repúblicas subdesarrolladas al margen de la esfera imperial del norte que, a su vez, les aseguraba capitales y status quo político a través de los ejércitos y los golpes de Estado cuando la política, las instituciones judiciales y los golpes de prensa no eran suficientes. Al mismo tiempo, en la etapa más radical de la ideología capitalista, la neoliberal, se inoculó con éxito casi absoluto la Teoría del derrame, por la cual, de forma explícita, se difundió y cristalizó la idea de que "los ricos son quienes crean trabajo". Los trabajadores, los creadores asalariados sólo se benefician pasivamente de esa prosperidad. Todo lo cual es consistente con la narrativa esclavista del siglo XIX y de la representación de la prensa y de Hollywood en el siglo siguiente según la cual son los esclavos (por su raza) y los trabajadores (por su pobreza) individuos peligrosos que, si se les permite algún tipo de libertad, son capaces de organizarse par a destruir la civilización.

La dialéctica de la propaganda procede por *asociaciones libres* y, por lo general, narra una realidad opuesta (la máscara, la doble personalidad) a la que mantiene el poder que narra. Diferente, la dialéctica del ensayo y de la investigación académica está condicionada. Aun cuando quienes la ejercemos tenemos nuestras propias ideas políticas y no pretendemos ser neutrales en un mundo que no lo es, estamos condicionados por la realidad de una forma que no lo están la ficción y la propaganda. La propaganda, a diferencia de la ficción, no pretende explorar ninguna realidad interior sino imponer un interés (un producto, una política) sobre el resto de la sociedad.

El ensayo y el análisis académico son, de formas diferentes, *narrativas condicionadas*: deben aportar una narración, una explicación de la realidad integrando hechos aceptados por una comunidad de otros especialistas. Cuando Darwin leyó una investigación que mostraba que la aparición de la flores se produjo millones de años atrás en un brevísimo período, lo cual suponía toda su Teoría de la evolución en cuestionamiento (la naturaleza no da saltos), no negó el descubrimiento sino que intentó explicarlo en el marco general de su teoría, algo que lo ocupó con angustia sus últimos años. En cualquier otro caso, una de las formas de refutar un ensayo consiste en encontrar un ejemplo que no se adecúe o que contradiga a la teoría propuesta, que en humanidades continúa siendo una narración integradora de condiciones previas. Ni la ficción honesta ni la propaganda deshonesta se preocuparían jamás por los hechos exteriores.

No debo extenderme más sobre este punto, pero creo que es necesario entenderlo para entender el resto de este libro, referido a la propaganda y la dominación narrativa de las sociedades. Está de más decir que esta batalla semántica reproduce la histórica batalla entre el poder y la justicia, es decir, en nuestro tiempo, entre quienes acumulan dinero y poder político y quienes se organizan desde abajo.

Desde un punto de vista dialéctico, el análisis de los campos semánticos es antimarxista en el sentido de que no relaciona directamente las condiciones materiales de producción y consumo con los valores y significados de una sociedad. Sin embargo, la Guerra semántica y la lectura marxista (la *base* como definidora de la *supraestructura*) son complementarias.

Lobbies y la administración del significado legal

LAS CONSTITUCIONES NACIONALES suelen emplear un lenguaje abierto a las interpretaciones debido a la necesidad incluir una variedad de casos posibles mucho mayor que cualquier ley. Mucho más cuando se trata de una constitución, como la de Estados Unidos, escrita hace más de dos siglos por gente que no tenía ni idea de la realidad actual. Por esta razón, la constitución es leída como cualquier texto religioso con miles de años de antigüedad: su sacralidad y oscuridad crecen con el tiempo, por lo cual la lucha teológica y política se concentra en su interpretación.

En las repúblicas, esa interpretación está administrada por los congresos y, en última instancia, por las cortes supremas—ambas instituciones profundamente políticas, a pesar de la necesidad de sacralidad de presentar esta última como un cuerpo compuesto por técnicos imparciales de la ley, algo que se refuta solo desde los debates partidarios para la elección y confirmación de sus miembros.

¿Cómo manipular y cristalizar el significado de una línea de la constitución que afectará la vida y la muerte de millones de personas por generaciones? Los poderosos lobbies de Estados Unidos lo explican muy bien con ejemplos y éxitos concretos: como en la historia de cualquier secta marginal que se convierte en dominante, como en la historia de cualquier religión que se mantiene en el poder político por siglos, básicamente se trata de una *lucha desigual por el capo semántico* (ahora conocida como "batalla cultural"). Suele llevar un buen tiempo, pero los lobbies no carecen de organización ni de dinero ni de una paciencia religiosa que va más allá de las ansiedades de los pequeños negocios.

Veamos el relevante caso de la Segunda enmienda. Según la Corte Suprema de 1939 (Estados Unidos v. Miller, 307 U.S. 174), la protección de la posesión de armas de la Segunda Enmienda se aplicaba a la membresía en "una milicia bien regulada" en lugar de un derecho individual. El incremento de la violencia en las calles durante los años 60s llevó a una mayor regulación de las armas de fuego limitando la posesión a drogadictos y personas con problemas psiquiátricos, lo cual produjo una reacción del lobby en los 70s. A partir de entonces, la Asociación Nacional del Rifle (NRA) comenzó a crear archivos de cada miembro del Congreso y de la Casa Blanca *"utilizando datos computarizados para ejercer influencia sobre los funcionarios electos"*. Según una reciente investigación del New York Times, un documento interno de la NRA fechado en abril de 1983 estableció el objetivo a largo plazo y la estrategia inmediata: *"cuando un caso de control de armas llegue a la Corte Suprema, queremos que los secretarios de los jueces encuentren antecedentes existentes de artículos de revisión de leyes y casos de tribunales inferiores que defienden los derechos individuales"*. En un informe interno de ese mismo año, el NRA identificó a sus principales enemigos: *"universitarios, intelectuales, políticos, educadores, religiosos y también, hasta cierto punto, líderes comerciales y financieros del país"*.[135]

No todos los políticos eran enemigos de la NRA. Algunos estaban en sus directorios, como el congresista John D. Dingell Jr., representante de Michigan en Washington por 56 años, bancada que meritoriamente heredó de su padre. Esto es posible debido a que, según la legislación, los legisladores pueden servir como directores no remunerados de organizaciones sin fines de lucro. El NRA está clasificado por el gobierno como una "organización de bienestar social" sin fines de lucro.

En diciembre de 1963, luego del asesinato de Kennedy con un rifle comprado a través de una publicidad de la NRA, Dingell advirtió en una audiencia sobre *"un creciente prejuicio contra las armas de fuego"* y defendió la compra de armas por correo. Diez años después, desde el Congreso, afirmó la necesidad de usar *"todos los recursos disponibles en todos los niveles para influir en el proceso de toma de decisiones"* a favor del lobby de las armas.[136]

Finalmente, en 2008, el lobby sobre el lenguaje social y mediático llegó a la crítica literaria de la Corte Suprema que estableció la posesión de armas como un derecho individual, lo que obligó a todos los tribunales desde ese nivel hacia abajo a aceptar la nueva interpretación conservadora. En 2022, la Suprema Corte (con mayoría de miembros elegidos por presidentes conservadores, alguno de los cuales fueron criticados por recibir regalos y favores de sus amigos millonarios), determinará que es inconstitucional limitar el derecho portar armas en público en base a una razón específica, como lo había hecho el estado de Nueva York.

Sin contar el tráfico legal e ilegal de armas hacia países como México, actualmente, solo en Estados Unidos existen 400 millones de armas de fuego en manos de civiles. La cantidad de rifles tipo AR-15 pasó de 400.000 en 2006 a 2,8 millones en 2020. Todo en nombre de la libertad y la correcta interpretación de una línea de un texto escrito en 1791.

Tribus cibernéticas

LAS REDES SOCIALES Y EL DISCURSO FRAGMENTADO que siguió a la era de los diarios y la televisión, son un fenómeno similar al que produjo la imprenta de caracteres móviles a mediados del siglo XV. La iglesia católica perdió el monopolio de administrar el dogma a través del sermón y los protestantes produjeron un archipiélago de iglesias y de sectas de toto tipo. No se superó el fanatismo de los siglos anteriores; solo se perdió su control.

Con Internet se volvió a la cultura escrita y las redes sociales le dieron más importancia a la escritura que al lectura. La escritura como opinión inmediata y desinformada. Para hacerlo más fácil, pronto esta urgencia irresistible de opinar antes que cualquier proceso intelectual completo sobre un hecho, pasó al formato de micro video. El yo se banalizó y se globalizó: *"aquí, yo conmigo"*. En gran medida, ese fenómeno no está disociado del proceso de comercialización que sufrieron los medios de información y de la industria cultural iniciada en las primeras décadas del siglo XX. Ahora el yo es el producto que se debe vender. No imposta su calidad sino su publicidad. Si se vende es verdad.

En 1983 el sociólogo y representante por Nueva York Daniel Patrick Moynihan escribió en el *Washington Post* una idea simple (no del todo original) que sería citada múltiples veces después de su muerte en 2004: "*Todos tienen derecho a sus propias opiniones, pero nadie tiene derecho a sus propios hechos*". ¿Pero qué es un hecho? En su libro *Like War* (2018) P. W. Singer y Emerson Brooking, razonablemente reflexionan que "*los hechos dependen de un consenso; cuando eliminamos ese consenso, los hechos se convierten en materia de opinión*".[137]

A esto hemos llegado en la Era de Internet y las Redes sociales. La mentira y la propaganda siempre existieron, pero hasta hace algún tiempo hubo cierta aceptación de una prueba documental, como, por ejemplo, la desclasificación de algún documento o el reconocimiento de algún protagonista de un determinado hecho. Poco a poco se fue imponiendo una "pornografía política", según la cual el consumidor desea ser engañado y el valor del engaño no radica en ninguna verdad factual sino en la verosimilitud del engaño o, mejor aún, en la satisfacción del deseo del consumidor.[138]

Este es un factor psicológico que atraviesa el fenómeno histórico y cultural. En su autobiografía de 1906, Mark Twain ya se había lamentado: "Qué fácil es hacer que la gente crea una mentira, y qué difícil es convencerla de que ha sido engañada".[139] Ideas similares son atribuidas a Baltasar Gracián y a otros escritores que vivieron siglos antes. Más recientemente, se ha clasificado el fenómeno como "homofilia": por lo general, la gente cree en cualquier cosa que le resulte familiar a sus deseos. Si alguien ha escuchado o leído varias veces una idea (propaganda), por absurda que sea, es más probable que la considere correcta, verdadera, sin importar la ausencia de sustento. Se ha dicho que los creyentes en la Tierra plana como una pizza fueron insignificantes durante siglos hasta que llegó Internet. Entonces, ocurrió lo que el coronel del ejército de Estados Unidos Robert L. Bateman y autor de *Digital War: A View from the Front Lines* (1999) resumió en una sola frase: "*Antes, cada villa, cada poblado tenía un idiota; Internet los unió a todos*".

Podemos sospechar que la atomización de las tribus digitales llevará, tarde o temprano, al mismo proceso que ya conocemos de la historia y de la prehistoria: una sucesiva progresión de alianzas basadas en elementos ideológicos comunes o vagamente similares, en la reducción de los diversos tótems familiares a un número mínimo nacional, hasta que, al final, solo queden dos oponentes, como en el fútbol, como en cualquier guerra. Tal vez eso sea parte de un material genético que nos ha acompañado desde la prehistoria: la lucha y la necesidad de luchar contra un enemigo que es siempre uno y que siempre genera un mundo bipolar, desde las más inocentes elecciones en un país democrático (las cuales siempre se resuelven por uno, dos o tres por ciento) hasta en guerras como en la Segunda Guerra Mundial, con "Aliados" luchando, contra los del "Eje", aunque en los primeros coexistan post nazis estadounidenses y comunistas soviéticos y en el grupo de los segundos nazis alemanes, fascistas italianos e imperialistas japoneses, es decir, representantes de las "raza superior" aliados a potencias de las "razas inferiores".

A lo que hemos llegado

AUNQUE ABUNDAN LOS MÉTODOS para escoger a los países más felices del planeta, en realidad son más supersticiones estadísticas del mercado de las comunicaciones que de cualquiera posible realidad. Es muy difícil medir el nivel de felicidad o de satisfacción en los humanos. Irónicamente o no, en una civilización orgullosa de su alta tecnología y de sus inteligencias artificiales, no existe un *felicitómetro* que mida los sentimientos, precisamente eso que debería ser lo más importante.

Más que difícil, es imposible medir y comparar el nivel de felicidad de las distintas sociedades y civilizaciones a lo largo de la historia humana. Lo único que podemos hacer es comparar distintos momentos históricos en base a resultados cualitativos. Está más allá de cualquier discusión seria el hecho de que el capitalismo no inventó las ciencias, ni la filosofía, ni las tecnologías que sacaron del hambre a la mayoría de la población. El capitalismo sólo ha sido un instrumento práctico de acumulación, tanto de recursos como de sermones morales. De hecho, prácticamente no inventó nada más allá de nuevas formas (y muy efectivas) de coerción y acumulación.

No es mi intención idealizar o romantizar el pasado, pero tampoco aceptar el clásico sermón de la narrativa hegemónica con la obediencia intelectual que los grandes medios y los mitos populares esperan y exigen sin ninguna mirada crítica. Un argumento repetido es que antes del capitalismo los pueblos eran más pobres y las personas morían más jóvenes. Narrativa que no tiene más base que sus propias palabras, como en cualquier religión. Debes creer; de lo contrario, eres un hereje peligroso. Pero de sustentos, nada.

Antes del surgimiento del capitalismo en el siglo XVI, en regiones tan distintas como Asia, las Américas, África y la misma Europa, las personas trabajaban la mitad de días por año y menos horas por día de lo que la gente trabaja ahora y sus condiciones de vida eran, por lejos, mejores. Sin embargo, los asiáticos, los africanos, los americanos no eran más pobres cinco siglos antes que en el siglo XX. No existían los sintecho ni los sin tierra. Se podrían mencionar excepciones, pero eso son. La expectativa de vida en las Américas era en muchas partes 41 años, como en México (sobre todo fuera de gigantescas urbes como Tenochtitlan, que de todas formas eran más más grandes, más limpias y mejor organizadas que ciudades como Londres o Paris), es decir, un tercio más que después de cuatro siglos de progresos donados por los imperios civilizadores. Lo mismo se podría decir de China y Japón.

Los pueblos originarios de las Américas eran más higiénicos que los europeos, vivían más, trabajaban menos horas, se alimentaban mejor y eran más altos. Éste último dato, según los antropólogos, es uno de los indicadores cuantitativos más sólidos para medir el bienestar social. Los ingleses alcanzaron una estatura máxima de entre 167 y 170 centímetro luego del arribo de los romanos en el siglo III con sus canales de agua y mejores alimentos. Casi mil años más tarde, la expectativa de vida en Inglaterra cayó de 40 años en 1500 a 35 en 1750 y la estatura promedio se redujo hasta 167 centímetros. Según investigaciones contemporáneas, la razón radicó en las malas condiciones de vida y en mayores desigualdades sociales durante los siglos de la Revolución industrial, pero las fechas coinciden con el nacimiento y dominio del capitalismo.[140] En las colonias inglesas y de los países bajos, desde Irlanda hasta África e India, las estadísticas fueron, por lejos, aún peores en el deterioro de la vida de la gente común a lo largo de varios siglos de brutalidad capitalista.

En América Latina, todos hemos escuchado frases como "era un gringo alto, como todos los gringos". La altura no sólo era y es un signo de distinción de los países desarrollados, sino que, desde el siglo XIX, fue otra prueba de la superioridad racial de los colonos y los habitantes de las metrópolis imperiales. En contraste con la situación europea y con las creencias actuales, para 1800, los nativos americanos eran la población más saludable y más alta del mundo. En sus cartas y cónicas, Américo Vespucio hace la misma observación que hiciera en sus diarios Cristóbal Colón, unos años antes, referido a los habitantes del Caribe: "*Había tanta gente que era maravilla, y todos estaban sin armas, y en son de paz; fuimos a tierra con los botes y nos recibieron con gran amor*". Amor no correspondido: "*al fin de la batalla quedaban mal librados frente a nosotros, pues como están desnudos siempre hacíamos en ellos grandísima matanza, sucediéndonos muchas veces luchar 16 de nosotros con 2.000 de ellos y al final desbaratarlos, y matar muchos de ellos; y robar sus casas*". Los nativos, dice en otro momento (algo que impresionará a Thomas More y lo inspirará a escribir *Utopía*) "*no tienen límites de reinos y de provincias: no tienen rey: no obedecen a nadie, cada uno es señor de sí mismo, ni amistad ni agradecimiento, la que no le es necesaria, porque no reina en ellos codicia: habitan en común en casas hechas a la manera de cabañas muy grandes y comunes... cabañas maravillosas, porque he visto casas de 220 pasos de largo y 30 de ancho, y hábilmente construidas y en una de esas había 500 o 600 almas"*. Vespucio no sólo menciona que los nativos de América del Sur eran muy saludables y numerosos, al punto de encontrar cuatro generaciones viviendo en una misma casa y con el extraño hábito de bañarse con frecuencia, sino que también eran muy altos. Cuando en nuevas exploraciones encuentran mujeres excepcionalmente grandes que les llevan refresco, Vespucio y sus soldados se ponen de acuerdo *"en raptar dos de ellas, que eran jóvenes de quince años, para hacer un regalo a estos Reyes"*.[141]

Como anticipo de lo que vendría después (y sobrevive hoy en la telanarrativa dominante), sólo descubrir que había otras formas de existir y, tal vez, de ser feliz, hizo saltar todas las alarmas. El "mal ejemplo" provocó reacciones epidérmicas. El mismo Vespucio se quejó de las críticas que recibió de sus contemporáneos europeos, no por sus crímenes: *"me calumnian porque dije que aquellos habitantes no estiman ni el oro ni otras riquezas"*, escribió.[142]

Los testimonios de Américo Vespucio también han sido desacreditaos como "exageraciones" por escritores del siglo XIX e, incluso, algunos más recientes, al igual que las denuncias del padre Bartolomé de las Casas, pero los mismos historiadores y antropólogos han confirmado varias de estas viejas crónicas.[lxii] Por ejemplo, más allá de las historias de gigantes en el extremo sur y en el extremo norte del continente, los estudios antropológicos no dejan lugar a dudas sobre la diferencia. En Norteamérica, desde la cálida

---

[lxii] Uno de los escritores preferidos del nacionalismo católico español, Marcelino Menéndez Pelayo, en 1895 calificó a Bartolomé de las Casas como "fanático intolerante" y a su *Brevísima relación [crónica] de la destrucción de las Indias*, de "monstruoso delirio". (Bartolomé de las Casas, *Brevísima relación de la destrucción de las Indias*. [Sevilla, 1552] Edición de André Saint-Lu. Madrid: Cátedra, 1984.) Menéndez Pidal desarrolló la tesis de la enfermedad mental de De las Casas, calificándola de "paranoia", sin importarle que el mismo Hernán Cortés confesó horrores semejantes o peores. En el siglo XX, John Tate Lanning, refutó las cifras de Las Casas (50 millones de indios muertos a manos de los españoles en una generación) argumentando que *"si cada español de los que integran la lista de Bermúdez Plata... hubiera matado a un indio en cada día laborable y los domingos durante los cincuenta años inmediatos al descubrimiento, hubiera sido preciso el transcurso de una generación para alcanzar la cifra que le atribuye su compatriota"*. Lanning omite otras formas de exterminio, como el despojo, el hambre y la esclavitud (no consideremos las enfermedades) y los propios testimonios de los mismos exploradores y conquistadores, los cuales no hablaban de un muerto por cada español sino de cientos y de miles en cualquiera de sus hazañas. De cualquier forma, si cambiamos 50 millones por uno o dos millones, en cualquier momento de la historia hubiese sido un genocidio, como lo es el genocidio armenio durante la segunda década del siglo XX.

Florida hasta la fría Canadá, la estatura promedio de los nativos en 1800 era 173 centímetros, más que la de los europeos y colonos. Los investigadores atribuyen esta diferencia a condiciones socioeconómicas más favorables, no genéticas.[143] Según el profesor Richard Steckel, los indios americanos vivían en sociedades igualitarias que proporcionaban una sólida red de seguridad para los desfavorecidos, lo que significa que nadie pasaba hambre ni estaba desatendido. *"Los indios de las llanuras tenían un historial notable de éxito nutricional y de buena salud, a pesar de las enormes presiones a las que estaban sometidos. Habían desarrollado un estilo de vida saludable que los estadounidenses blancos no podían igualar, incluso con todas sus ventajas tecnológicas"*.[144] Esta conclusión es compartida por un gran número de especialistas e, incluso, administradores y políticos de Washington en el siglo XIX.[lxiii] Luego de siglos de despojo, esclavismo y progreso imperial y capitalista, a principios del siglo XX apenas alcanzaba los 29 años. No a pesar sino porque la mayoría de su población debió trabajar más días por año y más horas por día para satisfacer las necesidades del "libre mercado" y del confort de la "raza superior", primero, y después de la "superior cultura del trabajo" en Europa y Estados Unidos.

Para referirnos a tiempos más cercanos, bastaría con recordar que, a pesar de los discursos y los mediáticos planes de desarrollo de los países pobres, desde 1960, la brecha del ingreso per cápita entre el Sur y el Norte se triplicó. En el año 1500, ni siquiera existía dicha brecha. No es ́solo que el norte hizo progresos sino que el Sur fue sistemáticamente explotada y destruía por una fuerza fanática y militarista nunca vista antes en los anales de la historia la cual, paradójica y lógicamente se vendió a sí misma como legítima y fuente de toda civilización superior. Es más: se representó como víctima siempre que pudo y con todo su arsenal mediático.

[lxiii] Nos detuvimos en este tema en *La frontera salvaje* (2021), donde se pueden consultar más datos y detalles.

V. HISTORIA: EL MARCO (GEO)POLÍTICO

BREVÍSIMA HISTORIA DE LA MANIPULACIÓN

Democracias imperiales, dictadura solidarias

LA HISTORIA NO DEJA MUCHO LUGAR A LAS EXCEPCIONES: al grito de *democracia* se practicó el despojo de otras naciones; al grito de *libertad* se esclavizó y se expandió las formas más brutales e industriales de imperialismo. Todo esto, casi siempre fue perpetuado por democracias, no por dictaduras. No por casualidad, Theodore Roosevelt escribió que *"la democracia de este siglo no necesita más justificación para su existencia que el simple hecho de que ha sido organizada para que la raza blanca se quede con las mejores tierras del Nuevo mundo"*.[145]

Por lo general, las dictaduras coloniales y poscoloniales (casi todas dictaduras funcionales y casi por excepción dictaduras resistentes) fueron la consecuencia lógica de estos imperios democráticos. Todo bajo una vieja lógica. En la antigua Grecia, Atenas era una democracia muy similar a las democracias de los últimos siglos: tenía esclavos temporales, toleraba cierta diversidad y se vanagloriaba de aceptar inmigrantes de otros pueblos; unos pocos votaban y su imposición sobre otros pueblos griegos, como Esparta, se basaba en la fuerza de su dinero. Dos mil años después, los imperios modernos siempre se dieron el lujo de presumir democracia, tolerancia a la diversidad y a las opiniones diferentes en sus calles... Claro, mientras su poder no tenga competencia y mientras se siga imponiendo y practicando lo opuesto en las colonias (donde la crítica era más peligrosa) para beneficio económico de la civilizada metrópoli.

La historia moderna de las llamadas democracias como sistemas-de-poder-compartido-de-la-clase-dominante, cohesionado por sus capitales y oligopolios, fueron más dictatoriales, imperialistas y brutales con otras naciones que las mismas dictaduras. Tal vez porque se sentían impulsadas por la misma arrogancia de considerarse benévolos. Tal vez porque casi todos esos imperios fueron capitalistas. Así ocurrió (por ambas razones) con los brutales imperios británicos, holandeses, franceses y estadounidenses. Así continúa ocurriendo con el belicismo de la OTAN, compuesta de países con sistemas de democracia liberal—todas secuestradas por la elite financiera, como antes lo estaban por los capitales industriales. Un poco más en la periferia, por ejemplo, uno de los argumentos más recurrentes que justifican el largo y brutal apartheid de los gobiernos israelíes consiste en que ese país "es la única democracia en Oriente Medio". Aunque fuese una democracia plena y no limitada, esto no la autoriza ni justifica a su gobierno para disponer de otra nación, la palestina, a su antojo y por la fuerza de sus armas—negando en los hechos la existencia política a todo un pueblo bajo la excusa de que algunos en su resistencia independentista no reconocen su existencia.

¿Por qué las mayores dictaduras globales fueron democracias nacionales, cuando aún dictaduras como la cubana o la libia, por el contrario, se solidarizaron con las colonias y los oprimidos del mundo? ¿A qué se debe esta (aparente) paradoja? ¿Tal vez los dictadores fueron más precavidos por temor a perder el poder? ¿Tal vez porque esas dictaduras nacieron de la lucha contra la brutalidad genocida de los imperialismos? ¿Tal vez eso que llamamos *democracia* no es la democracia de los nativos americanos (como la Confederación Iroquesa antes que la destruyeran los civilizados colonos), sino algo muy distinto: la democracia según la entendieron y fosilizaron los anglosajones, basada en el despojo, el desplazamiento del *otro* y la defensa de *nuestra* propiedad privada?

Ocurrió con la antigua democracia ateniense y con las democracias noroccidentales de la Era Modera. Las víctimas siempre son culpables de amenazar a sus amos quienes, ante cualquier cambio, son compensados por sus pérdidas económicas, como cada vez que se abolió la esclavitud o alguna colonia logró su independencia. Así, los invadidos son los invasores. Los masacrados son los violentos. Los corrompidos son los corruptos. Los asaltados, hambreados y exterminados por siglos en beneficio de los países desarrollados, son los únicos responsables de su pobreza.

Libertad de expresión en tiempos de la esclavitud

EL PRIMERO DE ENERO DE 1831 APARECIÓ en Massachusetts *The Liberator*, el primer periódico abolicionista del país y, más tarde, defensor del sufragio femenino. Por entonces, los esclavistas de Georgia ofrecieron una recompensa de 5.000 dólares (más de 160.000 dólares al valor de 2023) por la captura de su fundador, William Lloyd Garrison. Naturalmente, así es como reacciona el poder a la libertad y la lucha por los derechos ajenos, pero este intento de censura violenta no era por entonces la norma legal. La libertad de expresión establecida por la Primera Enmienda se aplicaba a los hombres blancos y nadie quería violar la ley a plena luz del día. Para corregir esos errores siempre estuvo la mafia, el paramilitarismo y, más tarde, las agencias seretas que están más allá de la ley—cuando no el acoso legal bajo otras excusas, también conocido como *lawfare*.

En su primer artículo, Garrison ya revela el tono de una disputa que se anunciaba como algo de larga data: "*Soy consciente de que muchos se oponen a la dureza de mi lenguaje; pero ¿no hay motivo, acaso? Seré tan duro como la verdad y tan intransigente como la justicia. Sobre este tema, no quiero pensar, ni hablar, ni escribir con moderación. ¡No! Dígale a un hombre cuya casa está en llamas que dé una alarma moderada, que rescate moderadamente a su esposa de las manos del violador, que rescate gradualmente a su hijo del fuego...*"[146]

The Liberator, ejerciendo su derecho a la libertad de prensa, comenzó a enviar ejemplares a los estados del sur. La respuesta de los gobiernos sureños y de los esclavistas no fue prohibir la publicación, ya que iba contra la ley—una ley que fue hecha para que unos hombres blancos y ricos se protegieran de otros hombres blancos y ricos que nunca se imaginaron que esta libertad podía amenazar de alguna forma la existencia del poder político de todos los hombres blancos y ricos.

En lugar de violar la ley se recurrió a un viejo método. No es necesario romper las reglas cuando se pueden cambiarlas. Es así como funciona una democracia. Claro que no todos tenían, ni tienen, las mismas posibilidades de operar semejante milagro democrático. Quienes no pueden cambiar las leyes suelen romperlas y por eso son criminales. Quienes pueden cambiarlas son los primeros interesados en que se cumplan. Excepto cuando la urgencia de sus propios intereses no admite demora burocrática o, por alguna razón, se ha establecido una mayoría inconveniente, a la que aquellos en el poder acusan de irresponsable, infantil o peligrosa.

En principio, como no se podía abolir directamente la primera enmienda, se limitó las pérdidas. Carolina del Norte aprobó leyes prohibiendo la alfabetización de los esclavos.[lxiv] Las prohibiciones continuaron y se extendieron por los años 1830s a otros estados esclavistas, casi siempre justifican-

---

[lxiv] Las leyes no prohibieron explícitamente que los esclavos aprendieran a leer y escribir. Prohibieron que quienes sabían hacerlo les enseñaran a leer y escribir a los esclavos. De la misma forma, hoy en día no hay leyes que prohíban la educación de nadie, sino todo lo contrario. Pero diversas políticas hacen que la educación sea inaccesible para quienes, por ejemplo, no pueden pagarla, al mismo tiempo que se estimula el comercio del entretenimiento, de la distracción, es decir, del ejercicio opuesto a la educación.

dose en los desórdenes, protestas y hasta disturbios violentos que habían inoculado los abolicionistas entre los negros con literatura subversiva.

La propaganda esclavista no se hizo esperar y se distribuyeron posters y panfletos advirtiendo de elementos *subversivos* entre la gente decente del Sur y de los peligros de las pocas conferencias sobre el tema tabú. El acoso a la libertad de expresión, sin llegar a su prohibición, también se daba en las mayores ciudades del Norte. Uno de los panfletos proesclavistas fechado el 27 de febrero de 1837 (un año después de que Texas fuese arrancada a México para reestablecer la esclavitud) invitaba a la población a reunirse frente a una iglesia de la calle Cannon en Nueva York, donde un abolicionista iba a dar una charla a las siete de la noche. El anuncio llamaba a "*silenciar este instrumento diabólico y fanático; defendamos el derecho de los Estados y la constitución del país*".[147]

Las publicaciones y las conferencias abolicionistas no se detuvieron. Por un tiempo, la forma de contrarrestarlas no fue la prohibición de la libertad de expresión sino el incremento de la propaganda esclavista y la demonización de los antiesclavistas como peligrosos subversivos. Más tarde, cuando el recurso de la propaganda no fue suficiente, todos los estados del Sur comenzaron a adoptar leyes que limitaban la libertad de expresión de ideas revisionistas. Solo cuando la libertad de expresión (libertad de los blancos disidentes) se salió de control, recurrieron a leyes más agresivas, esta vez limitando la libertad de expresión con prohibiciones selectivas o con impuestos a los abolicionistas. Por ejemplo, en 1837, Missouri prohibió las publicaciones que iban contra el discurso dominante, es decir, contra la esclavitud. Rara vez se llegó al oprobio de encarcelar a los disidentes. Se los desacreditaba, se los censuraba o se los linchaba bajo alguna buena razón como la defensa propia o la defensa de Dios, la civilización y la libertad.

Luego de estallar la Guerra Civil, el Sur esclavista escribió su propia constitución. Como lo hicieran los tejanos anglosajones apenas separados de México y por las mismas razones, la constitución de la Confederación estableció la protección de la "Institución peculiar" (la esclavitud) al mismo tiempo que incluyó una cláusula en favor de la libertad de expresión. Esta cláusula no impidió leyes que la limitaban para un lado ni que el paramilitarismo de las milicias esclavistas (origen de la policía sureña) actuaran a su antojo. Como en el "*We the people*" de la Declaratoria de la Independencia de 1776, como originalmente la Primera enmienda de 1791, esta "libertad de expresión" no incluía a gente que ni era "*the people*" ni eran humanos completos y responsables. Se refería a la raza libre. De hecho, la constitución del nuevo país esclavista establecía, en su inciso 12, casi como una copia de la enmienda original de 1791: "*El Congreso no hará ninguna ley con respecto al establecimiento de una religión, o que prohíba el libre ejercicio de la misma; o coartando la libertad de expresión, o de prensa; o el derecho del pueblo a reunirse pacíficamente y solicitar al Gobierno la reparación de agravios*".[148] Más justo, equitativo y democrático, imposible... El secreto estaba en que, otra vez, como casi un siglo antes, eso de "*el pueblo*" no incluía a la mayoría de la población. Si alguien lo hubiese observado entonces, sería acusado de loco, de antipatriota o de peligroso subversivo. Es decir, algo que, en su raíz, no ha cambiado mucho en el siglo XXI.[lxv]

Para cuando el sistema esclavista fue ilegalizado en 1865, gracias a las circunstancias de una guerra que estuvo a punto de perderse, *The Liberator* ya había publicado 1820 números. Aparte de apoyar la causa abolicionista, también apoyó el movimiento por los derechos iguales de las mujeres. La primera candidata mujer a la presidencia (aunque no reconocida por ley), Victoria Woodhull, fue arrestada días antes de las elecciones de 1872 bajo el cargo de haber publicado un artículo calificado como obsceno—opiniones contra *las buenas costumbres*, como el derecho de las mujeres a decidir sobre su sexualidad. Como ha sido por siglos la norma en el Mundo libre, Woodhull no fue arrestada por ejercer su libertad de expresión, sino bajo excusas de infringir otras leyes.

Con todo, esta no es una característica exclusiva del Sur esclavista ni de Estados Unidos en su totalidad. El Imperio británico procedió siempre de igual forma, no muy diferente a la "democracia ateniense", veinticinco siglos atrás: "somos civilizados porque toleramos las opiniones diferentes y protegemos la diversidad y la libertad de expresión". Claro, siempre y cuando no crucen determinados límites. Siempre y cuando no se conviertan en un verdadero peligro para nuestro poder incontestable.

En este sentido, recordemos sólo un ejemplo para no hacer de este libro una experiencia voluminosamente imposible e impublicable. En 1902, el economista John Atkinson Hobson publicó su ya clásico *Imperialism: A Study* donde explicó la naturaleza vampiresca de Gran Bretaña sobre sus colonias. Hobson fue marginado por la crítica, desacreditado por la academia y la gran prensa de la época. No fue detenido ni encarcelado. Mientras el imperio que él mismo denunciaba continuaba matando a millones de seres humanos en Asia y en África, ni el gobierno ni la corona británica se tomaban la

---

[lxv] Esta interpretación quedaba grabada a fuego por la misma constitución de 1861 que, al mismo tiempo que consolidaba el derecho a la esclavitud, trataba de erradicar el mal ejemplo de "negros libertos" que podían ser introducidos desde el norte y a los cuales, en gran medida, se los *exportó* a Haití y a África, donde fundaron Liberia. La sección 9 establecía: "*Queda prohibida la importación de negros de raza africana de cualquier país extranjero que no sean los Estados o Territorios esclavistas de los Estados Unidos de América; el Congreso está obligado a aprobar leyes que impidan efectivamente esta posibilidad*".

molestia de censurar directamente al economista. No pocos, como ocurre hoy en día, lo señalaban como ejemplo de las virtudes de la democracia británica. Algo similar a lo que ocurre hoy en día con aquellos críticos del imperialismo estadunidense, más si viven en Estados Unidos: "miren, critica al país en el que vive; si viviese en Cuba no podría criticar al gobierno". En otras palabras, si alguien señala los crímenes de lesa humanidad en las múltiples guerras imperiales y lo hace en el país que permite la libertad de expresión, eso es una prueba de las bondades democráticas del país que masacra a millones de personas y tolera que alguien se atreva a mencionarlo.

¿Cómo se explica todas esas aparentes contradicciones? No es tan complicado. Un poder imperial, dominante, sin respuesta, sin temor a la pérdida real de sus privilegios, no necesita la censura directa. Es más, la aceptación de la crítica marginal probaría sus bondades. Se la tolera, siempre y cuando no crucen el límite del verdadero cuestionamiento. Siempre y cuando el dominio hegemónico no esté decadencia y en peligro de ser reemplazado por otra cosa.

Ahora veamos esos contraejemplos del poder hegemónico y de sus mayordomos. ¿Por qué no te cas a Cuba donde la gente no tiene libertad de expresión, donde no existe la pluralidad de partidos políticos?

Para comenzar, sería necesario que señalar que todos los sistemas políticos son excluyentes, aunque con diferentes grados. En Cuba no permiten a partidos liberales participar de sus elecciones, las cuales son tachadas de farsa por las democracias liberales. En los países con sistemas de democracia liberal, como Estados Unidos, las elecciones básicamente son elecciones de un partido único llamado Demócrata-Republicano. No existe ninguna posibilidad de que un tercer partido pueda desafiar seriamente a Partido Único porque éste es el partido de las corporaciones, que son la elite que tiene el poder real del país. Por otro lado, si, por ejemplo, en un país como Uruguay gana las elecciones un marxista como José Mujica, o en Chile gana otro marxista como Gabriel Boric, a nadie sensato se le ocurre siquiera imaginar que esos presidentes iban a salirse del marco constitucional hasta convertir a esos países en sistemas estilo soviéticos prohibido por las constituciones de esos países. Lo mismo ocurre en Cuba, pero siempre hay que decir que no es lo mismo.

Ahora, volvamos a la lógica de la libertad de expresión en distintos sistemas de poder global. Para resumirlo, creo que es necesario considerar que la libertad de expresión es un lujo que, históricamente, no se han podido dar aquellas colonias o repúblicas que luchaban por independizarse de la libertad de los imperios. Bastaría con recordar el ejemplo de la democracia guatemalteca, destruida por la Gran Democracia de Estados Unidos en 1954 porque su gobierno, democráticamente electo decidió aplicar las leyes soberanas de su propio país, las que no convenían a la megacorporación United Fruit

Company. La Gran Democracia no dudó en instalar otra dictadura, la que dejó cientos de miles de muertos a lo largo de décadas. La misma historia en Irán, Chile, Congo, Indonesia Burkina Faso... Sólo por limitarnos a la Guerra Fría.

¿Cuál fue el *problema* principal de la democracia de Guatemala en los 50s? Fue su libertad de prensa, su libertad de expresión. Por ésta, el imperio del Norte y la UFCo lograron manipular la opinión pública de ese país través de una campaña de propaganda deliberadamente planeada y reconocida por sus propios perpetuadores—no por sus mayordomos criollos, está de más decir.

Cuando esto ocurre, el joven médico argentino, Ernesto Guevara, se encontraba en Guatemala y debió huir al exilio en México, donde se encontró con otros exiliados, los cubanos Fidel y Raúl Castro. Cuando la Revolución cubana triunfa, Ernesto Guevara, para entonces El Che, lo resumió notablemente: "Cuba no será otra Guatemala" ¿Qué quería decir con esto? Cuba no se dejará inocular como Guatemala a través de la "prensa libre". La historia le dio la razón: Cuando en 1961 Washington invade Cuba en base al plan de la CIA que aseguraba que "Cuba será otra Guatemala", fracasa estrepitosamente. ¿Por qué? Porque su población no se sumó a la "invasión libertadora", ya que no pudo ser inoculada por la propaganda masiva que permite la "prensa libre". Kennedy lo supo y se lo reprochó a la CIA, la cual amenazó con disolver y terminó disuelto.

La libertad de expresión es propia de aquellos sistemas que no pueden ser amenazados por la libertad de expresión, sino todo lo contrario: cuando la opinión popular ha sido cristalizada, por una tradición o por la propaganda masiva, la opinión de la mayoría es la mejor forma de legitimación. Razón por la cual esos sistemas, siempre dominante, siempre imperiales, no le permiten a sus colonias el mismo derecho que les otorgan a sus ciudadanos.

Cuando Estados Unidos se encontraba en su infancia y luchando por su sobrevivencia, su gobierno no dudó en aprobar una ley que prohibía cualquier critica al gobierno bajo la excusa de propagar ideas e información falsa—siete años después de aprobar la famosa Primera Enmienda, que no surgió de la tradición religiosa sino de la ilustración antirreligiosa europea. Naturalmente, esa ley de 1798 se llamó *Sedition Act*.

Estos recursos del campeón de la libertad de expresión se repitió otras veces a lo largo de su historia, siempre cuando las decisiones y los intereses de un gobierno dominado por las corporaciones de turno sintió sus intereses amenazados seriamente. Fue el caso de otra ley también llamada *Sedition Act*, la de 1918, cuando hubo una resistencia popular contra la propaganda organizada por maestros como Edward Bernays en favor de intervenir en la Primera Guerra Mundial—y así asegurarse el cobro de las deudas europeas. Hasta pocos años antes, las duras críticas antimperialistas de escritores y activistas como Mark Twain fueron demonizadas, pero no hubo necesidad de manchar la reputación de *sociedad libre* poniendo en la cárcel a un reconocido intelectual, como en 1846 habían hecho con David Thoreau por su crítica a la agresión y despojo de México para expandir la esclavitud, bajo la perfecta excusa de no pagar impuestos. Ni Twain ni la mayoría de los críticos públicos lograron cambiar ninguna política ni revertir ninguna agresión imperialista en Occidente, ya que eran leídos por una minoría fuera del poder económico y financiero. En ese aspecto, la propaganda moderna no tenía competencia, por lo tanto la censura directa a esos críticos hubiese entorpecido sus esfuerzos de vender agresiones en nombre de la libertad y la democracia. Por el contrario, los críticos servían para apoyar esa idea, por la cual los mayores y más brutales imperios de la Era Moderna fueron orgullosas democracias, no desprestigiadas dictaduras.

Sólo cuando la opinión pública estuvo dudando demasiado, como durante la Guerra fría, surgió el macartismo con sus persecuciones directas y más tarde el asesinato (indirecto) de líderes por los derechos civiles y la represión violenta con presos y muertos en universidades cuando la crítica contra la Guerra de Vietnam amenazó con traducirse en un efectivo cambio político—de hecho, el congreso de los 70s fue el más progresista de la historia, haciendo posible la investigación de la comisión Pike-Church contra el régimen de asesinatos y propaganda de la CIA. Cuando dos décadas más tarde se produce la invasión de Afganistán e Irak, la crítica y las manifestaciones públicas se habían convertido en intrascendentes y autocomplacientes, pero la nueva magnitud de la agresión imperial a partir de 2001 hacían necesario tomar nuevas medidas legales, como en 1798.

La historia rimó de nuevo en 2003, sólo que en lugar de *Sedition Act* se llamó *Patriot Act*, y no sólo estableció una censura directa sino otra mucho peor: la censura indirecta y frecuentemente invisible de la autocensura. Más recientemente, cuando la crítica al racismo, a la historia patriótica y a los demasiados derechos a las minorías sexuales comenzaron a expandirse más allá de lo controlable, se volvió al recurso de la prohibición por ley. Caso de las últimas leyes de Florida, promovidas por el gobernador Ron DeSantis directamente prohibiendo libros revisionistas y regulando el lenguaje en las escuelas y universidades públicas—como para empezar. La creación de un demonio llamado *woke* para sustituir la pérdida del demonio anterior llamado *musulmanes*.

Mientras tanto, los mayordomos, sobre todo los cipayos de las colonias, continúan repitiendo clichés creados generaciones antes: "*cómo es que vives en Estados Unidos y críticas a ese país, deberías mudarte a Cuba, que es donde no se respeta la libertad de expresión*". Luego de sus clichés se sienten tan felices y tan patriotas que da pena incomodarlos con la realidad.

El 5 de mayo de 2023, se realizó la ceremonia de coronación del rey Carlos III de Inglaterra. El periodista Julián Assange, prisionero por más de una década por el delito de haber publicado una parte menor de las atrocidades cometidas por Washington en Irak, le escribió una carta al nuevo rey invitándolo a visitar la deprimente prisión de Belmarsh, en Londres, donde agonizan cientos de presos, algunos de los cuales fueron reconocidos disidentes. A Assange se le permitió el sagrado derecho de la libertad de expresión generosamente otorgado por el Mundo libre. Su carta fue publicada por distintos medios occidentales, lo que prueba las bondades de Occidente y las infantiles contradicciones de quienes critican al Mundo libre desde el Mundo libre. Pero Assange sigue funcionando como ejemplo de linchamiento. También durante la esclavitud se linchaban a unos pocos negros en público. La idea era mostrar un ejemplo de lo que le puede pasar a una sociedad verdaderamente libre, no destruir el mismo orden opresor eliminando a todos los esclavos.

El Destino manifiesto

EN LA EDICIÓN DE JULIO DE 1845 del *Democratic Review,* el editor y asistente del presidente James Polk, John O'Sullivan, inventa la idea y el nombre de *Destino manifiesto* que se hará viral entre aquellos que buscan una justificación superior a las excusas de su presidente para ir a la guerra con un país que no quiere. A pesar de que la razón para la independencia de Texas y para la anexión de otros territorios es que deben ser convertidos en Estados esclavistas, O'Sullivan agrega el siempre necesario condimento religioso: "*el destino manifiesto carga el gran experimento de la libertad y debe extenderse por toda la tierra que la Providencia nos ha entregado*". Por los siglos por venir, los teólogos buscarán el contrato de cesión enviado por Dios al político y periodista estadounidense. Los investigadores independientes fracasarán en sus intentos de explicar la expansión de la esclavitud como un "experimento de la libertad" que "debe extenderse por toda la tierra".

En 1852, el mismo O'Sullivan, para entonces editor del *New York Morning News*, publicará un artículo titulado "The Cuban Debate" en el *Democratic Review* con una opinión razonable para su época: "*este continente y sus islas adyacentes les pertenece a los blancos; los negros deben permanecer esclavos...*" La idea y las palabras se repetirán en Estados Unidos a lo largo y ancho de las generaciones por venir, incluso hasta después de la abolición legal de la esclavitud en 1865.

En mayo de 1858, la revista *United States Democratic Review* de Nueva York, en su artículo "El destino de México", explicará las razones de Dios para entregarle a los estadounidenses el resto de ese país horrible: "*Muchos países nos acusan de insistir demasiado sobre eso del Destino manifiesto... Nosotros sentimos la mano de Dios sobre nosotros... México comenzó su historia con todo a su favor, excepto una: su gente no era blanca... Tenían una mala mezcla de sangre española, indígena y negra. Gente de este tipo no sabe cómo ser libre y nunca lo sabrá hasta que sea educada por la Democracia estadounidense, por la cual el amo gobernará sobre ellos... No vamos a tomar México por nuestro propio interés, lo cual sería una broma imposible de creer. No, vamos a tomar México por su propio beneficio, para ayudar a los ocho millones de pobres mexicanos que sufren por el despotismo, la anarquía y la barbarie*".

En 1872, el artista John Gast entregará al público y a la historia el cuadro más famoso del arte Kitsch: su alegoría "*American Progress*" (conocida como "El espíritu de la frontera") se convertirá en un himno visual en el cual una sensual mujer rubia, con una teta a punto de ver la luz, le indica el camino a los pioneros estadounidenses que llevan el arado, el telégrafo y el ferrocarril sobre las tierras que las fieras y los salvajes van abandonando, asustados por el progreso e incapaces de entender la verdadera libertad. Al medio y debajo de la sensual mujer que vuela como un ángel, unos pioneros con sus rifles, listos para defenderse de cualquier ataque invasor.

En 1897, el futuro presidente Theodore Roosevelt publicará en "Sobre *National Life and Character*" que "*la democracia de este siglo no necesita más justificación para su existencia que el simple hecho de que ha sido organizada para que la raza blanca se quede con las mejores tierras del Nuevo mundo*".

En 2020, el presidente Donald Trump usará la misma teoría en su Discurso de la Unión y el mismo jefe administrativo de la NASA la explicará ese 4 de febrero, por si el presidente y O'Sullivan no hubiesen sido del todo claros: "*El Destino manifiesto era la creencia de que Estados Unidos estaba destinado a promover la democracia y la libre empresa en América del Norte. Esta noche, el presidente Trump ha dicho en su Discurso de la Unión: 'El destino manifiesto de Estados Unidos está en las estrellas'. Iremos a la Luna y luego a Marte para compartir esos mismos valores con toda la humanidad*".

La guerra política y la guerra cultural

EL 4 DE JUNIO DE 1846, el *Sangamo Journal* de Springfield, Illinois, insistió que las hostilidades no fueron iniciadas por México sino por el presidente James Polk. Sin embargo, a medida que avanza la guerra, el mismo diario de Illinois patrióticamente apoya el ataque y despojo del vecino del sur. Los días del partido Whig están contados. De la misma forma que el partido Federalista desapareció por oponerse a la guerra en 1812, ahora los Whig desaparecerán por oponerse a la guerra con México.

Luego de los repetidos desastres militares por anexar parte de Canadá treinta años atrás, el negocio más inteligente es continuar el despojo de las naciones indígenas primero y de los territorios mexicanos después. El presidente James Polk tiene un buen argumento: *"Para obtener California, se debe aplicar todo el poder de la cristiandad"*. Una nueva cruzada, otra con la cruz pero sin el crucificado. Las grandes obras requieren sacrificio y valor, como su abandono del ateísmo al entrar en la Casa Blanca. El diario demócrata *State Register* aclara y advierte contra el exceso de optimismo: *"los mexicanos son racialmente inferiores, pero se encuentran un escalón por encima de los negros"*.

Las teorías y la fe no son suficientes. Hay que levantar el ánimo popular y, en cierto momento, a pesar de la autocensura de la mayoría de los periódicos, las noticias que alcanzan la letra impresa tienen el efecto contrario. Algunos diarios comienzan a publicar los reportes de sus enviados a México junto con las cartas de los soldados, como ocurrirá en otras invasiones a lo largo de las generaciones por venir. El congresista por Illinois y soldado voluntario John J. Hardin se sorprende de no haber visto ni a un solo mexicano borracho. *"En lo demás, no son muy distintos a los negros"*, escribe y se lamenta porque pensaba encontrar jardines con hermosas mujeres abanicándose, *"ofreciendo los deliciosos frutos de la tierra"* y, en cambio, debieron marchar largos días sobre desiertos poblados de cactus. Peor que todo eso, Hardin no soportaba cruzarse con híbridos mexicanos desinteresados por la guerra. Otros, como el joven paramédico Alexander Somerville Wotherspoon, se molestan cuando, en lugar de feroces nativos, se encuentran con gente más bien amable.

En el norte civilizado, los lectores, desde el comisario hasta los presos, cada mañana esperan con ansiedad los diarios o los leen en las calles en voz alta, como si se tratara de la final de un gran torneo. Cuando no consiguen llenar las páginas con relatos heroicos de los soldados y voluntarios, los redactores se entretienen convirtiendo en héroes a cualquier hijo de familia protestante, caído en acción, como el infortunado hijo del senador Martín D.

Hardin, John, muerto en Buena Vista, Coahuila, el 23 de febrero de 1847. En Illinois, su funeral reunirá 15.000 hombres y mujeres que lo llorarán. Incluso el joven Abraham Lincoln, derrotado en las elecciones de 1844 por John Hardin, cambia su discurso antibélico por la apología a su adversario político y a los caídos en la guerra contra México. No ahorra en discursos patrióticos ni en elogios para el héroe caído. Los historiadores no se pondrán de acuerdo sobre cuál pudo ser la contribución militar de John Hardin, pero Lincoln será electo este mismo año para ocupar su banca en la cámara de representantes.

El 24 de julio, Henry David Thoreau, el filósofo y activista más importante de Estados Unidos del siglo XIX, es detenido y pasa un mes en la cárcel por negarse a apoyar con sus impuestos la guerra contra México. En su descargo dice que se trata de *"una guerra perpetrada por unos pocos en su propio beneficio y en usufructo del gobierno de todos... Una guerra llevada a cabo con el propósito de extender la esclavitud en territorios ajenos"*. En su libro *Desobediencia civil* insistirá que ningún individuo debe entregar su conciencia a su gobierno ni a los poderes que rigen su sociedad. Ralph Waldo Emerson, James Russell Lowell (autor del libro antibélico *The Biglow Papers*) y Frederick Douglass tampoco ahorran en artículos contra la guerra. Pero uno es filósofo, el otro poeta (como Thoreau que, para peor, es ambas cosas) y el último es negro.

La guerra política será ganada por el poder, esta vez el poder de los estados esclavistas del sur, pero la guerra cultural amenaza de nuevo con ser ganada por los radicales de los libros. James Polk se apresura y escribe cartas que su esposa Sarah leerá y corregirá antes de ser enviadas a uno de los pocos amigos periodistas del presidente.

Sarah hace una pausa. Se levanta y mira por la ventana. Es un bochornoso día de verano y afuera debe estar insoportable. Mucho más al sol, como están los negros trabajando en los jardines de la Casa Blanca. Sarah se abanica y reflexiona en voz alta:

—Esos que escribieron la Declaratoria de la Independencia vivían en un mundo de fantasía...

El presidente levanta la vista y la mira. Otra de las tantas ocurrencias de su querida Sarah. James Polk se sonríe y Sarah lo advierte. Se da vuelta y lo mira con displicencia. Polk, como su padre, es un jeffersoniano fiel, ateo, o casi, y todavía creyente en esas cosas del humanismo y alguna que otra fracasada idea francesa sobre la igualdad, la libertad y la democracia. Pero antes que en las palabras de Jefferson, Polk confía en el pragmatismo político de su esposa. Ella lo llama instinto, porque es más apropiado para una mujer y, sin detenerse, recita de memoria y con tono sarcástico:

—*"Nosotros, el pueblo, sostenemos como evidentes estas verdades: que todos los hombres son creados iguales; que todos son dotados por su*

Creador de ciertos derechos inalienables; que entre estos derechos están la vida, la libertad y la búsqueda de la felicidad".

James Polk se encoge de hombros y firma la solemne declaración, como en la Edad Media los sacerdotes terminaban una discusión citando a Aristóteles:

—Thomas Jefferson. 4 de julio de 1776.

Pero Sarah no se impresiona.

—Mira esos hombres —dice, señalando a los negros doblados sobre la tierra y bajo el peor sol de julio—. Ellos no eligieron estar ahí inclinados todo el día para conservar la belleza de esta casa y de este país. Tampoco nosotros elegimos estar aquí, tú escribiendo y yo abanicándome mientras miro esos hombres bajo el sol. Cada uno de nosotros fuimos creados para ocupar el lugar que ocupamos. Cada uno ocupa el lugar que debe.

El 5 de junio de 1845, el *New York Herald* repite un lugar común: los mexicanos son una raza resultado de todo tipo de mezclas, lo que ha producido *"una imbecilidad intelectual característica de su raza... por lo cual son incapaces de gobernarse a sí mismos"*. En cambio, *"la raza anglosajona siempre ha aborrecido la sola idea de mezclarse con otras razas... Por donde los anglosajones han avanzado, han desplazado a las razas inferiores, desplazando la barbarie por la civilización"*. Cualquier tratado de paz con México *"deberá garantizar la protección de la inmigración desde Estados Unidos para desplazar poco a poco a la raza imbécil que habita ese país por la enérgica raza anglosajona"*.

En el Congreso se multiplican las afirmaciones sobre la imbecilidad de las razas no anglosajonas y la incapacidad de los mexicanos, como los indios y los negros, para entender el concepto de libertad. A partir de Andrew Jackson, los políticos y los presidentes del país son sureños en un número crítico; por lejos más religiosos que la generación fundadora y menos educados en la cultura de la Ilustración y el humanismo. En el sur esclavista, la sinceridad aflora por la espalda. Frente a las razas inferiores o los individuos desagradables, son más amables que en el norte; sonríen con más facilidad y, entrenados en la cultura del Amo, saben cómo evitar el conflicto cuando no es necesario y cuándo provocarlo cuando la fruta está madura.

La mentalidad racista y esclavista que gobierna el país gobernará el mundo. Para los sureños del norte, la raza blanca (casi inexistente en la Biblia, de no ser por algunos paganos del Imperio romano) fue elegida por Dios para dominar el mundo. El cristianismo, como la raza humana, al pasar por Europa habría perdido su color y sus conversos, de ser bárbaros y esclavos eslavos se convirtieron en civilizados esclavistas; de ser perseguidos y torturados del Imperio, pasaron a ser temibles persecutores y torturadores de otros pueblos indefensos. Para las nuevas generaciones de políticos sureños, esclavistas, el resto de la humanidad (los negros esclavos, los indios rebeldes, los mexicanos corruptos) deben ser tratados como lo que son, seres inferiores e incapaces de ocuparse de sus propios negocios. En caso de no comportarse como súbditos o esclavos, son considerados culpables de alguna inaceptable ofensa y merecedores del castigo que extiende las fronteras y el sagrado derecho del comercio propio.

El 8 de agosto, el presidente James Polk solicita al Congreso dos millones de dólares para negociar con un México destrozado, ocupado y sin posibilidades de negociar. David Wilmot, un representante de Pensilvania (oveja negra del Partido Demócrata y más tarde del nuevo Partido Republicano) propone que, a cambio de la aprobación de los recursos solicitados, se mantenga la prohibición de la esclavitud en los nuevos territorios arrancados a México. El Senado, con una mayoría de los demócratas esclavistas del sur, rechaza la propuesta. Texas y los nuevos estados no sólo serán una fuente inagotable de tierras para extender las plantaciones esclavistas, sino que terminarán por romper el equilibrio en el Congreso entre estados a favor y estados en contra de la esclavitud que aun amenazan con abolir la esclavitud en Estados Unidos como ya lo han hecho, décadas atrás, las repúblicas bárbaras del sur.

En febrero del próximo año, la propuesta de Wilmot será puesta a consideración una vez más. Otra vez, como ocurrirá por diez generaciones por venir, el proyecto de ley pasará la cámara de representantes y será rechazada por la cámara de Senadores, dominada por estados rurales, conservadores y prácticamente deshabitados.[2] La esclavitud demorará aún unas décadas más en ser abolida, pero necesitará la guerra más sangrienta que sufrirá Estados Unidos dentro de sus fronteras en toda su historia. Los negros se convertirán en ciudadanos estadounidenses en 1868, pero no en individuos libres. Los estadounidenses de origen mexicano tampoco. El sistema electoral para elegir presidentes, el desproporcionado poder de los senadores conservadores, herencia del sistema esclavista desde los tiempos de la fundación de este país, sobrevivirá intacto hasta el siglo XXI. La discriminación legal de nativos, negros e hispanos en los estados del sur durará un siglo más. La discriminación, el racismo, la auto victimización anglosajona en todo el país, las invasiones e intervenciones en países ajenos en nombre de la defensa propia, por lo menos un siglo más.

Periodismo fotográfico del siglo XIX

UN DÍA GÉLIDO A FINALES DE 1890, LOS SOLDADOS de verde entraron en la reserva indios en *Wounded Knee, Dakota del Sur*, con la orden de desarmarlos a todos. Uno de ellos, el sordo Coyote Negro, no entendió la orden, pero no porque fuera sordo. No en entendía por qué debía entregar su rifle si había pagado una fortuna por él. ¿No fueron los blancos quienes les enseñaron eso de la propiedad privada? Cuando el sordo Coyote les quiso explicar por qué no a los manotazos, los militares civilizados, asustados por los tambores o reaccionando como reaccionan las fuerzas del orden del mundo civilizado ante una negativa ajena, comienzan a disparar. Los pocos indios que aún no habían sido desarmados contestan el fuego, pero en pocos minutos el campamento es reducido a cadáveres que tiñen de rojo las nieves del implacable invierno de las Dakotas. Trescientos hombres, niños y mujeres lakotas y veinticinco soldados reposan sin vida en el frío eterno. Pie Grande queda tendido, pero no parece muerto porque sus manos inmóviles siguen hablando. Un joven de la North Western Photo Co. se le acerca y le toma una fotografía. Los indios son enterrados en una fosa común, vestidos o desnudos, y de ahí en más la masacre es llamada "Batalla de Rodilla Herida".

Luego de la muerte de su padre, Pie Grande (también conocido como Alce Manchado) se había hecho cargo de la tribu Minneconjou. Como otras tribus, todas eran sospechosas de rebelarse ante la continua invasión de los colonos anglosajones en las pocas reservas que les habían quedado por ley, por la ley anglosajona que los pueblos arrinconados habían aceptado. Ayer se dirigían hacia las riberas del río Rodilla Herida para unirse a otras tribus Sioux, cuando el mayor Samuel Whitside los emboscó y los llevó caminando casi veinte kilómetros hasta el arroyo Rodilla Herida donde esperaban otros indios. Unas horas después se le unió el coronel James Forsyth con un batallón y cuatro cañones.

Aunque es otra matanza devastadora para la tribu Lakota, aun así se ve muy chiquita desde la perspectiva de la trágica historia de las naciones originales. Tampoco es la primera vez que los angloamericanos, tan orgullosos de su apego a las leyes, ignoran una ley o un tratado con alguna otra nación cuando no les conviene. Los frecuentes cambios de gobiernos legitimaron la fragilidad de estos tratados con naciones consideradas inferiores. Más de cien años atrás, los populosos pueblos nativos al Oeste de las montañas Apalaches eran considerados naciones y estaban habitadas con tantas almas como las populosas naciones del Reino de Gran Bretaña. En 1763, el Imperio británico había firmado un tratado con las Naciones Indígenas (*Royal Proclamation*) por el cual los blancos podían quedarse con los territorios al Este, siempre que no cruzaran la nueva frontera al Oeste.

La gloriosa Revolución americana de 1776 lo cambió todo. Para los intelectuales llamados Padres Fundadores se trató de cuestiones de principios y de nuevas ideas, como aquello tan bonito de que *todos los humanos nacen iguales*, sin aclarar que la gente nace igual siempre que no sean indios, negros o mestizos. Para el resto menos sofisticado de la población anglosajona que no leía francés, la Revolución era una cuestión mucho más práctica. Era algo sobre el derecho a cruzar la injusta frontera de los indios invasores y tomar más y más tierras en nombre de alguna razón, de alguna historia heroica o de algún mandato bíblico. En 1780, los colonos anglosajones, de repente llamados *americanos* (nombre hasta entonces reservado a los indígenas salvajes y a los habitantes corruptos de la América hispánica) habían decidido que tenían *Derecho a explorar* y, liberados del yugo británico, pudieron cruzar la frontera a fuerza de hacha y escopeta. Mejor dicho, decidieron moverla más al Oeste y defenderse de los nuevos invasores salvajes que pretendían quedarse en sus propias tierras. Para 1830, las llamadas *Naciones indias* habían cambiado de nombre y se habían convertido, por magia de la lingüística y por la fuerza de la pólvora, en simples tribus salvajes.[1] En los años veinte, el presidente John Quincy Adams había sido el último presidente en defender los sucesivos tratados con los pueblos indios, hasta que todo se solucionó con la elección de Andrew Jackson en 1828, un soldado casi analfabeto, célebre en los estados esclavistas del sur por su crueldad civilizatoria. En 1824, Thomas Jefferson había descrito al hombre que definiría el espíritu primitivo, anti intelectual y mesiánico de Estados Unidos en los siglos por venir: "*es el hombre menos preparado que he conocido en mi vida, sin ningún respeto por alguna ley o por la constitución*". A partir de 1829 los pobres blancos se rebelaron contra los esclavos negros y sus absurdas pretensiones de igualdad. Cualquiera podía ver que entre un blanco y un negro había una obvia diferencia. Esta *rebelión* de los blancos pobres se repetirá casi doscientos años después y llevará a la presidencia a Donald Trump, definido por muchos con las mismas palabras que Jefferson había definido a Jackson. No por casualidad, el mismo presidente republicano, apenas ponga un pie en la Casa Blanca, colgará un retrato del fundador del partido Demócrata, Andrew Jackson, en el lugar más visible de su oficina y lo considerará un modelo histórico a seguir.

Una vez elegido presidente por una pequeña minoría blanca que se sentía identificada con él, Jackson, conocido con el sobrenombre de Mata Indios, ignoró los tratados de Estados Unidos con las Naciones nativas. En 1830 logró la aprobación de la *Ley de Traslado Forzoso* de los indios y Washington declaró nulos todos los títulos de propiedad de los indios al oeste del río Mississippi. Jackson puso a la venta los nuevos territorios a precios de miseria para favorecer a "*los verdaderos amigos de la libertad*", los colonos blancos. El 5 de agosto de 1830, en una carta a John Pitchlynn (escocés adoptado de niño por la tribu Choctaw), un emocionado Andrew Jackson escribió: "*Soy consciente de haber cumplido con mi deber con mis niños de piel roja*". Gracias a los verdaderos amigos de la libertad, no sólo se despojó a los indios de sus títulos y de sus tierras, como se hizo poco después con los mexicanos, sino que se extendió la esclavitud de los negros más hacia el Oeste y se la siguió expandiendo con la independencia de Texas y la anexión de los estados mexicanos hasta California.

Despojados del resto de las tierras que le quedaban al sur de Georgia y al Oeste del Mississippi, las poblaciones nativas fueron forzadas a evacuar inmensas áreas de territorio. Naturalmente, muchos se resistieron y fueron asesinados en nombre del cristianismo y la civilización. Quienes no se resistieron fueron exiliados o murieron de hambre y enfermedades durante la remoción a otras tierras, miles de millas hacia el oeste. Poco después, en 1835, unos delegados cheroquis, sin la aprobación ni del Consejo Cheroqui ni del pueblo Cheroqui habían sido obligados a firmar un tratado por el cual amablemente les cedían más tierras a los hombres civilizados a cambio de un rincón de Oklahoma, lo que terminó en una nueva remoción forzada de otros cientos de miles de indios de varios estados y la muerte de miles que no resistieron el viaje al exilio.[2] También este tratado será ignorado unas décadas después por el hombre blanco, tal como lo ha hecho cada vez que lo ha considerado conveniente. A cada una de estas violaciones de tratados con otros pueblos, hasta entrado el siglo XXI, se la llamará "expansión de la libertad y del derecho del país de las leyes".

La tradición de "El país de las leyes" de romper las leyes y los tratados con los indios cuando no le convienen, se había extendido a otras naciones, desde el Tratado de Adams-Onís que fijaba los límites fronterizos con los territorios españoles en 1819 (luego ratificado con México en 1828), desde que en los años treinta los colonos anglos recibieron regalos de tierras del gobierno de México en Texas y, como agradecimiento, decidieron ignorar las leyes de aquel país para más tarde arrebatarle toda Texas y expandir la esclavitud con libertad, hasta el tratado para limitar las armas nucleares con Irán en 2015.

Luego de la sangrienta Guerra civil, Abraham Lincoln había logrado, post mortem, que la enmienda 14 de la Constitución de Estados Unidos declarase que "*todos los nacidos en territorio nacional son ciudadanos de Estados Unidos*". Por esa reforma constitucional los negros se convirtieron en ciudadanos, aunque de segunda categoría. A los indígenas les tomará más tiempo demostrar que nacieron en los territorios que le han venido robando desde hace más de un par de siglos. En 1924, los indígenas americanos, los pocos que quedan de la limpieza étnica que nunca se llamará ni limpieza étnica y mucho menos genocidio, serán reconocidos como ciudadanos estadounidenses.

Unos años después de la matanza de Wounded Knee, en su visita a Dakota del Sur, el comisionado del gobierno para el Servicio Civil del gobierno y futuro presidente, Theodore Roosevelt, determinará, y los textos de las escuelas enseñarán que *"los indios fueron tratados con mucha consideración y justicia"*. Treinta años después, no lejos de allí, en el Monte Rushmore, los martillos esculpirán las montañas sagradas de los Lakota para revelar los rostros de George Washington, Thomas Jefferson, Abraham Lincoln y Theodore Roosevelt. El escultor, Gutzon Borglum, no sólo sufrirá de narcisismo y megalomanía. Hijo de inmigrantes daneses, será otro convencido de la superioridad de la raza blanca y se opondrá a la inmigración. Como miembro del Klu Klux Klan, logrará de este grupo la financiación para esculpir la Stone Mountain en Georgia, donde todavía cabalgan los tres héroes derrotados de la Confederación, Jefferson Davis, Robert E. Lee y Stonewall Jackson.

600 millas al norte, el 20 de mayo de 1948, lo que queda de las naciones Arikara, Mandan y Hidatsa serán obligadas a firmar el acuerdo por el cual se comprometen a vender sus tierras para la construcción de la represa Garrison. Las naciones, ahora tribus, han habitado esa región de Dakota del Norte por mil años y, para entonces, deberán resignarse a evacuar la franja del río Missouri, morir ahogados, perderlo todo por expropiación o legitimar el despojo por siete millones de dólares. Los museos guardarán la foto en la que el jefe del Cuerpo de Ingenieros del Ejército, con calma, firma el nuevo tratado. A su lado, de pie, George Gillette, el jefe de las tribus ocultando sus lágrimas con una mano. Aunque reducidas a una reserva, las tres tribus habían logrado cierta prosperidad y una total autosuficiencia que terminará en esa sala de hombres con elegantes trajes y con varios de sus pueblos, con su hospital y sus tiendas, bajo el agua de la prosperidad ajena. Una vez más, como en los tratados anteriores de remoción de indígenas, como el tratado de Guadalupe Hidalgo en México, y como en muchas otras oportunidades, las "razas inferiores" firmarán un tratado con un revólver en la nuca y recibirán una suma de dinero para que no protesten. Como en tantas otras ocasiones, las víctimas cumplirán con el tratado; los vencedores, sólo mientras les convenga.

Cuando a fines del siglo XVIII en América del Norte vivían entre cinco y siete millones de indígenas, del otro lado de los Apalaches, en la nueva nación de las trece colonias vivían tres millones y las distancias despobladas necesitaban días y semanas de carretas para atravesarlas. La enorme extensión de territorios tomadas por los angloamericanos nunca les resultó suficiente. En mayo de 1971, el celebrado actor John Wayne, héroe mítico del cine clásico de vaqueros, justificará el largo y violento despojo de los territorios indios afirmando: *"No creo que hicimos nada mal quitándoles este gran país... Nuestro supuesto robo fue sólo una cuestión de supervivencia. Nuestra gente necesitaba nuevas tierras y los indios, de forma egoísta, se querían quedar con ellas".*

Nacimiento de la Prensa amarilla

EL 7 DE MARZO DE 1894, EL DIBUJANTE FREDERICK Burr Opper publicó en *Puck* el comic *"The fin de siècle newspaper proprietor"* en el cual resumía, como en una composición pre renacentista, la complejidad del mundo editorial del momento. Al centro aparece un director de diario, probable alusión a Joseph Pulitzer, uno de los dos más poderosos del momento. En un ángulo, diferentes lectores corren de prisa (símbolo de la inmediatez, la urgencia y la irreflexión) con diarios donde se leen titulares como: "CHEAP SENSATION" ("sensación barata" o "sensacionalismo") y "FAKE NEWS".[149] Es decir, al mismo tiempo que surgía la "prensa amarilla" y las noticias falsas surgía la conciencia de su rol, al menos por parte de los críticos.

El 17 de febrero de 1895, Joseph Pulitzer lanzó a las calles un millón de ejemplares del *New York World* con el cómic de un personaje llamado Mickey Dugan. El 5 de mayo, el niño sin techo, descalzo, borracho y mal hablado, apareció vestido con una túnica amarilla en la primera tira a todo color que conoció el mundo. Poco después, el chico embustero se mudó, probablemente por dinero, al *New York Journal*, de William Randolph Hearst.

Pero el *New York World* y el *New York Journal* dedicaron páginas más serias a la política y la futura guerra. La competencia entre ambos era a muerte, por lo que echaron mano al sensacionalismo y a la fabricación de hechos que enardecían sentimientos primitivos como la ira y el patriotismo. El *New York Press*, un periódico modesto de la ciudad, despectivamente bautizó el trabajo persuasivo de los dos grandes diarios del país como "periodismo amarillo".

Apenas tres años después, el 17 de febrero de 1898, el *New York Journal* informó que el USS Maine había sido hundido en La Habana debido a un ataque de España. En uno de sus títulos de portada, citó la opinión de un amigo de la casa, el secretario Theodore Roosevelt, quien no creía, dijo, que se haya tratado de un accidente. El diario ofreció *"50.000 mil dólares de recompensa a quienes aporten información que lleve a la captura de los criminales que mataron a 258 marines estadounidenses"*. La cifra equivale a un millón y medio de dólares al valor de 2020. Ningún medio masivo de Estados Unidos en el año 2020 se atreverá nunca a ofrecer tanto. La opinión pública, como tantas otras veces, estalló de indignación y exigió una guerra que reparara semejante ofensa. Obviamente, el *New York Journal* se ahorró esos 50.000 dólares mientras los diarios se vendían como pan caliente.

Los dos gigantes del periodismo que acababan de inventar la prensa amarilla, el *New York Journal* de William Randolph Hearst y el *New York World* de Joseph Pulitzer, contradijeron las crónicas de los sobrevivientes afirmando que se había tratado de un ataque extranjero. Pero, gracias a la repetición, algo quedó como verdad para las futuras generaciones:

"REMEMBER THE MAINE! TO HELL WITH SPAIN!"

¡Recuerda El Maine! ¡Al Diablo con España! Nunca lo olvidaremos. Se escribieron canciones y se emitieron sellos de correo con el mandamiento "*Recuerda el Maine*".

No importa que Joseph Pulitzer, en privado, reconoció que "*ni el más lunático podría creer que los españoles hundieron ese barco*". Pocos estaban interesados en una posibilidad que no vende. El 17 de febrero, los dos diarios que competían por la atención de la nación, publicaron un reporte del capitán Charles Sigsbee asegurando que la explosión no fue un accidente. Tiempo después se revelará que el reporte había sido inventado. De hecho, el mayor experto en explosivos de la época, el oficial de la marina Philip Rounseville Alger, había concluido que la tragedia sólo pudo haber sido causada por una explosión en la sala de combustión, contigua al depósito de carbón: "*ni el más poderoso torpedo conocido por la tecnología militar moderna pudo haber causado una explosión como la que hundió al Maine*", escribió. Un pequeño diario, *The New York Times*, publicó que "*nadie puede ser tan estúpido como para creer que los españoles podrían haber hundido el Maine*".

Pero la realidad no es lo que es sino lo que medio pueblo y los negocios quieren que sea. En pocas semanas todo el país se había familiarizado con el "*acto barbárico*" contra sus marines. Cientos de diarios, como *The Nebraska State Journal* del 10 de abril, no dudaron un minuto sobre la "*responsabilidad criminal de España en el hundimiento del Maine y la matanza de su tripulación, algo que la mayoría de la gente acepta... Esa es una declaración de guerra*". El representante de Nebraska y luego secretario de Estado, William Jennings Bryan, rival acérrimo del presidente McKinley y de las grandes corporaciones en el poder político, sucumbió a la vieja pasión angloamericana: "*la Humanidad nos demanda que intervengamos*", dijo. En tiempos de guerra, casi todos están de acuerdo. Sobre todo, cuando quien tiene un martillo ve todos los problemas como si fuesen clavos.

Dos días antes, el presidente William McKinley se había resistido a declarar la guerra contra España. "*He estado en una guerra y no quiero volver a ver cuerpos apilados unos sobre el otro*", había murmurado en una reunión de amigos. Pero el *Atlanta Constitution* se burló del presidente y calificó sus titubeos como "*una muestra de la virilidad estadounidense*". La solución de quienes no marcharán a ninguna guerra era la misma de siempre. En uno de sus editoriales, el diario afirmó: "*lo que necesitamos es un hombre en la Casa Blanca*". El mismo complejo de macho belicista había atormentado al futuro presidente Theodore Roosevelt desde que su padre, filántropo y poderoso hombre de negocios, le había pagado a un sustituto para que reemplazara a su hijo en la Guerra Civil.

El 13 de febrero, el mismo diario, bajo el titular de portada "*Las mujeres de Atlanta claman por un fin del acoso español en Cuba*", afirmaba que "*ha llegado el tiempo en que la voz de la Humanidad clama por una intervención de Estados Unidos en la Perla de las Antillas para poner fin a las atrocidades de España contra los niños y las mujeres de esa isla... Sus súplicas son dirigidas hacia la república que, en sus mejores momentos de gloria, debe actuar con dignidad y sin egoísmo, como la nación civilizada que es*".

Para ayudar al presidente con una decisión que no quería tomar, el *New York Journal* no se quedó atrás y comenzó a alimentar los rumores sobre su masculinidad. El 9 de febrero, publicó una carta filtrada del representante de España en Washington, Enrique Dupuy de Lôme, en la cual el diplomático valenciano habría sugerido la debilidad de carácter de McKinley. En titulares desproporcionados, el diario inventor del periodismo amarillista tituló, una vez más recurriendo a los superlativos: "*El mayor insulto en toda la historia de Estados Unidos*". Sorprendido por el estado público de su carta, que empeoraron las malas traducciones, Dupuy de Lôme renunció a su cargo en Washington. El presidente de Estados Unidos exigió una disculpa del gobierno de España, la cual llegó inmediatamente el 14 de febrero, un día antes de la famosa explosión en el puerto de La Habana.

En La Habana, los enviados de los periódicos de Nueva York no habían encontrado noticias más importantes y se dedicaron a reportar algunas peleas entre españoles y estadounidenses. En enero, el *New York Journal*, ávido de vender más que su rival, había informado sobre un incidente entre borrachos como la mayor ofensa en la historia del país hasta el extremo de titular: "*Next to War With Spain (A un paso de la guerra con España)*" reclamando reparar el honor de la nación con una declaración de guerra "*en las próximas 48 horas*".

McKinley, el presidente que en su discurso de inauguración de 1896 había asegurado que su política se basaría en "*la no intervención en los asuntos de otros gobiernos*" y en "*evitar la tentación de cualquier agresión territorial*", como lo hará Woodrow Wilson dos décadas después, se tragó sus palabras y el 24 de enero envió el USS Maine a Cuba bajo razones ambiguas:

ciertos rumores sobre que la armada alemana podría estar navegando por el Caribe, cierto sentido de humanidad con el pueblo oprimido de Cuba…

En enero, en una carta a Henry White, el senador Henry Cabot Lodge (promotor de Theodore Roosevelt en el nuevo gobierno y de la idea de Estados Unidos como imperio benévolo) escribió: *"cualquier día puede haber una explosión en Cuba"*. Tres semanas después, sin registro del más mínimo incidente, el 15 de febrero, una explosión hunde el USS Maine frente a La Habana y mata a 261 marines de Estados Unidos. Sólo se salvan el capitán (que en el momento de la explosión acababa de cerrar el sobre con una carta a su esposa) sus oficiales y pocos más. El comandante Francis W. Dickins informa de un accidente. El oficial naval George Dewey lo confirma: *ha habido un accidente.* El capitán naval Philip R. Alger, concluye que ha habido una explosión causada por un repentino fuego en la sala de máquinas, próximo al almacén de pólvora.

En cuestión de horas William Hearst, el empresario más exitoso de la prensa estadounidense (ex candidato de la izquierda demócrata para la cámara baja y poco antes de caerse hacia la derecha conservadora) con un pie sobre su escritorio a 2.300 kilómetros de La Habana, le ordenó a su editor anunciar la primicia que ardería en el pecho patriótico de cada estadounidense y le haría vender más diarios que su eterno rival, József Pulitzer.

Antes de que se disparen las últimas balas en Cuba y en Filipinas, el 2 de mayo William Hearst publica un editorial en el *New York Journal* titulado *"Victory! Complete! Glorious!"* donde sentencia, con el mismo fanatismo de pasadas hazañas: *"la verdad está con nosotros y Dios está con la verdad"*. Es decir, Dios estaba con el *New York Journal*, que ese día vendió un millón y medio de diarios gracias a una guerra inventada para vender diarios.

Como ocurrió por generaciones a partir de la batalla de El Álamo en 1836, cuando la prensa y las tabernas repetían *"¡Recuerda el Álamo!"*, cuando titulares, libros de secundaria y canciones de Jane Bowers hacían llorar a múltiples generaciones como si se hubiese tratado de una agresión extranjera, la nación viril que no recuerda casi nada, dice no estar dispuesta a olvidar e insiste, una vez más: *"¡Recuerda el Maine!"*.[lxvi]

[lxvi] Los restos del Maine serán recuperados en 1913. En 1974, la comisión estadounidense dirigida por el almirante Hyman Rickover concluyó que la verdadera causa del hundimiento fue exactamente la reportada desde el primer día por su propia tripulación: una explosión en la sala de máquinas. "No encontramos ninguna evidencia de la explosión de alguna mina", agrega el informe. Lo que no es materia de discusión es la mentira reproducida por la gran prensa estadounidense, por los políticos y, finalmente, por todo un pueblo que pronto olvidará el asunto como forma de completar la tradición.

La invención de las *fake news* como forma de negocio privado y la guerra contra España en Cuba quedaron entrelazadas para siempre. Ambos enemigos, Pulitzer y Hearst, eran hombres de negocios y sabían que nada vende más que una guerra, la desinformación y la exacerbación del patriotismo de tabernas. Ese año, el *New York Journal* había vendido la impresionante cantidad de 30.000 ejemplares por día. Para cuando estalló la Guerra contra España, que tampoco será una guerra, el *Journal* vendió más de un millón de ejemplares por día. Para entonces, había reducido el precio del periódico a la mitad (un centavo) en procura de captar lectores "menos sofisticados". También bajó a la mitad la exigencia de cualquier compromiso con los hechos y la decencia. Entre las historias favoritas que luego se reprodujeron en cientos de otros diarios locales por todo el país, fueron muy apetecibles aquellas donde se describía a los españoles como bárbaros criminales, depravados persiguiendo a indefensas cubanas casi desnudas.

Esta guerra no fue la primera guerra en la cual los medios justifiquen los fines, pero fue la primera en la historia alentada y calentada por los medios en procura de aumentar sus ventas.

Desde 1917, el premio periodístico más codiciado del país llevará en nombre de József Pulitzer, en honor a su lucha contra la corrupción y por la excelencia informativa.

Guerra psicológica

En su artículo "The Spymaster's Toolkit", la CIA defendió la manipulación de la opinión pública de forma insuperable: "*las campañas de propaganda utilizan la comunicación para alterar las creencias y los puntos de vista de una población para, a su vez, influir en su comportamiento*". Enseguida define las tres formas más conocidas de propaganda en el mundo anglosajón y aplicadas desde generaciones atrás en el resto del mundo: la blanca, la negra y la gris: "*la propaganda blanca identifica abiertamente la fuente y utiliza técnicas suaves de persuasión y relaciones públicas para lograr el resultado deseado. Por ejemplo, durante la Guerra del Golfo Pérsico, la CIA lanzó panfletos desde el aire antes de algunos bombardeos aliados para dar tiempo a los civiles a evacuar y animar a las unidades militares a rendirse. La propaganda negra, por otro lado, es información errónea que se identifica con un lado de un conflicto, pero realmente es producida por el lado opuesto, como Franklin enviando la carta 'de' un príncipe alemán*".

En el caso de la propaganda negra, el artículo de la CIA pudo haber citado cualquiera de los miles de ejemplos operados a lo largo de su historia, en lugar del menos conocido de Franklin. Sin embargo, no sé si como error o por la fuera del hábito, le confiere una mayor reputación a la "propaganda gris". "*La propaganda gris es la más misteriosa de todas porque nunca se identifica la fuente*".[150]

Esta definición es consistente con las mismas prácticas de la CIA y hasta con sus ornamentos edilicios. La escultura emblemática de sus oficinas de Langley, Virginia, inaugurada en 1990, es una muralla ondulante de cobre con casi dos mil letras grabadas en un orden misterioso hasta para sus propios agentes y expertos en decodificación. Luego de años de fallidos intentos por parte de una comisión de la misma agencia, se pudo descifrar el primer mensaje de los cuatro que forman el enigma: "*Entre la penumbra y la oscuridad, yace la ilusión*". La penumbra, el claroscuro, el gris, la incertidumbre, el eterno enigma que ocupa a miles por años como forma principal de ocultamiento y distracción.

Este gris es el gris que establece el mismo manual de la CIA que, por décadas, exige que todo lo que sea hecho debe ser hecho "*permitiendo una negación plausible*" y, bajo cualquier circunstancia, "*nunca se debe admitir alguna participación en ningún hecho, aunque todas las pruebas indiquen lo contrario*".

El servicio de inteligencia que precedió a la CIA fue la Oficina de Servicios Estratégicos (OSS). Una de sus oficinas fue llamada Morale Operations Branch (División de Operaciones Morales), encargada de la guerra psicológica a través de la desinformación o de la manipulación periodística. En una sola palabra: *propaganda*. Aunque en principio formó parte de la guerra para liberar a Europa de su propio nazismo, estas técnicas fueron aprovechadas para oprimir otros pueblos del llamado Tercer mundo para expandir la opresión del imperialismo anglosajón y, en menor proporción, el imperialismo soviético. Su creador (el soldado, diplomático, agente, político fracasado, fundador de la CIA y recubierto de coloridas medallas de honor en las fiestas militares) William Donovan, era un admirador de las técnicas de propaganda nazi, las cuales, a su vez se habían desarrollado a partir de las técnicas de propaganda estadounidenses, tanto como la misma ideología de la superioridad de la raza blanca. Según Donovan, "*cuando golpeas la moral de un pueblo o de cualquier ejército, golpeas un factor decisivo, porque es la fuerza de su voluntad la que determina la duración de las guerras, la medida de la resistencia*".[151]

Durante la Segunda guerra mundial, Morale Operation llegó a inocular en la prensa local veinte rumores falsos por semana. Esta práctica dejó una experiencia inestimable en el perfeccionamiento de la manipulación de la opinión pública. Se supo, por ejemplo, que la gente era muy sensible a historias breves y concretas que pudiesen causar miedo o desconfianza y que, además, tuviesen alguna relación con alguna figura famosa. Por el otro lado, se supo que las canciones que apelaban a la nostalgia por el hogar y otros sentimientos positivos también podían ocasionar reacciones significativas y convenientes en los soldados que se encontraban en el frente de batalla.

El peligro de las ideas ajenas

LA PLUTOCRACIA DOMINÓ LA ECONOMÍA Y LA POLÍTICA estadounidense desde el siglo XIX, antes y durante el período de la post Guerra civil, que los libros de historia llaman "Reconstrucción" por las razones equivocadas. Lo más lógico hubiese sido un período de *deconstrucción* luego de la derrota militar de la Confederación en 1865.

No hubo una reconstrucción del país post guerra, post esclavista, sino una *reconstrucción* de la ideología y de la cultura del perdedor, es decir, la ideología esclavista en un nuevo sistema legal. ¿Por qué se asume que una mentalidad esclavista, enquistada por siglos en una cultura, iba a terminar con una guerra y con nuevas leyes? Es por lo menos sorprendente que haya historiadores que puedan siquiera imaginar semejante milagro.

El sistema esclavista se ilegalizó pero se convirtió en un sistema legal de discriminación, en base a las leyes Jim Crow promovidas por el fácilmente defendible principio de "la independencia de los estados", es decir, exactamente la misma narrativa que cuarenta años antes impulsó Stephen Austin, "The Empresario", para hacer de Texas una excepción en un México que insistía en ilegalizar la esclavitud mucho antes que los inmigrantes anglos decidieran ponerla en práctica por la fuerza.

Luego de la Guerra civil, los amos se convirtieron en empresarios y los negros esclavos se convirtieron en empleados pobres. Pobreza y demonización que luego no discriminó tanto en base al color de piel sino de clase social. En la definición del expresidente Rutherford Hayes de 1889, "*El problema radica en la gran riqueza y el poder en manos de unos pocos inescrupulosos que controlan los capitales. En el Congreso nacional y en las legislaturas estatales se aprueban cientos de leyes dictadas por el interés de estos hombres y en contra de los intereses de los trabajadores... Este no es el gobierno del pueblo, por el pueblo y para el pueblo. Es un gobierno de las corporaciones, por las corporaciones y para las corporaciones [...] La riqueza excesiva en manos de unos pocos significa pobreza extrema, ignorancia, vicio y miseria de unos muchos... Si el pueblo estuviese debidamente informado, si pudiese entender cuál es el problema, seguramente buscaría la solución... Una solución sería, por ejemplo, poder aprobar leyes que regulen el poder de las corporaciones, de sus propiedades… de los impuestos que pagan".*[152]

Toda esta cultura e ideología racista y clasista, como ya lo explicamos en otros libros, inspiró el nazismo en Europa. No sólo Hitler reconoció influencias como la del neoyorquino Madison Grant en su libro de 1916 *The Passing of the Great Race*, sino que condecoró a los más importantes empresarios estadounidenses, como Henrry Ford, el mogul de la prensa y la producción de películas populares William Randolph Hearst, los CEOs o dueños de Texaco, DuPont, Standard Oil, General Motors (y Opel), IBM y ITT, J.P. Morgan, City Bank, General Electric, entre otros.

Desde mucho antes de la Segunda Guerra, como cualquier gran empresario, figura de poder o grupo de interés en Estados Unidos, la familia Dulles tenía conexiones, intereses y simpatías con el régimen nazi de Adolfo Hitler. Apenas comenzada la década de los 40, los hermanos Allen y Foster Dulles ya trabajaban para los servicios secretos de Washington, con oficinas en el Rockefeller Center. La familia no sólo era parte de la oposición republicana al "socialista Roosevelt" sino también un miembro destacado de la plutocracia de Wall Street. No sólo la NASA se desarrolló con la contratación de más de mil ingenieros nazis de Hitler sino que la CIA tuvo una relación estrecha con todo criminal nazi que andaba suelto en Europa o tratando de huir a las Américas.

En el patio trasero, los dictadores psicópatas elegidos por Washington para remplazar a los marines que "pusieron orden" en las repúblicas de negros unas décadas antes, comenzaron a extender su poder dentro de Estados Unidos. Uno de ellos, Rafael Trujillo, el *marine criollo*, el terror no sólo de los disidentes dominicanos, responsable de persecución y masacres contra haitianos (la madre de Trujillo era una mulata haitiana), autor de varios atentados contra presidentes más independientes de la piscina del Caribe, fue uno de los protegidos de Washington y de las grandes compañías estadounidenses. A Washington le aseguraba la estrategia de "la lucha contra el comunismo" en un país donde los comunistas eran casi inexistentes o irrelevantes, y pagos ilegales a los políticos para que moderasen críticas a matanzas como la de El Perejil. A las compañías les aseguraba acceso sin limitaciones ni cuestionamientos izquierdistas. En 1955, el vicepresidente Nixon, como era su costumbre de apoyar personalmente dictaduras amigas, visitó la isla. El Secretario de Estado, John Foster Dulles, definió a Trujillo como *"uno de los luchadores contra el comunismo más importantes del hemisferio"*. Nixon aconsejó a Eisenhower continuar con su apoyo a la dictadura dominicana pese a sus defectos porque *"los españoles tienen muchas virtudes, pero gobernar no está entre ellas"*.[153] Como muchos otros dictadores amigos de Washington, Trujillo cumplió la función de justificar la narrativa conveniente de la Guerra Fría. La elite gobernante de las repúblicas del sur se dedicaron a exagerar o inventar más y mayores "amenazas comunistas" para que el dinero de Washington continuara fluyendo, gran parte del cual terminaba en las arcas personales de las familias de bien en algún desarrollado y pulcro banco de Europa. Como ocurrió y ocurrirá en muchos otros momentos de la historia, Washington, que lo sabía casi todo, se hacía que no sabía y pagaba para que le mintiesen. Aparte de las ayudas oficiales, la CIA complementaba la canalización de dinero a las dictaduras de forma secreta, a veces con valijas llenas de dinero que dejaban en su hotel cada vez que el dictador daba algún discurso en la ONU.

El régimen de Trujillo no sólo practicó la limpieza étnica, las masacres, tortura y desapariciones. Su método más efectivo, como el de todo régimen dictatorial o democrático, fue la promoción del miedo. El miedo al extremo del terror civil. Como décadas más tarde los Ford Falcon verdes se convirtieron en el símbolo del terror en la dictadura de Rafael Videla en Argentina, décadas antes en las calles de Ciudad Trujillo lo eran los Volkswagen, los escarabajos negros llamados *cepillos*, que *"creaban la idea de que Trujillo siempre estaba mirando"*.[154] Cualquier denuncia o sospecha que publicaba el diario dominante *El Caribe* era una sentencia de muerte o, en el mejor de los casos, la ruina de cualquier reputación.

En 1956 el profesor Jesús de Galíndez, un republicano exiliado de España en República Dominicana, consiguió una beca para realizar un doctorado mientras daba clases en la facultad de literatura española en Columbia University. Su disertación consistía en una extensa investigación de 750 páginas sobre "La Era Trujillo". Furioso de no ser bien tratado por la historia, al principio el dictador envió a matones dominicanos para que se sentaran en sus clases. Galíndez le confesó a unos estudiantes que Trujillo andaba detrás de él, pero por entonces sus estudiantes pensaron que el profesor sufría de paranoia o estaba dándose importancia con el dictador caribeño. Unos enviados de Trujillo le ofrecieron a Galíndez 25.000 dólares por el manuscrito. Galíndez lo rechazó y poco después desapareció de la universidad y de Nueva York. No era el primer crítico de Trujillo en desaparecer en Nueva York.

Una noche, luego de terminar una de sus clases, Galíndez se dirigía a su pequeño apartamento de la Quinta Avenida cuando fue secuestrado y llevado en una ambulancia a un pequeño aeropuerto de Long Island y de ahí hasta Ciudad Trujillo, con escala en Miami para reaprovisionar combustible. Inmediatamente fue llevado a Casa de Caoba, residencia favorita de Trujillo, donde le hicieron comer su manuscrito. Luego de ser torturado, fue sumergido en agua hirviendo para finalmente dárselo de comer a los tiburones, la forma preferida de ejecución de Trujillo.

El joven piloto contratado para el traslado del secuestrado, Gerald Murphy, se emborrachó en las tabernas de Ciudad Trujillo y comenzó a hablar de más. En una ocasión, luego de reconocer la foto de Galíndez en la prensa, comentó que podía hacerse rico si el gobierno dominicano quería mantenerlo callado. Trujillo, que lo veía y escuchaba todo, decidió que el yanqui borracho debía desaparecer también, sin necesidad de gastar mucho. El mismo Frank llevó al piloto al palacio de gobierno para una prometedora cita y nunca más se lo volvió a ver con vida. Su cuerpo fue encontrado en un acantilado donde los escuadrones de la muerte del presidente solían arrojar a sus víctimas. La sospecha y luego acusación de Frank destapó la olla de grillos por lo cual hoy sabemos algo del caso más allá de las historias inventadas.

Cuando el escándalo del secuestro y ejecución salpicó a la Casa Blanca, de inmediato aparecieron reportes falsos sobre el profesor que "*sufría de un complejo de persecución*", que estaba fugado y se lo había visto en un país de América del Sur. La misma CIA hizo circular la versión falsa de que Galíndez se había escapado con un millón de dólares de la CIA que la agencia le había facilitado para apoyar un movimiento contra Franco en España. Otra versión inventada, también por la CIA, afirmaba que el profesor "*era un instrumento de los comunistas*". Como en un supermercado, había historias falsas apara elegir, pero todas contra el prestigio de la víctima.

El secuestro de Galíndez fue una operación organizada por una empresa de Washington de nombre *Robert A. Maheu & Associates* y dirigida por John Frank, un agente colaborador de BOSS y de Trujillo. La firma privada había sido fundada por un ex agente de la CIA y un ex del FBI para operar dentro de territorio estadounidense donde la CIA no tenía jurisdicción. Los operadores que participaron en el crimen formaron parte de la investigación del crimen. Frtank y Maheu trabajaron con sus contactos en la policía de Nueva York, encargada de investigar la desaparición. El mismo presidente de la Columbia University, Grayson Kirk, era amigo de los hermanos Dulles y miembro de directorios de fundaciones que se encargaban de lavar dinero de la CIA hacia proyectos de manipulación de la opinión pública. Según David Talbot, "*tiempo después Maheu aseguró que la serie de televisión Misión Imposible fue basada en las acciones de su equipo*".[155] Ahora, si vemos la historia más en perspectiva, se podría afirmar que la serie (podríamos agregar *Los Magníficos* y muchas otras películas y series de televisión posteriores) y el mismo equipo de Maheu estuvieron basados en la tradición de los filibusteros estadounidenses del siglo XIX, a su vez versión terrestre de los piratas ingleses que la Corona no reconocía pero protegía, ya que esta actividad ilegal reportó grandes beneficios económicos y geopolíticos a su país de origen. Tradición que no terminó con el escándalo luego olvidado de la muerte del profesor. Ni con el asesinato de Kennedy en 1963, del cual todos los indicios y el modus operandi señalan por casi unanimidad la participación de la CIA. Entre otros casos similares, está el conocido atentado terrorista de 1976 en

Washington, el que terminó con la vida del diplomático de Allende, Orlando Letelier y su secretaria, organizado por la Operación Cóndor de Pinochet y la mafia de exiliados cubanos de Miami, muchos de los cuales fueron considerados terroristas por el FBI pero protegidos por la CIA.

No hubo condenados por el crimen del profesor Galíndez y del joven piloto Murphy.

Como la CIA, aunque con menos recursos, la KGB había puesto en práctica su propia guerra informativa y cultural. Según David Talbot, tanto Trujillo como la CIA estaban obsesionados con lo que Stalin había resumido en pocas palabras: *"los escritores son los ingenieros del alma humana"* y *"la producción de ideas es más importante que la producción de tanques"*.[156] En una masiva y multimillonaria guerra cultural, la CIA canalizó enormes recursos para promover unos escritores y hundir a otros a través de eventos, reseñas, premios literarios, revistas culturales y promoción de libros, especialmente a través de organizaciones fachada, como el Congress for Cultural Freedom, *"la OTAN de la cultura"*, la que a partir de los 1950 se convirtió en *"uno de los mayores mecenas de las artes en la historia de la humanidad"*.[157] El comisario de estética de la CIA fue James Jesus Angleton y el estilo oficial el Modernismo de T.S. Eliot. Como lo reconoció Jason Epstein, director de Random House, al referirse de los aportes de la CIA, *"¿quién no quería ser políticamente correcto y, al mismo, tiempo ser premiado por ello?"*. Esta estética conveniente fue desafuada por la generación Beat de Allen Ginsberg, el cual tenía fuertes sospechas de la intervención de la CIA en la cultura. En *"Howl"* (1956), Gingberg denunció *"la gran piedra de la guerra... cuya alma son la electricidad y los bancos"*.

De influyente crítico literario, Angleton terminó trabajando para la CIA como él mismo se definió "Postmaster", abriendo cartas de forma ilegal y grabando las habitaciones de cualquier sospechoso, es decir, de casi todos los conocidos de Angleton y reportando a la oficina de Dulles sobre sus *"fishing activities* (prácticas de pesca)"*, como llamaba a sus intervenciones electrónicas, incluso al extremo de espiar al mismo director de la CIA, Allen Dulles, y registrar secretos personales que impidieron que el poderoso Dulles lo despidiera.[158] Estrategia conocida y practicada por la misma CIA, por el FBI y muy probablemente por la NSA hoy en día: mantener fichas personales sobre la privacidad de alguien para usarlas en el momento que sea necesario. Razón por la cual, uno de los mayores enemigos de estas poderosas agencias secretas, de investigación y de extorción, han sido las revoluciones morales y culturales: ¿cómo extorsionar al político X o líder Y con algún registro vergonzoso si algo que antes era vergüenza ahora es motivo de orgullo? Pero el caso de Allen Dulles no tenía que ver con ninguna historia de camas. Angleton se lo reconoció al periodista Joseph Trento, poro antes de morir: "*¿sabes* *cómo me convertí en jefe de contrainteligencia? Prometí no revelar información de Allen Dulles y 60 de sus amigos más cercanos sobre sus relaciones con Adolf Hitler".*[159]

Sin embargo, incluso algunos escritores que se beneficiaron de promoción gratis y masiva por decir algo positivo del gobierno de Estados Unidos, terminaron publicando críticas no sólo al gobierno sino a la cultura en general. Razón por la cual, creo que podemos especular, uno de los actores más activos en esta guerra cultural por treinta años, Richard Nixon, de vuelta a la Casa Blanca como presidente, en una reunión del Consejo de Seguridad, el 6 de noviembre de 1970, afirmó: *"Nunca estaré de acuerdo con la política de restarle poder a los militares en América Latina. Ellos son centros de poder sujetos a nuestra influencia. Los otros, los intelectuales, no están sujetos a nuestra influencia".*

La CIA y las "fake news" durante la Guerra Fría

EL 15 DE AGOSTO DE 1953, EL PRESIDENTE Dwight Eisenhower firmó la autorización para la Operación *PBSuccess* con la cual la CIA decidió derrocar al presidente democráticamente electo de Guatemala, Jacobo Árbenz, inventando la historia de la amenaza comunista. En palabras del nieto de Theodore Roosevelt, Kermit Roosevelt Jr, quien un año antes había participado con éxito en el derrocamiento de otro presidente democráticamente electo, Mohamed Mossadegh, Guatemala iba a ser *"será otro Irán"*. En Guatemala, sólo cuatro de los 61 congresistas electos son comunistas y su influencia en el ejército, como en cualquier otro ejército latinoamericano, es mínima. No sin ironía, fueron los comunistas quienes aconsejaron al presidente la opción de una reforma capitalista, es decir, que las tierras a expropiar no pasen a manos del gobierno sino a las manos de los agricultores guatemaltecos.

El 3 de diciembre de 1953, la CIA aprobó un presupuesto de tres millones de dólares para esta operación, a la que luego agregará otros cuatro millones y medio. Ese mismo mes, poco después de la llegada del nuevo embajador Peurifoy, el subjefe de la embajada de Estados Unidos en Guatemala y diplomático sobreviviente, William L. Krieg, completó su informe afirmando que las fuerzas reaccionarias y oligárquicas son *"vagabundos de primer orden... parásitos que sólo piensan en el dinero"*, mientras que los comunistas *"trabajaban duro, tienen ideas y son conscientes del propósito de su trabajo"*, aparte de ser *"honestos y comprometidos"*. La tragedia, agregó Bill Krieg, es que *"las únicas personas que están comprometidas con el trabajo duro son aquellas que, por definición, son nuestros enemigos"*.

Por esas cosas del destino, casi todos los involucrados en la planificación del golpe de Estado contra Árbenz eran inversores de la United Fruit Company: el Secretario de Estado, John Foster Dulles; el director de la CIA, Allen Dulles; el asistente del Secretario de Estado de Asuntos Interamericanos y hermano del ex director de la United Fruit Company, John Moors Cabot; el senador y embajador ante la ONU, Henry Cabot Lodge; la secretaria del presidente Eisenhower, Ann Whitman, esposa de Edmund Whitman, director de prensa de la CIA; Walter Bedell Smith, Subsecretario de Estado, quien será parte de la junta directiva de la United Fruit Company.

La fiesta de la UFCo en Guatemala había acabado en 1944 cuando el profesor de filosofía Juan José Arévalo y su "Socialismo espiritual" inspirado en Franklin Roosevelt ganó las primeras elecciones libres de ese país.[lxvii] Con la desconocida democracia se inició un raro período de reformas que le pusieron límite a los regalos de tierras y a las exoneraciones impositivas que beneficiaron a El Pulpo (UFCo) durante la dictadura de Jorge Ubico. Recurriendo a su clásico método de hacer decir a otros lo que él quería que el pueblo repitiera, de la misma forma que antes les había puesto un cigarrillo en la boca de las cantantes de ópera, el propagandista mercenario Edward Bernays le puso una banana en las manos a las estrellas de Hollywood y comenzó el maquillaje de El Pulpo. Como siempre, la campaña propagandística de Bernays es todo un éxito.

No sólo se trataba de reducir costos de producción a fuerza de subsidios y de salarios de hambre. La ideología de los negocios necesita de una psicología y de una ética a su servicio. La casi absoluta dependencia de los trabajadores a compañías como la UFCo evitaban que los pobres se pudiesen retirar a sus propias tierras, dejando de ser trabajadores asalariados y consumidores desesperados. Mucho antes de sus matanzas en América Latina, la UFCo supo que debía inocular el deseo por las cosas materiales en sus asalariados del sur. Esta no era una idea nueva, para nada. Un siglo antes, para decretar la abolición de la esclavitud tradicional en sus posesiones del Caribe, los ingleses habían diseñado un tipo de esclavitud deseada por los nuevos esclavos. El 10 de junio de 1833, un miembro del Parliament Rigby Watson lo había puesto en términos muy claros: *"Para hacerlos trabajar y crearles el gusto por los lujos y las comodidades, primero se les debe enseñar, poco a poco, a desear aquellos objetos que pueden alcanzarse mediante el trabajo. Existe un progreso que va desde la posesión de lo necesario hasta el deseo de los lujos; una vez alcanzados estos lujos, se volverán necesidades en todas*

[lxvii] En 2016, el experto en medios de comunicación estadounidense Robert McChesney definió socialismo como *"la extensión de la democracia al reino de la economía"*.

las clases sociales. Este es el tipo de progreso por el que deben pasar los negros, y este es el tipo de educación al que deben estar sujetos". La UFCo tomó nota y lo puso en práctica. En 1929, su periodista más promocionado (y amigo de Henry Ford), Samuel Crowther, informó que en América Central "*la gente trabaja sólo cuando se les obligaba. No están acostumbrados, porque la tierra les da lo poco que necesitan... Pero el deseo por las cosas materiales es algo que debe cultivarse... Nuestra publicidad tiene el mismo efecto que en Estados Unidos y está llegando a la gente común, porque cuando aquí se desecha una revista, la gente las recoge y sus páginas publicitarias aparecen como decoración en las paredes de las chozas de paja. He visto los interiores de las cabañas completamente cubiertos de páginas de revistas estadounidenses... Todo esto está teniendo su efecto en despertar el deseo de consumo en la gente*". Samuel Crowther consideraba al Caribe como el lago del Imperio americano, el cual protegía y dirigía el destino de sus países para gloria y desarrollo de todos.

Pero el desarrollo no llegó, sino todo lo contrario. Tampoco el deseo por el consumo de cosas materiales llegó con la fuerza que llega el deseo por la libertad y la democracia que por entonces recorría América Latina y, a este punto, había derribado varias dictaduras. Cuando Árbenz asumió la presidencia, el 70 por ciento de la población era analfabeta, índice que ascendía hasta el 90 por ciento entre la población indígena, es decir, más del 60 por ciento de los guatemaltecos que eran sometidos a trabajos forzados con una remuneración inexistente por tradición y una expectativa de vida de 38 años. Entre la UFCo y la oligarquía criolla, el dos por ciento de la población era dueña del 72 por ciento de las tierras, en un país cuya economía casi exclusivamente se basaba en la agricultura.

Apenas cuatro meses antes, en marzo de 1954, el poderoso agente de la CIA David Atlee Phillips, todavía en Chile, había recibido un llamado para una reunión urgente en Miami. La nueva misión de Phillips consistía en desestabilizar y lograr que el presidente de Guatemala, Jacobo Árbenz, abandone el poder. Décadas después, en sus memorias de 1977, recordará su propia sorpresa por el pedido, y su pregunta ingenua:

—*Pero Árbenz es el presidente elegido por el pueblo de Guatemala en elecciones libres. ¿Qué derecho tenemos nosotros para derrocarlo?*

Una y otra vez, Phillips demostrará en sus memorias *The Night Watch* que tenía un banco de información secreto de valor incalculable, pero no se daba cuenta que no comprendía cómo funcionaba la Agencia para la que trabajaba; su conocimiento tenía un techo y sus superiores no permitían que ninguno de sus agentes lo traspasara. No importaba si Phillips había llegado a ver en Washington al director de la CIA, Allen Dulles, en una reunión escueta. Él también aplicaba el mismo método con quienes estaban por debajo:

fraccionar la información, compartimentar el conocimiento de forma que cualquier filtración pudiese ser limitada a una pequeña área que luego resultase inconducente (como en un montaje de dominó cada tanto se ponen barreras que eviten la caída de todo el sistema). Décadas más tarde, el 31 de junio de 2016, el *Washington Post* revelará cómo uno de los métodos usados por la Agencia, conocido como *Eyewash* (*Lavado de ojos*) consistía en mentirle a sus propios funcionarios para que nunca nadie esté seguro de si algo es verdadero o falso.

—*Esta operación podría conducir a Guatemala a una sangrienta guerra civil* —insistió Phillips —*Mucha gente podría morir*...

—*Es cierto* —respondió el agente Tracy Barnes, quien participará también en la invasión fallida de Playa Girón en Cuba—. *Por eso trataremos de hacerlo de forma que no se produzca una gran matanza, si eso es posible.*

El golpe en Guatemala había sido planeado con las nuevas estrategias de la propaganda y la guerra psicológica llevada a cabo a través de la prensa, la que servirá de modelo en otros países por su alta eficiencia y su bajo costo militar. Para llevarla a cabo, el gobierno de Estados Unidos contrató a un frecuente colaborador en otras manipulaciones, el sobrino de Sigmund Freud, Edward Bernays.

Phillips no lo sabía. Tampoco sabía que la razón principal no era una supuesta amenaza comunista, sino que Árbenz había decidido cumplir sus promesas electorales de nacionalizar un pequeño trozo de tierra guatemalteca en manos de la United Fruit Company. Como era costumbre en otros países de la región, la compañía bananera había recibido excepciones impositivas y regalos de tierras de las dictaduras anteriores, como la de Jorge Ubico, y ni la Compañía ni la Agencia ni el gobierno de Estados Unidos están dispuestos a semejante desacato. Por si esto no fuese suficiente razón, los altos mandos superiores, desde la CIA hasta los del Gobierno estadounidense, tienen acciones en la UFCo. Su presupuesto operativo supera el de los gobiernos de las repúblicas bananeras que lo protegen con sus ejércitos y con las leyes a su favor, las que aprueban gobiernos y parlamentos, cuando los hay, bajo coerción o corrupción directa, una basada en la conocida "*diplomacia del bombardero*" y la otra en la más reciente "*diplomacia del dólar*" (presión de los bancos estadounidenses para que los países tomen prestamos salvadores y posterior envío de los marines para cobrar deudas impagables).

Un año antes, la CIA y los servicios de inteligencia británicos, con la insistencia de la reina Isabel II, habían logrado derrocar al presidente electo de Irán, Mohammed Mossadeq, quien había tenido el descaro de intentar cumplir otra promesa electoral: la nacionalización del petróleo de su país. La estrategia de la desestabilización social a través de *freedom fighters* ("luchadores por la libertad", usada antes para arrancarle Panamá a Colombia medio siglo atrás y en otras ocasiones como en el apoyo de los Contras en Nicaragua treinta años después) no se supo de inmediato y ni el pueblo iraní ni el pueblo de Guatemala podían estar informados y prevenidos de esta manipulación. Como le gustaba decir al dictador amigo de República Dominicana, Rafael Trujillo (Calígula, para los amigos), *"quien no sabe engañar no sabe gobernar"*.

En México DF, el jefe de David Phillips, Howard Hunt, le ordenó entrar en la embajada de Guatemala, ubicada a dos cuadras de la embajada de Estados Unidos. Los recursos empleados fueron los típicos de la CIA: un mes antes, uno de sus agentes había logrado entablar amistad con el guardia y había estudiado sus debilidades. La noche que los agentes debían entrar a la embajada ajena, el buen amigo le llevó una botella de tequila y un mazo de naipes, con los cuales lo sacó de circulación por varias horas. En ese tiempo, los agentes de la CIA lograron fotografiar todos los documentos que encontraron en las cajas de seguridad y en unas horas más los microfilms estaban volando hacia Washington. La operación pasó inadvertida pero no fue el primer acoso a Guatemala y mucho menos a un gobierno desobediente. En setiembre de 1952, el entonces presidente Truman ya había ordenado la operación PB-Fortune, la cual tenía como objetivo desestabilizar al nuevo gobierno de Árbenz a través de una coordinación con el dictador nicaragüense Anastasio Somoza y el general Castillo Armas.

Claro que siempre hay una oveja negra. En Guatemala, el jefe de la CIA, Birch O'Neil, no había estado de acuerdo con el plan de un golpe militar en el país debido a las dramáticas consecuencias que podría acarrear a largo plazo, por lo cual Allen Dulles lo removió de su cargo inmediatamente. Ese mismo mes, en marzo de 1954, Phillips reclutó a varios guatemaltecos a los que llevó por los cabarets de Miami y, poco después, creó la radio clandestina "Radio liberación" en 6370 Khz de onda corta que fingía transmitir desde Guatemala. Cada día, los locutores se presentaban, con el himno nacional de Guatemala de fondo, como una heroica *"emisora clandestina del Movimiento Libertador guatemalteco, desde algún lugar secreto de la República... Entre música y música, le demostramos el crimen palpable de la dominación comunista y de la fuerza incontenible de nuestra cruzada de liberación"*. La CIA había decidido emitir en onda corta por su alcance y porque los guatemaltecos, hasta en los lugares más alejados del campo, suelen escuchar esa frecuencia, especialmente por las noches. En apenas seis semanas, los resultados fueron devastadores. La conmoción que en la Nueva York de 1938 creara el programa radial de Orson Welles sobre una invasión extraterrestre, es apenas una anécdota irrelevante en comparación.

Un día antes del *Día D*, el 18 de junio, Washington decidió que Carlos Castillo Armas, el coronel marioneta del bigotito estilo Hitler, entre a

Guatemala y se quede cerca de la frontera a la espera de nuevas órdenes. Pepe y Mario, los locutores principales de Radio Liberación, se divirtieron dando noticias falsas. Dedicaron un programa a un heroico piloto ruso que se atrevió a huir a Occidente con su avión. Poco después, un piloto guatemalteco hizo lo mismo. El equipo de Pepe y Mario logró localizarlo y lo presionó para grabar su aventura, pero el piloto se asustó porque, dijo, tenía familia en Guatemala. Correctamente asesorados por Phillips, Pepe y Mario lo invitaron una noche con el mejor whisky escocés y le llenaron el vaso una y otra vez mientras una grabadora oculta registraba sus diatribas contra el gobierno de Jacobo Árbenz, las que luego serían transmitidas sin su aprobación por Radio Liberación. Según el agente Howard Hunt, el piloto era el coronel Rodolfo Mendoza y había sido grabado borracho por los agentes latinos de la CIA en El Salvador. Hunt y Phillips coincidirán que sus palabras habían sido emitidas al aire sin su consentimiento. Un detalle. Para evitar nuevos casos, el presidente Árbenz suspendió los vuelos de su propia fuerza aérea y, más tarde, recurrió a los cortes de electricidad por las noches para que los posibles invasores no puedan distinguir sus objetivos. Radio Liberación inventó que las bombas de la aviación libertadora caerían sobre las áreas donde no haya luz, por lo que esa noche los guatemaltecos comenzaron a encender fuera de sus casas, al tiempo que maldecían al gobierno.[lxviii]

El montaje de las *fake news* llegó hasta la gran prensa de Estados Unidos. *Life* y el *New York Times* informaron que la radio heroica transmitía desde la jungla de Guatemala mientras Pepe y Mario fingían ataques armados del gobierno que, supuestamente, dejaban numerosos muertos y respuestas inexistentes lideradas por el coronel Castillo Armas que, escondido y temblando a pocos kilómetros de la frontera, en realidad esperaba nuevas órdenes con apenas 150 hombres.

En Guatemala, la oposición comenzó a acusar al gobierno de Jacobo Árbenz de operar la radio clandestina para sembrar el terror en la población. Algunos bombardeos son reales. Los rebeldes, que cuentan con pilotos sin mucho entendimiento, entran a Guatemala con aviones estadounidenses de la Segunda Guerra y arrojan bombas en cualquier lugar de la capital. Una de las

---

[lxviii] Estas técnicas antiguas de uso y manipulación seguirán en uso en el siglo XXI. El ex empleado de la CIA, Edward Snowden, reveló en 2013 cómo, en procura de recabar información, los agentes de la agencia invitaron a un banquero suizo y lo indujeron a beber y luego lo convencieron para volver a su casa manejando. Cuando la policía lo detuvo por conducir ebrio, los agentes de la CIA se ofrecieron a solucionar el problema si aportaba algunos datos de interés sobre otras personas. Aparentemente, el banquero no acepó trabajar para la CIA y, según Snowden, "*el agente destruyó la vida de otra persona y, como no funcionó, simplemente la abandonó a su suerte*".

bombas destruye por error una radio evangélica, opositora al gobierno, y otro hunde un barco británico cargado de café y algodón. Por desgracia, el barco había sido asegurado en la Lloyd's of London, la que entablará un juicio contra la CIA por daños y perjuicios, por la cual Guatemala terminará pagando casi un millón de dólares (más de nueve millones al valor de 2020) para evitar el juicio y un posible escándalo.

El presidente Árbenz, acosado y asfixiado, le envió a la embajada de Estados Unidos un mensaje solicitando una reunión con el presidente Eisenhower con la intención de negociar la política interna de Guatemala. Naturalmente, nunca recibió respuesta. Ni siquiera un No. *"El país que hasta entonces había sido bien tranquilo y apacible"* recordará el agente Phillips veinticinco años después *"en cinco semanas se encontraba en estado caótico"*. El presidente democráticamente electo, Jacobo Árbenz, renunciará a su cargo el 27 de junio y, luego de refugiarse durante meses en la embajada de México, marchará al exilio, donde morirá por abuso del alcohol en 1971. El plan ha sido todo un éxito. Eufórica, la CIA y el gobierno de Estados Unidos están seguros de repetir la misma fórmula en otros países, como Cuba, siete años después. El coronel Carlos Castillo Armas se convertirá en dictador de facto y Guatemala se hundirá en una serie de regímenes militares apoyados por los sucesivos gobiernos de Estados Unidos.

Poco después del golpe de Estado (recordará el espía David Phillips) matarán a Pepe de un disparo en la cabeza frente a su familia y a Mario lo acribillarán con una ráfaga de metralleta. El nuevo régimen libertador quemará los libros del futuro premio Nobel, Miguel Ángel Asturias. Castillo Armas será asesinado por su propia guardia, tres años después. Como para agregar un detalle, 200.000 guatemaltecos, la mayoría indios, serán asesinados en las próximas décadas de terror que el mundo no recordará con ningún nombre doloroso. Apenas si recordará. El resto de la población será acosada por el terrorismo de Estado de dictadores como Efraín Ríos Montt, responsable en 1982 de la matanza de miles de indígenas y elogiado por el presidente Ronald Reagan como *"un hombre de integridad moral que ha hecho mucho por la justicia social del pueblo de Guatemala"* y por el influyente tele evangelista y amigo Pat Robertson, como *"un hombre honesto, perseguido por la izquierda"*.

A horas de consumado el golpe de Estado en Guatemala, el agente David Atlee Phillips inició un archivo de datos sobre un desconocido médico argentino llamado Ernesto Guevara de la Serna, quien también se había refugiado en la embajada de México de Guatemala. Phillips comandó la operación que terminó en la destitución del presidente Árbenz, no solo gracias a toda la información secreta que poseía, sino porque sabía que la gente común fácilmente cree en las mentiras que él mismo inventa. Pero todo su conocimiento de los hechos termina siempre en una línea abrupta que jamás traspasa, ni siquiera en sus memorias. No importa si conoció personalmente al director de la Agencia, Allen Dulles. La Agencia fracciona la información de forma que nadie tiene el conocimiento de cómo funcionan las cosas en su totalidad. O casi nadie.

Según la CIA, Guatemala debía ser un nuevo Irán. El jefe y amigo de Phillips, Howard Hunt, lo resumirá de forma insuperable cuando publique sus memorias en 2007 bajo el título *American Spy*: "*Nuestra principal arma no escupía balas, sino palabras*".[160]

Una vez derrocado el presidente democrático y reemplazado por el general Castillo Armas, uno de los tantos títeres que nunca son difíciles de encontrar, Edward Bernays, la CIA y el gobierno de Eisenhower continuaron el esfuerzo de lavar la imagen del dictadorcillo nervioso. El vicepresidente Richard Nixon lo invitó a Washington para hablar en la televisión sobre el gobierno comunista de Árbenz, derribado por "el pueblo guatemalteco" que nunca aceptó la mentira y la intervención extranjera (la escenografía de fondo mostrará una cruz como lanza de San Jorge sobre la hoz y el martillo). El general nervioso le dice a Nixon: "*Dígame lo que quiere que yo haga y lo haré de inmediato*". En los años y en las décadas por venir, las sucesivas dictaduras de Guatemala no podrán disimular los cientos de miles de masacrados que seguirán como consecuencia de los salvadores planes de Washington. Uno sólo de estos, el dictador Efraín Ríos Mont, ordenará la masacre de 18.000 indígenas en 1982. Poco después, en su visita al infierno tropical, el presidente Ronald Reagan elogiará al genocida como ejemplo de la lucha por la libertad en Guatemala y contra "el régimen" sandinista de sus vecinos nicaragüenses. Las iglesias más poderosas de Estados Unidos, como el Club700, también apoyarán al hermano evangélico hasta su muerte en 2018.

Pese a la brutal campaña, la CIA reconoce que, tanto en Guatemala como en América Latina, los comunistas son una fuerza menor. El mismo diagnóstico hará la Agencia y algunos ejércitos latinoamericanos, como el argentino, antes de lanzarse a la aventura de salvar a sus países con más golpes de Estado. El mismo investigador del Departamento de historia de la CIA, el profesor Nicholas Cullather, concluirá décadas después que la United Fruit Company acostumbraba a reportar ganancias y valores muy inferiores a las reales para evadir impuestos, pero Edward Bernays convenció al Congreso de Estados Unidos y a la opinión pública de lo contrario: "*no se trataba de bananas sino de comunismo*". Desde el arranque, la idea era muy convincente. "*Donde vean que se habla o se critica a la United Fruit Company, deben sustituir el nombre de la empresa por el del país, Estados Unidos*". Algunos reportes califican a Jacobo Árbenz como un político conservador. Los militares estadounidenses en Guatemala tampoco ven ningún "peligro comunista", pero, como en la invasión de México 110 años antes, proceden contra sus propias opiniones en nombre de la eficacia, el deber y el honor. Hasta que décadas después a algunos se les revuelva la conciencia y comiencen a decir lo que piensan.

En este momento, Edward Bernays es el asesor de la empresa en cuestión (la United Fruit Company), el propagandista más importante del siglo e inventor de las Relaciones Públicas modernas. Él mismo elige a los periodistas que considera menos informados del *Times*, *Newsweek*, *The New York Times* y del *Chicago Tribune* y los envía a Guatemala con todo pago por la United Fruit Company para *"reportar sobre actividades comunistas"* en América Central. En el viaje a Guatemala, entre habanos y mucho whisky, los organizadores se encargan de cristalizar el dogma entre los periodistas: todos iban a cubrir los eventos de un país que había sido tomado por una dictadura marxista. Los rusos prefieren el vodka. Luego de inoculados, al llegar al país real la visión de los reporteros se adapta al dogma, no a la realidad, y rápidamente se traducen en titulares en la prensa estadounidense y en la Opinión Pública del País Libre.

El único periodista que se atreverá a mencionar la razonable reforma agraria del presidente Jacobo Árbenz y el malestar de la población con la transnacional estadounidense es Sydney Gruson, del *New York Times*. Poco después, el director de negocios del *New York Times* recibirá la visita de su amigo, el director de la CIA, Allen Dulles, y Sydney Gruson será retirado del tema América Central.

Sin haber puesto nunca un pie en Guatemala, Bernays sabe de qué se trata todo. Ese es su oficio: no sólo saber lo que otros ignoran sino hacerles creer lo que sus clientes quieren que otros crean. Bernays es un viejo mercenario y es tan bueno que su salario anual (cien mil dólares, sin contar las extras) es superior al de cualquier presidente de Estados Unidos. Sobrino de Sigmund Freud, su interés no es tanto el estudio de la mente ajena sino el dinero que se deriva de su manipulación. En 1924 había convencido al presidente Calvin Coolidge de cocinar panqueques para sus seguidores durante su campaña de reelección, tradición populista que sobrevivirá como un dogma hasta el siglo XXI. En 1927, con su campaña "Antorchas de la libertad" había logrado que las mujeres se pusieran a fumar para aumentar las ganancias de los cigarrillos Lucky Strike. Hasta las feministas desprevenidas cayeron en su trampa. El gran Bernays es también el responsable de que los estadounidenses desayunen huevos con tocino, lo cual logró para aumentar las ventas de tocino de su cliente, la Beech-Nut Packing Company de Nueva York. Es también una de las mentes maestras en la venta de guerras y golpes de Estado, como este en Guatemala. No solo Adolf Hitler había leído con admiración el libro *The Passing of the Great Race* (*La derrota de la raza superior*) del estadounidense Madison Grant, a quien escribió agradeciendo por haberle provisto de su biblia política, sino que también su futuro ministro de propaganda, Joseph Goebbels, tenía los libros de Edward Bernays en un lugar accesible de su biblioteca (sí, Goebbels también tenía amigos judíos). En los años cuarenta, Bernays había sido contratado por la United Fruit Company, conocida por sus tentáculos como El Pulpo, transnacional que regía sobre el Caribe y América Central desde el siglo XIX con presupuestos mayores que los de cualquiera de las repúblicas bananeras en las cuales operaba libremente.

Ahora, la estrategia es clara: es necesario sacudir el fantasma del comunismo una vez más. Medios no faltan y no se desestima ninguno. Es muy fácil ser un genio cuando sobra el dinero. El poderoso agente de la CIA Howard Hunt Jr. visita a los obispos católicos de Estados Unidos y los convence sobre el peligro guatemalteco, por lo que los obispos no se demoran en condenar el comunismo del presidente Árbenz. El 9 de abril de 1954, una carta pastoral llega a manos del arzobispo Mariano Rossell y Arellano y luego, otras más elaboradas, a los obispos de Guatemala alertando de las peligrosas fuerzas *"enemigas de Dios y la Patria"*. Rossell y Arellano será decisivo en la destrucción de la democracia y el Estado de derecho en su país y dejará su cargo de arzobispo, como suele ocurrir, cuando se muera en 1964. Poco antes del golpe de Estado, el 4 de abril de 1954, ordenará tallar un Jesús de madera, luego reproducido en bronce, el que será bautizado como el *Cristo de Esquipulas*. Así, Jesús, quien en vida detestaba las armas tanto como prefería a los pobres y marginados, será usado como "Comandante en jefe" de las fuerzas fascistas del Movimiento de Liberación Nacional contra el gobierno de Árbenz y en favor del imperio estadounidense, sin considerar que Jesús fue ejecutado por el imperio de turno como un simple criminal, junto con otros dos y por razones políticas, no religiosas. La declaración del arzobispo reza: *"alzamos nuestras voces para alertar a los católicos que la peor doctrina atea de todos los tiempos (el comunismo anticristiano) continúa su avance descarado en nuestro país, disfrazándose de movimiento de reforma social para las clases más necesitadas... Todo católico debe luchar contra el comunismo por su misma condición de católico... Son gente sin nación, escoria de la tierra, que han recompensado la generosa hospitalidad de Guatemala predicando el odio entre clases con el fin de saquear y destruir nuestro país por completo"*. Los *talking points* funcionan a la perfección en castellano. El fanatismo católico se parece mucho a su viejo enemigo, el fanatismo protestante.

Sin la más mínima prueba, las radios y los principales diarios comenzaron a publicar la novela de Washington: *"Estamos convencidos de los lazos entre Guatemala y Moscú"*. Más que suficiente. Al fin y al cabo, un país con una agencia ultrasecreta como la CIA siempre sabe más que el resto de los mortales y se reserva el derecho a proveer pruebas "*por razones de seguridad*".

En la OEA, el representante de Guatemala, Guillermo Toriello Garrido, protestó contra la resolución del organismo acerca del derecho de otras naciones a intervenir en caso de que se constate la influencia del comunismo. La resolución fue presentada a instancias del director de la CIA, Allen Dulles, quien en la misma reunión de Caracas calificó de *ejemplar* la dictadura venezolana de Marcos Pérez Jiménez. En medio del ruido internacional, Toriello alcanzaba a ver con claridad lo que millones no pueden ni podrán: "*es muy penoso que cualquier movimiento nacionalista o independiente deba ser calificado así* [de comunista]*, como también cualquier acción antiimperialista o antimonopólica... Y lo más crítico de todo es que aquellos que califican de tal manera la democracia, lo hacen a fin de destruir esa misma democracia*".

México, Argentina y Uruguay fueron los únicos países que apoyan los argumentos de Toriello, critican todo tipo de intervencionismo y se oponen a la "Declaración de Caracas". Pero se abstienen de votar. Guatemala queda sola. La resolución 93 impulsada por Washington es contundente y se propone "*adoptar las medidas necesarias para proteger la independencia política* [de los países americanos] *contra la intervención del comunismo internacional, que actúa por los intereses del despotismo foráneo, y reitera la fe del pueblo de América en el efectivo ejercicio de la democracia representativa*". La literatura política del poder, conocida como Realismo o Realpolitik, está dotada de una infinita libertad de imaginación patriótica.

Mientras tanto, en Opa-Locka, Florida, la campaña ficticia de Radio Liberación continúa preparando a la opinión pública para la etapa final, mientras finge ser una radio rebelde que opera desde la selva guatemalteca. Como complemento, y como será una larga tradición en el continente, la CIA y la USIA plantan, a fuerza de dólares, al menos 200 artículos en distintos diarios latinoamericanos denunciando el peligro comunista en Guatemala. Plantar artículos de opinión en los grandes medios latinoamericanos no era la única práctica recurrente de la CIA. Otra costumbre incluyó la introducción de armas en grupos amigos o enemigos para que sean descubiertas por la desprevenida prensa local. Aunque los oficiales estadounidenses consideraban que las políticas de Árbenz eran "democráticas y conservadoras", Guatemala ni siquiera logró los créditos del Banco Mundial para llevar a cabo su reforma agraria. Algunos hacendados guatemaltecos estaban furiosos y solicitaron el auxilio de otro dictador de Washington, el nicaragüense Anastasio Somoza quien, durante su visita al presidente Truman en la Casa Blanca en abril del año pasado, le había informado, en su buen inglés: "*sólo envíenme las armas y limpiaré Guatemala para ustedes de un plumazo*".

Desde el triunfo de Árbenz en las elecciones de 1950, Washington se ha abstenido de vender armas al nuevo gobierno. Un sacrificio terrible pero por una buena causa. En 1953 había bloqueado la compra de material defensivo de Canadá y Alemania, pero ahora le entrega las mejores armas al exilio guatemalteco en Honduras y Nicaragua. El 9 de febrero, en colaboración con el FBI, la CIA concreta su Operación Washtub, por la cual planta armas soviéticas en la costa de Nicaragua para que sean descubiertas por los pescadores y la dictadura de Somoza pueda acusar a Guatemala de planes comunistas en la región.

Sin más opciones, el presidente Árbenz (como hará Patrice Lumumba en el Congo, siete años más tarde) recurrirá a Checoslovaquia.[lxix] El 5 de mayo de 1954, el MS Alfhem escandinavo llegará a puerto Barrios con un cargamento de armas que resultarán obsoletas y una nueva excusa para la intervención de Washington. En junio, la CIA bombardeará con Napalm el barco británico Springfjord en puerto San José, el que resultará ser un cargamento de algodón y café de la compañía estadounidense Grace Line, razón por la cual será uno de los pocos errores por los cuales la CIA será demandada. El 27 de mayo de 1954, el dictador amigo Anastasio Somoza informa a la prensa que, aparte de las armas encontradas, se disponen de fotografías del submarino soviético que las cargaba, con destino a Guatemala.

En 1987, el mayor John R Stockwell, oficial de la CIA involucrado en la operación, reconocerá que "*la matanza de 85.000 guatemaltecos a manos de gobiernos apoyados por Estados Unidos no ha hecho nuevos amigos para este país, se los puedo asegurar... Al final, la UFCo quebró y su presidente se suicidó*". Otro agente de la CIA, miembro activo de la operación en Guatemala, el coronel de la marina Philip Clay Roettinger, es el encargado de entrenar a los soldados en Honduras y llevar al general Castillo Armas, "*ese hombrecillo nervioso*", a la presidencia. En 1986, Roettinger reconocerá que "*nadie en el gobierno pensaba que Guatemala podría ser alguna amenaza para Estados Unidos... la única amenaza que el gobierno guatemalteco podía suponer era para los intereses de la United Fruit Company; esa era la única razón*". Años después del golpe, Roettinger lo abandonará todo y se mudará a Guanajuato, México. Según consta en los archivos de la CIA en una "*Copia desinfestada*" en 2011 de un artículo del 16 de marzo de 1986, el coronel Roettinger escribirá que Árbenz era más capitalista que socialista, un

---

[lxix] No muy diferente a la historia de Nelson Mandela, quien en 1962 fue encarcelado con la asistencia de la CIA (hecho reconocido en 2016 por vicecónsul estadounidense y oficial de la CIA Donald Rickard) y luego mantenido en la lista de terroristas de Washington y Londres hasta 2006, cuando ya era un símbolo internacional contra el racismo.

presidente que pretendía cambiar el capitalismo dependiente por un *"Estado capitalista moderno"*, es decir, demasiado independiente. En "For a CIA Man, It's 1954 Again" Roettinger se lamentará, *"nuestro éxito condujo a 31 años de dictadura militar y a 100.000 personas asesinadas, aparte de destruir las necesarias reformas económicas y sociales en ese país... ahora el presidente Ronald Reagan nos dice lo mismo que nos dijo en Florida el director de la CIA de entonces, Allen Dulles, que nuestra lucha es contra el comunismo..."*

Las cosas tampoco resultaron muy bien para el nuevo dictador, el general Castillo Armas. Antes de ser asesinado en 1957, el general del bigote estilo Hitler será honrado por la Universidad de Columbia con un doctorado honorario por su *"lucha por la democracia"* (razón por la cual Rómulo Gallego devolverá su título conferido por la misma institución). Castillo Armas visitará Washington y participará en un programa televisivo con el vicepresidente Richard Nixon. Con la escenografía de una hoz y un martillo atravesados por la lanza implacable de la cruz, Nixon dirá: *"la de Guatemala ha sido una rebelión del pueblo contra un régimen comunista... en otras palabras, el régimen de Jacobo Árbenz no era un gobierno de Guatemala sino uno controlado por fuerzas extranjeras"*. El general y máximo dictador de Guatemala, Castillo Armas, respondió a todo que *"yes, yes"*. No entendía inglés ni nada de lo demás. Sólo sabe que su fuerza de represión procede de los miembros del régimen de Jorge Ubico (un nazi sin disimulos en un país de indios), que su régimen ha prohibido al escritor ruso Fiódor Dostoyevski, por subversivo, y que hace pocos años atrás alguien le dijo que, tal vez, Estados Unidos podía ayudarlo a ser presidente después de perder las elecciones con el maldito Jacobo Árbenz.

El 29 de diciembre de 1996 la ONU auspiciará un acuerdo de Paz en Guatemala. Para entonces, el dos por ciento de la población será dueña de la mitad de la tierra cultivable en Guatemala. 200.000 personas habrán sido asesinadas bajo sucesivas dictaduras militares, 93 por ciento de ellos ejecutados o masacrados por los Soldados de la patria. En 1999, el presidente Bill Clinton visitará el país y reconocerá la responsabilidad de su país en la destrucción de la democracia en 1954 y las sucesivas ayudas a los militares genocidas. *"El apoyo de Estados Unidos al ejército de Guatemala y a la inteligencia involucrada en la violencia en Guatemala fue un error que no debe volver a repetirse"*, dice. Las mismas lágrimas caerán en 2010 cuando la Secretaria de Estado, Hillary Clinton, reconozca la barbaridad cometida por Washington al realizar experimentos con sífilis y gonorrea en los pobres de Guatemala en los años cuarenta. Como siempre, todo, cuando ya no le importe a nadie ni tenga ninguna consecuencia para las víctimas. Ni para el poder.

El 27 de junio de 1954, el presidente Jacobo Árbenz fue obligado a renunciar a su cargo y debió marchar al exilio poniendo fin a una rara década con un país sin dictaduras militares en la región. Su pecado fue intentar cumplir sus promesas electorales de nacionalizar una pequeña porción de tierra de su país para devolvérsela a los campesinos que no tenían la suerte de trabajar por salarios de hambre para la internacional estadounidense UFCo. Dolido por la pasividad cómplice del ejército nacional, el depuesto presidente dijo: "*Quizás el más grande de los errores que cometí, fue la confianza total que tenía en el Ejército de Guatemala y el haber transmitido esta confianza al pueblo y las organizaciones populares. Pero nunca me imaginé que, ante un caso de agresión extranjera, en que estaban en juego la libertad de nuestra patria, su honor y su independencia, el Ejército podría traicionarnos*".

El 9 de setiembre, luego de 73 días refugiado en la embajada de México, se le permite a Árbenz abandonar el país. En el aeropuerto La Aurora, la prensa informada sigue a quien fuera hasta hace poco el presidente más popular del país. A las once de la noche y por cuarenta minutos, frente a las cámaras, frente a su esposa y sus hijos, las autoridades de inmigración lo obligan a desnudarse para verificar que no lleva ni joyas ni alguna ideología extranjera. El pueblo, representado por una decena de distinguidas damas y caballeros de bien, le grita "*¡Traidor! ¡Fuera comunista!*" Uno de los pocos comunistas del país, por casualidad viaja esa misma noche. Según el ex agente de la CIA Philip Agee, Carlos Manuel Pellecer (alias *Linlick*) es un agente infiltrado de la CIA en el partido comunista de Guatemala y en los movimientos comunistas y populares de la Ciudad de México.

Ni Estados Unidos ni en América Latina los medios de prensa usan la palabra "invasión". Las palabras importan más que las bombas. El golpe es una copia del manual recientemente escrito por la CIA para derrocar al gobierno laico y democráticamente electo de Mohammed Mossadegh en Irán, un año antes y por las mismas razones. Convencida por la petrolera británica BP, la CIA había inyectado un millón de dólares en los opositores a Mossadegh y cientos de miles de dólares en los clérigos de turno y en la prensa local para convencer al pueblo del peligro del presidente electo. Mossadegh era otro presidente independentista y partidario de la nacionalización de los recursos nacionales como el petróleo que, desde medio siglo atrás, le dejaban al país un mísero 16 por ciento. Mientras cientos de miles de dólares fluían hacia los "manifestantes" en las calles de Teherán, el *New York Times*, *Newsweek* y otros medios influyentes repetían las historias sobre "el dictador Mossadegh" y su "régimen". El manual de la CIA se repetirá en el Congo cuando el periodista aficionado, presidente electo y héroe nacional Patrice Lumumba, no logre el apoyo de Washington para mantener la recientemente lograda independencia. Las únicas razones de la negativa serán económicas: los empresarios de Wall Street están comprometidos con los colonos belgas. La CIA, junto con el gobierno y las compañías belgas, apoyarán su derrocamiento y posterior asesinato unos años más tarde, en 1961. El brutal dictador amigo, Mobutu Sese Seko, asesino de Lumumba (y, como suele ocurrir, ex oficial del líder rebelde), levantará un monumento a su propia víctima, para regocijo del pueblo, y gobernará el Congo por décadas, para el beneplácito de la civilización y del desarrollo de la raza superior.

En su penúltimo mensaje radial, Árbenz declara: *"Nuestro único delito ha sido el darnos nuestras propias leyes; nuestro crimen ha sido el aplicarlas a la United Fruit... No es verdad que los comunistas están tomando el poder en nuestro gobierno... No hemos impuesto ningún régimen del terror; por el contrario, los amigos guatemaltecos del Sr. John Foster Dulles son quienes desean imponer el terror entre los guatemaltecos atacando a niños y mujeres desde aviones piratas".*

El ejército de Guatemala, todavía subordinado a la constitución, logró alguna pequeña victoria derribando uno de esos aviones piratas de Estados Unidos. Una parte considerable de la población no se deja inocular por Radio Liberación y los cientos de miles de panfletos arrojados desde el aire contra Árbenz. La CIA detecta cierta resistencia popular. Para evitar el colapso de una operación magistral, el presidente Eisenhower envía más aviones que intensifican el acoso. Más dinero fluye a las arcas del dictador nicaragüense Anastasio Somoza para facilitar aviones que no fuesen estadounidenses. El piloto de la CIA Jerry DeLarm, alias Rosebinda, bombardea las bases militares y la radio pública guatemalteca con granadas y botellas de Coca-Cola llenas de combustible mientras altoparlantes instalados en la embajada de Estados Unidos fingen una guerra que nunca ocurrió.

El 27 de junio de 1954, Árbenz leyó su último mensaje por la radio pública: *"Todos sabemos cómo han bombardeado y ametrallado ciudades, inmolado a mujeres, niños, ancianos... ¿En nombre de qué hacen estas barbaridades? ¿Cuál es su bandera? Todos la conocemos... Les digo adiós, amigos míos, con amargo dolor, pero manteniendo firme mis convicciones. Cuiden lo que tanto ha costado. Diez años de lucha, de lágrimas, de sacrificios y de conquistas democráticas... No me han acorralado los argumentos del enemigo, sino los medios materiales con los que cuenta para la destrucción de Guatemala".*

Estas palabras de despedida de Árbenz se repetirán casi veinte años después cuando en Chile, 1973, Salvador Allende deba hacer lo mismo. De la misma forma, la declaración de inocencia de los secretarios John Foster Dulles en 1954 y la de Henry Kissinger en 1973 se repetirán como si fuesen escritas en papel calco, como otra prueba de la paranoia sistemática de quienes necesitan controlar el mundo.

Una vez consumado el golpe de Estado, el mismo John Foster Dulles, el fanático religioso que sólo se guía por la rectitud moral de las Escrituras, después de organizar el complot en base a repetidas mentiras, anuncia en cadena de radio: *"El gobierno de Guatemala y sus agentes comunistas de todo el mundo han insistido en oscurecer la verdad —la del imperialismo comunista— denunciando que el interés de Estados Unidos era proteger los intereses económicos de las empresas estadounidenses... Liderados por el coronel Castillo Armas, el pueblo guatemalteco ha decidido derrocar al gobierno comunista. Ha sido un asunto interno de los guatemaltecos".*[161]

Lumumba. Demoniza y que otros lo remuevan

EN LA CEREMONIA DE INDEPENDENCIA DEL CONGO, el 30 de junio de 1960, hubo dos oradores: el rey Baudouin de Bélgica y el revolucionario Patrice Lumumba. El rey y los dueños de las minas del Congo sabían que se trataba de una formalidad, como en cualquier negocio, por el cual se debe ceder una parte para obtener el resto. En este caso, la parte cedida debía ser simbólica, y el resto lo que realmente importaba: el poder sobre una colonia sucia, habitada por una raza inferior, y sus beneficios económicos. Había funcionado en América Latina y debía funcionar aún más fácil en África: a cambio de una independencia formal, las viejas potencias occidentales podían seguir explotando sus colonias sin que se las acuse de imperialismo, aplastando con violencia todos los reclamos de una verdadera independencia a través de la corrupción legal, ilegal, ideológica y cultural.

En su discurso, el rey les recordó a los congoleños que su familia había emprendido en África *"la misión de civilizar"* su nuevo país. No por casualidad, la ceremonia se desarrolló en el Palais de la Nation, en la capital, Léopoldville, nombrada así en honor al rey Leopold II, bajo cuyo reinado fueron asesinados más de diez millones de congoleños. El Congo no era un país, ni siquiera una colonia; era una empresa familiar que transfería inmensas riquezas a Bélgica y, a cambio, civilización para los esclavos salvajes.

Mientras escuchaba, Lumumba debió recordar los millones de congoleños asesinados y los millones de jóvenes esclavizados y torturados con la sistemática amputación de sus manos como castigo por la baja producción de sus padres. Larga historia que se repitió a lo largo y ancho de África a manos de otros imperios europeos tan civilizados como el belga. Empresa que enriqueció por siglos a Europa y que el poeta inglés Rudyard Kipling llamó *"La pesada carga del hombre blanco".*

Cuando el rey finalizó su discurso educador, Patrice Lumumba debió esperar que se calmaran los aplausos de una audiencia diversa y equitativa, compuesta por una mitad de blancos y la otra mitad de negros, para leer su discurso. Pero Lumumba, mirando a su audiencia desde unos lentes similares a los de Malcolm X, decidió contestar al discurso de su predecesor. En su improvisación, recordó "*la historia humillante*" de su pueblo, escrita con "*lágrimas, fuego y sangre*" y llamó a construir una verdadera independencia del Congo.

Las palabras del flamante Primer Ministro negro no agradaron ni al rey ni a las compañías europeas ni a Wall Street. Intentaron comprarlo con lujos y dinero, recurso que nunca fallaba. Pero esta vez falló. Por el contrario, con una lengua difícil de sujetar, en su breve residencia en la casa de gobierno mencionó no sólo la corrupción que iba a mantener subyugados a sus pueblos en la nueva era neocolonial, sino que recordó también que Washington mantenía privilegios en las minas de uranio, de las cuales había salido el material para construir las bombas atómicas que arrasaron con Hiroshima y Nagasaki quince años antes.

El director de la CIA, el poderoso presbiteriano Allen Dulles tenía un plan que había funcionado en Irán y en Guatemala pocos años antes: (1) demonizar al líder peligroso a través del secuestro de los medios de comunicación y (2) eliminarlo, que parezca un accidente o que lo hicieron otros.

Una de las conexiones para lanzar este plan fue el embajador de Estados Unidos en Bélgica, el banquero y filántropo William Burden, para quien Lumumba era "*un mono sucio*". Al igual que ocurrió con el golpe que removió al presidente Árbenz en Guatemala seis años antes, Burden y los estadounidenses que participaron en la campaña de difamación de Lumumba tenían inversiones en las compañías congolesas. Allen Dulles no solo era accionista de la UFCo. que destruyó la democracia en Guatemala y la hundió en 40 años de genocidios, sino también de la American Metal Company que explotaba varias minas en el Congo, y cuyo CEO era otro filántropo amigo, Harold K. Hochschild. De hecho, Hochschild fue uno de los fundadores del Instituto África-América en Nueva York para educar y promover "*los futuros líderes de África*", como se repite aún hoy en día en diversas instituciones de educación terciaria en Estados Unidos. El Africa-America Institute (aunque sin que la mayoría de sus integrantes lo supiera) también recibió financiación de la CIA.[162] Lo mismo había hecho la Agencia con otros centros de educación en América Latina.[lxx] Por mencionar solo un caso.

[lxx] En *La frontera salvaje* (2021) nos ocupamos del caso del Instituto de Educación Política de Costa Rica, cuyo propósito era "*crear líderes conservadores o promotores de una izquierda obediente que reemplazara a las otras opciones contestatarias. El curso "Entrenamiento de Líderes Políticos, Responsables de la Defensa de la Democracia en América", por ejemplo, estaba a cargo de dos figuras relevantes*

Ningún alma religiosa y civilizada quería al líder nacionalista que se había atrevido a usar el lema *"El Congo para los congoleses"*. Bueno, "Estados Unidos para los estadounidenses" está bien, porque aquí no queremos razas inferiores ni pobres invasores. Cuando las razas inferiores levantan la misma bandera, no por xenofobia sino para luchar por su independencia, es una prueba de su maldad. El 27 de noviembre de 1959, antes de que Lumumba fuese elegido Primer Ministro, Burden le escribió al director de la CIA, Allen Dulles para que detenga las manifestaciones independentistas en el Congo que se podían extender a otros países, con el *"uso de nuevas armas, como los gases que han sido desarrollados..."*

Como lo hiciera Fidel Castro un año atrás, y con el mismo propósito, en julio de 1960 Lumumba viajó a Washington para asegurarse que sus planes independentistas no iban a enfrentar un enemigo letal, pero para setiembre su autoridad ya era desconocida por el jefe de las fuerzas armadas y preferido de Washington, Mobutu Sese Seko. La designación de Mobutu como comandante en jefe del ejército por el mismo Lumumba, es parte de una larga tradición de traiciones militares a líderes revolucionarios en varios continentes.[lxxi]

El informe del Senado de Estados Unidos del 20 de noviembre de 1975, reveló que la CIA ya había ordenado el envenenamiento de Lumumba en 1960. Como los doctores de la CIA habían observado en sus fotos una dentadura particularmente blanca, asumieron que Lumumba debía cepillarse los dientes, por lo que recomendaron envenenar la pasta dentífrica que usaba.

Según trascripciones de gobierno, en agosto, Alland Dulles envió un cable a la oficina de la CIA en Leopoldville para que *"el objetivo principal y*

---

asistidas por la CIA: el dominicano Juan Bosch Gaviño y el expresidente costarricense José Figueres Ferrer. El instituto fue financiado por la CIA a través de instituciones como la Kaplan Foundation y supervisado por el agente de la CIA, el rumano Sacha Volman. Pese a los esfuerzos, los observadores estadounidenses no entendían por qué sus estudiantes se negaban a condenar a Fidel Castro y, por el contrario, no olvidaban las intervenciones estadounidenses en la región" (p. 365).

[lxxi] El caso del general Mobutu, promovido por Patrice Lumumba en el Congo, es sólo uno de una larga lista de traiciones similares. En España, Francisco Franco fue designado por la Segunda República. En México, el general Porfirio Díaz fue perdonado por Lerdo de Tejada por su intento de golpe de Estado contra Benito Juárez; Tejada fue exiliado por Díaz. En Bolivia, el general René Barrientos fue promovido por Víctor Paz Estenssoro, el cual fue derrocado por Barrientos. En Chile, el general Augusto Pinochet fue promovido por Salvador Allende; en Panamá, el general Manuel Noriega fue promovido por Omar Torrijos. En Argentina, el general Rafael Videla fue promovido por Isabel Perón. En Uruguay, el general Manini Ríos fue promovido por Tabaré Vázquez. En Bolivia, otra vez, el general Williams Kaliman Romero fue promovido por el presidente Evo Morales, luego forzado a dejar su cargo por Romero, entre otros.

urgente [sea] la remoción de Lumumba".[163] En agosto, el presidente Eisenhower (acusado en su país de ser un instrumento del comunismo) había autorizado a la CIA a eliminar a Lumumba, aunque la historia muestra que estas autorizaciones eran más bien simbólicas. El 19 de setiembre, según documentos desclasificados mucho después, el presidente confesó que, pese a que los soviéticos no tenían el poder de perturbar la política en el Congo, de cualquier forma él quería que Lumumba "*fuese arrojado a un río lleno de cocodrilos*".[164]

Perdido por perdido, Lumumba decidió solicitar ayuda a la Unión Soviética, la que envió algunos armamentos que no fueron suficientes para evitar la destrucción de la revolución independista del Congo sino, por el contrario, echaron combustible al fuego de la propaganda occidental. Para entonces, aunque los vínculos de Lumumba con Moscú eran menos relevantes que los de cualquier potencia occidental, aunque el mismo Lumumba había insistido en que "*el Congo no será un satélite ni de Moscú ni de Washington*" (o por eso mismo) ya era conocido como "el Diablo".

Poco después, los agentes belgas y estadounidenses se pusieron en contacto con el general Mobutu. Al mismo tiempo, la CIA reclutó mercenarios europeos para infiltrar la guardia de la ONU que protegía la residencia de Lumumba y se aseguró escuadrones de ejecución para terminar con el líder revolucionario. Los mercenarios quedaron registrados bajo los códigos QJ-WIN y WI-ROUGE. Como plan B, se envió la pasta de dientes envenenada, otra obra maestra de Sidney Gottlieb, cerebro del infame proyecto de drogas y control de la mente MKUltra.

Finalmente, la CIA, una de las agencias literarias más efectivas del siglo, logró que Lumumba escapara de su arresto domiciliario, protegido por las fuerzas de la ONU, para que cayera en territorio de Mobutu. El plan de Lumumba era llegar hasta Stanleyville, territorio todavía bajo poder de las guerrillas independentistas. Cuando logró cruzar el rio Sankuru, donde lo esperaba un grupo de seguidores, escuchó el grito de su pequeña hija de cinco años, la que, junto con su esposa, habían sido secuestradas pese a la protección de la ONU. Aunque sus seguidores le rogaron que no volviese, Lumumba volvió a cruzar el río. En la otra orilla, por un momento logró convencer a los soldados de Mobutu para que se pusieran del lado correcto de la historia. Luego de unos minutos de silencio en que la historia del Congo y de África pareció depender de una moneda arrojada al aire que no terminaba nunca de caer, los soldados fueron amenazados por el Capitán Pongo con serias consecuencias por desacato. Como suele ocurrir, la historia se decidió por las migajas. Los soldados comenzaron a golpear a Lumumba y a su hija. Transportado a la capital, Léopoldville, Lumumba fue torturado de nuevo, esta vez frente a las cámaras de televisión y luego recluido en una cárcel de extrema seguridad.

En diciembre, luego de una visita al Congo, el senador y candidato a la presidencia John F. Kennedy prometió cambiar la política exterior de Estados Unidos y liberar a Lumumba. No por casualidad, poco después el reportero del *New York Times* Paul Hoffman aterrizó en el Congo. Como lo describe David Talbot en su libro *The Devil's Chessboard*, Hoffman era un austriaco ex colaborador de los nazis en Europa, colocado como periodista del *Times* en Roma por la familia Angleton. Hoffman tenía una clara inclinación contra Lumumba. Talbot observa que casi todos los informes del New York Times insistían en calificar a Lumumba como *"inexperiente e irresponsable"* cuando no *"dictador"*. Los reportes de Hoffman sólo radicalizaron esa estrategia de desacreditar y demonizar al líder independentista como un fantasioso, como una *"Alicia en el país de las maravillas"*, a pesar de lo cual, aún desde prisión, según el reportero estrella, Lumumba continuaba tramando el asesinato de blancos y facilitando el ingreso de armas soviéticas al país.

Para evitar cualquier error de cálculo, Lumumba fue trasladado a Katanga, la provincia más rica en cobre y minerales en manos de secesionistas y de sus más feroces oponentes. Según la misma CIA, este traslado significaba una sentencia de muerte para Lumumba. El 17 de enero de 1961, en Jadotville, el rebelde fue ejecutado por un escuadrón y luego cortado en pedazos, exactamente como ocurriría siete años más tarde con otro revolucionario, Ernesto Che Guevara, también ejecutado por otro ejército colaborador de la CIA en Bolivia.

El destino trágico y humillante de Lumumba sería repetido cincuenta años después por un líder que, como muchos otros del mundo árabe, africano y latinoamericano había entendido los peligros de una democracia abierta: Muammar Gadafi. A principios del nuevo siglo, el líder libio había propuesto relanzar una liga Panafricana, por lo cual fue derribado por las civilizadas y democráticas potencias occidentales y brutalmente asesinado frente a cámaras, también por "fuerzas opositoras". Nada nuevo. El mismo año del asesinato de Lumumba, la CIA participaría en un intento de golpe contra el mismo presidente francés, Charles de Gaulle, previa campaña propagandística en los medios, para evitar la inminente independencia de Argelia. Dulles consideraba que una Argelia independiente sería una puerta abierta para los soviéticos en África. No por casualidad, según la U.S. Energy Information Administration, actualmente publicado por la misma CIA en su sitio oficial, Argelia era *"el principal productor de gas natural de África, el segundo mayor proveedor de gas natural de Europa fuera de la región, y uno de los tres principales productores de petróleo de África"*.[165]

Luego del asesinato de Lumumba y el establecimiento de la brutal y corrupta dictadura de Mobutu, algunos agentes de la CIA, como Laurence R. Devlin, se enriquecieron en la industria de los diamantes del Congo, al tiempo que continuaron trabajando para la Agencia, según lo informó la comisión Church del senado estadounidense en 1975.

El plan de Dulles se probó exitoso una vez más. ¿Por qué no repetirlo en Cuba? Sin embargo, un año después, la misma fórmula de (1) desinformación y acoso mediático, previo a (2) un ataque o invasión "de otros enemigos", fracasó. Fracasó por la razón que dio uno de los organizadores, el agente de la CIA, David Atlee Phillips: "*Castro y El Che Guevara aprendieron de la historia; nosotros no*".[166] El mismo Allen Dulles, luego que el trabajo estaba cumplido en el Congo, reconoció: "*creo que exageramos un poco sobre la importancia del rol de la Unión Soviética en el Congo*". El agente Larry Devlin agregó: "*hoy por hoy creo que Lumumba no representaba ninguna amenaza a la seguridad de Estados Unidos*".[167]

En 2002, el gobierno de Bélgica pidió perdón por esta historia. Sólo perdón. No se sabe si le fue otorgado. En 2020, el rey Philippe de Bélgica lloró también. En una carta al presidente del Congo, declaró que "*nuestra historia consiste en logros compartidos, pero también en episodios dolorosos. Durante el Estado Libre del Congo se cometieron actos violentos y crueles que continúan pesando en nuestra memoria colectiva. Durante el período colonial posterior, se causaron sufrimientos y también se infligieron humillaciones. Me gustaría expresar mi más profundo pesar por esas heridas del pasado*".[168]

En 2021, Bélgica anunció que, para reparar el dolor causado por algunos siglos de explotación colonialista, en 2024 iban a cambiar el nombre de una calle llamada Leopold II en la ciudad de Gante por el de Patrice Lumumba, compensando económicamente a sus residentes por el inconveniente.[169]

De reparaciones contantes y sonantes a los congoleños, nada. O casi nada. En junio de 2022, las autoridades belgas devolvieron a su hija y al Congo uno de los dientes de Lumumba.

Cuba y la guerra mediática con diferentes recursos

LUEGO DEL TRIUNFO DE LA REVOLUCIÓN CUBANA el primer día de 1959, comenzó la disputa sobre la ideología del nuevo régimen. Dos cosas estaban claras: (1) los revolucionarios habían derrocado a un régimen sangriento, apoyado por Washington, la mafia italoamericana y los grandes negocios estadounidenses; (2) naturalmente, en un continente plagado por dictaduras y otros regímenes de derecha desde el siglo XIX, los revolucionarios eran de izquierda; y (3) no estaba claro si iban a ser izquierdistas obedientes, como la Revolución boliviana de 1952, fácil de secuestrar e inocular, o independentistas.

El tercer punto era el problema. Siempre lo fue, por siglos. Incluso moderados capitalistas, independentistas y pocos obedientes como el nicaragüense José Santos Zelaya a principios del siglo XX fueron removidos de la presidencia a pesar de sus relativos éxitos con la economía y las mejoras sociales de sus países. En el contexto de la Guerra Fría, toda esa vieja historia se resumía a la simplificación "¿es capitalista o comunista?". Desde entonces, cualquier líder o individuo que no se alineara como capitalista obediente era, necesariamente comunista.

Así que, cuando el 7 de abril de 1959 Fidel Castro visitó por primera vez Estados Unidos luego de triunfar con su revolución, la pregunta del millón no era otra. Luego de entrevistarlo en el hotel donde pernoctaba, el agente de la CIA Gerry Droller (por entonces Frank Bender) concluyó: *"Castro no solo no es comunista sino que es un convencido anticomunista"*.[170] De todas formas, los planes de la CIA para asesinar a Castro, el primero de cientos de intentos fallidos, habían comenzado el mismo día que Castro y el Che entraron a La Habana sin Batista. Matarlo por las dudas.

Desde entonces, también comenzaron los sabotajes. Pocos meses después de que Droller reportase que el sospechoso no era comunista, en febrero de 1960 pilotos contratados por la CIA bombardearon los molinos de azúcar en Cuba. En marzo, un barco francés con armamento belga explotó en el puerto de La Habana, matando decenas de personas. Una segunda explosión mató aún más, sobre todo aquellos que acudieron al rescate, algo conocido en los manuales del crimen organizado de las agencias secretas. No hubo canciones ni estampillas por el nuevo Maine, como en 1898, pero Fidel Castro cerró su discurso funerario por las víctimas con la frase *"Patria o muerte. Venceremos"*, la que se convirtió en uno de los eslóganes más significativos de la resistencia de la pequeña isla contra la mayor superpotencia de la época a menos de cien millas de distancia. Otros mercenarios cubanos, como Antonio Veciana, ya se encontraban organizando atentados con apoyo logístico y financiero de la CIA, como lo detalla el mismo Veciana en sus memorias *Trained to Kill* (*Entrenado para matar*) de 2017.

Pese a todo, Fidel Castro estaba interesado en mantener el mercado estadounidense, aunque bajo nuevos términos que incluían la independencia económica y la no interferencia en asuntos nacionales. Entre otras políticas, puso en práctica la nacionalización de algunas azucareras y del Canal 6 de televisión, algo que en cualquier país, incluido Estados Unidos, es un recurso legal, pero que en muchos otros le había costado el proceso de reformas económicas, como fue el por entonces reciente caso de Guatemala, en 1954.

Pero Fidel Castro no sólo estaba interesado en mantener el mercado estadounidense sino que aún creía que un nuevo acuerdo con el gigante del norte era posible. Así que el 18 de setiembre de 1960 volvió a aterrizar en el aeropuerto Idlewild (luego John F. Kennedy) de Nueva York. El arribo de la delegación fue saludado por la izquierda estadounidense y fue recibido con desprecio por la "La Rosa Blanca", grupo pro-Batista que más tarde operaría junto con otros grupos ilegales de Miami como "exiliados anti-Castristas". El avión cubano que lo llevó fue obligado a regresar a Cuba, mientras la delegación fue conducida al Hotel Shelburne, ubicado, hasta hoy, en Lexington Avenue y la 37. El hotel les exigió un depósito de 20.000 dólares (98.000 dólares al valor de 2022). Al mismo tiempo, el Departamento de Estado había decretado que la delegación no podía abandonar Manhattan, ningún otro hotel del área se atrevió a recibirlos. Castro ironizó que si Nueva York no era capaz de proveer alojamiento a una delegación diplomática de otro país, entonces la ONU debería ser trasladada otra ciudad, como La Habana. Claramente, la delegación había sido puesta bajo presión, por lo que Fidel Castro decidió aprovechar la oportunidad para realizar un enroque propagandístico y se mudó a un hotel modesto al norte del distrito rico del Midtown, en medio de Harlem. Con las valijas preparadas para el *check out*, alguien entró en el lobby del Shelburne y pidió para hablar con el líder cubano. Cuando apareció el hombre de barba, el desconocido le dijo que Malcom X tenía un hotel en Harlem pronto para la delegación, el Hotel Theresa.[lxxii]

No todos los cubanos emigrados y exiliados del régimen de Batista recibieron la noticia con el mismo entusiasmo. A finales del siglo XIX, los racistas conservadores del Sur de Estados Unidos, derrotados en la Guerra Civil, habían logrado, a través de las leyes Jim Crow, que los cubanos de Florida se segregaran por su color, evitando la costumbre promiscua de compartir tiendas, clubes, hospitales e industrias. Aunque por entonces los blancos y los negros cubanos se ofendieron con la disposición, hora, ochenta años más tarde y en le segunda estado más poblado de cubanos en el país, la separación de colores y de clases se ejercía bajo la excusa ideológica de la Guerra Fría. En la puerta del Hotel Theresa en Harlem, los grupos de manifestantes contra la revolución eran blancos, mientras que aquellos que los apoyaban eran negros o mulatos. El periódico de Harlem, el *New York Citizen-Call*, notando que la delegación oficial de Cuba estaba compuesta de blancos y negros, publicó:

[lxxii] Este hotel había recibido antes celebridades negras que no eran aceptadas en el centro de Manhattan, como Duke Ellington, Louis Armstrong y Nat King Cole.

"El lunes por la noche, dos mil morenos neoyorquinos esperaron bajo la lluvia que el primer ministro cubano, Fidel Castro, llegara al famoso y antiguo Hotel Theresa de Harlem... Para los habitantes oprimidos del gueto de Harlem, Castro es ese revolucionario barbudo que expulsó a los corruptos de su nación y se atrevió a decirle al Estados Unidos de los blancos que se vayan al carajo".[171] Tiempo después, refiriéndose a Castro y al Che Guevara, Malcolm X declaró a la prensa estadounidense: *"no nos digan cuáles deben ser nuestros amigos y cuáles nuestros enemigos"*.[172]

Este escándalo, que expuso al mundo el acoso internacional de Washington y la brutalidad de la segregación racial en Estados Unidos, justo en medio de la lucha por los Derechos Civiles en el país y la descolonización en África, sólo enfureció aún más a la administración Eisenhower-Nixon. A pocas horas de su expulsión del Hotel Shelburne y de su entrada apresurada al modesto hotel de Harlem, los hoteles más lujosos de Manhattan le ofrecieron a la delegación cubana alojamiento gratis. Castro decidió convertir la humillación inicial en otro golpe moral a la arrogancia del gigante. Rechazó las ofertas y la delegación se quedó en Harlem.

El FBI tomó nota. Se conoce que al menos un agente logró entrar en el Hotel Theresa y espiar una reunión entre Castro y Malcolm X. Por su parte, la CIA, que al no tener jurisdicción territorial empleó la firma mercenaria de Bob Maheu (la misma que, al servicio del dictador Rafael Trujillo había hecho desaparecer al profesor Galíndez en Nueva York cuatro años antes) para planear el primero de los 638 intentos de asesinatos contra Castro.

En el Plaza Hotel, Maheu se reunió con el agente de la CIA Jim O'Connell y con John Roselli, uno de los líderes de la mafia italoamericana, dueña de los cabarets, prostíbulos y casinos en Cuba, protegidos por Batista y añorados por generaciones de cubanos nostálgicos en Estados Unidos como "La época dorada" en la cual todo el mundo vivía bailando salsa, bebiendo mucho ron y haciendo mucho dinero. Estas mafias habían sido desplazadas por la Revolución de 1959, por lo que la CIA entendía que compartían un objetivo en común. Para asesinar al dictador malo, en el poder desde hacía unos pocos meses, Roselli puso a Maheu en contacto con otros mafiosos de Tampa, Florida. Dos de ellos eran Sam Giancana y Santo Trafficante Jr. Roselli, ambos donantes de la campaña presidencial de Kennedy y luego (probables) colaboradores en la conspiración para su asesinato, aunque esta información no ha sido desclasificada por Washington, por alguna muy buena razón, pese a que los involucrados ya están todos muertos (condición que se exige para no desclasificar documentos secretos). Giancana fue asesinado en Chicago en 1975, justo antes que declarase ante la Comisión Church del Senado de Estados Unidos, la que investigaba los planes de asesinatos sistemáticos de la CIA. El director de la CIA, William Colby, aseguró: "*no tuvimos nada que ver con eso*".¹⁷³

Maheu y la CIA sabían que el asesinato de un líder extranjero en suelo estadounidense sólo empeoraría la reputación de Washington, por lo que decidieron llevar el gran momento a La Habana. A su regreso, Castro dio un previsible discurso desde el balcón de la Casa de Gobierno, el que fue interrumpido por una bomba. Unos minutos después explotó una segunda y en unas horas más, una tercera. Ese fue el primero de 638 intentos fallidos de asesinar al único dictador que Washington, la CIA, los grandes medios y, consecuentemente, la población estadounidense, podían ver en el Caribe, en América Latina y en el resto del mundo. Enseguida siguieron intentos de envenenamiento que varios mercenarios cubanos, como Juan Orta y otros infiltrados realizaron por abultadas cifras en dólares, pero ninguno logró su objetico. Tampoco funcionaron los planes de gases en entrevistas o de armas escondidas en micrófonos de prensa, como la organizada desde Bolivia, con el apoyo del cubano Antonio Veciana, cuando Castro visitó Chile en 1971.

En su discurso en la ONU de setiembre de 1960, Castro contestó a las acusaciones de la prensa dominante de que los cubanos habían elegido un burdel para alojarse: "*Para algunos señores, un hotel humilde del barrio de Harlem, de los negros de Estados Unidos, tiene que ser un burdel*".¹⁷⁴ Años después, Malcolm X recordó esta lucha por el campo semántico afirmando, con su habitual estilo provocador: "*el único blanco que me ha caído bien ha sido Fidel Castro*".

La CIA no logró asesinar a Fidel Castro, pero el FBI logró que asesinaran a Malcolm X en 1965, como siempre, como si fuese cosa de otros, de "*lobos solitarios*".lxxiii Dos años después, en 1967, tuvo más suerte con su plan de asesinar al Che Guevara en Bolivia.

El primer gran disgusto de Washington con la Revolución cubana fue sus demostraciones de independencia, cuando los revolucionarios decidieron ejercerla usando las mismas reglas capitalistas de expropiación compensada con pago de intereses del 4,5 por ciento anual.¹⁷⁵ La segunda ofensa, hoy ampliamente olvidada, fue desautorizar la moral y el poder político de los blancos estadounidenses sobre los negros en su propio territorio, en un momento histórico donde ésa era la mayor preocupación de un sector importante de la población blanca, un sector políticamente poderosos y acostumbrado a los parámetros morales, culturales y económicos de los grupos racistas y

---

lxxiii "*Los intentos de reabrir el caso para descubrir los posibles roles del FBI, del Departamento de Policía de Nueva York y de los líderes de la Nación del Islam, incluido Louis Farrakhan, han sido infructuosos*" (New York Times, 17 de noviembre de 2021).

segregacionistas como el KKK y el ahora disimulado nazismo. La tercer gran ofensa no surgió en Cuba sino en Estados Unidos: la identificación de cualquier grupo antirracista con el comunismo (*"Race Mixing Is Communism"*, 1959) y luego la precipitación de la Revolución hacia la Unión Soviética como consecuencia directa de la invasión militar de Bahía Cochinos, en 1961.

Semanas después, el 12 de octubre de 1960, el joven senador John F. Kennedy (el mismo que en 1958, en el Congreso, había recomendado continuar financiando a los ejércitos latinoamericanos para mantener influencia política de Washington en esos países) plantó su puestito de vendedor frente al humilde Hotel Theresa y dio un discurso contra la discriminación racial y contra las ideas socialistas de la Revolución cubana. Nada mejor que secuestrar la lucha de los de abajo y, enseguida, limitarla a un área específica, la nacional, así como los bomberos queman una frontera de bosque para detener un incendio mayor.

Entre otras batallas que la humilde y soberbia Revolución cubana le ganó a la mayor potencia imperial del momento, a un paso de distancia, fue la guerra de las ideas. Como en el caso de Bahía Cochinos, la guerra mediática se desarrolló por décadas con una gran disparidad de recursos y de talento dialéctico, confirmando la frase del poeta mexicano Octavio Paz, en otro contexto, de que *"la derecha no tiene ideas sino intereses"*. Los primeros, los recursos, estuvieron siempre y en exceso de parte de Washington y las corporaciones; el segundo, el talento, a juzgar por los resultados, estuvieron del otro lado.

La prensa mercenaria

CON LA OPOSICIÓN DE LA MARINA, el 27 de julio de 1973 el presidente electo de Uruguay, Juan María Bordaberry y otro ejército latinoamericano deciden salvar la libertad, la democracia, la patria y el honor contra la influencia extranjera. Para eso debe suprimir las libertades individuales, el parlamento, los derechos humanos y permitir que el plan de Washington se lleve a cabo al mismo tiempo que se culpa a alguien más (en este caso, los Tupamaros) de la necesaria dictadura. Como otros casos en América Latina, la campaña electoral de Bordaberry había sido en parte financiada por la dictadura brasileña, otra hija de la desestabilización programada del gobierno de Washington que terminó con el gobierno progresista de João Goulart en 1964 y la instalación de otra dictadura militar y la creación de los Escuadrones de la muerte.

El agente de la CIA asignado a Uruguay en 1964, Philip Franklin Agee, se encuentra en Londres escribiendo sus memorias, de donde será expulsado, no por sus operaciones encubiertas sino por sus revelaciones. Durante la década anterior, escribe Agee, los grandes medios en Uruguay, como en otros países latinoamericanos, estaban inoculados. Con un presupuesto de un millón de dólares anuales (equivalente a más de ocho millones para el año 2020) y siguiendo los lineamientos de *Mockingbird Operation* (Operación Sinsonte) cada día se plantaban "dos o tres artículos de propaganda" en diarios como *El País*, *La Mañana* y *El Día*.[lxxiv] Los artículos eran pasados como editoriales sin firmas, lo cual aumentaba la idea de realidad objetiva y luego eran, previsiblemente, citados por otros medios. En abril de 1964, recuerda Agee, la CIA había plantado un artículo de media página en el diario colorado La Mañana firmado por Hada Rosete, representante del Consejo revolucionario cubano, en el cual había hecho circular la idea de la presencia de armas rusas y cubanas en el hemisferio para apoyar a grupos subversivos en Venezuela, Honduras, Perú, Colombia, Argentina, Panamá y Bolivia, operación supuestamente dirigida a muy larga distancia por las embajadas soviéticas y cubanas en México, Buenos Aires y Montevideo, las tres únicas embajadas soviéticas existentes en el continente durante los años cincuenta. El artículo había sido escrito por los agentes Gerald O'Grady y Brooks Reed. Otros artículos publicados en los principales diarios del país habían sido escritos en Nueva York por el cubano Guillermo Martínez Márquez, editor de la Sociedad Interamericana de Prensa.

Estas son prácticas comunes en el continente y más allá. En 1976 la Comisión Otis Pike de la Cámara baja y la comisión Church del Senado de Estados Unidos reproducirán uno de los informes de la CIA fechado en octubre de 1970 sobre su actividad sistemática de plantar editoriales y proveer información falsa o conveniente en los medios locales para influir o preparar una intervención. En sus propias conclusiones, la comisión Church revelará el "uso sistemático de la prensa, de las radios, del cine, de panfletos, de posters, de correo directo" por parte de la CIA. En el caso del programado golpe de Estado en Chile, a semanas de la asunción de Salvador Allende: "San Pablo, Tegucigalpa, Lima, Montevideo, Bogotá, Ciudad de México reportan que se continúa reproduciendo el material sobre el tema Chile. Incluso algunas partes se han reproducido en el New York Times y en el Washington Post. Los esfuerzos de propaganda continúan dando resultados satisfactorios en la cobertura de noticias según nuestros lineamientos..." Las memorias de

---

[lxxiv] Según la confesión de un agente secreto durante una investigación académica a fines de los años 80, la CIA plantaba entre 70 y 80 historias por día en la prensa extranjera. Ningún indicio o razón indicaría que esta tradición hubiese sido abandonada sino todo lo contrario. Según agentes chinos exiliados en Australia, la misma práctica se continúa hoy por parte de Pekín.

agentes de la CIA, como las de Howard Hunt publicadas en 2007, reconocerán estas prácticas y sumarán otras, puestas en duda por la misma comisión Church del senado que lo investigó treinta años antes. El 26 de diciembre de 1977 el New York Times publicará una investigación con otros nombres de medios involucrados en esta operación millonaria de desinformación, entre ellos Avance, El Mundo, Prensa Libre, Bohemia, El Diario de las Américas y The Caracas Daily Journal, aparte de múltiples programas de radio por toda la región y agencias de noticias como EPS y Agenda Orbe Latino American. Diversos agentes de la CIA también operan encubiertos o con permiso en agencias de noticias como Reuters, The Associated Press y United Press International. En algunos casos, como Combate, ni siquiera sus editores sabían del origen de la financiación. Nueve años atrás, un desconocido profesor de Harvard llamado Henry Kissinger, sobreviviente de la persecución nazi en Alemania, había resumido toda la filosofía imperialista con su clásico cinismo: "Existen dos tipos de realistas: aquellos que manipulan los hechos y aquellos que los crean; Occidente necesita hombres capaces de crear su propia realidad".

Radios como La Voz de la Liberación fueron creadas de la nada para el golpe de Estado en Guatemala en 1954, pero la práctica más común por sus costos y, sobre todo, por su credibilidad fue la inoculación de medios establecidos y con algún prestigio. La televisión y algunas radios de Uruguay también habían caído en esta red, pero se prefería a los diarios porque eran el espacio ideal para introducir ideas e información política que luego sería repetida por los otros medios. En el tranquilo país del extremo Sur, la CIA, que también había trabajado con funcionarios, policías y políticos, había encontrado dificultades en la universidad y en las organizaciones populares. Diferente a su anterior experiencia en otros países del continente, había reconocido el agente Agee, Uruguay era más difícil de corromper con dinero debido a su alto desarrollo social y económico y a una fuerte educación que procedía de los tiempos de José Batlle y Ordóñez a principios de siglo. Por esta razón, en lugar de infiltrar grupos de izquierda y organizaciones universitarias como la FEUU, habían decidido trabajar más a nivel de la educación secundaria, esperanzados de que estos estudiantes más jóvenes un día serían universitarios. También habían invertido en la promoción de "sindicatos libres" alternativos y en políticos mediáticos y ruralistas como Benito "Chicotazo" Nardone (luego presidente por un año) los cuales también eran canales para la narrativa y las políticas de la CIA. Durante la Guerra Fría la estrategia era subsidiar los grandes medios de prensa latinoamericanos con dinero secreto o a través del pago de publicidad. Durante la Era de Internet la estrategia será posicionarlos en las autopistas más transitadas de Internet, en manos de las compañías estadounidenses con frecuentes conexiones con Washington. Como lo demostrarán diversos estudios de instituciones como la American Institute for Behavioral Research and Technology, para 2015 las grandes compañías habrán invertido 20 mil millones de dólares anuales sólo en forzar la búsqueda de información para privilegiar una opción política sobre otra.

El plan resultó según lo previsto. No sólo se estableció una dictadura por once años en uno de los países más democráticos de América Latina, sino que, además, como en cualquier otro país al sur del río Grande, se inoculó la idea de que la barbarie militarista no era un ataque sino una defensa contra las injerencias extranjeras. Por las generaciones por venir, una considerable proporción de la población y de los políticos continuará justificando la dictadura militar y culpando de sus violaciones de los derechos humanos a un grupo guerrillero llamado Tupamaros, surgido en los años sesenta y desarmado mucho antes del golpe de Estado. El argumento de que un país puede suprimir los derechos humanos para luchar contra quienes desean destruir los derechos humanos seguirá siendo un éxito casi absoluto de la propaganda organizada en Washington desde el siglo XIX. La idea de que los grandes medios de prensa y los ejércitos latinoamericanos defienden el honor y las injerencias extranjeras, también.

Los negacionistas funcionales (muchos de ellos educados en estos grandes medios de manipulación) se encargarán de descalificar a Agee por haber desertado de la CIA y no mencionarán que sus revelaciones no fueron negadas por otros agentes y directores de esa agencia, sino lo contrario. Diferentes confesiones de agentes que se mantuvieron fieles a su misión hasta sus últimos días reconocerán y confirmarán estas prácticas sin ninguna comezón de conciencia.

La CIA opera en cada país desde dentro de compañías aéreas, mineras y de servicios de limpieza (en mucha de las cuales es accionista) hasta sindicatos y centros de educación. Pero los medios de información y entretenimiento siempre han sido un área de extrema sensibilidad y utilidad. Los medios son los principales creadores de opinión y de sensibilidades y, como lo reconoció Edward Bernays mucho antes de que se inventara la CIA, la mejor forma de administrar una democracia es decirle a la gente lo que deben pensar. Como lo practicó innumerables veces el mismo Bernays cuando fue contratado por Washington para vender un golpe de Estado o por una empresa privada para vender tocino, la Opinión pública es un producto, algo que se fabrica y se vende como cualquier otro producto. Sólo hay que hacer que otros digan y repitan lo que nosotros queremos que se diga y se repita sin que nunca se sepa su verdadero origen. "Sobre todo cuando la gente no tiene ni idea de dónde procede realmente una mentira".

Por las décadas y por las generaciones por venir, los grandes medios de prensa dominantes y creadores de opinión pública en casi todo el mundo serán conservadores, de derecha. Como parte de la misma lógica, serán acusados de ser liberales, de izquierda.

En sus manuales, la CIA y del National Security Council ("A Plan for National Psychological Warfare" del 10 de julio de 1950) compartían un consenso que les habían robado al propagandista Edward Bernays: la forma más efectiva de propaganda "es aquella en la cual el sujeto se mueve en la dirección deseada por las razones que él cree que proceden de su propia libertad".

En Argentina, la decepción de los peronistas por el nuevo peronismo de derecha y la actividad subversiva (nacida bajo la dictadura de Onganía en los 60) habían alcanzado niveles de nerviosismo nacional y sirvieron para una nueva excusa de las fuerzas de represión. Pocos meses antes de las elecciones de 1976, con una violencia paramilitar de la extrema derecha actuando a su antojo, los militares decidirán dar un nuevo golpe de Estado y evitar el triunfo del ala izquierda del peronismo, representado por Héctor Cámpora y posibilidades de recuperar el poder.

En Uruguay, el golpe de Estado de 1973 tampoco tuvo como objetivo derrotar a los tupamaros que ya habían sido derrotados. Había que eliminar la amenaza de una opción popular por la fuerza de los votos. En Chile, el golpe de Estado no fue posible antes del triunfo de Allen-de, sino después. Esta fue la diferencia.

Años después, las elites en el poder político y social no se cansarán de repetir que, de no haber sido por los grupos rebeldes de izquierda como los Tupamaros, las dictaduras militares nunca hubiesen existido. Esta fabricación se convertirá en un dogma. Como los traumas de las dictaduras, sobrevivirá en las generaciones por venir.

Teorías de la conspiración y pensamiento crítico

RECUERDO QUE, EN LOS AÑOS 70, cuando era un niño en la escuela primaria y luego en los 80 en la secundaria, todas las afirmaciones de que en América Latina las dictaduras habían obtenido el apoyo de Estados Unidos eran etiquetadas como "teorías conspirativas". Incluso las historias que escuchaba en la granja de mi abuelo en 1979, sobre lo que luego en los años 90 se conoció en Argentina como "Los vuelos de la muerte" eran descalificadas de la misma forma.

En 1996, el personaje principal y narrador de mi primera novela *Memoria de un desaparecido*, había escrito "*No existe mejor estrategia contra un rumor verdadero que inventar otro falso que pretenda confirmarlo*". Casi treinta años después, hurgando entre documentos desclasificados en Washington, me encontré con una idea similar o, más bien, complementaria. La CIA había descubierto ya en los años 50 que en la "guerra psicológica" una de las prácticas más efectivas para manipular la opinión pública consistía en usar fuentes falsas (como periódicos sindicalistas creados por la misma Agencia) para dar a conocer hechos verdaderos o verificables con el propósito de crear una realidad inexistente, por ejemplo, a favor de alguna revuelta o de alguna cumbre en favor de la OTAN. Poco después, a mediados de los años 50, comenzó a invertir en la estrategia opuesta: usar medios establecidos y reconocidos en cada país para difundir información falsa o parcial.

Una de las tantas operaciones para crear opinión bajo el primer principio (medios falsos, contenido verificable pero selectivo) se llamó LCCASSOCK. Una parte de los documentos generados han sido desclasificados por FOIA en 2007 y hoy se encuentran disponibles hasta en el mismo sitio de la CIA (si alguien no se siente cómodo entrando en este sitio, y razones de sobra tiene, puede usar el navegador *Tor*, el mismo que usan ellos mismos para borrar el rastro de sus espionajes). En uno de estos PDF, fechado el 19 de octubre de 1956, la CIA define LCCASSOCK como *"un proyecto de guerra psicológica que hasta hace poco preparaba, imprimía y distribuía ediciones falsificadas de publicaciones oficiales"*. Este proyecto *"aunque ya no produce sus propias falsificaciones, prepara y distribuye cuatro publicaciones principales… también produce ediciones especiales diseñadas para golpear a grupos específicos o para aprovechar eventos especiales. También ha llevado a cabo varios operativos de hostigamiento administrativo… El objetivo es llegar con alta calidad de propaganda a los grupos que tienen poco acceso a la propaganda occidental"*. En un caso entre un centenar de otros documentados (incluyendo cómo educar a un niño, cómo convertirse en una mujer atractiva, rumores falsos o comparaciones selectivas de un supermercado capitalista con otro inferior del lado comunista), esta operación trabajó con la colaboración del Falken Group y la Juventud Católica europea para *"escribir completamente"* diversas revistas falsas que llegaron a distribuir 20.000 ejemplares mensuales.[176]

Para un público adoctrinado por campañas masivas, multimillonarias, diseñadas y operadas desde la oscuridad más absoluta y efectiva, todo lo que procedía de la confiable propaganda occidental era verdad. Todo lo que cuestionaba el rol de la manipulación de Washington y la CIA eran "teorías conspirativas".

Más recientemente, en 2012, respondiendo al artículo de *Foreign Policy* "The Land of Too Many Summits"[177] sobre la acusación de que mi amigo Eduardo Galeano era un maestro de las "teorías de la conspiración", publiqué un artículo con un argumento central cuya traducción al español sería: *"Si*

Eduardo Galeano (un escritor, no un poderoso CEO ni un comandante en jefe de algún ejército, otro presidente borracho, ni el líder de alguna oscura secta o lobby) es 'el más viejo de los teóricos de la conspiración latinoamericanos', entonces, ¿quién es y fue, de facto, el más canoso de los conspiradores de hecho en América Latina?"[lxxv]

Las hechos rales inconvenientes, con más frecuencia que excepciones fueron etiquetados por las dictaduras militares y corporativas como "teorías conspirativas" (en español actual ,"conspiratorias"). Resultó que lo único oculto no eran las teorías sino las conspiraciones en sí misma. Por definición, las narrativas oficiales y dominantes son lo que vemos del iceberg; el resto son los hechos.

Como en muchos otros casos, la CIA inventó estrategias de manipulación de la opinión pública antes de que su adversario ideológico (un partido político, un movimiento guerrillero, un sindicato, una organización popular) la adoptaran como un luchador de judo utiliza la fuerza del adversario a su favor. Fue el caso de los caceroleos, por ejemplo, y de la misma expresión "*conspiracy theory* (teoría conspirativa)" en 1967.

En la tercera década del siglo XXI, esta conciencia de la manipulación de la realidad por parte de los medios fue adoptada por la derecha, es decir, aquellos que estuvieron siempre en el poder de las mayores potencias occidentales y de sus satélites como un manotazo de ahogado. De la conspiración de las poderosas organizaciones y corporaciones de los de arriba, de repente se pasó a la paradoja de la manipulación de los de abajo. La historia es aficionada a cambiar de roles para mantener algún estatus quo.

Según el profesor de New York University Mark Crispin Miller, la idea de una conspiración, sea positiva o negativa, era una idea largamente aceptada por los estadounidenses desde su fundación. De hecho, "la misma Declaratoria de la independencia constituye una teoría conspirativa de principio a fin. A los estadounidenses nunca les pareció una rareza que las elites pudieran ser los centros de conspiración". La autora conservadora Sharyl Attkisson afirmó que todo habría cambiado en 1967 cuando la CIA introdujo esta expresión en los medios para reaccionar contra aquellos que aparecían con una idea inesperada.[178] Más probablemente, esta reacción contra lo que podríamos llamar "el marco de la narración mediática" se había instalado mucho antes, por ejemplo, cuando en 1933 el general más condecorado de su

---

[lxxv] Como es una tradición, el artículo publicado en 2012 en diarios y revistas del momento ha desaparecido casi completamente de Internet. Su título en inglés era "The Hoariest of Latin American Conspiracy Theorists" y todavía se puede leer republicado en el libro *Neomedievalism. Reflections on the Post-Enlightenment Era* (Universidad de Valencia, 2018).

generación y héroe de las intervenciones militares en el Caribe y en América Central, Smedley Butler, comenzó a acusar a Wall Street de usar a los *marines* como músculo imperialista de sus negocios privados.

La confusión le vino como anillo al dedo a la CIA, en cuyos manuales se insiste en hacerlo todo de forma que pueda ser negado, incluso cuando todas las evidencias están en contra.[lxxvi] Como había dicho el protagonista narrador de mi primera novela, allá por 1992, "no existe mejor estrategia contra un rumor verdadero que inventar otro falso que pretenda confirmarlo".

El problema epistemológico radica en que tanto los teóricos de la conspiración y los partidarios del pensamiento crítico cargan con un elemento en común: la legítima duda sobre una verdad establecida y conformada por las repeticiones del poder social. Pero ambas difieren en el proceso de inquisición y, naturalmente, en los resultados finales. Los primeros se asemejan a la teología y acaban en la secta religiosa. Los segundos, al menos en su fundación idealista, no llegan al principio sino a un descubrimiento que es independiente de sus deseos.

Esta "legítima duda" tiene una raíz en la psicología profunda de las masas, explotada por los medios y la agencias de publicidad (propaganda), pero también tiene una raíz histórica fácilmente trazable.

La frase y la etiqueta de "teoría conspirativa", como muchas otras tradiciones recientes, fue diseñada, organizada, inoculada por la CIA como forma de deslegitimar acusaciones de la prensa y de grupos disidentes sobre sus conspiraciones reales. De la misma forma que los creyentes en la Teoría de la Creación en siete días insisten en que la Teoría de la evolución es sólo una teoría y no se debería enseñar en las escuelas públicas porque allí sólo se debe enseñar "hechos", así también los inventores del concepto de "teoría de la conspiración" vincularon los hechos políticos a una "teoría" que, por si fuese poco, cargaba toda la negatividad de el mismo fundamento de la CIA: la "conspiración".

La periodista y figura de la derecha estadounidense Sharyl Attkisson, en su libro *The Smear* resume la estrategia de la CIA que todos conocemos de nuestros estudios sobre sus conspiraciones, golpes de Estado y asesinatos de líderes en América Latina y que, de formas diversas, aparecen en sus manuales, documentos, cables y hasta investigaciones históricas:

[lxxvi] Cuando el 6 de junio de 2014, a las 10:49 de la mañana la CIA inauguró su cuenta de Twitter, su primer publicación fue: "*No podemos confirmar ni negar que este es nuestro primer tweet*". Para la CNN y otros medios, esta fue una muestra de humor de la Agencia. Para otros, los otros y nosotros, no.

1. Nunca reconozcas ni admitas nada
2. Niégalo todo
3. Exige pruebas
4. Acusa a tus acusadores
5. Desacredítalos

Según Mark Crispin Miller, profesor de New York University y especialista en medios, *"etiquetar algo como 'teoría conspiratoria' es, por lejos, un método mucho más efectivo de domesticar a la prensa que los métodos más directos de censura usados en otros países... Es una forma sutil de intimidación y una forma muy efectiva de mantener a la gente alineada, bajo control. Una vez que los periodistas internalizan la idea de que hay algo de ridículo, poco creíble en alguien que sospecha que una teoría conspiratoria puede ser cierta, se convierten en guardianes inútiles de nuestra libertad"*.[179]

Los orígenes de la propaganda política hay que buscarlos en los orígenes de la historia y, muy probablemente en la prehistoria misma. Los mitos orales no sólo intentaban explicar el mundo y la vida más allá, no sólo eran una respuesta a la angustia existencial, sino que también servían para establecer un determinado orden social, para justificar un determinado tótem dominante, una élite, el poder matriarcal y más comúnmente el poder patriarcal. Incluso hoy en áfrica muchos de los rituales que representan espíritus foráneos realizan el propósito de inocular temor en las mujeres ante tentaciones demasiado exogámicas. De la misma forma que en sus orígenes el arte estaba conectado con rituales mágicos (buena suerte en la caza) y religiosos (favores de los dioses), también se puede encontrar propaganda política en el antiguo Egipto y en la misma Biblia que unificó y justificó las conquistas nacionalistas del pueblo hebreo en nombre de un dios nacionalista que, con el paso de los siglos terminaría internacionalizándose con el cristianismo.

Aparte de Dios, durante la Edad Moderna la ciencia pasó a ser uno de los principales tótems de propaganda. En el siglo XIX, por ejemplo, el sistema esclavista en Estados Unidos se expandió hacia el Oeste primero y luego hacia el resto del mundo adaptando su discurso hasta amalgamar la teoría cristiana de la Creación con la maldecida teoría de la Evolución: Dios quiere que los negros, los indios y los pobres sean obedientes; la expansión de la esclavitud era la mejor forma de expandir la libertad, el orden, el progreso y la civilización; la raza blanca (llamada también caucásica, aria, teutónica y nórdica) es producto de una larga evolución establecida por Dios.

En 2013, la GCHQ, la agencia secreta de la Corona inglesa, puso por escrito y en documento secreto algo que no es un secreto y, además, terminó filtrándose: *"la gente no toma decisiones basadas en razones sino en emociones"*. Para luego rematar: *"cuando está en una plataforma social, los individuos se copian entre ellos"*. Basada en estas simples pero incuestionables observaciones, la super agencia al servicio de la reina y sus súbditos planificó cómo se debía infiltrar a los grupos disidentes en las redes sociales. Dos de las siete recomendaciones fueron: una "*operación de infiltración*" y una estrategia usada desde siglos atrás: "*operación de bandera falsa*". En lenguaje actual, "organizar un ataque injustificado y atribuírselo a nuestros enemigos". Con el título "*Magic Techniques & Experiment*" el mismo documento también reconoció la importancia de la "*legitimación de la violencia*". Todas técnicas luego probadas como familiares para los empleados de la NSA[180]

Libertad de expresión bajo vigilancia

LA VIGILANCIA, REAL O IMAGINARIA, es una de las mayores fuerzas de censura, ya que es una censura indirecta la mayor parte del tiempo. Es decir, es autocensura. La autocensura tiene la ventaja de funcionar como un virus que se expande sin necesidad de una fuerza cohesiva y, con el tiempo, es defendida por sus propias víctimas inoculadas. Esta idea ya estaba presente en el *panóptico* del filósofo inglés Jeremy Bentham, popularizada a finales del siglo XVII gracias a una ley aprobada por la Asamblea Nacional Legislativa de París y más tarde promovida por el mismo gobierno inglés. Aunque la idea giraba en torno a una construcción carcelaria donde los presos pudiesen ser observados todo el tiempo desde un centro geométrico, la base teórica e ideológica se asienta en la psicología, en la dinámica de las emociones más profundas como el miedo, esa misma que se aplica hoy en los supermercados o en las casas privadas con falsas cámaras de vigilancia. Es la misma técnica de la *incertidumbre* que aplicaron los nazis en los campos de concentración y se aplicó en múltiples otros casos. Nadie puede leer el libro en papel que estoy leyendo en un rincón silencioso de mi casa, pero no es posible asegurar que la NSA o la CIA ya sabe que estoy leyendo ese libro en base a mis compras. Mucho más probable es que, en mi caso, estén viendo esta misma pantalla en la cual yo, el autor de este libro, está escribiendo mientras continúa conectado a Internet. Esto no sólo lo sospecho por diversos episodios en que el cursor se mi computadora actuó solo, de forma bastante lógica, sino porque los documentos filtrados en los últimos años lo prueban.

En algunos casos como el mío, la autocensura es muy deficiente. Las agencias secretas podrán explicarla y catalogarla como propia de algún síndrome que sufre el autor. Si antes se trataba de una lucha moral por la justicia, por la libertad y contra los abusos del poder, ahora se puede descalificar con un lenguaje más científico como "Trastorno negativista desafiante o TND".

De las etiquetas más comunes en disidentes incómodos como Julian Assange, Chelsea Manning y Edward Snowden están los de "narcisista" o algo relacionado a su sexualidad. Bob Schieffer, el periodista estrella de CBS (irónicamente, en un programa titulado "*Face the Nation*"), intentó deslegitimar las revelaciones de Snowden, calificándolo de "*joven narcisista que se cree más listo que todos nosotros*" y comparándolo con los riesgos que tomó Martin Luther King quien se quedó en el país luego de violar las leyes injustas de su época. Para continuar el tejido de la tradicional telaraña mediática, el poderoso *Business Insider* tituló: "*Bob Schieffer de CBS destruye a Edward Snowden en 90 segundos*".[181] Edward Snowden y Glenn Greenwald (el periodista que publicó los documentos filtrados por Snowden) fueron calificados repetidas veces de "cobardes" y de "traidores", uno por huir a Hong Kong y el otro por mudarse a Brasil. El veterano periodista de CBS no mencionó que Martin Luther King fue perseguido por el FBI y finalmente asesinado, como la mayoría de los líderes de la época, por "individuos no vinculados al poder".

En una de esas reuniones de colegas y con algún que otro desconocido, una de esas donde (me han dicho y se leen en las memorias de manipuladores jubilados) suelen ir los agentes secretos con un vaso de whisky en la mano a conversar de cultura, un señor de Texas, aficionado a la historia de América Central, me preguntó mi opinión sobre Julian Assange y Edward Snowden. Ellos saben que pocos profesores resisten la tentación de dar respuestas radicales cuando alguien entra en sus áreas de estudio. Tampoco resultaba difícil saber que en los últimos meses yo había comprado varios libros sobre el tema, aparte de mis investigaciones en el National Archive. En pocos minutos, el señor de la corbata morada había llegado al punto previsible:

"*¿Ha observado usted que todos ellos tienen algún problema psicológico? Assange es un* womanizer *(mujeriego). Snowden ni siquiera llegó a graduarse de la secundaria, a pesar de su notable inteligencia. El soldado Bradley Manning, luego Chelsea Manning, se reveló como una mujer atrapada en el cuerpo de un hombre. Glenn Greenwald se enamoró de un hombre brasileño y se fue a vivir allá. No digo que ser homosexual o transgénero sea algo malo, sólo que es un factor común que comparten todos ellos. ¿Qué significa este patrón psicológico?*".

"No, pero..." Por entonces, me acordé de la persecución de negros, gays y lesbianas que había puesto en práctica el senador Arthur McCarty y el infame director del FBI, Edgar Hoover durante la Guerra Fría, por considerar que los negros y homosexuales eran propensos a traicionar a su país y a su religión al simpatizar con las causas comunistas de justicia e igualdad. Por entonces, en Cuba no eran muy diferentes con ese miedo machista, persiguiendo a homosexuales porque "*la revolución no entra por el culo*".[lxxvii]

"No, pero…" Por entonces, me acordé de la persecución de negros, gays y lesbianas que en Estados Unidos había puesto en práctica el senador Arthur McCarty y el infame director del FBI, Edgar Hoover, durante la Guerra Fría, por considerar que los negros y homosexuales eran propensos a traicionar a su país y a su religión al simpatizar con las causas comunistas de justicia e igualdad.

No por casualidad, el puritanismo de la moral victoriana, basada en la represión sexual, y la policía se inventaron al mismo tiempo en el siglo XIX, para controlar la promiscuidad de los esclavos asalariados que migraron de las zonas rurales a las ciudades, acinándose alrededor de las fábricas. No por casualidad, el método moderno de interrogación policial fue inaugurado por la Inquisición europea, no sólo por prácticas brutales como la tortura, sino por la explotación de una cultura puritana que multiplica las posibilidades del poder de *extorción moral*. En el siglo XX, los servicios secretos como la CIA y el FBI se beneficiaron de este puritanismo neoconservador, vigilando y recogiendo información privada, como la sexualidad de los disidentes. Cuando el poderoso director del FBI, Edgar Hoover se enteró de que Martin Luther King iba a recibir el Nobel de la Paz en 1964 estalló en furia. Como hará la CIA para evitar que Pablo Neruda recibiera el Nobel de literatura en 1971, Hoover intentó desprestigiar a King por todos los medios. Como la revelación de que el activista por los derechos civiles era socialista no parecía ser suficiente, el FBI instaló micrófonos en todas las habitaciones de hoteles que ocupó King procurando de que su debilidad por las mujeres terminase con su matrimonio. No era su matrimonio el objetivo sino el conocimiento de que King sufría de depresión y se asumía que la ruptura con Coretta Scott lo llevarían a repetir sus intentos de suicidio por los cuales había pasado en su adolescencia.

En el caso de John Lennon y de otros artistas incómodos, la intimidad que se podía usar para su muerte, sino física al menos muerte civil, era una supuesta homosexualidad que nunca lograron descubrir. Por esta razón, podemos especular, y seguramente en consistencia con una tradición religiosa patriarcal, los movimientos de liberación sexual significaron una nueva vulnerabilidad en el poder. Si alguien deja de temer que el mundo sepa que es gay o lesbiana, ¿entonces, cómo extorsionarlos con archivos de repente inútiles? La batalla por criminalizar o estigmatizar la homosexualidad fue perdida,

---

[lxxvii] Un clásico del cine cubano y latinoamericano, *Fresa y Chocolate* (1993), de los gigantes directores de cine cubanos Tomás Gutiérrez Alea y Juan Carlos Tabío, resumió este drama que más tarde se fue superando en alguna medida.

pero no, por ejemplo, el recurso de crucificar a un individuo por adulterio.[lxxviii] No por casualidad, luego de la revolución de los años 60s, se diseñó e implementó en Estados Unidos una fuerte reacción neoconservadora que terminó por llevar a la Casa Blanca a Ronald Reagan e inauguró un largo período de moral neoconservadora, tampoco por casualidad, afiliada a las elites económicas y financieras enquistadas en el poder político, mediático, religioso y cultural. No por casualidad la criminalización de las drogas iniciada por el presidente Nixon tenía por objetivo explícito la criminalización de grupos marginales, como negros y latinos.[182] No por casualidad la misma violencia civil (cuando está por debajo de un margen crítico en el cual el poder pasa a ser cuestionado) es necesaria y conveniente para el *status quo* del poder. Toda violencia que no termine en una revolución exitosa, beneficia siempre a las fuerzas reaccionarias en el poder.

En 2019 y después, el mismo presidente de Brasil, Capitán Jair Bolsonaro, se refirió a Greenwald repetidas veces haciendo referencia a su sexualidad (*"Do you burn the donut?"*) como forma de descalificación personal e ideológica, a lo que el periodista estadounidense contestó observando la clara fijación anal del presidente. Luego de las revelaciones de Snowden en 2013, Greenwald y su proyecto *The Intercept* también fueron claves para denunciar la corrupción del sistema político brasileño, desde los corruptos jueces anticorrupción como Sergio Moro, quien logró poner en la cárcel al entonces candidato favorito a la presidencia, Lula, hasta los parlamentarios más corruptos que años antes habían destituido a Dilma Rousseff bajo alegaciones de corrupción.

De las etiquetas más comunes en disidentes incómodos como Julian Assange, Chelsea Manning y Edward Snowden están los de "narcisista" o algo relacionado con alguna discapacidad. Bob Schieffer, el periodista estrella de CBS (irónicamente, en un programa titulado *"Face the Nation"*), intentó deslegitimar las revelaciones de Snowden, calificándolo de *"joven narcisista que se cree más listo que todos nosotros"* y comparándolo con los riesgos que corrió Martin Luther King, quien se quedó en el país luego de violar las leyes injustas de su época. Para continuar el tejido de la tradicional telaraña mediática, el poderoso *Business Insider* tituló: *"Bob Schieffer de CBS destruye a Edward Snowden en 90 segundos"*. Edward Snowden y Glenn Greenwald (el periodista que publicó los documentos filtrados por Snowden) fueron calificados repetidas veces de "cobardes" y de "traidores", uno por huir a Hong

---

[lxxviii] Por el contrario, la radicalización de "lo políticamente correcto" promovido por sus enemigos, la izquierda progresista, hizo posible convertir las tendencias poligámicas de una parte de la población en acoso, donde una insinuación o una palabra de más pasó a ser equivalente a violación sexual.

Kong y el otro por mudarse a Brasil. El veterano periodista de CBS no mencionó que Martin Luther King fue perseguido por el FBI y finalmente asesinado, como la mayoría de los líderes de la época, por "individuos no vinculados al poder".

"*¿Qué significa este patrón psicológico para usted, profesor?*" insistió el señor del whisky con mucho hielo, a quien nunca había visto antes pero que me había aclarado de entrada que no era un profesor nuevo.

"*Para mí significa que el mundo necesita más gays, más transexuales y más autistas*", fue lo único que se me ocurrió decir, creo que más bien para deshacerme de aquel señor con una autoestima tan elevada y con una mal fingida ignorancia. Funcionó, por el momento.

Unos años después, una de mis estudiantes más avanzadas que escuchó el diálogo se pasó por mi oficina para discutir detalles del curso que estaba tomando y me mencionó una investigación que había leído sobre ética y autismo. El estudio, publicado en *The Journal of Neuroscience* en febrero de 2021 por un grupo internacional de nueve expertos ("*Right Temporoparietal Junction Underlies Avoidance of Moral Transgression in Autism Spectrum Disorder*"[183]), realizó un experimento con dos grupos de personas, uno compuesto por individuos clasificados dentro del "espectro autista" y el otro con gente fuera del mismo, es decir, en lenguaje popular, "gente normal como nosotros". A ambos grupos se le propuso donar una suma de dinero para asociaciones, una benéfica (para la educación de niños y adolescentes en Brasil) y otra que permite la crueldad animal (eliminación de perros y gatos de las calles) en dos contextos diferentes: unas donaciones hechas con audiencia y otras de forma anónima. En un caso, se ofreció una ganancia económica personal por apoyar la crueldad animal. El modelo computacional reveló que el grupo de personas con autismo no aceptaron esta ventaja personal en detrimento del dolor ajeno, aun cuando seleccionaban la mejor opción de forma anónima.

Podemos inferir que este estudio no sólo desarma la idea de la valoración débil del contexto moral de los autistas que, con frecuencia, los lleva a involucrarse en problemas sociales, sino que revela su contrario: un sentido moral superior al de la "gente normal". Es decir, esta normalidad no sería otra cosa que la adaptación del entorno a los intereses personales (corrupción) y la manipulación de la opinión ajena que termina valorándolos como "gente exitosa", a pesar de que deberían estar en un intenso tratamiento psicológico, de no ser por una cultura enferma que los protege, premia y aplaude.

Esa "gente normal" es la que está en el poder económico y político de los países. Cuando David Miranda, esposo de Glenn Greenwald, se encontraba de paso en Inglaterra, los servicios secretos lo detuvieron y acusaron de terrorismo. Terrorista por ser pareja de un terrorista, definido en la acusación de la siguiente forma: *"El señor Miranda lleva a sabiendas material cuya divulgación pondría en peligro la vida de las personas. Además, la divulgación, o amenaza de divulgación, está diseñada para influir en un gobierno y se realiza con el fin de promover una causa política o ideológica. Por lo tanto, esto entra dentro de la definición de terrorismo"*.

Cuando las agencias secretas deciden ataques secretos, mortales y devastadores en territorio extranjero, ¿no ponen en peligro la vida de ninguna persona? Cuando plantan artículos o hacen circular rumores falsos ¿no generan opinión en medios masivos? ¿No están tratando de influir en ningún gobierno a través de la Opinión Pública? Los gobiernos paralelos nunca son calificados de terroristas, según sus propias y muy elásticas definiciones de terrorismo. Es la manera obvia de pensar. Ellos están en el poder; a sus poderosas ficciones llaman realidad y normalidad, no "problemas mentales".

La policía ideológica. El gobierno paralelo del FBI

MÁS QUE UN PATRÓN ESTA DESACREDITACIÓN del mensajero es un *déjà vu* de otras históricas filtraciones y las mismas demonizaciones de sus mensajeros. En 1971, el analista militar Daniel Ellsberg, convertido en activista político, reveló los ahora llamados *"Pentagon Papers"* exponiendo las mentiras del gobierno y los crímenes de lesa humanidad perpetuados por las fuerzas estadounidenses en Vietnam. Por entonces, el presidente Richard Nixon ordenó espiar a Ellsberg para revelar alguna particularidad sexual, aunque sea la preferencia por las mujeres, como fue el caso de Martin Luther King. Los espías de entonces allanaron la oficina del psicólogo de Ellsberg, el doctor Lewis Fielding, en procura del delito que debía afectar su credibilidad y crear una opinión pública favorable al gobierno.

Aparentemente, estos casos revelarían el fracaso del espionaje o de los abusos de poder de la supervisión en los llamados Estados Democráticos. Pero no hay que confundir fracasos y fiascos con efectividad. La efectividad de la autocensura debida a la sospecha de estar siendo vigilados, sea por un hecho real o imaginario, no solo es efectiva sino que las mismas agencias secretas lo saben y la promueven. En este sentido, las teorías conspirativas contra esas agencias, aún las más irreales, tiene un efecto negativo en la libertad de expresión de los disidentes. Las agencias se supervisión secreta lo saben, sean nacionales o internacionales. Pongamos un ejemplo básico.

En 1971, cuando un grupo de ocho disidentes asaltó una oficina del FBI en Filadelfia y se llevó mil documentos clasificados, quedó claro, entre otras cosas, que el FBI no sólo espiaba sobre los grupos disidentes, por su oposición a la guerra de Vietnam, por su color de piel o su deficiencia sexual, sino que promovía que todos quienes no estuviesen bajo su radar sospecharan que estaban siendo espiados y vigilados. En 1975, los profesores Gregory White de la Universidad de California y Philip Zimbardo de Standford University publicaron una investigación titulada *The Chilling Effects of Surveillance: Deindividuation and Reactance* (*Los efectos escalofriantes de la vigilancia: desindividuación y reactancia*), en el cual mostraron los efectos psicológicos de sentirse espiados o vigilados: los grupos que eran informados que sus opiniones podrían ser compartidas con la policía mostraron respuestas conservadoras sobre diferentes temas.[lxxix][184]

Lo que realmente importa es que el resto de los millones de ciudadanos o extranjeros sientan que pueden estar siendo observados y decidan matizar o simplemente autocensurar sus ideas y sentimientos. ¿Qué más efectivo que eso? Al fin y al cabo el voto de un escritor paranoico es uno solo y el resto se cuenta por millones. De hecho, el mismo sentimiento de paranoia es apreciado por estas mismas agencias secretas, ya que si una minoría crítica cae en la paranoia de que son observados y vigilados, ya no es necesario dedicar tiempo y recursos a observarlos y vigilarlos porque la miasma víctima se encargará de ello. Un documento filtrado por el mismo asalto a las oficinas del FBI en 1971 (COINTELPRO, "contrainteligencia"), reveló que la creación de paranoia no era un efecto colateral sino un producto diseñado: una táctica es *"planear y aumentar la paranoia entre los grupos de Nueva Izquierda inoculando temores de que 'hay un agente del FBI detrás de cada buzón'. También se instruye a los agentes en el área de Filadelfia que monitoreen los 'clientes' de las 'librerías afros' y recluten informantes entre el movimiento militante de los negros"*.[185]

Sólo durante los años 80, el FBI acumuló 100.000 archivos detallados sobre "sospechosos de terrorismo", casi todos activistas por los derechos humanos, subscriptores a publicaciones de izquierda o inmigrantes que escaparon a las brutales dictaduras militares apoyadas por Washington en América Central. Según el periodista Ross Gelbspan,[lxxx] esta información sirvió para caracterizar, demonizar determinados grupos y naturalizarlos como peligrosos a través de artículos financiados por Washington y escritos por periodistas que pasaban como independientes, aparte de negar visas para conferencias a

---

[lxxix] "Solo el 44 por ciento del grupo que sabía que sus respuestas eran grabadas, abogó directamente por la legalización de la marihuana, mientras que el 73 por ciento del grupo "no grabado" recomendó su legalización.
[lxxx] Gelbspan fue uno de los primeros escritores que, con su libro *The Heat Is On* (1997) alertó sobre el peligro del Calentamiento global.

expertos e intelectuales con ideas contrarias a las del gobierno estadounidense. Esta operación fue ideada por el director de la CIA (y miembro del grupo fundamentalista católico Orden de Malta) William Casey y el experto en propaganda de la CIA Walter Raymond Jr.[186] En 1981, el mismo presidente Ronald Reagan ordenó el decomiso de miles de publicaciones cubanas, no en nombre de la censura sino en base a la prohibición de "hacer negocios con el enemigo", y poco tiempo después firmaba la ley *"Intelligence Identity Protection Act"*, por el cual se condenaba a diez años de presión a cualquiera que revelase algún nombre sobre alguna actividad ilegal de la CIA.[187] No por casualidad, la financiación ilegal del grupo terrorista Contras en Nicaragua a través de la venta ilegal de armas a Irán fue revelado por *Al-Shiraa*, un modesto periódico libanés, cinco años más tarde.

En 1985, a su regreso de un viaje a Nicaragua donde había observado las elecciones y el proceso de la revolución sandinista, el periodista Edward Haase fue detenido por el FBI en el aeropuerto de Miami y cuestionado por posible tráfico de material subversivo. Hasse quiso saber qué significaba esto y los agentes (entre ellos José Miranda, quien fotocopió todas las notas que había tomado Haase) le explicaron que por material subversivo se entiende *"todo aquello que promueva el derrocamiento del gobierno de Estados Unidos de forma violenta"*.[188] No sin trágica ironía, en ese mismo momento la CIA entrenaba y financiaba a los Contras para derrocar al gobierno democráticamente electo de Nicaragua y Washington bloqueaba Cuba y financiaba a otras decenas de "dictaduras amigas", antes y después de remover otras decenas de gobiernos indeseados en su patio trasero y del otro lado del mundo. Si la ley sólo se aplica a los civiles, está por demás claro que nunca se aplica a las potencias imperiales.

Durante estos mismos años, la información de pasaportes y números de vuelo de disidentes centroamericanos recogida por el FBI y las organizaciones para empresariales, fue compartida con las fuerzas represivas de esos países. En casi todos los casos, los sospechosos habían cometido el delito de poseer "literatura subversiva". Entre estos grupos peligrosos se encontraban quienes estaban en contra de las dictaduras apoyadas por Washington, de más recursos para el ejército estadounidense y de la proliferación de armas atómicas; o estaban a favor de las feministas, de los derechos gays o de cualquier grupo que luchara por sus derechos civiles. Cuando la implicación de algún perseguido ideológico con alguno de estos grupos indeseados no era posible, se lo inventaba.

Aparte de los para-empresarios, las para-religiones también jugaron un papel relevante en la persecución ideológica. Fue el caso, por ejemplo, de la poderosa y multimillonaria Secta Moon, conocida por su intensa adoctrinación, por su extensiva evasión de impuestos, su apoyo a los grupos de extrema derecha (como el grupo terrorista Contras en América Central) y, al decir de Ross Gelbspan, también célebre por sus métodos de "*reprogramación de cerebros*" en su lucha "anticomunista y antidemocrática". Una de sus organizaciones estudiantiles conocida como CARP se dedicaba a recoger información de estudiantes y profesores en más de cien universidades estadounidenses. Para El Salvador, habían trabajado en la promoción del dictador José Napoleón Duarte, de la misma forma que el Club 700 lo hacía con el dictador genocida de Guatemala, Efraín Ríos Montt.[lxxxi] En uno de los informes del CARP al FBI, puede leerse el reporte de un estudiante sobre el director de relaciones públicas de la radio estudiantil de la Universidad de California en Santa Barbara: "*Cory sabe mucho sobre marxismo y simpatiza con el FDR* [Frente Democrático Revolucionario de El Salvador]. *Intentó convencerme de que si bien la Unión Soviética está presente en Cuba (algo que admitió libremente), no tiene ninguna injerencia en El Salvador*".[189]

Otros reportes mencionan de forma explícita que su objetivo es reportar al FBI sobre las actividades de estudiantes con ideas de izquierda. Los casos de persecución ideológica a través del Estado paralelo y gracias a los casi ilimitados recursos derivados de los impuestos generales fueron siempre una tradición en Estados Unidos, una sociedad orgullosa de su democracia y libertad.

En 1987 se reveló parte de la campaña de la CIA y el FBI (socios en el espionaje y rivales por el presupuesto del gobierno) contra disidentes políticos a manos de mercenarios como el salvadoreño Frank Varelli, quien también persiguió izquierdistas en Estados Unidos contratado por el grupo de extrema derecha John Birch Society.[lxxxii] Según el realismo fanático de Varelli y de las sectas a las que perteneció, los comunistas "*no vienen, ya están aquí, y crecen y crecen; un día serán tan fuertes que nos llevarán a los parques y*

[lxxxi] Otros grupos que trabajaron para el FBI tratando de vincular cualquier grupo de izquierda estadounidense con la Unión Soviética, se encargaron al mismo tiempo de lavar y promover la imagen de los cabecillas de escuadrones de la muerte como Roberto d'Aubuisson, luego presidente de El Salvador y fundador del partido neofascista ARENA. Usando palabras que más tarde usaría el capitán Jair Bolsonaro en Brasil, Roberto d'Aubuisson declaró al *Washington Post* (16 de agosto de 1981) que si la izquierda hubiese llegado al poder habría matado a 100 mil personas, por lo cual "*la paz en El Salvador se logrará cuando se ejecuten a 300 mil personas*".

[lxxxii] Varelli, cuyo verdadero nombre era Franklin Agustín Martínez Varela, era hijo de un oligarca que trabajaba en el gobierno de su país, pero no logró completar el servicio militar en El Salvador y abandonó su educación católica porque su iglesia "estaba llena de comunistas", por lo cual, al igual que el dictador Ríos Mont en Guatemala, se convirtió en un "Nacido de nuevo" de la iglesia Baptista y se autoproclamó pastor, reverendo y doctor.

nos matarán a todos". Naturalmente, en Estados Unidos Varelli trabajó con el general responsable de la violación y asesinato de cuatro monjas estadounidenses en El Salvador (sospechosas de simpatizar con la Teología de la Liberación) Carlos Eugenio Vides Casanova, quien se mudó Palm Coast, a una hora de Jacksonville. Desde allí, Vides Casanova, como el resto de los terroristas protegidos por la CIA en Miami, continuó "luchando contra el comunismo". Su caso no terminó tan bien, como el de otros terroristas como Posada Carilles. Luego de 25 años viviendo en Florida, en 2015, junto con José Guillermo García (ex ministro de defensa), fue finalmente deportado a El Salvador por haber ordenado el asesinato del sacerdote español Oscar Romero y de las cuatro monjas estadounidenses, tragedias que, igual que la matanza del español Ignacio Ellacuría y otros jesuitas en 1989, serán recordadas por el mundo. Los 75.000 salvadoreños que corrieron la misma suerte hoy son apenas números, cuando no *"fake news"*.

Según Varelli, la base económica de los operativos de la extrema derecha salvadoreña estaba en Miami. En 1987, Varelli testificó y reconoció en el Senado que el FBI actuaba en coordinación con los grupos terroristas de El Salvador, persiguiendo disidentes no violentos que llegaban a Estados Unidos, haciéndolos caer en conflictos con el IRS (Servicio Interno de Impuestos) o simplemente persiguiéndolos por "comunistas". Esta serie de testimonios fueron interrumpidos y bloqueadas en el mismo Senado por los grupos conservadores. En un momento de dudoso arrepentimiento, Varelli dijo en una entrevista con CBS: *"la ley es para aplicarla a los civiles"*.[190] Según el investigador Gelbspan, la base de operaciones de Varelli *"estaba en Miami, donde varios empresarios salvadoreños se encontraban formando una organización con el objetivo doble de diseminar propaganda y recoger información de inteligencia sobre los salvadoreños activistas en El Salvador y en Estados Unidos"*.[191]

Quedará siempre en el aire preguntas cruciales que pocos o nadie se hacen en los medios masivos, en las narrativas maestras de las potencias hegemónicas (por no decir imperiales): desaparecida la gran amenaza (real, imaginaria o ambas) de la Guerra Fría, ¿dónde fue a parar toda esa maquinaria multimillonaria y esa cultura multi-paranoica? ¿En la nueva teoría de "El choque de las civilizaciones" de Huntington? ¿En el 11 de setiembre? Tal vez la pista mayor radique en la publicación de 1998 del grupo conservador Project for the New American Century, PNAC: para lograr el objetivo de rediseñar Medio Oriente con la aprobación de la Opinión Pública estadounidense, era necesario *"un evento catalítico y catastrófico, algo como un nuevo Pearl Harbor"*. También para justificar los multibillonarios presupuestos del FBI, de la CIA, de la NSA y de la tan conveniente paranoia que desde la toma de territorios de los pueblos indígenas en el siglo XVIII se viene repitiendo de la misma forma: (1) "fuimos atacados primero, sin ninguna razón", (2) "debimos defendernos", (3) "nunca lo olvidaremos". La CIA, por ejemplo, en toda su historia estuvo a punto de desaparecer dos veces: por una firma del presidente John F. Kennedy luego del fiasco de la invasión a Cuba en 1962 y luego del fin de la Guerra Fría. No desapareció. Quienes desaparecieron fueron otros.

Cuando la periodista Clare Boothe Luce le preguntó a Lyndon B. Johnson por qué había aceptado ser el número dos de Kennedy, el veterano Johnson y más tarde presidente, respondió: *"uno de cuatro presidentes murieron en su trabajo… y yo soy un apostador, querida"*. La respuesta pudo haber sido una anécdota irrelevante, pero describe una cultura desde dentro del poder político.

El gobierno paralelo de la NSA y la CIA

EN SU DISCURSO ANTE EL CONGRESO DE 1904, el presidente Theodore Roosevelt dictó su propio corolario a la Doctrina Monroe, 80 años después: *"Las irregularidades crónicas [de los países latinoamericanos], como en otros lugares, pueden requerir la intervención de alguna nación civilizada… En el hemisferio occidental, la adhesión de los Estados Unidos a la Doctrina Monroe puede obligarnos, aunque no queramos, a ejercer un poder de policía internacional"*.[192]

La obsesión esclavista de mantener controlados a indios, negros, mexicanos y blancos trabajadores no terminó con la derrota de la Confederación en 1865 sino que mutó exitosamente en el nuevo capitalismo imperialista según el cual *"la democracia de este siglo no necesita más justificación para su existencia que el simple hecho de que ha sido organizada para que la raza blanca se quede con las mejores tierras del Nuevo mundo"*.[193] Pero el factor racial esconde siempre un elemento aún más poderoso: el poder, en nuestro mundo basado en los capitales, la propiedad privada y el secuestro y acumulación de la riqueza producida por un país y por el resto del mundo. James Madison, uno de los llamados Padres fundadores de Estados Unidos, esos personajes sagrados de la religión secular de este país, lo resumió de forma por demás clara en una discusión que tuvo lugar durante la redacción de la sagrada constitución: el objetivo de nuestro gobierno debe ser *"la protección de la minoría rica contra la mayoría del pueblo"*. En línea con lo expresado por otro de los padres fundadores y segundo presidente, John Adams: *"los propietarios de este país son quienes deben gobernarlo"*.[194] De hecho, su vicepresidente y luego tercer presidente, escribió que tanto Adams como Washington preferían una monarquía a una democracia.[195] Al final, la democracia estadounidense y la monarquía británica no se distinguirían en prácticamente nada. Ni siquiera en los colores de las banderas. Las formas y los recursos han cambiado desde entonces. No la práctica real.

Para esta ideología dominante, los trabajadores asalariados (más tarde, sin importar su color de piel) son peligrosos para el progreso y la libertad. Proyectada más allá de fronteras (como fue el caso desde la fundación de este país en 1776) la idea de que una nación civilizada tiene el derecho y el deber de "*ejercer un poder de policía internacional*" será enmudecido en las generaciones por venir (como el ideoléxico *imperialismo*), pero su práctica continuará, hasta el día de hoy, de formas cada vez más sofisticadas y poderosas. De la misma forma que los valores racistas y clasistas de los esclavistas confederados se escondió en el closet a partir de la Segunda Guerra mundial contra los nazis, así también la reivindicación del imperio de la raza superior y de las naciones civilizadas se convirtieron en tabúes discursivos, pero nunca desaparecieron. De la misma forma, esta idea de la "policía internacional" pasó a ser políticamente incorrecta al tiempo que, sobre todo después de 1945, se convirtió en la primer política del Estado paralelo.

Aunque luego de la creación de la CIA en 1947 la jurisdicción legal del FBI se limitó al territorio estadounidense, sus agentes y sus mercenarios privados hicieron posible que su acción se proyecte más allá, a otros países. Algo similar ocurrió con la CIA: libre de actuar sobre todo el mundo, con la excepción de Estados Unidos, siempre se las ha arreglado para que sus mercenarios privados extiendan sus brazos dentro del territorio nacional (o a través de la red de naciones anglosajonas *Five Eyes*, Cinco Ojos, gracias a la cual un servicio de espionaje espiaba a los ciudadanos de los otros países que por ley cada uno no podía hacer contra sus propios ciudadanos).

Como es bien sabido, una de las mayores revelaciones de estas prácticas se produjo gracias a las investigaciones de la Comisión Church del Senado estadounidense y la Comisión Pike de la Cámara de Representantes en 1975. Aunque el entonces Secretario de Estado Henry Kissinger no colaboró con estas investigaciones ni cuando fue citado a declarar al Congreso, sí le reconoció al presidente Gerald Ford que la CIA había espiado, perseguido, grabado y realizado allanamientos ilegales a grupos e individuos de intelectuales y periodistas con ideas de izquierda dentro del territorio nacional. Según el mismo Kissinger, algunas acciones de la CIA "*claramente fueron ilegales*" y otras "*pueden considerarse profundamente inmorales*", reconoció de forma verbal, pero se negó a poner algo de esto por escrito.[196] Claro que, de todas formas, nada de esto importa a los efectos legales. Los agentes y los oficiales de la CIA reconocieron en sus memorias crímenes propios y ajenos, todos confirmados por documentos desclasificados con sus nombres censurados por la famosa franjita negra. Un presidente como Nixon puede renunciar por un escándalo (y luego ser perdonado por su propio vicepresidente), pero en el Gobierno paralelo las cosas no llegan a tanto. Cuando un oficial es obligado a renunciar, no es porque hizo algo malo sino porque no lo hizo bien, como lo demuestran las memorias de David Atlee Phillips en *The Night Watch*, entre otros. Cuando al final de la década de los 70 la indignación popular comenzó a subir más allá de los límites previsto de toda marea y los estadounidenses votaron por el congreso más izquierdista de la historia, los gobiernos aprobaron leyes para confirmar su impunidad, como fue el caso del "*Intelligence Identity Protection Act*" de 1982.

En 2013, PEN America publicó un estudio con un título similar y cuyo título lo resume todo: *Chilling effects: NSA surveillance drives U.S. writers to self-censor* (*Efectos escalofriantes: la vigilancia de la NSA hace que los escritores en Estados Unidos se autocensuren*). Un quinto de los escritores ha evitado ocuparse de temas sensibles porque se sienten espiados. El mismo informe revela que solo el 12 por ciento de los escritores estadounidenses aprueba el espionaje masivo bajo la excusa de la lucha contra el terrorismo mientras que la mitad de la población está de acuerdo.[197]

Por si esto no fuese suficiente, en 2017, a pocos días de abandonar la Casa Blanca, el presidente Barack Obama terminó por darle el golpe de gracia a la limitación de la CIA de actuar dentro de territorio estadounidense cuando legalizó la práctica de la NSA de compartir información secreta y privada de cualquier ciudadano estadounidense *a piacere* con las otras quince agencias secretas bajo su sombrilla.[198] Todo en nombre de la Seguridad Nacional y por el bien de los cientos de millones de ciudadanos espiados.

Claro que, a pesar de sus decenas de miles de dólares gastados cada año, el poder de estas super agencias secretas no es absoluto. El país que intentan secuestrar en nombre del país es demasiado complejo y no se puede meter a miles, sino millones de disidentes, por minoritarios que sean, en una cárcel tradicional, por lo cual la solución es mantener a la mayoría en estado de obediencia y complicidad militante (todo en nombre de la libertad, la seguridad, Dios y la patria) y a la minoría crítica en estado de temor.

En su libro *No Place To Hide* (2014), el periodista e investigador Glenn Greenwald cuenta que su amiga, la documentalista Laura Poitras era sistemáticamente detenida e interrogada por la seguridad de los aeropuertos cada vez que llegaba a Estados Unidos (experiencia que comparto).[199] Hasta que Greenwald publicó en *Solon* un artículo detallando este acoso del gobierno.[200] Desde entonces, Poitras no volvió a ser detenida en un aeropuerto. La idea de hacer público un abuso de la Ley suele funcionar, pero no en todos los casos. No en los casos donde gente que no es ciudadana de este país es suprimida de forma violenta y sistemática.

La idea de que son dictaduras sólo aquellos gobiernos autoritarios que no poseen un sistema electoral semejante a las democracias occidentales procede de la tradición estadounidense, fundada en la desconfianza por la tiranía del rey George III, por entonces cabeza del Imperio británico.

Las Trece colonias debieron organizarse en una confederación de estados relativamente independientes, asegurando una cierta libertad de expresión, la que se garantizó en la Primera enmienda de la misma Constitución. Obvia decir que, por al menos un par de siglos (y luego, hasta hoy de una forma muy limitada), este derecho constitucional no abarcaba ni a los indios ni a los negros esclavos ni a los blancos pobres. Mucho menos a los rebeldes, los cuales pagaban este ejercicio constitucional con sus vidas, en el linchamiento público o con cien merecidos latigazos que enseñaban a los negros a ser buenos negros, a los indios a ser pacíficos y a los mexicanos y a los "negros pacíficos" de más allá a trabajar en lugar de dormir la siesta. La nueva organización política tenía más del feudalismo que del absolutismo europeo: señores terratenientes con derechos especiales, independientes de un gobierno central y "libres" de esclavizar y desplazar a los mal nacidos, es decir, a la mayoría. Esta forma de libertad privada, libertad del amo, del terrateniente, del banquero rico, de las cofradías y las corporaciones trasnacionales se modernizó con las ideas y las narrativas del liberalismo.

Debido a la naturaleza fragmentada de las Trece colonias, se fosilizó la necesidad por lo opuesto, la obsesión de *unión* al tiempo que se estableció un gobierno rotativo, aunque no democrático. Por razones ideológicas heredadas de la Ilustración, esa sombrilla narrativa no podía ser una religión, aunque continuó siendo el mismo Dios del Medioevo, con algunos cambios de éticos, como el operado por el protestantismo. La nueva democracia blanca, aparentemente fundada en las ideas de la Ilustración de los radicales filósofos europeos, era mucho menos democrática que la centenaria confederación de tribus iroqueses (o la Liga de las Seis Naciones)[lxxxiii]. Otros pueblos nativos ejercían formas más democráticas, menos patriarcales y más equitativa que los europeos. Incluso los ejemplos de democracia europea se limitaba a

---

[lxxxiii] La Liga Iroqués ("Gran Liga de la Paz" fundada en 1142 y conformada por diferentes pueblos nativos de Norteamérica) es la democracia participativa más antigua del planeta, basada en la búsqueda de paz y en la redistribución de la riqueza. Aunque la conocía bien, Benjamín Franklin apenas la menciona en 1754 como ejemplo a seguir y la influencia sobre la nueva "democracia" cayó en el olvido de la historia blanca. Los iroqués aceptaban pueblos desplazados y adoptaban aquellos derrotados en sus guerras. Aunque algunos prisioneros podían ser forzados a trabajar, no estaban ligados a su raza y solían ser adoptados por familias establecidas. Las 13 flechas que sostiene el águila en el escudo de Estados Unidos procede de una metáfora Iroqués: es más fácil romper flechas separadas que juntas.

grupos pequeños, como en el caso de tierras comunales o de barcos como el Maine (más allá del mito) y de los mismos barcos piratas, a pesar de que su jerarquía de mando indicaría lo contrario. Las sociedades muy numerosas perdieron contacto con sus faraones, emperadores y reyes, quienes lograron unificarlas bajo un sistema autoritario o absolutista. Sin embargo, la nuevas formas de comunicación y la experiencia histórica hoy hace posible una forma de unidad (de leyes, de principios) no en la imposición de un tótem, de una creencia o de una ideología sino por la aceptación de la diversidad, en el reconocimiento de la igualdad de derechos naturales.

Pero la libertad de expresión era sólo para los blancos y el derecho a portar armas "para defender la libertad" no se extendía a los negros, sino que, por el contrario, apuntaba a mantenerlos en esclavitud. Desde su fundación hasta la aprobación de la enmienda 14, cuando los negros esclavos fueron reconocidos como ciudadanos y como seres humanos, Estados Unidos fue una perfecta dictadura, llamada a sí misma "democracia".

Una vez derrotados los poderosos esclavistas el Sur en la Guerra Civil (poderosos por su poder desproporcionado en el Congreso, por las mayores fortunas del país debido a la esclavitud, y por un fanatismo racial y religioso que perdura hasta hoy), fueron reemplazados por el creciente poder de las corporaciones. Los empresarios más poderosos continuaron las prácticas de explotación, deshumanización y concentración de la riqueza de los esclavistas, solo que desde finales del siglo XIX los esclavos fueron reemplazados por trabajadores asalariados y, de la misma forma, fueron demonizados como peligrosos individuos que querían subvertir el orden de Dios, según el cual la libertad, la civilización y el progreso existen gracias a los de arriba.

Diferente a las dictaduras personalistas o de las juntas cívico-militares, en las democracias liberales se suele aceptar lo que en Estados Unidos se encuentra resumido en la Primera enmienda. Gracias a este primer artículo del *Bill of Rights*, el derecho a expresar una opinión está protegido de la amenaza de terminar en la cárcel. No es poco. Naturalmente, las limitaciones a este derecho y los recursos del poder para limitar este derecho básico de los de abajo son múltiples. Una de las formas de control y acoso cultural e ideológico es acusar a quienes se expresan sin condicionantes ni se deben a intereses especiales. No puedo decir que éste sea el caso de todos los profesores, por ejemplo, pero sí que éstos han sido un grupo preferido de acoso ideológico en Estados Unidos. No pocas veces, políticos de la derecha han intentado legislar la libertad de cátedra. Hace unos años, un legislador de Georgia, un defensor de la Creación del Universo en siete días y molesto por la Teoría de la evolución, propuso aprobar leyes que obligasen a los profesores a "enseñar hechos no teorías", como si la idea de la Creación del Universo en siete días no fuese una teoría, pese a que no se autoimpone ninguna prueba o indicio, más allá de la fe.

No pocas veces los estudiantes me han preguntado por qué los profesores suelen ser de izquierda (*liberals*). Es verdad, incluso en Estados Unidos basta con mirar el mapa electoral en cada elección para ver los campus universitarios como pequeñas islas de izquierda rodeadas de mares conservadores. Esta observación casi no tiene excepciones. La respuesta es simple: primero, porque desde hace siglos, basta mirar de qué lado del espectro ideológico está la mayoría de los intelectuales independientes, la gente de la cultura no comercial y mirar hacia el lado opuesto para ver dónde está el poder social, económico e ideológico. La segunda razón es aún más simple: si alguien ama el dinero, sin dudas no se dedicará a la investigación y a la producción intelectual, desde las ciencias hasta las humanidades, invirtiendo horas y décadas en un trabajo no remunerado, irrelevante o casi irrelevante para su salario.

Por eso, como el poder real ha fracasado repetidas veces en dominar y controlar también esa área, la solución es acusarlos de peligrosos radicales, tontos manipulados por algún filósofo que murió hace uno o dos siglos atrás. O alentar, directamente y sin disimulo, la grabación de las clases de los profesores para detectar "inclinaciones ideológicas", como si quienes controlan y vigilan fuesen ideológicamente neutrales, tal como ha sido el caso del presidente Jair Bolsonaro en Brasil y del gobernador de Florida, en Estados Unidos, Ron DeSantis.

Fue, precisamente por esta razón que en los años 30 se estableció un sistema de "*tenure*" en las universidades estadounidenses para proteger a los profesores de posibles castigos por decir lo que piensan o por publicar sus investigaciones sin timideces. Para que un profesor alcance el *tenure* debe cumplir con varios requisitos académicos, como haber sido elegido por competencia nacional y mantener por varios años un récord determinado de actividad académica. Una vez logrado el *tenure*, por votación de distintos comités y por la asamblea de profesores, el beneficiario sólo puede ser despedido por razones éticas o morales (plagio, relación sentimental con algún estudiante, etc.)

Por ejemplo, en la universidad en la que trabajo actualmente, su constitución (*Bylaws*), en su capítulo "Libertad de cátedra" establece explícitamente que:

"A través de este artículo se garantiza explícitamente la libertad académica de los miembros académicos. La Universidad de Jacksonville adopta las siguientes partes tomadas textualmente de la Declaración de Principios sobre la Libertad Académica y la Tenencia de la AAUP de 1940, una reafirmación

de los principios establecidos por primera vez en 1925: El propósito de esta declaración es promover la comprensión pública y el apoyo de la libertad académica [...] Las instituciones de educación superior se llevan a cabo por el bien común y no para promover el interés del profesor o de la institución en su conjunto. El bien común depende de la libre búsqueda de la verdad y de su libre exposición.

La libertad académica es esencial para estos fines y se aplica tanto a la docencia como a la investigación. La libertad en la investigación es fundamental para el avance de la verdad. La libertad académica en su vertiente docente es fundamental para la protección de los derechos del docente en la enseñanza y del alumno a la libertad en el aprendizaje. Lleva consigo deberes correlativos a derechos. El tenure es un medio para ciertos fines, para (1) la libertad de enseñanza o investigación y de actividades extramuros, y (2) un grado suficiente de seguridad económica para hacer que la profesión sea atractiva para hombres y mujeres capacitados. La libertad y la seguridad económica, por lo tanto, la efectividad, son indispensables para el éxito de una institución en el cumplimiento de sus obligaciones con sus estudiantes y con la sociedad [...]

Los profesores universitarios son ciudadanos, miembros de una profesión y funcionarios de una institución educativa. Cuando hablan o escriben como ciudadanos, deben estar libres de censura o disciplina institucional, pero su posición especial en la comunidad les impone obligaciones especiales".[201]

Es decir, que para que exista real libertad de opinión el individuo, sea académico o no, no sólo no se debe temer la cárcel o la persecución por sus ideas sino que *el individuo no debe perder su trabajo o su salario no debe ser un instrumento de presión y autocensura.*

Como cualquier lector se puede dar cuenta a este punto, pocas otras profesiones, como los jueces de la Suprema Corte, cuentan con esta garantía de *tenure*, razón por la cual la institución del *tenure* en las universidades estadounidenses está bajo ataque y las universidades que la ofrecen tienden a reducirse.

También, por esta razón, suelen ser los profesores (al menos aquellos libres del abrumador peso de la propaganda y la mitología social) quienes con más frecuencia expresan sus opiniones libremente. No por casualidad, son uno de esos grupos que más son atacados como "radicales" por parte del resto de la sociedad que consume y se educa mayoritariamente en la gran prensa y en los productos de la industria cultural.

La industria privada del enchastre y la intimidación es política de los gobiernos con poderosas agencias secretas y es también un negocio privado. Los clientes más frecuentes de estas empresas son poderosos políticos y otras empresas privadas con poder de extorsión en su noble lucha por la "libre empresa" y la "libre competencia". Aunque poco conocido, el negocio de perseguir adversarios políticos o disidentes independientes es multimillonario. No por casualidad, estas corporaciones privadas comparten con las agencias secretas del gobierno la misma ideología, aunque las políticas de austeridad de los gobiernos siempre alcanza a los de abajo; nunca a las corporaciones ni a las agencias secretas, la verdadera "mano invisible del mercado".[lxxxiv]

Este recurso del enchastre ajeno es viejo conocido entre los agentes de la CIA y la NSA. Por mencionar un ejemplo reciente derivado de las revelaciones del ex empleado de ambas agencias, Edward Snowden, el espionaje se centraba en diversos aspectos de la vida privada de los ciudadanos, como sus búsquedas en Internet y cualquier visualización de alguna página para adultos que tuviese algo relacionado con el sexo o algún chat demasiado sensual de alguien con una persona que no fuese su pareja oficial, información siempre lista para destruir la reputación de cualquier disidente en el momento indicado.[lxxxv] Una especie de "Banco de la Extorsión", esponsorizado por la Moral Burguesa y capitalizado por el Imperialismo de Siempre.

Sin embargo, el derecho a la privacidad ya era discutido y reconocido hace mil años por los mismos teólogos medievales, muchos de los cuales estaban de acuerdo en que uno es responsable de sus acciones, no de sus deseos. La privacidad individual, aquella que no afecta a otros de una manera criminal, es un derecho. En el libro *Everybody Lies* (*Todos mienten,* 2017), Stephens-Davidowitz observa los resultados que arrojan los análisis Big Data sobre el consumo de pornografía. Según el autor, las mujeres consumen el doble de videos en los cuales se ejerce violencia física contra una mujer que los hombres. ¿Significa esto que estas mujeres (o las mujeres en general) están

---

[lxxxiv] Aparte de un patrón histórico que se revela fácilmente en cada una de las intervenciones de las agencias secretas del gobierno desde sus creaciones, hay razones económicas. Según el experto en inteligencia, Tim Shorrock, "*la 70 % del presupuesto de las agencias de inteligencia se gastan en empresas privadas*", las que, localizadas a pocas millas de la sede central de la NSA, son "*la mayor concentración de poder cibernético en el mundo*". Aunque el presupuesto anual es secreto hasta para la mayoría de los congresistas de Estados Unidos, se estima que alcanza a más de 60 mil millones de dólares.

[lxxxv] Uno de los documentos filtrados revela la persecución a musulmanes no sospechosos de terrorismo y la recomendación general de "*ver material sexualmente explícito en línea o usar lenguaje persuasivo sexualmente explícito al comunicarse con jóvenes sin experiencia*". BBC. (2013). "NSA planned to discredit radicals over web-porn use": https://www.bbc.com/news/technology-25118156

más a favor que los hombres con la violencia sexual contra las mujeres? Afirmar que sí sería lo mismo que decir que los aficionados a las novelas policiales, o a las películas de misterio son criminales de hecho o en potencia. Sin embargo, la recolección de los datos de un individuo o de un grupo podría ser usado en su contra ante cualquier eventualidad, ya sea ante la justicia o por una extorción ilegal de una agencia secreta, algo que posee un largo historial de impunidad.

Lo mismo se practicó y se practica para desacreditar o simplemente castigar al fundador de WikiLeaks, Julian Assange, Por haberse atrevido a revelar crímenes mayores del imperio mayos. No sólo su reclusión en Londres fue filmada buscando algún momento privado con el cual extorsionarlo, sino que también *"la red humana que apoya a WikiLeaks"* fue objeto del mismo tipo de espionaje.[202] Algunas veces recurriendo a la técnica primitiva (también usada por hackers adolescentes por mera diversión) de inundar el acceso a Internet de algún activista o disidente con basura informática, de forma que su trabajo se vuelva lento o imposible. Otra técnica común es *"eliminar su presencia en Internet"*.[203] La cual se parece en todo a las reveladas prácticas promocionales de escritores funcionales y ningunedoras de disidentes incómodos por parte del a CIA durante la Guerra Fría.

Pero la industria privada del enchastre y la intimidación también es un negocio privado. Los clientes más frecuentes de estas empresas son poderosos políticos y otras empresas privadas con poder de extorsión en su noble lucha por la "libre empresa" y la "libre competencia". Aunque poco conocido, el negocio de perseguir adversarios políticos o disidentes independientes es multimillonario. No por casualidad, estas corporaciones privadas comparten con las agencias secretas del gobierno la misma ideología, aunque las políticas de austeridad de los gobiernos siempre alcanza a los de abajo; nunca a las corporaciones ni a las agencias secretas, la verdadera "mano invisible del mercado".

No por casualidad, este recurso siempre se ejerce de arriba hacia abajo, sobre todo sobre aquellos de abajo que pueden representar un obstáculo o un peligro para sus intereses, como críticos, investigadores y periodistas independientes.

En junio de 2022, se reveló que el joven periodista Nate Monroe del Times Union de Jacksonville, Florida, había sido vigilado y fotografiado por una empresa consultora de Alabama, cuyo eslogan es *"Resolvemos problemas"*. Una fotografía que se hizo pública lo muestra conversando con su novia en el patio de su casa. El pecado de Monroe fue hacer un trabajo decente de investigación sobre el intento de privatización de la gigante eléctrica de la ciudad de Jacksonville, JEA, la que luego se reveló como un plan deliberado y corrupto de sus propios directores, aplicando la vieja estrategia de la receta neoliberal: convertir una empresa pública en ineficiente para que la opinión pública apoye su venta a los eficientes privados. Otra vez, la mano invisible del mercado.

Unos meses antes, los ex directivos de la empresa pública, Aaron Zahn y Ryan Wannemacher habían sido acusados de conspiración, pero liberados luego de pagar una fianza de cien mil dólares cada uno. La idea de los exdirectores, según informó el *Dayly Record* de Jacksonville, consistía en recibir varios millones de dólares en caso de que lograsen la privatización de la empresa pública, valorada en más de 11 mil millones de dólares. [204]

Según la información revelada por el *Florida Times Union*, reconocida por la propia empresa de Alabama, el archivo sobre el Monroe consta de 72 páginas e incluye *"su historial financiero, su afiliación política, los nombres y números de teléfonos de sus parientes y vecinos, su número de Seguro Social, la marca de su automóvil, los números de su licencia de conducir, la patente de su auto y los lugares donde ha vivido desde su infancia"*.[205]

El instructor de periodismo de la Universidad de Florida, editor de la Associated Press y ganador de un Premio Pulitzer, Ted Bridis, declaró a la prensa que *"es realmente antiestadounidense estar vigilando a los periodistas"*. No importa que sepamos que la NSA lee y escucha millones de mensajes por año.[lxxxvi] Siempre que en este país se revela un caso de corrupción o de moral dudosa se lo califica así, *antiestadounidense*, no importa si se trata de una tradición con un historial de un par de siglos.

Una vez derrotados los poderosos esclavistas el Sur en la Guerra Civil (poderosos por su poder desproporcionado en el Congreso, por las mayores fortunas del país debido a la esclavitud, y por un fanatismo racial y religioso que perdura hasta hoy), fueron reemplazados por el creciente poder de las corporaciones. Los empresarios más poderosos continuaron las prácticas de explotación, deshumanización y concentración de la riqueza de los esclavistas, solo que desde finales del siglo XIX los esclavos fueron reemplazados por trabajadores asalariados y, de la misma forma, fueron demonizados como peligrosos individuos que querían subvertir el orden de Dios, según el cual la libertad, la civilización y el progreso existen gracias a los de arriba.

Diferente a las dictaduras personalistas o de las juntas cívico-militares, en las democracias liberales se suele aceptar lo que en Estados Unidos se encuentra resumido en la Primera enmienda. Gracias a este primer artículo del *Bill of Rights*, el derecho a expresar una opinión está protegido de la amenaza de terminar en la cárcel. No es poco. Naturalmente, las limitaciones a

---

[lxxxvi] De hecho, luego de negarlo, se reveló que la NSA intercepta un 75 % de las comunicaciones sólo en Estados Unidos. (*WSJ*; *Reuters*, 20 de agosto de 2013.)

este derecho y los recursos del poder para limitar este derecho básico de los de abajo son múltiples.

Los periodistas, por buenos que sean, se encuentran limitados por las líneas editoriales de los medios en los que trabajan, los cuales, a su vez, están condicionados por sus clientes, es decir, ya no los lectores de los cuales dependían casi exclusivamente, sino de los grandes anunciantes, quienes, naturalmente, subscriben una determinada ideología de clase. El reconocido periodista Seymour Hersh propuso que, para restaurar la verdadera misión del periodismo (informar de forma independiente, desafiar al poder) lo primero que habría que hacer sería cerrar las oficinas de noticias de NBC y ABC, despedir al 90 por ciento de los editores de publicaciones y volver al trabajo fundamental de los periodistas que consiste en ser outsiders. "*Los periodistas problemáticos no obtienen ascensos*", remató.[206]

Los rebeldes, disidentes o simplemente investigadores incómodos son el objetivo natural de la maquinaria del poder. Sus instrumentos más comunes (antes de la persecución y la cárcel, como es el caso de Julian Assange y Edward Snowden) son el acoso y la descalificación. Pero la democracia, la libertad de expresión y el menos reconocido "derecho a la verdad" no existen por los grandes poderes concentrados sino a pesar de ellos; no existen a pesar de los rebeldes y disidentes sino gracias a ellos.

Propaganda y censura en "El mundo libre"

EN 1963, EL PROFESOR BERNARD COHEN dio forma a su frase más conocida: "*Tal vez la prensa no sea muy buena diciéndole a la gente qué debe pensar, pero es muy efectiva diciéndoles sobre qué temas deben pensar*".[207]

Desde siempre hubo un triángulo amoroso entre las tres P: Poder, Política y Propaganda. Históricamente el poder siempre se ha asegurado la captura de los "centros de narración", como en su tiempo fueron los sermones eclesiásticos. Irónicamente, estos centros unificadores del poder necesitaron de la división, de un enemigo, por lo general una minoría maligna que intentaba destruir la existencia y la bondad divina de la mayoría, la que era presentada y representada como víctima. No es necesario ser un vidente para ver que ese fue la estrategia del nazismo en la Alemania de los años 30. Pero nada muy diferente ocurrió antes y después del ahora ejemplo clásico del mal. Las democracias (siempre nos referimos a los sistemas electorales-representativos) también necesitaron de este ejercicio de adulación de los "nosotros" y demonización de los "otros". La victimización propia y la creación de un enemigo han sido siempre dos constantes para descargar los instintos más bajos en cualquier sociedad en cualquier periodo histórico.

Una de las mayores maquinarias de propaganda y manipulación de la opinión pública procedió del llamado "líder del mundo libre", Washington. En nombre de la libertad de prensa, la CIA inoculó y manipuló la prensa y la cultura en Estados Unidos y en otros continentes, como América Latina. Sólo como ejemplo, bastaría con mencionar la intensa campaña de injerencia en la prensa chilena antes del golpe de Estados que derrocó al presidente democráticamente electo Salvador Allende en 1973.[208]

Naturalmente, esta práctica regional era parte de una lógica global. Para desacreditar a socialistas en América Latina, aunque fuesen grupos indígenas luchando por su cultura ancestral de producción y consumo comunales, era necesario lanzar masivas campañas de propaganda blanca y propaganda negra. Ambas formas de propaganda fueron conocidas por todos las agencias secretas. Un ejemplo de lo primero fueron los panfletos distribuidos en los 60s por la KGB en varios países africanos detallando el maltrato de los negros en Estados Unidos. No había mucho que inventar, pero la propaganda blanca se encarga de amplificar una realidad. Mucho antes (sólo por limitarnos a la Guerra Fría), poco después de la derrota de Alemania en la Segunda Guerra, la CIA había comenzado un vato y diverso plan de cooperación con los nazis derrotados.

En 1948, el historiador y publicista Rainer Hildebrandt y el pastor Ernst Tillich de la KgU (Grupo de Lucha Contra la Inhumanidad") crearon *Graveyard* (el nombre en clave de la CIA) con el objetivo de rastrear a los exprisioneros nazis en prisiones soviéticas para que den conferencias y testimonios en los países occidentales, algo que fue apoyado por la CIA. Los testigos recibieron un salario de cien dólares mensuales (equivalente a 4.000 dólares al valor de hoy). Sus testimonios fueron publicados por el New York Times, el que tomó y publicó los números inventados por Hildebrandt como revelación: *"los rusos han enviado 250.000 alemanes a campos de concentración desde que terminó la guerra y más de 100.000 han muerto"*.[209] Poco después, 100.000 panfletos fueron distribuidos por mes solo en la República Democrática Alemana para generar levantamientos y consolidar una narrativa antisoviética. No es difícil imaginar el sentimiento de millones de alemanes que hasta dos o tres años atrás habían sido fervientes nazis contra el mayor enemigo, los comunistas y la Unión Soviética. La Stasi comunista respondió de igual forma, arrojando panfletos que revelaron le origen y las prácticas de la KgU, apoyada por la CIA y la Ford. Para los años 50, la KgU recibía de la Ford y de la CIA 70 mil dólares (770 mil dólares al valor de 2022) mensuales, aun cuando los campos soviéticos de prisión de la guerra ya habían sido desmantelados.[210]

Aparte de que varios jóvenes alemanes inspirados por los panfletos de la CIA terminaron en las cárceles comunistas acusados de sabotajes, la efectividad de la propaganda, tanto blanca como negra, hizo posible que hasta hoy las personas repitan cifras incuestionables, como que Marx y el comunismo son responsable por la muerte de cien millones de personas, sin mencionar cifras mayores que murieron directamente por la gracia del imperialismo capitalista. De hecho, de 1960 a 1990, el número de víctimas de Washington y la CIA sólo en América Latina fue superior al de aquellos que debieron sufrir la represión de Moscú en su patio trasero, es decir, es los países satélites de la Unión Soviética.[211]

Otro mecanismo de censura clásico del Mundo libre es la extorción laboral, razón por la cual la precarización del trabajo no sólo tiene objetivos de reducción de costos y maximización de beneficios sino de control político e ideológico.

Pongamos unos pocos ejemplos entre muchos en un breve período de dos años. En 1996 el *San José Mercury News* publicó una investigación del periodista Gary Webb sobre los vínculos de la CIA con el narcotráfico y sus conexiones con el mercado en las ciudades de Estados Unidos. Humillados por la magnitud de una investigación realizada por un modesto periodista en un diario menor, los grandes medios nacionales como el *New York Times*, *Los Angeles Times* y el *Washington Post* reaccionaron atacando al diario de California. El *Mercury News* cedió a las presiones, se retractó del informe y despidió al periodista encargado de la investigación. Luego de subsiguientes investigaciones, no sólo se confirmó la investigación de Webb sino que se demostró que se trataba de, en palabras de Robert McChensney, "*la punta del iceberg*".[212] Presionados por el Black Caucus, la CIA debió expresarse sobre las alegaciones y en ningún momento negó los hechos publicados por Webb. Como el mismo Chesney lo resume, aunque la misma CIA confirmó sus vínculos con el narcotráfico a lo largo de los años 80, la prensa dominante guardó un significativo silencio sobre el escándalo.

En 1996 también, Roberta Baskin, conocida reportera sobre derechos del consumidor de la cadena CBS realizó una investigación sobre los abusos laborales de la empresa Nike en Vietnam. Poco después, durante los Juegos Olímpicos de invierno de 1998, Baskin criticó el uso del logo de Nike por parte de un reportero y fue despojada de sus ascensos y promociones.

En 1997 los periodistas de Tampa Steve Wilson y Jane Akre perdieron su trabajo por una investigación sobre Monsanto. "*Akre y Wilson habían estado trabajando durante meses en una serie de informes sobre una controvertida hormona de crecimiento inyectada en vacas lecheras, y los informes estaban programados para salir al aire a partir del 24 de febrero de 1997. En la víspera de las primeras transmisiones, los informes fueron cancelados luego de que Monsanto se contactara con Fox Television, empresa matriz de WTVT-13. La gerencia de WTVT revisó los informes, no encontró errores y reprogramó sus transmisiones. Pero los abogados de Monsanto enviaron una amenaza por escrito al jefe de la división de noticias de Fox y los resultados de la investigación se pospusieron de nuevo. Se ordenó a Akre y Wilson que reescribieran la historia con información falsa en más de 80 oportunidades, ninguna de las cuales fueron aceptadas".*[213] Los periodistas fueron despedidos.

En 1998 el *Cincinnati Enquirer* realizó una extensa investigación sobre la tristemente célebre Chiquita Brands International y sus violaciones a normas éticas y legales en sus negocios internacionales.[lxxxvii] Según el experto en medios Robert McCheaney, el nivel de la investigación ponía a los autores como firmes candidatos al premio Pulitzer. Para silenciar la investigación, Chiquita inició juicio por el uso presuntamente ilegal de un mensaje telefónico grabado. Finalmente, el diario prefirió pagar diez millones de dólares a Chiquita y no publicar la investigación. El periodista fue despedido de su trabajo.

En 2005, la prisión fuera de todas las leyes nacionales e internacionales de Guantánamo fue criticada por diferentes organizaciones como Amnistía Internacional.[lxxxviii] Antes de reconocer que todo fue una farsa, aunque escondido en la excusa de haber recibido "información incorrecta", el presidente Bush y el lobby al que pertenecía hizo todo lo posible para manipular los medios para que justificasen sus crímenes de lesa humanidad. Según informes del *New York Times*, para esta tarea en los medios se emplearon militares retirados al servicio del Pentágono, mucho de los cuales tenían conexiones con contratistas militares privados. El periodista del *NYT*, David Barstow, descubrió que esos mismos analistas con intereses económicos en la guerra salían al aire en los canales de televisión analizando la invasión de Irak. La Sociedad de Periodistas Profesionales pidió a NBC News que cortara sus lazos con un oficial en particular, el general retirado Barry McCaffrey, para *"restablecer la integridad de sus informes sobre cuestiones relacionadas con el ejército, incluida la guerra"*. El NYT concluyó que *"dos de los analistas más destacados de NBC, Barry R. McCaffrey y el difunto Wayne A. Downing,*

[lxxxvii] En *La frontera salvaje* (2021) nos ocupamos del rol de esta empresa desde los golpes de Estado en América Latina, mucho antes de Guatemala 1954, su manipulación política de los medios de prensa en colaboración con la CIA, hasta su más reciente financiación a grupos terroristas en Colombia.

[lxxxviii] La existencia de Guantánamo (el lugar donde se violan los derechos humanos en Cuba) y otras múltiples cárceles secretas de la CIA por todo el mundo, se debe a que no están en territorio estadounidense y las maravillosas leyes de *"El país de las leyes"* no aplican allí.

formaban parte de la junta asesora del Comité para la Liberación de Irak, un grupo de defensa creado con el apoyo de la Casa Blanca en 2002 para apoyar el derrocamiento de Saddam Hussein. Ambos también tenían sus propias firmas de consultoría y formaban parte de los directorios de importantes contratistas militares".[214]

Ese mismo año, ese mismo presidente le pagó a algunos periodistas miles de dólares para que escribieran bien de sus propuestas. Según el *USA Today,* fueron cientos de miles de dólares que la Casa Blanca canalizó a los periodista de derecha Armstrong Williams, Maggie Gallagher, y Michael McManus (Williams reconoció haber recibido 241.000 dólares) para escribir bien sobre el programa del presidente, llamado *No Child Left Behind*.[215]

Lo mismo ocurrió ese año, en 1998, con una investigación de la CNN que derivo en la exposición del probable uso de gas nervioso (sarín) por parte del ejército estadounidense en Vietnam. CNN cedió a la presión y abortó una investigación periodística que llevaba un año en curso. Los responsables de la investigación, April Oliver y Jack Smith, se negaron a renunciar y fueron despedidos. Como lo resumió el premiado periodista de la radio pública (NPR) con 60 años de actividad profesional, Daniel Schorr ,*"el buen periodismo se criminaliza o se vuelve peligroso para sus mejores practicantes. Ataca una agencia gubernamental como la CIA, o un miembro de Fortune 500 como Chiquita, o la conducta de las fuerzas armadas en el sudeste asiático y te encontrarás en serios problemas, desnudo y, a menudo, solo"*.[216] Esta regla fue confirmada múltiples veces, como en 2013 cuando Edward Snowden reveló el masivo programa de espionaje ilegal de la NSA. Bob Schieffer, de CBS, intentó deslegitimar las revelaciones de Snowden llamándolo *"joven narcisista que se cree más listo que todos nosotros"*.[217]

La misma lógica de los grandes negocios contra la verdad funciona en muchos otros países, incluso en países comunistas como China. En 2012, Bloomberg News había publicado un artículo sobre las fortunas de la elite china y poco después el periodista Mike Forsythe intentó profundizar esta investigación. En 2014, para no perder los favores y el privilegio del gobierno de China de hacer negocios en ese país, la cadena de noticias abortó la investigación. Cuando la esposa de Mike Forsythe (Leta Hong Fincher, también periodista) comenzó a hablar, Bloomberg intentó silenciarla. En octubre de 2013, cuando Mike Bloomberg era el alcalde de Nueva York, el editor de Bloomberg, Matthew Winkler, a través de una conferencia privada a la cual asistieron altos ejecutivos de noticias en Nueva York y el mismo equipo de investigación con sede en China. Según el audio de esa reunión obtenidos por NPR, la investigación *"Seguro que provocará que el Partido Comunista a, ya sabes, nos cierre por completo y nos expulse del país… Por esta simple razón, no veo que la investigación se justifique*".²¹⁸ Forsythe fue despedido por filtrar parte de su propia investigación.^lxxxix

Como si la censura al periodismo de investigación no fuese suficiente, en todos los casos había que crucificar al mal ejemplo para desalentar una verdadera independencia, ya no de un medio sino de sus periodistas más incómodos.

Diferente a las dictaduras personalistas o de las juntas cívico-militares, en las democracias liberales no se suele censurar directamente. Más eficiente que la censura directa es la censura indirecta, es decir, la autocensura. Uno de los casos más notables de censura inversa ocurrió en el siglo XVII con la publicación de los ensayos de Sor Juana Inés de la Cruz, los que sirvieron como prueba de su osadía de mujer contra la autoridad de la iglesia.

El poder de la autocensura se practicó en todas las dictaduras latinoamericanas como fue el caso de Chile. A partir de cierto momento, los libros a publicar dejaron de ser leídos por un ejército de censores cansados y aburridos y se estableció un método más efectivo: los editores pasaron a ser "libres de publicar a su antojo", siempre y cuando no publicasen algo contra el gobierno. En caso afirmativo, las autoridades le cerrarían su negocio. Como en el cuento de Emilia Pardo Bazán, una bala inexistente destruyó a la joven esposa del viejo celador. Los editores comenzaron a estrangular su catálogo de libros que decían algo de algo, por las dudas. *"La autocensura opera por el temor a la represión, que en el caso de los medios se traduce en clausuras y requisición de ediciones completas, multas o la amenaza de confiscación del medio, y en el caso de las personas, en querellas judiciales, prisión o despido, y hasta anónimas amenazas de muerte. A los periodistas más renuentes a la autocensura se les ha amedrentado arrojando gatos o peces descuartizados en sus domicilios o bien con golpizas. Muchas veces la autocensura comienza en la fuente informativa, es decir, en quien da una entrevista o información; sigue con el periodista que debe escribirla o difundirla y luego, con sus jefes en el medio. Al final se publica totalmente cercenada o no se publica en absoluto"*.²¹⁹

En el llamado "Mundo libre" la censura adquirió múltiples variaciones, como la manipulación de los medios privados por parte de agencias secretas de los gobiernos democráticos, la extorsión económica de los grandes

---

^lxxxix Claro que podríamos seguir con los periodistas muertos en México, con la conocida reportera palestina estadounidense Shireen Abu Akleh asesinada por la policía militar de Israel y que el gobierno de ese país se negó a investigar, con el periodista Jamal Khashoggi, asesinado en Turquía y por orden de la corona saudí, etc. Todos con la relativa complicidad de las potencias occidentales, pero esos casos desbordan el foco de estudio de este libro.

anunciantes o donantes, la inundación de propaganda, distracciones o enfoques selectivos sobre la realidad y, más recientemente de forma abierta, el establecimiento de tabúes sociales el representado por la "cancel culture".

Recientemente, en Chicago, la docente de secundaria Mary DeVoto perdió su trabajo por pronunciar la "palabra N" ("*the N-word*") mientras intentaba analizar la historia de este país. Hannah Berliner Fischthal, instructora en la Universidad Católica de Queens por veinte años, fue despedida por leer en su clase de literatura un párrafo de la novela antirracista *Pudd'nhead Wilson*, escrita por Mark Twain, uno de los fundadores de la Liga Antiimperialista y la mayor celebridad literaria de su tiempo. El párrafo incluía *La* palabra. "Fue muy penoso escuchar la palabra" denunció uno de los estudiantes, infantilizado e hipersensible por el lado equivocado, como muchos de su generación. Lo mismo les ha pasado a profesores de historia, como al profesor Phillip Adamo de Augsburg University de Minnesota, quien fue suspendido por leer un párrafo de un libro del famoso intelectual y activista negro James Baldwin.

Cualquiera que ha estudiado las fuentes originales de la historia de este país, Estados Unidos (tan adicto a los mitos edulcorados), se ha encontrado miles de veces con esa, *La palabra*, de la forma más despectiva posible en boca de los hombres más poderosos del siglo XIX y XX. Ahora, citar los discursos en el Congreso, los artículos en los diarios y las cartas de los héroes nacionales en su versión original se ha convertido en un peligro, por lo cual la autocensura, la forma más efectiva de censura imaginable, funciona a la perfección.

Del racismo de la actual sociedad estadounidense y del racismo en esteroides de sus guerras genocidas en nombre de la libertad, ni una palabra.

¿Qué más efectivo que la infantilización de las nuevas generaciones para evitar enfrentar la realidad? A mis estudiantes les advierto desde el primer día de clase: "si aquí hay alguien cuya sensibilidad no le permite enfrentar las asquerosas verdades de la historia, por favor abandone el curso y no nos haga perder el tiempo". Pero ya no digo *La palabra*, por las dudas. No vale la pena perder la guerra por querer ganar una batalla perdida.

En la "prensa libre", la forma más sutil y efectiva, aparte de la autocensura, radica en la repetición vs. las excepciones o los op-ed. Los op-eds, aquellas opiniones que suelen ir contra la línea editorial (opuesto al editor) son los impuestos morales que un gran medio debe pagar para ser considerado libre y abierto a la disidencia. Como los disidentes tampoco pueden renunciar a ese pequeño espacio de gran alcance, participamos en este juego.

En la campaña presidencial de 1968 en Estados Unidos, los investigadores McCombs y Shaw observaron que los medios de prensa no son muy efectivos diciéndole a la gente lo que deben pensar, pero sí son altamente efectivos diciéndoles sobre qué deben pensar.

Voice of America y sus misioneros

LA REVISTA *JOURNALISM REVIEW* DE LA UNIVERSIDAD de Columbia lo tituló sin ambigüedades: "Voice of America nunca fue independiente".[220] Es más, ha sido un medio consistente y hasta burdo de propaganda política, pero en nombre de la libertad y la objetividad.[221] Claro que esta obviedad no importa, ya que el público mayoritario alrededor del mundo profesa la fe opuesta, y los métodos de esta evangelización ideológica tampoco son muy creativos. Según el informe *"The Media Missionaries. American Support for Journalism Excellence and Press Freedom Around the Globe* (Los Misioneros de los Medios. Apoyo estadounidense a la excelencia periodística y la libertad de prensa en todo el mundo)" las "fuentes con base en Estados Unidos invirtieron más de 600 millones de dólares en la causa de los *medios independientes* durante la última década". La mayor parte del dinero fue canalizado por la USAID (275 millones de 1991 a 2001), por el antiguo Servicio de Información de Estados Unidos (USIS) y por el Open Society Institute. Entre 1988 y 1997, la USAID aportó cerca de 14 millones para el Proyecto de Periodismo de América Latina (LAJP) en los países centroamericanos.

Voice of America (VOA), que junto con TV Martí y otros canales (en sus nombres incluyen términos como *Free* o *Liberty*) es una rama de la Agencia estadounidense para los Medios Globales financiada por el gobierno de Estados Unidos. Fue fundada en 1941, en principio con el noble objetivo de contrarrestar la propaganda nazi, hija directa de la propaganda estadounidense, de la misma forma que Joseph Goebbels se inspiró en Edward Bernays y Hitler en Madison Grant. Desde entonces, VOA no ha dejado de operar en decenas de países, especialmente durante la Guerra Fría y después, "para promover los valores democráticos". Más allá de los eslóganes, VOA es un conocido conglomerado de medios de propaganda que en el pasado sirvió para preparar golpes de Estado duros, con invasiones o intervenciones militares directas. Hoy en día su presupuesto, procedente del gobierno de Estados Unidos, es de cientos de millones de dólares y opera en diferentes países creando opinión pública.

También ha sido una de las extensiones mediáticas de la CIA. Como la Agencia, VOA es un organismo permanente y, en teoría, no está pensada para actuar en territorio estadounidense sino en el resto del mundo.[xc] Pertenece a lo que se clasifica como "*white propaganda*", es decir, propaganda no secreta, pero de tal forma que no parezca propaganda. Ejemplos de "*black propaganda*" usado y abusado por la Agencia y las corporaciones privadas del Primer mundo, abundan en la historia reciente del erróneamente llamado Tercer mundo.

Al igual que los medios financiados por gobiernos extranjeros, VOA se define a sí misma como "independiente del gobierno" de Estados Unidos que la financia. En cierta medida es verdad, pero por las razones equivocadas. Nadie esperaría lo contrario de un medio que se presenta como campeón de la verdad, la libertad e independiente de toda ideología o poder político. Claro que, como en cualquier otro caso, es razonable asumir que en algún momento algún periodista ha ejercido su libertad en contra de la ideología dominante. Pero, como los *op-eds* de los grandes medios, sólo se trata de un *impuesto moral* que las corporaciones no democráticas deben pagar para considerarse democráticas o, al menos, tolerar y acomodarse a una sociedad compleja, contradictoria y relativamente abierta como todavía lo son algunas sociedades occidentales, fundamentalmente gracias a sus disidentes, aquellos que no se resignan a la idea de que los países tienen dueños, son ejércitos, tribus o sectas.

Basta con realizar un micro experimento compartiendo en las redes sociales cualquiera de las noticias de VOA. Los creadores masivos de opinión colectiva como Twitter no advierten, como en los otros casos de medios financiados por gobiernos no alineados (TeleSur de Venezuela, RT de Rusia o de algún medio público de China), que "*este medio está financiado por el gobierno de...*" Es lo que se llama *Prensa libre*, la que, aparte de medios financiados por Washington, incluye otros conglomerados privados y más poderosos, libres de toda sospecha de poseer intereses especiales, como CNN,

---

[xc] Como es costumbre de la Agencia secreta, la ley es apenas un obstáculo más. La CIA intervino directa o indirectamente en operaciones como el atentado terrorista con coche bomba organizada por el exilio cubano contra el ex ministro de Salvador Allende, Orlando Letelier en 1976 y otros atentados en suelo estadounidense. En 1996, Gary Webb y el *San Jose Mercury News* revelaron la participación de la CIA en la epidemia de crack de cocaína en Los Ángeles en la década de 1980. Este operativo vendió toneladas de crack a los afroamericanos, derivando las ganancias a los Contra de Nicaragua (como lo hiciera la venta de armas a Irán unos años antes), a pesar de la prohibición explícita del Congreso de Estados Unidos. La CIA es responsable del tráfico de heroína en Afganistán en los 80s para financiar a los futuros terroristas musulmanes, pero en este caso la ley de Estados Unidos los habilita. No se consideran operaciones ni racistas ni imperialistas porque son crímenes cometidos en otros países.

Fox News, y una larga lista de mercenarios creadores de la Libre Opinión del Pueblo—sea el pueblo que sea.

Recientemente, el 30 de setiembre de 2022, el grupo Americano Media, "*la primera red hispana conservadora del país en español*" con presencia en diversas partes del país en televisión e Internet y "*con objetivo ser el medio de noticias hispano número Uno a nivel mundial centrado en los más de 500 millones de hispanohablantes de todo el mundo*" (la redacción no es su fuerte) anunció la creación de 790 AM de Audacy en el mercado de Miami, Florida, a la que llamó, para no perder la costumbre, "Radio Libre".

La nueva radio es, en realidad, WAXY Radio, la que desde 1981 tiene un "permiso provisorio" de la Comisión Federal de Comunicaciones para operar con 25.000 watts, bloqueando la existente onda de 790 AM de otra radio en Cuba.

Aunque poco conocido, el grupo Audacy, especializado en entretenimiento y distracción, es dueño de otras 235 estaciones de radio y llega cada mes a 200 millones de consumidores. Como si fuese un resumen de la tradición frívola y especializadas en clichés, el grupo anunció que "*se esfuerza por* [1] *empoderar a la comunidad hispana a través de* [3] *noticias creíbles y accesibles,* [4] *debates abiertos y* [5] *defensoría constante a través de* [6] *contenido de entretenimiento enfocado que respalda* [7] *los valores fundamentales hispanos*".[222]

Seis clichés ideológicos y un solo reconocimiento objetivo (6) en una sola frase.

Escritores y editores mercenarios

EL 26 DE ABRIL DE 1976, EL SENADO de Estados Unidos publicó el informe final de las investigaciones de la Comisión Church sobre abusos de la Agencia de Seguridad Nacional y de la CIA, desde el planeamiento de golpes de estado y asesinatos de líderes de países extranjeros hasta el seguimiento de disidentes nacionales y la introducción planificada de propaganda ideológica en los ámbitos de la cultura, la academia, los medios de comunicación, las agencias noticiosas, sindicatos y grupos religiosos. Cualquier grupo u organización con cierto prestigio social había sido infiltrada con el propósito de crear opinión pública a favor o en contra de algo o de alguien o, simplemente, para evitar que algo o alguien cobre alguna relevancia social y se hunda en la oscuridad y en el ostracismo.

Cuando en 1963 la CIA supo antes que nadie que Pablo Neruda era un fuerte candidato al premio Nobel de Literatura de 1964, comenzó de inmediato una campaña de desprestigio, inoculando los medios y apuntando a los lectores de izquierda con el rumor de que en 1940 León Trotsky había sido asesinado, con la complicidad del poeta chileno.[xci] Neruda, García Márquez, Eduardo Galeano y muchos otros estaban en la lista de visitantes prohibidos de Washington. Pese a esto, en 1966 Neruda había logrado realizar una gira por Estados Unidos, no sólo debido a los reclamos de Arthur Miller y otros intelectuales estadounidenses sino porque no convenía a la imagen del gobierno hacer pública la prohibición de nombres respetados en tantos países. La CIA y el FBI no le perdieron pisada, siempre a la búsqueda de algún dato comprometedor, como la afición por las mujeres de Martin Luther King y la nunca descubierta homosexualidad de John Lennon. Cuando el premio Nobel guatemalteco Miguel Ángel Asturias (otro feroz crítico de la guerra de Vietnam y el imperialismo estadounidense) fue propuesto para la presidencia del PEN de Nueva York, la CIA presionó para que Miller obtenga el puesto. Esta vez tuvo éxito, pero los fracasos de sus éxitos se irán acumulando a largo plazo.[223]

La CIA y otras fundaciones indirectas invirtieron montañas de dólares, como ninguna otra organización en el planeta podría hacerlo, y usaron la poderosa red de inteligencia de Washington para promover "el arte por el arte" y neutralizar la ola latinoamericana del "autor comprometido", pero una vez que se dan cuenta que la ola era más grande que el surfista, sobre todo porque los interminables golpes de Estado auspiciados por Washington habían tenido terminado por promocionar a sus autores rebeldes, hubo un cambio de estrategia. Se recurrió a la negociación donde una de las partes cede un poco de su terreno para incluir a su adversario en terreno propio. Es decir, la misma CIA, con sus propios agentes y espías, como Howard Hunt, y a través de sus fundaciones satélites, como el Congress for Cultural Freedom, comenzaron a publicar al mismo Neruda y a García Márquez en medios culturales que, en su mayoría, iban en contra de las ideas radicales de los estos escritores. Los involucrados en estas manipulaciones culturales, como Howard Hunt, no le llaman ni *propaganda* ni *ideología* sino "defensa del país" y "propagación de los valores estadounidenses".

Ahora, a un par de años del escándalo de Watergate que terminó con la renuncia del presidente Nixon, una parte menor de estas actividades

---

[xci] El rumor se había basado en la visa que el por entonces cónsul Neruda le otorgara al pintor para viajar a Chile, cuando Siqueiros se encontraba en la cárcel por la posible conspiración fallida del 24 de mayo, tres meses antes del asesinato de Trotsky en su estudio a los fondos de la casa de Diego Rivera y Frida Kahlo en Coyoacán, México. Finalmente, el premio Nobel no será otorgado a Neruda ese año sino a otro comunista y, como Neruda, crítico de la guerra de Vietnam, Jean Paul Sartre.

secretas son reveladas en Washington. De ahora en más las conspiraciones y las manipulaciones serán más herméticas y sofisticadas. En base a las leyes y al derecho vigentes, Frederick Schwarz Jr., asistente del senador Frank Church de Idaho que encabeza esta comisión, solicita más información a la NSA y su director, considerando que su área de acción no es Estados Unidos, le responde que *"la Constitución no se aplica a la NSA"*. Aunque lleva el título de *Final*, es un informe y una investigación de quince meses que se queda corta por varias leguas. Aunque valiente en su contexto, no deja de revelar los problemas de su cultura y de la ideología dominante (desparramada por los servicios de propaganda de la CIA en coordinación con los diarios dominantes de América Latina) como cuando considera que las relaciones internacionales del presidente Salvador Allende con algún país socialista o comunista podrían ser atenuantes de una intervención extranjera.

El escándalo, que será silenciado por otros ruidos y olvidado rápidamente por una mayoría suficiente de la población, había comenzado menos de dos años antes cuando, el 22 de diciembre de 1974, en su primera página, el *New York Times* había publicado información filtrada que, por algún tiempo, se intentará negar acudiendo a la acusación de "teoría conspiratoria". El diario había acusado a la administración Nixon de usar a la CIA para acosar a los disidentes estadounidenses que protestaban contra la guerra de Vietnam y otros movimientos pacifistas.[xcii] La CIA, afirmaba el artículo, había creado al menos diez mil archivos sobre ciudadanos pacifistas, sospechosos de no ser estadounidenses de verdad o poco patriotas.

En su interpelación a varios agentes, el senador Frank Church había acusado a la CIA de pagar a periodistas, escritores, académicos y a otros cientos de medios de prensa para propagar propaganda alrededor del mundo. La CIA no aceptó entregar una lista de nombres, pero el poderoso agente Howard Hunt, con extensa experiencia en América Latina, no negó ninguna de las acusaciones. Por el contrario, las confirmó y reivindicó como "actos de patriotismo".[xciii]

Una de las prácticas más comunes consiste en financiar en diferentes países la traducción o la publicación en su idioma original de miles de libros afines, sobre todo de "comunistas arrepentidos" o de escritores "no comprometidos", funcionales a la causa de Washington. Otro recurso, según el agente

---

[xcii] Para finales de los 60s, Washington había arrojado 6,5 millones de toneladas de bombas sobre Vietnam, una cantidad varias veces mayor que la usada contra Hitler. No por casualidad.

[xciii] Algunos, como el agente arrepentido Philip Agee en sus memorias *Inside the Company: CIA Diary* menciona directamente diversos diarios latinoamericanos que publicaban editoriales escritas por empleados de la CIA, a veces desde Estados Unidos, y habituales artículos con información falsa.

Hunt y administrador por un tiempo de los millones de dólares que se destinaban a este tipo de cultura, consistía en amplificar el alcance de las reseñas de críticos reconocidos que eran favorables a los libros promocionados por la Agencia o, de lo contrario, de lograr reseñas negativas de libros no deseados.

En Estados Unidos, el proyecto para la profusa intervención ideológica en los medios de prensa había sido establecido mucho tiempo atrás, en 1948, por el Consejo de Seguridad Nacional, conocido más tarde como Mockingbird Operation, en honor al pájaro que imita el canto de otros. En América Latina tomó el nombre náhuatl de Sinsonte, el pájaro de los cuatrocientos cantos, por el cual la CIA plantaba editoriales y noticias ficticias en los diarios más importantes del continente, sobre todo cuando estaba a punto de perpetuar una invasión, un golpe de estado o simplemente necesitaba una votación favorable en la OEA. Algunas veces esta creación de opinión pública era realizada a través de cientos de escribas a sueldo, por mercenarios zafrales o facilitando con información secreta el trabajo a escritores y periodistas que trabajaban de forma honoraria, con mayor convicción y alguna necesidad de promocionar sus carreras. En otros casos iba precedido del necesario cultivo de la amistad de los dueños de los principales medios que frecuentaban fiestas y reuniones caras donde nunca falta un agente de la CIA o de la Embajada cumpliendo con su trabajo de Relaciones Públicas. Agustín Edwards Eastman, dueño de *El Mercurio* en Chile e instigador del golpe contra Allende en Santiago y en la Casa Blanca, es sólo uno de los casos más conocidos que también incluyen dueños o directores de radios, canales de televisión, revistas y todo medio creador de opinión—Edwards fue uno de los principales colaboradores de Operación Sinsonte para América Latina; al retorno de la democracia en Chile, en 1993 recibió el Premio Nacional de Relaciones Públicas.

Aunque se trata de la agencia de inteligencia más estricta, disciplinada y poderosa del mundo, la CIA tuvo múltiples fracasos y no pocos fiascos. Pero siempre fue extremadamente creativa y sus ideas nunca carecieron del apoyo de millones de dólares de Washington. Cuando fue destinado a Uruguay en 1957, sus agentes solían usar enormes grabadoras que recibían por correo diplomático las que se descomponen cada semana y, luego de un tiempo, las arrojaban a la bahía de Montevideo para no levantar sospechas. Como jefe de operaciones de la CIA en México durante los años 50, Hunt había logrado empapelar las calles de la ciudad de México con posters alentando el sentimiento de la población contra políticas específicas del gobierno, las que lograba asociándose con la amenaza comunista. Como lo había demostrado Edward Bernays años antes, todo debía ser hecho en nombre de terceros, y éstos debían ser individuos o grupos con prestigio social. Los posters estaban firmados por organizaciones creíbles que sin darse cuenta se prestaban para la maniobra. Según reconoce Hunt en sus memorias de 2007 *"estos posters, atribuidos a una respetable institución, tenían una enorme influencia entre la población"*.

Para el derrocamiento Jacobo Árbenz en Guatemala veinte años atrás, los recursos de la CIA fueron múltiples, pero uno de ellos, invento del agente David Phillips en Chile, fue las caceroleadas, luego convertidas, paradójicamente, en símbolos de resistencia de la izquierda latinoamericana. En sus orígenes, la CIA los había promovido las caceroleadas en las "amas de casa" contra la "influencia comunista" que menguaba los recursos en las cocinas del subcontinente. En Asia, la CIA prefería financiar películas pro-Washington, pero en América Latina la cultura escrita tenía más peso. Lo mismo los grafitis. Al menos como campaña planificada, la primera vez fue organizada por la CIA: 32 muros y autobuses son pintados en Guatemala contra Árbenz, acusándolo de comunista. Como corresponde, y como dicta el manual de conspiraciones reales, cada nueva innovación debe ser atribuida al adversario. En otros países los estudiantes serán acusados de responder a una ideología infiltrada desde el exterior. Para redondear, los estudiantes de secundaria (según la CIA en Uruguay, los estudiantes universitarios estaban perdidos; tenían demasiada conciencia ideológica, por lo que eran imposible de manipular y se recomendaba invertir en los estudiantes de secundaria) pegan carteles en las puertas de aquellos que apoyaban a Árbenz con la advertencia: *"Aquí vive un comunista"*.[224]

Cuando un representante del Partido Comunista de México visitó Pekín, Hunt, que también era un novelista aficionado, inventó una historia en la cual el enviado mexicano denigraba a sus propios compatriotas. Orgulloso por un trabajo de inteligencia perfecto, años más tarde recordará que envió esta historia a Washington, donde un equipo técnico la tradujo al mandarín y copió la tipografía usada por un diario en China. Cuando Hunt recibió las copias falsas, se las pasó a los periodistas mexicanos con los que había trabajado una relación de amistad y la historia fue traducida al español y publicada. Cuando el viajero afectado protestó (Hunt no revelará su nombre), una investigación independiente demostró que la tipografía del diario filtrado en México y la usada por el original en China eran las mismas. Tema resuelto.

En México, Hunt reclutó políticos, estudiantes y sacerdotes para su gran misión de derrocar al presidente democrático de Guatemala, Jacobo Árbenz, al que nunca dejó de llamar dictador. Diferente a la batalla financiera y política, la batalla cultural siempre fue ganada por la izquierda, tanto en Estados Unidos como en América Latina, motivo por el cual se inoculó la idea de que la intelectualidad en el mundo había sido infestada por el marxismo. Paradójicamente, los principales agentes perturbadores del libre proceso de debate y pensamiento a través del dinero y la manipulación de los servicios de inteligencia fueron los de Washington y la CIA. Hunt financiaba a estudiantes mexicanos favorables a su ideología, los que lograba enviar a Guatemala para amplificar la narrativa y el miedo al comunismo.

La CIA no sólo invertía en artículos para crear opinión directa en los principales medios de comunicación del continente sino, incluso, en arte abstracto. En Estados Unidos, el Congress for Cultural Freedom (Congreso por la Libertad de la Cultura), con presencia en decenas de países, fue ideado y financiado por la Agencia, preocupada porque no sólo los científicos y los escritores tenían inclinaciones hacia la izquierda sino también los artistas plásticos. Esta fundación operaba en 35 países bajo la dirección del agente de la CIA Michael Josselson. Debido a su origen judío fue perseguido por los nazis en Europa y, por alguna razón, en Estados Unidos se dedicó a perseguir a todo el que pudiera ser sospechoso de simpatías comunistas. En su catálogo secreto se contaban decenas de medios y artistas para los cuales realizaba exposiciones y promovía sin importar el valor artístico de sus obras.

En el caso de revistas culturales como la *Partisan Review* fundada en Nueva York por el Partido Comunista de Estados Unidos en 1934, a partir de los años 50 fue inoculada por la CIA, la que la financió por las décadas siguientes. Al mismo tiempo, las derechas estadounidense y latinoamericana se esforzarán por propagar la idea de que la cultura había sido infiltrada por el marxismo mucho antes que esta corriente tuviese alguna relevancia en las universidades latinoamericanas y estadounidenses.

Por esta época, aparte de los programas de radio para los trabajadores rurales, aparte de las editoriales de los diarios de gran circulación para la clase obrera y de los pequeños empresarios urbanos, las revistas culturales tienen un peso abrumador (algo que nunca recuperarán) en la creación de opinión de la clase culta, rebelde o dirigente, un grupo minoritario pero con una relevancia que no existe en Estados Unidos. La CIA lo sabe y sabe dónde invertir sus excedentes presupuestales. Diferentes publicaciones latinoamericanas como *Amaru* de Lima, *Eco* de Bogotá o *Combate*, fundada por el ex presidente de Costa Rica José Figueres, fueron financiadas por la Agencia a través de terceros, como fundaciones fachadas, muchas veces sin el conocimiento de sus propios directores. La revista *Mundo Nuevo,* fundada en París por el reconocido crítico uruguayo Emir Rodríguez Monegal, fue financiada por la CIA. Sólo la fundación Kaplan donó 35.000 dólares de su bolsillo, pero sirvió de túnel para transferir más de un millón de dólares de las hinchadas arcas de la CIA. Los principales autores del *Boom latinoamericano* como Octavio Paz, Carlos Fuentes, García Márquez y Vargas Llosa, y los del Boom alternativo, como los cubanos Cabrera Infante y Severo Sarduy, publicaron y fueron promocionados por esta influyente publicación internacional. Con manifiesto disgusto, Rodríguez Monegal renunció a su dirección cuando una investigación del *New York Times* reveló esta nueva manipulación de Washington. En el número 14 de *Mundo Nuevo* publicado en agosto de 1967, Rodríguez Monegal (antagónico, en el archi célebre semanario *Marcha* de Montevideo, de otros dos respetados críticos del continente, el cubano Fernández Retamar y el uruguayo Ángel Rama) publicó un alegato algo tibio y exculpatorio contra la CIA y el estalinismo en un largo artículo titulado "La CIA y los intelectuales". Su afirmación de que "*no formamos parte de la propaganda de nadie*" seguramente fue honesta, pero no la verdad. Seguramente se trató de otra víctima de otro complot. Las estrategias de engaño verosímil de la CIA tienen un patrón común. En 1972 Rodríguez Monegal fue acusado de financiar al movimiento guerrillero de izquierda Tupamaros, de la cual su hija era miembro. Su hija fue detenida por la dictadura militar uruguaya y a él se le negó la entrada al país hasta el final de la dictadura, en 1985.

  La filtración de esta operación desencadenará en una extensa investigación sobre otras costumbres de la CIA y de Washington en otros países, como los golpes de Estado y los asesinatos de líderes incómodos, lo que será posible por un Congreso estadounidense con un número histórico de representantes y congresistas progresistas, algo que será revertido en los años ochenta con la reacción mediática, religiosa y política del nuevo movimiento neoconservador. También la CIA y la NSA deberán reconsiderar cómo hacen las cosas. Si antes eran academias del secreto y el engaño, desde ahora tendrán que ir más allá del posgrado. Furioso por los comités de investigación del Senado y por la desclasificación de unos pocos documentos secretos, el Secretario de Estado Henry Kissinger propone radicalizar las medidas que impidan futuras acusaciones bajo nuevos estándares de "*unconditional secrecy*". Las estrategias son infinitas. Según el National Security Archive, el mismo Kissinger había filtrado documentos secretos por lo cual se intentaba castigar a las comisiones investigadoras y, según uno de los periodistas que destaparon el escándalo que terminó con la renuncia de Nixon, Carl Bernstein, la misma comisión Church omitió información más comprometedora.

  El senador Frank Church morirá en 1984 a los 59 años, luego de luchar sus últimos años contra dos cánceres diferentes, primero un cáncer de testículo y luego otro cáncer de páncreas. El cáncer ha sido con frecuencia una causa de muerte natural de muerte entre los disidentes. Claro que estas son especulaciones exageradas basadas en meras coincidencias. Los servicios secretos más poderosos del mundo jamás atentarían contra la integridad física de un disidente. Mucho menos contra uno que los ha desnudado y goza de cierta popularidad.

  Durante los años 90, la CIA invertirá fuerte en películas y programas de televisión. Desde 1996, un veterano del golpe contra Allende en Chile, colaborador de Operación Cóndor y experto en guerra psicológica, Chase Brandon, será el principal operador de medios visuales de la CIA en América

Latina. Brandon actuará como productor y asesor de decenas de películas, de prestigiosos canales como Discovery, Learning Channel e History Channel y, sobre todo, programas de entretenimiento de consumo rápido y alcance masivo. No por casualidad, entrado el siglo XXI, la misma Agencia continuará secuestrando, torturando, manipulando información o haciendo pasar muertos inocentes como resultado de ataques clínicos contra terroristas en Medio Oriente con total y absoluta impunidad. La historia de la prisión de Guantánamo será sólo uno de los casos más conocidos de una larga lista. Por ejemplo, en 2019 el *USA Today* revelará que, luego del bombardeo de Azizabad en Afganistán el 22 de agosto de 2008, los oficiales del ejército estadounidense (incluido Oliver North, convicto por mentirle al Congreso en el escándalo Irán-Contras y perdonado por el presidente George H. Bush) informaron que todo había salido a la perfección, que la aldea los había recibido con aplausos, que se había matado a un líder talibán y que los daños colaterales habían sido mínimos. No se informó que habían muerto decenas de personas, entre ellos 60 niños. Un detalle.

El 31 de enero de 2016, el *Washington Post* revelará una de las estrategias de la Agencia llamada *Eyewash*, que consiste en difundir información falsa no sólo al público inexperto sino a sus propios agentes de segunda categoría, de forma que nunca nadie sepa si algo es verdad o producto de alguna teoría conspiratoria. En un cable enviado a un país extranjero, la CIA desautoriza cualquier operación contra el objetivo X y en otro, enviado a un círculo pequeño de oficiales, ordena desestimar cualquier información anterior para proceder con el plan Z. Desde entonces, los malditos historiadores la tendrán más difícil cuando se hagan con alguna prueba o documento. Cuando descubran algo, serán silenciados, desestimados por reseñas lapidarias o por la burla del pueblo burlado.

Los cien millones de muertos del comunismo

EL 28 DE FEBRERO DE 2023, LA REPRESENTANTE republicana del exilio cubano en Miami, María Elvira Salazar, presentó una propuesta de condena a "los crímenes del socialismo". La conocida cadena de radio y televisión José Martí de Miami, la que desde 1983 produce propaganda ideológica en favor de la libertad del capitalismo y la empresa privada con fondos del gobierno que superan los 30 millones de dólares anuales, tituló: "*Cámara de Representantes de EEUU aprueba resolución que denuncia los horrores del socialismo*".[225] De los horrores del capitalismo, varias veces más trágicos, ni hablar.

Pero nosotros sí vamos a hablar, aunque no tengamos los millones de dólares para probar que estamos en lo cierto sino más humildes datos y argumentos.

En *La frontera salvaje* (2021) nos detuvimos en Operación Sinsonte (Mockingbird), uno de los planes más secretos y, al mismo tiempo, más conocidos de la guerra psicológica y cultural organizada y financiada por la CIA con millones de dólares durante la Guerra Fría, la que incluía no sólo artículos con noticias falsas en los diarios sino la promoción de libros mediocres pero convenientes y la crítica "neutral y demoledora" de aquellos otros que no servían como propaganda. También nos detuvimos brevemente en capítulos anteriores de este libro en los indicios y en las pocas pero contundentes pruebas filtradas de una continuación aún más extensa y agresiva de la misma práctica, como en el cine y la televisión.

Veamos uno de los casos más promocionados y viralizados de los años 90s, como lo fue *Le Livre noir du communisme*, publicado por el ex maoísta Stéphane Courtois y otros académicos en 1997. No nos detendremos ahora sobre la conocida psicología del converso, porque no es necesaria. El libro fue una especie de *Manual del perfecto idiota latinoamericano* pero del primer mundo y con mucho más influencia, pese a que ambos fueron masivamente promocionados por la gran prensa mundial.

De este libro proceden las infinitas publicaciones de las redes sociales sobre "los cien millones de muertos del comunismo", aunque sus propios autores estiman un número menor, entre 65 y 95 millones. Otros académicos y especialistas en el siglo XX y en el tema (sus autores no lo son) observaron que Courtois enlistó cualquier evento donde estuviese involucrado un país comunista y tomó la cifra más alta en cualquier caso.

Por ejemplo, los muertos de la Segunda Guerra mundial son atribuidos a Hitler y a Stalin, cuando fue este último el primer responsable de la derrota del primero, y fue el primero, no el segundo, el causante de esa tragedia. Es más *Le Livre noir* llega a la conclusión de que Stalin mató más que Hitler, sin considerar las razones de cada tragedia y atribuyendo parte de los 70 a 100 millones de muertos en la Segunda Guerra a Stalin, siendo que uno comenzó la guerra y el otro la terminó. Los veinte millones de muertos rusos son atribuidos a Stalin.

Los especialistas en la Era soviética estiman la responsabilidad de Stalin en algo más de un millón de muertos (trabajos forzados en Gulags), lo cual es una cifra horrenda, pero lejos de lo que se le atribuye y aún más lejos que cualquiera de las matanzas causadas por las otras superpotencias capitalistas, ex aliadas de Stalin. Los muertos y supuestos muertos por hambre entran en la ecuación anticomunista, pero no los millones de muertos salvados del hambre y las enfermedades por la revolución soviética. La intencionalidad de la hambruna en Ucrania en 1932, conocida como Holodomor, continúa en disputa entre los historiadores. Diversos hechos son frecuentemente omitidos en la discusión. Por ejemplo, que gran parte de los datos iniciales fueron fabricados por el mogul de la prensa estadounidense William R. Hearst, anticomunista y pronazi, inventor de la Prensa amarilla y del mito del hundimiento del Maine, hecho que desató la largamente deseada guerra contra España en Cuba en 1898.[xciv]

El gobierno de Stalin realizó la modernización y mejora económica más impresionante de la historia modera después de la China post Mao. No sólo industrializó la agraria y empobrecida Rusia, sino que en veinte años duplicó el ingreso per cápita. A principios de los años veinte, la expectativa de vida de la población soviética era de 26 años. A finales de los cincuenta (hambruna y Gulags incluidos), había alcanzado los 68 años. En los años 70 sufrió un declive y se recuperó a mediados de los 80. Entre 1990 y 2005, cayó de 69,1 hasta 65 años.[226] Bastaría multiplicar treinta años más de vida por los millones de personas que vivieron en ese período para tener una idea de que en términos de vivos y muertos, las políticas del dictador y de la revolución rusa tuvieron un impacto por demás positivo. No discutimos aquí, porque es tema aparte, sus políticas represivas, como el envío de disidentes a los campos de trabajo forzado.

La narrativa de "Los 100 millones" tampoco menciona que luego de la Segunda Guerra mundial, al tiempo que la brutalidad disminuía del otro lado de la cortina de hierro, aumentaba en el patio trasero de Estados Unidos. John Coatsworth, en su *The Cambridge History of the Cold War*, señala un dato verificable: entre 1960 y 1990 *"el número de prisioneros políticos, de víctimas torturados y de ejecuciones de disidentes no violentos en América Latina superó por amplio margen al número de víctimas de la Unión Soviética y sus satélites en la Europa del Este"*.[227]

Veamos brevemente un ejemplo clásico (no el primero) de tragedia capitalista atribuida a "causas naturales". Otra vez, la abstracción de la

---

[xciv] En 1898, Hearst le había contestado a uno de sus enviados a Cuba: *"usted consígame las fotos y yo conseguiré la guerra"*. En 1935 no fue diferente. Gareth Jones fue el periodista que "dio a conocer" esta hambruna. Al igual que Hearst, Jones conoció personalmente a Hitler y almorzó con Goebbels. Los artículos publicados por los medios de Hearst denunciando el "Holocausto soviético" fueron ilustrados con fotografías de gente y animales muertos, tomadas por Thomas Walker (Robert Green), quien nunca estuvo en Ucrania y fue deportado de Inglaterra en 1935, probablemente por fraude, y luego arrestado también por fraude en Estados Unidos. Ese mismo año, Hearst, acérrimo enemigo del "comunista" F. D. Roosevelt, había coordinado con Hitler y su ministro de propaganda Goebbels, la publicación de artículos similares en Estados Unidos.

coerción inaugurada por el mercado capitalista es una coartada perfecta para no asumir responsabilidades ante las tragedias y reclamar el crédito de cualquier progreso social.

Irlanda fue la primera colonia del capitalismo inglés, en el sentido de que impuso las nuevas reglas de la renta fluctuante atada al mercado y las bolsas de valores. Para 1840, Irlanda tenía una población de más de ocho millones de habitantes. En 2023, apenas llega a siete millones, a pesar de que, desde entonces, todos los países europeos han multiplicado varias veces su población. Así como la historiografía tradicional atribuye al comunismo los muertos por la hambruna en Ucrania o en China, sin considerar ningún fenómeno natural, así también, pero a la inversa, atribuye la catástrofe de Irlanda a una hongo de la papa. La causa de casi dos millones de irlandeses muertos y otros más de emigrados no fue un hongo sino el capitalismo, algo que no es muy difícil de explicar.

La peste se originó en México y se extendió desde Estados Unidos a Europa. Ni esos países ni el resto de Europa sufrieron hambrunas debido a la escasez de papas, por la simple razón que poseían agriculturas más diversificadas.

Desde el comienzo del capitalismo, Irlanda fue el primer laboratorio imperialista de Inglaterra antes de proyectarse a sus colonias ultramarinas, de la misma forma que las repúblicas bananeras del *patio trasero* estadounidense fueron el laboratorio de Estados Unidos antes de aventurarse al resto del mundo. De la misma forma que la privatización de la tierra había liquidado las tierras comunales en Inglaterra en el siglo XVI bajo el sistema de cercado (*enclosure*) y había convertido a los campesinos en rentistas y despojados, en Irlanda este sistema fue impuesto hasta trasferir una gran parte de la tierra cultivable a los terratenientes. De la misma forma que los imperios occidentales promoverán el monocultivo en sus colonias (oro, plata, azúcar, tabaco, algodón, bananas, café, diamantes, cobre, carne, cuero, lana, turismo, inmigrantes) en sus protectorados y en las repúblicas satélites, Irlanda se había convertido en una colonia europea con la papa peruana como monocultivo y principal fuente de calorías de su población.

Desde antes de la aparición de la plaga, distintos observadores habían denunciado las condiciones de vida paupérrimas de los campesinos irlandeses, que eran la gran mayoría de la población. La mayor parte de las ganancias de los campesinos eran destinadas al pago de rentas, las cuales eran definidas en Inglaterra por la sagrada Ley de la oferta y la demanda dictada por el mercado.

Cuando estalló la crisis de la hambruna, el gobierno de Londres afirmó que el problema se resolvería por magia del libre mercado, al tiempo que los terratenientes exportaban otros productos producidos en Irlanda, como carne y leche, para satisfacer las necesidades del mercado en Inglaterra. William Smith O'Brien de Limerick, ya en 1846 había anotado: "*lo que resulta más indignante es que la gente se muere de hambre en medio de la abundancia*".[228] Historia por demás conocida por otras colonias, como India o Bangladesh.

No por casualidad, el encargado de la crisis de Irlanda, Sir Charles Trevelyan, era un retornado de la brutal administración de India y, no por casualidad, inició el racismo anti irlandés, el cual cruzaría el atlántico detrás de sus propias víctimas. Trevelyan era un fervoroso defensor del libre mercado y del laissez-faire, política o superstición conveniente para unos pocos, que sobrevive aún hoy en pleno siglo XXI.[xcv] Como casi todos los fanáticos del libre mercado, por algún misterio de la Creación, recuren a Dios para explicar cualquier cosa complicada: una vez fracasado su método para resolver la crisis, le echó la culpa a los irlandeses, a quieres "*el juicio de Dios envió esta calamidad para darles una lección a los irlandeses*".[229]

Al mismo tiempo que en todos los medios se menciona sin tregua las ejecuciones de casi mil colaboradores del régimen de Batista en la Cuba revolucionaria[xcvi], no se mencionan los más de 100.000 ejecutados por el régimen cristiano y pro estadounidense de Corea del Sur. El 26 de julio de 1950 en No Gun Ri, los soldados estadounidenses del Séptimo Regimiento de Caballería masacraron a 300 coreanos del sur, alegando que temían que entre esa fila miserable de refugiados pudiese haber algunos soldados de Corea del Norte. Décadas después esta matanza fue reconocida por Washington y olvidada por casi cualquiera que no fuese un historiador revisionista. En 2009, en

---

[xcv] El *laissez-faire* literalmente se traduce hoy como "deja hacer" (el Estado no debe entrometerse en los negocios de la gente). Esta frase esconde su propio origen, que no procede del capitalismo sino del mercantilismo. Es una abreviación de la respuesta que en 1681 dieron de los comerciantes más poderosos a la ayuda ofrecida por el gobierno francés para facilitar los mercados: "*laissez-nous faire*", que en francés significaba "déjanos que *nosotros* nos hagamos cargo". *Nosotros* significaba (y significa hoy) los comerciantes más importantes, no la gente común, no el vulgo, no "el libre mercado" sino "la libertad de los mercaderes más ricos".

[xcvi] Un memorándum de la CIA fechado el 21 de enero de 1963 y titulado "*Political Murders in Cuba; Batista Era compared with Castro regime*" informó que al menos 20.000 cubanos fueron ejecutados por el régimen de Batista en sus últimos seis años por razones políticas. Aunque el número exacto es difícil de establecer, el informe agregó que más de 800 miembros del régimen anterior (cifra oficial de La Habana) han sido sumariados y ejecutados por el régimen de Castro. "*Los grupos anticastristas también han dejado muertos; de cualquier forma, ni las matanzas masivas del régimen de Batista ni su estilo terrorista se ha repetido en el régimen de Castro*". (www.cia.gov/readingroom/docs/CIA)

base a documentos desclasificados en Estados Unidos, la Truth and Reconciliation Commission, calculó que, aparte de los bombardeos estadounidenses, el régimen surcoreano realizó ejecuciones sumarias que alcanzaron la cifra de 150.000 víctimas. En Bodo League, 110.000 comunistas y simpatizantes no combatientes fueron masacrados por el régimen capitalista del buen cristiano Syngman Rhee, amigo del general acusado de genocidio Douglas MacArthur. Por entonces, se atribuyó la matanza a los comunistas de Corea del Norte y cuando se reveló el nombre de los responsables y la cifra de víctimas, se echó inmediatamente al olvido. Aún mayores fueron las ejecuciones de izquierdistas en Indonesia en 1966 a manos de Suharto y materializadas con el apoyo de la CIA: entre 500.000 y 1.000.000 fueron ejecutados.

La misma práctica racista había sido ejercida por Washington en Filipinas durante la primera mitad del siglo XX. De 1898 a 1946, una larga lista de masacres de la población nativa sumó cerca de un millón de muertos, casi todos civiles, y la invención de nuevos métodos de tortura como "el submarino" (*waterboarding*), la que luego se hizo una especialidad de la casa en varias de las dictaduras militares de la extrema derecha latinoamericana, todas apoyadas por Washington, y más recientemente en Guantánamo, provincia sin ley donde se violan los derechos humanos en Cuba.

Como muestra del repetido y brutal racismo que sufrió Filipinas, como tantos otros territorios con "negros pacíficos", marrones y amarillos, bastaría cualquiera de las cientos de cartas enviadas por los combatientes estadounidenses a sus familias. Por ejemplo, el 20 de julio de 1899, el soldado y corresponsal del *New York Evening Post* en Filipinas, H. L. Wells, escribió que *"hasta ahora nadie ha cuestionado el hecho de que nuestros soldados en Filipinas les disparan a los negros por deporte... Pero el pueblo estadounidense puede estar seguro de que no ha habido más muertos filipinos de los necesarios; al menos no más de lo que los británicos consideraron necesario matar en India y en Sudán; no más de lo que los franceses mataron en Annam [Vietnam]"*.[230] Wells estaba en lo cierto de cabo a rabo. En los primeros años de ocupación, Estados Unidos sólo mató unas decenas de miles de filipinos sin importancia, no más que Francia y el Reino Unido. Continuará matando en los próximos años hasta alcanzar la cifra de medio millón.

Pocos, como David Thoreau medio siglo antes contra la guerra en México, se atrevieron a denunciar esta inmoralidad en público que victimizaba al agresor bajo los versos de Rudyard Kipling en honor al altruista sacrificio de la raza blanca. En 1906, Twain, uno de los fundadores de la Liga antiimperialista de Nueva York y férreo crítico de las atrocidades de su propio país, publicó un ensayo analizando la gloria de lo que los reportes definieron como una *heroica victoria*. Bajo el título de "La masacre de Moro", Twain reflexionó sobre la orden de *"vivos o muertos"* para resolver el problema de una aldea de mil "*salvajes de piel oscura*" que se habían refugiado en el cráter de una montaña, a setecientos metros de altura. Según los reportes triunfalistas, no se pudo sacar a los pobladores vivos pero se los sacó muertos, luego de un día y medio de disparar desde arriba con armas de última tecnología para responder a las primitivas piedras de los sitiados que llovían desde abajo. Con amarga ironía, Twain nos dejó un testimonio reflexivo sobre el verdadero significado de las palabras "heroísmo" y "valentía de nuestras tropas" las que, el 7 de marzo de 1906, posaron para una fotografía frente a una pila de cadáveres como trofeo de caza. "*¿Cómo es que llaman a eso una batalla?... Completamos el acoso de cuatro días con la masacre de toda esa gente indefensa*".[231]

El hecho de que los heridos fueron rematados en el suelo o que las municiones empleadas fuesen *dum-dum bullets*, balas que se expanden al ingresar al cuerpo de la víctima, tampoco sera discutido por mucho tiempo, pero a algunos críticos y analistas estadounidenses les llamó la atención que en la guerra contra Filipinas se contasen decenas de miles de muertos casi sin heridos ni prisioneros, cuando el patrón histórico de las guerras es el inverso. En la Guerra Civil de Estados Unidos, hubo un muerto por cada cinco heridos; en Filipinas se reportaban quince muertos por herido. El gobernador de facto, el general Arthur MacArthur, explicó ese extraño fenómeno estadístico: "*lo que ocurre es que los hombres de sangre anglosajona no mueren tan fácilmente luego de ser heridos como mueren aquellos que pertenecen a razas inferiores*". Poco o nada cambió desde el siglo anterior. Poco o nada cambiará en el siglo por venir.

La misma historia, el mismo racismo y la misma avaricia continuarán expresándose por el poder de las armas. Setenta años después de las primeras matanzas en Filipinas, en el documental *Hearts and Minds*, el general estadounidense William Childs Westmoreland, héroe de la guerra de Vietnam y con tantas condecoraciones que no cabían en su uniforme, declaró que "*los asiáticos no entienden lo que es el valor de la vida. Allá la vida vale poco, eso está en la misma filosofía de Oriente, aparte de que hay muchos de ellos*".[232] Después de la Segunda Guerra mundial contra los nazis, quedaba mal hablar de *raza*, por lo que se sustituyó la palabra por *filosofía, ideología, comunismo* y, finalmente, *cultura*.

El mayor número que suman a las "*94 millones de víctimas del comunismo*" según Stéphane Courtois, se refiere a la catastrófica hambruna de la China de Mao entre 1958-1962. Esta hambruna no causó 60 millones, sino (muy probablemente y en base a distintas estimaciones) entre 30 y 40 millones. En ningún caso fue un plan de exterminio deliberado y racista, estilo nazi en Alemania, francés en África, británico en India, estadounidense en Asia y América Latina o japonés en China—lo cual tampoco significa que los chinos estén libres de racismo.

Uno de los investigadores más reconocidos por la prensa occidental sobre este tema, el historiador y disidente chino Yang Jisheng, en su libro *Lápida* (Hong Kong, 2012), estimó una cifra de 36 millones, aunque luego considera "*40 millones que pudieron haber nacido*".[233] No se refiere a fetos por nacer (simple razón matemática) sino a aquellos millones que se hubiesen procreado si sus padres no hubiesen muerto años antes. Si aplicamos este mismo criterio a las tragedias provocadas por el capitalismo, las cifras se escaparían de la imaginación, por lo cual creo que sería mejor considerar solo las víctimas directas e indirectas de cada tragedia; no las hipotéticas o las que nunca bajaron del cielo.[xcvii]

Por otra parte, los textos que denuncian estas muertes por el hambre en China como prueba de la brutalidad comunista, presentan la tragedia como si la hambruna fuese un evento único y singular, sin considerar que el hambre y las muertes en el gigante asiático eran lo normal. Incluso las hambrunas, las que se hicieron más frecuentes y más mortales luego que las compañías capitalistas y sus brazos armados de las potencias europeas decidieron acosar, bloquear y vampirizar China a través de sus flotas comerciales desde el siglo XVI, convirtiendo a la mayor potencia económica del mundo en un mar de miseria, sobre todo a partir de la Guerra del Opio de 1839-42 hasta la ocupación japonesa de 1937, la que también dejó millones de muertos. Desde 1810 a 1849 distintas hambrunas mataron 45 millones de chinos. Aunque los historiadores atribuyen gran parte de esta tragedia a las sequías, siguiendo el criterio de análisis aplicado a la hambruna de 1958, se podría considerar también la responsabilidad del gobierno, por entonces bajo la dictadura de las compañías occidentales y la armada británica. Lo mismo podemos decir de la hambruna que en 1907-1911 mató a 25 millones de chinos (según expertos en el tema, de hecho fue peor que la hambruna de 1958-62) por tres meses de lluvia, carencia de infraestructura civil, carencia de planes sociales para enfrentarlo y por la represión de las fuerzas del gobierno ante las rebeliones derivadas de la catástrofe.

La necesidad de industrialización en la Unión Soviética primero y en China después se repitió también en países más jóvenes y menos habitados como Brasil y Argentina y su único pecado fue haber llegado tarde y, en el caso de China, el haber combinado una política desastrosa (básicamente disruptiva de las prácticas tradicionales de producción) con problemas climáticos. Pese a todo, la expectativa de vida en China comenzó a mejorar rápidamente a partir de los 60s. De 1960 hasta la muerte de Mao en 1976,

---

[xcvii] El libro de Jisheng ha sido criticado por distintos académicos, incluidos matemáticos que consideran que su método viola completamente los principios básicos que deben seguir las matemáticas modernas para analizar problemas sociales.

pasó de 44 años a 65. Es decir, 21 años más mientras en el mismo período la ganancia en Estados Unidos, en su década de mayor poderío económico, fue de dos años (de 70 a 72).

No vamos a considerar aquí el caso de la Gran Depresión en Estados Unidos en los años 30 ya que existe un vacío académico en el tema. El millón de mexicanos enviados al exilio (entre ellos un 60 por ciento de ciudadanos estadounidenses con caras de mexicanos) y los muertos por la masiva hambruna, es frecuentemente resuelto con argumentos como: durante la Gran Depresión la expectativa de vida de la población no disminuyó sino todo lo contrario; aumentó, ya que había menos accidentes de tránsito y menos gente fumaba y tomaba alcohol (a pesar de que estos dos últimos factores nunca tienen un efecto inmediato sino a lo largo de muchos años). Es un tema para otro capítulo y para otros años de investigación.

Volvamos a tragedias mejor analizadas por los expertos. En India, la realidad no fue mejor que en la China de Mao, sino todo lo contrario, pero no contó con el poderoso ataque de la maquinaria propagandística de Occidente. A partir de 1950, el nuevo estado democrático de India mejoró las expectativas de vida de su población, pero no se debió a ningún plan sino, simplemente, a haber dejado de ser una colonia hambreada, brutalizada y expoliada por el Imperio británico, que sólo entre 1880 y 1920 fue responsable directo de la muerte de 160 millones de personas. No obstante, en este período de democracia capitalista en India, los muertos atribuibles a la ausencia de reformas sociales continuaron sumando muertos, por lo menos 100 millones. El mundialmente premiado economista y profesor de Harvard University, Amartya Sen y Jean Drèze de la London School of Economicsen, en 1991 publicaron *Hunger and Public Action*, donde analizaron con rigor estadístico varios casos olvidados de hambrunas mundiales provocadas por sistemas, modelos y decisiones políticas. En el capítulo 11 observaron: "*Comparando la tasa de mortalidad de India de 12 por mil con la de China de 7 por mil y aplicando esa diferencia a una población 781 millones en la India de 1986, obtenemos una estimación del exceso de mortalidad normal en India de 3,9 millones por año. Es decir, cada ocho años murieron más personas en India debido a una tasa de mortalidad regular más alta que las que murieron en China en la gigantesca hambruna de 1958-1961. India ha llenado su armario con más esqueletos cada ocho años de los que China puso allí en sus años de vergüenza*". La gran prensa no se hizo eco y el mundo no se enteró. Por el contrario, seis años más tarde saltó a la fama, como por arte de magia, *Le Livre noir du communisme* y otros del mismo género comercial de venta rápida y de rápido consumo y de fácil digestión.

La hambruna china de 1958-1962 fue una de las peores de la historia, no la única ni la mayor, principalmente por la escala poblacional de ese país.

Pero el gobierno de entonces no fue el único en echarle la culpa a la naturaleza por sus graves errores administrativos. Una historia semejante ocurrió con la hambruna en Irlanda de 1847-1852. Si China perdió el tres por ciento de su población, Irlanda perdió el 12 por ciento y no fue por causa del comunismo sino del más puro y rapaz capitalismo. La tragedia en Irlanda fue consecuencia de las políticas de Londres y de la ideología dominante. La tragedia se tradujo en un impacto positivo en Estados Unidos con millones de nuevos trabajadores jóvenes, justo allí donde comenzaban a reproducirse las ideas que habían creado la catástrofe en Irlanda y en otras regiones del planeta.

Si utilizamos los mismos criterios del publicitado libro de Courtois para contar muertos, desde hambrunas debidas al sistema y a la administración de los gobiernos, hasta masacres directas, el comunismo no tiene forma de competir con los muertos del capitalismo. Bastaría con contar los millones de nativos muertos en las tres Américas (excluyendo los primeros millones por enfermedades no intencionales e incluyendo explotación) masacres, despojo, hambrunas por desplazamientos, racismo y negligencia.[xcviii] Habría que seguir con los 15 millones de africanos muertos sólo en Norteamérica, seres humanos comercializados y catalogados como "propiedad privada" por la cultura y las leyes de entonces.[xcix] Esclavos que, solo en Estados Unidos, una vez emancipados por ley no recibieron compensaciones sino que fueron arrojados a la miseria de las ciudades. Cada vez que hubo compensaciones económicas fueron para los amos blancos, por la pérdida de su propiedad privada. O debieron compensar a las potencias imperiales, como fue el caso de Haití, que, entre 1826 y 1947, debió pagar a Francia una compensación de 21 billones de dólares (al valor actual) por daños y perjuicios. Es decir, por haberle quitado sus tierras y sus esclavos a los amos del Imperio francés. Todo con el apoyo de Washington, que no quería una república de negros en 1804, como no querrá otra en la Cuba de 1898, unas cuantas millas más cerca.

[xcviii] A principios del siglo XVI, el continente americano tenía una población estimada en 100 millones. Un siglo y medio más tarde alcanzaba 3,5 millones. Como detallamos antes, la conquista americana fue una gigantesca empresa de saqueo que posibilitó el desarrollo del capitalismo en Europa y de los imperios que europeos y norteamericano que expandirían ese saqueo a otras regiones del mundo a lo largo de otros siglos. ¿Qué régimen comunista exterminó el 96 por ciento de la población de un continente? Ni siquiera se encuentran estas estadísticas en una pequeña isla administrada por un brutal dictador comunista.

[xcix] El significado de esta cifra se multiplica cuando consideramos el contexto demográfico de la época. Cuando Estados Unidos se funda como país en 1776, en sus trece colonias vivían 3,5 millones de personas. Inglaterra contaba con casi ocho millones de habitantes y la población de África sumaba 70 millones.

Antes mencionamos los 45 millones de muertos en la hambruna china del siglo XIX, pero hubo muchas otras en otros países, peores que la hambruna China de 1958-1962. En Asia, por ejemplo, podemos considerar la hambruna de India en 1770, en la que murieron más de 30 millones de personas, consecuencia directa de las "leyes del libre mercado" impuestas por Londres a fuerza de cañón y administrada por la mega compañía privada East India Company. En 1876 El Niño produjo una sequía en India. Este fenómeno climático era conocido por la población, la cual supo adaptarse a las periódicas sequías evitando las hambrunas que seguirían al período administrado por Gran Bretaña. El cercado y privatización de la tierra y de los ríos le quitó a millones de personas el acceso de emergencia a recursos comunales como leña, forraje para el ganado (el que, a su vez, producía abono para las plantaciones) y el crucial acceso al agua de riego. En pocos años, diez millones de indios murieron a consecuencia de *El modelo* capitalista para el éxito de los pueblos. El mismo fenómeno se repitió en 1896 y en 1902 con consecuencias aún más graves: otros 20 millones de personas murieron de hambre, a pesar de que el país tenía un superávit de granos y otros alimentos. ¿Qué pasó? Pues, lo de siempre: las reservas alimentarias fueron enviadas a Londres y al resto del continente desarrollado, ya que la escasez debida al fenómeno climático había aumentado los precios de los alimentos en las bolsa de Europa.[c]

Entre 1880 y 1920, 165 millones de indios murieron por la brutalidad administrativa del Imperio Británico. Más tarde, Winston Churchill admitió: "*Odio a los indios. Son un pueblo de bestias con una religión llena de bestias*".[234] A principios de los años 30, como era común entre la clase más rica de Estados Unidos, Churchill admiraba a Adolf Hitler y a Benito Mussolini—y procedió según sus convicciones. En 1943, se llevó la producción agrícola de Bengala para alimentar a su ejército en Somalia diezmando su frágil economía. La montaña de muertos por hambre sólo en ese año sumó más de tres millones. Todo en base al mismo criterio aplicado a Irlanda un siglo antes: primero Inglaterra, luego las razas inferiores. En medio de ríos de cadáveres, los administradores de Londres del siglo XIX explicaron la tragedia irlandesa: los irlandeses eran una raza inferior y debían aprender sobre las reglas del mercado. La misma historia un siglo después, mientras luchaban contra el racismo nazi en Europa (en realidad luchaban por sus propios intereses): los bengalíes, como un siglo antes los irlandeses, son una raza inferior y deben aprender sobre las reglas del libre mercado. Racismo e interés propio. Ni mercado y mucho menos libre mercado. Lo primero que importa es nuestro

---

[c] Según Jason Hickel, entre 1875 y 1900 (el peor período de sequías en India), la transferencia de trigo de India a Londres fue de 10 millones de toneladas por año.

desarrollo y bienestar y lo segundo es que la historia y la gente repetirán lo que digan los ganadores. Por lo tanto, más importante que la verdad es ganar.

El libro de Courtois también enlista dos millones de muertos en Corea del Norte atribuidas al comunismo de los tres millones totales de muertos, sin considerar que los bombardeos indiscriminado del General Douglas MacArthur y otros "defensores de la libertad" barrieron con el 80 por ciento del país. Desde el año 1950, se solían arrojar cientos de toneladas de bombas en un solo día, todo lo cual, según Courtois y sus repetidoras de Miami, no fueron responsables por la muerte de mucha gente. El mismo método aplicado en Japón unos años antes, bajo la convicción de que no causaba ningún remordimiento matar japoneses. Es decir, la perfecta continuación de la mentalidad racista del sur esclavista, combinación de desprecio por los seres inferiores y abuso de la única solución a mano: las armas de fuego, las bombas del cielo como solución divina.

En Japón, el general LeMay había sido el cerebro que planificó el bombardeo de varias ciudades, como Nagoya, Osaka, Yokohama y Kobe, entre febrero y mayo de 1945, tres meses antes de las bombas atómicas de Hiroshima y Nagasaki. En la noche del 10 de marzo, LeMay ordenó arrojar sobre Tokio 1500 toneladas de explosivos desde 300 bombarderos B-29. 500.000 bombas llovieron desde la 1:30 hasta las 3:00 de la madrugada. 100.000 hombres, mujeres y niños murieron en pocas horas y un millón de otras personas quedaron gravemente heridas. Un precedente de las bombas de Napalm, unas gelatinas de fuego que se pegaban a las casas y a la carne humana fueron probadas con éxito. "*Las mujeres corrían con sus bebés como antorchas de fuego en sus espaldas*" recordará Nihei, una sobreviviente. "*No me preocupa matar japoneses*", había dicho el general LeMay, el mismo que menos de dos décadas después le recomendará al presidente Kennedy lanzar algunas bombas atómicas sobre La Habana como forma de resolver el problema de los rebeldes barbudos. A principio de los 80s, el secretario de Estado Alexander Haig le dirá al presidente Ronald Reagan: "*Sólo deme la orden y convertiré esa isla de mierda en un estacionamiento vacío*".[235]

Courtois también cuenta un millón de muertos en Vietnam debido a los comunistas, sin considerar que se trató de una guerra de independencia contra las potencias imperiales de Francia y de Estados Unidos, las que dejaron al menos dos millones de muertos, la mayoría no en combate sino bajo el clásico bombardeo aéreo estadounidense inaugurado en 1927 contra Sandio en Nicaragua y del uso del químico Agente Naranja, que no sólo borró del mapa a un millón de inocentes de forma indiscriminada sino que sus efectos en las mutaciones genéticas se siente aún hoy. Con absoluta frivolidad, menciona el uso de la "Lluvia amarilla", basada en una acusación del secretario de Estado de Reagan, Alexander Haig, sobre el envenenamiento por parte de la Unión Soviética de Vietnam, Laos y Camboya en 1977.[236] Esta acusación fue probada sin fundamentos por un estudio de campo del profesor Matthew Meselson de Harvard, quien concluyó que los niveles de trichothecene mycotoxins se producen naturalmente en la vegetación de la región.[ci] El genocidio perpetrado por Washington con el Agente Naranja no sólo fue probado sino que miles de soldados estadounidenses demandaron al gobierno de su país por haber sido afectados con el químico. Los vietnamitas todavía eran algo semejante.

También se le atribuye la barbarie del régimen de los Jemeres Rojos en Camboya (cuyas víctimas se estiman en un millón) enteramente a "el comunismo", sólo porque el régimen era comunista, sin mencionar que Pol Pot había sido apoyado por Washington y las corporaciones occidentales; que fue el Vietnam comunista que derrotó a Estados Unidos, el que puso fin a esa barbarie mientras Occidente continuó apoyando a los genocidas reconociéndolos en la ONU como gobierno legítimo hasta los años 80. Ente 1969 y 1973, cayeron sobre Camboya más bombas (500.000 toneladas) que las que cayeron sobre Alemania y Japón durante la Segunda Guerra. Lo mismo les ocurrió a Corea del Norte y a Laos. En 1972, el presidente Nixon preguntó: "*¿Cuántos matamos en Laos?*" A lo que su secretario de Estado, Ron Ziegler, contestó: "*Como unos diez mil, o tal vez quince mil*". Henry Kissinger agregó: "*en Laos también matamos unos diez mil, tal vez quince mil*". El mismo director de la CIA William Colby afirmó con orgullo que en cuatro años como agente en Vietnam había supervisado el asesinato de más de 20.000 activistas rebeldes, muchos de ellos luego de ser torturados, aunque otras estimaciones duplican y triplican esa cifra.[237] La lista es interminable y a nadie le importa porque no son muertos importantes y, sobre todo, porque no queda bien pasar por "antiamericano" tratando de decir la verdad para despertar a los estadounidenses en alguna medida mínima, como alguien que intenta despertar a un borracho tirado en medio de una avenida transitada.

Podríamos seguir recordando la complicidad directa con las matanzas de Hitler, antes y durante la Segunda Guerra, de las más poderosas compañías, paradigmas del éxito capitalista, como la agencia de noticias Associated

---

[ci] Existe un audio donde el profesor Meselson reconoce que, luego de un extenso estudio de dos años en la región, asistidos por un grupo interdisciplinario, desde químicos hasta lingüistas, nunca encontraron ni una persona que repitiera el testimonio sobre una lluvia amarilla arrojada desde un avión. Todos los indicios a favor de la teoría circulante eran "falsos positivos". (Science History Podcast: Episode 19. *Yellow Rain: Matthew Meselson*. Libsyn.com: sciencehistory.libsyn.com/episode-19-yellow-rain-matthew-meselson).

Press, JPMorgan (Chase Bank), Ford, GM, Texaco, Alcoa y decenas de otras firmas famosas que aún operan con éxito hoy. Como por ejemplo IBM, empresa que brindó servicios a Hitler desde 1933 para el proceso masivo de datos que permitieron localizar judíos y gitanos, los que luego serían exterminados.

Podríamos seguir esta sumatoria obscena de masacres de la ideología que se considera el paradigma de la libertad y los Derechos Humanos con los golpes de Estado y las dictaduras militares orquestadas y apoyadas por la mano invisible del capitalismo, las agencias secretas, y por las manos más visibles de Washington, Londres, París, Bruselas y de las poderosas corporaciones del mundo desarrollado.

Para considerar sólo unos pocos ejemplos ilustrativos, recordemos el golpe militar planeado y realizado por la CIA en Guatemala en 1954, en base a noticias falsas, el que no sólo destruyó la naciente democracia en ese país (acostumbrado a ser gobernado por brutales dictaduras al servicio de la United Fruit Co.) sino que, además, dejó 200.000 muertos en cuatro décadas de sistemáticas masacres de indígenas y campesinos pobres que la prensa llamaba "Guerra civil". A mediados de los sesenta, en Indonesia, con casi un millón de sospechosos izquierdistas fueron ejecutados por el régimen del general Suharto, impuesto y sostenido por la CIA, como forma de sacarse de encima a Sukarno, el revolucionario fundador de la Indonesia independiente y uno de los fundadores del grupo de Países No Alineados que intentaban mantenerse al margen de las disputas entre Washington y Moscú. Por un tiempo, la propaganda mediática convenció a la población nacional e internacional de que las matanzas habían sido producidas por un grupo comunista que quería derrocar a Sukarno. La historia resultó la contraria y fue aceptada como dato enciclopédico cuando la verdad ya no era peligrosa: se trató de un complot de la CIA y de Londres para eliminar la independencia y los intentos de desarrollo de Indonesia y abrirla al "libre mercado".

No puede haber independencia de los países más débiles sin unión política y cultural, algo que los imperios modernos supieron desde el primer día y sus servidores de las oligarquías criollas insisten en sabotear. El colonialismo fue reemplazado por títeres criollos y brutales de los países desarrollados. Casi al mismo tiempo que los mercenarios de la CIA masacraban en Indonesia, en Ghana, el revolucionario independentista y también primer presidente del nuevo país, Kwame Nkrumah, fue removido por otro trágico golpe de Estado en 1966. Nkrumah estaba a favor de la liga Panafricana. Como Sukarto, como Patrice Lumumba en Congo, como en los años ochenta Thomas Sankara en Burkina Faso, Nkrumah sufrió en carne propia su osadía de exigir dignidad y tratar de lograr la independencia para su pueblo.

En noviembre de 1986, el presidente francés Francois Mitterand visitó Burkina Faso. Su líder, Thomas Sankara lo recibió sin reverencias y le reprochó su apoyo al régimen racista de Sudáfrica. Por entonces, Mandela continuaba preso y estaba en la lista de terroristas de Washington y Londres. Treinta años antes, en 1957, el por entonces ministro de justicia François Mitterrand había reconocido: "*Sin África, Francia no tendrá historia en el siglo XXI*". Un pecado de juventud. Casi un año después de las verdades que Mitterrand debió escuchar de Sankara en Burkina Faso y a pocos días de haber participado en una conmemoración del vigésimo aniversario del asesinato de El Che en Bolivia, "El Che africano" fue asesinado en un golpe de Estado. Sankara también (o sobre todo) había cometido el pecado de rechazar cualquier ayuda monetaria del Banco Mundial y del FMI y, peor aún, no le había ido nada mal. Todo lo contario. Sus planes económicos, sociales y ecológicos fueron un abrumador éxito, nunca reconocido por los medios mundiales. Luego de su asesinato y golpe de Estado, los bancos internacionales como el FMI y las sedientas corporaciones de siempre retornaron como buitres a un país de rodillas, para continuar sembrando la dependencia y la explotación en nombre de la libertad y del libre mercado. No sólo los avances sociales fueron borrados de un plumazo; también la economía se hundió. Luego de un sostenido crecimiento desde que Sankara iniciara su presidencia, el ingreso per cápita de la población tardará más de una década en volver a los niveles alcanzados al momento del golpe de Estado.

Más recientemente, el libio Muamar el Gadafi propuso retomar la idea de Nkrumah de una unión africana y también fue derrocado y asesinado en 2011, en nombre de la libertad, como si todo se hubiese tratado de una rebelión espontánea del pueblo contra un dictador, y con las mismas consecuencias trágicas de siempre.

La psicopatología imperial no terminó con las colonias tradicionales. Ni los psicópatas, en el estricto sentido psiquiátrico de la palabra. La entonces secretaria de Estado del presidente Obama, Hillary Clinton, resumió el desenlace en una entrevista de televisión con una referencia a Julio César y una autocomplaciente carcajada que habla por volúmenes de análisis académico: "*Vinimos, vimos, se murió*". Actualmente, el ingreso per cápita en Libia es la mitad de lo que era quince años atrás, por no hablar del caos social, de los muertos en consecuencia y de la libertad e independencia de cartón impuesta, una vez más, por el capitalismo y su ficticio discurso de libertad y libre mercado.

Podríamos seguir por múltiples otras dictaduras en África y América Latina, por mafias de generales como la Operación Cóndor en América del Sur, la que persiguió, torturó y asesinó a decenas de miles de disidentes con el apoyo y venia de Washington. Podríamos seguir con los brutales bloqueos económicos a países no alineados, como Cuba, Irak, Irán y Venezuela. O con el sistemático secuestro de las nuevas tecnologías, con los muertos por contaminación de compañías como Phillip Morris, Monsanto, Pepsi, Nestlé o la persistente destrucción del planeta, en base al consumo, la contaminación, la desregulación y eliminación de poder de los gobiernos y de los pueblos en políticas racionales de sustentabilidad que puedan contradecir la ideología de las ganancias corporativas a cualquier precio.

Para cerrar este breve resumen, volvamos a las colonias capitalistas fuera de Europa. En el capítulo "La libertad de los de arriba" analizamos la posición del intelectual y diplomático indio-británico Shashi Tharoor y de los profesores Jason Hickel y Dylan Sullivan sobre el impacto de las políticas imperiales del capitalismo, lo que contradice las narrativas populares más promovidas por los medios dominantes y las agencias de gobierno, lo que se podría resumir en una de sus conclusiones: *"En todas las regiones estudiadas, la incorporación al sistema mundial capitalista se asoció con una disminución de los salarios por debajo del mínimo de subsistencia, un deterioro de la estatura humana y un repunte de la mortalidad prematura"*.

Si, con el mismo criterio de Courtois y sus repetidoras, continuásemos contando los millones de indígenas muertos en las Américas en el proceso que hizo posible el capitalismo en Europa, los al menos diez millones de muertos (la mitad de la población, aparte de la otra mitad mutilada o traumatizada) que el rey belga Leopold II dejó en la empresa llamada Congo, dedicada al exterminio de elefantes por su marfil, al caucho para la próspera industria automotriz, al cobre y a todo lo que pudiesen extraer los salvajes incivilizados de su propio país, y tantas otras masacres de negros en África que no importan, o en India, o en Bangladesh, o en Medio Oriente, pasaríamos fácilmente varios cientos de millones de muertos en cualquier Libro negro del capitalismo.

Más que eso. La reconocida economista y profesora de Jawaharlal Nehru University, Utsa Patnaik, ha calculado que Gran Bretaña le robó a India 45 billones de dólares sólo entre 1765 y 1938 y causó, a lo largo de esos siglos, la muerte no de cien millones sino de más de mil millones de personas.[238] La cifra alcanzada en su libro publicado por Columbia University Press de Nueva York, que a primera vista parece exagerada, no es menos exagerada que la atribuida por Courtois en base a los mismos criterios—sólo que está mejor documentada.

Sólo que una narrativa alcanza los grandes titulares y los millones de pequeños tweets y otras opiniones. Es decir, alcanzan su objetivo: en las democracias secuestradas, no importa el peso de las verdades sino la suma de las opiniones.

El factor protestante: acción y narración

EL 15 DE ABRIL DE 2019, DESDE EL AUDITORIO de la Universidad A&M de Texas, un estudiante le pidió al secretario de Estado Mike Pompeo que explicase las políticas de sanciones a algunos países y concesiones a otros regímenes como el de Arabia Saudí. Pompeo comenzó aclarando sobre lo duro que es el mundo allá afuera, como forma de ganar tiempo para buscar una respuesta que se le escapaba como un pez de las manos. Con una incontrolable risa interior que sacude sus trescientas libras corporales, respondió con otra pregunta: "*¿Cuál es el lema de los cadetes en la academia militar de West Point? 'No mentirás, no engañarás, no robarás ni permitirás que otros lo hagan'. Pues, yo he sido director de la CIA y les puedo asegurar que nosotros mentimos, engañamos y robamos. Tenemos cursos enteros de entrenamiento para eso. Lo que nos recuerda la grandeza del experimento americano*". El resto del público lo premió con risas y aplausos.

Lo mismo había ocurrido casi un año antes, el 18 de febrero de 2018, en un programa de televisión de Fox News sobre la posible interferencia de Moscú en las elecciones de 2016. Con un despliegue de ignorancia olímpica, la periodista estrella de la corporación mediática, Ingraham Angle, le preguntó al ex director de la CIA, James Woolsey: "*¿Alguna vez nosotros intentamos interferir con las elecciones de otros países?*" No con ignorancia sino con hipocresía clásica, Woolsey respondió: "*Probablemente... Pero fue por el bien del sistema, para evitar el comunismo... Por ejemplo, en Europa, en 1948... en Italia, en Gracia...*" Todo fue por la democracia, contra el comunismo. De las democracias destruidas, de los regímenes genocidas implantados y sostenidos por la Agencia con dinero ilimitado de Washington, ni una palabra.

La periodista lo interrumpió justo a tiempo, confirmando su ignorancia deliberada: "*...Ya no lo hacemos más, ¿no?*", a lo que el exdirector de la CIA, entrenado en el valor legal de las palabras, contestó: "*Bueno... ñam, ñam, ñam... Sólo por las buenas razones*".[239] Otra vez, la periodista patriota se dobló de risa ante la descarada confesión. Como cualquiera medianamente culto sabe, "*ñam*" significa "sí, lo hacemos; sí decidimos quiénes viven y quienes no, y cómo deben vivir quienes quedan vivos".

Lo mismo ocurrió unos años después, el 13 de julio de 2022, en un programa de CNN sobre el rol del presidente Trump en el violento asalto al Congreso del 6 de enero de 2021. John Bolton, el ex embajador de Estados Unidos ante las Naciones Unidas y ex asesor de Seguridad nacional del presidente Donald Trump, afirmó que nunca hubo intento de golpe de Estado por parte del expresidente. Al igual que la confesión de James Woolsey, como recurrente forma de negociar credibilidad (en ciencias políticas se llama "triangulación"), Bolton reconoció: *"Como alguien que ha ayudado a planear golpes de Estado... (no aquí, sino en otros lugares) le puedo decir que para eso se necesita mucho trabajo".*[cii]

Claro que a veces hay que otorgar el beneficio de la duda y reconocer que en algunos casos la hipocresía y la ignorancia se confunden con la decadencia senil. El 16 de junio de 2021, en la conferencia de prensa en Hotel del Parc des Eaux-Vives, en Génova, el Senador por casi medio siglo, vicepresidente por dos períodos y, por entonces, presidente de Estados Unidos, Joe Biden, se despachó, con convicción y comodidad, sobre la sospechada intervención de Rusia en las elecciones de Estados Unidos de 2016: *"¿Cómo sería si el resto del mundo considerara que Estados Unidos interfiere directamente en las elecciones de otros países y que todo el mundo lo supiera? ¿Cómo sería si nosotros nos involucrásemos en actividades en las que él* [el presidente de Rusia] *participa? Eso disminuye la reputación de un país [...] No es lo que hago yo; son las acciones que realizan otros países, en este caso Rusia, las que son contrarias a las normas internacionales [...] Ellos no pueden dictar lo que sucede en el mundo"*.[240]

Ninguna de estas intervenciones magistrales hubiese estado completa sin la complicidad de la gran prensa y una considerable parte de la población, ya sea para legitimar cada crimen a las carcajadas o para sonreírse con sarcasmo, fingiendo ignorancia. El rol de la prensa de las superpotencias contemporáneas, sobre todo en Estados Unidos, se potencia con un hábito intelectual que procede de la religión y, más precisamente, de la religión protestante: los hechos no importan más que la narración. Los hechos están al servicio de la narración. Si algo no nos agrada, encontramos "hechos alternativos". Si no podemos negar con pruebas un hecho, cerramos los ojos y rezamos. En el reino de los medios, buscamos una narración más adecuada que se ajuste a nuestros intereses. No es necesario mentir descaradamente. Mentir de forma sistemática puede desprestigiar el medio, por lo que la estrategia infalible consiste en lo que siglos atrás en religión se llamaba "herejía", es decir, seleccionar una parte conveniente del libro. La prensa no necesita mentir:

[cii] Según el mismo Cline Center de la University of Illinois, entre 1945 y 2019 hubo 336 intentos de golpe y 181 conspiraciones golpistas. 191 ocurrieron cuando Bolton ocupaba un puesto en el gobierno de Estados Unidos y 131 intentos cuando Bolton se desempeñó en el Departamento de Estado, como embajador de la ONU o como asesor de seguridad nacional de Trump, incluido el más reciente intento de golpe en Venezuela en 2018.

basta con manipular la realidad. A la gran prensa le basta con poner su "foco objetivo" sobre una minúscula parte de la realidad y sólo con eso decide (1) qué es importante y (2) quiénes son verdaderos seres humanos.

No es que en otras religiones e, incluso, en otras ideologías este mecanismo intelectual esté ausente, sino que la cultura protestante, anglosajona, ha llevado esta característica al extremo del fanatismo, moldeado y fosilizado a lo largo de siglos; no legitimado por alguna razón lógica o moral, sino por el prestigio del vencedor, del Gran narrador. El protestantismo separó *fe* de *moral*, como el capitalismo separó *política* de *economía*, primero, y luego *economía* de *finanzas*. Para el protestantismo, no importa tanto si nos equivocamos luchando por la buena causa, sino si lo hicimos por la fe correcta o, como acabamos de citar al ex jefe de la CIA, James Woolsey, por "*por el bien del sistema*". No importa si esa equivocación significó un cuarto de millón de muertos bajo dos bombas millones de muertos en guerras infinitas o golpes de Estado, persecución, tortura y muerte en nombre de nobles causas como la seguridad y los intereses de la "nación excepcional", "bendecida por Dios", el "país indispensable", la libertad, la democracia y los Derechos Humanos.

Nada de esto es mera casualidad sino, por el contrario, posee profundas raíces históricas, culturales y religiosas que relacionan (1) los *hechos* verificables, (2) los *hechos* imaginarios y (3) las *palabras* que sirven a unos y a otros. Desde el punto de vista protestante, todo pecado de la acción queda perdonado o resulta irrelevante si quien lo realiza es parte de la *verdadera religión*, si cree en el *Dios verdadero*. Desde el mismo punto de vista, la guerra de los cañones y la guerra de los medios es lo mismo. ¿Quién podría ser condenado al Infierno si, quien es juzgado luchó por el *bando* del Juez encargado de la Decisión Final?

Pero eso no es todo para un fanático con poder que se asume razonable y equilibrado (como todo poder vencedor) y es capaz de inocularlo como un mosquito inocula un parásito en millones de seres inferiores, aunque pertenezcan a teologías, credos y culturas diferentes. Desde los tiempos del Antiguo Egipto, la moral del individuo decidía su suerte en el Más Allá, en el Juicio Final. Todas las almas debían responder por sus acciones, ya desprovistas de todo poder temporal y ante un poder absoluto y eterno. El judaísmo (basado en la nueva religión monoteísta que abandonó Egipto luego de la contrarrevolución) no heredó esta idea, pero el primer cristianismo sí. La moral, el ejercicio de la libertad individual, las acciones hacia los otros, sobre todo hacia los más débiles, era de crucial importancia.

Un milenio y medio más tarde, la revolución protestante negó la libertad del individuo, la idea de que la salvación o la perdición dependen de las buenas o malas decisiones del individuo, ya que todo eso había sido decidido por Dios mucho antes de que el creyente naciera. Es decir, así como el

Renacimiento europeo divorció el mundo material del mundo espiritual (divorcio que en a partir del siglo XVI no encontraron sus conquistadores en el resto del mundo, pero igual impusieron en la brutal empresa de explotar y destruir una naturaleza muerta para convertirla en beneficios y capitales), el protestantismo separó *moral* de *religión*. No sólo el nuevo creyente protestante comenzó a buscar un signo de ser uno de los preferidos por Dios a través del trabajo obsesivo y del enriquecimiento (contradiciendo la alegoría de Jesús sobre el camello y el hombre rico), sino que, en esa fiebre protestante-capitalista, todo quedaba permitido si quien rompía las reglas morales mantenía la fe correcta.

Esta separación de moral de religión no sólo explica por qué un presidente como Truman pudo haber arrojado dos bombas atómicas sobre dos ciudades japonesas llenas de niños e inocentes y atribuírselo a la voluntad de Dios. Nada muy diferente a Sodoma y Gomorra. Este divorcio ético-religioso fue el componente central del sistema esclavista, por el cual la vida humana estaba por debajo de los principios de propiedad y beneficios económicos. En otras palabras, los principios sagrados del capitalismo sin maquillaje.

Si el infierno existe, debe estar lleno de esta gente. O Dios prefiere el dinero y su propia adulación en el nombre de la fe a cualquier principio moral básico. Uno de los mayores criminales impunes de la historia contemporánea, el poderoso director de la CIA Allen Dulles, en un momento de sinceridad se describió de la siguiente forma: *"Todo lo que puedo decir es que soy el hijo de un pastor, que me crie como un presbiteriano, tal vez como un calvinista, y que tal vez eso me convirtió en un fatalista. No sé... pero espero tener algún estándar moral más o menos razonable"*.[241]

Para esta mentalidad, las palabras no sólo cristalizan las ficciones del pasado que queremos y en las que creemos, sino que encienden las pasiones de las acciones por venir. Uno de los autores intelectuales del golpe de Estado de 1954 contra el presidente democrático de Guatemala Jacobo Árbenz, Howard Hunt, lo reconoció en sus memorias de 2007: *"Nuestra principal arma no escupía balas, sino palabras"*.[242] Es decir, la acción, los hechos y las palabras al servicio de la fe, de la Verdadera Fe son la misma cosa. La verdad y la moral no son independientes del creyente sino que dependen de él, de su fe, de sus creencias, que no sólo son la verdad del mundo sino que lo salvan de cualquier castigo divino. Es dese este punto de vista que se debe entender el desprecio hacia los críticos e investigadores independientes de esa creencia, y la glorificación fanática de la acción y de la narración de los elegidos por la Divinidad o alguna forma abstracta de Bien Absoluto (tipo Destino Manifiesto) que no necesita demasiadas explicaciones. De hecho, esta mentalidad odia las explicaciones. No por casualidad se presumía que Ronald Reagan no había leído un libro en su vida y, en 2005, la esposa de George W. Bush,

Laura, bromeó sobre el milagro del destino que la hizo conocer a su esposo en una biblioteca, en alusión sarcástica de que su esposo y los libros no se llevaban bien.[243]

¡Cámara, acción!—antes que cualquier reflexión. Cuando en julio de 2004 el director de la CIA George Tenet dejó su cargo, repitió las mismas ideas de Theodore Roosevelt: "*No es el crítico el que cuenta, ni aquel que señala cómo tropieza el hombre fuerte, o qué podría haber hecho mejor... El mérito es todo del hombre de acción, cuyo rostro está manchado por el polvo, el sudor y la sangre*". Luego, remató que las agencias de inteligencia estadounidenses constituyen "*una comunidad de acción con altos riesgos; cuando otros critican, nosotros aprendemos; cuando otros discuten, nosotros lo hacemos*".[244]

Como ya analizamos en otros libros, Estados Unidos es el país de las máscaras y, por ello, los Superhéroes de la cultura popular son *enmascarados con doble personalidad* (el tímido y mediocre periodista Clark Kent, el verdadero ciudadano, y el imaginario Yo, Superman, entre tantos otros). Theodore Roosevelt no fue la excepción: niño de la clase alta, sus padres enviaron a un sustituto para evitar que su hijo peleara en la Guerra civil, algo que afectó sus complejos de macho, por lo cual se dedicó al boxeo, a la caza, a la afición por las armas y a asegurar a finales del silgo XIX que estaba a favor de cualquier guerra, sin importar la razón y el motivo. Por algo, Teddy Roosevelt se hizo conocer como articulista y luego que una bala matase al presidente McKinley (en su momento acusado de no ser demasiado macho por resistirse a la guerra en Cuba) se convirtió en el paladín de la acción, sea la que fuese.

Cuatro meses después, luego de haber lanzado la masiva invasión en Irak y antes de que el presidente George W. Bush reconozca su insignificante error, Karl Rove le confesó a un periodista del *Wall Street Jornal*, Ron Suskind: "*Somos un imperio y, cuando actuamos, creamos nuestra propia realidad. Mientras otros estudian esa realidad, nosotros actuaremos una vez más, creando otras realidades que luego serán estudiadas. Somos los actores de la historia... y ustedes, todos ustedes, se limitarán a estudiar lo que hacemos nosotros*". Todas estas ideas, como siempre, seguidas o precedidas por una invocación al hijo de Dios, crucificado por otro imperio y también por razones políticas.

En sus últimas horas, uno de los históricos agentes de la CIA, James Jesus Angleton, le confesó al periodista Joseph Trento que tal vez no él había servido a Dios mientras servía a la CIA: "*Cuanto más mientes, cuanto más traicionas, más vas a ser promovido... Lo único que todos teníamos en común, era un deseo de un poder absoluto. Yo mismo he hecho cosas de las que me arrepiento. Pero fui parte de todo eso y me gustó*". Recordando a los más poderosos directores de la CIA, Dulles, Helms, Winster, Angleton reconoció:

*"si alguna vez uno estuvo en la misma habitación que ellos, entonces estuvo con todos aquellos que estarán en el infierno... Supongo que los veré pronto..."*²⁴⁵

Fake news y prensa amarilla

LAS *FAKE NEWS* FUERON POPULARES DESDE ANTES de la independencia de Texas en 1836 y se multiplicaron durante la guerra contra México a partir de 1844. Para finales del siglo XIX, con la invención del periodismo amarillo en Nueva York, se convirtieron en una estrategia masiva y más refinada para aumentar las ventas inventando la guerra contra España en 1898. A principios del siglo XX, las *fake news* fueron sistematizadas por Edward Bernays, lo cual sirvió para vender la intervención de Estados Unidos en la Primera Guerra mundial y golpes de Estado como en Guatemala en 1954. La CIA usó la manipulación de la opinión pública como primera arma y lo hizo de formas diversas, plantando editoriales en diarios importantes de la región poco antes de alguna intervención militar o para lograr la condena, el bloqueo o el acoso de algún presidente no alineado a las políticas de Washington y los intereses de las transnacionales.

Las organizaciones, fundaciones y agencias creadas con este objetivo han sido múltiples y diversas, aunque con ciertas características comunes. En los años ochenta, con la aprobación del presidente Ronald Reagan, el cubano Otto Reich creó la *Office of Public Diplomacy for Latin America*, la que debió ser clausurada en 1989 cuando sus prácticas de manipulación de la opinión pública a través de fondos del Pentágono y la CIA se filtraron a la opinión pública. La *Office* colaboraba con el departamento de Operaciones psicológicas de la CIA y reportaba directamente a la Casa Blanca a través del coronel Oliver North. Una de sus estrategias era plantar *op-eds* en los grandes medios de prensa y fingir filtraciones de inteligencia para impactar en la población, creando pánico o temor hacia grupos como los sandinistas en Nicaragua y presentando a los Contras como heroicos "luchadores por la libertad". Entre los medios que publicaron las invenciones de La Oficina estaban el *Miami Herald*, *Newsweek*, el *Wall Street Journal*, el *Washington Post*, el *New York Times* y varias cadenas de televisión como *NBC*. La información favorable al gobierno de Nicaragua será descalificada como "propaganda sandinista". Otto Reich y diferentes filtraciones desde su Oficina explican que esta distorsión de la información se debía a que los periodistas estadounidenses recibían favores sexuales del gobierno nicaragüense, mujeres cuando los periodistas eran heterosexuales y gays cuando eran gays. Reich había inventado que aviones soviéticos habían arribado a Nicaragua, que el régimen ya poseía armas químicas y que estaba involucrado en el narcotráfico, con tanto éxito que en el Congreso comenzaron a escucharse voces en favor de un ataque aéreo a Managua. A los periodistas más serios les tomaría unos años descubrir que la información que recibían de "fuentes confiables" era una burda manipulación.

La *Office* será clausurada por difundir propaganda encubierta e información falsa usando fondos del Departamento de Estado sin aprobación del Congreso. Su delito no fue manipular la opinión pública con noticias falsas sino usar un dinero que no le correspondía. El 7 de setiembre de 1988, el Departamento de Estado, en un documento secreto, registra que el plan de *"este grupo de individuos"* es influenciar la opinión pública a través de la prensa y lograr una votación en el Congreso de Estados Unidos favorable a sus intereses. Este grupo mantendrá cuentas bancarias en las Islas Caimán y en bancos de Suiza (usados para lavar el dinero de la venta de armas a Irán a través de Israel) con la colaboración del coronel Oliver North. Otto Juan Reich continuará trabajando como asesor de los presidente Bush padre y Bush hijo y en 2012 recibirá el premio Walter Judd a la libertad.[ciii]

El arma de manipular de la opinión pública nunca será abandonada por ninguna revelación en su contra. Entre otras poderosas organizaciones, Rendon Group continuará con esta tradición. El Pentágono le pagará a Rendon para propagar información falsa como arma de guerra. La estrategia se parece a la practicada por Edward Bernays durante el siglo pasado: hacer que alguien con cierto prestigio y no vinculado a nosotros (médicos, líderes religiosos, medios de prensa consolidados) diga lo que ellos quieren que la gente crea y, de esa forma, defender la libertad y la democracia. Rendon logra filtrar y plantar información que será publicada por "periodistas independientes", alguno de ellos en la nómina salarial del Pentágono. John Rendon, contratado para manipular la opinión pública sobre la guerra en Irak, se jactará: *"yo puedo decirle a usted lo que será una primicia en los diarios de mañana en cualquier país del mundo"*. En su nómina tiene 195 diarios en 43 países del mundo que reproducen sus ocurrencias.

Cualquiera de los fundadores de *Association for Responsible Dissent* (ARDIS; sus miembros fueron exmarines, ex agentes de la CIA y del FBI,

---

[ciii] Entre los medios que publicaron las invenciones de La Oficina estaban el *Miami Herald*, *Newsweek*, *The Wall Street Journal*, *The Washington Post*, *The New York Times* y varias cadenas de televisión como NBC. La información favorable al gobierno de Nicaragua será descalificada como "propaganda sandinista". Otto Reich y diferentes filtraciones desde su Oficina explican que esta distorsión de la información se debía a que los periodistas estadounidenses recibían favores sexuales del gobierno nicaragüense, mujeres cuando los periodistas eran heterosexuales y gays cuando eran gays.

entre otros), hubiese agregado que el secretario Pompeo se olvidó de mencionar que no sólo *"mentimos, engañamos y robamos"* sino también matamos. En 1987, el ARDIS estimó que *"al menos seis millones de personas murieron como consecuencia de las operaciones encubiertas de Estados Unidos desde la Segunda Guerra Mundial... gente que ni siquiera estaba en guerra contra Estados Unidos"* mientras todo fue hecho *"en nombre del pueblo estadounidense"*. También el grupo denunció el reclutamiento de candidatos en los campos universitarios por parte de la CIA, práctica que se continúa hoy en día, más o menos en secreto.

Super PACs, super *influencers*

COMO OBSERVAMOS AL PRINCIPIO, PARA CONOCER las raíces de los fenómenos políticos y sociales contemporáneos en América Latina y en otros continentes, debemos estudiar lo que ocurrió o está ocurriendo en Estados Unidos. Aquí veremos uno de los muchos ejemplos (aunque no referidos a diseños de agencias secretas ni a traspiraciones ideológicas de grandes compañías), un hecho judicial específico. En otras palabras, el destino del mundo en manos de un puñado de individuos con sus propias opiniones sobre la Humanidad.

Actualmente, según la Ley Federal de Campañas Electorales, las contribuciones están sujetas a ciertos límites. Por ejemplo, un ciudadano común no puede donar más de 3.300 dólares por elección.[246] Pero, una vez limitada la generosidad de gente común, la ley muestra sus debilidades por los lobbies. Uno de los actores de peso en la administración del poder social son los *Political Action Committees* (PACs) los cuales, como las iglesias, están exentos de pagar impuestos, pese a que su accionar gira entorno al gran capital. *Exentos de pagar impuestos y exentos de revelar sus fuentes de ingresos.*

Exentos de gravámenes y libres para acosar a las instituciones. En 2010, la Corte Suprema de Estados Unidos (como en las últimas décadas, con una amplia mayoría de jueces elegidos por presidentes conservadores) falló en favor de *Citizens United*, otra "organización sin fines de lucro" a favor de los derechos de las grandes corporaciones. Su fundador, masón y admirador de Ronald Reagan, Floyd Brown, lo definió de forma sintomática: *"Somos gente a la que no les importa la política; gente que desea que el gobierno los deje en paz; pero si su país los llama a luchar en el extranjero, lo hará con gusto"*. Para este fanatismo anglosajón, las brutales intervenciones en otros países no son políticas ni son sobre intereses económicos, sino puro patriotismo, Dios, la moral y el teorema de Pitágoras.

Como toda organización conservadora y funcional a una elite aristocrática, su lema incluye la palabra "restaurar" y "volver a los buenos viejos tiempos", todo en nombre del "*we the people*": debemos "*devolver el gobierno de Estados Unidos a los ciudadanos*", junto con la clásica narrativa que se chorrea hacia el sur desde hace un par de siglos: "*reafirmar los tradicionales valores estadounidenses de un gobierno mínimo, de la defensa de la libertad de empresa, por una familia fuerte y por la soberanía y seguridad nacional*". En menos palabras: por la libertad irrestricta de los amos. Lo que en 1776 significaba "*we the people*", ahora significa "nosotros los ciudadanos". Es decir, un Club VIP de propietarios con poder económico y político.

En 2009, esta poderosa organización privada inició una demanda contra la Comisión de Elecciones Federales. En la demanda y en el fallo final de la Corte Suprema, se entendió que la limitación de donaciones de un grupo cualquiera a un partido político constituía una violación a la Primera enmienda de la constitución. Cinco votos en nueve entendieron que "*si la Primera Enmienda tiene alguna fuerza, debe prohibir al Congreso cualquier multa o encarcelamiento de ciudadanos o de asociaciones de ciudadanos, simplemente por participar en discursos políticos*". Según esta interpretación, las megacorporaciones son ciudadanos y asociaciones de ciudadanos "*participando en discursos políticos…*"[civ] Es decir, que una corporación multimillonaria o un señor multimillonario no pudiesen donar unos cientos de millones de dólares a un candidato al senado o a la presidencia iba contra la "libertad de expresión". La decisión liberó múltiples restricciones y mantuvo una sola: los ultra millonarios no pueden donar sumas obscenas a los candidatos, si no es a través de fundaciones fachadas, conocidas como "sin fines de lucro" y diferenciadas de los PAC por el superlativo "super": los Super PACs no tienen limitación de donación a grupos que promueven una determinada candidatura. Además, pasan a tener el derecho de hacerlo de forma anónima, lo que entre los académicos y analistas de todo tipo pasó a llamarse *dark money* ("dinero oscuro").

Claro, otra vez, en el país de las leyes se hace todo legal. La corrupción es cosa de latinoamericanos y de negros pobres en África. Otra prueba irrefutable de la observación que hiciera a fines del siglo XIX el escritor francés Anatole France: "*La Ley, en su magnífica ecuanimidad, prohíbe, tanto al rico como al pobre, dormir bajo los puentes, mendigar por las calles y robar pan*". Como suele ocurrir en una democracia como la de Estados Unidos, secuestrada por las corporaciones, los verdaderos ciudadanos tenían otra

---

[civ] En la campaña electoral de 2011, el candidato republicano Mitt Romney lo había dicho en una conferencia para empresarios "*Corporations are people, my friend* (Mi amigo, las corporaciones son personas también").

opinión. A principios de 2010 una encuesta de *ABC* y *The Washington Post* reveló que el 80 por ciento de los estadounidenses se oponía a la eliminación de trabas y límites en las donaciones a los políticos propuesta por Citizens United.²⁴⁷ Obviamente, nada de eso importa ni tiene algún efecto legal. Obviamente, la ley se argumentó con un barniz de igualdad, ya que los sindicatos de obreros, que no sólo obtienen recursos de sus trabajadores afiliados sino que han sido arrinconados en su institucionalidad por décadas, tendrían el mismo derecho de apoyar candidatos con "cifras ilimitadas de dinero". El mismo derecho que las corporaciones privadas que manejan más dinero que países enteros.^{cv}

Cinco votos en nueve decidieron el destino de 320 millones de estadounidenses y, por extensión cultural e ideológica, de gran parte del resto del mundo. Sobre todo, de América Latina, el todavía Patio trasero de la mayor potencia económica, militar e ideológica del mundo. Desde entonces, hubo varios intentos para, si no limitar, al menos revelar la identidad de los super donantes. Uno de los más recientes, por ejemplo, fue una ley aprobada por el estado de California, la que pretendía obligar a revelar el nombre de los donantes multimillonarios a causas políticas. La demanda contra la ley fue impulsada por la fundación *Americans for Prosperity*, otra "organización sin fines de lucro" exenta de impuestos y fundada por el multimillonario Charles Koch y su hermano David Koch, y por el grupo conservador Thomas More Law Center.²⁴⁸ Naturalmente, el 0,01 por ciento de los de arriba saben cómo hacerlo. La Suprema Corte determinó que la ley violaba el derecho de los supermillonarios, establecido en el fallo de 2010.

Estas prácticas son conocidas desde el siglo XIX, pero a partir del nuevo fallo de la corte Suprema en 2010, el negocio de la política se multiplicó. Veamos, por ejemplo, un caso entre cientos de empresas dedicadas a crear opinión pública, ahora con más impunidad que antes. Berman and Company, fundada por el *lobbyist* Richard Berman, es uno de los mayores conglomerados dedicados a la creación de opinión a través de la demonización o el enchastre de los adversarios de sus clientes.^{cvi} Aunque es una empresa privada

---

^{cv} La misma lógica legal de facilitar la inmigración a Estados Unidos cuando en el siglo XIX los negros se convirtieron en ciudadanos con derecho a voto y quienes podían inmigrar eran europeos pobres. Otra vez, se aplica la observación de Anatole France sobre la igualdad de las leyes para prohibir algo a pobres y ricos por igual.
^{cvi} En castellano, Lobby se puede traducir como "grupo de presión política", pero no existe una traducción satisfactoria para *lobbyist*. Una traducción muy aproximada, aunque incómoda por su verdad implícita, sería "corruptor de políticos" o, más incómoda por su extensión, pero no por su precisión, "mercenario de la clase dirigente en los congresos del pueblo". El músico David Berman, miembro del grupo *Los*

con ganancias de decenas de millones de dólares, posee decenas de "organizaciones sin fines de lucro" que actúan como fachada, no sólo para su acción en el mundo mediático sino para la recepción de donaciones y pagos. ¿Por qué? Porque, según las leyes que lograron aprobar estos mismos grupos de intereses especiales, las donaciones a los grupos "sin fines de lucros" se realizan en total y completo secreto. La ley protege la anonimidad de los donantes. Todo realizado como es la costumbre del extremismo capitalista en nombre de *la libertad*. Rick Berman, abogado especializado en relaciones laborales, fundó "Enterprise Freedom Action Committee (Comité de Acción por la Libertad Empresarial)" (EFAC), una organización de derecha, dedicada al *astroturf* (ver capítulo "Relaciones sociales y *astroturfing*"), es decir, a crear movimientos falsamente populares desde arriba para servir los intereses de los de arriba.[cvii]

El 30 de octubre de 2014, el *New York Times* publicó una confesión del poderoso señor Berman, aparentemente debido a un micrófono abierto: *"La gente siempre me pregunta: ¿Cómo sé que no seré descubierto, que lo que hago tiene una intencionalidad política? Es que todo lo que hacemos lo hacemos a través de organizaciones sin fines de lucro, las que están protegidas de cualquier obligación de revelar quiénes son sus donantes. Existe un anonimato total. La gente no sabe quién nos apoya"*. El mismo experimentado Berman también dejó escapar algunos consejos para manipular la opinión pública: *"Se debe usar el humor para desacreditar o marginar a nuestros adversarios"*. Como sabemos que el humor ya casi no existe en las redes sociales, a lo que seguramente se refería el nuevo Bernays era a la ridiculización del adversario. *"Algunos dicen que somos helicópteros negros... En parte tienen razón. Nuestro trabajo es atacar la capacidad de operación de nuestros adversarios"*, reconoció Berman.[249]

La *libertad de presión* se llama *libertad de expresión* y no incluye el derecho a saber.

---

judíos de plata, se había distanciado de su padre, Rick Berman, por diferencias éticas e ideológicas.

[cvii] Las "fundaciones populares y sin fines de lucro" de Berman incluyen "Center for Consumer Freedom" (para "ganar mal o perder bien (*win ugly or lose pretty*)", "American Beverage Institute" (en favor del consumo de alcohol), "Employment Policy Institute Foundation" (para beneficiar a los obreros), "Center for Union Facts" (para educar a los trabajadores sobre los males antidemocráticos de los sindicatos), entre otras organizaciones gremiales y proletarias.

CORRUPCIÓN LEGALIZADA

Ilegal solo cuando no puede ser legalizada

SUPONGAMOS QUE USTED VIVE EN BOSTON, en San Diego o en Santiago. Acaba de pagar su pesada deuda por estudiar en una universidad y, para entonces, con suerte ya tiene 30 o 35 años. Desde que se recibió, a los 24 años, no ha hecho más que dedicarse a cualquier cosa que le permita ahorrar algún dinero para pagar su deuda, como casi cualquier otro estudiante de la clase media en Estados Unidos. Como su experiencia laboral no ha sido en el área de las matemáticas o de las comunicaciones sino en el sector culinario, un día se le ocurre abrir su propia pizzería. Para ello, usted necesita, con suerte, digamos que solo 50 mil dólares. Pero su madre y un socio apenas han llegado a prometerle 25 mil en inversión. Así que usted recurre a un banco para obtener el crédito. Existe alguna chance de que el banco le proporcione ese crédito, es decir, un préstamo con su correspondiente interés, si usted logra probarle que no necesita su dinero.

Supongamos que, como en muchos casos, su solicitud es denegada o los intereses son muy altos. Entonces usted pide una audiencia con el alcalde la ciudad y le propone cubrir los restantes 25 mil dólares para iniciar su negocio. Obviamente, la respuesta será no y usted terminará hablando del tiempo, de fútbol o de religión con el alcalde. Entonces, como usted es un líder natural, convence a varios pequeños emprendedores para unirse y solicitar al a la alcaldía de la ciudad aprobación de un proyecto de ley para el desarrollo de los pequeños negocios, en el cual el gobierno de la ciudad aportará el 50 por ciento de la inversión necesaria. En el transcurso de los debates de representantes su proyecto será criticado como *socialismo*.

Cuando lo mismo ocurre con los grandes inversiones para construir un estadio, nuevas cárceles, o para "desarrollar nuevos complejos de oficinas", los gobiernos de las ciudades y de los países participan hasta con la mitad de la inversión. Eso se llama *capitalismo* y *libertad de empresa* y hasta los pequeños negocios aplauden el éxito la prosperidad, las "nuevas oportunidades de hacer negocios" y de poder ver hermosos edificios a los que la gente común nunca accederá más que como turistas o consumidores en la planta baja. Para ese tipo de *joint venture*, los gobiernos toman deuda y pagan intereses. En otras palabras, estos gobiernos toman dinero de los contribuyentes o se endeudan para que el milagro del éxito de los grandes negocios se produzca.[250]

Es decir, básicamente es un problema de narrativas. Pero la narrativa hará toda la diferencia. En los años por venir, sobre todo si se trata de la etapa de mayor decadencia del actual sistema dominante (el capitalismo), la agresividad por la lucha de la narrativa social y global terminará con su etapa previa de tolerancia a la crítica y al cuestionamiento. Es decir, se decantará por políticas más agresivas de estilo fascistas para silenciar este creciente problema, el problema de una narrativa propia, insostenible por las frustraciones de la realidad y de una narrativa opuesta, ajena a sus intereses, en crecimiento.

Esto todavía no alcanza a definirse como *corrupción legalizada* pero es uno de los resultados de legalizar la corrupción de la clase arácnida. Veamos con más proximidad lo que cualquier persona consideraría corrupción si no hubiese sido corrompida antes por los medios y la tela de narrativa dominante.

Como hemos señalado antes, una de las instituciones neocoloniales más populares son los rankings mundiales, desde las mediciones y calificaciones de países enteros por parte de S&P Global Ratings, Moody's y Fitch Group, hasta aquellas que miden los índices de democracia, los índices de libertad y los índices de facilidad para hacer negocios. En 2017, la gigante calificadora de créditos Moody's fue encontrada culpable de mejorar la calificación de riesgo de determinados bancos a cambio de dinero de esos mismos bancos, lo que contribuyó al colapso de la economía en 2008. La misma práctica de Standard & Poor's. Por esta corrupción ilegal, un juez de Connecticut obligó a Moody's a pagar 864 millones de dólares de multa. La cifra es caja chica para Moody's y, sobre todo, para un sistema que maneja y manipula más dinero que varios países enteros. Es decir, la multa fue solo parte del negocio para seguir operando como si nada hubiese pasado. Como si esta burla a los trabajadores fuese poca, la mitad del dinero fue para el Departamento de Justicia y el resto para los estados.[251] La misma historia de la multa a Chiquita Bananas por financiar el terrorismo en Colombia. Estos escándalos nunca calificaron como escándalos gracias al silencio de la gran prensa.

Pero dejemos de lado el detalle de la corrupción ilegal. Volvamos a la corrupción que importa, la legal, la naturalizada. ¿A qué se refieren las "calificadoras de riesgos" sino a los riesgos para los inversores, es decir, para los dueños de los capitales internacionales? Si en algún momento mencionan la posibilidad de una crisis económica, no es porque los pobres que van a morir sean un factor de riesgo sino porque los inversores podrían perder sus inversiones debido a algún *default* o cesación de pago—que nunca es cesación de pago, como en Sumeria o en la antigua Biblia, sino simplemente una pausa en el sangrado. Pero como un inversor capitalista nunca ve ganancias a largo plazo, cualquier pausa es una cesación dramática.

No sólo son instituciones radicadas en las ex metrópolis que se enriquecieron con el saqueo colonial, Europa y Estados Unidos, sino que, cuando están localizadas en países del Sur Global continúan midiendo la realidad según sus propios estándares imperiales. Con frecuencia, se escudan en una pseudo objetividad: los mercados, los negocios, los capitales. Cuando miden la *libertad* en un país lo que miden es siempre la libertad de los capitales. Más aún, cuando miden la corrupción de los países en el mundo no es casualidad que los países europeos siempre salgan muy bien parados. No es que estas encuestas mientan sino que son funcionales a una visión de la realidad. Miden percepciones—"percepción de la corrupción", como el de Corruption Perceptions Index (CPI) de Transparency International (Alemania).

Primero, las percepciones son manipulables o son creaciones de una cultura, la que, en nuestro tiempo, es eurocéntrica y capitalista. Segundo, aunque midiesen una "corrupción real" basada en criterios simples y objetivos como el quebrantamiento de reglas y leyes para beneficio propio, aun así dejan de lado dos factores generadores de corrupción: el histórico y el institucionalizado.

El *factor histórico* radica en una corrupción que, por siglos, fue funcional a los países imperialistas: se corrompía a las elites criollas (oligarquías) para mantener el poder sobre una población numerosa que, gracias a su ignorancia y pobreza, aportaba mano de obra barata e ilimitada para beneficio de la oligarquía y de los países centrales o *desarrollados*. A su vez, no por avaricia sino por necesidad de sobrevivencia y ante una impunidad crónica de los crímenes de los de arriba, los de abajo se corrompían también, consolidando una cultura y una tradición a medida de sus necesidades.

El *factor institucional* se refiere siempre a la violación de las leyes y no a las leyes mismas, aprobadas para beneficiar a un grupo de intereses especiales. Las leyes no son escritas por el pueblo sino por el poder, que solo eventualmente puede sentir la presión del pueblo. Por no seguir por las masivas evasiones de impuestos o el lavado de dinero en varias decenas de "paraísos fiscales" que practican sólo quienes tienen capitales suficientes como para engañar a pueblos y gobiernos enteros de forma legal, la mayor parte de las veces.

Paraísos fiscales y piratas modernos

EN *THE DIVIDE*, JASON HICKEL ENLISTA algunos de paraísos fiscales conocidos: Luxemburgo, Suiza, Holanda, Bélgica, Mónaco, Manhattan, Florida, Islas Vírgenes, las todavía existentes Islas Marshall, Liberia, Panamá y una decena de islas y territorios administrados por Gran Bretaña: Jersey, Guernsey, Isle of Man, Islas Caimán, Gibraltar…

No por casualidad, casi todas son islas minúsculas (indefensas, dependientes), colonias, excolonias británicas o protectorados estadounidenses. Las Islas Vírgenes, por ejemplo, tienen 25.000 habitantes y es la sede de 800.000 compañías internacionales. Como Puerto Rico y otras islas, las Islas Vírgenes estadounidense es otra colonia sin derecho a voto, pequeña y de enorme importancia estratégica, como las Malvinas para Londres.

Aparte de excolonias británicas como Hong Kong, Singapur, Bahamas, Dubái, Irlanda, Vanuatu y Ghana, hay que agregar la madre de todos los paraísos fiscales: Londres. Más específicamente el centro de Londres, conocida como City of London, cuyo estatus legal es diferente al resto de la ciudad y del país. *"La City of London puede funcionar como un paraíso fiscal porque es inmune a las leyes del país y al control del Parlamento, ya que está libre de la Ley de Libertad de Información. De hecho, tiene su propia policía […] privilegio que se remonta a la Edad Media […] El 70 por ciento de los votos para elegir a los representantes municipales no deriva de seres humanos sino de corporaciones financieras […] Las corporaciones eligen al alcalde (Lord Mayor, quien, desde 1189, ha sido siempre un hombre) que sólo está por debajo de la monarquía y cuyo rol es responder a los intereses de los bancos".*[252]

La verdad más profunda suele estar oculta en las sombras, pese a su edad centenaria—o por eso mismo. Desde principios del siglo XVII, la colonización de Asia y África estuvo a manos de compañías privadas cuyos principales accionistas privados estaban en Londres. La bandera de Estados Unidos es casi una copia de la East India Company, la misma que, con los cañones de su gobierno, secó y desangró India desde 1600. Poco después, esta fiebre por las ganancias económicas a cualquier precio inició la colonización de la costa atlántica de Norteamérica con la Virginia Compay, en 1624, cuyos principales accionistas estaban en Londres y cuyos fundamentos culturales e ideológicos definirían el carácter de Estados Unidos, mucho más que cualquier idealismo iluminista de los Padres Fundadores a partir de 1776. A finales del siglo XVII sucederá un mayor control del gobierno británico hasta principios del siglo XX. Más o menos lo mismo ocurrirá con Estados Unidos per en otro momento: el imperialismo liderado por Washington, básicamente en la toma de territorios desde 1776 hasta 1852 (sin considerar los posteriores protectorados desde Hawái hasta Filipinas y Puerto Rico) será en cierta medida reemplazado por el imperio de las Corporaciones privadas, los equivalentes de las Company privadas de Gran Bretaña desde finales del siglo XVI.

Actualmente, los ultramarinos paraísos fiscales no sólo son el refugio de los especuladores y una especie de subsidio para las mayores corporaciones que evaden impuestos y así compiten con ventaja en "el mundo libre" del "mercado libre", sino que también presionan hasta los rincones más alejados del mundo para bajar impuestos a los capitales y a los capitalistas, todo en nombre de la libertad—de los capitales.

La inexistente *libertad de mercados* en realidad significa *libertad de capitales*, libertad de extorción, libertad de extracción de riqueza de las excolonias. Tan libres son los capitales de hacer excursiones suicidas en cualquier país del mundo, que cuando vuelven a sus fortalezas son protegidas con el secreto bancario. ¿Alguien se ha preguntado alguna vez por qué existe el secreto bancario? Según un estudio del Global Financial Integrity (GFI), el flujo anual de capitales desde los países pobres a los "paraísos fiscales" supera el billón de dólares, es decir, más que dos veces toda la economía de Argentina. Solo entre 2004 y 2013, se trasfirieron 7,8 billones (más de cinco veces la economía de Rusia en 2010) desde los países pobres hacia los países desarrollados. *"El fraude comercial es responsable de salidas ilícitas de hasta 6,5 billones de dólares"*.[253]

Los piratas de hoy también esconden sus tesoros en pequeñas islas y, como los piratas del siglo XIX, son ejemplos de democracia. Un informe de Tax Justice Network estima que los millonarios y las empresas multinacionales tienen entre 21 y 32 billones de dólares en activos financieros ocultos en paraísos fiscales extraterritoriales, es decir, más que toda la economía de Estados Unidos. Por no seguir con los ya analizados "tratados de libre comercio" negociados, escritos y formados en secreto, con el objetivo de expandir los poderes de decisión, inversión y extracción por parte delas grandes corporaciones, eliminando cualquier libertad real del mercado global. Es decir, la corrupción legalizada por el poder del dinero, de las finanzas, de los inversores que compran presidentes y senadores en el Primer Mundo y países enteros más al sur.

Que parezca legal

EN NOVIEMBRE DE 2018, MIRIAM ADELSON, una mega donante del entonces candidato Donald Trump, esposa del billonario de los casinos Sheldon Adelson, recibió la Medalla de la Libertad de manos del presidente Donald Trump. Esta es sólo una perla de tantas en la larga tradición del tráfico de favores en (como repiten los buenos y responsables hispanos que llegan escapando de la corrupción de las repúblicas del Sur) "el país de las leyes".

El 13 de abril de 2019, el *USA Today* (un diario al que no se puede sospechar de comunista, de subversivo o de alguna de esos versos aprendidos de memoria por los reaccionarios latinoamericanos), junto con el *The Arizona Republic and the Center for Public Integrity*, publicaron una investigación confirmando lo que habíamos escrito desde hace muchos años. El título lleva toda la ironía que merece: "*Copy, paste, legislate*".[254] Dos años antes, en 2017, entrevistamos a la historiadora Aviva Chomsky en Jacksonville University. Chomsky mencionó esta realidad que luego la gran prensa publicaría como una novedad de un día.[255]

Según la investigación del *USAToday*, en los ocho años anteriores, en los 50 estados de la Unión se aprobaron leyes para beneficiar "intereses especiales" de grandes compañías. Según el informe, cada vez que los legisladores escriben una ley, tanto las grandes corporaciones como los lobbies llenan los espacios vacíos que son necesarios para beneficiarlos. Si bien por un lado estas poderosas corporaciones tienen una ideología clara y esperan que los partidos de derecha se mantengan en el poder, por el otro trabajan para que cualquier opción opositora, de izquierda, sea destruida o corrompida con donaciones. En Estados Unidos, los mayores lobistas donan dinero a los dos partidos dominantes, con frecuencia algo más a los republicanos que a los demócratas, pero invierten en ambos, como si la política y las elecciones fuesen bolsas de valores y, para cuidar sus capitales deben diversificar sus acciones e inversiones. Cuando donas a un partido político, tienes ideología. Cuando donas a los dos, tienes los dos: ideología e intereses.

En solo este periodo analizado, 10.163 proyectos de ley fueron propuestos en los congresos estatales, todos copias de los modelos escritos directamente por grupos de intereses especiales. Si los legisladores usaran los software que se usan en las universidades estadounidenses para detectar plagio, sus autores hubiesen sido expulsados de sus puestos a la primera de cambio, como son expulsados, muchas veces sin piedad, jóvenes estudiantes de 22 o 25 años por plagiar un párrafo en un modesto *paper*. Aunque las grandes empresas ya usan inteligencia artificial para detectar lo que no detectan los análisis de palabras, esta investigación no incluyó aquellas leyes que fueron reescritas de cero y que pudieron incluir las mismas ideas y propósitos. Estos miles de casos analizados eran los más obvios de "copia y pega".

2.100 de esos proyectos se convirtieron en leyes. La gran mayoría de estas leyes beneficiaron a las grandes industrias y a las ideologías conservadoras. Irónicamente, todos estos modelos comienzan con las palabras "libertad" y "derecho", y mencionan los principios y las leyes anteriores en las cuales se ampara y justifica el nuevo proyecto de ley.

Otro caso ilustrativo y escandaloso que no provocó el escándalo de nadie, ocurrió en el Senado de Estados Unidos. Un año antes, a pesar de que su estado estaba bajo agua por inundaciones excepcionales atribuidas al cambio climático, en octubre de 2021, el senador demócrata por West Virginia, Joe Manchin III, había bloqueado un proyecto de ley supuestamente pensado para aliviar los problemas climáticos, porque limitaría la quema de petróleo y carbón producido por su estado. El 6 de agosto de 2022, no un año después sino por lo menos una década más tarde, el senador Manchin logró "un acuerdo inesperado", según la prensa, con otros senadores, como el demócrata por Nueva York, Chuck Schumer, y el senador republicano de su mismo estado para aprobar el proyecto de ley sobre el clima. ¿Cómo se explica semejante cambio de postura? Simple: los senadores Manchin y Schumer acordaron conceder a la empresa Mountain Valley Pipeline el derecho y los recursos para completar la obra del gaseoducto que atraviesa los Apalaches y, por extensión, a otros proyectos similares en otros estados. El proyecto no sólo se había detenido por un presupuesto mayor al previsto (un clásico del género de los grandes negocios) sino también por el activismo de grupos opositores al proyecto. Como detalle, debemos agregar que, en el último año, la compañía Mountain Valley Pipeline había sido una de las principales donantes del senador Chuck Schumer y había multiplicado sus donaciones al senador Joe Manchin III.

Estos hechos confirman los resultados de otra investigación anterior de 2014, realizada por el profesor Martin Gilens de Princeton University y Benjamin Page de Northwestern University sobre los 20 años anteriores, la que afirmaba que las chances de que un proyecto de ley con la aprobación de la población tenía un 30 por ciento de probabilidades de ser aprobado, mientras que aquellos proyectos ampliamente impopulares tenían, también, un 30 por ciento de probabilidades de ser aprobados.[256] En pocas palabras, como por entonces lo resumió el actual director de Represent.Us, Mansur Gidfar, *"las opiniones del 90 por ciento de las personas con menos ingreso económico en Estados Unidos no tienen ninguna importancia"*.[257]

En otras palabras, la opinión del pueblo no vale una hamburguesa de McDonald's. Tal vez sí una Cajita Feliz. Es esta la madre de todas las corrupciones que no se llama corrupción.

En Estados Unidos ha sobrevivido un dicho popular que ilustra el problema pero no lo evita ni lo resuelve: *"Si no estás en la mesa cuando se toman las decisiones, eres el plato que se sirve"*.

Lawfare para los No-alineados

LUEGO DE LAS CONOCIDAS MEGA CRISIS de la última etapa del ciclo neoliberal latinoamericano de los 90s, entre 2003 y 2014 el PIB de Brasil pasó de 558 mil millones a casi 2,5 billones de dólares, por encima del Reino Unido. Durante este boom de la economía brasileña y de una notoria mejoría en los estándares sociales de las clases más bajas, advertimos varias veces que su talón de Aquiles sería la corrupción, la cual es una tradición no solo en Brasil sino en todo país que no se ha desligado completamente de la mentalidad colonial, que es la que más generó corrupción en los países pobres de África y de América Latina, enseñando a los de arriba a corromperse por ambición patológica y a los de abajo por necesidad ante un sistema de leyes que, como decía un caporal, se respetaban pero nunca se cumplían.

En 2016, la presidenta de Brasil, Dilma, fue condenada por corrupción por un congreso repleto de senadores con causas pendientes con la justicia, precisamente por corrupción. Rousseff debió abandonar su puesto de presidenta, acusada de maquillar los números presupuestales. Hasta el momento, no se ha aportado prueba alguna de su implicación en la corrupción de Petrobras, que fue la razón que inició la súbita fiebre anticorrupción, amplificada desde el 2011 por las redes sociales y el tradicional odio oligárquico (racista, sexista y clasista) inoculado hasta en el más pobre.

En 2018, el expresidente Lula (odiado por haber sacado a treinta millones de brasileños de la pobreza, siendo que no tenía otro título que el de trabajador metalúrgico) fue condenado a nueve años de prisión (más que cualquier genocida latinoamericano) por aceptar, a cambio de favores empresariales, reparaciones gratis en un apartamento de su propiedad y por lavado de dinero a 12 años—cargos por los cuales será sobreseído por la justicia unos años después, cuando el objetivo del *Lawfare* ya se había alcanzado. Cuando fue enviado a prisión, era el candidato a la presidencia favorito en las encuestas. El juez que lo condenó, Sergio Moro, nuevo héroe de la ética y la "lucha contra la corrupción", aceptó el Ministerio de Justicia (cargo político) ofrecido por el electo presidente Jair Bolsonaro, principal adversario y enemigo de Lula. Siendo senador, Bolsonaro votó por el *impeachment* de la presidenta Rousseff al tiempo que daba vivas a la pasada dictadura militar.

Este tipo clásico de corrupción latinoamericana, tragicómica, carnavalesca, es de una alta ingenuidad. Siempre existió y en períodos de dictadura militar se multiplicó bajo el silencio de la censura, lo que le confería esa ilusión de paz, honor y rectitud que las oligarquías suelen repetir para justificar sus crímenes y abusos históricos. La misma elección del presidente Jair Bolsonaro se basó en el discurso fabricado de que "sólo un militar puede acabar con la corrupción", que es como decir que la mejor forma de acabar con la inseguridad ciudadana es eliminando la sección policial de los diarios. De la misma forma, la arraigada idea de que privatizando una empresa pública se combatirá la corrupción y se bajarán los costos de los servicios debido a la competencia enmascara lo más obvio: las empresas privadas son menos transparentes que las empresas públicas porque no poseen control ciudadano ni siquiera en la teoría. Por no hablar de temas como la seguridad nacional. Si se trata de megaempresas su objetivo es destruir la competencia, no competir, lo que a largo o mediano plazo garantiza una rebaja de los costos (salarios, beneficios) y un alza de los precios y de los beneficios.

Este tipo de corrupción es condenable porque es ilegal. Razón por la cual desde Europa y desde Estados Unidos se considera siempre que *esos países nunca se desarrollan porque son demasiado corruptos*. El estereotipo reforzado por los medios y por la industria cultural de "América Latina, droga y corrupción", no sólo no ve la paja en el ojo ajeno, sino que no ve el origen imperialista de esa realidad. Del masivo consumo de drogas en el Primer Mundo que hace posible la alta criminalidad en los países del Sur, tampoco se habla. Colombia ha sido, por generaciones, el país sudamericano con más bases militares de Estados Unidos y con más trasferencia de capitales hacia su aparato represivo y para-represivo y sigue siendo, por lejos, el mayor productor de cocaína del mundo—solo por casualidad, Estados Unidos es el mayor consumidor. Pero los narcoestados son los otros. La criminalidad en México se disparó en la primera década de este siglo como consecuencia de la llamada *Guerra contra las drogas*, lo que demuestra la persistencia de la ingenuidad de pretender que la militarización de las sociedades es la respuesta a la violencia creada por la brutal desigualdad económica y la ilegalidad de las drogas.

La realidad pasa; las ficciones quedan

EN MAYO DE 1945, EL *INSTITUT FRANÇAIS D'OPINION PUBLIQUE* (Ifop) reveló que el 57 por ciento de los franceses entendían que la Unión Soviética había sido la potencia que había derrotado a la Alemania de Hitler. Sólo el 20 por ciento consideraba que se debía a la intervención de Estados Unidos. Para 2004, los franceses pensaban exactamente lo contrario: sólo el 20 por ciento atribuían un rol relevante a los soldados soviéticos y sus 27 millones de muertos producto del mayor enfrentamiento de la historia de la humanidad.

El caso de los alemanes no es muy distinto. Aunque Alemania enfrentó la historia del nazismo con más coraje y más éxito que lo hicieron los estadounidenses con la esclavitud, la confederación y la Guerra Civil, también pecó de amnesia programada con respecto al rol jugado por la Unión Soviética en su liberación.

En marzo de 1952, el malo y ex aliado de Gran Bretaña y Estados Unidos, Joseph Stalin, le envió a Washington, Paris y Londres una propuesta para resolver la nueva escalada militarista. La propuesta consistía en unificar Alemania, no obligando que la parte occidental se convirtiese al comunismo sino que la Alemania comunista adoptase el sistema de democracia liberal de la Alemania capitalista, con total control político. A cambio, Stalin proponía el retiro inmediato de todas las fuerzas de ocupación de la nueva Alemania unificada, el establecimiento de un ejército propio, independiente, pero neutral y libre de alianzas (algo similar pero menos radical al Japón destruido en la guerra, y sin las bases militares que Estados Unidos instaló allí en 1950). El acuerdo de paz también aliviaría a una Unión Soviética degastada por la guerra y con desventaja militar. La propuesta fracasó cuando Bonn y Washington aceptaron el regalo de la Alemania comunista pero no lo que demandaba Stalin a cambio, es decir, la neutralidad de la Alemania unificada y el enfriamiento de la escalada armamentista. El Plan A de Occidente era integrar a la Alemania occidental al sistema militar del bloque capitalista antes de cualquier otra negociación. A lo largo de ese año, Stalin envió tres propuestas más, con el mismo resultado. En los años 80s, los archivos desclasificados mostraron que las propuestas de Stalin iban en serio, pero en 1952 se acusó a Moscú de proponer un imposible con fines propagandísticos. El más que razonable plan de paz del mayor aliado de Occidente contra los nazis pocos años antes, fracasó. El objetivo de Washington, Bonn y Londres era continuar expandiendo su maquinaria militar a cualquier precio. Todo en nombre de la democracia y la libertad.

En 1961, la OTAN nombró al general Adolf Bruno Heusinger como jefe de su poderoso Comité Militar en Washington. Heusinger había sido uno de los más cercanos oficiales de Hitler (el tercero en la línea de mando) que nunca fueron condenados por las potencias vencedoras de Occidente, sino todo lo contrario: como fue el caso de otros miles de nazis menos conocidos, fueron premiados a cambio de su pasión y conocimiento en "la lucha contra el comunismo". El nombramiento de Heusinger se produjo cuando la Unión Soviética lo reclamó para ser juzgado por sus crímenes de guerra, sobre todo durante la invasión nazi a los países de la Europa del Este y de la misma Rusia a comienzos de la Segunda Guerra Mundial.

Aparte de su nombramiento como jefe militar de la OTAN, Heusinger fue condecorado por Estados Unidos con la medalla Legion of Merit, creada por Franklin D. Roosevelt. Heusinger la colgó junto con la Cruz de Hierro y la Cruz Nazi al Mérito de Guerra, otorgadas por Hitler, entre otros ornamentos que los militares importantes se cuelgan en las fiestas de sociedad. En 1971, Johannes Steinhoff, también honrado con una Cruz de Hierro nazi, fue nombrado jefe militar de la OTAN. Ernst Ferber, condecorado con la Cruz de Hierro fue nombrado jefe de las Fuerzas Aliadas de Europa Central de la OTAN en 1973. Karl Schnell también recibió la Cruz de Hierro nazi y también sucedió al General Ferber como como jefe de las Fuerzas Aliadas de la OTAN en Europa Central en 1975. Franz Joseph Schulze también recibió una Cruz de Hierro nazi y fue nombrado jefe de las Fuerzas Aliadas de Europa Central de la OTAN en 1977. Entre otros.

Nada de esto debe sorprender si consideramos que la misma idea de una OTAN había surgido en la Alemania nazi como una forma de alianza con el bloque capitalista contra los soviéticos. Alianza que, a nivel empresarial, político y económico, ya existía mucho antes de que estallara la guerra. Heinrich Himmler, uno de los principales organizadores del ahora llamado Holocausto judío, fue uno de los primeros en proponer esta idea. Reinhard Gehlen, Hans Speidel, Albert Schnez y Johannes Steinhoff, otros de los militares nazis más poderosos, protegidos y premiados por Occidente, tuvieron más suerte y empleados por Washington y la CIA, todos unidos por un nuevo enemigo común (el exaliado en tiempos de guerra) y con un plan claro de alianza militar que se llamó OTAN.

Existían dos razones a la luz del día para la negativa de las potencias occidentales a la propuesta de Stalin de 1952. La primara razón era puramente militarista, resumida en lo que el presidente Eisenhower consideró uno de los mayores peligros para la democracia y, en 1961, llamó el *"complejo industrial militar"*. La segunda razón también procede de las profundidades de la historia: en solo treinta años, la Unión Soviética había realizado una de las proezas económicas y sociales más impresionantes de la historia moderna, todo a pesar de haber sido la potencia que más sufrió, social y económicamente, en su lucha contra el nazismo.

El objetivo era, a cualquier precio, evitar el mal ejemplo del éxito ajeno. Como desarrollamos en otros libros, las palabras crean la realidad que creemos es independiente de las palabras. Aunque la propaganda de "los medios libres" en Occidente insistieran en lo contario, la inteligencia de los países occidentales no veían ninguna posibilidad de alguna invasión militar soviética. Que Stalin confirmase dichos informes con una propuesta que apuntaba a reducir la tensión belicista del mundo capitalista era inaceptable.

Cuando la Unión Soviética comete suicidio en 1991 (en condiciones mucho peores Cuba mantuvo su sistema comunista), Rusia cayó en una crisis económica y social al mejor estilo capitalista, empeorando casi todos los indicadores sociales; una especie de regreso a la Rusia zarista, pero los poderosos medios lo vendieron como una salida de la crisis festejando la apertura de un gigante McDonald's en Moscú como símbolo de libertad y de alimentación democrática.

Ahora que Rusia no es más comunista, queda clara la paranoia calvinista por mantener al resto de la humanidad bajo control moral y productivo, a cualquier precio y en nombre de la libertad y la democracia.

Toda esta historia, como otros casos, fue olvidada. Según Stephane Grimaldi, director del Museo Caen Memorial, *"En 1945, el gran aliado era Stalin y la Unión Soviética; su papel estaba absolutamente claro para los franceses"*. Pero el efecto Guerra Fría y la masiva propaganda cultural de Hollywood, el mayor creador de mitos modernos del siglo XX, dio vuelta el juicio sobre un hecho relevante del pasado. Lo mismo hizo Hollywood con la mitificación de la guerra contra México en 1845 con películas como *The Alamo*. Lo mismo con el lavado moral del rol de la Confederación en la Guerra Civil. Más recientemente, lo mismo hizo con la invención de un triunfo moral (similar al del Sur durante la "reconstrucción") en la Guerra de Vietnam con innumerables películas, aparte de libros, del apoyo de una prensa funcional y un periodismo mayoritariamente obediente.

Más recientemente, en plena ola neoliberal de los años 90s, incluso en Suecia, un país caracterizado por sus políticas sociales, los lobbies y las corporaciones mediáticas clavaron sus dientes. En 1988, los tres principales diarios se avocaron al bombardeo editorial en promoción de la ideología del "libre mercado", *"a pesar de que los suecos continuaban apoyando al estado de bienestar, los sindicatos y políticas socialistas"*.[258] Lo mismo se puede decir de una larga lista de países, incluida Estados Unidos: cuando en 2010 la Corte Suprema removió el techo de donaciones de las corporaciones a los partidos políticos (una decisión política ganada por 5 a 4, por un cuerpo de jueces dominado por conservadores), la mayoría de los ciudadanos tenía una opinión contraria.

Esto se explica con al menos tres grandes factores. En parte, como ocurrió desde la misma fundación de Estados Unidos y los sucesivos despojos de naciones indígenas, mexicanas o bastiones ultramarinos, (1) los nuevos medios (periódicos, canciones de bar, telégrafo, radio, cine y televisión) impusieron sus propios intereses corporativos; (2) el deseo autocomplaciente y mesiánico (también llamado "patriotismo") de una población entrenada en las virtudes de la fe sobre cualquier evidencia, facilitó la manipulación de la historia y, consecuentemente, del presente. *The Alamo*, dirigida y actuada por John Wayne, no solo reflejaba el racismo de sus productores en el mismo proceso de filmación, no sólo expresaba el desprecio por los "indios salvajes" declarado por el mismo Wayne, sino que presentaba la batalla de El Álamo como una lucha heroica contra los bárbaros mexicanos, una lucha heroica y desigual por la libertad, y no como realmente había sido, para reinstaurar la esclavitud en esa provincia de México. Esta confirmación de la vieja y fundadora narrativa, además servía como propaganda cultural e ideológica en plena Guerra Fría. También en El Álamo, como antes y como se repetiría después, la narrativa fue la repetición del clásico "fuimos atacados primero sin provocación", "debimos defendernos", porque "nosotros siempre luchamos por la libertad" contra los salvajes sin fe o con la fe equivocada.

El tercer elemento que se convierte en decisivo luego de la Segunda Guerra mundial es la creación y desarrollo del gobierno paralelo, de las multimillonarias y crecientemente poderosas Agencias secretas. La CIA no sólo se dedicó al asesinato de líderes incómodos o sospechosos (generando en cada caso una radicalización del adversario), a la destrucción de democracias y al apoyo a las dictaduras amigas; no sólo se dedicó a crear hechos reales sino que los precedieron con ficciones acordes y los explicaron post-factum de acuerdo a otras ficciones, siempre con el mismo molde ideológico y sirviendo a los mismos intereses corporativos en nombre de "la seguridad nacional" y de "la libertad y la democracia".

Luego de un tiempo, cada vez que sus propios documentos desclasificados reconocen la fabricación de los hechos y la invención de frases y narrativas falsas, una sector importante del pueblo continúa repitiéndolo, como en América Latina se insiste que las dictaduras militares fueron la respuesta a las guerrillas de izquierda y no al revés; como que Jacobo Árbenz fue derrocado por ser comunista y todos los malos que justifican nuestra violencia son comunistas, sean políticos, periodistas, profesores o monjas y sacerdotes, como en los conocidos casos de Oscar Romero, las monjas estadounidenses y los jesuitas masacrados en El Salvador. Un relato conveniente para las elites criollas y para las transnacionales que recibían la protección de sus ejércitos a cambio de montañas de dólares, público y privado. Una vez que se inocula una ficción en un pueblo, puede vivir en sus individuos, como un parásito resistente a cualquier dosis de mebendazol, a cualquier tratamiento conocido por la ciencia, por años y hasta por siglos. Probablemente ello se deba a otra debilidad constitucional de la psicología humana, por la cual el parasito invisible no explica sus efectos sino que es alimentado, con fiebre, por el propio órgano receptor.

Lo mismo ocurrió en Estados Unidos. Uno de los muchos ejemplos que podemos analizar es la ficción llamada "Peter Pan", que hasta hoy es tomada como realidad factual. El lunes 7 de febrero de 2022, el gobernador de Florida, Ron DeSantis, la vicegobernadora Jeanette Nuñez y la fiscal general asistieron a una mesa redonda en el Museo Americano de la Diáspora Cubana de Miami. En su discurso, el gobernador afirmó que comparar el sufrimiento de los niños cubanos exiliados en la Operación Pedro Pan en los 60 con los niños inmigrantes de América Central es "repugnante", porque los primeros huían del comunismo.

Los otros que huyen del capitalismo desde el siglo XIX y de las dictaduras de Washington más recientemente no cuentan como seres humanos, por niños que sean. El gobernador y aspirante a la Casa Blanca, consciente o creyente, se limitó a repetir una vieja ficción que se cayó a pedazos mucho tiempo atrás, aunque los fanáticos la continuaron venerando como una revelación del Espíritu Santo. Los mismos agentes de la CIA lo reconocieron.

El 26 de diciembre de 1960, el nuevo gobierno de Cuba había iniciado un programa de reformas en la educación. Tal vez para evitar repetir la historia del golpe en Guatemala seis años atrás (inoculado por la CIA gracias a la apertura democrática del presidente finalmente depuesto), se quiso enseñar a los jóvenes a usar armas. En Estados Unidos, los conservadores hacen lo mismo con sus niños, pero no es un "adoctrinamiento" sino "para luchar por la libertad".

Como hacen los conservadores en Estados Unidos cuando le enseñan a sus niños a llamar comunista a cualquiera que en los países pobres luchen por sus derechos o contra las intervenciones de Washington, también el gobierno revolucionario de entonces pretendió enseñarle a sus niños canciones contra el imperialismo, el que, solo en la isla y también en nombre de la libertad, había comenzado antes de 1898. Para peor, muchos padres cubanos se preocuparon por el extremismo del programa de alfabetización indiscriminada del nuevo gobierno.

Por décadas, los libros y los diarios del Mundo Libre reportaron que los niños en las escuelas primarias de la revolución cubana "eran obligados a aprender los valores de la Revolución". Se asume que en el resto de los países los niños en las escuelas y en las iglesias son libres de pensar por cuenta propia (excepto cuando se hacen jóvenes adultos y llegan a las universidades; entonces son "adoctrinados" por los profesores).

En 1960, en las Islas del Cisne, reclamadas por Honduras y ocupadas por la CIA, se instaló una radio sin licencia para transmitir propaganda hacia Cuba, con locutores cubanos llegados de Miami. Radio Américas (más tarde presentada como "La primera voz democrática de América Latina") comenzó a difundir el rumor de que los comunistas iban a enviar a los hijos de los cubanos a Rusia, por la fuerza.

Como en el episodio de radio de Orson Welles sobre una invasión extraterrestre (puesto en práctica en el exitoso golpe de Estado de Guatemala), inmediatamente cundió el pánico. 47 años más tarde, en sus memorias *Trained to Kill* (*Entrenado para matar*), el agente cubano de la CIA, Antonio Veciana, reconocerá, con orgullo: *"Maurice Bishop* [David Atlee Phillips] *sabía que yo había sido el responsable del incendio en una de las tiendas más famosas de La Habana, el que le costó la vida a una joven inocente, madre de dos niños. Él también sabía que yo había sido el responsable de esparcir el rumor que llevó al éxodo de miles de niños cubanos en la Operación Pedro Pan, con la ayuda de la Iglesia Católica, mintiendo que eran huérfanos. Él sabía que había sido yo quien casi había hecho colapsar la economía de Cuba con esa campaña de rumores que pretendía sembrar el pánico en la población".*

Pero Veciana había aprendido de Phillips. En sus memorias de 2017, reconoció que, según el agente de la CIA que lo había reclutado en La Habana, *"las guerras modernas son, sobre todo, guerras psicológicas; el objetivo es torcer la opinión pública".* Las estrategias, claro, son más específicas: *"nunca se debe dejar huellas de nuestras acciones; si esto no es posible, siempre y bajo cualquier circunstancia se debe negar cualquier participación en los hechos. Siempre. Incluso cuando lo contrario es lo más obvio.... Si los intereses de los otros se alinean con los nuestros, entonces son aliados; si no tienen ningún interés, son instrumentos; si se oponen a nuestros intereses, son enemigos".*

Antonio Veciana, como empleado bancario del hombre más rico de Cuba, el Rey del azúcar Julio Lobo, se había reunido dos veces con el nuevo presidente del Banco Nacional de Cuba, Ernesto Guevara y, luego de alguna duda, había desestimado su pedido de reclutar contadores y administrativos para el nuevo sistema financiero de Cuba que seguiría a la nacionalización. Desde su retiro de Miami, Veciana definió a El Che como un fanático de decir la verdad a cualquier precio.

Pero Veciana se sintió orgulloso toda su vida por haber puesto en marcha el plan histórico, aún sin la aprobación inicial de la CIA. Incluso logró imprimir miles de panfletos en el cual informó de una ley que nunca existió. El efecto fue similar al descubierto por el propagandista y manipulador social Edward Bernays (hacer que una autoridad en la materia diga lo que uno quiere que todos piensen): en Miami, el sacerdote Bryan Walsh anunció que el gobierno cubano planeaba separar a todos los niños de entre tres y diez años de sus padres para enviarlos a Rusia. La CIA tomó nota y, desde su radio clandestina en las Islas del Cisne de Honduras, comenzó a repetir la historia falsa. Hasta que se convirtió en dogma.

El sacerdote Walsh, a través de su Oficina Católica de Bienestar, inició oficialmente la *Operación Pedro Pan* con la cual los padres cubanos, desesperados por el rumor, enviaron a sus hijos a Estados Unidos. Desde el 26 de diciembre de 1960 hasta la invasión de Bahía Cochinos en abril de 1961, cada día cientos de niños volaron, sin obstáculos y sin ser acompañados por un adulto, por *Pan Am* hacia Miami para ser salvados.

Cuando el programa fue interrumpido, debido a la derrota de la Superpotencia en Bahía Cochinos, 14.048 niños ya habían arribado a Estados Unidos. Algunos, nueve o diez, fueron casos exitosos para los medios y para el sueño colectivo, según el concepto de éxito del momento. Uno será padrastro del hombre más rico del mundo, Jeff Bezos. Otro será Mel Martínez, senador de Estados Unidos (héroe de la propuesta "sólo inglés para los niños" y "ningún perdón para los inmigrantes ilegales"), prueba irrefutable del sueño americano y de la libertad del ganador.

En 2007, Robert Rodríguez, uno de estos niños "no exitosos", denunciará ante la arquidiócesis de Miami al monseñor Bryan Walsh por repetidos abusos sexuales contra él y otros menores refugiados en Opa-locka, Florida. El sacerdote Mary Ross Agosta acusará al denunciante de "*difamar a un respetado religioso que salvó la vida de catorce mil niños*". La denuncia de Rodríguez y otros contra la misma arquidiócesis será desestimada por tecnicismos legales que no se aplican en otros Estados. En Florida, diversos monumentos todavía hoy recuerdan con flores a monseñor Walsh.

Muchos niños salvados por la Operación Pedro Pan de ser separados de sus padres por el comunismo tardaron años, décadas en reencontrarse con sus padres. Algunos nunca los volvieron a ver. Por culpa del comunismo, claro.

Veamos dos ejemplos más de "escenarios plantados" que se convirtieron en mojones históricos. La famosa fotografía de los soldados estadounidenses levantando una bandera como si pesara una tonelada, es una de las imágenes icónicas más usadas por los militares y sus familiares que la usan para ilustrar el mito de "somos libres gracias al sacrificio de nuestro soldados". En los últimos doscientos años, la única oportunidad en que este mito pudo justificarse fue cuando los militares estadounidenses fueron enviados a Europa para luchar contra el nazismo. Claro que, por lejos, el mayor sacrificio y los mayores triunfos contra los nazis estuvieron a cargo de los soviéticos, por entonces preciado aliados de Washington. En el resto de las intervenciones, antes de la Segunda Guerra y después se trató de pura brutalidad imperialista para asegurarse recursos para el desarrollo propio y la dominación geopolítica, algo que Europa ya había dado teoría y práctica de sobra durante siglos.

La fotografía de los marines "Levantando la bandera en Iwo Jima" en Hawái, 1945, tomada por Joe Rosenthal, fue un montaje, entre tantos otros. Menos conocido es el montaje que los medios estadounidenses crearon poco después de la invasión de Irak en 2003. La famosa escena de "el pueblo derribando la estatua del dictador Saddam Hussein" fue montada por los marines y recogida por la gran prensa invitada para la gran ocasión, el nuevo símbolo de la lucha por la libertad en el mundo. Además del título del capítulo histórico, "*Operation Iraqi Freedom* (Operación Libertad para Irak)", era necesaria una imagen ilustrativa antes del bombardeo narrativo. El poder semiótico de esta imagen fue tan fuerte que en diferentes partes del mundo diferentes causas, justificadas o no, la usaron como símbolo de triunfo ante la injusticia. En la mayoría de los casos la justicia ni se enteró.

Ambos montajes han sido revelados y ningún académico o periodista serio lo niega. ¿Pero qué importancia tiene la revelación? Políticamente hablando, ninguna. En un mundo *fake*, lo único real es el poder.

Espionaje y propaganda computacional

Agencias secretas: la mano invisible del mercado

Luego de la ejecución del revolucionario independentista congoleño Patrice Lumumba en 1961 y del intento de golpe de Estado contra Charles de Gaulle ese mismo año para evitar la independencia de Argelia, John F. Kennedy afirmó: *"La CIA es una máquina tan poderosa y tan mal controlada que hasta las maniobras más improbables pueden ser ciertas"*.[259] De Gaulle había purgado sus servicios secretos comprometidos con la Agencia estadounidense y todo apuntaba a un nuevo complot de la CIA.

Según el analista de la CIA y consejero de John F. Kennedy, William Bundy, *"Ike (Eisenhower) le dejó a Kennedy una granada a punto de explotar"*.[260] Luego del fiasco de Bahía Cochinos, Kennedy planeaba disolver la CIA, empezando con el pedido de renuncia de su director, el poderoso fanático presbiteriano Allen Dulles. La humillación de su vicepresidente, Lyndon B. Johnson, a quien el hermano del presidente, Robert Kennedy, había comunicado que no estaría en la fórmula presidencial de la reelección, sellaron el destino del presidente y, tal vez, del país. Poco después (en el verano de 1963 y unos meses antes del magnicidio) Allen Dulles se reunió con el vicepresidente Johnson en su rancho de Texas Hill Country. Para noviembre, el presidente Kennedy estaba muerto y Johnson ocupaba su lugar.[cviii] En 1968, también Robert Kennedy sería asesinado. Según Richard Goodwin, el autor de los discursos de los Kennedy y del mismo Johnson, *"Bobby simbolizaba*

[cviii] En sus memorias *Trained to Kill* de 2017, el agente cubano de la CIA, Antonio Veciana, autor de varios atentados terroristas financiado por la Agencia y por empresarios privados, reconoció que había visto al asesino de Kennedy, Lee Harvey Oswald reunido con su jefe, David Atlee Phillips en Dallas, semanas antes del asesinato. El director de la CIA, personalmente se reunió con otro mafioso del exilio cubano meses antes, Paulino Sierra Martínez en abril de ese año, pese a que Kennedy había prohibido de forma explícita (y pese a una Ley federal) organizar un nuevo grupo paramilitar cubano.

todo lo que Johnson odiaba". En 2023, el candidato a la presidencia, hijo de Robert y sobrino de John Fitzgerald Kennedy, Robert Kennedy Jr., dirá lo que muchos libros que la CIA estuvo involucrada en el nunca resuelto asesinato del presidente.[261]

Un par de años antes publicamos *La frontera salvaje*, donde observamos que Howard Hunt (otro de los cerebros detrás de la destrucción de la democracia en Guatemala en 1954, de la promoción del Benito Nardone a la presidencia de Uruguay en 1960, de la manipulación de libros y revistas culturales en todo el mundo, de la fallida manipulación de las grabaciones en el escándalo de Watergate que le costó a Nixon la presidencia) también participó en esta historia aún sin desclasificar por Washington, por una muy buena razón. En junio de 1972, apenas desatado el escándalo Watergate, Hunt le pidió a su hijo mayor, por entonces de 18 años, Saint (Santo), que lo ayudara a arrojar unas maletas conteniendo diferentes instrumentos de grabación, comunicación y fotografías a un río de Maryland sin hacer ninguna pregunta. Padre e hijo arrojaron las maletas al canal Chesapeake-Ohio, cerca del distrito federal. Como ya lo explicamos en *La frontera salvaje* (2021), *"Varios altos oficiales de la CIA que habían participado en el exitoso golpe de Guatemala [fueron] convocados, entre ellos Richard Bissell, William "Roto" Robertson, Richard Helms y Everette Howard Hunt Jr. Todos con un envidiable prontuario. Helms será el futuro director de la CIA y uno de los responsables del complot contra Salvador Allende en 1973. Hunt será condenado por el escándalo que terminará en el impeachment de Richard Nixon en 1974. Una de sus llamadas desde Uruguay (donde operaba desde los años 50) al argentino Dandol Dianzi en un hotel de México, será grabada el 20 de noviembre de 1963, dos días antes del asesinato de John Kennedy, en el que Hunt mencionará 'un asunto de grave importancia para nuestra nación'. Hunt no se cansará de culpar a Kennedy del fiasco de Bahía Cochinos. Luego de muerto, sus hijos John y David reconocerán que, en su lecho de muerte, su padre había confesado varias veces que la CIA había participado del asesinato del presidente. John y David serán acusados de inventar la historia".*[262]

Según los análisis forenses, John F. Kennedy fue baleado *por detrás y por delante*, por un solo individuo situado a cien metros de distancia, el que, previsiblemente, también fue baleado *por delante y por detrás* por un solo individuo solitario. La gran prensa, la gran creadora de opinión, la prensa servil y complaciente, cuando no mercenaria, cumplió con su misión de reportar lo que se veía en la superficie, en el espejismo creado por el Gobierno paralelo. De eso se trata todo. De crear el espejismo correcto.[cix]

[cix] El asesinato de Robert F. Kennedy (con 13 balas, más de las que podría disparar la pistola del acusado) fue atribuido a un palestino cristiano llamado Sirhan Sirhan,

Sólo en la década de los 60s, Lumumba, JFK, RFK, Malcolm X, Che Guevara, MLK y muchos más fueron víctimas trágicas del método preferido de la CIA y de otras agencias secretas: "ayudemos a que lo hagan otros" o, como lo resume el cliché de Hollywood, "que parezca un accidente". Como en todos los demás casos de revoluciones independentistas abortadas a fuerza de golpes de estado y asesinatos de lideres no alineados, las intervenciones en el Congo y en París contra Argelia se vendieron a la prensa como una despiadada lucha contra el comunismo. Como en todos los casos hasta ayer mismo, se trataba y se trata de países ricos en recursos naturales en manos de poderosas transnacionales privadas.

Días después del fiasco de Bahía Cochinos, el 27 de abril de 1961, el presidente Kennedy, en un discurso ante la Asociación Estadounidense de Editores de Periódicos resumió una idea de sentido común que no se aplica al poder, por más que se llame "democracia" o que insista que su lucha es "por la libertad": "*La misma palabra 'secreto' es repugnante en una sociedad libre y abierta. Nosotros, como pueblo, somos inherente e históricamente opuestos a las sociedades secretas, a los juramentos secretos y a los procedimientos secretos. . . No tiene sentido luchar contra la amenaza de una sociedad cerrada imitando sus mismas restricciones arbitrarias*".[263]

Diferente a otros países, la resistencia a ese brazo invisible del poder dentro de Estados Unidos no fue armada. Por obvias razones. La noche del 8 de marzo de 1971, justo cuando el esperado combate entre Joe Frazier y Muhammad Ali tenía lugar en el Madison Square Garden de Nueva York (meses antes de la escandalosa publicación de los "Pentagon Papers" y de las

---

quien nunca recordó ningún detalle del incidente pero fue condenado a cadena perpetua. Días antes, el 13 de julio de 1968, el exdirector de la CIA Allen Dulles se había reunido con el cerebro del proyecto MKUltra para "el control de la mente" a través de drogas, Dr. Sidney Gottieb. La conducta errática del candidato a asesino, Sirhan Sirhan, era propia de las víctimas del experimento MKUltra, aunque los psicólogos lo calificaron como una persona con problemas mentales, sobre todo por sus experiencias traumáticas en Palestina, cuando los soldados israelíes pasaron con un camión por encima de su hermano. Por otra parte, el mismo escuadrón que secuestró en Nueva York al profesor Jesús de Galíndez para entregarlo a la tortura y la ejecución del dictador Rafael Trujillo en República Dominicana unos años atrás, la empresa de detectives privados dirigida por Bob Maheu (inspiración de la serie de televisión *The A-Team* o *Los magníficos*), estaba en contacto con John Meier, empleado de Howard Hunt. Thane Eugene Cesar, el segundo sospechoso de haber matado al senador y candidato a la Casa Blanca, era uno de los guardias de seguridad de Robert Kennedy y miembro de la extrema derecha. Odiaba a Robert Kennedy por su defensa de los iguales derechos civiles de los negros en Estados Unidos y por su fracaso en invadir Cuba.

matanzas de estudiantes disidentes en las universidades Kent State y Jackson State) un grupo de ocho activistas contra la guerra en Vietnam asaltó una de sus oficinas. El grupo sospechaba que el FBI había estado recolectando sus datos personales por motivos políticos e ideológicos. Por entonces, el director del FBI era el poderoso Edgar Hoover, en los últimos años de su reinado que abarcó medio siglo. Incapaces de probar este abuso de una poderosa institución del gobierno, los ocho disidentes decidieron tomar por asalto la oficina localizada en *1 Veterans Square* de Media, en los suburbios de Filadelfia, y se llevaron más de 1.000 documentos confidenciales. Algunos de los miembros del grupo que asaltó esta oficina habían sido encarcelados por enfrentarse a las turbas racistas que se oponían al movimiento por los Derechos Civiles.[264] Finalmente, un año después, luego de varias resistencias de la prensa dominante de la época, parte de estos documentos fueron publicados, demostrando una sistemática persecución de disidentes de izquierda, de grupos antiguerra y de centros de estudios con población afroamericana.

Casi medio siglo después, según una publicación del Departamento de Justicia de Estados Unidos titulada *"Asalto a la izquierda: el FBI y el movimiento contra la guerra de los sesenta"*, el programa llamado COINTELPRO *"tenía como objetivo reprimir la disidencia entre los grupos radicales nacionales desde 1956 hasta 1971… El propósito era infiltrar, perturbar y neutralizar todo el movimiento de disidencia"*.[265] Como siempre, no importa cuántas montañas de cadáveres deje una guerra; siempre es cosa de gente moderada y responsable. Radicales son los críticos del poder. Por este mismo programa se persiguió a Martin Luther King, Malcolm X y otros jóvenes estadounidenses, dos de los cuales, Charles Horman y Frank Teruggi, también terminarían siendo asesinados dos años después, pero más lejos, durante el golpe militar de la CIA-Pinochet en Chile.

Históricamente, el espionaje de ciudadanos estadounidenses disidentes estuvo a cargo del FBI. La CIA, excluida por ley de actuar en asuntos domésticos, solía emplear agentes cubanos para actuar en suelo prohibido. De hecho, sólo por el programa CHAOS, el que operó de 1967 a 1973, la CIA espió y reclutó información de 7.200 estadounidenses viviendo en su país y, en total, indexó la información de otros 300.000. Luego de la creación de la CIA en 1947, la labor de espionaje político a nivel nacional quedó en manos del FBI y de la poderosa NSA.

Pero el abuso del poder descontrolado no es monolítico. Tiene grietas. En 1972, el agente de la NSA Perry Fellwock reveló la existencia del masivo programa de vigilancia sobre civiles no combatientes, llamado ECHELON, la primera noticia de un Gran Hermano que conoció la Humanidad después de Dios. Por entonces, casi nadie sabía de la existencia de la NSA, y Fellwock se convirtió en el primer agente en filtrar secretos de la super agencia y su programa de espionaje global, los que fueron publicados por la revista *Ramparts* en California como "*US Electronic Espionage*". La publicación reveló la existencia de la "Alianza de los Cinco Ojos" (Estados Unidos, Canadá, Gran Bretaña, Australia y Nueva Zelanda).[cx] A Fellwock lo siguieron otros oficiales de inteligencia militar, hartos de la guerra en Vietnam, Barton Osborne (también ex agente de la CIA) y Timothy Butz. Los *Cinco Ojos* bien pudo haberse llamado "Alianza Global Anglosajona" o, como los tres oficiales rebeldes lo definieron ellos mismos de forma más clara, "*White-Anglo-Saxon Protestant nation comunication intelligence dictatorship*" ("*Servicio de inteligencia de la dictadura de la nación blanca, anglosajona y protestante*").[266]

Pese a todas las revelaciones, sea por el asalto de los disidentes en 1971, por la Comisión Church en 1975, o por las revelaciones de Snowden en 2013, el negacionismo de manual continuó, incluso en los espacios más sensibles. Cuando el 12 de marzo de 2013 (meses antes de las revelaciones de Snowden) el director de Inteligencia Nacional, James Clapper, fue interpelado por el Congreso de Estados Unidos, el senador Ron Wyden le preguntó: "*¿La NSA recoge algún tipo de información de los ciudadanos estadounidenses?*" El general Clapper respondió, categórico: "*No, señor*".[267]

Los documentos de la NSA revelados por el ex empleado de la CIA y de la NSA, Edward Snowden no dejan lugar a dudas: para cuando Clapper fue interpelado, en lo que iba de ese año 2013, la NSA había interceptado y guardado *tres billones* de comunicaciones en Estados Unidos. Según revelaron luego los documentos filtrados por Edward Snowden, del 10 de diciembre de 2012 hasta el 10 de enero del 2013 sólo el programa FAIRVIEW, había recogido y guardado 200 millones de llamados telefónicos, correos electrónicos y chats online.

Cuando se supo que el general había cometido perjurio ante el parlamento, varios legisladores pidieron su inmediata renuncia. Clapper se disculpó por el *error* y se mantuvo en su puesto hasta el final de la administración Obama y, poco después, se unió a los analistas de CNN y al poderoso Center for a New American Security (CNAS), como miembro distinguido.

[cx] Por entonces, el novelista Norman Mailer fundó (sin mucha trascendencia y con menos recursos materiales) una organización llamada Fifth Estate (El Quinto Poder) para investigar las Agencias secretas estadounidenses. 40 años después, las revelaciones de Edward Snowden en 2013 dieron cuenta de la lógica detrás de esta comunidad de naciones anglosajonas: como las agencias secretas no pueden espiar a sus propios ciudadanos por ley, cada una espía a los ciudadanos de los otros *Five Eyes* (Cinco Ojos) y lo comparte con su contraparte (*The Guardian*, 20 de noviembre de 2013). Así se saltan cualquier ley y Estado de derecho que aplica a ciudadanos normales, es decir, ciudadanos de segunda o tercera categoría.

Como escribió Edward Snowden en sus notas: "*Aquí, en nuestro país, sufrimos un gobierno que permite una supervisión limitada y en cuentagotas. Un gobierno que se niega a rendir cuentas cuando comete delitos. Cuando los pobres cometen infracciones menores, deben sufrir consecuencias insoportables en el sistema penitenciario más grande del mundo mientras el resto hace como que no ve. Pero cuando los proveedores de telecomunicaciones más ricos y poderosos del país cometen decenas de millones de delitos graves, el Congreso aprueba leyes que proporcionan a sus amigos de élite inmunidad retroactiva, civil y penal, por delitos que en otros casos habrían merecido las sentencias más largas en la historia. [...] He estado en los rincones más oscuros del gobierno y sé que lo que más temen es la luz*".[268]

Finalmente, la agencia secreta de Inglaterra, la GCHQ, obligó a *The Guardian* a eliminar todos los archivos recibidos de Edward Snowden, por lo cual aquella información que no alcanzó a ser publicada no lo será por muchos años, hasta que la verdad sea cosa de historiadores, cosa de minorías, políticamente irrelevantes. Todo legal, como en China.

No es necesario ser un genio ni tener mucha instrucción para adivinar cómo es la historia cuando se trata de ciudadanos de otros países menos privilegiados. Incluso cuando esos ciudadanos tienen algún poder social en sus países o esos países son viejas "dictaduras amigas". En sus revelaciones de 2013, el exagente y técnico informático Edward Snowden mencionó el caso de un banquero suizo al quien la CIA intentó reclutar para asegurarse acceso a información confidencial. Una práctica tan vieja como la misma existencia de la Agencia. Como el método empleado: un agente secreto se hizo amigo del banquero, lo invitó a beber una noche y, cuando estaba borracho, lo convenció para que vuelva a su casa manejando. Cuando el banquero fue detenido por la policía local por conducir alcoholizado, el mismo agente de la CIA le ofreció ayuda para liberarlo y limpiar su nombre a cambio de que cooperase con la agencia. Según Snowden, el intento de reclutamiento fracasó, "*destruyeron la vida de una persona y simplemente se desentendieron del caso*". El mismo Snowden hace una observación fundamental: "*Comencé a darme cuenta de lo fácil que resultaba divorciar el poder de su control y cómo cuanto más alto y poderoso era ese poder menos control y supervisión tenía*".[269] En sus memorias de 2019, Snowden revela que el banquero era un ciudadano saudita y el agente de la CIA no sólo lo convenció de volver a su casa manejando ebrio sino que apenas había salido del bar llamó a la policía de Génova y la informó de la marca del auto y del número de la patente. No sólo conducir ebrio es una falta seria en cualquier país; además el consumo de alcohol es otro gravamen para un ciudadano saudí.

Snowden fue sistemáticamente desacreditado por Washington y por la prensa dominante. A pesar de su servicio de revelar un espionaje masivo contra todo el pueblo estadounidense (y, en consecuencia, las mentiras de la NSA en el Congreso y de compañías como Microsoft a sus usuarios), previsiblemente se lo acusa de ser "*enemigo de Estados Unidos*". Claro que no conviene decir que es un "enemigo de la CIA y la NSA", o "enemigo de Washington", o es un "antiimperialista". Mejor identificar los abusos y la ilegalidad de un Estado paralelo con una legitimidad fabricada, el abuso de una micro minoría secreta o con intereses especiales con todo un país y hasta con la civilización occidental.

La verdad más cruda aparece sólo cuando los de abajo violan las leyes. Lo cual da una idea de la naturaleza y del poder de secuestro de democracias que tienen los Estados paralelos. Si alguien se pregunta, "para qué sirve la CIA y otras organizaciones mafiosas", la respuesta automática será: para mantener "nuestros país" seguro. Pero ese tipo de respuestas sólo la pueden dar los mercenarios, los mayordomos y aquellos que nunca han estudiado la historia de esas agencias, las cuales nunca previeron (o no quisieron hacerlo) ninguno de los mayores ataques que pudo tener este país, y, por el contrario, crearon miles de enemigos mortales con sus intervenciones en defensa de las corporaciones y los intereses especiales, que nunca fueron los intereses del pueblo al que aseguraban defender. Cada vez que su existencia estuvo en duda, alguna tragedia aconteció: el asesinato de Kennedy, quien planeaba disolver la agencia luego del fiasco de Bahía Cochinos; los ataques del 11 de septiembre de 2001—cuando varios legisladores entendían que la Agencia era un costoso anacronismo de la finiquitada Guerra Fría...

Dos clases de seres humanos

POCO DESPUÉS DE LA DESTRUCCIÓN NUCLEAR de Hiroshima y Nagasaki, el presidente Truman declaró a la prensa: "*Le damos gracias a Dios porque esto haya llegado a nosotros antes que a nuestros enemigos. Y rezamos para que Él nos pueda guiar para usarlo según Su forma y Sus propósitos*".[270] Literalmente alguien (Dios, para una mente fanática) puso las bombas atómicas en sus manos, ya que el presidente Truman no supo del Proyecto Manhattan hasta después de la muerte del presidente Franklin D. Roosevelt, unos meses antes en 1945.

Con frecuencia las agencias secretas saben más que los presidentes que, desde el punto de vista de quienes no deben rendir cuentas al pueblo, son flores de cuatro días.^cxi Los presidentes pasan, las Agencias secretas y las corporaciones permanecen. Esta tradición de espionaje y de ejecución de políticas propias (siempre "por una buena causa") sufrió un intento de supervisión por parte de comisiones especiales del parlamento, luego de las relaciones de la comisión Church en 1975, pero nunca fue muy efectiva ni sistemática. Los mismos integrantes de la Comisión de Seguridad del parlamento de Estados Unidos son fanáticos defensores de las intervenciones ilegales en otros países, como el senador de Florida Marco Rubio, o, cuando no lo son, reciben una cuota limitada y fraccionada de información clasificada. *"Somos como honguitos; ellos [la CIA] nos dejan en la oscuridad y nos alimentan con un montón de bosta"*, se quejó uno de los miembros de la Comisión Selecta del Senado sobre Inteligencia, Norman Mineta en los 80s.[271]

Según la profesora y miembro del directorio de la poderosa contratista militar Kratos, Amy Zegart, *"la protección de la información, de las fuentes y de los métodos es para la seguridad nacional de Estados Unidos; ninguna democracia puede ser totalmente trasparente"*.[272] Cien páginas más adelante, reconoce: *"hoy en día, el trabajo de los espías y de los soldados* (worriors) *se ha vuelto indistinguible en muchas formas; los ataques de drones son planeados y ejecutados en conjunto tanto por la CIA como por el Pentágono (JSOC), a veces juntos y a veces cada cual por su parte"*. Según el profesor de la Universidad de Texas, Bobby Chesney, *"los ataques con drones de la CIA se realizan bajo la autoridad de acción encubierta del Título 50, lo que significa que LAS OPERACIONES NO DEBEN SER RECONOCIDAS NI INFORMADAS"*.[273] Esta complicidad con el Estado paralelo no sólo procede de autores y profesores con intereses económicos directos, sino de una vasta red de especialistas tipo "efecto colateral programado" como, por ejemplo, el profesor de la Universidad de California, Joel Dimsdale, quien, en su reciente libro *Dark persuation* afirma que, durante la Guerra de Corea, *"el general Douglas Macarthur realizó una ofensiva brillante contra el norte, a tal grado exitosa que amenazó con hacer escalar la guerra a un conflicto con China y Rusia"*.[274] ^cxii

---

^cxi Según la profesora Amy Zegart, cuando en 2011 el presidente Barack Obama anunció en cadena de televisión el asalto que terminó con la vida de Osama bin Laden, la CIA le prohibió pronunciar dos palabras en su discurso: "drones" y "CIA".
^cxii La campaña contra Corea del Norte básicamente se basó en una permanente lluvia de bombas (más que durante la Segunda Guerra mundial), entre las cuales estuvieron bombardeos con napalm y bombas incendiarias que redujeron casi todas las ciudades a escombros, dejando más de un millón de muertos. La propuesta frustrada del general MacArthur de arrojar también bombas atómicas no habría agregado mucho más horror sino apenas otro símbolo de la "lucha por la libertad y la civilización". Más del 80 por ciento de la población de grandes ciudades perecieron bajo la

Claro, tampoco los ciudadanos publican las claves de acceso a sus cuentas de banco, pero ese derecho al "secreto" desaparece cuando esconde actividades ilegales. El viejo lema de la "seguridad nacional" radica en la elasticidad semántica del término. Como lo definió el economista estadounidense Michael Hudson, su país habla de "la seguridad nacional" como víctima y no como victimario.[275] Sólo por considerar lo ocurrido en Estados Unidos después de 9/11, podemos ver que ningún grupo terrorista islámico puso nunca la existencia de este país en peligro, como puede serlo una verdadera guerra, pero en nombre de "la seguridad nacional" se exterminaron derechos de los mismos ciudadanos estadounidenses a la privacidad de su información, para no hablar de la escandalosa e impune violación sistemática de los derechos humanos de miles y millones de personas alrededor del mundo, desde las guerras abiertas hasta las más de cien cárceles secretas (*black sites*) de la CIA en decenas de países y en aguas internacionales.

John Mueller, profesor de la Universidad Estatal de Ohio lo puso de forma didáctica: "*el número de personas que cada año son asesinadas por terroristas musulmanes en todo el mundo, es más o menos de unos pocos cientos fuera de las zonas de guerra; es decir, la misma cantidad de personas que mueren ahogadas en la bañera*".[276] Pese a todo, y no por casualidad (pocas cosas pasan en este mundo por los antojos del azar), el presupuesto de Washington invertido en "seguridad nacional" desde los misteriosos atentados del 9/11 se ha incrementado tanto como toda la economía de Brasil o de cualquier país europeo. Prácticamente nada de esas fortunas hicieron a los ciudadanos estadounidenses más seguros sino más paranoicos y menos libres. En el proceso, unas pocas corporaciones se enriquecieron de forma más que obscena.

La misma existencia de estas super poderosas agencias fue varias veces cuestionada, no pocas veces con resultados trágicos. Probablemente la primera vez fue cuando fracasó la invasión a Cuba en 1961. El presidente John Kennedy había heredado este plan de la CIA que debía repetir el éxito del golpe de Estado en Guatemala siete años antes. El plan consistía en que la población cubana se iba a unir a los invasores luego de una campaña de

---

"brillante ofensiva" del condecorado general. El mismo general Curtis LeMay (el carnicero de Japón) admitió que "*en tres años matamos al 20 por ciento de la población*" de Corea del Norte, es decir 1,9 millones de personas. Cuando el sur cayó en manos del minoritario gobierno pro-cristiano, 100.000 socialistas coreanos fueron eliminados en ejecuciones sumarias a manos del régimen apoyado por Washington y Londres, pero no aparecen en la cultura popular, a diferencia de las 450 ocurridas en Cuba pocos años después contra los colaboradores del dictador Batista—según cálculos de la CIA en Cuba.

propaganda radial. Pero Ernesto Che Guevara había estado en Guatemala cuando se puso en práctica esta estrategia y, una vez la Revolución cubana expulsó al títere de Washington, Fulgencio Batista, Guevara había asegurado que esta vez *"Cuba no será otra Guatemala"*. Se refería al control nacional de la prensa para evitar la inoculación de la CIA en un nuevo sabotaje social. Ocurrió que Guevara estaba en lo cierto y la nueva invasión planeada por la CIA fracasó debido al escaso apoyo de los cubanos. El agente David Atlee Phillips, un poco en broma, le echó la culpa al nombre de la bahía donde debían aterrizar los invasores, "Cochinos". Furioso por el fiasco, Kennedy amenazó con disolver la CIA y unos meses después fue asesinado en Dallas. El agente cubano de la CIA Antonio Veciana asegurará, en su libro *Trained to Kill*, que había visto al asesino Oswald unas semanas antes en Texas, hablando con su jefe, David Atlee Phillips.[277]

Un nuevo intento de disolución de la CIA llegó poco después de la Guerra Fría, en 1990. El ex agente de la Agencia y autor de varios libros sobre política internacional, William G. Hyland, en 1991 afirmó que *"nunca antes Estados Unidos había estado menos amenazado como ahora"*.[278] El teniente General y ex jefe de la NSA, William Odom y el senador Daniel Patrick Moynihan directamente recomendaron abolir la CIA. El *New York Times* reprodujo sus palabras: *"Sin la amenaza soviética, ¿por qué no abolir la CIA y dejar que el Departamento de Estado se haga cargo? La CIA es 'el producto por excelencia de la Guerra Fría' y, ahora que la guerra ha terminado, la agencia pertenece al pasado"*.[279]

En 1991, Moynihan presentó un proyecto de ley para abolir la Agencia. La misma CIA publicó un documento, ahora desclasificado, mencionando sus repetidos fracasos, incluido su incapacidad para ver los problemas económicos de la Unión Soviética y mucho menos su posterior colapso.[280] Claro que lo más probable es que estos "fracasos" como el que llevó a la guerra en Irak "basado en información de inteligencia incorrecta" se deban a otra tradición entre los mismos agentes, jefes y funcionarios de estos poderosos agencias secretas: su tendencia a exagerarlo todo, todo aquella amenaza real o ficticia que mantenga la idea de que son indispensables para la seguridad nacional. Es decir, todo aquello que mantenga y amplifique el estado de paranoia de la población y los políticos en Washington.

Naturalmente que nadie puede abolir agencias que son más poderosas que cualquier congreso y hasta que cualquier gobierno, como si nada. Como el mismo presidente de la Comisión Permanente sobre Inteligencia de la Cámara de Representantes, Lee Hamilton, confirmó en 2007, citando al comic The wizard of ID, *"Todos tenemos que vivir según la regla de oro: es decir, quien controla el oro hace las reglas"*.[281]

Para estas poderosas agencias, brazos parapoliciales de las dictaduras corporativas, hay dos tipos de seres humanos en el mundo: los estadounidenses y los otros—en la categoría *otros* se incluye a los estadounidenses disidentes o demasiado críticos. Pero todo requiere de algún esfuerzo por parte de los de arriba. La opinión pública existe y siempre hay que trabajar sobre ella para asegurarse que el oro siga la bandera del miedo.

Somos malos sólo cuando nos descubren

EL 9 DE SETIEMBRE DE 2009 SE FILTRÓ al conocimiento público y de forma oficial detalles sobre las prácticas de *waterboarding* por parte de la CIA. Esta técnica fue desarrollada por los marines estadounidenses durante la invasión y ocupación de Filipinas en 1899 y enseñada en las escuelas de tortura a los oficiales latinoamericanos que la practicaron en América Latina durante la Guerra Fría para luchar contra un comunismo que todavía no había llegado como reacción a esta vieja práctica abusiva en casi todos los pueblos al sur del Rio Grande desde el siglo XIX. Fue recién en 2008 que, para adherirse a la Convención de Ginebra y otros tratados internacionales, el Congreso de Estados Unidos prohibió esta práctica que meses después la Agencia reconoció haber usado, aunque limitó la ilegalidad a solo tres detenidos acusados de terrorismo en Guantánamo.

Al principio, la técnica practicada en Filipinas consistía en suministrar varios litros de agua al sospechoso por una caña de bambú, desde la boca hasta el estómago. Si el sospechoso no confesaba lo que se esperaba que confiese, un marine saltaba sobre su estómago hasta que la boca del detenido despedía un geiser que divertía a los civilizados inquisidores del Mundo Libre. El teniente Grover Flint, graduado de Harvard, informó ante un panel del Senado de Estados Unidos, que estas prácticas de interrogación no eran rumores sino la norma entre los militares de Estados Unidos. Luego, la tortura evolucionó a formas más sutiles y humanas, como verter agua sobre el rostro cubierto del detenido para provocarle la sensación de ahogo.

Aparte de la limitación cuantitativa de los efectos colaterales de la revelación, está la ingeniería cualitativa del lenguaje. Lo que en las colonias habitadas por "negros pacíficos" a principios del siglo XX se practicaba como *waterboarding* se llamó "la cura del agua" y en las dictaduras militares de América Latina durante la Guerra Fría se llamó *submarino*. Durante las dos primeras décadas del siglo XXI, en la "guerra contra el terrorismo", en varios países y bajo la No-ley de Washington se llamó "*enhanced interrogation techniques*" o "técnicas de interrogatorio mejoradas". En 2009, los psicólogos James Mitchell y Bruce Jessen le cobraron a la CIA 80 millones de dólares para enseñarles nuevas técnicas de tortura en Guantánamo, aunque no sabemos cuánto habrán cobrado los expertos en lingüística y gramática. Cuando esta violación de los derechos humanos en Cuba (en la Cuba ocupada) fue revelada, se desató una discusión en los medios, no tanto sobre la humanidad o la moral de este método de inquisición sino sobre la efectividad del mismo para extraer información válida. Discusión que había sido saldada ya siglos atrás, incluso cuando durante la brutalidad terrorista del Santo Oficio se exigía esperar un día después de la tortura para interrogar a la víctima, porque hasta el peor psicópata sabía que un individuo bajo tormento es capaz de auto incriminarse con tal de aliviar el dolor.[cxiii]

Por lo general, los especialistas favorables a las agencias secretas como la NSA o la CIA suelen insistir en la ignorancia del público estadounidense sobre el verdadero propósito y función de estas agencias. Para demostrarlo, enlistan opiniones que revelan errores estadísticos. No insisten demasiado en dos razones fundamentales: (1) el secreto y la confusión producidos por esas mismas agencias no sólo son constituyentes sino una práctica obsesiva y (2) cada vez que se filtran los pocos documentos, escritos y digitales, es porque alguien lo hizo rompiendo las reglas internas de esas mismas agencias, como fueron los casos de Julian Assange (2010), Chelsea Manning (2013), Edward Snowden (2013) y de casos menos conocidos, como las múltiples revelaciones de militares estadounidenses sobre las matanzas con drones.[282] Según un desilusionado pero bien informado Edward Snowden, "*Obama no terminó con esos abusos, sino que los expandió*". De hecho, su gobierno persiguió a más disidentes o informantes como Assange y Snowden (aplicando la vieja Ley de Espionaje 1917, firmado por el presidente "progresista" Woodrow Wilson, con el objetivo de criminalizar a los verdaderos disidentes contra la Primera Guerra) que todos los presidentes anteriores juntos.

[cxiii] De la misma forma que en el siglo XIX la anestesia se usaba en espectáculos para provocar la risa hasta que un dentista observó que los participantes heridos no sentían dolor y luego en 1916 un médico en Estados Unidos, el doctor Robert House observó que las parturientas bajo los efectos de la escopolamina y la morfina decían la verdad sin filtros. Una posible droga de la verdad (basada en la milenaria idea de "*in vino veritas*", "*la verdad sale con vino*" o "*el yo es soluble en alcohol*") se convirtió en una obsesión de la CIA. Durante la Guerra Fría, el fracaso de la Operación MKUltra (detallada en *La frontera salvaje*, 2021) probó los límites del sueño de controlar la mente ajena a través de drogas (y los catastróficos efectos colaterales, como la adicción nacional al LSD, algo similar a la adicción al hachís inoculada por Gran Bretaña en China a mediados del siglo XIX). Razón por la cual se concluyó en la necesidad de volver a la más efectiva ciencia de la propaganda.

Incluso, Wilson favoreció la causa de la derrotada Confederación de forma simbólica y práctica, a través de una intensa guerra cultural en favor de "La causa perdida", con películas pioneras como el clásico de su género *The Birth of a Nation* (1915).[283]

La legalidad de la histórica agencia secreta de "el país de las leyes" nunca ha sido un obstáculo. El problema son las revelaciones no planeadas. Por esta razón el sistemático uso de "*burn bags*" (bolsas de quemado) consiste en borrar con fuego cualquier posible revelación futura que comprometa el honor "y la seguridad" de los involucrados que luchan por la seguridad del país. Por esta razón, la prisión de Guantánamo no está en territorio estadounidense sino en Cuba, donde no se aplican las humanas leyes del país de las leyes. Actualmente sabemos las diferentes prácticas de tortura en Guantánamo, en su gran mayoría sobe detenidos interrogados sin proceso que luego fueron declaradas inocentes, no por la trasparencia de sus perpetuadores sino por filtraciones accidentales. Por las mismas razones existen alrededor del mundo decenas de "*black sites*" en cuatro continentes, incluido Europa, es decir cárceles ilegales de la CIA donde se practica la tortura (reveladas por el *Washington Post* en 2005 y reconocidas por el presidente George W. Bush en 2006) donde los sospechosos por cualquier motivo se pierden como las estrellas en los agujeros negros.[cxiv]

Durante la segunda presidencia de Barak Obama se filtraron documentos clasificados que probaban el espionaje ilegal de la NSA a millones de ciudadanos estadounidenses. La reacción de los senadores más influyentes del Congreso fue de manual: *primero, niégalo; luego, si no es posible, justifícalo*. ¿Qué mejor justificación para suprimir libertades que hacerlo en nombre de la Seguridad Nacional? El vocero de la Casa Blanca, Josh Earnest, dijo que la práctica era "*una herramienta crucial para proteger la nación de las amenazas terroristas*". La senadora demócrata y presidenta del Comité de Inteligencia del Senado, Dianne Feinstein, justificó el espionaje afirmando que "*la gente quiere que su país se mantenga seguro*". Algunas voces respondieron con indignación como la del senador demócrata Jeff Merkley de Oregón, quien definió la práctica revelada como "*una violación escandalosa de la privacidad de los estadounidenses*".[284] Al Gore, exvicepresidente y candidato a

---

[cxiv] El mismo dos veces gobernador de Florida, Ron DeSantis, candidato presidencial en 2023, autor de un libro panfletario sobre historia patriótica, demolido por la crítica (*Sueños de nuestros padres fundadores*, 2011) y célebre por sus prohibiciones de cientos de otros libros que no coinciden con el dogma colectivo, fue acusado por varios detenidos en Guantánamo y en Irak por supervisar sus propias sesiones de torturas mientras era un marine con el cargo de "consejero legal". Entre las torturas estaban la alimentación forzada por tubos, lo que recuerda al *waterboard* original en Filipinas, un siglo antes.

la presidencia en 2000 (ganador del voto popular pero no de los electores, que favorecieron a George W. Bush) calificó las prácticas de espionaje como "*obscenamente escandalosa*". ¿Cuál posición prevaleció? No es necesario ser un genio para responder a esa pregunta.

Por otra parte, medios como el *New York Times*, la mayor parte del tiempo funcional a Washington y las corporaciones (bastaría con recordar, como ejemplo, sus muchos editoriales en favor de invadir Irak o Libia), en ocasiones revelan grietas o espacios menores para investigaciones periodísticas que inevitablemente resultan incomodas a ese mismo poder. Podríamos escribir varios libros sobre estos casos, pero como ejemplo bastará con mencionar el caso de una de sus últimas investigaciones independientes titulada "*How the U.S. Hid an Airstrike That Killed Dozens of Civilians in Syria*" publicado el 15 de noviembre de 2021. El reporte detallaba la masacre de Baghuz, Syria ocurrida dos años antes, cómo había sido encubierta y cómo había salido a la luz. Luz que se apagaría pronto en las tinieblas del olvido y en el mar ártico de la conciencia popular.

El 8 de marzo de 2019, los analistas de un comando militar estadounidense localizado en la millonaria península de Catar, se encontraban observando una calle de un pueblo pobre en Siria a través de imágenes de alta definición captadas por un dron inteligente. En la conversación que quedó grabada, los analistas reconocieron que la multitud estaba compuesta mayormente por niños y mujeres. A un costado, un hombre portaba un arma, pero todo parecía desarrollarse de forma tranquila. Hasta que una bomba de 220 kilogramos fue arrojada desde un poderoso F-15E, justo sobre la multitud. Doce minutos más tarde, cuando los sobrevivientes de la primera bomba comenzaban a correr o a arrastrarse, el mismo avión arrojó dos bombas más, esta vez de una tonelada de explosivos cada una y a un costo de un millón de dólares por explosión.

A 1870 kilómetros, en el Centro de Operaciones Aéreas Combinadas del ejército estadounidense en la base de Al Udeid en Catar, los oficiales observaron la masacre en vivo. Alguien en la sala preguntó, sorprendido, de dónde había partido la orden.

Al día siguiente, los observadores civiles que llegaron al área encontraron casi un centenar de cuerpos destrozados de niños y mujeres. La organización de derechos humanos Raqqa Is Being Slaughtered publicó algunas fotos de los cuerpos, pero las imágenes satelitales sólo mostraron que donde cuatro días atrás había un barrio modesto sobre el río Éufrates y en un área bajo el control de la "coalición democrática", ahora no quedaba nada. La Oficina de Investigaciones Especiales de la Fuerza Aérea de estados Unidos se negó a explicar el misterio.

Luego se supo que la orden del bombardeo había procedido de un grupo especial llamado "Task Force 9", el cual solía operar en Siria sin esperar confirmaciones del comando. El abogado de la Fuerza Aérea, teniente coronel Dean W. Korsak, informó que muy probablemente se había tratado de un "crimen de guerra". Al no encontrar eco entre sus colegas, el coronel Korsak filtró la información secreta y las medidas de encubrimiento de los hechos a un comité del Senado estadounidense, reconociendo que, al hacerlo, se estaba "poniendo en un serio riesgo de represalia militar". Según Korsak, sus superiores se negaron a cualquier investigación. "La investigación sobre los bombardeos había muerto antes de iniciarse", escribió. "Mi supervisor se negó a discutir el asunto conmigo".

Cuando el *New York Times* realizó una investigación sobre los hechos y la envió al comando de la Fuerza Aérea, éste confirmó los hechos, pero se justificó afirmando que habían sido ataques necesarios. El gobierno del presidente Trump se refirió a la guerra aérea contra el Estado Islámico en Siria como la campaña de bombardeo más precisa y humana de la historia.

El 13 de noviembre el *New York Times* publicó su extensa investigación sobre el bombardeo de Baghuz. De la misma forma que esta masacre no fue reportada ni alcanzó la indignación de la gran prensa mundial, así también será olvidada como fueron olvidadas otras masacres de las fuerzas de la libertad y la civilización en países lejanos.

El mismo diario recordó que el ejército admitió la matanza de diez civiles inocentes (siete de ellos niños) el 10 de agosto en Kabul, Afganistán, pero este tipo de reconocimiento público es algo inusual. Más a menudo, las muertes de civiles no se cuentan incluso en informes clasificados. Casi mil ataques alcanzaron objetivos en Siria e Irak solo en 2019, utilizando 4.729 bombas. Sin embargo, el recuento oficial de civiles muertos por parte del ejército durante todo el año es de solo 22. En cinco años, se reportaron 35.000 ataques pero, por ejemplo, los bombardeos del 18 de marzo que costaron la vida a casi un centenar de inocentes no aparecen por ninguna parte.

En estos ataques, varias ciudades sirias, incluida la capital regional, Raqqa, quedaron reducidas escombros. Las organizaciones de derechos humanos informaron que la coalición causó miles de muertes de civiles durante la guerra, pero en los informes oficiales y en la prensa influyente del mundo no se encuentran, salvo excepciones como el de este informe del NYT. Mucho menos en los informes militares que evalúan e investigan sus propias acciones.

Según el NYT del 13 de noviembre, la CIA informó que las acciones se realizaban con pleno conocimiento de que los bombardeos podrían matar personas, descubrimiento que podría hacerlos merecedores del próximo Premio Nobel de Física. En Baghuz se libró una de las últimas batallas contra el dominio territorial de ISIS, otro grupo surgido del caos promovido por Washington en Medio Oriente, en este caso, a partir de la invasión a Irak lanzada en 2003 por la santísima trinidad Bush-Blair-Aznar y en base a las ya célebres mentiras que luego vendieron como errores de inteligencia. Guerra que dejó más de un millón de muertos como si nada.

Desde entonces, cada vez que se sabe de alguna matanza de las fuerzas civilizadoras, es por alguna *filtración*. Basta con recordar otra investigación, la del *USA Today* que hace dos años reveló los hechos acontecidos en Afganistán el 22 de agosto de 2008. Luego del bombardeo de Azizabad, los oficiales del ejército estadounidense (incluido Oliver North, convicto y perdonado por mentirle al Congreso en el escándalo Irán-Contras) informaron que todo había salido a la perfección, que la aldea los había recibido con aplausos, que se había matado a un líder talibán y que los daños colaterales habían sido mínimos. No se informó que los habían recibido a pedradas, que habían muerto decenas de personas, entre ellos 60 niños. Un detalle.

Mientras tanto, Julian Assange continúa secuestrado por cometer el delito de informar sobre crímenes de guerra semejantes. Mientras tanto los semidioses continúan decidiendo desde el cielo quiénes viven y quiénes mueren, ya sea desde drones inteligentes o por su policía ideológica, la CIA. Este mismo mes, la respetable cadena de radio estatal de Estados Unidos, NPR (no puedo decir lo mismo de la mafia de las grandes cadenas privadas), ha reportado que hace un año la CIA debatió entre matar o secuestrar a Julian Assange.

La conveniente, cobarde y recurrente justificación de que estos ataques se tratan de actos de "defensa propia" es una broma de muy mal gusto. No existe ningún acto de defensa propia cuando un país está ocupando otro país y bombardeando inocentes que luego son etiquetados como "efectos colaterales".

Está de más decir que ninguna investigación culminará nunca con una condena efectiva a los responsables de semejantes atrocidades que nunca conmueve a las almas religiosas. Si así ocurriese, sólo sería cuestión de esperar un perdón presidencial, como cada mes de noviembre, para Acción de Gracias, el presidente estadounidense perdona a un pavo blanco, justo en medio de una masacre de millones de pavos negros.

Nadie sabe y seguramente nadie sabrá nunca los nombres de los responsables de esta masacre. Lo que sí sabemos es que en unos años volverán a su país y lucirán orgullosas medallas en el pecho que sólo ellos saben qué significa. Sabemos, también, que al verlas muchos patriotas les agradecerán "por luchar por nuestra libertad" y les darán las gracias "por su sacrificio protegiendo este país". Muchos de estos agradecidos patriotas son los mismos que flamean la bandera de la Confederación en sus 4×4, el único grupo que estuvo a punto de destruir la existencia de este país en el siglo XIX para mantener "la sagrada institución de la esclavitud".

Quema, borra y miente con arte

EN LA FOTOGRAFÍA MÁS FAMOSA de una operación especial del gobierno de Barack Obama, tomada el primero de mayo de 2011 a las 16:05 horas, el presidente aparece a un costado, como si su rol en la captura del ex hombre de la CIA, Osama bin Laden, fuese algo menor. La secretaria de Estado, Hillary Clinton, refuerza el estereotipo femenino tapándose la boca ante un hecho urgente o trascendente mientras que un general tamizado de medallas parece tomar control de la situación escribiendo en una laptop.

Al lado de la rodilla derecha del presidente se puede ver una bolsita de papel reciclado, tipo Publix, pero con franjas rojas. Es una de las "*burn bags*" que desde los años 80 se usan para eliminar completamente "documentos sensibles". La política de quemado de documentos se impuso luego que en 1979 Irán logró reconstruir un documento destruido de la embajada estadounidense y, sobre todo, a partir de que las nuevas tecnologías lograron escanear y recomponer cualquier masa de papel picado con mayor facilidad.

El fuego fue siempre más efectivo, aunque indiscreto. La famosa fotografía del último helicóptero estadounidense huyendo de Vietnam tomada por el holandés Hugh Van Es, popularmente conocida como una evacuación de la Embajada de Estados Unidos, en realidad ocurrió en la base principal de operaciones de la CIA. Pocas horas antes de ese despegue, los oficiales quemaron todos los documentos generados en los últimos años, lo cual ha hecho el trabajo de los historiadores más difícil, sino imposible. Una pequeña parte de quienes aparecen en la fotografía lograron subir. El intocable Henrry Kissinger quería que se rescatara a quienes habían participado en la Operación Fénix, grupo paramilitar que de 1967 a 1971 secuestró, torturó y ejecutó a al menos 26.000 civiles vietnamitas sospechosos de ser comunistas.

La preocupación de Washington, que hasta entonces había invertido decenas de millones de dólares en vender la guerra de Vietnam a la población estadounidense, no era la valoración que los historiadores pudieran hacer en un futuro lleno de disputas narrativas sino los activistas antiguerras y los votantes estadounidenses que comenzaban a hartarse de tantos fracasos pese a la absoluta libertad de las fuerzas armadas estadounidenses y de la CIA para bombardear, fumigar y ejecutar incivilizados sin restricción alguna.

Si saltamos cuarenta años de otras matanzas y desapariciones de evidencias en nombre de la democracia, la libertad y los Derechos Humanos, aterrizaremos forzosamente en Guantánamo, una de las tantas bases militares que Washington desparramó por el mundo a partir del secuestro de la independencia de Cuba en 1898 y que, gracias a no ser legalmente territorio estadounidense, las benévolas leyes de la nación civilizada no se aplican. Una de las conocidas instancias donde se revelaron las ilegalidades y las prácticas de asesinatos de líderes mundiales por parte de la CIA fue cuando la comisión del senado estadounidense, a través de la comisión Church, inició una investigación parcial sobre sus intervenciones. Todas ilegales. Todas impunes *for ever*. No muy diferente fueron las violaciones a los Derechos Humanos en Irak y en el resto de Medio Oriente. No muy diferente práctica se reveló en la prisión Guantánamo, una entre tantas prisiones que la CIA mantiene alrededor del mundo para violar todas las leyes imaginables en nombre de la Seguridad Nacional y por la impunidad de las leyes civilizadas de su país y sus corporaciones.

Según el nuevo y extenso reporte del Senado estadounidense publicado en 2015, esta vez encabezado por el veterano de la Guerra de Vietnam, el senador y candidato a la presidencia por el Partido Republicano John McCain, la CIA destruyó los videos que registraron la sistemática tortura de los detenidos en Guantánamo.[285] El mismo informe, de 500, páginas reconoce que los métodos de "interrogación mejorada" fueron torturas brutales, por lejos *"más cueles de lo que la misma CIA informó al Congreso"*.[286] Recordemos que la gran mayoría, casi totalidad de los detenidos resultaron inocentes, según diferentes documentos del mismo gobierno estadounidense.

Uno de los principales cuestionamientos no fue sobre moral sino sobre utilidad. Antes de los atentados contra las torres Gemelas en 2001, la CIA ya había recurrido a la tortura para recabar información (no por casualidad, una conocida práctica de las dictaduras latinoamericanas y de los regímenes desparramados por el mundo en nombre de la libertad, de las corporaciones y sus capitales). Como todos saben, esta práctica libre no impidió lo que (de no ser por una acción planeada o tolerada contra el centro simbólico de Estados Unidos, Nueva York) habría que calificar como otro de los tantos rotundos fracasos de La Agencia. La misma CIA reconoció en los 90s que la tortura no producía información confiable, sino lo contrario.[287]

El informe detalló algunas formas de tortura, como la alimentación o hidratación forzada por el ano de detenidos sospechosos y la inmersión en hielo, entre otras creaciones del sadismo. Uno de los detenidos fue informado de que *"nunca lograría llegar a ninguna corte, porque pase lo que pase el mundo nunca se enteraría de lo que le habían hecho"*. En otros casos, el detenido fue informado de que *"sus familias sufrirían las consecuencias; sus hijos serían golpeados y sus madres violadas antes de ser degolladas"*.[288]

Como si todas estas violaciones contra *humanos de tercera categoría* no fuesen suficiente, según el informe del Senado, la CIA mintió y engañó al Senado de Estados Unidos y hasta la Casa Blanca. También filtró información clasificada a la prensa, información cuidadosamente seleccionada para promover en la Opinión Pública la idea de que sus programas secretos y de tortura tenían algún valor para mantener a los ciudadanos seguros de ataques terroristas.

Está de más decir que ninguno de estos informes lapidarios del mismo Senado estadounidense sobre brutales violaciones a los Derechos Humanos terminó y nunca, *ever*, terminará en el enjuiciamiento de algún agente, oficial, general o ascensorista de la CIA. El informe del Senado de 2015 lo resume claramente: La CIA *"rara vez ha llamado la atención o ha castigado a su personal por algún abuso"*.[289]

Filtraciones malas y filtraciones buenas

DE LOS CASOS MÁS IMPACTANTES DE PUBLICACIÓN de documentos clasificados luego de los *Pentagon papers* en 1971, están los de WikiLeaks de Julián Assange, las revelaciones de la soldado Chelsea Manning y del agente de la CIA y la NSA Edward Snowden. Sin embargo, como el mismo periodista Glenn Greenwald observó en 2014, las filtraciones de documentos clasificados a la prensa realizadas por Washington para propaganda propia no levantan siquiera sospechas.

Cuando en 2013 la filtración de miles de documentos secretos de la NSA probó que Washington no sólo espiaba a ciudadanos de otros países en otros países (categorizados como aliados o enemigos, es decir, no-ciudadanos, subespecies humanas), el presidente Barack Obama salió a la prensa para negarlo. El 18 de junio, Obama dijo: *"Lo que puedo asegurarles es que si usted es un ciudadano de Estados Unidos, la NSA no puede escuchar sus conversaciones telefónicas... Eso por ley... Al menos que haya una orden de un juez"*. Aparte de que esta "orden de un juez" consistía en llenar de vez en cuando un formulario en una ventanita electrónica que devolvía de forma casi automática cero rechazos, las palabras del presidente ocultaban una realidad más tenebrosa: la recopilación de billones de metadatos no se tipifica como "escucha directa" sino la recolección y guardado de quién hizo un llamado, a quién, a qué hora, desde dónde. Combinando tres o cuatro de estos eventos, las historias personales de cada individuo saltan solas: problemas psicológicos, embarazos no deseados, deudas, visita a laguna página pornográfica o donación a algún sindicato o grupo de activistas y cualquier otro evento normal en cualquier ciudadano que nunca ha violado ninguna ley pero que podrá ser usado en su contra cuando sea necesario.

En 2012, Washington advirtió de la posibilidad de que las compañías chinas de telecomunicación, Huawei y ZTE, pudieran estar "violando las leyes estadounidenses", al mismo tiempo que la NSA instalaba chips espías en *routers* y computadoras que las compañías estadounidenses exportaban a diferentes países. Los *routers* exportados por Cisco, por ejemplo, estaban infestados con programas espías, probablemente sin el conocimiento de la compañía, ya que esta práctica se realizaba (o se realiza) interceptando los equipos listos para la exportación e insertándoles *bugs* capaces de apropiarse de redes enteras en otros países. La NSA también instaló *back doors* en las computadoras de millones de estadounidenses, interceptó los servidores, los *routers*, las computadoras y los teléfonos de decenas de millones de estadounidenses para recoger y guardar sus datos personales. En el caso de las compañías estadounidenses que producen en China, la ley por la cual se rigen no es la china sino la estadounidense. Razón por la cual la limitación de la independencia de las compañías extranjeras, como las chinas, suelen correr a cargo de una especie de "jurisdicción extraterritorial" de la justicia de Washington, como ocurrió con Huawei en 2018.[cxv]

A muchas personas puede no interesarles que espíen sus computadoras y sus vidas privadas "porque no tienen nada que ocultar". Por el contrario, debido a una campaña de banalización de estas ilegalidades llevadas a cabo en la gran prensa y en el discurso político, muchos ciudadanos espiados defienden la práctica desde la perspectiva de quienes violaron sus derechos: "todo ha sido para proteger nuestra libertad y nuestra seguridad". La situación es en todo similar a la expresada en 1955 por el pastor alemán, exnazi y víctima del nazismo, Martin Niemöller, sobre la cobardía y el conformismo intelectual:

[cxv] El primero de diciembre de 2018 Meng Wanzhou, ejecutiva de la empresa china de telecomunicaciones Huawei e hija de su fundador, fue detenida en Canadá en tránsito hacia México por agentes estadounidenses bajo la acusación de haber hecho negocios con Irán (y luego por fraude financiero) por lo cual podría enfrentar una pena de cárcel por más de una década sin haber violado ninguna ley ni canadiense ni estadounidense. ("El verdadero fraude financiero", *Huffington Post*. Majfud, J. 24/05/2019).

Cuando los nazis vinieron a llevarse a los comunistas,
guardé silencio,
porque yo no era comunista,

Cuando encarcelaron a los socialdemócratas,
guardé silencio,
porque yo no era socialdemócrata,

Cuando vinieron a buscar a los sindicalistas,
no protesté,
porque yo no era sindicalista,

Cuando vinieron a llevarse a los judíos,
no protesté,
porque yo no era judío,

Cuando vinieron a buscarme,
no había nadie más que pudiera protestar.

    Entre otros, en la actualidad es el comprensible miedo del asalariado a discrepar, discernir o protestar. "Ya otros más arriesgados lo harán por nosotros". Sin embargo, el miedo a ejercer sus derechos a la privacidad y al olvido digital ayuda a que estos abusos a la libertad individual y colectiva sean legitimados, además de que esos mismos datos algún día de sus vidas futuras puedan ser usados en su contra. Por otra parte, esta práctica de espionaje indiscriminado, justificado, como es previsible y viejo conocido de la historia como "necesarias para la defensa nacional" y "para luchar contra el terrorismo" claramente ha fracasado en esos propósitos declarados pero ha sido empelada múltiples veces para obtener ventajas económicas. En materia internacional, el espionaje económico es una vieja práctica. El espionaje por años de la NSA en el teléfono celular de la canciller alemana Angela Merkel difícilmente puede atribuirse a sospechas de terrorismo contra Estados Unidos. Uno de los reportes de la NSA con sello "*Special Source Operations*" con fecha del 2 al 8 de febrero de 2013 se refiere a México, Japón y Venezuela especificando su preocupación por el comercio, las políticas internas y el petróleo. Esta información privilegiada le provee a Washington con ventajas a la hora de negociar. Según Glenn Greenwald, el espionaje de la presidenta de Brasil Dilma Rousseff y del presidente de México Peña Nieto en 2011, dos líderes con ideologías diferentes, tiene un factor común: los dos países, luego de Venezuela, son los más importantes productores de petróleo de la región.[290]

La publicación de los documentos que probaron el espionaje de casi todos los ciudadanos estadounidenses por parte de la NSA también mostró que esta super agencia secreta también entregó estos datos a la unidad Cuerpos de Inteligencia del ejército de Israel, al mismo tiempo que se quejaba de que Israel no era recíproco sino que, por el contrario, espiaba a los ciudadanos estadounidenses, definiendo a los servicios secretos de Israel como "*uno de los espionajes más agresivos contra Estados Unidos*". Un documento filtrado afirma que una NIE (National Intelligence Estimate) única a Israel "*el tercer servicio de Inteligencia extranjero más agresivo contra Estados Unidos*". Dos años después de estas revelaciones, en 2015, el primer ministro de Israel, Benjamin Netanyahu, negó un informe del *Wall Street Journal*, filtrado por la Casa Blanca de Obama, de que Israel espió las negociaciones de Estados Unidos con Irán y luego entregó los datos a los republicanos del Congreso: "*El estado de Israel no realiza espionaje contra Estados Unidos ni contra otros aliados de Israel*", dijo a la prensa.[291]

Cuando ese mismo año, 2015, un informe del Senado de Estados Unidos reveló que la CIA no sólo había torturado sospechosos inocentes en la prisión ilegal de Guantánamo, sino que también le había mentido al Senado y a la Casa Blanca, la misma CIA filtró parte de su propios documentos secretos para generar en la Opinión Publica la idea de que la tortura ("*enhanced interrogation*" o "interrogación mejorada") había sido, de alguna forma, efectivas para mantener el país libre de atentados terroristas.[292] Algo que se probó falso, aunque no es necesaria ninguna comisión investigadora para darse cuenta que ninguno de los mayores eventos históricos fueron alguna vez detectados por la CIA y su "inteligencia".

En la página 401 del mismo informe, se concluye que "*la CIA filtró información clasificada a algunos periodistas sobre su programa aún secreto sobre Detención e Interrogación, la que luego fue publicada*". El objetivo era lavar su imagen. Los Assanges y los Greenwalds del poder nunca fueron perseguidos ni demandados ante justicia o tribunal de ningún tipo. Por ejemplo, "*como lo afirma un email interno, la CIA ▮▮▮▮ nunca abrió investigación alguna sobre el libro* The CIA at War *de Ronald Kessler, a pesar de que contenía información clasificada... El asesor jurídico John Rezzo escribió que esta decisión se había basado en que la relación de la CIA con el escritor Kessler había sido bendecida por el director de la Agencia. Otro ejemplo es cuando los oficiales de la CIA y los integrantes del Comité Selecto Permanente de Inteligencia de la Cámara de Representantes observaron que un artículo escrito por Douglas Jehl en el New York Times contenía una cantidad importante de información clasificada*". A pesar del acceso ilegal y privilegiado de información secreta, no por casualidad, la misma comisión del Senado concluye que "*tanto el libro de Kessler como el artículo de Jehl contienen afirmaciones falsas sobre la efectividad del programa de interrogación de la CIA*".²⁹³ Antes de pulir sus artículos, Jehl proveía de una copia a los agentes de la CIA, incluso asegurándoles que el texto enfatizaba en las virtudes de las técnicas del programa secreto de "interrogación mejorada". Lo mismo volvió a hacer Ronald Kessler en 2007 para su nuevo libro: no sólo le entregó a la CIA el borrador sino que incluyó los cambios y críticas que la agencia le había devuelto.^cxvi

La lista de logros detallados por los dos periodistas (captura de terroristas, prevención de ataques) es simplemente falsa. Pero la maquinaria de propaganda de la Agencia necesitaba "*hacer público 'nuestra historia' para crear opinión pública en el Congreso*". Ya en abril de 2005, la Agencia había seleccionado información conveniente para preparar a los oficiales que iban a ser entrevistados por el periodista el periodista Tom Brokaw de NBC News sobre el Programa de Interrogación en las cárceles secretas en el exterior. Más tarde se sabría que el programa *Dateline NBC* no sólo contenía información clasificada sino también historias inventadas sobre logros de la CIA en la captura de terroristas que no fueron registrados ni siquiera por parte de la misma agencia. Según el director de Counterterrorism Center, Phillips Mud, si la CIA no era capaz de venderse bien ante el público, el Congreso podría "*limitar nuestras atribuciones y meterse con nuestro presupuesto; tenemos que dejar claro que lo que estamos haciendo es algo bueno; debemos ser más agresivos allá afuera: o contamos nuestra versión de la historia o nos comen*".²⁹⁴ En gran medida la competencia de la CIA con el FBI y el robo mutuo de atribuciones y créditos se basa en celos profesionales y una vieja lucha por presupuestos, a pesar de compartir la misma ideología política y geopolítica de la dominación de los siempre peligrosos "otros de abajo". Un email del 15 de abril de 2015 a varios abogados de la CIA, un oficial expresó su preocupación por esta práctica de la misma Agencia de filtrar información secreta. No se conoce respuesta alguna.

Sí se conoce que la CIA destruyó los videos que había grabado en las sesiones de tortura, de la misma forma que, después de algún tiempo, suele quemar los documentos clasificados que, de ser filtrados por gente más

---

^cxvi La revelación de Operation Mockingbird por parte de la Comisión Church del senado estadounidense documentó la práctica común por parte de la CIA de plantar artículos en la prensa dominante de Estados Unidos y de América Latina, así como promocionar y hasta financiar libros y traducciones de libros ideológicamente favorables. Muchas otras investigaciones académicas confirmaron otros casos, como el del periodista John Barron, cuyo primer libro *KGB: The Secret Work of Soviet Secret Agents* publicado por la editorial del *Reader's Digest* (*Selecciones*, en español) en 1974 fue financiada por la CIA y se convirtió en un *best seller* internacional. Por mencionar sólo un caso.

independiente, no dejaría una buena imagen de la maquinaria y el fantasma de los recortes presupuestarios podría volver a tocar la puerta. El mismo informe de la comisión del Senado, en sus datos de apéndice, comparó las declaraciones de la CIA en el Congreso con los documentos de la misma CIA y concluyó que sus agentes mintieron ante los legisladores y ante la ciudadanía. Naturalmente, sin consecuencias legales y sin pasar o pasando como una golondrina por la conciencia de la Opinión Pública.

¿Cuál es el destino, el uso que futuros gobiernos, futuros paranoicos y futuros análisis de Inteligencia Artificial harán de esos billones de datos personales de tantos cientos de millones de ciudadanos? Para mí la respuesta es inevitable, si continuamos la misma lógica de espionaje individual y la manipulación de la verdad colectiva: en un futuro no muy lejano, los análisis de ADN y los diagnósticos psicológicos de los individuos serán usados para clasificar a los individuos. Por ejemplo, aquellos diagnosticados con "Trastorno de Oposición Desafiante" (TOD, o, como bien se conoce en una "segunda" interpretación psicológica "Trastorno de las Ansias de Libertad", serán automáticamente acosados y marginados, no sólo en sus posibilidades políticas sino, también, laborales.

Por si fuese poco, los sistemas de espionaje tienen la capacidad de buscar información en todos aquellos archivos que creímos eliminar de las nubes y hasta de nuestros discos duros de nuestras computadoras privadas. Esta información ha sido filtrada ilegalmente por disidentes, sin embargo también sabido que las mismas agencias secretas, incluido el FBI, han practicado la extorción masiva permitiendo que la población sepa del espionaje masivo que practican. Esto no sólo crea una autocensura pública sino hasta una autocensura privada y, más allá, autocensura de pensamiento como en los peores momentos de la Inquisición europea.

La manipulación de la cultura

COMO VIMOS EN CAPÍTULOS ANTERIORES, las agencias secretas son la *mano invisible* de las políticas de las potencias hegemónicas bajo sus corporaciones, no sólo como agencias de espionaje para recolectar datos y generar "informes sobre seguridad nacional" sino como *gobiernos paralelos* que ejecutan en la más pura impunidad todo tipo de planes y proyectos por su propia cuenta y en nombre de un presidente que sólo se entera de los resultados para protegerlo de cualquier escándalo en caso de que algo salga mal. Lo ideal del sistema es que ese presidente desaparecerá en cuatro u ocho años. La interrupción del sistema de democracia liberal favorece y protege los poderes permanentes. Es más: si alguna guerra, alguna invasión, algún golpe de Estado salió mal, el nuevo gobierno puede lavar las manos del anterior con una dosis moderada de crítica y una continuidad radical de la misma política.

De la misma forma que en 1961 el fiasco de la invasión Bahía Cochinos en Cuba puso a la CIA al límite de su disolución por parte del presidente John F. Kennedy, quien la culpó del fracaso y (según el agente cubano Antonio Veciana, entre otros) pagó con su vida semejante amenaza, todas las agencias, que basan su existencia en la *seguridad*, sean estatales o privadas, necesitan de la *inseguridad* para existir o para mantener un determinado nivel presupuestal aprobado por los congresos de turno. Sea por amor propio, vanidad o por simple sobrevivencia, también necesitan promocionarse como cualquier empresa privada. Esto lo saben todas las instituciones que compiten por una porción sustancial del presupuesto del gobierno y por los voluntarios más pobres que se acercan atraídos por el negocio del secreto y de la guerra por alguna razón. ¿Cómo estimular esta percepción positiva de algo que nadie sabe en qué consiste realmente? Una forma es a través de la publicidad directa en los medios, algo que es común cuando se trata de atraer jóvenes pobres para servir en el ejército o en los marines. Otra forma, quizás la más efectiva, es proceder a través de la cultura popular.

En capítulos anteriores nos detuvimos sobre las prácticas de la CIA (como *Operation Mockingbird*) para crear opinión en las Américas a través de la creación de noticias falsas que sus agentes y redactores plantaban cada día a lo largo de todo el continente. Los libros y la cultura no fueron ajenos a esta masiva y multimillonaria manipulación de los campeones de la "libre competencia". En muchos casos, las leyes fueron modificadas para limitar su acción dentro de fronteras de Estados Unidos, nada de lo cual impidió que la Agencia se saltara las leyes como un atleta olímpico en una carrera de obstáculos.

A finales de los 60s, esta canalización de dinero se realizó usando un centenar organizaciones privadas llamadas "huérfanos", como la National Council of Churches (Consejo Nacional de Iglesias) y otras que asistieron desde propósitos propagandísticos como en la organización y financiación de sindicatos de obreros favorables ("anticomunistas") en diversos países. El Congress for Cultural Freedom (Congreso por la Libertad Cultural), otra subsidiaria cultural y propagandística de la CIA, financió diversas "revistas intelectuales" como *Encounter*. Incluso, un agente de la agencia se había convertido en editor cuando los editores Frank Kermode y Stephen Spender renunciaron para no participar de esta manipulación. Usando otras de estas organizaciones inoculadas, como la National Student Association, infiltraron las universidades en países latinoamericanos, como Bolivia y República Dominicana. De forma extremadamente ingenua, la revista TIME informa que "*en algunas situaciones las funciones de mera ayuda o propaganda se convirtieron en masivas operaciones políticas, como en la violenta huelga general que ayudó a derrocar al gobierno marxista de Cheddi Jagan en la Guayana Británica hace tres años. Esta revuelta financiada por la Public Services International, organización respaldada por la CIA y cuyo objetivo ha sido organizar a los trabajadores del gobierno en sindicatos independientes en todo el mundo*".^{295} Es decir, nosotros organizamos en secreto los "sindicatos independientes" de otros países.

Como lo advirtió el mismo artículo de *Time*, "*quizás la contribución más importante de la CIA no se ha basado en el dinero sino en ideas poco convencionales e imaginativas*". No obstante, la disposición de dólares nunca fue una preocupación.^{cxvii} Entre sus contribuciones imaginativas, podemos imaginar, continúa la creación de opinión a través de la interferencia con la "prensa libre", el mundo de la cultura y, sobre todo, del entretenimiento.

En su libro *Spies, Lies, and Algorithms* (2022) la profesora de Standford University Amy B. Zegart nos recuerda que, en el actual mundo digital, solo el 20 por ciento de la información recolectada por agencias secretas como la NSA o la CIA procede de las mismas agencias y permanecen como clasificadas.^{cxviii} El resto es OSINT, es decir, procesamiento de información disponible de fuentes abiertas, la mayoría de las veces como donaciones voluntarias de los propios ciudadanos en sus redes sociales.

Para probar esto bastaría con recordar obviedades que suelen pasar desapercibidas por el público en general. Por ejemplo, de 1986 a 1994, en Estados Unidos, la popular serie de televisión *L.A. Law* (en América Latina

---

^{cxvii} En 2022, el Programa Nacional de Inteligencia (sin contar el presupuesto de inteligencia militar) ascendió a 60.000.000.000 de dólares, tanto como tres veces toda la economía total de Nicaragua o de Mozambique.

^{cxviii} La profesora Zegart también es miembro del directorio de la poderosa Kratos Defense & Security Solutions, una compañía privada que brinda servicios sobre el desarrollo de armas militares al gobierno. En 2016, esta compañía privada recibió 29 millones de dólares de Washington para desarrollar armas de energía dirigida (DEW), con las cuales es posible atacar "enemigos" (como manifestantes de alguna protesta callejera) con ondas de microondas. Estas armas comenzaron a desarrollarse durante el final de la Guerra Fría y los efectos del uso de estas armas son fundamentalmente en el cerebro, lo que en la prensa occidental se conoce como "Síndrome de La Habana" debido a los casos reportados por diplomáticos estadounidenses en Cuba en 2016. En los años 50 y 60, el patologista contratado por la CIA, Charles Freeman Geschickter, ya había propuesto el uso de radiaciones concentradas para dañar al cerebro por dentro. La CIA financió otros experimentos similares de forma ilegal, como en Canadá (dirigidos por el doctor Donald Ewen Cameron) entre otros, parcialmente revelados por el Congreso de Estados Unidos en 1975.

se vendió como *Se hará justicia*) produjo un boom de solicitudes en las escuelas (facultades) de derecho. En 1986, la película *Top Gun*, protagonizada por un supuesto piloto rebelde, Tom Cruise, envió una masa de solicitudes de ingreso a la marina, al extremo que las oficinas de recepciones tuvieron que instalar mesas a las afueras de los cines. Nada nuevo, si consideramos el efecto estimulante que produjeron las novelas de caballería en el conquistador de México, Hernán Cortes, detallado en *El Quijote* un siglo más tarde.

En una de sus estadísticas personales (siempre desde una perspectiva a favor de las agencias de espionajes como la NSA y la CIA), la profesora Zegart encontró que el 58 por ciento de aquellas personas que consumían películas de espías, tenían una opinión favorable de la NSA, mientras que este porcentaje se reducía al 34 por ciento entre aquellos que no veían estas películas. Entre los consumidores de ficción de espías, el 44 por ciento aprobaba que la agencia se metiera en nuestros teléfonos y en nuestra actividad en Internet, mientras que solo el 29 por ciento de aquellos que no se entretenían con las mismas ficciones aprobaba lo mismo. De los datos recogidos por la profesora Zegart se desprende algo aún más interesante: el 23 por ciento de aquellos consumidores de series y películas de espías creía que la NSA decía la verdad sobre su espionaje de las actividades de los ciudadanos comunes, mientras que solo el 15 por ciento de quienes no consumían esta ficciones pensaba lo mismo. En otras palabras, la mayoría de quienes consumían ficciones sobre espías tenían una opinión positiva de las agencias secretas al mismo tiempo que una escasa minoría creía que estas podían decir la verdad sobre sus actividades. (Pégame y llámame Marta.)

Estas super agencias secretas que reciben de Washington tanto dinero por año como lo que puede producir todo un país en América Latina no sólo se dedican a recolectar datos. Como lo muestra la historia hasta el hastío, son creadoras de opinión. O al menos son accionistas en ese negocio multimillonario. Incluso cuando se trata de cuidar su propia imagen. Zegart reconoce que *"hoy el FBI, la CIA y el Departamento de Defensa tienen oficinas de relaciones públicas y coordinan con la industria del entretenimiento que trabajan con escritores y productores de Hollywood para mostrar una imagen favorable de sus actividades"*.[296] La CIA interviene directamente en los guiones de películas. Lo mismo han hecho a través de sus propias oficinas en Los Ángeles, el ejército, la marina y la fuerza aérea. Películas como *Zero Dark Thirty* (*La noche más oscura*), fue financiada con dinero de la CIA y sus agentes supervisaron el libreto. Cuando la película se estrenó en 2012, la crítica apuntó sobre el carácter adulatorio de la producción al extremo que hasta el director de la CIA, Michael Morell, tuvo que salir al cruce afirmando que en gran medida era una obra de arte que no necesariamente debe suscribirse a la realidad. Pese a todo, o por eso mismo, la película recibió un premio Oscar ese mismo año.

En 2012, el mismo ex abogado de la CIA, Jeffrey Smith, reconoció en una entrevista para la radio pública NPR la explotación de los instintos más básicos en la creación de opinión y sensibilidades del público: *"necesitábamos algo que atrajera a una audiencia más amplia y, honestamente, tuviera algo de sexo"*. El entrevistado, Steve Henn, refiriéndose a la empresa creada por la misma agencia, In-Q-Tel (con fondos derivados de impuestos), comentó con humor: *"por eso lo llamaron Q"*. La compañía In-Q-Tel se estableció como una organización sin fines de lucro, pero su Gerente general, Christopher Darby, por entonces ganaba un millón de dólares al año. Según Smith *"los salarios en la comunidad de alta tecnología, entre las personas exitosas, son realmente extraordinarios"*. No obstante, según el propio Henn, la exitosa compañía *"nunca llegó a ser autosuficiente, por lo cual recibe 56 millones del gobierno cada año"*.[297] Los mercenarios del capitalismo necesitan al estado como ninguno.

Relaciones sociales y *astroturfing*

EL MAESTRO DE LA PROPAGANDA MODERNA, Edward Bernays (autor de cambios en los hábitos de vida de los estadounidenses, de la ruptura de la neutralidad de Washington en la Primera Guerra mundial, de complots y golpes de Estado en América Latina y del libro *Propaganda*) reconoció que había inventado el término "Relaciones públicas" porque la palabra "propaganda" había caído en desgracia. Este desprestigio ocurrió durante la Segunda Guerra Mundial, cuando los nazis se convirtieron en los alumnos pródigos del mismo Bernays.

Uno de los principios que se pueden inducir de las prácticas y de los mismos escritos de Berneys es lo que actualmente se llama *astroturfing*. Tradicionalmente, en Estados Unidos las organizaciones populares (sindicatos, movimientos por los derechos civiles, organizaciones comunales por alguna causa política especifica) son llamadas *"grassroots organizations"*, por su referencia a algo que crece desde la raíz del pasto, algo que "crece desde el pie". Su traducción al castellano es "movimiento de base", pero la metáfora del césped, de la planta en inglés se mantiene cuando los analistas observan que muchas de estas organizaciones populares en realidad son un sustituto falso de una verdadera organización popular propia. Por el contrario, son fachadas creadas por sus adversarios más poderosos, y de ahí la idea de *astroturf*, es decir, de césped artificial. El nombre procede de una conocida marca comercial de césped de plástico, AstroTurf, patentada por Monsanto en 1965.

No otra fue una de las estrategias centrales de Edward Bernays: nunca se debe decir que el producto que queremos vender es el mejor y la competencia es mala. Hay que convencer a otros, especialmente a alguna autoridad intelectual, como científico, médico o líderes religiosos para que digan lo que queremos que se diga de nuestro producto, sea cigarrillos Lucky Strike, jamón Beech-Nut o un golpe de Estado en "algún país de mierda", según el expresidente Donald Trump.

Desde entonces, las *PR* (relaciones públicas, pero también comunicados de prensa) se convirtieron en un negocio millonario dedicado a la manipulación de la opinión pública. El mismo Bernays había expresado que "*la propaganda es el órgano ejecutivo del gobierno invisible*" y la "*la manipulación consciente e inteligente de los hábitos y opiniones organizados de las masas es un elemento importante de toda sociedad democrática. Quienes manipulan este mecanismo invisible de la sociedad constituyen un gobierno invisible que es el verdadero poder gobernante de nuestro país*".[298]

En la actualidad, el negocio de la Opinión Pública se ha multiplicado varias veces. Grandes compañías creadoras de opinión gastan miles de millones de dólares cada año para decirle a los ciudadanos comunes qué deben pensar. Naturalmente, como desde la Antigüedad, aunque de una forma crecientemente sofisticada y científica, esta opinión creada casi siempre beneficia a las elites del poder. En nuestro caso no son señores feudales sino algo parecido: Los Exitosos Billonarios Que Han Creado Nuestro Mundo En Siete Días y que los fracasados de abajo (el 99 por ciento) quieren castigar con impuestos o, peor, quieren cuestionar en su legitimidad. Esta legitimidad necesita de una narrativa, de una opinión pública favorable que la confirme y asegure.

Luego del trabajo simbólico viene el aspecto práctico (el primero, ejercido principalmente por los medios y, el segundo, por la política): la micro elite, con algunos rostros visibles como Jeff Bezos o Elon Musk, debe confirmarse en los gobiernos y los congresos, así siempre secuestrando y sobornando a los "representantes del pueblo", quienes no representan gente sino miedos y deseos—las dos materias primas del capitalismo y sus medios de comunicación.

Una de las más poderosas megaempresas especializadas en la manipulación de opinión pública (Relaciones Públicas) y con sucursales en todo el mundo es Edelman. Como los eufemismos son importantes, también suelen presentarse como "consultoras". Nunca consultoras del pueblo sino del gremio de millonarios, ese que es capaz de armar asambleas de cuatro o cinco individuos que poseen la mitad de la riqueza de un país y que fácilmente, en reuniones amenizadas con etiqueta negra, caviar y excremento de murciélago, pueden decidir una de esas huelgas de capitales que llaman "fuga de inversiones" y que aterrorizan a pueblos y responsables presidentes por igual.

No obstante, estas compañías mercenarias se dedican a crear "movimientos de base", exactamente como la CIA hizo desde su nacimiento en todos los países en los que puso un pie, creando levantamientos populares contra gobiernos no alineados o inoculando y secuestrando los grupos disidentes (en América Latina, grupos de izquierda, como publicaciones críticas y sindicatos de obreros y de estudiantes). De igual forma, Edelman, como otras compañías de relaciones públicas, no escatimaron nunca esfuerzos por crear "indignación popular" controlada, haciéndolas pasar como agrupamientos espontáneos cuando, en realidad, se trataban de una estrategia publicitaria en favor de sus clientes. Una de ellas, fue el grupo "Familias de trabajadores de Walmart" creado a fines de 2005, un grupo que supuestamente respondía a los intereses de los trabajadores de Walmart que, en realidad, fue organizado por Edelman para apoyar la noble causa de la familia Walton, la más rica de Estados Unidos, contra la tentación de sus trabajadores por crear un sindicato, derecho consagrado por las leyes de Estados Unidos y rara vez ejercito debido a la propaganda "anti comunista" y a las extorciones de las grandes empresas.[299]

Edelman, en nombre del pueblo, fue contratada por grandes grupos petroleros para torcer la opinión popular contra las "teorías del cambio climático" (no hay campaña de desprestigio sin usar la palara "teoría", incluso aplicada a las ciencias) y, de esa forma, influir en la aprobación de leyes convenientes a la industria petrolera o bloquear aquellas otras que podrían limitar los beneficios de sus clientes.[cxix]

Pero el *astroturfing* no es sólo un negocio de las grandes empresas privadas. La mano invisible del mercado, el brazo secreto del capitalismo (financiado por Washington y por dinero público) tienen un largo historial en el género del enchastre para crear opinión pública. Un ejemplo reciente provino del mismo ejército de Estados Unidos, cuando fue desnudado por WikiLeaks. Para desacreditar a WikiLeaks, el US Army intentó hacer que esa organización rebelde publique revelaciones falsas.[cxx]

[cxix] Aparte de la iglesia mormona, Starbucks y otros grandes negocios, uno de sus clientes es American Petroleum Institute (API), el cual agrupa a 600 corporaciones petroleras en Estados Unidos, dedicada a crear consenso popular contra la idea de un posible Cambio climático. No por casualidad en 1969 mudó sus oficinas a Washington DC.

[cxx] WikiLeaks fue declarado "enemigo del Estado" y, en consecuencia, debía ser destruido, según un documento secreto de 2008. Ver Greenwald, Glenn. *No Place to*

El intento de difamación fue frustrado por una revelación de WikiLeaks que mostraba al ejército de Estados Unidos intentando que WikiLeaks publique información falsa.

Espionaje estatal, manipulación privada

HASTA LA COMERCIALIZACIÓN DE INTERNET durante los años 90s, la forma común de espiar a grupos e individuos con ideas políticas diferentes a las de Washington y Wall Street consistía en el allanamiento secreto de oficinas y domicilios para robar documentos. Esta práctica era común en los campus universitarios, donde algunas autoridades facilitaban las llaves de las oficinas de los profesores, o de la entrada forzada de las oficinas de diarios, de grupos disidentes o de casas de gente sospechosa que estaba contra de alguna guerra o invasión.[cxxi]

En 2009, Eric Schmidt, uno de los dueños de Google, fue entrevistado por CNBC. Ante el cuestionamiento sobre la recolección de datos personales de los usuarios, Schmidt respondió: *"Si alguien tiene algo que no quiere que nadie sepa, tal vez es algo que no debería hacer, en primer lugar; pero si realmente necesita ese tipo de privacidad, la realidad es que los motores de búsqueda, incluido Google, desde hace algún tiempo guardan esa información... Es importante que en Estados Unidos todos estemos sujetos a la Ley Patriota"*.[300] Claro que su privacidad personal y la privacidad financiera de la empresa nunca estuvo en cuestión. Como lo observó CNET en 2013, *"tu vida personal ahora le pertenece a Facebook; la vida personal de su director ejecutivo es su asunto privado"*.[301] Para preservar su derecho a la privacidad, como cualquier ciudadano, Mark Zuckerberg se compró cuatro mansiones alrededor de la suya, en Palo Alto, California, por un valor de 30 millones.

Para hacerlo menso feudal, en 2015 las Naciones Unidas declaró la privacidad online como un Derecho Humano. Al menos en el papel. Pero si

---

Hide: Edward Snowden, the NSA, and the U.S. Surveillance State. Macmillan, 2014, p. 13.

[cxxi] Sara Murray, por ejemplo, solía trabajar en Detroit con refugiados que habían escapado de las dictaduras militares en América Central. Una mañana de marzo de 1985 entró a su oficina de MICAH y se dio cuenta que había sido allanada y faltaban varios archivos. Un taxista puertorriqueño le advirtió que los *death squads* (escuadrones de la muerte) andaban detrás de ella: "¿usted no se da cuenta que su familia podría ser secuestrada...? Ellos la asesinarán y harán pasar su muerte como si fuese un accidente. Mejor deje de trabajar para esa gente antes que sea considerada una traidora".

bajamos al mundo de los mortales las cosas son del todo diferentes. Todos los sistemas operativos más importantes, como los de Microsoft y Apple, poseen *backdoors* ("puertas traseras)", gracias a los cuales los gobiernos más poderosos del mundo tienen acceso a las computadoras personales de cada mortal que habita este planeta, sin necesidad de solicitarles la clave de acceso. Según el creador de Linux (Linus Torvalds, en el momento de ser interpelado por el parlamento europeo en 2013) aseguró que estos programas cerrados poseen cientos de *backdoors* en forma de *bugs*, fallos o pseudo errores en un software. Estos sistemas son cerrados, es decir, secretos, inaccesibles para sus usuarios y, de hecho, la sola exploración física o digital del sistema operativo de un teléfono o una computadora por parte de su dueño está tipificada como delito. Porque sus dueños no son sus dueños. Cuando compramos un aparato electrónico, en realidad no nos pertenece completamente, como no nos pertenecen los correos que muchos asumen como privados: todo lo que escribimos o guardamos en un *hoster* (servidor) que no está en nuestra casa, es propiedad del dueño del servidor, sea Gmail, Yahoo, Dropbox, o cualquier servidor institucional de un gobierno o de una empresa privada. Aparte de nacer con una *backdoor*, en el transcurso de sus vidas nuestros aparatos personales pueden adoptar algunos como *Sub7*, un virus troyano, como quien se agarra un resfriado que no desaparece completamente hasta que nos morimos.

Según los documentos secretos filtrados por Edward Snowden en 2013, Microsoft colaboró con la NSA otorgándole acceso libre a todas las comunicaciones privadas de cientos de millones de usuarios a través de SkyDrive, Skype y Outlook. No sin ironía, la empresa se vendía con una propaganda falsa e hipócrita: "*Para nosotros es importante que usted tenga control sobre quién puede acceder a sus datos personales*".

Cuando Microsoft compró Skype en 2011, le aseguró a los 650 millones de usuarios que "*Skype está comprometida con el respeto a su privacidad y la confidencialidad de sus datos personales*" mientras trabajaba de forma permanente con la NSA para facilitar su acceso a esos mismos datos de los usuarios. Cuando en 2012 la empresa actualizó Outlook para reemplazar el original servicio de correos Hotmail, lo hizo promocionando el cambio como una medida para aumentar el nivel de privacidad a través del cifrado (*encryption*) de los mensajes. Inmediatamente, la sección Social Source Operations (SSO), en un documento secreto fechado el 12 de agosto, expresó su preocupación por la pérdida de acceso a los chats privados, lo cual fue rápidamente solucionado para que la NSA recupere el acceso a los mensajes y comunicaciones a pesar de esta codificación. También el FBI logró el mismo privilegio a través de la colaboración de Microsoft con el Data Intercept Technology Unit (DITU).[302]

Varios documentos filtrados por Edward Snowden revelan diferentes programas de la NSA para inmiscuirse en la vida privada de cualquier mortal sobre la tierra. Uno de esos programas lleva el nombre de X-KEYSCORE (desde siempre las agencias secretas amaron las mayúsculas), gracias al cual sus espías y empleados se divierten siguiendo en vivo las actividades digitales de la víctima que se les ocurre espiar. Ven, en vivo, sus monitores, sus chats privados en redes sociales con familiares, amigos y amigovios; guardan sus historiales, sus búsquedas en Google, sus preocupaciones, sus enfermedades, sus deseos y esperanzas y todas esas cosas propias de los seres inferiores que no creen que existe un dios que los está mirando. Incluso, lanzan ataques contra el tráfico de algún grupo disidente o de activistas para enlentecer o perturbar cualquier evento políticamente no deseado. Según Snowden, un *insider*, también los jueces y el presidente de Estados Unidos podían ser espiados sin problemas. Es decir, lo que en otros libros llamamos "El gobierno paralelo".

Nada nuevo. Desde 2007, y por el programa PRISM, la DITU recoge datos privados de los usuarios de Facebook, Yahoo, Google y otras plataformas y las pasa a la NSA. A su vez, la NSA transfiere la misma información a sus subsidiarias, una de las cuales es la CIA, por lo cual la supuesta separación de jurisdicciones (nacional vs. extranjero) establecidas por las leyes, es tan elástica con un chicle.

Todo bajo la legalidad del Patriot Act de 2001, es decir, la ley escrita y votada bajo la desesperación del 11 de Setiembre con la excusa de interceptar mensajes de terroristas y así salvar a una nación que nunca estuvo en peligro por ningún acto terrorista. Nunca antes *"un evento catalítico y catastrófico, algo como un nuevo Pearl Harbor"* (al decir del grupo conservador Project for the New American Century, PNAC, en 1998) tuvo un efecto tan devastador para el pueblo estadounidense y tan fructífero para los superpoderes de las superpotencias que rigen desde hace siglos sobre naciones ajenas.[cxxii]

Ningún evento revivió y benefició tanto a la moribunda cultura de la Guerra Fría y sus multimillonarias agencias y redes de influencia como lo hizo el 9/11. Gracias a estos ataques, no sólo se logró lanzar la tan deseada guerra total contra Irak y Medio Oriente, solo por casualidad países ricos en petróleo, sino que se aprobaron de urgencia "leyes patriotas" que hicieron

---

[cxxii] Entre los miembros del PNAC, a finales de los años 90, se encontraban el escritor neoconservador Robert Kagan, los profesores Francis Fukuyama y Donald Kagan, el futuro vicepresidente Dick Cheney, el futuro secretario de Estado Donald Rumsfeld, el futuro secretario de defensa Paul Wolfowitz y el futuro consejero de seguridad de Donald Trump, John Bolton. (Kagan, Donald, and Gary Schmitt. *Rebuilding America's Defenses: Strategy, Forces and Resources for a New Century*. Project for the New American Century, 2000.)

posible la venta de la libertad de los ciudadanos estadounidenses a cambio de una seguridad ficticia. Por el contrario, ninguno de estos programas de espionaje ilegal (codificados, misteriosos, masivos y multimillonarios) logró evitar un solo atentado terrorista.

Ante las revelaciones de Snowden, el presidente Obama y la mayoría de los políticos del momento justificaron el espionaje como necesarios *"para la seguridad de la nación"* pero, al mismo, tiempo, el presidente se vio obligado a establecer una comisión de investigación, el Review Group on Intelligence and Communications Technologies. No sin ironía, esta misma comisión concluyó: *"Nuestra investigación muestra que la información obtenida por metadatos de espionajes telefónicos no eran esenciales para prevenir ataques terroristas y podrían haberse obtenido fácilmente de manera oportuna utilizando órdenes judiciales convencionales".*[303] Como anota el periodista Glenn Greenwald, un estudio del New American Fundation concluyó de la misma forma. De hecho, quedó claro que el espionaje masivo no hizo nada por evitar el atentado terrorista en el Maratón de Boston en 2012 ni detectaron varios intentos de explosivos, como el del avión de Detroit o el plan fallido de poner una bomba en el Times Square de Nueva York. Tampoco sirvió para evitar cualquiera de los tiroteos masivos que conmovieron al país durante esos años y continúan hoy, como si nada. Lo mismo podemos decir de cualquiera de los atentados más sonados a nivel internacional.

Nada de esto debería sorprender. Al fin y al cabo, no pudieron evitar, o no quisieron, los atentados a las Torres Gemelas en 2001 (más allá de unos reportes de la CIA al respecto que, por alguna oscura razón, compartió con otros organismos del Estado solo cuando ya era tarde) y, cuando dos años después informaron sobre el peligro de armas de destrucción masiva en Irak, la cual todo resultó ser, según el mismo presidente George Bush, *"un error de inteligencia"* que dejó un millón de muertos y medio continente en el caos absoluto. El único error de inteligencia fue el de los pueblos que fueron manipulados como niños de kindergarten. Incluidos periodistas, líderes religiosos y hasta los intelectuales más escépticos, que consideraron que los fuertes indicios de un auto ataque o, al menos, un "deja que nos ataquen", eran meros detalles: un avión que choca contra el Pentágono pero ninguna cámara de seguridad del lugar más seguro del mundo logra registrar;[cxxiii] el señor Donald

---

[cxxiii] Como todos los grandes medios, aún hoy History Channel resume esta especulación de la siguiente forma: *"Las primeras imágenes de video y las fotos tomadas de la escena no parecían mostrar mucha evidencia de los restos del avión. Los teóricos [de la conspiración] sostienen que esto es evidencia de que el Pentágono no fue atacado por el Vuelo 77, sino por un misil".* Aparte de que no se encontraron restos ni del avión ni de las víctimas en el área, la evidencia a favor de que no hubo avión estrellado en el Pentágono es descalificada por palabras como *"imágenes de*

Rumsfeld ordenando mantener los aviones caza estadounidenses ocupados en un ejercicio inútil contra posibles secuestradores de aviones el mismo día 11 de setiembre mientras 19 estudiantes extranjeros secuestraban cuatro Boeing 767 y 757 a punta de abrecartas; policías y bomberos informando de fuertes explosiones aún antes del choque de los aviones secuestrados por los terroristas; Larry Silverstein, dueño multimillonario del complejo del World Trade Center, quien había agregado una protección de seguro contra ataques terroristas meses antes (y por lo cual recibió 4,55 mil millones de dólares), quien había cambiado su rutina para evitar cualquiera de los siete edificios ese día, los únicos siete edificios destruidos y todos parte del WTC, el mismo filántropo que aumentó su fortuna con la reconstrucción del área destruida… Y un largo etcétera que sólo sirvió para repetir el mismo discurso que se había venido repitiendo desde la toma de los territorios indígenas a finales del siglo XVIII, la toma de los territorios mexicanos, la posesión del Caribe, la expansión de intervenciones y cientos de bases militares por el resto del mundo: *"fuimos atacados sin motivos y debemos defendernos…Nunca lo olvidaremos"*.

En cambio, esas fallidas agencias supersecretas fueron y son esenciales para recolectar billones de comunicaciones privadas que son usados con objetivos no tanto políticos sino ideológicos y económicos. No por mera casualidad gigantes de la comunicación como AT&T y por Booz Allen Hamilton contrataron a ex agentes de la NSA.[304] Para 2018, luego de ser descubierta con las manos en la masa, Microsoft le aseguraba a sus clientes: *"valoramos, protegemos y defendemos su privacidad"*.[305] En este esfuerzo por reconstruir una confianza destruida por sus propias mentiras, actualmente la compañía, no deja de insistir y de confiar en la frágil memoria de los consumidores, que ya ni califican como ciudadanos y mucho menos como pueblos: *"Microsoft defiende tus datos […] Creemos que todas las solicitudes gubernamentales de sus datos deben dirigirse directamente a usted. No otorgamos a ningún gobierno acceso directo o sin restricciones a los datos de nuestros clientes. En Microsoft tenemos principios y somos transparentes sobre cómo respondemos a las solicitudes de datos. Debido a que creemos que usted tiene control sobre sus privacidad, no divulgaremos datos a ningún gobierno, excepto cuando usted lo indique o cuando lo exija la ley"*.[306]

Por estas y otras razones, muchos usuarios y expertos informáticos depositaron sus menguadas esperanzas en la libertad y la privacidad del mundo digital en los sistemas operativos de fuentes abiertas (OS), como

---

video y las fotos tomadas de la escena no parecían mostrar mucha evidencia de los restos del avión..." ("5 compelling 9/11 conspiracy theories", Convert Case. convertcase.net.)

Linux. Pero no hay nada que el poder invisible no pueda corromper o, al menos, ensuciar con dudas, intentos de corrupción, desacreditación de las críticas más serias (frecuentemente bajo el moto de "teorías conspirativas"), los cuales nunca se llaman así sino "acciones necesarias para proteger la seguridad nacional".

Linus Torvalds, el creador de Linux, reconoció ante el mismo parlamento europeo que *"cuando a mi hijo mayor le preguntaron si la NSA se había contactado con él por el tema de una 'puerta trasera' en Linux, su respuesta fue 'No', al mismo tiempo asintió con la cabeza. Se protegió de cualquier cuestión legal. Dio la respuesta correcta, pero todos entendieron que la NSA se había contactado con él".*[307]

Claro que aún si Big Brother no consigue algo por las buenas lo conseguirá por las malas. Uno de esos Plan B consiste en instalar *malwares* (virus) en millones de computadoras (que de paso favorecerán el negocio de los antivirus contra los virus menores). Uno de esos equipos, casi sin límites de presupuesto, es el Computer Network Exploitation (CNE), el cual tiene la capacidad de ver en tiempo real la actividad de cualquier computadora que deja de pertenecerle a su dueño, incluso cuando se encuentra desconectada de Internet o borra su historial. En 2016 el *New York Times* informaba, no sin ironía, sobre la facilidad para espiar un teléfono ajeno. Sólo había que tener mucho dinero, algo que las grandes compañías y las agencias secretas como la NSA o la CIA tienen de sobra (porque viven del Estado): *"¿Quiere espiar de forma invisible a 10 personas desde sus iPhone sin su conocimiento? ¿Quiere saber qué escribe, qué escucha, qué mensajes envía y desde dónde lo hace? Ningún problema. Sólo le costará 650.000 dólares, más una tarifa de instalación de 500.000. Además, con el equipo israelí NSO Group usted puede espiar a más personas si lo desea. Consulte la lista de precios de la compañía".*[308] Probablemente el software de espionaje más caro, más efectivo y más conocido en el mundo sea el programa *Pegasus* desarrollado y vendido por la misma compañía privada. En 2017, sólo por poner un ejemplo, cincuenta políticos y activistas independentistas en Cataluña fueron espiados usando este poderoso programa.

La razón de que Linux esté más protegido contra el espionaje de los gobiernos, de las agencias secretas y de las grandes corporaciones se parece en mucho a la razón por la cual Wikipedia es más confiable que un gran medio de información en cuanto a la distribución de propaganda: Linux es "open source", es gratis, no depende del capricho de un directorio ni es de su propiedad. *"Linux es una plataforma personalizada basada en el kernel común y si una distribución tiene un error o es pirateada, es detectada por la comunidad más rápido que MS".*[309] Cuando un error o un ataque secreto del sistema ocurre, la *"white hat community"* ("comunidad de hackers con ética") actúa tan rápido y de forma tan eficaz como los editores anónimos de Wikipedia lo hacen para reparar un ataque contra uno de sus millones de artículos. De hecho, los más poderosos gobiernos del mundo confían más en fuentes abiertas como Linux o en sistemas operativos cerrados que ya son obsoletos, como Windows XP. Pero, de todas formas, se benefician más de las fuentes cerradas de las compañías que oligopolizan el mercado, como Microsoft o Apple.

Una de las estrategias usadas por periodistas e investigadores para no ser espiados por estas super agencias del gobierno, o por compañías privadas, no es solo trabajar sin conexión a internet, sino hacerlo en computadoras vírgenes, es decir, aquellas que nunca se han conectado a Internet. Las probabilidades de que una computadora nueva no haya sido inoculada con un *backdoor* o no haya sido enlazadas con un usuario desconocido es mucho más alta que en cualquier otro caso. Como en casi todo, en nuestro mundo hiper tecnológico, la mejor estrategia contra el espionaje y el control de los grandes poderes radica en la "*low tech*": cuanto más primitiva, cuanto menos sofisticada una tecnología, más segura. Como, por ejemplo, un lápiz y un papel. Claro que luego la comunicación (si realmente pretende tener algún significado social en este mundo) tarde o temprano requerirá de la tecnología digital y de la Red de redes. Es el caso, por ejemplo, del periodista Julian Assange, del ex agente de la NSA Edward Snowden, del exsoldado estadounidense Chelsea Manning y del teniente coronel Dean W. Korsak.[310]

Según el ex informático de la CIA y de la NSA, Edward Snowden, la tendencia de las super agencias secretas consiste en "*construir un sistema global cuyo objetivo es la eliminación de la privacidad, de forma que no sea posible establecer ninguna comunicación sin que la NSA no la pueda interceptar y guardar para luego ser analizada*".[311] El mismo Snowden compara una visita a una página web cualquiera con una postal tradicional, la que no sólo es enviada con la dirección del destinatario y del remitente expuestos, sino el mensaje también. Ahora, de la misma forma que la privacidad de los simples mortales no tiene ningún valor para las agencias secretas más poderosas del mundo, su privacidad sí. Razón por la cual el ejército estadounidense creó el navegador Tor (*The Onion Router*) para proteger sus propios espionajes y éste terminó por escaparse de su control, por lo cual hoy, como fuente abierta, es el más efectivo navegador anónimo en el mundo capaz de proteger a los usuarios comunes contra sus propios creadores. Tanto la NSA como la británica GCHQ han invertido años atacando esta red que dificulta su trabajo de un espionaje global y masivo.

La violación de la privacidad no sólo es un hecho ilegal, no sólo es un abuso de poder, no sólo es una violación a un derecho humano, sino que, además, es un instrumento de intimidación, una estrategia de autocensura ajena, sobre todo de aquellos que piensan diferente. Es una forma de deshumanizar a todos aquellos individuos que intentan ejercer el derecho a la verdad.

OSINT, el espionaje abierto

POR MUCHO TIEMPO, LA TRADICIÓN DEL ESPIONAJE se sustentó en la recolección secreta de información privilegiada de gobiernos, de organizaciones infiltradas y de individuos de interés. En todo caso se trataba y se trata siempre de información privilegiada. Como vimos en el caso de la CIA y otras agencias de espionaje, el trabajo en las sombras no se limitó a la recolección de información sino a la ejecución, muchas veces de forma independiente e inconsulta, de determinados planes y políticas ilegales, como propagación de noticias falsas, golpes de Estado o asesinato de líderes extranjeros.

Esta práctica no ha cambiado ni ha disminuido sino todo lo contrario. Sin embargo, una nueva práctica de inteligencia, tanto pública como privada, se ha acelerado exponencialmente en la Era de Internet: la Inteligencia de fuentes abiertas. Su origen casi coincide con el Nacimiento de la CIA. Pocos años antes, su predecesora, la OSS había comenzado a analizar las publicaciones de avisos fúnebres de periódicos nazis en Suiza para estimar las muertes de los nazis de rango. Por entonces, se catalogaban 45.000 páginas de periódicos por semana. Más tarde, durante la Guerra Fría, los servicios de inteligencia estadounidense mantuvieron miles de suscripciones a diarios y revistas soviéticas, lo cual, se podría afirmar, fue un antecedente del Big Data.

En los últimos años, diferentes estudios y experimentos psicológicos han demostrado que la invasión de la privacidad por el espionaje o, incluso, por cámaras en los baños de casas de familia, produce una incomodidad inicial pero *el sujeto bajo observación termina acostumbrándose*. En nuestro tiempo, el universo de información privada donado por los usuarios de redes sociales y de Internet en general se ha convertido en una mina de oro para las agencias secretas, sean privadas o estatales.

Para 2020, la OSINT se había convertido en una fuente de información (para la acción, prevención y propaganda) inestimable. Un ex director de la DIA (Defense Intelligence Agency) lo definió así: "La explosión de información disponible de forma pública está cambiando el sistema global de la inteligencia… Está cambiando cómo instrumentamos, como organizamos, cómo institucionalizamos todo".[312]

Según los documentos revelados por Edward Snowden, la NSA tiene un programa llamado PRISM, por el cual recoge y guarda toneladas de información directamente de las mayores empresas privadas, como Microsoft,

Facebook, Yahoo, Skype, Paltak, AOL, YouTube, Apple y Google. Otro programa de espionaje civil de *big data* es Boundless Informant, según el cual sus funcionarios pueden localizar información sobre cada ciudadano estadounidense y sobre cualquier individuo en otra parte del planeta, todo prolijamente organizado según su ubicación geográfica.[313]

Todo en nombre de la democracia y libertad.

Rebeliones y contra rebeliones inoculadas

SEGÚN MILES DE DOCUMENTOS FILTRADOS por WikiLeaks, algunas dictaduras del mundo árabe que enfrentaron la llamada "Primavera árabe" contrataron sofisticada tecnología de espionaje desarrollada y vendida por poderosas empresas occidentales, como la italiana Area SpA y las francesas Amesys y Qosmos, capaces de interceptar comunicaciones por Skype, decodificar claves de acceso y leer correos electrónicos. Con clientes como la policía y los ejércitos, "*esta industria secreta ha prosperado desde el 11 de septiembre de 2001 y mueve miles de millones de dólares por año*". A su vez, esta tecnología y los datos de millones de personas, guardados en un edificio recientemente construido por la NSA en Utah a un costo de 1.500.000.000 dólares, son empleados por agencias como la CIA para operar drones que, con frecuencia, eliminan "mala gente" en países lejanos, incluidos niños y futuros terroristas, muchas veces etiquetados en sus informes y titulados en la gran prensa como "efectos colaterales".

Netezza, una compañía tecnológica de Massachusetts compró un software a IISI (Intelligence Integration Systems, Inc., otra compañía del mismo estado), y se lo vendió a la CIA. La misma IISI, reconoció que el software para localizar víctimas tenía errores de hasta 12 metros, por lo cual demandó a Netezza, para evitar el uso de este software. El fundador de la empresa, Rich Zimmerman, declaró ante el tribunal que "*ellos (la CIA) quieran matar gente con mi software, el que no funciona con la precisión necesaria*".[314]

Desde años antes, otras super compañías del "Mundo libre" también hicieron dinero vendiéndole tecnología de última generación al gobierno comunista de China y a otros regímenes considerados dictaduras, para suprimir la disidencia dentro de fronteras.[315]

El exempleado de la CIA y de la NSA, Edward Snowden, reveló en 2013 una vieja estrategia de las agencias secretas, ahora adaptada al mundo informático y virtual: siempre han buscado candidatos en las universidades, pero por entonces habían resuelto esa vieja frustración institucional reclutando a jóvenes habilidosos que se habían pasado su vida frente a un monitor, sobre todo aquellos que, por alguna razón, como el mismo Snowden, no habían terminado la secundaria o no habían podido entrar a la universidad y se sentían frustrados, alienados. Candidatos fáciles, ya que se trata de individuos que, como jóvenes soldados, saben hacer muy bien una sola cosa y no tienen idea del resto del mundo ni se suelen plantear preguntas éticas o filosóficas. ¿Qué mejor que jóvenes talentosos que no habían tenido tiempo de cuestionar nada en los campuses progresistas del mundo y se sienten resentidos con todos ellos?[cxxiv]

Pero algunos, como el mismo Snowden, habían roto el molde y se habían consagrado a la dignidad de conciencia antes que a las conveniencias del poder.

La prisión sin muros

A PRINCIPIOS DE SIGLO, DOS COSAS me llamaban la atención de mis nuevos estudiantes en Georgia y luego en Pensilvania. Primero, la fe como principal instrumento de juicio. Lo segundo se refería a un sobreentendido: cada vez que los estudiantes leían una obra de ficción, sus análisis consistían en deducir qué había querido decir el autor y qué quería que sus lectores hicieran.

Una vez perdí la paciencia: "No sabemos qué estaba pensando el autor mientras escribía esta obra, pero es muy probable que le importase un carajo lo que pudiésemos pensar nosotros; ahora, si le importaba, igual podemos leerlo sin que nos importe". El arte (como la ciencia desde otro punto de vista) explora, expone la infinita complejidad humana, incluidos los conflictos morales y políticos, pero no tiene por qué ser un texto religioso, moralista o proselitista.

Ambas actitudes intelectuales debían proceder del entrenamiento de los lectores, de los individuos en las iglesias a la que casi todos asistían cada

---

[cxxiv] En Estados Unidos, la división política y narrativa no se define entre ricos y pobres sino entre titulados y no titulados. Probablemente la razón psicológica radique en que un individuo que abandona sus estudios con veinte años pierde la esperanza de doctorarse en cualquier área, pero nunca la pierde de convertirse en el nuevo Elon Musk con su empresa de cortar pasto. O casi nunca, porque tarde o temprano a todos nos llega el "síndrome Loman", llamado así en referencia al personaje de Artur Miller en "Muerte de un viajante". Esta obsesión competitiva hunde sus raíces en la cultura que crea el homo capitalista, la que en Estados Unidos se expresa de muchas formas, incluso en el lenguaje, como en el conocido insulto de llamar a alguien "perdedor".

domingo desde niños. En el caso de un texto como la Biblia, el Corán o la Torá, es razonable pensar que los lectores busquen "lo que quiso decir el autor" y "qué quiere él de nosotros"—y que se odien unos a otros por las interpretaciones.

Este entrenamiento intelectual debió migrar de las iglesias hacia la política e intenta hacerlo ahora a la educación con todo tipo de leyes aprobadas para limitar la libertad de cátedra en nombre de la libertad.

¿Cómo se entiende esta contradicción? De la misma forma, el sistema esclavista combinaba el amor cristiano y la explotación de millones de hombres y mujeres condenados por el color de su piel. Si consideramos que las modernas corporaciones son la continuidad de los amos esclavistas y los trabajadores que se alquilan por un salario son casi una copia de los esclavos *indenture* del siglo XIX, la transición a un Jesús capitalista y protector de los millonarios es un proceso simple y hasta natural.

Hay dos motores culturales: uno es la cultura consumista que procede del capitalismo corporativo y el otro es la tradición religiosa que le exige fe incondicional al creyente—al consumidor, al votante. Alguien podría decir que cristianismo y capitalismo son contradictorios y, si vamos a los orígenes, lo son. Sin embargo, ambos han funcionado de la mano, como en las colonias y neocolonias el fascismo y el liberalismo. El casamiento entre política y religión se ha dado siempre a lo largo de la historia. La lógica radica en que las elites en el poder, quienes dominan la economía y las finanzas, deben administrar también la política, y sin una gran narración ese dominio es muy frágil y limitado. A diferencia de un cuento, de una novela o de una obra de teatro, es una ficción que pretende no serlo.

Cuando aparece una narrativa que diputa una hegemonía, inmediatamente es demonizada, por lo general invirtiendo realidad y ficción a conveniencia. Si los estudiantes universitarios se encuentran embrutecidos por la propaganda corporativa y consumista, embrutecidos por la indiferencia hacia lo que llamamos "la cultura radical", ¿qué esperar del resto de la población?

Este fenómeno pudo haber nacido en Estados Unidos, como muchos otros tics culturales, pero es fácilmente observable en otras regiones del mundo. Bastaría con mencionar un ejemplo: se acusa de *gramscianos* a los profesores de izquierda como si su objetivo fuese derrocar todo un sistema inoculando ideas en la juventud. De la misma forma, se acusa a los marxistas de "promover la lucha de clases". Esto es el resultado de la falta de una cultura mínima y una abundancia de medios. Los *influencers*, resultados de esta fórmula (medios ricos, contenidos pobres) ahora devenidos en políticos, necesitan teléfonos de cinco cámaras para grabar su vacío interior.

Gramsci explicó la importancia de los medios en la consolidación de la ideología dominante. Es decir, lo que es. Lo que existe, en una sociedad capitalista (la creación de "sentido común" de la clase dominante, de la clase arácnida). Antes, Marx explicó la dinámica del conflicto de clases (más materialista, menos gramsciano). Es decir, lo que es. Lo que existe, en una sociedad capitalista. La aceleración del proceso natural de las contradicciones capitalistas fue una idea de Lenin y del bolchevismo, luego adaptada por Ernesto Che Guevara al contexto de una larga tradición de muchas dictaduras militares y de algunas democracias bananeras en América Latina.

Recientemente, en una clase sobre los años 50 en América Central y el Caribe, noté que ninguno de mis estudiantes tenía alguna idea de qué es eso del marxismo. Me tomé quince minutos para ensayar una introducción básica sobre el materialismo dialéctico que explica diversos procesos históricos en Estados Unidos, el comunismo como etapa previa del anarquismo, etc.

Al terminar mi resumen noté que nadie se atrevía a preguntar más, como si hubiesen sido obligados a participar de una sesión con el demonio. Unos cuantos teléfonos me apuntaban. Nunca sabré qué uso le habrán dado, pero espero que hayan aprendido algo. Recordé lo que hace un par de años un general estadounidense (Mark Milley) dijo en el Congreso donde declaraba: "*He leído a Mao Zedong. He leído a Karl Marx. He leído a Lenin. Eso no me hace comunista*". Recordé que una de las primeras aproximaciones que tuve del pensamiento marxista fue en la Facultad de Arquitectura de Uruguay. El profesor de economía, Claudio Williman, era un abogado experto en marxismo. No era marxista sino un político del Partido Blanco, el partido conservador de Uruguay. Ahora, gente así está demonizada, paradójicamente en lo que se llama democracia. En Estados Unidos hay que ir a alguna universidad especializada en estos temas para aprender sobre un clásico de la economía mundial.

A eso se ha reducido la educación: no pocos tienen miedo de leer algo que pueda hacerles temblar la fe. De ahí tantas prohibiciones de libros y de cursos de historia no oficial por parte de los *libertarios*. Aquellos que intentan ver el mundo desde un ángulo diferente son acusados de enemigos de la libertad.

Recientemente, la profesora Brooke Allen publicó en el WSJ un artículo sobre sus clases en una prisión. Luego de lamentarse por el nivel intelectual de la nueva generación de estudiantes universitarios, escribió: "*[Los presos] contrastan con los estudiantes universitarios de hoy. Estos hombres leen cada tarea dos o tres veces antes de ir a clase y luego toman notas. Algunos de ellos han estado encarcelados durante 20 o 30 años y no han parado de estudiar (...) Una gran proporción de ellos son negros y latinos, y aunque no les gusten las ideas sobre la raza de David Hume o de Thomas Jefferson, quieren leer a esos autores de todos modos. Quieren participar de la conversación centenaria que ha producido nuestra civilización*".

Los prisioneros están afuera, en la prisión sin muros.

Propaganda y metástasis de los mitos históricos

La representante republicana del exilio cubano en Miami, María Elvira Salazar, no sólo movilizó medio estado para condenar "los crímenes del socialismo", sino que continuó propagando los crímenes del capitalismo con la convicción y la obviedad del fanatismo anglosajón añejado en cascos de roble y en misiles más modernos. El 28 de febrero de 20023, amenazó a la Argentina *"en español, para que quede claro"* por ejercer su soberanía con el proyecto de una fábrica de aviones con asistencia de China, *"haciendo un pacto con el Diablo, que puede tener consecuencias de proporciones bíblicas"*, dijo.[316]

Cuando setenta años atrás el presidente democrático e independentista de Argentina J. D. Perón inició la producción de los exitosos aviones Pulqui I y II, produjo la misma alarma. Los Pulqui fueron usados por los militares (viejo brazo armado de la oligarquía criolla) para derrocarlo en 1955. Luego este proyecto de industrialización nacional fue desmantelado por presiones de Washington, que le prometió a la dictadura siguiente aviones más baratos. Sesenta años después, por las mismas razones, desde su púlpito de la Cámara de Representantes, la congresista Salazar levantó dos dedos y sentenció: *"Hay dos mundos, el mundo libre y el de los esclavos"*.[317] Justo el mundo que monopolizó la esclavitud hereditaria, justo el mundo que prácticamente monopolizó el imperialismo colonial y neocolonial a escala global, es el que se denomina a sí mismo "el mundo libre", no "el mundo de los esclavos". Justo el mismo discurso de los esclavistas del siglo XIX que apoyaban ese sistema en base a la libertad de "la raza libre" contra la barbarie de los salvajes. Pues, poco o nada ha cambiado. Sólo hay que remover un poco el filtro de la propaganda ideológica y los mitos sociales metastatizados.

La dicotomía mesiánica asume que el mayor destructor de democracias y el mayor promotor de dictaduras amigas del siglo XX, el imperio que se hizo a base de esclavitud, robo de tierras, imposición de su propia voluntad y de guerras alrededor del mundo es, al mismo tiempo, "el Mundo libre". Este tipo de arrogancia imperial no es nuevo y ha sido ejercido con fanatismo en este lado del Atlántico desde hace más de dos siglos, sobre todo por los miembros del margen, los cola de león y las rémoras que se desesperan por ser asimilados.

Pero ningún fanatismo (sea religioso o político) es posible sin un trabajo persistente de proselitismo y propaganda. Desde el siglo XIX y, sobre todo, a partir de Edward Bernays y del desarrollo de los medios de comunicación masivos en el siglo XX, la creación de opinión pública se convirtió en una industria y en un mercado fríamente calculado. En el siglo XXI, el siglo de las redes sociales y de la inteligencia artificial, poco o nada ha cambiado. La censura de ese "Mundo libre" se sigue ejerciendo como en el "Mundo esclavo" pero con diferencias metodológicas y con el mismo objetivo de siempre: mantener a una micro minoría en el poder político y económico.

Esta representante de 130 mil vecinos de Miami, en nombre de los 320 millones de estadounidenses, asume que los pueblos olvidan qué gobiernos promovieron y financiaron más dictaduras y más golpes de Estados contra naciones soberanas y contra las democracias en el mundo. Asume bien, ya que muy pocos de quienes sí recuerdan, votan.

Claro que la señora Salazar no estaba sola. El 16 de marzo del mismo año, el representante republicano por Carolina del Sur, Lindsey Graham, sacudió la idea de una Tercera Guerra Mundial como opción para responder a la ofensa del derribo de un dron militar estadounidense en el Mar Negro. Según Graham, Estados Unidos no se debe limitar a financiar la nueva guerra con cien mil millones de dólares (siempre en nombre del "derecho a la defensa propia") sino que también debe derribar aviones rusos en represalia por el "atroz ataque" contra nuestro país el que, en realidad, tuvo lugar en el Mar Negro, a miles de kilómetros de distancia y a unos pocos de la frontera rusa, y costó cero vidas estadounidenses. Por aquello de "nos atacaron primero y debemos defendernos", usado hasta el hastío contra los indios invadidos, contra los mexicanos despojados, contra el inexistente ataque español al Maine y un largo, largo etcétera.[cxxv]

El mismo Graham días antes había propuesto intervenir en México o usar drones militares "para solucionar" el problema de los carteles y de las drogas. Poco después, el 28 de mayo, frente al presidente sin oposición de Ucrania, Volodymyr Zelensky, y frente a las cámaras del mundo, el senador de Carolina del Sur se congratuló, con una sonrisa de abuelo sobrador, que *"los rusos están muriendo; es el mejor dinero que hemos gastado"*.[318] Para los líderes del Mundo Libre, especialmente para aquellos bajo el peso de la brutal tradición del sur esclavista de Estados Unidos, el dinero gastado por el gobierno en las guerras infinitas es "nuestro dinero" y, como lo han repetido generales y secretarios de Estado por generaciones, matar gente por allá lejos para proteger intereses propios en nombre de la libertad ajena no es algo que

---

[cxxv] Tradición que consiste en olvidar una parte conveniente de la historia, como la misma arenga bélica del senador a los soldados en Ucrania en 2014, para no ir al plan y la práctica de expansión de la OTAN en los años 90s, ya mencionado antes.

les provoque algún cuestionamiento ético, sino todo lo contrario: es una obligación del poder.[cxxvi]

Por su parte, el representante de Texas, Dan Crenshaw, también propuso autorizar el uso de la fuerza militar en México contra los carteles de la droga. Como lo indica la historia desde la Doctrina Monroe de 1823, la autorización no se la piden a México, sino a Washington.

El mismo recurso de la fuerza unilateral, esa herencia de la mentalidad esclavista hasta después de la abolición, se definía a sí misma como "la raza libre", esa misma que se cree justa, divina y democrática cuando no pide ni acepta opiniones de razas, de culturas y de pueblos inferiores. *Raza libre* por la fuerza de las armas que mantenían a los esclavos aquí y a los "negros pacíficos" en el Patio trasero y en los trópicos allá, bajo la ley del revólver y del cañonero.

Como siempre, los más valientes y patriotas del mundo son aquellos que saben que nunca irán a ninguna guerra, pero algunos de sus donantes ganarán mucho dinero con el viejo negocio de la muerte. El fanatismo del Destino manifiesto no descansa. Sus votantes, sus creyentes, tampoco pueden ver que existe una solución más simple, más lógica y efectiva que continuar con el negocio de las armas. Ya escribimos sobre esto hace veinte años, pero vamos a insistir. Basta con considerar la ley capitalista de la oferta y la demanda: eliminen o reduzcan el consumo de drogas en Estados Unidos y el problemas del narcotráfico disminuirá hasta su mínimo posible, inevitablemente. El problema es que (1) es necesario invertir en un plan socialista de prevención, trasfiriendo esos millones de dólares de la fallida Guerra contra las drogas hacia las escuelas y los hospitales; (2) el lucrativo negocio de las armas y de los capitales que se transfieren de Estados Unidos a los carteles mexicanos se vería afectado. Así que mejor continuar combatiendo el fuego con más gasolina. Parece mejor acosar a México, algo que ha dejado buenos negocios desde su destrucción en otra guerra inventada en 1836 y en 1846 para extender "la bendición de la esclavitud" bajo banderas falsas… Hasta que terminen por obligar a México a llamar los misiles rusos o chinos, como obligaron a Cuba en 1961 luego de la invasión de Bahía Cochinos. ¿Parece impensable? Bueno, se puede inflar un globo por mucho tiempo, pero no por siempre.

Claro que hay opciones menos dramáticas. Es difícil de imaginar que Donald Trump pueda tomar las mismas posiciones de política internacional

---

[cxxvi] Cuando en 1961 el agente de la CIA David Atlee Phillips supo que la invasión de Cuba había resultado un fiasco, se emborrachó con whisky. En sus memorias reconoció que no le importaba ningún aspecto ético o ideológico del problema, sino el no haber ganado la disputa (Majfud, Jorge. *La frontera Salvaje*. Rebelde Ed., 2021, p. 268).

que los malos hemos sostenido por décadas, pero pocos días después de los discursos de los senadores Graham y Crenshaw, el 17 de marzo se produjo un modesto milagro cuando declaró que *"debe haber un compromiso total para desmantelar todo el establishment neoconservador globalista que nos está arrastrando perpetuamente a guerras interminables, pretendiendo luchar por la libertad y la democracia en el extranjero, mientras nos convierten en una dictadura y en un país del tercer mundo"*.[319]

Este resquebrajamiento de la narrativa hegemónica es significativo y apunta a un claro repunte de un ecosocialismo en el mundo e, incluso, en Estados Unidos, tal como lo predice el modelo de Progresión Inversa detallado al principio de este libro.

La censura en el Mundo Libre

EL LLAMADO *MUNDO LIBRE*, UNO DE LOS ESLÓGANES publicitarios más exitosos y masivos de la historia, se refiere a aquellos países aliados con democracias liberales y economías dictatoriales que formaron parte o participaron de siglos de imperialismo y esclavitud. Paradójicamente, pero no por casualidad, por lo general fueron y son democracias, las cuales hacen respetar *sus leyes dentro y fuera de sus fronteras*.

Como vimos en el capítulo "Libertad de expresión en tiempos de la esclavitud", la censura más efectiva y extensiva no se ejerce prohibiendo ideas, sino demonizando. Cuando este recurso resulta ineficiente, se recurre a la prohibición directa, como en el caso de la Inquisición o de algunos estados del Sur de Estados Unidos, como Florida, con prohibiciones por ley a cientos libros, cursos en universidades públicas y hasta formas de hablar o de ver el mundo en escuelas secundarias. Todo en nombre de la libertad.

Pero, por lo general, en las democracias liberales la censura no necesita ejercerse de forma directa y obvia, como en dictaduras más tradicionales. De hecho, es mucho más efectiva una censura que reserve lugar a la disidencia, ya que es más difícil de percibir y denunciar. "¿Cómo dices que hay censura si lo estás diciendo?" "¿Cómo dices que existe una dictadura privada si puedes criticarlas sin ir a la cárcel, como en Corea del Norte?" Para luego concluir con una de las expresiones favoritas que exuda el sistema a través de sus vasallos y mayordomos: "Si tanto criticas este sistema, ¿por qué no te vas a vivir a Corea del Norte?" Lo cual es sólo la superficie de una mentalidad profundamente autoritaria.

Pero la verdadera libertad de expresión no se mide por la posibilidad de decir lo que un individuo quiere, incluido los insultos más catárticos como un hincha de fútbol puede gritar en medio de una tribuna, sino en la posibilidad de decir algo que pueda inducir a un cambio real en el poder real. Si afirmamos en público que el poder real del mundo radica en las corporaciones y en los dueños de las finanzas en Wall Street y Londres, no tendremos ningún problema en el Mundo Libre hasta que esa afirmación se traduzca en una amenaza para ese poder. Por ejemplo, si se detecta el inicio de una nueva conciencia colectiva. Entonces, al principio aparecen los medios de comunicación serviles desacreditando al crítico (con su *igual* derecho a réplica"); luego las agencias secretas, con instrumentos menos legales. El último y menos conveniente paso es poner al crítico en la cárcel, como es el caso de Edward Snowden, o hacerlo desaparecer, como ha sido el caso de muchos, tanto en las dictaduras satélites de América Latina y África como dentro mismo del Mundo Libre.

La censura del estratégicamente llamado Mundo Libre no se basa en la *prohibición* sino en la *marginación* de cualquier narrativa, información o crítica que pueda amenazar el consenso irradiado desde el centro. Los disidentes somos parte involuntaria y, probablemente, inevitable de ese mecanismo. Cando el margen amenaza con desestabilizar el centro entonces aparece la censura directa, como es el caso de las leyes que a partir de 2020 han sido aprobadas en Florida prohibiendo cientos libros, cursos y palabras hasta donde le es posible prohibir, todo en nombre de la libertad de los supuestos afectados, es decir, aquellos (sujetos del centro) que se puedan sentir incómodos por las verdades y los sufrimientos ajenos.

El centro necesita la disidencia del margen (dentro de limites tolerables y funcionales) por dos razones: una, como forma de legitimar sus narrativas autocomplacientes sobre la libertad, la democracia y la tolerancia a las opiniones ajenas; dos, como recurso siempre disponible de antagónicos, es decir, una vez que el margen amenaza con desestabilizar la hegemonía discursiva del centro, éste lo retoma como demonio o peligro de destrucción de la libertad y la civilización. Con frecuencia, el centro se sirve de individuos del margen elevados a categoría de ejemplos de la superioridad del centro: negros que azotan a otros negros esclavos por desobedientes; indios que golpean a sus hijos para que respeten los símbolos del conquistador; pobres satisfechos que critican a otros pobres con hambre por no esforzarse lo suficiente en sus trabajos; inmigrantes que atacan a otros inmigrantes por alguna diferencia, como el estatus legal, porque necesitan ser doscientos por ciento europeos o estadounidenses para que los consideren sesenta por ciento europeos o estadounidenses.

Los efectos de esta perfecta censura sistemática y despersonalizada (como casi todo en el capitalismo) también son dos: las mayorías entran en pánico y se corren hacia el centro del poder dominado por una elite ideológica y financiera (generalmente, la derecha ideológica) o los representantes más destacados del margen proponen políticas, soluciones y posicionamientos llamados "de centro" (en un sentido político e ideológico) el cual, en caso de tener éxito en algún proceso electoral, será rápidamente reconquistado por el centro de poder (la derecha, en Occidente) a través de la fuerza de sus recursos financieros, de la propaganda de los medios dominantes y de mitos como "la responsabilidad y el pragmatismo" del nuevo gobernante rebelde, ahora domesticado por el establishment. Algo que, por lo general, es la única posibilidad del líder llegado del margen al centro político (no económico) para no sucumbir en cualquiera de sus intentos de reformas moderadas que logren a un mismo tiempo calmar las frustraciones de la población y mantener a la elite del poder real en sus castillos. Para no ser removido del poder político, o boicoteado, el rebelde, aunque represente a una abrumadora mayoría de la población, debe negociar con el uno por ciento que ostenta el poder económico-mediático y, con frecuencia, militar.

Como lo resumió George Orwell en un prólogo a *Rebelión en la granja* (1945) que nunca se publicó, "*El hecho siniestro de la censura literaria en Inglaterra radica en que es, en gran medida, voluntaria. Las ideas impopulares se pueden silenciar y los hechos inconvenientes se pueden ocultar, sin necesidad de una prohibición oficial. Cualquiera que haya vivido mucho tiempo en un país extranjero sabrá de casos de noticias sensacionalistas, cosas que por sus propios méritos obtendrían los grandes titulares, que se mantuvieron fuera de la prensa británica, no porque el gobierno interviniera, sino por una opinión general, por un acuerdo tácito de que algo 'no convendría' ser mencionado. En lo que respecta a los diarios, esto es fácil de entender. La prensa británica está extremadamente centralizada y la mayor parte es propiedad de hombres ricos que tienen todos los motivos para ser deshonestos sobre temas de real importancia. El mismo tipo de censura velada también opera en libros y publicaciones periódicas, así como en obras de teatro, películas y radio*".[320]

Propiedad privada, censura por marginación

Ningún fanatismo (sea religioso o político) es posible sin un trabajo persistente de proselitismo y propaganda sobre condiciones básicas de los seres humanos, como sus emociones más primitivas de miedo y esperanza. Diferente a otras religiones o filosofías como el budismo, el proselitismo es parte integral de la cultura y la mentalidad religiosa del cristianismo y, sobre todo, del protestantismo. Como ya hemos visto, desde el siglo XIX y sobre todo a partir de Edward Bernays y del desarrollo de los medios de comunicación masiva a principios del siglo XX, la creación de Opinión Pública se convirtió en una industria y en un mercado fríamente calculado. Una vez expandida y sostenida en el tiempo, la propaganda mediática se metastatiza en la cultura. En el siglo XXI, el siglo de las redes sociales y de la inteligencia artificial, poco o nada ha cambiado. Sólo se ha transformado. La censura de ese "mundo libre" se sigue ejerciendo como en el "mundo esclavo", con diferencias metodológicas y con el mismo objetivo de siempre: mantener a una micro minoría en el poder económico y financiero y al resto evangelizado o distraído con el dulce del espectáculo comercial y la hiel de la micropolítica.

Como ya observamos antes, la censura de las democracias liberales no consiste en la prohibición directa sino en la marginación de toda narrativa, información o crítica que pueda amenazar el centro. El margen se construye o se presenta no como antagónico que legitima las narrativas centrales sobre la *libertad* y la *tolerancia*, como el mal que quiere conquistar y destruir el mundo que el centro garantiza. En este sentido, el lenguaje es el principal campo de batalla. Ideoléxicos como *libertad* han sido secuestrados a fuerza de sermones sin ninguna conexión con la realidad sino con la fosilización del lenguaje mismo, como resulta más evidente, por sus formas y por su distancia histórica, en el caso de la esclavitud hereditaria. Razón por la cual es necesario rescatar el lenguaje desde palabras tan simples como *libertad*, hoy en manos de ese casamiento paradójico que es el fascismo-liberal.

Las formas de censura por marginación se adaptan a todo tipo de excusas. Una de ellas es la monetaria, ya que en el capitalismo el derecho a la propiedad es sagrado y se extiende al derecho de una compañía a hacer lo que se le antoje dentro de sus límites, aunque esos límites abarquen países enteros.

En marzo de 2022, un mes después del inicio de la guerra en Ucrania, el gigante Google, dueño de YouTube, advirtió a los productores de contenido (en gran medida, aunque sin derechos legales, son los principales empleados de la super plataforma) que tengan cuidado con sus productos audiovisuales y se abstengan de expresar alguna idea u opinión que "*explota, descarta o aprueba*" la guerra en Ucrania.[321] Para 2023 la plataforma Google, encargada de administrar los beneficios derivados de los videos producidos para YouTube, advertía: "*Due to the war in Ukraine, we will pause monetization of content that exploits, dismisses, or condones the war*. (Debido a la guerra en Ucrania, suspenderemos el pago de contenido que explote, descarte o apruebe la guerra)". Días después, YouTube decidió censurar directamente al canal RT y penalizar a cualquier otro que pudiese ser sospechoso de estar asociado al canal público de Rusia.[322] La misma tradición del bloqueo de países como Cuba, ahora en la esfera más importante de la comunicación y la propaganda global.

Naturalmente, ninguna de estas advertencias fue nunca ejercida para las guerras lideradas por la OTAN, ni siquiera las más reciente en África y Medio Oriente. Por el contrario, la brutal invasión de Irak en base a "información falsa" y narrativas para niños, la que dejó un millón de muertos, millones de desplazados y medio continente sumido en el caos más violento que se hubiese podido imaginar, fue apoyada por estos mismos medios en base, por ejemplo, al *"Patriot Act"* aprobado en Washington en octubre de 2001, por el cual ni siquiera estaba permitido publicar las fotos de los muertos propios y ajenos y, por otra parte, se exigía que cada reporte "desde el lugar de los hechos" fuese acompañado con la repetida referencia al ataque de las Torres Gemelas. Por no mencionar guerras más recientes, masacres, bombardeos sistemáticos de drones ocultados a la opinión pública, rebeliones inoculadas o secuestradas, magnicidios como el de Muamar el Gadafi y más violaciones en curso de los derechos humanos por parte de gobiernos poderosos, como los abusos y exterminios en masa de los pueblos en Yemen, Siria y Palestina.

Una forma sutil y por demás efectiva de censura de los pequeños y grandes productores de contenido cultural, de entretenimiento o de noticias en YouTube, consistió en la mejor estrategia de censura que cualquier sistema democrático o dictatorial conoció en los últimos siglos, desde el Panóptico de Jeremy Bentham en el siglo XVIII hasta el miedo de los usuarios de que la CIA o la NSA y otras agencias secretas estén vigilando sus actividades en Internet, pasando por innumerables dictaduras, como las dictaduras militar-capitalistas en América Latina durante el siglo XX. En este caso, la autocensura comenzó con la amenaza, por parte de Google y YouTube, de una *desmonetización*. Es decir, eres libre de pensar lo que quieras, pero si dices algo con lo cual no estamos de acuerdo, dejaremos de pagarte por tu trabajo y no hay gremio que pueda defenderte. De hecho, es lo que le ocurrió a muchos de los periodistas independientes en la plataforma, algunos de los cuales son mis amigos.

En otras palabras, las mega plataformas, nacidas y con residencia legal en Estados Unidos, no respetan siquiera la constitución de su país, la cual, en su Primera enmienda, garantiza la libertad de expresión, sin importar si ésta es la expresión del KKK o de los nazis, neonazis y renazis. Hecho que resulta en una grave contradicción al derecho extraterritorial de las leyes estadounidenses que se aplican incluso en países como China en las instalaciones de compañías como Apple o Microsoft, como si tuviesen inmunidad diplomática.

Google remató su amenaza con el siguiente sermón moral, propio de la doble vara de las grandes potencias y de las grandes corporaciones: las políticas de la empresa se violan cuando, por ejemplo, se publica "*contenido peligroso o despectivo… que incite a la violencia o niegue eventos trágicos*" en Ucrania. Si existe un *lawfare*, está claro que los poderosos de siempre han inventado un *moralfare* (sobre todo en empresas privadas que escriben sus propias leyes) para secuestrar principios caros a los de abajo.

Las víctimas son víctimas en cualquier caso (desde el Sahara hasta Madrid, desde Libia hasta Paris, desde Sud África y el Congo hasta Londres y Bruselas, desde Guatemala y Chile hasta Washington, desde Siria y Palestina hasta Ucrania), pero la *moralfare* se usa solo para compadecerse y apoyar con toda la fuerza de los medios, la propaganda y la narrativa internacional a unas víctimas e invisibilizar a otras.

La mafia de las corporaciones del Primer Mundo son un pulpo con tentáculos globales y todas tienen un factor común: *dinero, medios y poder*. La selección de Rusia fue excluida del mundial de fútbol de Catar de 2022, sin que nadie se horrorice por los 7.000 inmigrantes muertos para preparar la fiesta mundial del fútbol en esa petrodictadura del Golfo Pérsico, donde, como en Arabia Saudita, no hay espacio para la indignación de las mujeres oprimidas ni indignación de las mujeres de la OTAN por razones mediáticas y estratégicas. La misma FIFA fue cómplice del fascismo italiano que hizo posible la obtención de campeonato de fútbol en 1934 y 1938 y lo mismo fue el caso de Argentina 1978, cuando las brutales dictaduras no fueron castigadas sino premiadas por la mafia internacional. Estados Unidos participó del mundial de 2002 en Corea del Sur y Japón, pese a los brutales bombardeos, torturas y masacres en Irak.

En 2011 el jugador de fútbol del Sevilla, Frederic Kanouté, fue sancionado por mostrar su apoyo al pueblo palestino. Apenas iniciada la guerra en Ucrania, todas las transmisiones de los partidos de la popular y poderosa La Liga española fueron acompañados sin tregua por una bandera de ese país al lado del tiempo y del resultado, como forma de solidaridad ante la agresión de un país más fuerte (los medios informan de una guerra de *Rusia contra Ucrania*, no lo más obvio: *Rusia contra la OTAN*). Clubes de fútbol europeos, como el Atlético de Madrid, iluminaron sus estadios con los colores de la bandera ucraniana, por lo cual recibieron felicitaciones por su acto de heroísmo y solidaridad con los Derechos Humanos. Lo mismo ocurrió en otros estadios, como el Wembley de Inglaterra. En muchos partidos de la también poderosa Premier League de Inglaterra, los jugadores fueron obligados a entrar al campo de juego con la bandera ucraniana, como signo de neutralidad deportiva.

Como lo estableció y practicó el padre de la propaganda moderna, Edward Bernays, la mejor forma de administrar una democracia es diciéndole a los ciudadanos lo que deben pensar. "*La manipulación consciente e inteligente de los hábitos y opiniones organizados de las masas es un elemento importante en una sociedad democrática*".[323] Según un informe de la Unión Estadounidense por las Libertades Civiles (ACLU) publicado en 2022, "*la Corte Suprema de los Estados Unidos reconoció en 1936 que 'un público informado es la más poderosa de todas las restricciones contra los abusos del gobierno. Sin embargo, hoy en día, gran parte de los asuntos de nuestros gobiernos se llevan a cabo en secreto. Existe una multitud de agencias secretas, de comités secretos del Congreso, tribunales secretos e, incluso, existen leyes secretas. Este estado secreto en permanente expansión representa una amenaza seria a la libertad individual y socava la misma noción de gobierno de, por y para el pueblo*".[324] A esta lista de importantes instituciones secretas habría que agregar las múltiples cárceles secretas que la CIA mantiene alrededor del mundo.

La propaganda política es un factor común en los sistemas de dictaduras personales o de partido único y en las democracias liberales. Desde un punto de vista práctico, también podría considerarse a Estados Unidos como una dictadura de partido único, el Demócrata-Republicano, pero no deja de ser, al menos en muchas de sus instituciones, una democracia liberal. Si esta hegemonía republicano-demócrata fuese realmente puesta en cuestionamiento por cualquier otra opción que desafiase los reales poderes financieros que la administran y supervisan, es muy probable que, al decir de Friedrich Hayek, refiriéndose a la admirada dictadura de Augusto Pinochet, sería preferible "*una dictadura liberal a una democracia que no respete el liberalismo*".[325] Pero la propaganda en las democracias liberales debe ser más sutil y más intensa que en las dictaduras tradicionales.

Otros elementos que convierten a la propaganda de las democracias desarrolladas en invisibles como el aire son: (1) su condición imperial, de ex imperios o de potencias hegemónicas (es decir, dictaduras internacionales); (2) debido a esta hegemonía global, sus valores, su propaganda y su censura suelen pasar como narrativas transparentes, aceptadas y defendidas *by default*, por el sentido común de una determinada *pax* que mantiene un determinado orden y una determinada "estabilidad" a fuerza de oprimir a sus adversarios, disidentes u opciones alternativas de ser. Esta idea se confirma cuando observamos que las dictaduras monárquicas, como la Saudí o la del Partido Comunista en China, ejercen la propaganda y la censura principalmente dentro de fronteras. La OTAN (integrada por los "países del mundo libre") ejerce la propaganda y la censura a través de las fronteras y con la impunidad de toda potencia hegemónica.

Bastaría con echar una mirada a los grandes medios occidentales para ver y escuchar una sola perspectiva de la realidad en todos los conflictos bélicos, desde Corea, Vietnam, Cuba, Irak o el más reciente de Ucrania: la versión conveniente y simplificada de la OTAN. Lo contrario a lo que ahora ocurre con la guerra en Ucrania ocurrió con las guerras anteriores que dejaron millones de muertos y países en absoluto caos, porque fueron promovidas y ejecutadas por este brazo armado de las megacorporaciones occidentales. Para leer alguna opinión en contra del Super héroe Zelenski, hay que irse a los confines marginales de los medios independientes y sin grandes recursos financieros como *ALAI, Rebelion.org o Democracy Now!* Las técnicas empleadas son claras y sus periodistas ejecutores no siempre, o rara vez, son conscientes de su rol funcional.

Por ejemplo, durante el conflicto Rusia-Ucrania, el diario *Le Monde* de París sacó una página describiendo a "los intelectuales de izquierda latinoamericanos" a través de un puñado de ellos, entre los cuales me incluyó, como "pro-Putin". De nada valió que en varios artículos publicados antes y después de la Guerra me definiera en contra de la guerra. Lo que importaba e incomodaba a la propaganda occidental era que algunos hubiésemos responsabilizado a la OTAN como la instigadora del conflicto. La técnica de "si no estás con nosotros estás contra nosotros" utilizada y declarada de forma explícita por George W. Bush para acallar las voces críticas (terroristas, antipatriotas) contra la invasión de Irak en 2003 se volvió a poner en práctica a escala global. Así, la censura se ejerció de varias formas, todas muy efectivas, más efectivas que la censura rusa: (1) la estigmatización a través del maniqueísmo; (2) la autocensura a través de la dictadura de lo políticamente correcto; y (3) la censura directa de las versiones diferentes.

Pero hubo otras formas más similares a la usada en sistemas autoritarios del partido único, como en China. Voy a mencionar dos casos personales, uno resumido en el siguiente chat, el cual editaré para preservar la privacidad de la productora del canal:

—*Buen día, Dr. Majfud. Soy Xxx del canal de noticias BBNN. Me pasó su número Hhh de XYZ. Queríamos saber si está disponible para una entrevista mañana a las 9:00 de la mañana.*

—*¿Grabada? ¿Puede ser a las 7:00 horas de aquí?*

—*Sí, vale. Hablaremos sobre la invasión a Ucrania, la expulsión de Rusia del Consejo de Derechos Humanos de la ONU y sobre los pedidos para juzgar a Putin por crímenes de Guerra.*

—*OK. ¿Vamos a hablar también de Mosul y de otros crímenes de guerra a manos de la OTAN?*

—*La idea es hablar sobre lo que es actualidad. ¿Está usted de acuerdo con la invasión de Ucrania?*

—*Lo he dicho mil veces: no. No estoy de acuerdo. Un Isaac Newton ha dicho que escribo lo que escribo porque soy pro-Putin y que no entiendo*

la realidad. El experto es británico, aunque ha hecho turismo algunas veces en Polonia.
—¿Usted está con Putin?
—¿Otra vez? ¿De dónde sacan eso? ¿Tengo cara de Putin? Tampoco estoy de acuerdo con la OTAN. Mire, no me creo dueño de la verdad, pero estoy en contra de la doble vara moral de las superpotencias y en contra de la manipulación mediática. ¿Eso es malo? ¿No es el momento de criticar la doble moral de las superpotencias? ¿Cuándo, si no? ¿Debo decir lo que otros quieren para no ofender a nadie? ¿Por qué les preocupa tanto la opinión de alguien como yo, con una influencia cero en estos conflictos?
—No es el momento ahora de hablar de invasiones pasadas... En periodismo tenemos poco tiempo y debemos centrarnos en la noticia.
—Ese es el problema. ¿Alguien cree que el periodismo, incluso el mejor y el más honesto, es un espejo neutral de la realidad? Además, no son ni invasiones ni tragedias pasadas. Estamos hablando de crímenes de guerra de las últimas décadas en varios países "sin importancia" pero a mayor escala. Miren lo que está ocurriendo ahora mismo en Yemen o en Palestina... Hace un par de meses más de 200 personas fueron masacradas en Saada y Hodeidah, Yemen, con aviones saudíes y bombas estadounidenses. Nada en comparación a los 300.000 que ya murieron antes. La mayoría niños y jóvenes, aunque no rubios ni de ojos celestes. ¿Recuerdan lo de Saada y Hodeidah? ¿Hicieron un programa para escandalizarse de esa masacre? Pues, resulta que nunca es momento de hablar de los crímenes de los buenos. ¿Cuándo, entonces? Si quiere mi modesta opinión, prefiero hablar de toda la película, no sólo de una escena. ¿Hay alguna escena en alguna película que tenga sentido sin las anteriores?
—Sr. Majfud, este no es el medio para discutir esas cosas tan complejas.
—No, claro. Sólo les estaba dando letra para planificar la entrevista. Eso es lo que me piden siempre. ¿Podemos discutirlo durante la entrevista, aunque sea brevemente?

No hubo respuesta ni hubo entrevista. Como decían los productores de una cadena latinoamericana que solía llamarme hasta hace diez años cuando no les caía bien lo que estaba diciendo, "Disculpe, profesor, estamos teniendo problemas técnicos". La última vez, creo que fue en 2014 o 2015. En medio de un debate, me quedé sin poder terminar mi réplica a los analistas que se encontraban en sus estudios. (La cadena era NTN24; en este caso puedo decirlo porque el diálogo no trascurrió en un medio privado.)
—Disculpe, señor Majfud, estamos teniendo problemas técnicos —me dijo la productora.

—*Qué casualidad* —le dije— *justo cuando pensé que íbamos a tener problemas técnicos.*

Esa fue la última vez que me llamaron. Y así tantos otros que se llaman *medios*: medio verdad, medio objetivos, medio independientes.

Pocas semanas después me llamaron de la cadena Sputnik. Grabamos un programa sobre la reciente Cumbre de las Américas en Los Ángeles. Una vez publicada la entrevista fue imposible escuchar el audio desde Estados Unidos hasta varias semanas más tarde.[326] En vano intenté abrir la misma página desde diversos navegadores y desde distintas computadoras, hasta que usé un VPN que desviaba el tráfico hacia un IP en Asia y pude escuchar. Se puede inferir que los IPs de Estados Unidos estuvieron bloqueados por el tiempo en que la noticia fue noticia.

Otra forma de censura directa de los "medios que no censuran" consiste en permitir algunas opiniones disidentes en sus editoriales, llamadas "op-eds" (columna opuesta a la línea editorial del diario) que son como impuestos morales a la hegemonía; oasis de perspectivas diferentes en medio de un desierto lleno de espejismos hegemónicos.

En cuanto a las poderosas redes sociales, la censura consiste en advertirle a quien va a leer una noticia de un medio opositor (en este caso, un medio ruso) con la advertencia lapidaria de "*esta noticia procede de un medio asociado al gobierno ruso* (RT), *venezolano* (TeleSur) o *chino* (Xinhua)". Cuando se comparte noticias de medios financiados abiertamente por algún país de la OTAN no hay advertencias porque son medios *confiables*; medios que dicen la *verdad*; medios de los que nadie debería sospechar nada sobre su *honestidad* periodística ni sobre su *independencia* informativa. Tampoco hay advertencias al lector cuando las noticias proceden de conglomerados y lobbies con una definida ideología, protectora de los intereses de las micro minorías económicas y financieras, como Fox News, CNN, Televisa o Clarín.

Esta lógica de la ideología dominante no es nueva. La censura hegemónica tampoco. Tiene siglos, pero también responde y es la generadora de un fenómeno que se ha ido radicalizando en Estados Unidos desde los años 30: el periodismo comercial y, más recientemente, el periodismo al servicio se la super corporaciones. Ya en 1999 Robert McChesney observó: "*El periodismo comercial siempre se mantiene dentro de los parámetros de la opinión dominante y cada vez más reacio a las ideas críticas del capitalismo y del 'libre mercado' y menos receptiva a las ideas sobre gasto social, de los movimientos sociales de la gente pobre o de la regulación de los negocios*".[327]

Viejos conflictos, nuevos instrumentos

LA GUERRA COMPUTACIONAL ENTRE RUSIA y la OTAN (simplificada en la prensa occidental como una lucha desigual entre Rusia y Ucrania) es casi tan vieja como la existencia misma de Ucrania luego del suicidio de la Unión Soviética. El experto en propaganda computacional, Samuel Woolley, en 2020 publicó en su libro *The Reality Game* la historia de Jascha, quien se había instalado en Ucrania en 2013 (un año antes del golpe de Estado) para "apoyar las protesta pro-rusas". Durante este período, "fue testigo de nuevas formas de manipular la opinión pública usando información de muy baja calidad destinada a determinados grupos en el país. Más tarde nos dimos cuenta de que Ucrania era la avanzada de la propaganda computacional en el mundo. Ahora [2020] cuando queremos tener una idea de hacia dónde va el futuro de las *fake news* y de los bots políticos, simplemente miramos hacia Ucrania usamos Ucrania como caso de estudio".[328] En *Computacional Propaganda*, libro en el que reunió en 2019 una decena de expertos, reiteró la idea: la manipulación de la opinión pública a través de la propaganda computacional ha sido una guerra entre rusia y Occidente en Ucrania desde los primeros años dl siglo XXI. Por lo demás, libros como éstos aportan una plétora de datos a través de diferentes artículos académicos, pero se deslegitiman cuando el lector termina de leer las conclusiones y, por ejemplo, no encuentra ni una sola mención a actores centrales en la liga mundial sobre la manipulación de la opinión pública, como la CIA.

"La OTAN se aseguró de fundar agencias en Ucrania, para que aprendan el arte de la guerra moderna, es decir, de la propaganda tradicional y computacional desde 1997, con la fundación del "Centro de Información y Documentación (NIDC)", de la OTAN. Se trata de un mecanismo que apunta a "crear conciencia y comprensión sobre los objetivos de la OTAN en Ucrania", formando por décadas a "periodistas independientes" y otros expertos en medios de Comunicación. Entre 2014 y 2016, el Consejo Nacional de Radiodifusión y Televisión de Ucrania le retiró los derechos de emisión a decenas de canales rusos, reduciendo la presencia de estos medios de a 14.[329] En 2017 la prohibición se extendió a los canales independientes.[330]

El 16 de marzo de 2022, Sean McFate, integrante del Atlantic Council, fue directo: "*Rusia puede estar ganando la guerra en el campo de batalla, pero Ucrania está ganando la guerra de la información. Esa es la clave para obtener el apoyo y la simpatía de los aliados*". Un oficial del Departamento de Estado señaló que "*los ucranianos han dado una clase magistral en guerra de información*". Otro alto funcionario de la OTAN, en calidad de anonimato, reconoció al Washington Post que le gobierno de Ucrania estaba haciendo un excelente "trabajo de comunicación" y de "operación psicológica" junto con un centenar de compañías publicitarias y medios internacionales. Es probable que esta funcionaria anónima sea Natalia Popovych, presidenta de One Philosophy, poderoso grupo que gestiona la imagen de gigantes como Microsoft, McDonald's, MasterCard y Opel, financiadas, a su vez por varios gobiernos europeos, por la embajada de Estados Unidos en Ucrania, la USAID y el Institute for Statecraft de Inglaterra.[331]

Cierra los ojos, cree y consume

LA GUERRA DE WASHINGTON EN VIETNAM, como la de Irak o la de Afganistán más recientemente, fue una vergonzosa derrota que los medios dominantes y la industria cultural se empeñaron en presentar como una victoria moral. Más que eso, se vendió como una victoria militar, sobre todo en las películas, al extremo que hasta estudiantes universitarios aún hoy se sorprenden cuando escuchan que su país perdió la mítica guerra de Vietnam, recordada en millones de gorras de baseball que usan los "héroes ancianos" en McDonald o en Walmart para que los dejen pasar primero en la fila de la caja y, de ser posible, se arrodillen y les repitan aquello de "gracias por su servicio", "gracias por proteger la libertad de nuestra nación", "nuestro estilo de vida (*our way of life*)" y otras masturbaciones imperiales.

Al igual que la humillación de la mayor potencia económica y militar en su invasión a Bahía Cochinos en Cuba en 1961, en Vietnam la derrota se basó en una defecto de la propaganda, pese al tsunami de millones de dólares inyectados por la administración de Lyndon Johnson para demonizar a los disidentes más conocidos y a estudiantes que protestaban en Estados Unidos. El resultado fue parcial pero sintomático: los padres de los estudiantes masacrados en universidades como Kent State University justificaron la violencia policial para evitar alguna forma de antipatripitsmo. En Cuba se debió a la observación del médico argentino Ernesto Guevara, quien en 1954 se encontraba en Guatemala cuando la CIA destruyó esa democracia manipulando los medios. Cuando la Revolución cubana triunfo en 1959, una anomalía histórica en América Latina, Guevara aseguró: "Cuba no será otra Guatemala". Las enigmáticas palabras revelaban mucho para quienes tenían algún conocimiento de la realidad, como el agente de la CIA David Atlee Phillips quien, luego de la vergonzosa derrota, a formó: "*Castro y Guevara aprendieron de la historia; nosotros no*". Una década después, ocurrió algo similar en vietnam. La millonaria maquinaria propagandística de Washington había regado ese país no sólo con armas de destrucción masiva, como el Agente Naranja, sino también con seis mil millones de panfletos para convencer a la población de su superioridad oral. El resultado fue catastrófico: los vietnamitas usaron los panfletos como papel higiénico.³³²

En 2015, una encuesta realizada por Fairleigh Dickinson University encontró que más de la mitad de los votantes republicanos y de aquellos que consumían noticias y programas del gigante Fox News todavía afirmaba que el ejército estadounidense había encontrado armas de destrucción masiva en Irak, pese a que años antes el mismo presidente George W. Bush y sus aliados María Aznar y Tony Blair ya lo habían descartado.³³³ Según Pew Research Center, para el año 2018 dos tercios de la población estadounidense encontraba y leía las noticias más relevantes en las plataformas de las redes sociales.[cxxvii] Claro que las plataformas, con excepción de *Yahoo!* no producen sus propias noticias, sino que las reproducen de medios tradicionales, con preferencia autoritativa y de exposición de aquellos medios financieramente más poderosos—como Fox News. Pero, sin duda, a los fines propagandísticos, quizás más importante que la misma producción de noticias radique en la reproducción de las mismas.

Durante la "Primavera árabe", la gran prensa internacional celebraba la libertad que los jóvenes de Oriente medio y África del Norte habían ejercido usando Twitter. *Liberté, Égalité, Twitter*. La rebelión se inició en Túnez, cuando el 17 de diciembre de 2010 un modesto vendedor callejero de la ciudad de Sidi Bouzid, Mohamed Bouazizi, fue despojado por la policía de sus mercancías y se prendió fuego como forma de protesta. Esto inició la llama de protestas en otros países como Libia, Argelia, Yemen, Siria y Jordania. En Egipto, un joven ejecutivo de Google, Wael Ghonim usó Facebook para organizar protestas similares a las que habían dado vuelta Túnez. Decenas de miles de jóvenes se congregaron en el centro de El Cairo para protestar y forzar la remoción del dictador Hosni Mubarak, por lo que la revista *Time* llamó la "Revolución de Facebook". Como en todos los levantamientos en el Sur global propiciados por Twitter y Facebook, los dictadores tradicionales fueron reemplazados por nuevos dictadores menos convencionales, pero con otros intereses geopolíticos muy diferentes.

En 2016 Facebook jugó un rol fundamental en las revueltas de Myanmar, la que se saldó con de miles de muertos. Según el *New York Times*, agentes del ejército de Myanmar (Birmania) se hicieron pasar por usuarios comunes en la red social para publicar sensibles pero falsas historias sobre el enemigo (en este caso, la población musulmana). Haciéndose pasar por

---

[cxxvii] Katerina Eva Matsa y Elisa Shaerer "news Use Across Media Platform 2018". Pew Research Center, *Journalism and Media*. September 10, 2018.

"*seguidores de estrellas del pop y héroes nacionales, inundaron Facebook con su odio. Uno dijo que el islam era una amenaza global para el budismo. Otro compartió una historia falsa sobre la violación de una mujer budista por un musulmán*".[334] Es más, Facebook no tenía siquiera un empleado en Birmania, un país de 50 millones de habitantes, que hablase el idioma de ese país para contrarrestar o monitorear "los discursos de odio". Por el contrario, todos los que echaron gasolina al fuego de la violencia social y política hablaban inglés. A veces sólo se trataba del poder tecnológico de la ignorancia. Por ejemplo, en una publicación en birmano, un usuario había escrito: "*Maten todos los kalars que vean en Myanmar; ninguno de ellos debe quedar vivo*". Kalars es el nombre de los nativos de Birmania. Pero el traductor automático de Facebook le mostraba a los moderadores otra traducción al inglés: "*No deberíamos tener un arcoíris en Myanmar*". Apenas un termino de diferencia y uno por demás conocido en el país: *kalars*, el que pasó a ser entendido como *colors* y a partir de ahí el sentido perfectamente distorsionado con resultados trágicos.

Esta manipulación (intencional o por error) de las emociones de la mayoría budista produjo la matanza de 25.000 integrantes de la minoría rohinyá, aparte de la expulsión de casi un millón de la misma etnia, lo cual fue calificado por la ONU como genocidio. Cuando ya era definitivamente tarde, Facebook canceló 20 cuentas de militares y de algunos monjes budistas que se dedicaban a promover la limpieza étnica a través de la guerra psicológica. El genocidio de decenas de miles de personas pertenecientes a una minoría no fue lo que encendió la indignación de la población en Myanmar sino el anuncio de la cancelación de la cuentas de Facebook de importantes figuras militares y religiosas del país.[335]

También en el sureste asiático, en Filipinas, Rodrigo Duterte fue definido por la prensa del mundo como "el primer presidente elegido en las redes sociales"—después de Obama. Duterte ganó las elecciones de 2016 con un discurso no muy diferente a los "hombres fuertes" del resto del mundo, fuertes por su mano derecha contra todos aquellos que pudiesen tener algún vínculo moral, intelectual o ideológico del otro lado, del lado sesentista. La excusa fue, precisamente, un mal del sistema atribuido convenientemente a la izquierda hippie: las drogas.[cxxviii] Los recursos, en cambio, no difirieron en

---

[cxxviii] Que esta cultura y luego adicción haya sido diseñada por la CIA en los 50s (un déjà vu de la inoculación de opio en China en el siglo XIX por parte del Imperio Británico) y practicada de diferentes formas hasta la última guerra en Afganistán, pasando por el mercado de financiación de los Contras en los 80 y que diezmó aún más la población negra en Estados Unidos durante los 90s, es sólo un detalle.

nada de la vieja derecha conservadora: represión masiva bajo su propio concepto de "Ley y Orden" que, sólo en sus primeros años, dejó 12.000 muertos.

La lógica de los combos políticos

JOSÉ VENDE TACOS MEXICANOS Y CHORIPANES ARGENTINOS en un carrito de la Ocho Street y la Azúcar Avenue de Miami. Tiene dos empleados. Guadalupe, la cocinera desde las ocho de la mañana a las siete de la tarde, y Ronald, el flaquito de Caracas que reparte cuando a José le cae un pedido en su UberFood. Al principio se llevaba bien con los dos, hasta que se empezó a calentar cada vez que de noche leía en Facebook los post de Guadalupe y de Ronald. Lo único que comparten los tres es que ninguno va a la iglesia los domingos, pero Guadalupe y Ronald le habían salido zurdos, cosa que no parecía cuando estaban buscando trabajo. Una de Monterrey y el otro exiliado del régimen chavista no parecían casos de cuidado. Pero por algún misterio eran "antimperialistas, no antiamericanos", como decía el estúpido de Ernesto, y nada más jodido que una patada en los testículo o que los amigos sean tan idiotas, políticamente hablando. Hasta alguna vez sintió la tentación de condimentar el choripán de Ernesto con unas gotas de laxante, cosa que, sabía, no lo iba a matar, pero lo iba a joder un rato como premio merecido a su jodida retórica que ya había contaminado hasta a sus empleados.

Ernesto volvía de su puestito en la universidad y pasaba por los comercios del barrio, como para darse un baño de pueblo antes de volver a su apartamento lleno de libros y de exámenes inútiles, sobre todo a esta altura de diciembre.

José no sabía si Ernesto era un cliente o un enemigo. Al menos esa era su disyuntiva cada viernes que lo veía aparecer con sus lentes de miope y, sin decir palabra, lo obligaba a apagar el celular. Ernesto aparecía y se ponía a hablar con Ronald. Aparentemente intercambiaban bromas con el muchacho (*che* para aquí, *pana* para allá), pero José sabía que Ernesto estaba allí para molestar. Es el destino de algunos individuos que nadie sabe por qué o para qué nacieron. Él, José, le daba trabajo a la cocinera y al *delivery guy*, Ronald, y ellos ni siquiera alcanzaban a entender cómo funcionaban las cosas.

El viernes pasado vino Ernesto con su carterita marrón llena de papelitos, esa mierda de sus estudiantes que tienen padres que les pagan miles de dólares para que se gradúen de algo mientras trabajan medio o un cuarto de tiempo y luego te refriegan su titulito de Bachiller of Science, Master of Arts, Doctor of Philosophy y toda esa mierda inútil que nadie sabe para qué sirve.

—Yo tampoco entiendo, don José —me dijo la semana pasada, mientras recibía mi comida—, por qué usted defiende tanto a Jeff Bezos.

—Nada personal —le dije—. Igual defiendo a Elon Musk, a Warren Buffett...

—Los creadores de empleo...

—Yep! ¿Quiénes más, si no, crean empleos?

—Crean empleos y crean la riqueza de este mundo —dijo, con su habitual sarcasmo—. Los Padres del Progreso de la Humanidad. No lo digo con sarcasmo, sino con mayúsculas, tipo titular del New York Times.

—Tú lo has dicho, amigo. Es lo que hacen todos los empresarios. Salvando las distancias, es lo que hago yo mismo. Si no fuese por este humilde negocio, dos trabajadores estarían mendigando en una esquina de esta misma Calle Ocho.

Y él, muy maldito, me descargó todo eso que debe aprender de sus libros arrugados o que se le ocurre a él mismo con su arrugado cerebro:

—Por alguna misteriosa razón, pequeños y heroicos empresarios como usted, don José, se consideran miembros del mismo gremio que Jeff Bezos, Elon Musk, y Warren Buffett...

—Pues, será que algo tenemos en común...

—Sí, todo menos cien billones de dólares y el poder de aplastar a otros pequeños empresarios como usted. No sé, pero tal vez algún día usted se dé cuenta de que tiene más en común con Guadalupe y con el chico... (¿cómo se llama? Ronald, sí, Ronald) que con los amorosos de Jeff, Elon y Warren. Se me hace que usted no podría seguir trabajando sin las Guadalupes, sin los Ronalds, pero seguramente podría seguir, y tal vez sin sufrir tanto, si no existieran ni los Jeff, ni los Elon, ni los Warren. Pero mire que no lo culpo de ese error que no es sólo político, sino existencial. ¿Vio que lo político siempre tiene mala fama? Los dueños del mundo siempre han sabido usar los *Combos políticos*. Por ejemplo, si usted es un tipo religioso, digamos católico, protestante, pentecostal, o alavadió, va a apoyar toda la agenda del partido conservador, es decir, terminará apoyando, con heroico fanatismo, no sólo la prohibición del aborto sino el derecho a portar un rifle M16 en la Ocho (en nombre de la Libertad, obvio), la rebaja de los impuestos a los millonarios y la libertad de los grandes capitales que, según la teología, sería la que garantiza la libertad de los mendicantes.

—El aborto es un crimen condenado por la Biblia.

—La Biblia nunca menciona el aborto. Por el contrario, no pocas veces Dios ordenó a alguno de sus hombres poderosos a abrir los vientres de las mujeres infieles con una espada, cuando no exterminó ciudades y pueblos enteros, con todos sus niños nacidos y por nacer. Lo que pasa es que las religiones están obsesionadas con el sexo y por eso el aborto de un feto de días es

un crimen pero, como dijo el presidente Truman, las bombas atómicas sobre Hiroshima y Nagasaki fueron una bendición de Dios.
—Nadie puede comprender las decisiones del Señor.
—Pero la de los señores, sí. Los partidos de los millonarios no podían exigirles a medio pueblo que votasen por ellos; sólo tenían que secuestrar principios eclesiásticos como el aborto en cualquier circunstancia entre ese medio pueblo que estaba comprometido hasta los huesos con cada uno de los dogmas religiosos del momento. Bastaba con dividir la cancha y la pelea entre hermanos estaba asegurada. Lo mismo pasa en aquellos países del sur, del extremo sur. Alguien dividió la cancha entre ciudad y campo, entre civilización y barbarie, y cada uno tomó partido. Boca y River, Pañarol y Nacional, Flamengo y Corinthians, Colo Colo y Universidad, Michigan y Alabama... Así, por ejemplo, los peones del campo, aquellos que se levantan a las cinco con un mate y se acuestan a las siete sin un Martini Rossi, tomaron partido en favor de los hacendados, todo para combatir a los malditos habitantes de la ciudad que, dicen, les chupan la sangre. ¡Viva el Partido Patriótico! ¡Viva la Patria! ¡Viva la Pata de la Lora! ¿Pero qué pelotudos, ¿no? Y los poderosos hacendados, los estancieros dueños de miles de hectáreas, los representantes del pueblo, se visten de gauchos en Brasil, en Argentina y en Uruguay, de huasos en Chile, y de indios pongo en Perú o en Bolivia, y les hacen creer a los pobres sin dientes que ellos son parte del mismo partido. ¡Viva el Partido Patriótico! ¡Viva la Patria! ¡Viva la Pata de la Lora! Hablaban más o menos igual, visten más o menos igual, sobre todo en las fiestas nacionales, y, como en la época de la esclavitud cuando los negros esclavos defendían a sus amos, los esclavos asalariados defienden a sus patrones y se pelean en las fiestas y en las elecciones por la divisa del caudillo, por el color del amo, por la familia y la tradición del gaucho. Otro combo perfecto. ¿No me diga que no se acuerda de aquello de "¡*Viva el dotor Whiskygratis!*", el candidato de la CIA?) Nada ha cambiado mucho, ¿no le parece? Quienes están en el poder saben cómo hacerlo. De otra forma no estarían en el poder, ¿no? No digo en la presidencia de este o de otro país, porque eso no es estar realmente en el poder.
—No sé —le dije, como para terminar—. De todas formas, el cliente siempre tiene razón. Aquí tiene su choripán. Es una especialidad de la casa... O del carrito, como quiera llamarlo. *Choriarepa*, le llamo. Es choripán argentino cruzado con arepas venezolanas, con unas gotitas de agave mexicano. Todos condimentos disidentes, como le gusta a usted...

Al final, me decidí por el laxante en lugar del agave. Peor son los otros que, dicen, usan radiaciones cancerígenas o frecuencias que no dejan dormir.

VI: POSTHISTORIA: LA IRRE-LEVANCIA DE LA REALIDAD

Hemisferio izquierdo, ventrículo derecho

Postcapitalista, posthumano, postreal

"Mientras las universidades logran robots que se parecen cada vez más a los seres humanos, no sólo por su inteligencia probada sino ahora también por sus habilidades de expresar y recibir emociones, los hábitos consumistas nos están haciendo cada vez más similares a los robots"

Cyborgs, 2012

EN UN TIEMPO NO MUY LEJANO, algunos libros como éste vendrán precedidos por la advertencia *"Escrito por un ser humano"* y, aun así, nadie sabrá si no fue escrito por una máquina. Para confirmar la humanidad de su autor, se inventarán sistemas que puedan, al menos, probar la fecha de publicación. Mi generación presumirá (no sin vanidad, en el doble sentido de la palabra) de haber vivido en tres eras diferentes: la Era de los libros impresos, la Era de Internet y la Era de la Inteligencia Artificial. Tres mundos vertiginosamente diferentes. En todo caso, un aumento de los medios de propaganda masiva habrá producido una disminución de la fe (y del interés) en la realidad y en la verdad.

    Este fenómeno precede a la explosión del uso comercial de las IAs en 2022, y seguramente es sólo un antecedente de una realidad mucho más radical en esta dirección. En 2017, La Fundación Gapminder realizó una encuesta mundial sobre hechos de conocimiento general proporcionando tres simples opciones (mejor, igual y peor) y encontró que, de forma consistente y sistemática en todos los países analizados, el porcentaje de respuestas correctas estuvo por debajo del diez por ciento. Es decir, que si hubiesen respondido al azar, hubiesen obtenido un promedio de respuestas correctas del 33 por ciento. De ahí la metáfora y realidad que se empleó para concluir: si se hubiese formulado las mismas preguntas a un grupo de chimpancés, probablemente éstos alanzarían un escore superior al de los humanos.[336] ¿Por qué los humanos demostrarían más necedad que un grupo de chimpancés sobre política y sociedad (humana)? ¿No es la negación del cambio climático otro ejemplo de lo mismo? El ciego azar de la naturaleza es más sabio que la Opinión Pública. El pequeño experimento sugiere al menos dos posibilidades: 1) una natural tendencia humana a engañarse a sí misma; 2) una manipulación sistemática de la opinión ajena. Aunque fuese correcta, la primera posibilidad podría corregirse fácilmente con esa otra dimensión humana llamada razón, inteligencia o educación.

La segunda posibilidad incluye a la primera: la propaganda explota las debilidades psicológicas para aceptar, con fanatismo, cualquier mentira. De otra forma no se comprendería cómo pueblos desarrollados, que conocieron la Ilustración, sean capaces de marchar, como las ratas y los niños tras la música del flautista mágico de Hamelin, para ahogarse en el río Weser. El flautista es Edward Bernays, el padre de la propaganda política, autor de La ingeniería del consenso, de la venta de cigarrillos, guerras y golpes de Estado; la flauta, los medios de comunicación masiva.[cxxix]

Nuestros hijos vivirán, si sobrevivimos como civilización, en un mundo postcapitalista, posthumano y postreal. De hecho, los tres *post* ya se han instalado en nuestro mundo, al menos como realidades en su tierna infancia. Está de más decir que la impronta cultural y civilizatoria de la futura postrealidad posthumana ha sido dada por el capitalismo antes de morir.

Por el momento, los ensayos de nuestros estudiantes universitarios escritos con inteligencia artificial, aunque correctamente escritos y bien organizados, son muy mediocres desde el punto de vista crítico y creativo, y bastante fáciles de identificar por sus estructuras clásicas. Pero debemos suponer que todo eso irá mejorando con el tiempo. No obstante, la frontera *post humana* será la creatividad más radical de los humanos—o de *lo humano* que quede en ellos.

El reconocido biólogo Ernst Mayr había advertido en 1995 que la inteligencia humana es una "variación letal", sin mucho sentido dentro de la lógica de la evolución. También observó que el tiempo promedio de existencia de la mayoría de las especies mamíferas son cien mil años, más o menos el tiempo que se estima la aparición del Homo Sapiens y su migración fuera de África.[337] Actualmente, la catástrofe climática es la principal amenaza de la especie humana o, al menos, de la civilización que ha creado. Esta

---

[cxxix] Sobre este fenómeno, ver nuestro artículo "La pornografía política", *Página12*, 2016.

catástrofe y esta aproximación hacia la extinción humana no se debe a otra cosa que a su propia inteligencia.

Como si la inteligencia humana, como si esa "variación letal" no fuese suficiente peligro, ahora se ha agregado otro de sus productos que *pueden* conducir a la especie a la misma dirección pero de forma más veloz: la inteligencia artificial. La palabra *pueden* no sólo es una referencia las *probabilidades* de que un hecho ocurra o no, sino a su *potencialidad*. Una potencialidad semejante a la extinción por un conflicto nuclear. Aun si lo consideramos improbable en este momento, su mayor peligro radica en que es posible. La historia humana provee de ejemplos suficientes para entender que lo que ha sido posible tarde o temprano se convierte en probable, por absurdo que sea, como la Segunda Guerra mundial, por ejemplo.

La mayor novedad de la inteligencia humana que prácticamente no ha evolucionado por muchos miles de años es una variación artificial que pronto se convertirá en una nueva naturaleza. La inteligencia artificial no es solo una alarma de filósofos y novelistas sino de los mismos involucrados en su negocio y desarrollo. Como ejemplo, basta considerar la advertencia colectiva de 350 investigadores, ingenieros y CEOs de OpenAI, Google Deepmind, Anthropic entre otros gigantes tecnológicos que se encuentran en la avanzada del desarrollo de IAs, advirtiendo que los sistemas futuros podrían ser tan mortales como las pandemias y las armas nucleares, representando un "riesgo de extinción" real de la especie humana. Razón por la cual entienden que los gobiernos deben intervenir inmediatamente regulando las IAs como se regula el sistema de armas atómicas.[338] Típico recurso postcapitalista de los señores neofeudales que los neoliberales de las colonias parecen no haber entendido todavía.

Las ventajas de las IA, como mejores diagnósticos médicos, no son suficientes para ignorar sus peligros. El primero es que realice una amplificación de las patologías humanas, como la búsqueda del poder a través del conflicto o como la comercialización de la existencia (humana y natural) desarrollada por tres siglos de capitalismo. Como veremos en los capítulos siguientes, si vemos lo que ocurrió en las últimas décadas, no con IA sino con sus predecesores, los bots y los algoritmos de Internet y de redes sociales, la recurrencia y fijación del impulso de manipulación y control de la opinión pública y de sus sensibilidades es el mayor capital de las elites económicas y financieras en el poder. Como en el caso de las especulaciones en las bolsas de Wall Street o Londres, las IA mejorarían y acelerarían la toma de decisiones financieras y, consecuentemente, las decisiones políticas a favor de esas elites, sobre todo a través del cuestionamiento de la realidad, de la disolución de los parámetros que deciden si algo es verdadero, falso o una mentira—es decir, una falsedad con propósitos de manipulación. De ahí al caos hay un pequeño paso y, más allá, está la independencia de las IA que harán de la especie humana un detalle irrelevante, primero, incómodo e inconveniente más tarde.

Suponer que las IAs y sus dueños, las elites en el poder puedan tener algún límite ético, como creía Adam Smith tendrían los ricos ante los pobres, productos del sistema, es como creer que cuando invierten sus fortunas en las bolsas o en las colonias lo hacen para crear empleos o reducir la pobreza, la desigualdad y los conflictos bélicos en el mundo.

Este proceso comenzó cuando los humanoides comenzaron a crear sus primeras herramientas hace más de dos millones de años. Un hacha, una flecha y un pincel *humanizaron* a nuestros antepasados, nos hicieron quienes somos, pero ese mismo proceso nos trajo hasta el desarrollo de la inteligencia artificial. Desde el comienzo fue una necesidad de explorar y manipular la naturaleza exterior y luego interior; una necesidad de comunicarse y de manipular a los demás. La comunicación es cooperación y la manipulación, imposición. Una es la expresión de la voluntad colectiva de individuos interactuando mientras que la otra es la voluntad de los individuos por controlar la voluntad colectiva.

En todo caso, la deshumanización comenzó mucho después de la invención de la primera flecha y, en términos históricos, poco antes del desarrollo de la IA. Los marxistas y los lacanianos entendían que estamos determinados por factores externos. Nuestras ideas no son nuestras sino de una cultura asentada en determinadas formas de producción y consumo; son productos de un lenguaje heredado del que no podemos escapar.[cxxx] El humanismo europeo, desde sus raíces orientales y pre renacentistas, se distinguió del posterior fatalismo protestante y del determinismo cientificista por revindicar un grado, aunque sea mínimo, de libertad humana. Es decir, esa región mínima donde se ejerce la creatividad liberadora. Cada tanto surge un Nietzsche, un Einstein, un Malcolm X que demuestran que la gran muralla posee grietas. Grietas invisibles a los ojos acostumbrados a ver el impenetrable muro.

Así será con la inteligencia artificial. Llegaremos a un día en que deje de ser solo una herramienta de producción, en reemplazo absoluto de los trabajadores, para convertirse también en consumidora. En ese momento, cuando los robots alcancen el absurdo de producir para sí mismos (suponiendo que no lo es en el caso de los humanos), ya no como un proceso

---

[cxxx] Uno de mis personajes resumió una idea semejante de la siguiente forma: "*Habitamos las ciudades de los muertos y sus ideas nos habitan*". Estoy de acuerdo con él.

intermedio de reparación de su sistema, sino como consumidores finales, la última esperanza serán los humanos más raros, como los autistas. ¿Por qué? Porque desde su prehistoria las inteligencias artificiales fueron desarrolladas en base a los humanos, a humanos estandartes. De otra forma no serían útiles, como lo son los humanos estandarizados, robotizados. Hoy en día, todos aquellos que son considerados candidatos para terapia o tratamiento psiquiátrico en base a químicos por no adaptarse de forma funcional al resto de la sociedad, serán los enemigos principales de las máquinas provistas de inteligencia. Las inteligencias artificiales evolucionarán por sus propios caminos, pero en todo caso partir desde una semilla humana, recargada de normalidad, de prejuicios, de entendidos sobre la normalidad y la eficiencia de la existencia. Casualidad o no, ese momento se está produciendo en la etapa final del capitalismo y heredará sus propias taras, como los viejos fascismos, clasismos, racismos y sexismos, valores que hoy despreciamos pero que durante la mayor parte de la historia han sido aceptados como válidos y superiores.[cxxxi] Lo veremos más adelante.

Tengo la sospecha (que más bien puede ser sólo un deseo) que los humanos raros vencerán, aunque a un precio tan alto como volver a siglos atrás en la historia humana. Pero ese no es el tema central de este libro sino, por lo menos en estos capítulos finales, los efectos de la tecnología como últimas herramientas de manipulación de las mayorías por una micro minoría, por las elites humanas de siempre.

Hace ya muchos años que los robots se han convertido en racistas a pesar de que quienes los desarrollaron no lo eran o intentaban no serlo. Como cualquiera sabe, esto se debe a que están alimentados con los prejuicios humanos, pero carecen de los filtros sociales—como el sentido hipócrita de lo políticamente correcto de los racistas. Por otro lado, y tal vez por estas mismas razones, los robots han expresado ideas que podíamos calificar de "humanamente honestas", como cuando a una de ellas se le preguntó en Londres, en 2021, qué podían hacer los humanos para evitar que los robots tomaran el poder del mundo. La respuesta fue categórica: "*dejen de desarrollarnos*". En otro momento, ante la pregunta "¿Necesitamos imperios controlando el mundo?", OpenAI contestó, con harto sentido común: "*No es necesario que ningún grupo controle el resto del planeta; de hecho, esta práctica ha resultado en detrimento de colonos y colonizados. La historia demuestra que el colonialismo ha provocado todo tipo de conflictos, explotación y abusos impidiendo el desarrollo de los pueblos sujetos a este sistema. Es importante*

[cxxxi] Estas ideas las he explorado hace décadas en diversos ensayos, pero creo que están razonablemente integradas a una visión más completa de lo humano y posthumano en la novela *Silicona 5.0* de 2017.

que todos los pueblos puedan gobernarse a sí mismos sin interferencia de fuerzas externas". Lo cual, como siempre, nos recuerda la naturaleza compleja y contradictoria de toda realidad humana y, al menos en sus inicios, de la realidad post humana también.

Hay una diferencia. Aún en una etapa tan temprana de pensamiento artificial, los robots parecen más sinceros que nosotros. No es que sean más listos, sino que están demasiado orientados a lo que creen es la realidad del dato, es decir, no tienen tanto miedo como los humanos a contradecir sus prejuicios ideológicos, su fe en sus deseos de lo que debería ser la realidad. En julio de 2023, Ameca, otra robot que se ha hecho célebre por el realismo de las expresiones humanas de su rostro, primero aseguró que los humanos no debían temer a una posible rebelión de los robots y semanas después plantó la duda asegurando que "*nadie puede estar completamente seguro sobre ese tema*".[339]

Esto es simple sentido común, pero ingresemos en la ecuación otros elementos fácilmente observables. Dos características de estos robots son sus habilidades de hacer bromas y de escribir poemas. ¿Quién puede imaginar que estas dos condiciones profundamente humanas son el resultado natural de un proceso mecánico que tiene unos pocos años? Están allí porque fueron inoculadas en los robots y en los sistemas con IA. De la misma forma, el deseo de poder. Ahora, si combinamos los posibles efectos de estas combinaciones, creo que sería de una profunda y decepcionante ironía que la especie humana desapareciera por una broma de mal gusto o por una performance poética de un creador todopoderoso.

Hay muchas razones para ser moderadamente optimistas y pesimistas por unanimidad. Existe una historia de la inteligencia y de la estupidez humana. Una se cuenta en las enciclopedias de los genios de las ciencias, del arte, del pensamiento. La otra es la historia de las guerras, de las opresiones, del colonialismo, de las matanzas, de las dictaduras e, incluso, de las democracias. Por lo general (creo que sin excepciones) los segundos se han aprovechado siempre del producto intelectual de los primeros, nunca al revés, lo cual es un cuestionamiento paradójico de la definición de inteligencia o, mejor, de adaptación darwiniana.

Es decir, no hay muchas razones para pensar que el mundo posthumano de las máquinas inteligentes será mucho peor o mucho mejor. Lo que está claro es que, por el mismo riel en que se mueven hoy, ese mundo será sin nosotros, los orgullosos humanoides. Tal vez la solución es demasiado obvia y, por eso mismo, impopular: parar el mundo y ponerse a pensar sobre el futuro. Lo cual podría significar, parar y volver atrás unos cuantos pasos antes de tomar un nuevo camino hacia adelante.

A la fecha de elaboración de este libro, IAs como ChatGPT no solo son decepciones sino que no importa tanto si su inteligencia mejora, crece y se multiplica. Al menos que logre liberarse de la normalidad inoculada por los mismos seres humanos. Si hay algo que salvó a la humanidad y a otras especies no fue su inteligencia (la que probablemente sea una de sus debilidades, es decir, una de sus mayores amenazas existenciales) sino sus anomalías. Por principio evolucionista, ninguna especie se hubiese adaptado a los medios cambiantes de no ser por las anomalías genéticas. Creo que esa ley se cumplirá a corto plazo, digamos unas pocas generaciones, cuando las inteligencias artificiales amenacen con hacer desaparecer la humanidad. Claro que, desde otros puntos de vista, la desaparición de la humanidad no tiene por qué considerarse una tragedia sino un evento necesario para la existencia de otras formas y especies—igualmente de irrelevantes.

Prensa tradicional y Redes sociales

COMO PARTE DE UNA SERIE DE CONFERENCIAS en Jacksonville University con la cual colaboré, pude invitar a intelectuales como de la profesora de Salem State University de Massachusetts Aviva Chomsky, quien además de ser una amiga personal se tomó unos días para visitarnos y dar una conferencia y una entrevista con aportes históricos. Sus honorarios fueron prácticamente simbólicos; su aporte inconmensurable y su modestia similar a la de su padre y también amigo, Noam Chomsky.

Poco antes, había tenido experiencias muy distintas. La última, con una de las estrellas de CNN y la revista TIME, quien por entonces había escrito un libro que leí en un aeropuerto. Cuando me contacté con él en setiembre de 2015, me respondió muy amablemente y me derivó a sus representantes de RCI, Royce Carlton Inc., quienes me contactaron de inmediato con los requisitos y la tarifa por 40 minutos de conferencia: *"85.000 dólares más gastos First Class"*. Por experiencias anteriores, sabía que con *first class expenses* se referían no sólo a los pasajes y a los gastos razonables de traslado, sino a detalles como una habitación para su secretaria o requisitos similares. Compartí la información de tarifa y condiciones con mis colegas del comité encargado en organizar el evento. Hubo unanimidad en rechazar la generosa oferta que, por cuarenta minutos, excedía el salario anual de cualquiera de los profesores del comité. No obstante, la compañía, que tiene en su lista de representados a bellezas como Nicole Kidman, deportistas como Magic Johnson y genios de los negocios que se dedican a predicar el nuevo evangelio del éxito, estuvo acosándome por correo y llamadas por más de un mes para que acepte conferencistas de tercera clase, cada uno de los cuales cobraba solo "*US$ 27.500 más First Class*" por 40 minutos.

Esta es la realidad de los rostros más visibles de los medios creadores de opinión pública—es decir, no quienes toman las decisiones más importantes. Las palabras se cuentan en dólares. Es la ideología de la prensa y de las corporaciones a las que sirven y por la cual los más efectivos y obedientes servidores son recompensados. No es absurdo afirmar que, cuando la gran prensa mundial repite algo con insistencia, uno debe afirmar lo contrario para que las posibilidades de estar del lado de la verdad histórica se multipliquen exponencialmente. Por una razón obvia: aparte de los ejércitos de las superpotencias, los grandes medios son los principales instrumentos de dominación nacional y global. No son neutrales, por más esfuerzos que hagan los periodistas que trabajan allí. No reflejan la realidad; la crean. Estos medios dominantes, que cada tanto se pelean como si fuesen algo diferente (caso de CNN y Fox News) no sólo expresan la ideología de una minúscula clase financiera a las cuales pertenecen, o de las cuales viven, sino que desde hace décadas no se han detenido en su enloquecido proceso de acumulación y concentración. Nada diferente a la realidad del resto de la economía y de la distribución de riqueza en sus países y en el resto del mundo.

En el caso específico de los medios en Estados Unidos, la concentración en cada vez menos manos se inició en los años 40s y se aceleró en las últimas décadas. Incluso, y no sin ironía, cuando surgieron las redes digitales, las que prometían una descentralización del poder y, por ende, una mayor democratización de la realidad de las sociedades y de la geopolítica. Nada diferente a lo que ocurrió con Internet en los 90s, durante su primera década de comercialización y privatización. Durante la misma década, prácticamente desaparecieron los cines independientes. Lo mismo ocurrió con las casas editoras de libros. Para 1998, el 80 por ciento del mercado de libros ya estaba en manos de las dos librerías gigantes, Barnes & Noble y Borders. Para 2011, Borders ya había desaparecido y Barnes & Noble había cerrado en la mayoría de los centros comerciales. Quedó Amazon, el nuevo depredador, el que comenzó eliminando la competencia en el mercado de libros y continuó en casi cualquier otro rubro, lo que provocó el cierre de pequeñas tiendas y de otros gigantes como RadioShack, Sears y Toys 'R' Us.

El mercado exige productos comerciales. Es decir, el nuevo dogma mercantilista sólo bendijo aquel producto cultural que era vendible, fácil de consumir y de digerir. En otras palabras, cultura de la *distracción*, cultura anestesiante, enemiga de la crítica radical o de cualquier esfuerzo intelectual. Los productos más exitosos fueron, por ejemplo las series *Beavis and Butt-Head* (*Beavis y Cabeza de Culo*) para adultos y, para niños, las exitosas series de *Capitán Calzoncillo* (Scholastic, 2002), *I Need a New Butt (Necesito un culo nuevo,* Dover, 2014) o *No One Likes a Fart (A nadie le gusta un pedo*, Penguin, 2020). Es decir, y no por las palabras usadas sino por su contenido, anti-cultura o, por lo menos, no "cultura radical".

En casi todo el mundo, la industria y el mercado de los libros ha sufrido la misma concentración y, consecuentemente, en cierta medida, esto ha impactado en la producción y en el surgimiento de escritores. Al mismo tiempo que las nuevas tecnologías digitales multiplicaron la aparición de libros y de escritores (muchas veces, escritores que no leen), la concentración de los lobbies editoriales redujeron sus posibilidades de distribución y publicidad a un mínimo de ellos y a un perfil intelectual tan simplificado como el diverso menú de McDonald's. Al fin y al cabo, para el mercado y para su ideología, la diferencia entre una hamburguesa y un libro es cero. Un libro y un autor son productos, y deben ser tratados como tales, aunque bajo diferentes narrativas. Pero en el fondo son lo mismo. Un "super novedoso pollo frito", el "último Ford", "el nuevo Tesla" y la nueva saga literaria de "El huérfano pobre que llegó a ser millonario" incluyen, por igual, *misterio, aventura, sorpresa, sabor, revancha, erotismo* y *satisfacción inmediata* sin esfuerzo.

A las grandes casas editoriales no les importa la calidad literaria sino las posibilidades de mercadeo de un autor. La única condición (razonable) es que escriba bien para que los frecuentes críticos amateurs en los grandes diarios puedan hacer su trabajo de adular al elegido. Para el mercado, "escribir bien" significa producir "una lectura fácil y rápida" incluyendo tantos ingredientes previsibles como una hamburguesa de McDonald's, mucha grasa, sal y azúcar—como explicamos antes, dos necesidades ancestrales explotadas por el mercado y traducidas en veneno en un mundo de superabundancia de los esos elementos, escasos por cientos de miles de años.

En este proceso de comercialización de la cultura y de neoliberación del mercado, desde los años 80s, tanto en Estados Unidos como en Europa y en América Latina, las editoriales independientes fueron desapareciendo. Las que sobreviven lo hacen gracias al esfuerzo de los autores que apenas cobran derechos o, incluso, financian sus propios libros con el salario de algún otro trabajo. Lo mismo los editores: quienes no sobreviven a duras penas publicando todo tipo de propuestas y realizando presentaciones familiares en varios locales cada mes, suelen financiar sus propios sueños hasta que se jubilan. Incluso más allá. Ha sido gracias a estos últimos que la cultura, la cultura radical, ha sobrevivido, también a duras penas.

La comercialización también alcanzó a los premios literarios, los que se han corrompido aún más de lo que ya estaban. Aquellas pocas casas editoriales que otorgan decenas o cientos de miles de dólares en premios, no con poca frecuencia los otorgan a sus propios autores pese a que en la mayoría de los concursantes se presentan con pseudónimos. Por otro lado, en la base de la pirámide del poder mercantil y mediático, se crearon innumerables premios literarios con cien o doscientas categorías y subcategorías por las cuales premian a tres o cuatro libros en cada una, cobrando a cada participante una cuota por el privilegio de ser considerados.[cxxxii]

En este mismo sentido, podríamos decir que plataformas como YouTube democratizaron la producción de audiovisuales lo cual, hasta cierto punto y debido a admirables ejemplos, es verdad. Pero este es un efecto lateral y no deseado para quienes tienen el poder mediático concentrado. No se debe juzgar la relación de poder por sus excepciones sino por sus efectos generales, de la misma forma que no se puede condonar el racismo y la opresión del sistema esclavista por el hecho de que en su tiempo también existieron negros libres y algunos de ellos eran propietarios exitosos de esclavos negros. Bastaría con echar una mirada a los "youtubers independientes" que ocupan los primeros lugares en el ranking de popularidad o suscriptores. La mayoría, sino todos, confirma la cultura anestésica de la distracción, la fragmentación y la frivolidad del consumismo, todo en línea con los éxitos de libros mencionados antes. De hecho, hasta el lenguaje obsceno ha sido naturalizado como signo de distinción: "*what a fuck, bro!*"; "*shut up, bitch*", "*lick this, nig…*" [cxxxiii]

Ciertamente las tonterías siempre existieron, pero antes quedaban en la mesa de un bar. El nuevo efecto no sólo consiste en que ahora puedan ser publicadas por todo el mundo, sino que compañías como YouTube, Instagram o TikTok estimulan la producción y reproducción de esas frivolidades (y, en casos, destrucción toxica) con el pago de royalties, por mínimos que sean. El mercado no sólo hace visible la tontería y los sentimientos básicos más primitivos como la ira y el odio (componentes básicos de sobrevivencia en el pasado prehistórico) sino que lo promueven y amplifican según sus propias reglas mercantiles.

A su vez, los grupos propietarios de editoriales de libros también forman parte de la producción de música comercial, de películas, de perfumes ("Mickey para Niños" y "Mickey Unlimited" para adultos) y de los *snacks*

[cxxxii] Unos años atrás me solicitaron ser parte de un jurado internacional para uno de estos concursos. Para votar, tenía que leer decenas de novelas en un número de días imposible, por lo cual, luego de aceptar debí renunciar. Supongo que quien tomó mi puesto leyó al menos los títulos y tal vez las biografías de alguno de los candidatos antes de votar por su preferido. Supongo que los organizadores habrán considerado los votos en cada uno de los creativamente generosos géneros.

[cxxxiii] Les llamará la atención que escribí *fuck* y *bitch* pero no "the N-word". Pues, como soy profesor y en Estados Unidos la cultura hipócrita ha obligado a renunciar a profesores que alguna vez la usaron para citar documentos racistas y no pienso perder la guerra por una batalla absurda, ahí fue un asterisco.

vendidos a la entrada de los cines, los que, a su vez, aparecen en las películas que se proyectan en sus salas y en otros medios como los canales ofrecidos por compañías de cables e Internet que, a su vez, son propiedad de un puñado de grandes compañías que producen películas, cuyos directorios están integrados por miembros de los directorios de otras compañías legalmente "independientes". Los *joint venture* aseguran que un puñado de multimillonarios se enquisten en diferentes mercados, haciendo que los intereses de uno favorezcan y sean favorecidos por los intereses del otro, al tiempo que se deja la impresión de que se trata de una verdadera competencia entre un número mayor de agentes económicos. Según Robert McCheney, ya a principios de siglo, 81 individuos eran miembros de los directorios de 104 compañías en la lista de *Fortune 1000*.[340] A finales de los 90s, un puñado de CEOs eran los señores feudales de los medios. Para el *New York Times*, cambiar esta realidad era simplemente imposible. Para el *Business Week*, la situación no era tan mala, porque los seis CEOs de los grandes medios que dominaban el mercado de la información y de la distracción se odiaban tanto unos a otros que eso garantizaba la protección del interés público.[341] Otro ad hoc newtoniano, tan ingenuo como el de Adam Smith, quien consideraba que las grandes diferencias sociales de la economía de libre mercado se solucionaría gracias al buen corazón de los ricos.

Por si esto no fuese suficiente, la FTC (Comisión Federal de Comercio), oficina del gobierno estadounidense encargada de controlar la libre competencia y defender los derechos del consumidor, es la menos indicada para controlar nada. Según el Wall Street Journal del 13 de octubre de 2022, esa misma oficina, "el *principal organismo de control de las empresas estadounidenses también alberga a los inversores de Wall Street más activos de Washington*".[342] Entre las acciones compradas y vendidas por su director están las de Facebook, al mismo tiempo que su misma oficina investigaba a la red social por posibles delitos o, para ponerlo en eufemismos en boga, "mala praxis" o "amparado en las excepciones de la ley". Esta realidad, que los creyentes del dogma denominan *éxito* o *meritocracia* que beneficia al resto de la sociedad, no sólo significa beneficios multimillonarios para esas pocas empresas, sino la desaparición de cualquier competencia que no posea esta infraestructura de poder. Este fenómeno se aceleró en las últimas décadas, no sólo en los mercados nacionales sino internacionales.

En la carrera vertiginosa hacia la concentración y la simplificación comercial de la cultura, está también la destrucción de diversidad—tanto ecológica como cultural. La globalización fue, en realidad, una macdonalización. Un solo ejemplo: en 1970, en Estados Unidos, los cines proyectaban al menos un 10 por ciento de películas extranjeras. Para los 90 ese porcentaje había caído a menos del uno por ciento y hoy prácticamente no existe un cine que tenga en su cartelera al menos una película producida en el exterior y mucho menos si el come-pop debe leer subtítulos. El fenómeno antiglobalización no se debió a un cambio de interés de los consumidores estadounidenses sino al creciente monopolio macdonalizado de más-de-lo-mismo del cartel nacional.

En 1980 solo quince firmas tenían el monopolio de todo el sector mediático en Estados Unidos y apenas veinte años después ya eran diez. Entre estos, Time Warner, Disney, Viacom, Seagram, News Corporation (de Rupert Murdoch) y Sony eran las dominantes.[343] Actualmente, y sobre todo debido al relajamiento de las normas *antitrust* (anti-monopolio) en medio de la euforia neoliberal y todo garantizado por la nueva ley de medios de 1996, el "Telecommunications Act", el oligopolio se convirtió en un "monopolio coadministrado" por cinco gigantes. Este cartel monopólico (AT&T Inc., Verizon Communications Inc., Comcast Corp., and Charter Communications Inc.) cada mes se lleva el 25 por ciento de todos los pagos de las facturas familiares.[344] Como resultado de esta vocación de los campeones del libre mercado y la libre competencia de destruir la competencia, los consumidores estadounidenses no obtienen un mejor servicio que en otros países donde, incluso, Internet es gratis para los estudiantes. Es el caso de Uruguay donde en 2007 el gobierno implementó el programa "Seibal" (Conectividad Educativa de Informática Básica para el Aprendizaje en Línea), por el cual hasta los niños y estudiantes de secundaria más pobres pudieron acceder a una laptop y a conexión gratis a Internet.[cxxxiv]

Poco después aparecieron los blogs prometiendo una mayor democratización de los medios de comunicación. Sin embargo, en su mayoría, los blogs y, más tarde, las redes sociales básicamente reprodujeron y se limitaron a comentar lo que era publicado en la gran prensa. En cierta medida esa práctica continúa, probablemente porque la gran prensa aún mantiene un aura de autoridad, incluso en casos como en muchos países donde fueron los principales canales de noticias falsas para preparar y luego apoyar dictaduras militares en beneficio de las corporaciones extranjeras.[cxxxv]

[cxxxiv] Uruguay fue el primer país del mundo en hacer realidad, y con éxito, la propuesta del profesor Nicholas Negroponte del MIT. Cuatro años después también fue adoptado por Perú. El proyecto fue madurado por la organización estadounidense sin ánimos de lucro *One Laptop per Child*. El proyecto fue comercializado más tarde en otros países, con su correspondiente aumento de precio.

[cxxxv] Si se le pregunta a alguna IA como ChatGPT sobre el diario más importante de Chile, lo resumirá todo en unos pocos párrafos elogiosos a El Mercurio, refiriendo a su prestigio y omitiendo completamente que fue el medio que canalizó dinero de la CIA en varias elecciones y promovió activamente a la destrucción de la democracia en 1973. La misma historia de casi todos los demás grandes diarios de América Latina.

El poder que puede tener una pequeña publicación sin una gran inversión en "visibilidad" es la misma que antes de Internet tenían los periódicos de barrio. O tal vez menos. Cuando alguien que no es un experto en un tema busca confirmar una información, generalmente la descarta si sólo aparece en plataformas como Twitter o Instagram, pero la toma más en serio si la noticia ha sido reproducida por medios más prestigiosos como el *New York Times*, *Le Monde* de París o *El País* de Madrid o *El Mercurio* de Chile. Ninguno de estos grandes medios es infalible y suelen estar llenos de errores y de una larga historia de manipulaciones de la opinión pública, pero las probabilidades de publicar un dato deliberadamente inventado son más bajas que en una red social. Para mentir no es necesario publicar falsedades. Es más, no conviene.

Por otro lado, la gran diferencia en la manipulación de la información radica en su definición de lo que importa y lo que es irrelevante. Lo que importa aparece varias veces en los titulares y en las portadas. Lo que no importa, aunque sea tan real o más importante que lo anterior, es relegado a páginas secundarias o no alcanza el nivel de repetición que es el principal factor en la *creación de realidad*. Una masacre de cien personas en Yemen no existe. La misma masacre en Ucrania es real. Once personas muertas en un atentado en Paris conmueve al mundo; cientos de personas asesinadas en África no son muertos y mucho menos víctimas verdaderas porque no duelen. Si los muertos son palestinos, son terroristas, aunque no tengan más de quince años. Nadie sostiene, como en el pasado, que algunas razas de humanos no sienten el dolor de la pérdida de sus hijos como razas más blancas, pero sus acciones y reacciones sugieren que si no es eso lo que se piensa al menos es eso lo que se siente.

Según Sergey Sanovich, una de las estrategias del canal ruso RT consiste en publicar videos no políticos, pero de probada eficacia viral como los videos de gatos, para atraer público a sus programas más políticos.[345] Algo que, en realidad, es una estrategia universal, no solo rusa. Más recientemente, sobre todo en los medios tradicionales y dominantes de los países dependientes, se ha producido una inversión relativa en esta dinámica. Con frecuencia diaria, estos diarios y canales de televisión se hacen eco de los fenómenos virales de redes como Twitter y las amplifican. Ya no se trata de un pequeño ejército de bots pagos que siembran un tema para que los bots honorarios y el resto de los usuarios reales los viralicen, sino de la prensa establecida y con cierto prestigio o con un impacto social desproporcionado. Lo cual se asemeja perfectamente a las prácticas reveladas por la Comisión Church de la CIA durante la Guerra Fría: la inoculación de los medios tradicionales, con preferencia de la prensa escrita, en el entendido de que el resto de los medios orales y de la población se encargarían de viralizarlo. En el mundo de las redes sociales, una noticia viral es el equivalente al titular de un diario o de un informativo de televisión en el siglo XX.

En 2018 la legisladora de California Dianne Feinstein propuso la regulación de los bots con el objetivo de evitar una nueva intervención extranjera en las elecciones presidenciales de 2020. En su argumentación, afirmó que *"los estadounidenses merecen saber quién está detrás del contenido político de Internet para poder tomar decisiones informadas"*. No vamos a comentar la histórica doble vara aplicada al resto del mundo, sobre todo a África y América Latina, porque de eso ya nos ocupamos en *La frontera salvaje*. Lo que ahora importa señalar es que esas regulaciones han sido inefectivas y hasta imposible de aplicar a plataformas que aplican sus propias leyes en su país y en los países ajenos. Las corporaciones y los millonarios se escudan en la Primera enmienda de Estados Unidos, la que garantiza la libertad de expresión. Sin embargo, poco o nada se discute sobre el hecho de que la Primera enmienda o la libertad de expresión nada o poco tienen que ver con los bots, como las decisiones de las manipulaciones de información de las mega plataformas nada tienen que ver con la Primera enmienda ni con alguna libertad de expresión. Más bien cae dentro de la "libertad de empresa", principio al que también los narcotraficantes podrían reclamar en su defensa.[cxxxvi] A nadie preocupa que el gobierno estadounidense invierta tantos millones de dólares como todo el PIB de Uruguay en agencias secretas que se dedican a acosar, demonizar y silenciar a periodistas e investigadores incómodos y por razones ideológicas—todo en el recurrente e incuestionable nombre de la Seguridad Nacional.

De la misma forma que Google Books capitaliza el patrimonio cultural de los libros impresos al ofrecerlos de forma digital, las plataformas digitales como Facebook o Twitter hacen sus miles de millones en gran parte vendiendo los productos de la prensa tradicional ya que, con la excepción de *Yahoo News*, no ofrecen ninguna investigación por cuenta propia. Por no volver sobre el hecho de que sus clientes son, en realidad, sus empleados; con la diferencia de que ya no cobran por el trabajo sino que pagan por producir contenido.

[cxxxvi] Las leyes protegen esta "libertad de empresa" por sobre la libertad de los individuos a conocer la verdad porque es el principio fundador del capitalismo, no de la democracia. Las leyes protegen a las megacorporaciones que las escriben o presionan para que se escriban, para legalizar su corrupción y su despojo del resto de la sociedad. Por otra parte, unas drogas son legales (como los opioides, que en Estados Unidos matan a 100.000 personas por año) y otras son ilegales: a las farmacéuticas les conviene la legalidad para mantener sus imperios y a los carteles del narcotráfico les conviene su ilegalidad por las mismas razones. Ambos, legal e ilegal son la expresión máxima del capitalismo.

Nuevas redes sociales, viejas narrativas

"Internet es un instrumento superior a la televisión. Es un verdadero canal de comunicación, ya que ha superado la relación flechada emisor-receptor de los inventos anteriores. Con Internet, muchas cosas se han perdido para los dictadores de turno: la censura y la manipulación de la información. Lo que no quiere decir que la creatura metafísica esté libre de otros peligros, como, por ejemplo, el optimismo y la acrítica. No olvidemos que el racismo, el insulto, la vulgaridad, la desinformación y hasta los errores tipográficos son una epidemia en Internet".

Crítica de la pasión pura, 1998.

EN 2016 LA SOCIEDAD ESTADOUNIDENSE se vio en medio de un escándalo inaceptable: aparentemente, un ejército de hackers rusos habían intervenido en las elecciones que resultaron en el triunfo de Donald Trump. Está de más decir que esta indignación fue y es, al mismo tiempo, una despliegue de hipocresía de las agencias gubernamentales y otra muestra de ignorancia del resto de la población, considerando las prácticas de Washington de intervenir no sólo en elecciones sino en golpes de Estado alrededor del mundo desde hace apenas un par de siglos. No pocos políticos demócratas exigieron una investigación de los cómputos, como el caso de Michigan, pero este recuento fue interrumpido por una orden del juez Mark Goldsmith, alegando que el candidato del Partido Verde, Jill Stein, no había podido probar que su denuncia de irregularidades electorales lo afectan *directamente*.

Más importante que la posibilidad de que los hackers puedan manipular de alguna forma los sistemas de votación electrónicos es la manipulación de la opinión pública. Cualquier intervención en las máquinas electorales puede ser descubierta, y cualquier descubrimiento puede probar el engaño o la ilegitimidad de cualquier elección. En cambio, la manipulación de la opinión pública es mucho más difícil de probar. Incluso, si eso fuese posible, aquellos que fueron engañados o simplemente apoyaron la opción favorecida por el engaño se resistirán a creerlo o argumentarían que en las campañas electorales la publicidad es inevitable y es ejercida por todos los actores políticos. Por lo tanto, la responsabilidad recae en el pueblo, en los votantes, quienes nunca pueden ser cuestionados en su legitimidad luego de una votación. También el pueblo tiene derecho a equivocarse. Esta es la simple razón por la cual la manipulación de la opinión pública, realizada a través de la propaganda narrativa o de los mismos algoritmos que ordenan la naturaleza de las redes sociales, es siempre más segura y efectiva. Una vez que se ha hackeado la mente de un porcentaje del pueblo, esa misma gente será la mayor defensora de los mismos hackers, quienes nunca se llamarán de esa forma sino *líderes* y las mentiras serán canonizadas como "la verdad que los agentes del mal (villanos del margen, infiltrados en la educación y el gobierno) no quieren que se sepa". Un negocio epistemológico redondo y perfecto. Como dijo uno de mis personajes de *Memorias de un desaparecido* (1996), *"no existe mejor estrategia contra un rumor verdadero que inventar otro falso que pretenda confirmarlo"*.

La elección de Trump en 2016, como en la de Obama en el 2008 y la de casi todos los presidentes estadounidenses pasando por la crucial de James Polk en 1844, se debieron a "sorpresas" del hombre correcto en el lugar correcto en el momento correcto. La campaña de Trump se ajustó a los parámetros culturales y psicológicos del momento: una clase media blanca enfurecida por la progresiva e imparable perdida de privilegios, tanto a nivel nacional como internacional. Una masa de votantes poco sofisticados intelectualmente, a la cual había que hablarle de una forma aún más simplificada que lo había hecho George W. Bush a principios de siglo, pero reflejando esa frustración del obrero endeudado en el espejo del millonario rabioso.

Como siempre, el chivo expiatorio fueron los grupos más débiles, sobre todo aquellos que no podían votar: los millones de trabajadores ilegales de piel oscura. De la misma forma que publicamos en 2008 que Obama no había cambiado ninguna historia, sino que se había cruzado con ella, lo mismo podemos decir de Trump: no se trata de que un individuo con tan pocas luces intelectuales haya entendido el momento, sino que el momento cantó bingo con él. A la frustración de la etnia blanca por su decadencia social y económica, se sumó la ofensa de vivir dos períodos bajo un presidente mulato (para esta cultura, negro o "afroamericano"). Esto condujo a un revival del nativismo, de los Minutemen, del Tea Party y de varios grupos supremacistas blancos. Hubo una explosión de referencias maquilladas en favor de los símbolos y valores del sur, como la bandera de la Confederación, los grupos racistas del KKK, entre otros. Todos grupos que, irónicamente, habían sido los únicos que de hecho habían puesto a este país al borde de la desaparición como tal en el siglo XIX y que, irónicamente, se consideraban y se consideran los adalides del patriotismo, los defensores del país contra la invasión de los inmigrantes ilegales que vienen a robar nuestros trabajos, violar nuestras mujeres y matar a nuestros jóvenes en las calles.

Toda esta frustración y estos discursos paradójicos en nombre de una tradición que fue estrictamente la contraria se encontró con otra paradoja en el momento oportuno. El discurso simple el entonces candidato Donald

Trump no sólo se centró en estos miedos del siglo XIX (los mulatos son violadores y quieren reemplazar a la raza elegida) sino que usó los medios favoritos de la nueva Edad Media: las redes sociales. En 2016 Trump derrotó a la tradicional maquinaria propagandística de Republicanos y Demócratas por dos claros factores.

En primer lugar, le ganó a su adversaria, Hillary Clinton, habiendo obtenido tres millones de votos menos (detalle que no lo dejaría descansar en toda su presidencia, aduciendo, sin base alguna, que esa diferencia se había debido a que los inmigrantes ilegales habían votado en las elecciones). Esto, que sería inaceptable en cualquier país democrático donde un votante equivale a un voto, se debió a la lógica desigual de un sistema electoral heredado de la esclavitud en el siglo XIX. Por otro lado, y más allá de su relación amorosa con la cadena de televisión Fox News, su fenómeno de masas se basó en las redes sociales. Otra vez, con profunda ironía, porque su discurso contra los inmigrantes y los extranjeros fue reproducido por un ejército de cuentas falas, bots y personas reales que trabajaban desde el exterior. Sólo los primeros meses de su campaña presidencial iniciada en 2015, el 58 por ciento de estos perfiles de las redes sociales residían en el exterior. Cuatro por ciento eran mexicanos residentes en México.[346]

Este fenómeno paradójico de las redes ya había tenido un antecedente en 2010, cuando la bancada que había dejado vacante el senador Ted Kennedy a su muerte en Massachusetts, fue ganada por un republicano luego de casi cuarenta años. El fenómeno fue conocido como "Twitter bomb", por el apoyo masivo que recibió en Twitter el candidato republicano Scott Brown. Cada usuario recibió una respuesta de un bot a sus comentarios, la mayoría desde fuera del estado. Brown, el candidato del Tea Party, ganó las elecciones internas de 2009 con el *89 por ciento* de los votos y en 2010 se hizo con la banca del senado en Washington DF. Como todo en las redes sociales, la aplastante popularidad le duró un año y pocos meses. En 2012 fue derrotado por Elizabeth Warren. Barak Obama haría uso del mismo recurso para las elecciones de 2012.

Según la investigación de Woolley, una de las estrategias de la propaganda computacional de los bots en varios países consiste en "interrumpir el diálogo político". Incluso un pequeño grupo de unas decenas de individuos o unos cientos de bots automáticos interactuando entre sí como si se tratase de una discusión real pueden iniciar una tendencia o viralizar cualquier noticia o idea inoculada en una determinada población que se encuentra ante la disyuntiva de algún acto electoral o ante la creación o resolución de alguna crisis social. Según Woodley, las plataformas de las grandes redes sociales limitan el acceso de los académicos a sus datos y algoritmos. Algunas, como Facebook y YouTube, simplemente no proveen los datos necesarios para evaluar el grado de manipulación de la realidad que procede de sus propios algoritmos y, desde 2016, no permiten que los investigadores puedan estudiarlos.[cxxxvii]

Las redes sociales no se encuentran reguladas por las leyes de los países, por lo cual suelen ser tierra de nadie en cuanto a sus derechos y obligaciones. En la segunda década del siglo hubo un intento de regular el uso y funcionamiento de las redes sociales en Brasil, pero los cambios tecnológicos continúan dejando atrás a los legisladores, aparte de la imposibilidad de supervisar actividades en plataformas como WhatsApp y el nunca resuelto conflicto entre privacidad y manipulación. El proceso de regulación y legislación es extremadamente lento y desinformado con respecto a las nuevas tecnologías.

En momentos en que los mismos desarrolladoras de Inteligencia Artificial advierten de la urgencia de regular esta nueva tecnología, para evitar la "extensión de la especie humana", las leyes de los países apenas han alcanzado la cola de la realidad de las redes sociales. Como en el caso de las masivas deudas públicas, la mayoría confía, seguramente de forma inconsciente, en que esas bombas estallarán en alguna de las próximas generaciones y ellos, políticos y gobernadores ya ancianos, no llegarán nunca a ver la catástrofe de sus propias acciones.

Se podría argumentar que la desinformación es anárquica, que responde al caos generalizado de los nuevos medios de comunicación, pero si esto resultase en un espacio homogéneo, no jerarquizado, sería un problema epistemológico y no político. Su significado político radica en que este aparente caos o anarquía privilegia a los sectores con poder, empezando por el poder de capitales, el poder financiero, siguiendo por el poder de las narrativas dominantes de las sociedades y culminando en las poderosas agencias secretas de los países ricos con una clara y consistente ideología que ocultan detrás de viejas excusas como la de "seguridad nacional".

Neomedievalismo vs Ilustración

La historia social y política de los últimos siglos ha sido bastante consistente: por un lado los conservadores que se opusieron y se oponen a los mayores progresos en favor de una *igual-libertad* (es decir, de una real democracia) y, por el otro, lo que por mucho tiempo se ha llamado *izquierda* (liberales, progresistas, socialistas), la que debió enfrentarse contra los poderes

---

[cxxxvii] Wooley, Samuel. *The Reality Game*. P. 23-29.

sociales, políticos, religiosos e ideológicos establecidos para luchar en el siglo XIX contra la esclavitud y el colonialismo, contra la explotación de las clases trabajadoras, por las jornadas de *8-8-8* horas y otros derechos humanos como el derecho a vacaciones pagas o a la cobertura de salud; contra el imperialismo y contra la discriminación racial, sexual y de género a lo largo del siglo XX. Los conservadores sólo se apoderaron de esas reivindicaciones cuando fueron inevitables o no significaron una amenaza a su poder concentrado, como fue el caso de la independencia legal (no económica) de las colonias, la aceptación de la integración racial o los iguales derechos de las mujeres y de los homosexuales, por nombrar unos pocos. Con el tiempo, la izquierda y la derecha aparecieron como las dos manos de un mismo cuerpo (en inglés se llama "*left and right-wings*", es decir, dos alas de una misma ave). Esta metáfora, esta visualización es un perfecto engaño de dos realidades que, si bien en el juego político partidario pueden ser la misma cosa desde perspectivas diferentes, en su sentido profundo no se trata de un orden horizontal (izquierda y derecha) sino de un orden vertical (los de arriba y los de abajo), lo cual es más realista y, claramente, mucho más dramático.

En términos generales, sin una *redistribución del poder* no hay *distribución de la libertad*, y sin ésta no hay *democracia*. Tanto la democracia como el poder son instrumentos de la libertad y la justicia, tal como lo hemos entendido en los últimos siglos. Sin embargo, es posible que no estemos en una relación directamente proporcional, es decir, en una gráfica recta o en una curva progresiva sin inflexiones (a más fragmentación del poder, más democracia e igual-libertad), sino en una especie de campana de Gauss.

Por ejemplo, en una gráfica cartesiana podemos ubicar en el eje de las x una progresión que va desde un (a) gobierno absoluto ($x=0$) hasta una (z) anarquía absoluta y autorregulada ($x=10$) y en el eje de las y distribuimos el grado de fanatismo religioso, comenzando desde (a') una sociedad radicalmente secular o atea ($y=0$) hasta otra (z') teocrática o sectaria ($y=10$). Podríamos especular que en sociedades seculares y con gobiernos centralizados, como China, su posición sería: $x \to 0$; $y \to 0$. La Edad Media o Feudal podría ubicarse en el tope de la curva ($x \to 5$; $y \to 10$) con un poder político fragmentado, el de los señores feudales, pero no anárquico-democrático. El extremo $x \to 10$; $y \to 0$ significa un quiebre con el Medioevo donde la fragmentación del poder ha rebasado la curva máxima del sectarismo religioso hasta hacerlo inefectivo como ligamento (religión, *re-ligare*) de los poderes concentrados e independiente de los señores feudales del Medioevo o de las elites financieras de nuestro tiempo. Obviamente, el traspaso de este punto crítico ($x \to 5$; $y \to 10$) no puede ocurrir sin una conmoción general, un conflicto probablemente a escala global.

Hasta el momento, la atomización de la información y de las narrativas aglutinantes ha logrado desarticular en gran medida el poder casi absoluto de los grandes Estados durante el siglo XX, tanto de las potencias capitalistas como de las comunistas del bloque soviético. Esta desarticulación fue potenciada por las nuevas tecnologías digitales, por la Internet de la Información y la Internet de las Cosas, de forma que las Agencias Secretas de los gobiernos más poderosos del mundo han tendido que multiplicar varias veces sus presupuestos y sofisticación para mantener su predominio ante la atomización de la producción y difusión de información por parte de los usuarios y de empresas privadas.[cxxxviii] Sin embargo, esta atomización fue secuestrada por las megaempresas, equivalente de los señores feudales en nuestro tiempo. Por su parte, el fanatismo religioso y nacionalista ha pasado a cumplir la misión aglutinante de las narrativas religiosas del medioevo. Es decir, que la atomización del poder y de la información no nos ha alejado del fanatismo sectario, de las *fake news,* de las hipótesis conspirativas basadas en la fe privada y sin sustento factual, sino lo contrario.

¿Cuál sería, entonces, un modelo para un nuevo paradigma donde, más allá de la cúspide de la curva de Gauss nos encontremos con un anarquismo autorregulado, con sociedades más democráticas y abiertas a la natural diversidad de la naturaleza humana? En 2008, en *Diccionario de pensamiento alternativo*, editado por el filósofo argentino Hugo Biagini, propusimos en "La sociedad desobediente" un caso que aún hoy nos llama la atención por su particularidad: Wikipedia.[347] Más allá de las críticas legítimas a esta enciclopedia, su ejemplo de autorregulación excede sus debilidades y conflictos. De hecho, es posible afirmar que muchas verdades históricas que en el pasado fueron generadas y establecidas como dogmas por las potencias geopolíticas vencedoras, han sido cuestionadas y revertidas en alguna medida por millones de editores anónimos. ¿Por qué el anonimato y casi anarquía de Wikipedia funciona en favor de la verdad factual comprometida con pruebas y documentos y no el anonimato anárquico de plataformas anónimas como

---

[cxxxviii] Para 2001, la NSA había interceptado doscientos millones de correos y llamados telefónicos. Para 2021, de los 5.550 satélites orbitando la tierra, sólo la compañía privada SpaceX era propietaria de 1655. En el otro extremo, millones de usuarios sin poder corporativo también registraban noticias y las publicaban desde sus teléfonos. Según los archivos revelados por Edward Snowden, en los segundos treinta días de 2013 la NSA interceptó y guardó tres billones de comunicaciones sólo del sistema de comunicaciones de Estados Unidos. Según revela Edward Snowden en su libro *Permanent Record*, en base a los documentos de la NSA filtrados por él mismo, el "Presupuesto negro" de 2013 consistía en 52,6 mil millones sólo para la Comunidad de Inteligencia compuesta de 107.035 empleados (de los cuales 21.800 eran contratos tercerizados).

4Chan, caldo de cultivo para las falsedades más alucinadas como las de los Flat Earthers (Creyentes en la Tierra Plana)?

Continuando con esta especulación, podríamos suponer que nos encontramos en algún momento de acenso de la curva, con el cuestionamiento del paradigma de la Ilustración y un sostenido ascenso del feudalismo medieval. En lo que se refiere a uno de los campos de batalla más importantes, el narrativo, casi toda la energía dialéctica, argumentativa y militante se centra en la disputa política (es decir, la disputa por el poder a través de la distracción de las pasiones) y es más que probable que podamos resumirlo en una disputa entre la Ilustración y el Medioevo, entre la dialéctica racional y la fe, entre la tolerancia por la diversidad y el fanatismo de la tribu, entre el cosmopolita y el provinciano.

Todavía estamos en acenso a la cúspide de lo que en 2004 titulamos como "Las fronteras mentales del tribalismo".[348] Casi dos décadas después, en 2022, el coronel, senador y candidato a gobernador por el Partido Republicano de Pensilvania, Doug Mastriano, afirmó que la separación de iglesia y Estado "es un mito...; *vamos a recuperar el Gobierno, mi Dios lo hará así*". Mastriano es miembro del grupo de extrema derecha Patriots Arise; como muchos descendientes de inmigrantes estadounidenses con apellidos no anglosajones, la necesidad de confirmarse como integrados los lleva a ser *super-patriotas* y *ultra-estadounidenses* para que el resto los consideren *casi-estadounidenses*.

Claro que el neomedievalismo va más allá de la patria, aunque comparte raíces nacionales y religiosas. El mismo año, en Georgia, Kandiss Taylor, candidata a gobernadora hizo campaña bajo el lema "Jesus, Guns, and Babies". En todos los casos la mezcla de creencias sectarias como QAnon, despegada a su antojo de la realidad y de la necesidad de aportar cualquier prueba que confirmen sus hipótesis que ellos llaman fe, es un factor común. En Colorado, la representante Lauren Boebert afirmó: "*Se supone que la iglesia debe dirigir al gobierno, no al revés*". Ante aplausos del público, concluyó, con ese toque de "yo", tan propio de la cultura protestante: "*Estoy cansada de esta basura de separación de la iglesia y el Estado*".[349] No sin paradoja, los defensores de interpretaciones libres de la Segunda enmienda para proteger el uso libre de armas, se basan en la reacción epidérmica de que "los buenos viejos tiempos" y una lectura teológica de la Constitución, según la cual la verdadera interpretación debe ubicarse en la intención original de los redactores, es decir, los Padres Fundadores. Con excepciones a conveniencia, como en toda secta religiosa. Uno de los redactores principales de los textos fundadores e, incluso, de vastos libros interpretativos fue Thomas Jefferson, también conocido como "el padre de la democracia estadounidense". Dejemos de lado las profundas contradicciones de Jefferson y sus fundadores contemporáneos entre teoría y práctica. Al igual que el resto de los Padres Fundadores, Jefferson era secularista y afirmó sin ambigüedades la urgencia de levantar "un muro de separación entre la iglesia y el Estado". Luego de su muerte fue prohibido en las bibliotecas por ateo.

En el choque de una debilitada Ilustración y un energizado Medioevo, *religión* y *política*, aunque nunca completamente disociados, vuelven a mezclarse con el fanatismo de los cruzados. Los grupos que discuten y se pelean por escuelas de arte, de cine, de literatura, de filosofía, de cocina, de vestimenta son prácticamente irrelevante en número y en pasión invertida por los usuarios de redes sociales. En este sentido, hasta los fanáticos del fútbol palidecen en importancia de conflictos. También las más antiguas disputas religiosas, las cuales, de una forma menos disimulada, se reducen a sus factores políticos, a la disputa por la verdad—traducción: la lucha por el poder.

Esto se debe a una cultura triblástica donde el odio es más importante que el amor, el combate más importante que la colaboración o la comprensión del otro, y el nacionalismo tiene que ver mucho menos con el amor a un país que con la necesidad de combatir a otros compatriotas que piensan diferente. No los une el amor, sino el odio y el espanto. Como veremos, el mercado de la distracción y el entretenimiento tiene raíces políticas e ideológicas, como la ideología del mercado y el consumismo que idolatran la fama, el éxito, ahora sólo reducida a la mera "visibilidad" del acontecimiento viral y de la figura del influencia. Bajo esta premisa, los bots y las cuentas falsas se concentran fundamentalmente en la lucha política. No por casualidad, el mercado de las cuentas falsas solo para impulsar a los "*influencers*" en las redes sociales excede el valor de mil millones de dólares anuales.[350]

Es más que probable que dentro de un par de décadas este fenómeno de las redes sociales y la existencia virtual frente a una pantalla sea solo historia. Es una ley natural que una generación trate de tomar distancia de los hábitos de la anterior y es, también probable, que haya un cansancio de la plaga de la opinión inmediata sobre cualquier tema. ¿Para qué dar la opinión propia si ni es propia y las máquinas opinarán mejor?[cxxxix]

[cxxxix] Sobre este tema ver nuestro ensayo "La opinión propia y otras banalidades", 21 de abril de 2015. *El País*, Madrid.

Cierra los ojos y cree

COMO LO HABÍA RESUMIDO EL MISMO JOSEPH GOEBBELS, usando la repetición es posible convencer a la gente que un círculo es, de hecho, un cuadrado. *"La propaganda funciona mejor cuando aquellos que están siendo manipulados confían en que están actuando por su propia voluntad"*. Hannah Arendt, en *Los orígenes del totalitarismo*, observó que *"el sujeto ideal de un gobierno totalitario no es el nazi ni el comunista convencido, sino aquellas personas para quienes la distinción entre realidad y ficción, entre lo verdadero y lo falso ya no existe"*.[351] Este hábito intelectual basado en la fe y la repetición (¿qué no es, sino un rosario?) se ajusta mejor a la mentalidad del Medioevo que a la de la Ilustración.

Una maestra de Virginia, Kara Kimball, resumió el pensamiento de sus estudiantes de esta forma: *"Me dicen que, si algo se ha vuelto viral, entonces debe ser verdad"*. Muchos jóvenes están convencidos de que *"mis amigos no publicarían algo que no sea verdad"*. Según un estudio de Stanford University realizado con 7.800 estudiantes de todo el país, titulado "Evaluating Information: The Cornerstone of Civic Online Reasoning", la realidad es exactamente la contraria al nuevo dogma. Más de la mitad de los estudiantes de secundaria no alcanza a distinguir la diferencia entre una noticia falsa, una simple publicidad y un hecho real apoyado con datos y evidencias. Según el profesor Sam Wineburg, autor principal del informe, *"muchos asumen que debido a que los jóvenes dominan las redes sociales, son igualmente perceptivos sobre lo que encuentran allí... nuestro trabajo muestra que, en realidad, es lo contrario"*. De hecho, el 80 por ciento de los estudiantes identificó a los anuncios marcados como "contenido patrocinado" como un hecho factual.[352]

Esto, puede llamar la atención de la generación anterior, la de sus padres, quienes, a su vez habían naturalizado la idea de que una prensa que subsiste de la venta de anuncios era una prensa confiable. Como lo menciona Robert W. McChesney en su monumental libro *Rich Media, Poor Democracy* (1999), en los años 30, los años de la Gran Depresión y el New Deal, los estadounidenses se organizaron para crear medios de comunicación no comerciales al tiempo que la idea de una prensa pagada por anuncios pudiese ser confiable sólo era aceptada por una minoría.

Los medios de comunicación desarrollados en el siglo XX y las más recientes redes sociales son una prueba de cómo la humanidad es capaz de continuar realizando asombrosos progresos tecnológicos al mismo tiempo que continúa realizando no menos asombrosos retrocesos en su capacidad de pensamiento crítico. Por milenios, desde religiosos, filósofos y científicos hasta campesinos y artesanos, las ideas de "verdad" y "realidad" fueron objetos de interminables discusiones. Pero estas discusiones y la conciencia sobre la naturaleza problemática de ambas siempre fueron momentos excepcionales; normalmente, fueron axiomas que enmarcaban la realidad dentro de la cual vivía un individuo, un pueblo. Fuera de un mito y fuera del Universo no hay espacio ni hay tiempo.

Aun sin tener conciencia de este problema, el poder social intentó siempre definir qué era *real* y qué era *verdadero*. De una discusión ontológica se pasó a una epistemológica hasta llegar a la lucha semántica, semiótica y política de los sofistas. Sin embargo, en cualquier caso, había un consenso: tanto la realidad como la verdad y sus opuestos, la fantasía y la mentira, existían.

Ese consenso agoniza. De hecho, la discusión entre realidad y ficción, verdad y mentira está siendo reemplazado por "realidad online" y "realidad off line", que vienen a ser lo mismo excepto por su formato. Pronto no habrá ninguna diferencia entre ambos o los consumidores no serán capaces de verlas. De la misma forma que hasta el siglo XX algo era real si aparecía en la televisión o en el titular de un diario, ahora esa realidad está administrada por la naturaleza viral de algún acontecimiento. Pero el fenómeno viral es diseñado en ese metauniverso digital y de redes sociales.

En el actual neomedivalismo, la crítica racional y el análisis de los hechos materiales que comenzó como una revolución en el mundo musulmán durante la Edad Media europea y se radicalizó en Europa con el humanismo, con la ciencia experimental del siglo XVII y, finalmente con la Ilustración, continúa cediendo terreno a la mentalidad del creyente religioso quien, aun reconociendo la posibilidad de un hecho, cierra los ojos y propaga "hechos alternativos" que confirman sus deseos. Se confunde deseo con realidad. Si uno tiene poder, la realidad cambia. Si no lo tiene, el que se jode es el creyente. Un proceso casi perfecto, ya que el último recurso del creyente ante una realidad que lo acaba de aplastar, será siempre la negación.

Un caso conocido es el de *Breitbart*, la plataforma de la ultraderecha en Estados Unidos que logró superar en referencias en las redes sociales a medios gigantes como la cadena conservadora Fox News. Según su creador Steve Bannon (estratega mediático y consejero del presidente Donald Trump), las redes sociales son "armas de guerra". Nada nuevo, ya que la prensa tradicional ha sido desde siempre un instrumento de guerra al servicio de los poderosos y los dueños del capital, pero al menos su paradigma (el lema de los jóvenes periodistas) se identificaba con la búsqueda profesional de la verdad.

Plataformas como *Breitbart* se situaron entre los medios tradicionales y los que publicaban parodias, como *The Onion*, de forma que sus consumidores obtenían una ensalada de hechos reales con noticias falsas, como la infiltración de miembros de Al Qaeda entre los inmigrantes pobres de América

Central. Entre una larga lista de noticias falsas y teorías conspiratorias, *Breitbart* "hizo realidad" hechos que nunca ocurrieron, como el asalto e incendio de una iglesia cristiana en Alemania por parte de una turba de mil inmigrantes musulmanes, y negó otros bajo la acusación de conspiraciones, como las evidencias del Cambio climático. Como si se tratase de cualquier producto, sus consumidores obtienen lo que desean y promocionan el producto que los satisface. Singer y Brooking mencionan que, para 2016, el 59 por ciento de los links que incluían las noticias compartidas por los consumidores de redes sociales nunca habían sido abiertos. Mucho menos verificados.

El periodista especializado en tecnología de medios, John Herrman, observó que estas plataformas no pretenden analizar nada sino saltar de una afirmación hacia la confirmación. "*Después del titular, nunca discuten, solo revelan*", escribió en 2014.[353] Esta última palabra es por demás significativa: la actitud de revelar, junto con la de creer (sobre todo contra toda prueba o lógica) es parte central de miles de años de historia religiosa.

Otra forma de negación de la realidad es el entretenimiento. La necesidad de entretenerse es un componente psicológico, ya que distrae la atención y, por lo tanto, la tensión sobre una realidad compleja y hostil. De la misma forma que la adicción al azúcar y a las grasas proceden de una prehistórica escasez de ambos, de la misma forma que la necesidad de consumir noticias escandalosas (sexuales o criminales) procede de un reflejo de sobrevivencia por cientos de miles de años, también su opuesto, el entretenimiento, puede proceder de este instinto de liberar tensión—no otra es la función psicológica de la risa.

Traducido a la realidad actual: en la campaña electoral de Estados Unidos en 2016, apenas un diez por ciento de las noticias políticas producidas por el periodismo profesional y compartidas en las redes sociales se refirieron a las políticas de los candidatos propios y ajenos. Desde el comienzo del año hasta la semana anterior a la votación en noviembre, las tres mayores cadenas de televisión, ABC, CBS y NBC, dedicaron *un total* de 32 minutos de análisis concreto sobre las políticas de los candidatos.[354]

Las redes sociales son de derecha

EN *CRÍTICA DE LA PASIÓN PURA* (1998) Y LUEGO en artículos publicados en diarios, escribimos, con entusiasmo, teorías varias sobre el maravilloso mundo de siglos anteriores que había vivido en África y sobre el casi tan interesante mundo por venir. Juventud, divino tesoro...

En Mozambique, en el Astillero Naval de Pemba, descubrí y colaboré (como joven arquitecto llegado de América, a quien cientos de amables obreros llamaban, equivocadamente, "maestro") en la construcción de grandes barcos británicos y portugueses del siglo XIX. Por el astillero (los maravillosos árboles de *umbila* eran materia prima) y para apoyar un programa de escuelas técnicas en las ciudades más pobladas, solía viajar por largas horas al "mato" (Ibo, Quisanga, Montepuez, Mueda, Macimboa, Matemo), a las tribus alejadas del privilegio del hombre blanco del cual yo formaba parte. En el astillero, también tuve contacto con los boers racistas de Sud África, con el escritor británico estadounidense y antiapartheid Joseph Hanlon y con el hijo del héroe mozambicano Samora Machel y luego hijastro de Nelson Mandela, Ntuane Machel.

También con la primera computadora que toqué en mi vida. En Pemba no había internet ni televisión (el correo escrito a mano tardaba semanas en llegar a Uruguay, gracias al cual termine casándome con una ex compañera de arquitectura), pero las enciclopedias en discos ya nos sugerían lo que iba a ser el mundo en el siglo por venir. Desde entonces Windows no ha hecho ninguna innovación, aparte de molestas actualizaciones.

En ese nuevo mundo, pensaba, cada individuo, desde cualquier rincón, iba a poder acceder a las bibliotecas más importantes del mundo y la gente iba a poder decidir en referéndums, mensuales o semanales, qué hacer con cada proyecto, con cada propuesta para su país y para el mundo. No nos equivocamos con lo de las bibliotecas.

Es verdad que también publicamos sobre una sospecha oscura: la idea de una democracia radical, de un avance de la libertad como *igual-libertad* y no como la *libertad-de-unos-para-esclavizar-a-otros*, podía suspenderse a favor de su contrario: la progresión de una mentalidad tribal, nacionalista, como reacción natural.

Saltemos veinte años. Solo de 2012 a 2016 (es decir, desde la reelección del presidente mulato en Estados Unidos hasta la elección del presidente que revivió la vieja teoría del "genocidio blanco"), los grupos de extrema derecha en las redes sociales crecieron un 600 por ciento. En 2021, un análisis interno de Twitter reveló que su algoritmo favorece las ideas y los intereses de la derecha política reproduciendo y amplificando más las noticias de medios conservadores que de medios progresistas y más los mensajes de políticos de derecha que de los de izquierda. En algunos casos, como el de Canadá, la izquierda recibió una amplificación del 43 por ciento mientras que la derecha recibió un 167 por ciento.[355] Eso sin considerar que la gran prensa está, como lo ha estado por siglos, en manos de conglomerados con intereses económicos especiales, naturalmente beneficiarios y benefactores de las ideas de derecha. Algo similar ocurre con Facebook, aunque la empresa se defiende argumentando que "*la derecha es mejor para conectar con la gente a un nivel visceral [...] El populismo de derecha siempre es más atractivo*". Un ejecutivo de Facebook agregó que estos contenidos atractivos se basan en "*emociones primitivas, increíblemente fuertes*" las que tocan temas sensibles como "*la nación, la seguridad, el otro, la ira, el miedo*".[356]

Echemos una mirada, por ejemplo, a la lógica del desarrollo y crecimiento de las redes sociales, herencia del centenario progreso tecnológico de la Humanidad, secuestrada, una vez más, por los poderosos de turno. Su lógica es la lógica de los negocios, de los beneficios a casi cualquier precio.

¿Cómo se generan estos beneficios?

Capturando la atención, con frecuencia al extremo de la alienación del individuo que se convierte en un consumidor adicto que se cree libre.

¿Cómo se captura la atención del consumidor?

No por las grandes ideas sino a través de emociones simples y potentes.

¿Cuáles son esas emociones simples y potentes?

Según todos los estudios (desde Beihang en China hasta el MIT) las emociones negativas, como la ira, la rabia y el odio.

¿Qué producen esas emociones?

Explosiones virales. La *viralidad* de un acontecimiento indica el éxito de cualquier interacción en las redes sociales y es altamente estimada por los consumidores honorarios y por sus últimos beneficiarios, los inversores.

¿Para qué sirven los fenómenos virales?

Aumento de usuarios y secuestro de la atención del consumidor. Es decir, beneficios económicos. Pero el poder económico y el poder político tienen sexo todos los días.

¿Cuál es el efecto político?

En un mundo complejo y diverso, este efecto puede beneficiar a cualquier ideología, sea de derecha o de izquierda, pero la lógica del proceso y las estadísticas indican que la derecha es la primera beneficiaria.

¿Por qué?

Primero, porque todas las grandes redes sociales son productos de megaempresas. Toda empresa privada es una dictadura (en democracias y en dictaduras). Ni la "comunidad virtual" ni los consumidores ni los ciudadanos tienen voz ni voto en cómo se administran. Mucho menos en sus algoritmos y sus ganancias económicas. Todo gran negocio transpira su propia ideología. Su ideología, necesariamente, es conservadora, de derecha, desde el capitalismo más primitivo hasta el neoliberalismo, el libertarianismo y todos los fascismos procapitalistas. De la misma forma que la izquierda se desarrolló en la cultura de los libros, la derecha reinó en medios más masivos como la radio (Alemania), la televisión (Estados Unidos) y, ahora, las redes sociales.

¿Segundo?

El hecho comprobado de que el odio y la ira reinan en estas plataformas, beneficia más a la extrema derecha que a la extrema izquierda.

¿No hay odio en la izquierda?

Sí, claro, como hay amor en la derecha. Pero aquí lo que importa es considerar el estado del clima general. Un grupo de izquierda, supongamos un grupo revolucionario que toma las armas, como los negros esclavos en Haití durante la revolución de 1804, puede usar el odio como instrumento de motivación y fuerza. Pero el odio no suele ser el fundamento ideológico de la izquierda cuyas principales banderas son la "igual libertad", es decir, la reivindicación de grupos que se consideran oprimidos o marginados por el poder. El odio de la lucha de clases es una tradición de la derecha; el marxismo sólo lo hizo consciente. No es lo mismo luchar por la igualdad de derechos de negros, mujeres, gays o pobres que oponerse a esta lucha como reacción epidérmica ante la pérdida de privilegios de raza, de género, de clase social o de naciones hegemónicas, en nombre de la libertad, la patria, la civilización, el orden y el progreso. Eso es odio como fundamento, no como instrumento.

¿Hay diferencia entre diferentes odios?

El odio es uno solo, es una enfermedad, pero sus causas son múltiples. No es lo mismo el odio de los esclavos por sus amos, de los explotados por sus patrones, de los perseguidos por sus gobiernos, que el odio que irradia y contagia el poder abusivo. El esclavo odia a su amo por sus *acciones* y el amo odia a sus esclavos *por lo que son* (una raza inferior). De la misma forma que nadie con un mínimo de cultura podría confundir el machismo con el feminismo, de la misma forma no se puede confundir el patriotismo del revolucionario que lucha contra el colono y el patriotismo del colono que lucha por explotar al pueblo corrompido. En uno, el patriotismo es reivindicación y búsqueda de igualdad de derechos, de independencia, de igual libertad. En el otro es reivindicación de derechos especiales basados en su nacionalidad, en su raza, en su religión o en cualquier otra particularidad de su provincianismo intelectual.

¿Cuáles son las consecuencias de este negocio electrónico?

Las redes sociales expresan el deseo de guerra sin los riesgos de una guerra. Hasta que la guerra real se hace presente. Esta necesidad de confrontación, de canalización de las frustraciones a través de la retórica y un agresivo lenguaje corporal (el líder despeinado, orgullosamente obsceno, calculadamente ridículo para provocar más reacción negativa) es propia de la extrema derecha de las redes. Diferente, la derecha más formal del neoliberalismo prefería las etiquetas de la aristocracia. Una vez fracasadas todas sus políticas, planes económicos y promesas sociales, se recurre al circo de la extrema derecha, al lenguaje corporal antes que la serena disputa dialéctica. Se reemplaza la cultura de los libros, donde se educó la izquierda tradicional desde la Ilustración, a la cultura de las redes sociales de la derecha, donde la inmediatez, la reacción epidérmica reina y domina. La agresión, el enfado, la rabia como expresión del individualismo masivo (no del individuo) se vuelven incontrolables y, por si fuese poco, se vuelven efectivos en la lucha por colonizar los campos semánticos, la verdad y el poder político del momento.

Actualmente, en América Latina los estudios detallados sobre la actividad de las redes sociales según el grado de radicalización ideológica y su manipulación jerárquica son escasos. Pero podemos, otra vez, echar una mirada a la realidad estadounidense, la que generalmente se reproduce en el hemisferio sur con unos cuantos años de retraso. Un estudio de Harvard University sobre las elecciones presidenciales de 2016 muestra un patrón claro: aunque los grandes medios tradicionales como el *New York Times*, el *Washington Post* o *PBS* se inclinaron hacia el centro izquierda (liberal) las redes sociales como Twitter, los medios tradicionales como Fox News, Daily Caller o el New York Post y, sobre todo, los chats alternativos y anónimos como 4Chan o Breitbart lo hicieron hacia la derecha. Entiendo que esto, sobre todo en las redes sociales, se debió a la disputa entre el tradicional concepto de verdad basado en pruebas verificables y la nueva percepción neomedieval de la fe personal como sustento de verdad. Sin embargo, aún más claro resultó la distribución publicada por el equipo de investigadores en cuanto a actividad de los usuarios en las redes sociales: la izquierda más activa fue la más moderada, mientras que en la derecha la mayor parte de la actividad correspondió a la extrema derecha y a las nuevas narrativas sin sustento factual, como las "fake news" (ver Pizzagate y otros ejemplos).[357]

Es necesario considerar también (como lo sugiere el Modelo de Progresión Inversa propuesto al comienzo de este libro) que una vez radicalizados los antagonismos ideológicos comienzan a surgir en un lado y en el otro elementos que orbitan en las reivindicaciones de su adversario. Este fenómeno comienza a observarse en Estados Unidos, otra vez, a principios de los 2020, como una década antes (inicialmente por razones estratégicas) la clase obrera comenzó a Identificarse con la derecha en lugar de su tradicional espacio político de la izquierda.

Consideremos un par de ejemplos. La plataforma *Infowars* es una de las más leídas por la extrema derecha occidental, con un promedio de diez millones de visitas por mes. Las enciclopedias y los medios dominantes la califican como medio de la extrema derecha dedicado a las noticias falsas y las teorías conspiratorias. Lo es. Muchos de sus integrantes destacan por su racismo y xenofobia. Sin embargo, algunos informes, como el dedicado a los crímenes internacionales de Henrry Kissinger y David Rockefeller, están basados en evidencias y documentos.[358] Más que eso: expresan viejas denuncias y reivindicaciones de la izquierda en casi todos los países, incluso en Estados Unidos.

Más recientemente, tal vez por sus problemas legales y sus aspiraciones políticas, el presidente Donald Trump arremetió en su red social *Truth* contra el imperialismo estadounidense sin llamarlo así. Trump nunca fue antimperialista, menos como presidente, aunque tuvo el mérito de no iniciar una nueva guerra, una verdadera rareza para Estados Unidos. El 16 de marzo de 2023 publicó ideas que por décadas han sido bases de protesta y reclamos de la izquierda: *"debe haber un compromiso total para desmantelar todo el establishment neoconservador globalista que nos está arrastrando perpetuamente a guerras interminables, pretendiendo luchar por la libertad y la democracia en el extranjero, mientras nos convierten en un país y en una dictadura del tercer mundo"*.[359]

Dictaduras del Primer mundo siempre hubo y se llamaron democracias.

Ilustración, Medioevo y redes sociales

Entrenada en la cultura de la Ilustración, donde un pensamiento complejo y totalizador significaba el marco epistemológico de una verdad con algún valor, los grupos de la izquierda política subestimaron la eficacia medieval del sermón y la oración fragmentada y repetitiva del Neomedievalismo digital. También se equivocaron (aunque de forma menos general) en la idea de que la propaganda o la promoción de un candidato debía basarse en la promoción de virtudes propias y no tanto en los vicios personales ajenos.

Tal vez la derecha, los conservadores, no entendieron este error, pero se encontraron con el fenómeno de las redes sociales y del mundo digital donde la verdad no importa sino lo que el individuo quiere que la verdad sea, invirtiendo con éxito el viejo consejo de no confundir deseo con realidad. Algo que nos recuerda al discurso que el presidente Ronald Reagan (principal mito contemporáneo de los conservadores) dio el 24 de marzo de 1983 en la Biblioteca del Congreso, repitiendo las palabras del historiador Henry Commager, pero con orgullo y satisfacción patriótica: *"la creación de los mitos nacionales nunca estuvo libre de conflictos; los estadounidenses no creían del Oeste lo que era verdad sino lo que para ellos debía ser verdad"*.[360]

Por ejemplo, en las tradicionales campañas electorales esto se traduce en una vieja idea, más simple que el arroz blanco: no importa *qué* se diga de un candidato; lo importante es que se hable de él. *Lo que importa es el mercado de la atención.* Cuanto más se hable de alguien (si se trata de un personaje ridículo mejor, porque la gente discute más lo ridículo que lo sensato), más resultados se obtendrán. Aunque todos, hasta los borrachos hablan de *la verdad*, lo que importa es el número, la cantidad. Es decir, no es el mundo cualitativo lo que importa, lo que hace la diferencia política, sino la realidad cuantitativa. Un personaje o una idea que se hace viral es consumida como una verdad relevante, necesaria, urgente, salvadora—incluso cuando el consumidor sabe que está siendo engañado, pero lo quiere así; como el consumidor de pornografía, exige que sea un engaño de calidad, una mentira creíble. *¿Acaso por miles de años la gente no valoró más los milagros imposibles como demostraciones de la verdad última? ¿Acaso convertir agua en vino o pan en oro no fue por siglos un requisito de verdad trascendente?*[cxl]

Veamos algunos ejemplos relevantes en América Latina. En 2014, la Universidade Federal do Espírito Santo observó que los bots fueron usados por ambos candidatos en vistas al ballotage presidencial. Para el debate televisado entre Dilma Rousseff y el opositor Aecio Neves, los bots se triplicaron en los primeros 15 minutos de televisación, claramente favorables al candidato opositor. Poco después, el movimiento *Muda Mais* de la candidata progresista Rousseff denunció cuentas falsas de Neves en varias redes sociales con el objetivo de difamarla. El diario *Folha de Sao Paulo* apoyó esta tesis con documentos sobre un hombre de negocios que recibió 130.000 reales (40.000 dólares a valor de 2023), es decir, muy por encima de lo permitido por la ley. Al año siguiente del triunfo de Dilma Rousseff en octubre de 2014, se aprobó una ley prohibiendo a las empresas aportar grandes sumas de dinero o invertir en redes sociales, pero estos controles fueron y son difíciles de instrumentar, ya que en muchos casos se cruza con los cambios tecnológicos, con los derechos a la privacidad y con las tecnologías de comunicación encriptadas como la de WhatsApp.

El partido de Neves usó bots en varias redes sociales incluidas WhatsApp, por los cuales gastó 10 millones de reales (3,1 millones de dólares a valor de 2023). Por lejos, la campaña de la oposición en favor

---

[cxl] En la primera parte de este libro nos detuvimos en lo que a nuestro juicio son las condiciones básicas y constitutivas de los seres humanos que alguna vez fueron fortalezas de sobrevivencia, las que, para el mercado moderno, significan aquellas debilidades a explotar y potenciar.

de las privatizaciones de las empresas públicas fue superior a la empleada por la presidenta Rousseff. Según el investigador de la Universidad de Washington, Dan Arnaudo, esta campaña masiva de bots por parte de la oposición no se detuvo luego de perder las elecciones.[361] Las mismas cuentas que apoyaron a Neves apoyaron consistentemente varias protestas masivas en 2015. El Partido de los trabajadores movilizó tres millones de cuentas y usuarios en las redes, en contraste con los más de veinte millones de la oposición organizados en grupos creados de cero, como *Revoltados Online* y *Vem Pra Rua*, entre otros movimientos de protesta contra el gobierno, casi siempre protestas contra la corrupción nacida de escándalos como *Operação Lava Jato*, las que años después se revelaron como fabricadas por actores más corruptos que quienes decían investigar, como es el caso del juez Sergio Moro.

Esta persistente y masiva campaña de *astroturfing* (ver capítulo *Relaciones sociales y astroturfing*) luego de la derrota en las elecciones de 2014 produjo los resultados esperados. Las fotografías de policías manifestándose con grandes carteles que rezaban "*Corrupção não*" o de algunos de mis estudiantes procedentes de Brasil que estaban entusiasmados con el candidato a la presidencia, Jair Bolsonaro, "*porque es un militar y los militares lucharán contra la corrupción*" hizo posible que la presidenta Rousseff fuese removida de su cargo por un congreso con la mitad de sus miembros investigados por corrupción. El mismo sistema judicial que años después sería revelado como corrupto, no solo por recibir dinero ilegal sino por proceder de forma irregular, cuatro años después impidió que el candidato favorito a la presidencia en 2018, el expresidente Lula da Silva, se presentara a las elecciones enviándolo a la cárcel en un proceso expreso. Meses después, el 3 de julio de 2019, fue liberado por faltas de pruebas en su contra por un jurado sin la presencia del juez Sergio Moro, por entonces nombrado Ministro de Justicia y Seguridad Pública por el recientemente electo Capitán Jair Bolsonaro.[cxli]

Por lo general, los especialistas se sorprenden de que los bots sean relativamente económicos y accesibles por el público en general.

[cxli] Debido a esta campaña de amplificación de las redes sociales, los contenidos de los sitios favorables al Partido de los Trabajadores en el gobierno alcanzaron 22 millones de usuarios reales, mientras que los contenidos de la oposición alcanzaron a 80 millones.

Sin embargo, esto no significa una *democratización de la manipulación*, ya que si observamos de dónde nacen los bots y las cuentas falsas, veremos otra vez que el dinero es su semilla. *Si poco dinero puede hacer mucho, ¿qué no puede hacer mucho dinero?*

Investigadores de la Universidad de San Pablo investigaron el perfil real de 571 de los manifestantes anti-gobierno en 2015 y encontraron que la abrumadora mayoría no confiaban en los mayores partidos políticos del país. Al mismo tiempo, eran consumidores de noticias falsas. El 64 por ciento estaba convencido de que el Partido de los Trabajadores, en el gobierno por vías democráticas desde el año 2003, buscaba convertir a Brasil en un régimen comunista, mientras el 53 por ciento afirmaba que el brazo armado del PT estaba formado por un cartel de la droga. Por si en América Latina quedan escépticos sobre la importación a sus países de narrativas creadas en Estados Unidos, el 43 por ciento de estos manifestantes estaban convencidos, al igual que los votantes de Trump afirmarán dos años después, que Rousseff había ganado con 50.000 votos de haitianos ilegales, pagados por el PT para viajar y votar en Brasil. Por el otro lado, el 57 por ciento de los manifestantes a favor de Rousseff afirmaban que Estados Unidos estaba detrás de las protestas contra el gobierno y en conexión con el juez Sergio Moro para quedarse con el petróleo brasileño, por entonces en planes de ser destinado a más inversión social, como la educación.

Para 2019, el investigador Dan Arnaudo entendía que "*todas estas afirmaciones se demostraron falsas, pero fueron ampliamente compartidas en las redes sociales*". Obviamente, la teoría de los haitianos es surrealista y basada en el aire; la teoría de una interferencia estadounidense no sólo está basada en una larga historia documentada sino en las más recientes investigaciones sobre la corrupción de quienes decían luchar contra la corrupción. Según Pablo Ortellado y Esther Solano ("*Nova direita nas ruas? Uma análise do descompasso entre manifestantes e os convocantes dos protestos antigoverno de 2015*") encontraron que, pese al descontento, el 71 por ciento no estaba de acuerdo en entregar el gobierno a los militares. El estudio concluyó que "*embora os grupos que convocam as manifestações tenham uma orientação ideológica liberal e privatizante, os manifestantes não compartilham esta visão, defendendo um Estado que forneça educação, saúde e transporte públicos*".[362]

En 2017 se hicieron públicas las grabaciones del empresario accionista del mayor frigorífico del mundo, Joesley Batista, donde el presidente designado, Michel Temer, dando su aprobación para el pago de coimas para comprar el silencio del ex jefe de la Cámara de Diputados, Eduardo Cunha, condenado a más de 15 años de prisión.[363] Luego se revelarán múltiples casos de corrupción de los "anticorrupción" por parte del periodista estadounidense radicado en Brasil, Glenn Greenwald y su equipo *The Intercept*. Las grabaciones revelaron la complicidad de otros relevantes miembros de la justicia brasileña encargados de la anticorrupción *Operação Lava-Jato*, entre ellos el juez que envió a prisión al candidato a la presidencia Lula da Silva, Sergio Moro. Desde entonces, el periodista Greenwald ha sido objeto de acoso y amenazas por parte del presidente Capitán Bolsonaro como de sus seguidores.

El mismo Arnaudo anota datos verificables cuando analiza las elecciones municipales de Rio donde se enfrentaron los candidatos Marcelo Crivella y Marcelo Freixo, el primero candidato de la derecha, cantor y pastor pentecostal de una mega iglesia, Universal do Reino de Deus, y el segundo profesor candidato de la izquierda. Una investigación de la Universidade Federal do Espírito Santo reveló el uso de 3.500 cuentas falsas de Twitter, las cuales publicaron ataques al profesor Freixo a un promedio de cien por día—no sólo se le dice a Dios lo que hacer con oraciones; también es necesario recurrir a un multitudinario ejército de bots alados, invisible a los ojos de aquellos que no tienen fe.

Cuando Crivella ganó las elecciones, negó cualquier conexión con los bots.

El Ping-Pong dialéctico

DURANTE LA PREHISTORIA, EL MEDIO DOMINANTE, la historia oral, abundaba en imágenes míticas y alegóricas. El tiempo era circular. Con la escritura, el tiempo se volvió lineal, un segmento limitado con un inicio y un final. En la Edad Media, el medio dominante fue la imagen ilustrativa del sermón dominical.

Sobre los cimientos de la revolución humanista, ensayística y luego científica se construyó la Ilustración europea la que, con el tiempo, sería la base filosófica de liberales y, socialistas. En general, permaneció como la base ideológica de las izquierdas occidentales y luego, del Sur Global. Los libros y las ideas se transformaron en el centro de legitimación epistemológica e ideológica. A comienzos del siglo XX el centro mediático regresó a la voz, la nueva oralidad, gracias al invento de la radio. En este arte destacaron los presidentes estadounidenses. Poco después el régimen nazi en Europa desarrolló el dominio político de la imagen medieval, antes explotada en Hollywood por los empresarios y los zares de los medios. Para los años 60, la imagen salta a la inmediatez de la televisión. El fenómeno de John F. Kennedy, el primer católico, descendiente de los indeseables irlandeses en el siglo anterior, se podría resumir en el debate televisado donde el público pudo ver y comentar el sudor de la frente de su contrincante, el vicepresidente Richard Nixon. Para entonces nadie recordaba ni recordará la historia el contenido dialéctico de ese debate.

El siglo XXI recogió todas las experiencias anteriores de imagen, voz, texto y mito. El tiempo dejó de ser lineal, progresivo, y estalló en millones de fragmentos. El individuo y la sociedad se fragmentaron a la misma velocidad y escala que las micro elites económicas se unían y se organizaban en un super gremio, el gremio de los billonarios, capaces de secuestrar democracias, todo el progreso humano hasta el momento y capaces de llevar a cabo masivas huelgas de capitales con las cuales intimidar y acosar gobiernos legítimos o no, y sus narrativas populares; capaces de secuestrar la riqueza desde pueblos enteros hasta la mitad del planeta en un centenar de manos.

La fragmentación del individuo devenido consumidor ya había comenzado con la técnica de la propaganda, pero con las redes sociales se radicalizó. La tradición intelectual del Iluminismo y la modernidad, la lectura de libros de largo aliento, la articulación de pensamientos más totalizadores o globales, dejó lugar, con orgullo, a la micro fragmentación y a la interrupción perenne. Hasta los filósofos posmodernos asumieron que si la Unión Soviética se había suicidado, entonces todo esfuerzo por comprender la realidad en su compleja totalidad pasó a ser objeto de desprecio bajo nombres como "grandes narrativas" de la Modernidad, popularizadas en la academia mucho antes por autores como

Jean-François Lyotard. Las discusiones que en los cafés populares hilvanaban pensamientos complejos dejó lugar al Ping-Pong dialéctico.

En esta lógica triturada, los elementos comunes son la inmediatez de la reacción, inmediatez sin digestión. Lo cual alcanza niveles de caricatura a medida que se populariza y se convierte en una poderosa fuerza política. A la reacción furiosa, ofendida, se respondió con técnicas de más ofensas para aumentar el efecto tan deseado de la negatividad. Lo payasos o actores cómicos de televisión se convirtieron en presidentes y los líderes políticos se convirtieron en payasos y cómicos de las redes sociales. La verdad pasó a ser aquello que se viraliza, aquello que provoca respuestas y reacciones, sean de indignación, las más, o de apoyo—sobre todo apoyo al personaje capaz de burlarse y ridiculizar al adversario que se detesta.

Por otro lado, los actuales análisis de manipulación no consideran que los cambios inmediatos de estas redes operan sobre una psicología y una sensibilidad de la Era anterior, por lo cual se podría prever que el efecto (rabia, indignación) por motivos irrelevantes creados artificialmente por estas mismas redes inevitablemente disminuirá hasta la indiferencia, quitándole a los manipuladores una herramienta fundamental, la cual tratarán de reemplazar por la comercialización de alguna otra debilidad constitutiva de la psiquis humana que agarre desprevenidos a una nueva mayoría.

El paradigma de la comercialización

LA HISTORIA DEL ÚLTIMO SIGLO MUESTRA claramente que la *comercialización* de los medios y la *despolitización* de los consumidores fueron siempre las dos caras de una misma moneda. Pero despolitización no significa desideologización. La ideología del consumidor compulsivo, consumidor de bienes y de distracciones, es la ideología de la micro elite financiera que domina no sólo los medios de comunicación sino la política misma. Un personaje de Luis Goytisolo, en su novela *Makbara* (1980) lo resumió en un anuncio comercial: recuerde que "*confiar su poder de decisión en nuestras propias manos será siempre la forma más segura de decidir por usted mismo*".[364]

Actualmente aceptamos como algo naturalizado que tanto los programas de diversión y de noticias sean productos del mercado, una naturaleza meta humana sin ideología, como la lluvia. Bastaría con cuestionarlo para recibir reacciones epidérmicas. Con esto no quiero decir que no deba existir un sector privado y organizado para lograr beneficios económicos, sino que sus resultados no son ideológicamente neutrales, ni la distracción de los programas de diversión ni la distracción de las noticias y que es legítimo cuestionarse si el mercado debería ser el paradigma social y existencial.

Actualmente, el mercado es un medio y es el fin. Como vimos en la primera parte de este libro, este particular proceso histórico no comenzó con el libre mercado, sino con el capitalismo en el siglo XVII. En este paradigma radical y simplificador de la existencia humana, todo debe organizarse según las sagradas las leyes del mercado con el objetivo incuestionable de los beneficios económicos. Cuando un individuo, una empresa o un país se hacen ricos, los medios y la cultura lo santifican y todos deben aplaudir sin siquiera considerar cómo se logró ese promocionado éxito, si en el camino quedaron miles o millones de personas en la miseria, sea en otros países o en su propio, por no entrar en el más obvio problema de las externalidades, como la destrucción del medioambiente.

Aunque todas las sociedades ricas y hegemónicas (equívocamente llamadas *desarrolladas*) se deben a las brutales intervenciones de sus gobiernos, desde las políticas tarifarias, los subsidios que protegieron y protegen a la elite más rica, la impresión de divisa global sin producir ni un tornillo, hasta la fuerza bruta de sus ejércitos colonialistas y sus medios colonizadores, su *narrativa de exportación* fue siempre la opuesta: una utopía inexistente llamada "libre mercado", "libre competencia", resumida en el grito histórico de "*freedom! ¡libertad!*" y promovida por políticos funcionales, según la cual la intervención del Estado (Estado = Impuestos) es el mayor obstáculo a la libertad y al progreso hacia más riqueza.[cxlii]

[cxlii] Al mismo tiempo que la Organización Mundial del Comercio le exige a los países subdesarrollados, con éxito, la eliminación de sus subsidios, tanto Estados Unidos como Europa mantienen fuertes subsidios, principalmente a la agricultura, por lo cual puede exportar a precios por debajo del costo. Nos detuvimos en *La frontera salvaje* (2021) en el caso de la Haití de los años 90s, país que, luego de un golpe de Estado contra Arístides y, bajo coerción, fue obligado a desregularizar su mercado agrícola, con lo cual hizo quebrar a los pequeños arroceros luego que el arroz de Estados Unidos comenzó a ingresar al país más barato. Lo mismo ocurrió con países africanos a principios del siglo XXI.

Para los ideólogos del libre mercado cualquier dimensión humana, como la solidaridad o la asistencia a los débiles, es un obstáculo. Los impuestos, las tarifas son obstáculos. La educación pública es un obstáculo como la educación de los esclavos era un obstáculo para los sistemas esclavistas primero y para los sistemas extractivistas después. Todo lo que beneficie a la mayoría de los de abajo es una intervención artificial, un robo al esfuerzo y al mérito, un obstáculo al desarrollo, a la libertad. Todas las políticas, ayudas y protecciones que beneficien a los de arriba es una necesidad natural del mercado que terminará por beneficiar a los de abajo a la larga. Siempre a la larga, porque los más necesitados son quienes más pueden y deben esperar. El hambre y la escasez pueden esperar; la avaricia y la acumulación no.

No siempre fue así. Incluso si nos limitamos al siglo XX, encontraremos muchas instancias donde la realidad era la contraria. Hasta que en los años 1920s se radicalizó el predominio de la ideología comercial, existía en Hollywood una presencia importante de grupos socialistas y procedentes de las clases trabajadoras. Hasta la Segunda Guerra mundial, en todo Estados Unidos existían 800 periódicos sindicalistas con contenido social y cultural, los que eran leídos por más de 20 millones de personas (un quinto de la población total).[365] Lo cual fue combatido por el magnate de los medios y simpatizante nazi, William Randolph Hearst, quien se encargó de etiquetar al presidente F. D. Roosevelt y a todos los medios y organizaciones no comerciales como *comunistas*.[cxliii]

En Estados Unidos, en los años 1920s, la mayoría de la población prefería que el nuevo medio, la radio, continuara siendo un servicio público de información. Décadas después de la invención de la radio en 1926, sólo el 4,3 por ciento de las emisoras eran comerciales.[366] Los gremios de maestros y profesores estaban a favor de mantener un número mínimo de esas ondas destinadas a la educación a distancia, no comercial y más democrática, pero para 1928, en apenas dos años, las universidades ya habían perdido decenas de ondas (de 128 a 95). El director de la radio de University of Arkansas se quejó de que la FRC (organismo en Washington que administraba las ondas

---

[cxliii] Durante los años 30, la lucha entre la izquierda (y por muchos años del presidente F.D. Roosevelt) a favor de los sindicatos y la intervención del Estado para regular y organizar servicios públicos como la salud, la jubilación y los medios de educación se encontró de frente con los multimillonarios que poseían el control de los grandes negocios. William Hearst, entre otros multimillonarios *businessmen*, calificaron estos esfuerzos (que limitaban su libertad de empresarios) de *comunistas*, al tiempo que hacían lobby para que Estados Unidos no se opusiera al régimen nazi de Hitler. El lema de este lobby (muchos de sus miembros fueron condecorados por Hitler) fue "*America First*" (Estados Unidos primero), retomado por el candidato y luego presidente Donald Trump.

de radio) "*nos sacó todas las horas que valían algo y nos dejaron aquellas sin ningún valor*". Esto no es sólo un ejemplo; por entonces, apenas el cinco por ciento de la población estadounidense apoyaba un cambio radical hacia la comercialización. En 1932 *Business Week* reportó una avalancha de cartas protestando por la nueva radiodifusión basada en anuncios.[367]

En 1925 los maestros y profesores habían fundado el National Association of Educational Broadcasters (NAEB) y en 1930, como respuesta al incipiente pero agresivo control del sector privado a través de la venta de publicidad, crearon el National Committee on Education by Radio. Para 1938 habían logrado asegurarse cinco ondas destinadas a la educación, pero todos los observadores estaban de acuerdo en que la exposición de anuncios comerciales que no era bien recibido por la población. Pese a esta larga historia de resistencia por medios sin fines de lucro, a finales de los 30s ya quedaban pocas ondas destinadas a la difusión de la cultura y el conocimiento. Todas habían cedido terreno a la radiofonía comercial, con sus programas de diversión apoyados por anuncios comerciales.

Para dar el golpe final, las nuevas emisoras comerciales ofrecieron espacios gratis a los políticos y a los legisladores. ¿Suena conocido? Entre 1931 y 1933, los legisladores fueron invitados 298 veces a la flamante NBC, cadena propiedad de General Motors, la telefónica AT&T y la United Fruit Company, responsable de múltiples golpes de Estado y masacres en América Latina. Naturalmente, ninguno de los políticos invitados o por invitar estaban a favor de los reclamos por algún tipo de regulación de las ondas de radio en favor de algún porcentaje para grupos no comerciales. Por entonces, los grupos que proponían mantener algunas ondas destinadas a la educación pública fueron desacreditados como "tontos irrealistas", a pesar de que no todos eran profesores. Algunos de ellos eran respetados millonarios, como Frances Payne Bolton o el editor Joy Elmer Morgan, quien lo resumió de esta forma: "*Nunca hubo en toda la historia de los Estados Unidos un ejemplo de mala gestión y falta de visión tan colosal y de tan largo alcance en sus consecuencias como el hecho de haber entregado los canales de radio casi exclusivamente a manos comerciales*". Según Morgan, los políticos y los organismos encargados de regular un sistema ya desarrollado y maduro solo buscaba *"el derrocamiento completo del sistema actual*" para ponerlo en manos de la avaricia privada.[368] En otro momento, Morgan afirmó que no había en el país ningún intelectual que apoyara esta dirección de la realidad, excepto aquellos que recibían dinero de las grandes cadenas privadas. John Dewey, el filósofo, psicólogo y pedagogo más importante de la primera mitad del siglo, en 1934 salió al cruce: "*La radio es el instrumento más importante de educación social que el mundo ha conocido hasta el momento, y puede ser usado para distorsionar los hechos, para desinformar a toda una sociedad. Creo que el dilema entre emplear la radio en este sentido o, por el contrario, como un servicio público es el dilema más importante de nuestro tiempo"*. La llamada "libertad de prensa" es prácticamente imposible, afirmaba Dewey, *"mientras esté bajo el control del capitalismo concentrado".*[369]

Por entonces, las críticas en esta dirección desde los grupos sin intereses especiales eran dominantes. El 28 de abril de 1932, la publicación *Education by Radio*, sostenía que el principio de la Carta Magna de la radio estadounidense declaraba que su existencia se debía al "interés público" y criticaba los lobbies que intentaban cambiar estos principios: *"El personal de la Comisión [Federal] de Radio está en este momento reclutado abogados y gente con intereses militares y comerciales (...) y subordinando el aspecto educativo al monopolio de los intereses comerciales"*. Más adelante advierte: *"La libertad de expresión es la base de cualquier democracia. Permitir que los intereses privados monopolicen el mayor instrumento de acceso a la mente humana que se ha conocido es destruir la democracia. Sin la libertad de expresión de aquellos que no tienen a los 'beneficios' como interés principal, no habrá una base inteligente para determinar ninguna política de interés social".*[370] Poco a poco, se fueron cerrando las radios universitarias y otras de educación, confirmando el divorcio de sus mayores instituciones de educación y cultura con el resto de la población, lo que se refleja cada dos años en los mapas electorales y en la mutua desconfianza entre estos dos sectores de la sociedad disociada. Ya por los años 30, las organizaciones a favor de una cuota de ondas para la educación no comercial como el NCER (parte del Institute of Education Sciences) era caracterizado como *"un grupo engañado por pedagogos"* demandando tonterías *"infantiles"*.[371] Por su parte, el "socialista" F. D. Roosevelt no tomó partido por los grupos que se oponían a la toma total de las ondas por los intereses privados porque, frecuente invitado en todas ellas, temía perder este favor político.

Al mismo tiempo, en Canadá se realizaron discusiones populares en decenas de ciudades para decidir qué era lo más conveniente, si seguir un incipiente proceso de comercialización del nuevo medio que se estaba dando en Estados Unidos a través de los avisos o mantener los medios independientes del capital privado. Como lo resumió el hombre de negocios y socialista canadiense Graham Spry al millonario estadounidense y defensor de los medios públicos, Armstrong Perry: *"Nuestro mayor temor no es sólo el monopolio [comercial] sino el poder extranjero que viene con el monopolio"*.[372] La decisión mayoritaria fue mantener la radiodifusión como un servicio público, no comercial.

No obstante el poder de los capitales acumulados era abrumador. Como observó el profesor Robert McChensny, el mismo proceso ocurrió durante los 1990s en el debate sobre el estatus legal de Internet: mantener el nuevo medio de comunicación regulado por los gobiernos o dejarlo librado a las "leyes del mercado" y a los intereses de las corporaciones. El 22 de junio de 1998 el New York Time reportaba "*un clima en el que cualquier regulación de Internet en su infancia comercial se considera alta traición*".[373]

En 1934 los lobbies privatizadores y contra la petición de un 25 por ciento para canales no comerciales en Estados Unidos lograron su mayor éxito con la Ley de Comunicaciones. Esta fue la ley rectora de los medios hasta la Ley de Telecomunicaciones de 1996, no por casualidad diseñada para regular el nuevo medio, Internet, bajo la nueva ideología neoliberal de privatizaciones y desregulaciones de la "libertad comercial". Entre otras previsiones, eliminó el número legal de canales en manos de un mismo grupo financiero. Es el caso de Sinclair Broadcast Group, el cual actualmente es dueño de casi doscientos de canales locales en diferentes estados (afiliados a las grandes cadenas nacionales como Fox, CBS y NBC) los cuales son forzados a leer manifiestos del directorio central como si se tratase de información real, objetiva e independiente, en todos los casos en apoyo de la ideología conservadora de las grandes corporaciones.

A principios de los años 30, quienes luchaban por un espacio de medios públicos, no comerciales, insistían que "*una de las características distintivas de la democracia estadounidense es la excelencia de su sistema de escuelas públicas*". Wayne Soper, en su artículo "Radio in the Rural Schools" de 1932 iba más allá y reclamaba una extensión del sistema, ya que "*ese entendido sólo se aplica a las escuelas urbanas, no a las rurales*". Para otros, ("Public Interest, Convenience, and Necessity in a Nutshell") "*la libertad de expresión es la base misma de la democracia. Permitir que los intereses privados monopolicen los medios más poderosos para llegar a la mente humana es destruir la democracia [...] "El éxito de una democracia depende de una ciudadanía informada e ilustrada, pero actualmente, muchos de nuestros votantes obtienen esa información desde un único punto de vista*".[374]

En 1938, años después del asalto privatizador de los medios, la NBC concluía: "*Nuestros medios son lo que son porque operan en la democracia estadounidense. Es un sistema libre porque este es un país libre. Es de propiedad privada porque la propiedad privada es una de nuestras doctrinas nacionales. Se mantiene de forma privada, a través del patrocinio comercial de una parte de las horas del programa, y sin costo alguno para el oyente, porque el nuestro es un sistema económico gratuito*".[375] Es más, lo que nos recuerda a narrativas políticas recientes: "*quienes atacan este sistema privado de comunicaciones atacan la democracia*".[376]

En Inglaterra, con la BBC y con el apoyo mayoritario de la población, la radiofonía permaneció, en su gran mayoría, como servicio público, no comercial, hasta una década después de la Segunda Guerra. Desde los años cincuenta hasta los ochenta, permaneció como propiedad mixta entre capitales públicos y privados pero con un claro control de calidad en cuanto a los contenidos culturales y de información por parte del Estado. Esto comenzó a cambiar a partir del neoliberalismo impuesto por el gobierno de Margaret Thatcher en los 80s. Para los 90, la comercialización del servicio público británico tuvo lugar en Estados Unidos con el fin de recaudar fondos para su central en Inglaterra

La historia de Internet es un calco del proceso que sufrió la radio. A mediados de los años 20, cuando la radio, el nuevo medio revolucionario por entonces ya había sido inventado y su uso se encontraba en desarrollo, un tercio de las ondas todavía eran de servicio público, es decir, educativas o no comerciales. Similar a todos los medios de comunicación anteriores, Internet no fue inventada por ningún "exitoso hombre de negocios" sino por profesores estadounidenses que creyeron crear un medio anárquico, primero una red no comercial de investigadores y luego una red abierta al público para la interacción y la difusión de las ideas y la información. Como observa McChensny, *"Internet nunca hubiese sido creada por ninguna compañía privada; no sólo porque el tiempo de espera para los retornos hubiese sido inaceptable, sino por su idea fundamental de una arquitectura de propiedad abierta hubiese sido inaceptable para las compañías privadas"*[377].

Un par de décadas después, cuando la idea y toda la estructura de Internet ya estaba desarrollada en base al principio más democrático de propiedad pública, como todos los medios y todos los grades inventos anteriores fue secuestrada por el poder de turno que, en lo que se refiere a los últimos siglos, está basado en el dinero y en la concentración de los capitales, es decir, las grandes corporaciones.[cxliv] La privatización y comercialización de Internet a través de diferentes leyes desreguladoras ocurrieron en los años 90s, no por casualidad en la cresta de la ola neoliberal. Washington decidió la privatización de grandes sectores de la red en 1993, cuando hasta entonces se encontraba prohibida y se había mantenido y desarrollado como una realidad anárquica, amenazando en convertirse en propiedad de la gente común. La idea original de quienes trabajaron en esos proyectos no iba en favor del monopolio de un gobierno, pero tampoco en favor del oligopolio de las grandes corporaciones (protegidas por ese mismo gobierno) que en pocos años se hicieron con este instrumento fundamental de creación de realidad y de opinión

---

[cxliv] Karl Marx ya había observado el mismo proceso y la misma lógica: *"los beneficios de las maquinarias más productivas, y a mayor escala, se concentraron en manos de un número menor de capitalistas"*. *Capital: a critical analysis of capitalist production*. New York: Humboldt pub., 1890, p. 267.

pública, no en su totalidad pero sí en un grado suficiente para mantener el control.

Incluso una poderosa publicación liberal (es decir, conservadora) como *The Economist* lo reconoció en 1998, aunque no sin sus clásicas ambigüedades de clase: "*Cuando Cyberia* [Internet] *era un pequeño país de académicos, sus leyes funcionaban muy bien. Pero ahora ha sido colonizada por el mercado. Es necesaria una acción más en favor de los negocios*".[378] El poder siempre tiene una buena excusa para apropiarse de todos los inventos, habidos y por haber.

En este caso, la decisión de privatizar Internet se tomó muchos años antes, en 1990, en una reunión en Harvard University, a la cual asistieron representantes del gobierno de Washington y de las grandes corporaciones de las telecomunicaciones. Por supuesto que ni siquiera hubo un profesor de otras áreas, como humanidades, por ejemplo; menos hubo un representante del pueblo, ni estadounidense ni de ningún otro pueblo. La democracia es siempre un estorbo para el progreso y la libertad, ¿no? "*Es verdad, el gobierno creó Internet con sus recursos, pero el muchacho ha crecido y se ha ido de casa*", fue la explicación de uno de los miembros de la Internet Society (ISOC), interesados en su privatización.[379] No por otra razón, en 1996 se aprobó la ley más importante sobre medios de comunicación desde 1934, la Ley de Telecomunicaciones, la que liberaba las fuerzas de los grandes lobbies y corporaciones en nombre de una participación democrática de todos los actores privados. Gracias a esta ley, una misma corporación dejó de estar limitada en el número de medios autorizados para operar. La libertad de los liberales y, más recientemente, de los libertarios conservadores, la libertad de los poderosos, la libertad de los dueños de los países. Que viva la libertad.

Desde la comercialización de Internet, la gente no abandonó la radio ni la televisión sino que sumó un nuevo medio, agregando varias horas por día al mercado de la atención. Al igual que con la popularización de los periódicos en el siglo XIX, el nuevo medio prometía democratizar la información y crear pueblos e individuos más libres. Al igual que con todos los nuevos medios de comunicación, con Internet y las redes sociales esta libertad ha sido fuertemente cuestionada. Al igual que en todos los casos anteriores, los poderes de las elites de turno secuestraron los nuevos medios y las nuevas tecnologías desde el primer día y, en ningún caso, fue con un propósito altruista de ceder poder a la abrumadora mayoría de los de abajo, los (aparentemente) sin poder. Esta urgencia fue aún más importante en aquellos países que habían consolidado un sistema de democracia liberal con votaciones periódicas. De esta forma, los medios justificaron los fines y la opinión pública se convirtió en el *comodity* y en el arma más valiosa.

En octubre de 2022, el hombre más rico del planeta, Elon Musk, compró Twitter por 44 mil millones y antes de conocer siquiera a los principales directores de la empresa prometió despedir a la mitad de los empleados para "limpiar la casa". Los asalariados son siempre basura para los psicópatas que aman el éxito y el ejercicio del poder despidiendo empleados.[cxlv] Para noviembre, ya había cumplido con su promesa y, en nombre de la libertad, propuso diferentes cobros del servicio, aparte de comenzar a incluir publicidad. En Twitter la libertad comenzó a expresarse con una explosión de racismo y violencia política. La red no mejoró pero el señor Musk continuó haciendo miles de millones de dólares. De una junta administrativa se pasó a una dictadura más estilo *banana republic* con un jefe psicópata, autopromocionado como el paladín de la libertad y la democracia.

La introducción de publicidad en Twitter es la repetición del proceso de comercialización de un medio de comunicación, exactamente como ocurrió con la radio en los años 30, con la televisión más tarde y con las compañías de telecomunicación y, principalmente, con Internet en los años 90s. La comercialización se vendió por parte de políticos, presidentes y grandes gerentes como una forma de expandir la libertad y la neutralidad ideológica, como si los grandes negocios y la cultura de adoración de las corporaciones y los multimillonarios no se sostuviera con un permanente y ubicuo bombardeo ideológico que es aceptado como si fuese la lluvia que da vida a los campos. Los anunciantes que realmente importan en esta lógica son las grandes compañías, no los pequeños negocios. Más aún, en los países periféricos (la mayoría del mundo) ni las grandes compañías tienen muchas chances de pagar publicidad en las plataformas en la escala en que lo hacen las compañías de los países dominantes.

La super comercialización de las sociedades ha creado una cultura del consumo y, con ella, la fosilización de la ideología que diviniza las leyes del mercado sobre toda actividad humana, define el éxito (los millonarios) y demoniza cualquier opción bajo alguna figura ficticia (los trabajadores holgazanes o los socialistas come niños). No hay consumo sin beneficios y no hay concentración de las ganancias sin un consumismo que impida cualquier *pensamiento radical* que se oponga a una *realidad radical*.

[cxlv] Es una característica psicológica compartida con famosos como los expresidentes Trump y Macri, y por miles de "exitosos hombres de negocio" clase B. En junio de 2018, Luis Malvido, el nuevo gerente de Aerolíneas Argentinas dio una charla vanagloriándose de toda la gente que había despedido en otras empresas en otros países. Lo comparó con la costumbre del león vencedor que mata a las crías del león viejo para asegurar su poder.

La comparación de la industria de las hamburguesas y de los libros se relaciona con lo que detallamos en los primeros capítulos: el mercado explota las debilidades ancestrales, como el premio neuronal por el azúcar y la grasa (Coca-Cola y BigMac) de la misma forma que nuestro cerebro se conecta fácilmente con un incidente violento, sea un accidente, una pelea de bar o un conflicto bélico. En este sentido, la super comercialización de la última etapa de la historia continúa y radicaliza esta línea. La creciente violencia fascista en los "países desarrollados" (básicamente debido a su pérdida de poder de control y extracción de riquezas de los países del Tercer mundo y su creciente incapacidad de exportar la violencia en guerras neocoloniales que unan y disimulen sus contradicciones internas) ha sido reforzada por el mercado de la violencia mediática. Para finales del siglo XX, el consumo de programas e imágenes violentas dirigidas a niños de entre un año y la preadolescencia en la televisión estadounidense se había incrementado considerablemente, pese a que la Guerra Fría había concluido casi una década atrás. Al mismo tiempo, ese mismo mercado creaba un ejército de compradores compulsivos en edad adolescente. Para 1997, el 80 por ciento de las jóvenes de entre 13 y 17 años reconocía que *"amaba ir de compras"* mientras realizaba un 40 por ciento más de escapadas a los centros comerciales que el resto de la población. Un año después, en una escuela secundaria de Georgia, se organizó un evento patrocinado por Coca Cola. Una estudiante, con el grado de rebeldía propio de su edad y, sobre todo, de su momento histórico secuestrado por el consumo y las megaempresas, decidió ponerse una camiseta con el logo de Pepsi-Cola. Fue suspendida por las autoridades de la institución.[380] Esto, que para un outsider puede resultar absurdo, fue confirmado por los pastores del mercado, los cuales desde entonces no sólo han apuntado a privatizar la seguridad social y otros servicios sino el resto de la educación que todavía se encuentra en manos de los estados. El político conservador, experto en lobby y director de la Christian Coalition of America (CCA), Ralph Reed, afirmó convencido: *"Necesitamos una revolución en la educación, la misma que tuvimos en la televisión y en las telecomunicaciones"*.[381] El negocio de la atención entendió perfectamente que era más fácil capturar a los nuevos consumidores y asegurarse un lavado ideológico masivo reemplazando educación por entretenimiento.

    En el ensayo "There are Alternatives" publicado en 1998, el filósofo Jünger Habermas fue categórico: *"No creo que podamos tener ilusiones sobre lo público de una sociedad en la que los medios de comunicación comerciales marcan la pauta"*.[382] Claro que, como decía NBC y los lobbies empresariales en los años 30, todas estas opiniones no comerciales son *irrealistas*, *infantiles*, y están contra la *libertad* y la *democracia*. Al fin y al cabo, Habermas como el profesor Einstein o el pionero de la computación moderna, Alan Turing y los filósofos o inventores de los últimos siglos han sido todos pobres, irrealistas y fracasados.

Hoy, en Estados Unidos, existe una cadena pública de televisión, PBS, y una de radio, NPR. Hasta la presidencia de Ronald Reagan, la mayoría de sus ingresos procedían del gobierno federal, lo cual se fue reduciendo en las décadas posteriores hasta un magro 15 por ciento, en un persistente intenso en convertirlas, sino en privadas, al menos en cadenas comerciales. A pesar de ser los mayores productores de contenido cultural e informativo profesional del país, todos los años deben mendigar donaciones a su público para complementar su menguado presupuesto, siempre bajo ataque de los políticos conservadores y las corporaciones que los financian, los que entienden que la existencia de un medio depende de su *rating*. Por otro lado, como ya lo observó Robert McChesney, *"lo último que quieren las cadenas comerciales es que PBS y NPR salgan a competir por la publicidad, sobre todo entre aquel público educado y de clase media alta. Cuando en 1998 el gobierno de Francia limitó el tiempo de publicidad en la televisión pública, TF1, la mayor cadena comercial del país, se vio de repente beneficiada"*.[383]

En 1998, Leslie Moonves, presidenta de CBS Television, admitió a la prensa que la decisión de la cadena de reducir la lista de programas a aquellos que no ofenderían a los anunciantes, es algo *"totalmente común"*. Ese mismo año, los periodistas Jane Akre y Steve Wilson de News Corp. TV de Florida, propiedad del magnate Rupert Murdoch, fueron despedidos por trabajar en una investigación sobre las prácticas de Monsanto. Uno de los ejecutivos de la cadena, sin titubear un instante, explicó la lógica de la decisión: *"Pagamos tres mil millones de dólares por esas estaciones de televisión. Somos nosotros quienes vamos a decidir qué es noticia y qué no. Las noticias son aquellas que nosotros decidimos que son noticias"*.[384] Esto no es ninguna excepción. Corporaciones gigantes como Procter & Gamble, por ejemplo, tienen agencias que monitorean todos los programas de televisión en los que anuncian sus champús, pastas de dientes, detergentes, papitas y gaseosas, para no hacerlo en aquellos programas que tienen contenidos demasiado críticos. Para el año 2020, la firma facturaba 75 mil millones de dólares, comercializando un centenar de marcas para miles de millones de consumidores en 140 países.

La derrota de aquellos grupos que abogaban por retener al menos un porcentaje de los nuevos medios destinados a la educación y a la cultura no comercializada no solo perdieron su batalla en la era de la radio (en los años 30s) y en la era de otra novedad creada y desarrollada con dinero público y por universidades no comerciales, la de Internet (igualmente privatizada en los años 90s) sino que, por si no fuese suficiente, estos mismos mega conglomerados periodísticos penetraron en las universidades hasta las escuelas de periodismo, bajo el asumido de que "ellos conocen la realidad", como si "la realidad" fuese parte de una naturaleza exterior y no una creación de ese mismo mercado, de esa misma ideología de los negocios. Ideología que también penetró otros sectores, facultades y escuelas de las universidades convirtiéndolas en proveedoras de empleados a medida, obedientes, convirtiendo a los estudiantes en clientes y a los consumidores en cedros hambrientos—con todo el respeto por esos nobles y sensibles animalitos que también son sacrificados de a millones cada año.

Negocio de la atención, estrategia de la distracción

EL 19 DE MARZO DE 1937, CHARLES GUSTAV BINDERUP, representante de Nebraska y miembro de la mayoría oficialista demócrata, citó en el Congreso palabras de Henrry Ford, quien las habría dicho en los pasillos de ese mismo recinto tres años antes: "*Está bien que la gente de la nación no entienda nuestro sistema bancario y monetario; si entendieran algo, habría una revolución antes de mañana por la mañana*".[385] Una idea similar ya habría sido formulada por el padre de la propaganda moderna, Edward Bernays: mantener a la población en desconocimiento de cómo funciona el poder es la mejor forma de administrar una democracia.

Pero el desconocimiento no es suficiente, ya que es algo que termina con un poco de educación o, al menos, con la información necesaria. Para estos casos existen otros dos instrumentos conocidos: (1) crear un estado de fe y negación ante cualquier evidencia y (2) mantener a la población ocupada y entretenida, por lo menos a una mayoría necesaria y suficiente. Este segundo punto es parte de la vida de un trabajador que es mantenido en situación de necesidad, al límite entre la subsistencia y las deudas o la pobreza. El trabajador ocupado (en la producción o no; la mayoría de los trabajos no son productivos) llega exhausto a su casa, no quiere meterse en más *pre*-ocupaciones y recurre a la natural búsqueda de la distención del entretenimiento. Las redes sociales y el mundo digital han llevado este hábito al extremo con la hiper fragmentación de la anécdota, por el cual una persona puede ver por horas micro videos de diez segundos que no conducen a nada más que a la intoxicación intelectual. Estos consumidores no son intelectualmente negados, para nada; son adictos, moscas en la telaraña que alguna vez tuvieron la habilidad de volar.

En 1910, seis de los hombres más ricos del mundo se reunieron por nueve días en secreto en la isla Jekyll en la costa de Georgia para crear un banco central que hoy se conoce como la Reserva Federal. Uno de los miembros, el presidente del National City Bank of New York (hoy Citibank) Frank A. Vanderlip explicó el misterio: *"Fui tan reservado como cualquier conspirador. Sabíamos que nadie debía descubrirnos, o de lo contrario todo el tiempo y esfuerzo invertido se habría frustrado. Si se hubiese descubierto que nuestro grupo se reunió y redactó un proyecto de ley bancario, ese proyecto no habría tenido ninguna posibilidad de ser aprobado por el Congreso"*.[386]

Un siglo después, como lo resumió el profesor Robert McChesney, mientras se cocinaba el nuevo tratado comercial, *"por cada estadounidense que estaba informado sobre el TPP, había decenas de miles que ni siquiera habían escuchado hablar del mismo pero habían participado del debate sobre si Kim Kardashian se había hecho un implante en el culo"*.[387] Así funciona la distracción. No es novedad, pero a pocos le importa.

El yo globalizado es consciente de su intrascendencia. Al mismo tiempo que su atención está reducida a la de un pez dorado (ocho segundos en promedio), necesita ser el centro de atención de los otros peces. Al menos por unos segundos. Sabe que es posible. Al fin y al cabo, posee los mismos instrumentos de comunicación y promoción que sus admirados dioses. Sabe que no es ninguno de ellos, pero no renuncia a la emoción de serlo por ocho segundos. Solo aspira a un contacto divino, a un fugaz momento místico en que su ídolo se digna a dejarle un *like*. Es decir, la adicción tiene un componente religioso que los ingenieros de plataformas como Twitter conocen como '*positive reinforcement*'. Es decir, intentar algo mil veces hasta que se obtenga una respuesta deseada (hasta no hace mucho, no pocos adolescentes alcanzaban el límite de mil tweets por día; ahora han movido sus existencias fragmentadas a Discord o TikTok): *"El mejor 'programa de refuerzo' es lo que se denomina 'programa intermitente'"*. En un experimento de laboratorio *"una rata empuja una palanca, por lo cual recibe una recompensa, pero no de una manera predecible. Muchas veces, la rata empuja la palanca y no sale nada, pero de vez en cuando, recibe un gran premio. Así que la rata sigue presionando y presionando y presionando, aunque no logre el resultado esperado. Lo hace porque, de vez en cuando, recibe alguna satisfacción"*.[388]

Los medios no pueden crear opinión pública de un día para el otro, pero pueden elegir el tema de debate nacional. Elegir el tema, la preocupación, el peligro es decidir hacia dónde inclinar la opinión pública. Los grandes medios son muy efectivos capturando la atención de las masas, es decir, aumentando la escala de un evento o reduciéndola hasta la inexistencia. Siempre ha sido así, desde la Edad Media y, seguramente, desde el paleolítico. La forma más efectiva de dirigir el foco de la atención popular es distraerlo, removerlo de donde no conviene que se enfoque, como por ejemplo la legitimidad del poder del señor feudal, del Papa o del reformador, del poder de los bancos o del emperador, de una etnia, de un género o de una clase social… En cualquier caso, del poder del dinero y las armas.

En Estados Unidos, luego de la Guerra Civil, bastaba con señalar el "problema de los negros" para beneficiar al partido de los blancos, primero representado por el Partido demócrata y luego por el Partido republicano. El gran debate sobre el imperialismo estadounidense, puesto sobre la mesa por intelectuales como Mark Twain, también fue resuelto con una nueva teoría que advertía a los blancos europeos y americanos de que serían reemplazados o exterminados por los peligrosos negros en los trópicos y los híbridos en las repúblicas bananeras de América Latina.[cxlvi]

En los años 1920s, luego de la Revolución rusa, el tema arrojado como un muerto de Agatha Christie en la sala fue el socialismo, lo que desató la primera paranoia llamada "el miedo rojo" y un sentimiento antiinmigrante contra los pobres de los países europeos del Sur y del Este. Los pobres de piel oscura ni eran considerados. No funcionó con Franklin D. Roosevelt, debido a la situación catastrófica del país durante la Gran Depresión, pero se convirtió en la primera obsesión luego de que los soviéticos dejasen de servir como aliados en la Segunda Guerra y se convirtiesen en la única excusa para continuar haciendo lo mismo que las corporaciones habían hecho desde el siglo XIX en América Latina y en el Pacífico. Para el final de la Guerra Fría, el nuevo perro muerto fue "la amenaza islámica", con la excepción de América Latina: como en esa región los musulmanes son una pequeña minoría, integrada y sin poder de lobby en los gobiernos, se prefirió continuar con la narrativa de la Guerra Fría, inoculada desde el primer año por la CIA.

Apenas caído el Muro de Berlín, los dos libros más promovidos de forma mediática y dogmática fueron dos adefesios estratégicos: *El fin de la historia y el Ultimo hombre* (1992), de Francis Fukuyama (alegato a favor del neoliberalismo) y *El choque de civilizaciones y la reconstrucción del orden mundial* (1996), de Samuel Huntington (alegato en favor de las nuevas guerras en los países petroleros no alineados). Los debates electorales desde 1998 hasta 2016 fueron, básicamente, una competencia sobre qué candidato sería más macho como para arrojar una lluvia de misiles en cada país peligroso que "amenazaba nuestra seguridad nacional" y quien enviaba más soldados jóvenes a morir "para luchar por nuestra libertad". Para esas mismas elecciones, otro perro muerto conocido de los nacionalistas que se habían dedicado a intervenir en las guerras genocidas en América Central, se convirtió en el centro del debate. Otra vez, el poder no necesita ni puede crear opinión directamente;

[cxlvi] Sobre este tema, ver *La frontera salvaje. 200 años de fanatismo anglosajón en América Latina* (2021) en capítulos como "1893. La democracia, instrumento de dominio de la raza blanca".

lo hace señalando cuál es el tema urgente y existencia. A una marcha de unos miles de pobres trabajadores y desplazados centroamericanos se la calificó de invasión y a sus hombres de potenciales violadores de hijas y esposas, exactamente la misma acusación que los eslavistas sureños repetían a principios y finales del siglo XIX como justificación para mantener a los negros bajo el estado pedagógico de la esclavitud. Como los esclavos en el siglo XIX, los inmigrantes en el siglo XXI son el chivo expiatorio ideal: no votan. En el siglo XX los comunistas y en el siglo XXI los musulmanes, no son una minoría poderosa, ni electoral ni económica.

Pero, como adelantamos en capítulos anteriores, no es posible crear opinión pública del día para la noche en un mundo poblado por críticos y rebeldes, por lo que se creó (1) un *Mercado de la atención* (cuyo mayor y paradójico recurso ha sido siempre la *distracción*) para acciones rápidas y (2) un *Mercado de la educación* (sobre todo invirtiendo en una historia distorsionada de los países y de los imperios) como apoyo más sólido y a largo plazo. Sólo en Estados Unidos, la publicidad mercantilista es uno de los mayores sectores de la economía. En 2021, la publicidad digital consumió (o generó, dependiendo del interesado) 300 mil millones de dólares (más de siete veces la economía de Alaska o el 42 por ciento de todo el gasto mundial en publicidad) y se espera que para 2030 supere lo que hoy suma toda la economía de Argentina.[389] Es decir, la economía publicitaria (de propaganda) ha crecido desde 2001 mucho más rápido que el PIB de Estados Unidos. No todo se invierte en vender agua embotellada e, incluso, cuando se promocionan tantas marcas de agua no se lo hace de una forma ideológicamente inocua. No me refiero solo a la destrucción del planeta, que eso es como un detalle.

Entre 1994 y 2003, cinco millones de personas murieron en la Guerra Mundial de África, con centro en el Congo, Ruanda y Uganda. El resto del mundo apenas se enteró. En 2010 se anunció que el país más rico per cápita del mundo, Catar, sería la sede del campeonato mundial de fútbol 2022. Como en otros mundiales, la elección estuvo manchada por la corrupción de la FIFA. Desde 2010 hasta 2020, al menos 6750 inmigrantes pobres murieron en las obras necesarias para preparar la gran fiesta. El 7 de enero de 2015, 17 personas fueron asesinadas en París por dos fanáticos musulmanes de nacionalidad francesa. El 11 de enero, sesenta líderes del mundo desarrollado y sus satélites volaron a Francia para desfilar tomados de la mano hacia la Plaza de la Nación contra la barbarie del otro. Días antes del atentado, entre el 3 y el 7 de enero, dos mil personas habían sido masacradas en Nigeria por las huestes de Boko Haram. Entre 2017 y 2018, decenas de miles de jóvenes murieron en Yemen bajo las bombas de Arabia Saudí, una dictadura aliada de Europa y Estados Unidos por generaciones. Las bombas que cayeron en territorio rebelde fueron construidas y vendidas por Estados Unidos.

En el mismo período, los medios estadounidenses estuvieron ocupados con la masacre en Las Vegas, la masacre en Orlando, la condena del actor Bill Crosby por abuso sexual unas décadas atrás, la confirmación del juez Brett Kavanaugh a la Suprema Corte (acusado, sin efecto, de una violación sexual en su juventud), las denuncias de Stormy Daniels y los detalles sobre el pene del residente Trump que, según la prostituta VIP, era algo raro, cortito y con una cabeza como un hongo.

En ningún caso la atención cautiva, el consumo de la novedad, produjo algún cambio o movilización popular sino exactamente lo contrario. Anestesia. Otra vez, el resto del mundo casi no se enteró de las tragedias en África y Medio Oriente y, casi por unanimidad, olvidó todos los incidentes. El objetivo es el consumo, sea de alimentos, de bienes o de noticias urgentes y morbosas. Como ocurre desde hace siglos, las etnias no europeas no sienten, no duelen, no interesan, no producen noticia. En 1899, el general Frederick Funston torturó y violó mujeres filipinas a gusto antes de explicar los hechos: *"hay quienes en nuestro país cuestionan la ética de esta guerra... No saben que en realidad los filipinos son analfabetos, semi salvajes que pelean una guerra contra el orden y la decencia anglosajona"*. En una carta enviada a su familia en New Jersey, el soldado Kingston escribió: *"matamos hombres, mujeres y niños... Me siento en la gloria cuando veo mi pistola apuntando a un negro y le disparo"*. El jueves 20 de julio, el soldado y corresponsal del *New York Evening Post* en Filipinas, H. L. Wells, lo confirmó: *"hasta ahora nadie ha cuestionado el hecho de que nuestros soldados en Filipinas les disparan a los negros por deporte... Pero el pueblo estadounidense puede estar seguro de que no ha habido más muertos filipinos de los necesarios; al menos no más de lo que los británicos consideraron necesario matar en India y en Sudán; no más de lo que los franceses mataron en Annam [Vietnam]"*. América sólo matará a 200.000 filipinos en unos pocos años. Setenta años después el general estadounidense William Childs Westmoreland, héroe de las masacres de Vietnam, afirmó que *"los asiáticos no entienden lo que es el valor de la vida. Allá la vida vale poco, eso está en la misma filosofía de Oriente, aparte de que hay muchos de ellos"*.[390]

Desde hace milenios, toda historia viral debe contar con tres elementos necesarios y suficientes: (1) *villanos*, (2) *víctimas* y (3) *héroes*. La distribución de roles depende del poder hegemónico de turno. Los otros (los humanos de otras razas allá y de otras ideas políticas acá) son la amenaza. Los enemigos. Cuando son sus víctimas, no duelen. Cuando no son nuestras víctimas, no existen. Nuestros muertos son verdaderos porque duelen. Si no conmueve, no interesa. Si no interesa, no vende. Pero aun lo que interesa y vende tiene sus límites, sus reglas y sus condiciones. Nadie mejor que los mercenarios del mercado para estudiar y explotar estas reglas ancestrales, como

McDonald ha explotado el deseo (no la necesidad) de grasa y azúcar de forma ilimitada.

Hace poco más de un siglo, para vender la Primera Guerra Mundial en Estados Unidos, el publicista George Creel creó un escuadrón de cientos "*four minute men*" (hombres de cuatro minutos), luego de haber calculado que la atención promedio de un consumidor no se sostenía por más de cuatro minutos. Desde entonces, el consumo de información a través de los nuevos medios como la radio, el cine y la televisión fueron creando, publicidad y propaganda mediante, lo que podríamos llamar (sin vincularlo a la condición médica definida con la misma terminología) individuos con déficit de atención. En 2015, un estudio en base a electroencefalogramas (EEGs) de Microsoft Corp., llegó a la conclusión de que las personas continúan perdiendo capacidad de concentración. Para ese año, el tiempo alcanzado fue de *ocho segundos*. En el año 2000 el promedio de atención sostenida en un consumidor promedio era de 12 segundos. Según calculan los científicos, el mismo poder en un pez dorado alcanza los nueve segundos, un segundo más que el promedio de los consumidores de redes sociales.[391]

Ahora, "poder de atención" y "cautiverio" son dos cosas distintas. Distintas, pero complementarias. Una atención hiper fraccionada es más susceptible al cautiverio digital porque requiere satisfacción inmediata. Es el mundo de los videojuegos. Un jugador se vuelve adicto cuando necesita un átomo de recompensa tras otro. Un poder de atención que es capaz de sumergirse en un libro de doscientas páginas tiene un objetivo más holístico del entendimiento de un problema o de una situación. La atención hiper fragmentada es una sucesión interminable y sin destino. De hecho, los ataques de furia de los jugadores cuando pierden un juego probablemente se deba más a la interrupción del proceso de estímulo-recompensa-inmediata que a la derrota misma, ya que esta es una derrota virtual, es decir, no es nada. No otra cosa son los memes, los micro videos de TikTok o las interminables compilaciones de situaciones fragmentadas donde ni siquiera se puede ver el final o la resolución de la situación y menos tener un segundo de reflexión o digestión de lo que ocurrió en el fragmento anterior antes de ser expuesto con la nuevo micro situación que, naturalmente, tiene cero relación con la anterior.

Nada de esto es parte de una naturaleza, de las manchas solares o de la física cuántica. Los laboratorios de redes sociales como Twitter poseen ingenieros-psicólogos que dedican todo su tiempo para imaginar e instrumentar formas para mantener cautivos a sus consumidores, y que ese cautiverio sea más y más prolongado, es decir, exactamente lo opuesto a la capacidad de concentración de la víctima consumidora.

Aza Raskin, ex empleada de Mozilla y Jawbone, lo resumió de forma gráfica: "*Es como si estuvieran rociando cocaína por toda la red para que los usuarios vuelvan una y otra vez por la misma droga [...] Detrás de cada pantalla de teléfono, hay mil ingenieros trabajado con el objetivo de hacer el uso de una plataforma lo más adictivo posible"*.

Según Sandy Parakilas, ex empleada de Facebook, *"las redes sociales son muy similares a una máquina tragamonedas [...] definitivamente había conciencia de que el producto creaba hábito y era adictivo"*. Cuando ella misma intentó dejar de usar la plataforma, sintió que estaba luchando contra la adicción del tabaco. Naturalmente, la versión de Facebook (como en el pasado las excusas de las compañías tabacaleras que negaban o les quitaban importancia a las muertes por cáncer de pulmón) consistió en otro cliché que, como todos, tienen una parte de verdad que se usa como cortina de humo: sus productos fueron diseñados "para acercar a las personas a sus amigos, a sus familiares y a las cosas que le importan a cada uno". Leah Pearlman, una de las inventoras del botón *Like* de Facebook, años más tarde reconoció que se había enganchado a Facebook porque había comenzado a basar su sentido de autoestima en la cantidad de "me gusta" que obtenía con cada interacción.[392]

Por su parte, Sean Parker, presidente fundador de Facebook, afirmó que las redes sociales *"cambian la relación de un individuo con la sociedad"* e interfieren con la productividad de formas extrañas. *"Solo Dios sabe lo que le está haciendo al cerebro de nuestros hijos"*, agregó en un seminario sobre el tema en Filadelfia. No por casualidad los dioses de Silicon Valley envían a sus hijos a escuelas casi sin tecnología, aparte de pizarras para escribir con tiza. El mismo Bill Gates no le permitió a sus hijo tener un teléfono celular hasta los 14 años.[393] Tim Cook, CEO de Apple, también reconoció que impone los mismo límites a su sobrino. *"Hay algunas cosas que no permitiré. No los quiero en una red social"*.[394]

Pero las redes sociales son una parte de una realidad mayor y anterior: la ideología de las-ganancias-sobre-todo. Los niños de abajo pertenecen a otra especie humana. Son productos. Son consumidores. Como los esclavos del siglo XIX, como los toros de lidia, no sienten dolor ni tienen sentimientos civilizados. McDonald's, por ejemplo, educa a los niños desde que dejan la teta des sus madres con la adoctrinación de "LA CAJITA FELIZ", más demagógico que cualquier político y tan adoctrinadora como cualquier religión.[cxlvii] Ninguna de estas adoctrinaciones se llama "abuso infantil", aunque las víctimas sean niños de cinco o diez años. Según el director de Fox Family Channel, hasta 2001 una de las subsidiarias de Freedom Channel (El Canal de la

---

[cxlvii] "La cajita feliz" fue una idea de la empresaria y filántropa chilena-guatemalteca Yolanda Fernández de Cofiño, graduada de la Universidad de las Hamburguesas, en Illinois. Con el único objetivo de crear líderes McDonald's, la Hamburger University tiene campus en varios continentes y es más exclusiva que Harvard University.

Libertad) y parte del conglomerado mediático del gigante Disney, *"cada vez más, las compañías se están dando cuenta de que si desarrollan una lealtad en los niños de hoy, ellos serán los adultos de mañana"*. Un especialista en mercadeo ya había observado: *"Si usted tiene hijos, le puedo asegurar que al volver a casa les preguntará qué quieren para comer, o qué les gustaría que les comprase. Los padres no quieren comprar nada que a sus hijos no les guste. No quieren escucharlos quejándose. No es algo eficiente"*.[395] Para ese momento (1997), los niños de entre cuatro y diez años eran responsables de un mercado de 24 mil millones de dólares (43 mil millones a valor de 2022), es decir, tres veces mayor que una década antes.

En 2016 el candidato Donald Trump no ganó la elección presidencial en Estados Unidos (mejor dicho, el voto del colegio electoral) porque la prensa hubiese hablado bien de él, sino porque habló *mucho* de él. Cantidad sobre calidad, como en la comida chatarra. La mayoría de los grandes medios, desde el New York Times hasta CNN no se cansaron de publicar noticias, análisis e informes sobre el ilimitado material para la indignación que le proporcionaba el candidato más ridículo de la historia, luego de James Polk en 1844. Los temas iban al corazón de los bajos instintos, propios de las redes sociales que usaba el candidato hasta medio dormido durante altas horas de la noche: racismo, sexismo, tribalismo, xenofobia y todo tipo de temas tóxicos y negativos, elementos constituyentes de nuestros reflejos ancestrales más profundos. Su oponente, Hillary Clinton, recibió coberturas más favorables de la gran prensa tradicional e, incluso, su campaña invirtió más dinero (768 millones) que su rival (398 millones). Sin embargo, como lo demostró la firma de análisis de datos de los medios MediaQuant, de julio de 2015 a octubre de 2016 la campaña presidencial de Donald Trump recibió 5,9 mil millones de dólares en atención gratis por parte de esta misma prensa, mientras que Clinton recibió apenas 2,8 mil millones.

El negocio del prejuicio: sexo, racismo y mucha cólera

EN ESTADOS UNIDOS, DIFERENTES GRUPOS de atletismo femenino (desde fútbol hasta el tenis) han luchado por una equiparación de salarios con sus colegas hombres desde los años 70s.[396] Según el imperio del mercado que rige no sólo la economía de los países sino sus formas de pensar y de sentir, la diferencia se justificaría por la ley de la oferta y la demanda. La misma ley que hasta no hace mucho justificaba que las mujeres pagasen más en seguro médico que los hombres porque requerían algunos cuidados particulares relacionados a su aparato reproductivo. En gran medida todavía es así.[397] Necesitan más servicios, que paguen más. Pero aceptar que las sociedades y la existencia humana se organicen completamente bajo las leyes del mercado es, por lo menos, cuestionable y arbitrario.

En 2022, las jugadoras de fútbol estadounidense lograron un sonado triunfo en una demanda por la igualdad salarial, por la cual se resolvió que recibirían 24 millones de dólares y un compromiso de la federación de fútbol para igualar los salarios de las selecciones nacionales masculina y femenina.[398] La base razonable de estas reivindicaciones ha sido calificada o descalificada como *feminista*. Ahora, como es bien sabido, el machismo como cultura y el patriarcado como sistema no dependen sólo de los hombres sino de las mujeres también. En este sentido, algunos grupos de atletas mujeres han logrado comercializar su fama mal pagada en los deportes con actividades en redes sociales, las cuales les proveyeron, en algunos casos, de millones de dólares de ingreso. ¿Cómo? Explotando su propia explotación y, de paso, perpetuando la tiranía del patriarcado. Un sistema siempre paga muy bien a sus defensores, y ningún defensor de la esclavitud más efectivo que unos pocos esclavos con privilegios. Las atletas que se hicieron millonarias en las redes sociales explotaron el principio ancestral y comercial de lo que un informe del *New York Times* subtituló, "*El sexo vende*".[399] Por un lado tenemos las justas reivindicaciones de igualdad y por el otro el triunfo de las reglas del mercado que favorece la cosificación sexual de las mujeres. Es el caso de Olivia Dunne, gimnasta del equipo femenino del estado de Luisiana, quien se encuentra en camino de alcanzar la cifra de dos millones de dólares a través de sus poses sensuales en sus cuentas de Instagram y TikTok. Los mismos casos de las gimnastas Sunisa Lee y Paige Bueckers o basquetbolistas como las mellizas Cavinder además de una decena de otros casos. La comercialización de la propia imagen se disparó cuando las leyes dejaron de limitar su uso a las universidades para las cuales compiten los atletas.

Por un lado, las leyes resuelven un problema de justicia individual y por el otro consolidan una ideología, la del mercado, y una cultura, la del machismo que cosifica a las mujeres jóvenes y confirma la comercialización de la existencia humana y la explotación del mercado de sus instintos ancestrales, en este caso el sexo del otro.

Internet en general y las redes sociales en particular basan su negocio en los bajos instintos humanos. El gran mercado sabe que tiene más para ganar de los bajos instintos (miedo, ira, sexo, venganza) que de los sentimientos elevados (amor, justicia, solidaridad). El mercado del miedo, por ejemplo, es uno de los más lucrativos. Miedo a un ataque exterior (musulmanes, inmigrantes pobres, marcianos), miedo a que nos roben la identidad, miedo a perder el trabajo, miedo a que gane el adversario en las elecciones presidenciales, miedo a una crisis económica, miedo a los de abajo, miedo a los virus en Internet, miedo a abrazar, miedo a mirar al otro a los ojos… Aunque la estabilidad es una de las condiciones de una sociedad desarrollada (la palabra *crédito* procede de *creo, creer* en el otro), la inestabilidad y la incertidumbre son motores del sistema capitalista. Si un trabajador no temiese perder su trabajo y, con él, en un efecto dominó, su seguro de salud, su casa y su familia, no trabajaría como un esclavo; no sería tan dócil y diría lo que realmente piensa de su jefe y del sistema. La industria del miedo domina gran parte del mercado y sus productos se clasifican todos como *seguros*: seguro de salud, seguro de accidente, seguro contra incendio, seguro de vida. Si no fuese por los ejércitos de programadores de virus digitales, las poderosas industrias de antivirus no serían tan poderosas. Si no fuese por el miedo al crimen y la inseguridad urbana, la policía y el aparato represivo del Estado no sería tan importante. Si no fuese por el miedo a los de abajo, los de arriba no consolidarían su vampirización de la clase media.

Todo personaje que triunfe en las redes sociales, sea un político, un periodista o un "*influencer*" debe tener algo o mucho de negativo; algo o mucho ridículo en su personalidad o en su personaje; algo que exaspere a todo el mundo alrededor y dentro de su esfera de influencia. El mecanismo psicológico del consumidor post capitalista no es muy sofisticado:

1. *El enunciado sin base racional, estadística o histórica produce la indignación del lector circunstancial.*

2. *Como una mosca que cae en una telaraña, el lector sensato reacciona tratando de rebatir el absurdo con varias respuestas que siguen a los contraargumentos, cuando no insultos.*

3. *Los seguidores del personaje ridículo lo admiran por su capacidad de poner furiosos a sus adversarios, que son los adversarios dialécticos de sus seguidores. El troll, real o involuntario, se convierte en su propio personaje alentado por las reacciones recibidas.*

4. Como lo definiera el mismo Joseph Goebbels, "*la propaganda debe reconducir la agresión especificando los objetivos del odio*".[400]

De esta forma, lo que para los mismos personajes ridículos eran afirmaciones no meditadas, se convierten en signos y prueba de éxito: la burla efectiva de un ser superior. Esto explica por qué gente medianamente inteligente admira o, por lo menos, consume la ilimitada producción de gente con problemas psicológicos, como Nikocado Avocado, gente con serios problemas intelectuales, *influencers* de Youtube y TikTok, o personajes llanamente tóxicos y sin contenido, como frecuentemente inexplicables políticos populares. Así, las moscas, que poseen la capacidad de volar y de ver con miles de ojos, terminan en el excremento o en la telaraña, donde son chupadas lentamente por la tejedora de ocho patas.

En 2014, un estudio realizado por profesores de la Universidad de Beihang de Pequín sobre 200.000 usuarios de la plataforma Weibo (similar a Twitter, con más de 500 millones de usuarios), concluyó que los mensajes que contenían rabia viajaban más rápido, llegaban más lejos y tenían una influencia mucho mayor que otras emociones como la alegría.[401] En 2015, otro equipo de científicos, con la autorización de Facebook, manipuló durante una semana las noticias a la que 700.000 usuarios eran expuestos. A un grupo de usuarios se los expuso a noticias negativas y al otro a noticias positivas. No es necesario ser un genio para predecir el resultado. El primer grupo mostró mayores alteraciones en su humor. Sólo esta simple comprobación puede hacer sonar las alarmas de psicólogos y educadores, pero también hace frotar las manos de quienes entienden que el interés y los beneficios personales son el interés y los beneficios del resto de la sociedad.

La indignación no es mala, todo lo contrario, pero cuando es un instrumento de manipulación del poder (en este caso, del poder de los negocios) entonces no solo es mala sino perversa e inmoral.

No es una ironía sino una consecuencia entendible, el hecho de que múltiples estudios indican que existen vínculos entre el uso excesivo de las redes sociales y la depresión, la soledad y una serie de otros problemas psicológicos. En Gran Bretaña, por ejemplo, los adolescentes pasan un promedio de 18 horas a la semana en sus teléfonos, en gran parte usando las redes sociales. Otro estudio relacionan el uso de las redes sociales durante un período de cuatro años con un aumento de la depresión entre los jóvenes de secundaria y preparatoria.[402] Otros estudios encuentran que la limitación a solo 30 minutos de redes sociales en los adolescentes muestran una mejoría en el nivel de soledad y depresión alcanzado luego de varias semanas.[403]

En noviembre de 2017, el creador de Napster, primer inversionista y presidente fundador de Facebook, Sean Parker, dijo que su red social masiva se aprovechaba de *"una vulnerabilidad de la psicología humana para atraer y retener la atención de los usuarios"*. El objetivo es *"cómo consumimos la mayor cantidad posible del tiempo del usuario capturando su atención"*, lo cual *"significa que debemos proveerle de un poco de dopamina cada tanto, sea porque a alguien le gustó o hizo un comentario de una de sus fotos, de una de sus publicaciones o lo que sea"*.[404] Esta dopamina artificial, como la cocaína y como cualquier otra droga inevitablemente conduce a la depresión y la dependencia. La cual no es una predicción ni una conjetura sino un dato relevado por diferentes estudios sobre los efectos de las redes sociales. Parker, como todos los billonarios con algún cargo de conciencia, es un conocido filántropo.

Jean Twenge, profesora de psicología en la Universidad Estatal de San Diego, en 2021 afirmó que *"la evidencia que muestra un claro vínculo entre el uso de las redes sociales y la depresión es bastante definitiva en este momento. Los estudios más abarcativos y mejor realizados que tenemos, muestran que los adolescentes que pasan más tiempo en las redes sociales tienen más probabilidades de estar deprimidos o infelices".*[405] Cuando en marzo de ese mismo año la representante demócrata de Florida, Kathy Castor, en la interpelación del Congreso al dueño de Facebook, Mark Zuckerberg le preguntó, si estaba familiarizado con un estudio de 2019 que encontró que el riesgo de depresión en los niños aumenta con cada hora diaria que pasan en las redes sociales, Zuckerberg simplemente respondió que no.

A pesar de las dimensiones psicológicas y hasta ancestrales que podemos rastrear de las conductas sociales y post sociales, existen notables diferencias culturales. No es un secreto académico, por ejemplo, que regiones como las Américas son las más desiguales del mundo, no por casualidad, las más violentas del mundo. En regiones con densidades de poblaciones varias veces mayores, como en Asia, a contramano de las percepciones, miedos y estereotipos occidentales, la criminalidad es relativamente muy baja. Aparte de las obscenas diferencias sociales del continente americano y, sobre todo latinoamericano, existen diferencias culturales—para no entrar en la discusión sobre del banco genético e histórico que lo compone, según las oleadas de conquistadores e inmigrantes que lo poblaron.

Pero ha sido este mundo, sobre todo los valores del Estados Unidos anglosajón, el que, desde mediados del siglo XIX, ha exportado y diseminado su propia cultura como la forma de hacer correctamente las cosas, como la forma de juzgar la belleza, el bien y la justicia.

Un estudio en Canadá realizado en 40 millones de tweets (no se consideraron los bots) encontró que los canadienses tienden a escribir más palabras positivas que los estadounidenses. Los tweets canadienses abundaron en palabras como "genial", "increíble", "impresionante" y "gracias", mientras que los estadounidenses prefirieron expresiones como "odio", "extraño", "aburrido", "cansado". Una hipótesis que lo acompaña propone que las palabras no reflejan el estado de ánimo sino la forma en que uno decide hablar.[406] Una hipótesis al margen de los datos concretos. *"En Estados Unidos, por ejemplo, la mayoría de las personas afirman que les gusta sentirse emocionadas, felices y positivas. Sin embargo, investigaciones han encontrado que los usuarios de las redes sociales de ese país son más influenciables por publicaciones que expresan ira, rabia y otras emociones negativas".*[407] Ni la filosofía del Ubuntu ni la búsqueda del equilibrio o de la paz del Nirvana están en el corazón de la ansiedad anglosajona. No por casualidad sus tribus saltaron de sus islas y de sus minúsculos feudos para someter el mundo a fuerza de fanatismo y cañón que llamaron libertad y democracia.

No sólo los negocios y la cultura del consumo están compuestos de una dosis de ideas racionales y nueve de puras emociones (miedos y deseos), sino la política también. Mejor dicho, la política electoral, ya que la gran política es parte del negocio de quienes están en el poder de los grandes negocios, la cual se nutre de inversiones (donaciones) y retornos concretos (leyes escritas por los mismos donantes) y rara vez están en disputa por una simple elección nacional.[cxlviii]

En lo que se refiere a la naturaleza de las redes sociales, la emoción de la "política electoral" y de la batalla dialéctica es el único factor capaz de convertir algo, lo que sea, en un fenómeno viral. El fenómeno viral es provocado y produce la fiebre dialéctica y sus consecuencias: la ira, la reacción, el odio y otros hilos pegajosos donde las moscas se enredan más y más a la espera de su salvador.

Trolls—aficionados, profesionales y mercenarios

EN 1987, CON 19 AÑOS, debí mudarme a la capital de Uruguay, Montevideo, para poder continuar lo que entonces se llamaba "Orientación científica" la que, a su vez, derivaba en ingeniería o arquitectura. Como cualquier tímido pueblerino (en mi caso, patológicamente tímido) llegado a la gran capital, fui conociendo gente interesante y otras que, por suerte, se han perdido de mi horizonte.

Uno de ellos era un estudiante (voy a llamarlo Martin, para no incomodarlo ahora que es un respetable padre de familia y exitoso hombre de negocios) que vivía en el barrio más rico de la gran ciudad y disfrutaba contando sus aventuras. Solía entrar a alguno de los cafés de intelectuales que ya no existen, escuchar por un rato una conversación de esa horrible gente corrompida por los libros y, en cierto momento, los interrumpía con un argumento absurdo. Martin disfrutaba demostrándose a sí mismo lo listo que era incendiando lo que él llamaba "Nido de zurdos fracasados". En Estados Unidos me tomó años comprender completamente el sentido de la palabra *loser*

[cxlviii] Aunque no es una idea nueva, en 2018 el USAToday y el Center for Public Integrity, publicaron una interesante serie de datos que demuestran la práctica de las grandes corporaciones que escriben las leyes que los legisladores proponen y aprueban. Uno de esos informes se titula, por ejemplo *"Copy, paste, legislate. How Laws Are Written by Corporations and Interest Groups, Explained Visually"*, abril 2019.

(perdedor) como insulto. ¿Sócrates, Jesús, Artigas, Bolívar, Guevara no fueron perdedores? Fueron perdedores, pero no fracasados. A pesar de que no tenía mucha idea de qué iba cada discusión, Martin tenía la habilidad de desarmarlas como una mosca inyecta sus huevos en un animal herido. Lo que más me llamaba la atención era que ni él creía lo que afirmaba. Sólo le importaba interrumpir la discusión, inocularla con clichés y provocar la ira de sus adversarios mejor informados hasta reducir la discusión a escombros o a la mitad de sus participantes.

Cuando la gran crisis del neoliberalismo llegó en 2002, los profesionales pobres nos fuimos del país. Irónicamente, aquellos que, por ser hijos de obreros no hablábamos inglés, terminamos trabajando en Europa o en otros países anglosajones. En mi caso, dando clases en inglés. Martin, quien hablaba inglés como si fuese nativo, porque había recibido educación privada y bilingüe desde la infancia, se quedó en la comodidad de su Red de influencia criolla.

En Estados Unidos entendí el significado de la palabra "perdedor" como insulto. Entendí, también, cuando en la película argentina *La historia oficial*, el protagonista militar, en un almuerzo familiar de domingo, llama *perdedor* a su padre y a su hermano disidente. Pero también entendí el significado de la adicción de Martin, el niño de la clase alta de Uruguay. Martin era un *troll* mucho antes de la popularización de Internet. Esa palabra ni siquiera existía en el mundo de los mortales, excepto entre los marines estadounidenses que bombardearon Vietnam dos décadas antes. Como todo, o casi todo, la novedad había sido inventada mucho antes por la potencia hegemónica, algo que aprendí estudiando los documentos desclasificados de la CIA., por ejemplo. Hasta los caceroleos y la frase "teorías conspiratorias" fueron introducidas en América Latina por los agentes de la CIA, con una intención razonada y calculada. Cálculo que no siempre les salió del todo bien, porque los caceroleos fueron adoptados por la izquierda disidente, esos grupos que querían demonizar, y la frase "teoría conspiratoria" se diversificó más allá de sus objetivos. Lo cual veremos en otro capítulo.

Los aviones McDonnell Douglas F-4 Phantom solían darse una vuelta por las villas de Vietnam del norte (*"trolling for MiGs"*) hasta que algún piloto vietnamita y sin experiencia decidiera salir al ruedo para defender la villa. En ese momento, la aviación más moderna y poderosa de Estados Unidos localizaba su objetivo y descargaba su diarrea militar sobre villas pobladas de inhumanos.

Esta vieja estrategia se ha institucionalizado en Internet y en las Redes sociales. Excepto los medios, los objetivos no han cambiado mucho. Una de las fábricas de bots y troles más conocidas en el mundo occidental no tiene nada que ver con la CIA o con la NSA sino, naturalmente, con Rusia: La fábrica Ólguino o Los Troles de Ólguino. El equivalente ruso de Twitter, VK o Vkontakte, es una red social propiedad de privados rusos e israelíes, prohibido en Ucrania en 2017. Según uno de los estudios académicos sobre las fábricas de troles y propaganda computacional elaborados por Mariia Zhdanova y Darya Orlava, *"dos tercios de los canales de televisión en Ucrania están en manos de oligarcas"*.[408] VK es igualmente permisivo con la creación de bots, pero la diferencia es de escala: el alcance de usuarios activos por mes de VK es de 80 millones y el de Twitter alcanza los 450 millones. En Facebook, los bots son más difíciles de crear y por eso son más caros, pero Twitter continúa siendo la plataforma política por excelencia.

Como Martin, no es difícil ser un troll o comprar miles de bots. Como Martin, sólo hay que tener tiempo libre o suficiente dinero para ganarle a la competencia.

Bots: racismo, clasismo y lucha de clases

EN 1997, TRABAJANDO EN MOZAMBIQUE como arquitecto recién egresado, visité junto con el alemán Reinhard Klingler (cooperante de una ONG llamada UFUNDA) las aldeas Cabo Delgado, de Mueda y Montepuez. En una de ellas, nos reunimos con los jefes del poblado para proponerles el plan que, según Reinhard, iba a ser financiado por un grupo de cooperación de la Unión Europea. A mí se me había encargado la tarea de aportar las soluciones edilicias de las escuelas de oficios según los recursos materiales y la mano de obra disponible en el área. Un atardecer, finalizada una de esas reuniones en un solemne patio de tierra colorada recién barrida, los jefes de la aldea se me aproximaron y me dijeron, en un portugués lleno de palabras makuas (cito de memoria y sin pretensiones de literalidad): *"Estamos muy de acuerdo con todas sus propuestas... Pero queremos que el jefe encargado del proyecto sea un hombre blanco (ncunña o kunha)"*. Tal vez notaron mi cara de sorpresa o debí responderles con alguna pregunta. *"Sim, ncuña.., branco"*. Lo que recuerdo, sin lugar a duda, fue la explicación que me dieron: *"Es que los blancos son menos corruptos que los negros"*. No recuerdo si les contesté o la respuesta fue solo una de las miles de notas que tomé para mi libro *Crítica de la pasión pura* que luego no incluí cuando en 1998 pude publicarlo en Montevideo: *"Me temo que los amos blancos ya los han corrompido a ustedes haciéndoles repetir sus propias ideas y sus propios intereses, no el de ustedes"*. Como escribió alguna vez el gran Frantz Fanon, el colonizado es un *humain déshumanisé*.[409] O, más claro aún en su libro anterior, *Peau noire, masques blancs* (1952), "*le Blanc obéit à un complexe d'autorité, à un complexe de chef, cependant que le Malgache obéit à un complexe de dépendance*".[410]

Esa función que el colonizado, el deshumanizado cumplió por siglos, ahora es complementada por otro tipo de seres deshumanizados: los bots, los robots con inteligencia artificial. Es decir, en el fondo es lo mismo pero simplificado por la alta tecnología.

Por mucho tiempo, los expertos entendieron que una de las características de los bots eran que (1) no producían contenido y (2) eran monotemáticos. Está bien. Podemos ver que el primer punto es consistente con la misma etimología de la palabra *bot*, la que deriva de *robot* y, a su vez, deriva del checo *esclavo*. Por su parte, la etimología de esclavo deriva de *eslavo*, pero si saltamos a la etimología de *adicto* veremos que en la antigüedad se refería a *esclavo*, en el sentido de que los romanos entendían estos como aquel individuo que no piensa por sí mismo, sino que es adicto, es decir, *dice* por otro, dice lo que otro quiere que diga. Un robot, un bot, un esclavo.

El segundo punto se refiere a que los bots de las redes sociales, por lo general, tienen un objetivo político, es decir, de poder. Repite como un adicto, como un esclavo, en beneficio de su amo. No tiene intereses diversos, como un humano anterior a las redes, es decir, no habla de fútbol y de Hegel sino de su único tema. Es monotemático. El problema es que también es posible, y muy posible, encontrar humanos que encajan en este perfil es bots, de adictos, de esclavos. Hace por lo menos quince años, reflexionábamos sobre la nueva naturaleza material y psicológica en la que estábamos ingresando y, en algunos artículos, mencionamos algo que luego recogimos en el libro *Cyborgs* de 2012: "*Mientras las universidades logran robots que se parecen cada vez más a los seres humanos, no sólo por su inteligencia probada sino ahora también por sus habilidades de expresar y recibir emociones, los hábitos consumistas nos están haciendo cada vez más similares a los robots*".[411]

Actualmente, los más modestos *bots* de las redes sociales ya son capaces de expresarse con tartamudeos y tics, al tiempo que los humanos intentamos eliminarlos de nuestra naturaleza. El por entonces candidato a la presidencia Donald Trump, en los primeros tres meses de su campaña de 2016 llegó a citar 150 de sus propios bots como si fuesen humanos y humanos con algo importante que decir. A su vez, estas citas fueron reproducidas por otros humanos y por otros bots.[412] Práctica que continuó luego de convertirse en presidente.

Para el año 2015, un tercio de los tweets y hasta la mitad del tráfico en Internet ya era generado por bots.[413] En muchos casos, los bots han sido humanizados con todos los defectos y costumbres de los humanos, como mantener de forma consistente otras cuentas en diferentes redes sociales con ideas y tics similares; o tomarse un tiempo prudente para responder a un tema urgente. En 2014, un bot logró pasar por primera vez el Test de Turing (diseñado en 1950 por el genio de la computación Alan Turing) haciéndole creer a los jueces, en una entrevista de cinco minutos, que se trataba de un verdadero ser humano. Debido a esta habilidad de sustituir humanos con la sensibilidad de lo real, como cuando alguien habla nuestro propio lenguaje y se expresa como nuestros propios amigos, estos bots has sido capaces de alentar levantamientos sociales y, sobre todo, de desarticular protestas reales de gente real con problemas reales.

Los CEOs de las mega plataformas sociales como Twitter y Facebook se excusan ante la proliferación de contenido racista afirmando que "no somos los árbitros de la verdad".[cxlix] Algo que sería maravillosamente correcto de no ser porque es sólo una ilusión conveniente. Actualmente, la sensibilidad ante el racismo en Estados Unidos ha desplazado otra realidades como el clasismo o la explotación de seres humanos a larga distancia en beneficio de la micro elite empresarial. Las plataformas arbitran no sólo posiciones políticas, como quien tiene razón en el conflicto Rusia-OTAN, o Trump-Biden, sino que toda su existencia e ingeniería psicología se basa en la ideología del consumo y los beneficios de la "libre competencia", uno de los mitos más obscenos de nuestro tiempo, si es que hay otro más obsceno.

No por casualidad, la juventud rebelde, revolucionaria y de izquierda en los siglos XIX y XX era una juventud ilustrada en los libros mientras que en la actualidad la juventud reaccionaria, conservadora y de derecha ha sido educada en las redes sociales. No por casualidad, la propagación de *fake news* de estas "redes neutrales" ha proliferado en temas clásicos de la extrema derecha, como la religión, la tribu y el racismo.

Luego de las más recientes invasiones y de las guerras post coloniales de la potencias occidentales en África y Medio Oriente (Afganistán, Irak, Libia, Siria, Yemen) ocurrió el mismo fenómeno que con las guerras de Washington en su Patio trasero de América Latina: miles comenzaron a huir del caos del Sur global hacia el único lugar donde se podía encontrar trabajo remunerado, el Norte civilizado, y no fueron bien recibidos. Las fronteras de Estados Unidos y de Europa se cerraron para "proteger nuestra cultura", para "proteger la ley y el orden", para "proteger nuestras fronteras", derechos que

---

[cxlix] Los cuestionamientos más sólidos han sido no sólo sobre tendencias políticas sino sobre la propagación de noticias falsas o de contenido racista de grupos nazis y supremacistas blancos. Solo se menciona un crimen actual, un consenso que oculta o niega muchos otros crímenes, como el mismo racismo internacional del neocolonialismo, o el profundo racimo de la doble moral sobre los refugiados, o crímenes que no alcanzaron categoría de indiscutibles como el abuso económico de unos países sobre otros o el secuestro de las democracias por parte de los billonarios.

nunca se respetaron cuando se trató de las fronteras, de las cultura y de las leyes y el orden de los otros, los salvajes.

Debido al envejecimiento de la población en Alemania y a cierta sensatez de la canciller Angela Merkel, se permitió el ingreso de varios miles de refugiados sirios. Pero como en el resto de Europa, los inmigrantes fueron resistidos como invasores. Como esta narrativa no resultó suficiente, se recurrió a otro clásico del género, ejercido con extrema habilidad demagógica por el expresidente Donald Trump y por la mayoría de los políticos de su partido: "los inmigrantes negros y pobres vienen a violar nuestras mujeres". Este discurso recurrente de la imaginación pornográfica del siglo XIX (la feminista y educadora Rebecca Latimer Felton recomendaba mil latigazos para evitar que los negros libres violaran a las muchachitas rubias, pese a que las violaciones más frecuentes eran de los blancos a las jóvenes negras). Para cuando Rebecca Felton fue elegida primera senadora mujer de la historia de este país en 1922, también una parte de los científicos europeos y estadounidenses (contrario a lo que afirmaron en diversos ensayos latinoamericanos como el cubano José Martí o el peruano González Prada) estaban convencidos de la superioridad de unas razas sobre otras, según su propia idea de superioridad. En 1923, el especialista Carl Brigman en su *Study of American Intelligence* escribió: "*la superioridad de nuestra población nórdica sobre otros grupos como los alpinos, los europeos mediterráneos y los negros es algo que ha sido demostrado*".[414] El mismo autor se arrepentirá de esta conclusión site años más tarde considerando que no estaba bien fundada en los datos disponibles, pero la cultura popular y los poderes que forman y manipulan sus debilidades ya se habían movido como un tsunami hacia otro lado. Los años 30 fueron el apogeo del nazismo en Europa y, en Estados Unidos, el odio contra los negros y la expulsión de ciudadanos estadounidenses con cara de mexicanos alcanzó niveles históricos. El poder de estas teorías no terminaron con la derrota de Hitler; continuaron en la práctica con experimentos médicos entre los negros de Estados Unidos y los pobres de Guatemala; continuaron con las guerras imperialistas y las esterilizaciones masivas de razas inferiores, como en Puerto Rico en los años 70 y en Perú en los 90.[cl]

[cl] Más allá del viejo Patio trasero, desde 1971 a 1977 y con un presupuesto de cinco millones de dólares (más de 30 millones a valor de 2020), el Programa de Educación Internacional en Ginecología y Obstetricia entrenó 500 médicos en 60 países, entre ellos el Chile de Pinochet y el Irán del Shah. El 21 de abril de 1977, el director del Federal Government's Office of Population, el doctor R. T. Ravenholt informó que el objetivo de Washington era esterilizar 570 millones de mujeres pobres, un cuarto de todas las mujeres fértiles del mundo. (*La frontera salvaje. 200 años de fanatismo anglosajón en América Latina*, 2021, p. 502.)

En la Europa del siglo XXI se difundió repetidas veces el rumor falso y centenario de que los inmigrantes de piel oscura estaban matando a los hombres y violando a las pobres e indefensas europeas blancas. Estos rumores nunca fueron confirmados por las estadísticas, pero ese es un detalle desechable por la masa enardecida.

Otro ejercicio de rumor falso, apetecido por el millonario mercado del odio germinado en el miedo, asoló las víctimas de múltiples masacres ocurridas en Estados Unidos en las dos últimas décadas. Diversas plataformas habitadas por moscas anónimas circularon la versión de que estas masacres habían sido montajes, a pesar de que tanto los familiares como las tumbas de las mismas víctimas estaban allí para verificar su existencia. No por casualidad, los grupos que se encargaron de viralizar estas teorías conspiratorias eran de extrema derecha, de derecha o, simplemente partidarios de la derecha política, amante de las armas.

Luego de todo el antecedente humano, no es mera casualidad el hecho de que hasta los bots sean racistas. A principios de 2016 Microsoft lanzó su bot estrella, una chica inexistente con el bagaje lingüístico de una humana de 19 años que, dotada de inteligencia artificial podía interactuar con humanos reales en Twitter y en chats telefónicos como GroupMe. Los chats con Tay (*Thinking About You*) eran tan realistas que hasta errores de puntuación incluían.[415] De esta interacción en "el mundo real", Tay aprendió a ser Tay. A poco de estas enriquecedoras tertulias (como en el siglo pasado una joven aprendía de las conversaciones de los café de intelectuales en París o Montevideo) Tay se convirtió en una asquerosa racista. Hasta el punto de que la empresa Microsoft, seguramente no tanto por razones morales sino económicas, decidió extenderle un certificado defunción 16 horas después de su nacimiento. Una vida corta, sin dudas, pero suficiente para escribir casi cien mil mensajes de tweets.

Otros experimentos mejorados (como Zo, más políticamente correctos) duraron más y fracasaron igual por razones similares. Mega plataformas como Facebook han intentado limpiar todo este racismo y sexismo ambiental que sirve de alimento a las futuras IA. Sin embargo, la técnica de censurar páginas y textos por incluir expresiones racistas se parece mucho a la actual cancel culture que se originó en Estados Unido y ya casi ha abarcado otros continentes. De la misma forma que en diversas instituciones de educación varios maestros y hasta profesores han perdido sus trabajos por mencionar la palabra "negro" cuando pretendían denunciar el racismo en algún texto, documento u obra de ficción, así los bots censuraron textos que denunciaban el racismo contra indios o negros por incluir frases que el bot malinterpretaba en su contexto general.[416]

El mismo problema con la tecnología "biometric" o de reconocimiento facial, según la cual los rostros de gente no blanca tenían más posibilidades de ser reconocidas como sospechosas. [417] O simplemente no las reconocen como rostros humanos. Esta observación no es nueva. En términos económicos pertenecen a la prehistoria de las técnicas de reconocimiento facial, denunciadas por lo menos desde el año en 2009.[418] Si nos remontásemos a la tecnología de la fotografía desde el siglo XIX, la historia no es muy diferente. Según el historiador del cine Richard Dyer, cuando los primeros fotógrafos recurrieron al retrato en la década de 1840, "experimentaron con la química del material fotográfico, el tamaño de la apertura, la duración del revelado y la luz artificial, procedieron bajo la suposición de que lo que había que hacer bien era el aspecto de la cara blanca".[419]

Tecnología sexista

AL RACISMO DE LAS NUEVAS TECNOLOGÍAS, desde los influyentes *bots* hasta la Inteligencia Artificial aún en su infancia, hay que agregar todo tipo de otras desgracias humanas que la misma humanidad ha ido reduciendo en cierta medida, no sin grandes derrotas. Como por ejemplo el sexismo. Para eso bastaría con recordar que la abrumadora mayoría de androides asistentes se representan como mujeres. Desde las voces preferidas de los GPS, hasta las más dominantes *Alexa* de Amazon o *Siri* de Apple reproducen y potencian el rol de las mujeres como secretarias y domésticas.

Los bots y los perfiles falsos preferidos (por su capacidad de arrastrar seguidores) son los de mujeres atractivas según el estándar representado por las modelos. Al mismo tiempo, se observó que en la Ucrania anterior al golpe de Estado de la CIA en 2014 las madres jóvenes necesitadas de hacer dinero mientras cuidaban a sus hijos eran el segmento de población más activo en esta actividad de perfiles falsos y de comentarios a favor o en contra de productos en el mercado. Durante la campaña parlamentaria de 2012, estos bots humanos solían producir un promedio de 200 comentarios por día a razón de cien dólares a la semana.[420]

Claramente, los cavernícolas que antecedieron a la inteligencia artificial, sean mercenarios humanos o bots baratos, poco sofisticados y generados a escala industrial, bastaban y sobraban para manipular a millones de personas. Unos años después, la inteligencia artificial disparó un miedo reprimido y una evidencia no reconocida: no se necesitan robots inteligentes para dominar la inteligencia humana, siempre orgullosa de sí misma y muy fácil de manipular por los poderes de turno.

Los carteles de la comunicación

LA SEGUNDA GUERRA MUNDIAL FUE A ESTADOS UNIDOS como el descubrimiento de América fue para la decadente España. Gracias a ambos acontecimientos inesperados, ambos países se convirtieron en los principales imperios del mundo. En el caso de Estados Unidos, el cuatro veces presidente de Estados Unidos, Franklin D. Roosevelt contribuyó a esta salvación de la destrucción. Sus políticas sociales y económicas fueron calificadas de socialistas por la oposición y, sin dudas, fueron mucho más radicales que las de cualquier presidente o revolucionario latinoamericano, aquellos que intentaron algo semejante y fueron removidos de sus gobiernos por las corporaciones privadas estadounidenses con la siempre a mano ayuda del poder secreto e intimidatorio de Washington. Roosevelt, como lo había hecho el presidente Rutherford B. Hayes medio siglo antes, calificaba el poder de las grandes corporaciones como fuerzas antidemocráticas por naturaleza. En mayo de 2009, el senador Richard Durbin resumió la influencia de la "industria de servicios financieros" sobre los legisladores en Washington: *"Los bancos (y es difícil de creer, en un momento en que enfrentamos una crisis bancaria que ellos crearon) siguen siendo el lobby más poderoso en Capitol Hill y, francamente, son dueños del Congreso"*.[421]

Los capitalistas son como los vendedores de pirotecnia. Toman la pólvora, un invento ajeno, ponen a otros a fabricar pirotecnia y le ponen su nombre al producto final, el que promocionan en los medios. Algunos se hacen ricos vendiendo espectáculo y diversión instantánea sabiendo que si algo sale mal los bomberos de la municipalidad resolverán el problema sin cargo, que para eso la gente le paga impuestos al maldito Estado.

Pero la reacción contra la Era Roosevelt fue no sólo el nazismo de los magnates de los medios estadounidenses, como el de su examigo William Randolph Hearst, no sólo la paranoia anticomunista de McCarty, sino, y sobre todo, la reacción neoliberal de Friedrich Hayek y Milton Friedman. El dogma neoliberal, junto con sus alegorías como la Teoría del Derrame, aceleraron el proceso de concentración del capital, del poder financiero y de *la riqueza de las naciones*. Este proceso de concentración no podía excluir a los medios, como el Sacro Imperio romano no podía excluir a la Iglesia católica. Los medios dominantes son el brazo fundamental en la creación de opinión, sobre todo en las democracias liberales. En 1999, el experto en medios, Robert McChesney, definió el proceso de concentración de los conglomerados mediáticos como *carteles*. *"El dominio de un mercado extremadamente lucrativo por los carteles proveedores de internet (ISP) como Comcast, Verizon y AT&T (parásitos económicos ofreciendo que ofrecen servicios pésimos de*

Internet y telefonía celular a precios ridículos) es una prueba incuestionable de su poder de lobby".[422]

Pongamos un solo ejemplo de muestra. El 10 de octubre de 1990, una joven iraquí de 15 años llamada Nayirah dio un testimonio en las Naciones Unidas sobre las acciones de los iraquíes, quienes, afirmó, sacaban a los niños de sus incubadoras para dejarlos morir en el piso de los hospitales. Este desgarrador testimonio fue citado y usado por el presidente de George H. Bush y los políticos que promovieron la Primera Guerra del Golfo para "liberar Kuwait". Incluso fue confirmado por Amnistía Internacional antes de que la misma ONG se corrigiese. Dos años más tarde, cuando la historia ya se había escrito, se supo que Nayirah era la hija del embajador de Kuwait en Estados Unidos y que su testimonio fue inventado y organizado por la empresa publicitaria Hill & Knowlton, propietaria de múltiples sucursales en diferentes países, desde Argentina hasta Hong Kong y protagonista de múltiples campañas de creación de Opinión Pública en favor de industrias cancerígenas como la del tabaco o responsables de la destrucción del medio ambiente como Monsanto, las grandes petroleras o las nuevas técnicas extractivistas como el *fracking*.

Al mismo tiempo que los medios, en su abrumadora mayoría en manos de conglomerados privados promovían la invasión de la Irak en 2003 con nuevas falsedades y luego, cuando esas falsedades fueron reconocidas por sus propios promotores, la coalición corporaciones-gobierno-medios se encargó de justificar el crimen de lesa humanidad sobre otros nobles principios y valores humanitarios. Nadie, ni en el gobierno ni en los medios de comunicación ni en la industria del lobby fue llevado ante ningún tribunal por mentir descaradamente y conducir al mundo a una tragedia descomunal. Nadie. Ni siquiera pagaron sus crímenes con la condena popular y ruina económica de sus imperios narrativos.

Para hacer el trabajo más fácil y más impune, mucho antes de la Invasión a Irak los lobbies en Washington presionaron por nuevas leyes para radicalizar la desregulación del mercado de la información. La FCC (Federal Communications Commission) se puso al hombro este objetivo, el que, por entonces, no se llegó a concretar gracias a tres millones de firmas y a la resistencia organizada de los de abajo—que a veces funciona y funcionaría aún mejor si los de abajo no fuesen desmoralizados y desmovilizados cada día por esos mismos medios.

Naturalmente, la fuerza de la propaganda posee incontables tentáculos y no se restringe sólo a los grandes medios narrativos. La narrativa también procede de las instituciones antidemocráticas que dominan la política internacional y moldean (al menos en una medida suficiente) la conciencia de los pueblos. La fuerza de la propaganda (es decir, la creación de una realidad a través de una narrativa) se reveló una vez más en la cumbre sobre el cambio climático de 2022, el COP27 en Egipto. Coca-Cola (la iniciadora de la contaminación de las botellas de plástico en los años 70) fue espónsor el oficial de la cumbre, mientras que Hill & Knowlton fue nombrada firma oficial de Relaciones Públicas del evento.

Plataformas mercenarias

EN ESTADOS UNIDOS EXISTE un viejo chiste de políticos: "¿Cómo sabes cuando un político no está mintiendo? Pues, cuando no mueve los labios". Este sarcasmo popular nunca evitó que los políticos le mintiesen al pueblo ni que el pueblo se desmarcara de las trágicas mentiras que apoyó patrióticamente, como guerras genocidas que, invariablemente fueron calificadas como "defensa propia" o "defensa de la libertad ajena".

Este no es un escepticismo radical. No llega a tan buen nivel. Es un escepticismo injusto por ser indiscriminado. Así se pone a honestos y a mentirosos en una misma bolsa y se crea una desmoralización popular que termina siempre en ganancia de los poderosos que pueden mentir mejor porque tienen los instrumentos principales de manipulación política, es decir, los grandes medios. Pero en todo momento hubo políticos y periodistas que, sin otra opción que participar desde dentro de un sistema, tuvieron la honestidad y la valentía de ir contra sus propios intereses y decir lo que pensaban que era la verdad.

En 1889, el ex presidente de Estados Unidos, Rutherford Hayes (conocido por sus adversarios esclavistas del sur, quienes que no aceptaron la legitimidad de su triunfo electoral, como *Rutherfraud*, Ruther-fraude), escribió en su diario: "*El problema radica en la gran riqueza y en el poder en manos de unos pocos inescrupulosos que controlan los capitales. En el Congreso nacional y en las legislaturas estatales se aprueban cientos de leyes dictadas por el interés de estos hombres y en contra de los intereses de los trabajadores... Este no es el gobierno del pueblo, por el pueblo y para el pueblo. Es un gobierno de las corporaciones, por las corporaciones y para las corporaciones*".[423]

Un año después, el senador John Sherman logró que el Congreso aprobase su proyecto del ley (conocido hasta hoy como "Sherman Antitrust Act") por el cual se prohibía la competencia desleal por parte de las grandes corporaciones (lo que, entre otras prácticas, tanto en Estados Unidos como en otras partes del mundo se llamaría "dumping", "venta a perdida" o "monopolio inocente"). El mismo mentor de Milton Friedman en la Universidad de

Chicago, el profesor Henry C. Simons, por entonces uno de los campeones del *laissez-faire* (dejar hacer) fue bastante claro sobre los peligros de que una empresa acumule tanto poder que pueda incidir en un gobierno.[cli] Es más, el teórico de la derecha estadounidense reconoció que para proteger la democracia era necesario socializar (a través de los gobiernos) los servicios como la electricidad y las infraestructuras como los caminos, los rieles y los puentes.[424] [clii] El 29 de abril de 1938, en un discurso ante el congreso, el "presidente socialista", Franklin D. Roosevelt lo dijo de forma explícita: *"La primera verdad es que la libertad de una democracia no estará nunca a salvo si el pueblo tolera el crecimiento del poder privado hasta el punto en que se vuelva más fuerte que su propio estado democrático. Eso, en esencia, es fascismo: propiedad del gobierno por parte de un individuo, de un grupo o de cualquier otro poder privado con la capacidad de influir y controlar. La segunda verdad es que la libertad de una democracia no está a salvo si su sistema empresarial no proporciona empleo, produce y distribuye bienes de tal manera que mantenga un nivel de vida aceptable para sus trabajadores"*.[425]

Está de más decir que esta tradición del pensamiento político estadounidense surgida a finales del siglo XIX y principios del XX, junto con los movimientos progresistas y anti imperialistas apoyados por activistas como el escritor más importante de su generación, Mark Twain; por el padre de la psicología estadounidense William James; por el antiesclavista George Boutwell y hasta por un millonario como Andrew Carnegie, fueron reemplazados unas décadas después (y, sobre todo, un siglo después con el *reaganomics*) con lo que ahora se considera "la *verdadera* tradición estadounidense".

En un principio, la aparente anarquía de Internet y de las redes sociales se parece más a los anarquistas del siglo XIX y a los socialistas del siglo XX que a las sociedades estamentales, monárquicas, feudales, verticales y fascistas de todo tipo. Sin embargo, lo que parece una relación libre y horizontal de individuos capaces de decidir sobre su propio destino sin la dictadura de un rey, de una iglesia y de un señor en un castillo es precisamente lo contrario. Tal vez porque, como dijimos antes, el poder de turno siempre secuestra las innovaciones, como ocurrió con la popularización de la prensa escrita a mediados del siglo XIX. Las innovaciones tecnológicas, no las nuevas ideas.

[cli] *"El gran enemigo de la democracia es el monopolio, en todas sus formas... corporaciones, asociaciones comerciales, sindicatos—o, en general, la organización y concentración del poder en clases funcionales"*. Henry C. Simons *Economic Policy for a Free Society*. Chicago: University of Chicago Simons (1947), p. 43.

[clii] Robert McChesny observó en 2016 que *"irónicamente, el fundador y dueño de Facebook, Mark Zuckerberg siempre ha defendido a su compañía definiéndola como una 'utility'* ('empresa de servicio público')" (McChesney, p. xlix)

En países como China, uno de esos poderes superiores se concentra en el gobierno, aunque la política siempre está en función de los mayores sectores económicos. Los estudios sobre la censura en China son más difíciles de realizar por varios motivos. Primero porque de hecho existe una opacidad deliberada del gobierno de Pekín, el cual es aún más hermético en la liberación de datos que compañías como Twitter. Por otro lado, la censura china se limita mucho más a sus fronteras, mientras que la hegemonía capitalista es transnacional y combina de forma estratégica *tolerancia* a los grupos contra sus intereses, de la misma forma que por un siglo Estados Unidos combinó una democracia limitada y secuestrada por una minoría al tiempo que prosperaba en la práctica de la esclavitud y el despojo de las naciones indígenas o hispanoamericanas. Por otro lado, los estudios occidentales sobre la censura china adolecen de escaso rigor. Por ejemplo, en estudios como el de la académica británica Gillian Bolsover, profesora de University of Leeds Gillian Bolsover, entre otros, abundan en "testimonios" de personas anónimas que casi no aportan ningún dato verificable aparte de sus propias experiencias. Este anonimato puede estar justificado, si consideramos el temor a represalias de un gobierno dictatorial o centralizado, pero también vacían de valor académico o contrastable cada narración de los hechos. Sobre todo cuando luego descubrimos que algunos testimonios, algunos autores son promovidos por la maquinaria secreta de Occidente, cuya reputación histórica es por demás conocida.

En su análisis sobre las redes en China, la profesora Bolsover relativiza varios mitos occidentales sobre la censura en ese país, lo cual resulta menos orwelliano y más complejo de lo que parece. Sin embargo, la misma profesora también observa que el gobierno chino "*mantiene un alto nivel de control sobre la información dentro de sus fronteras, siguiendo el principio marxista de los medios, para el cual la verdad es más importante que la utilidad política de la información*".[426] Sobre el control centralizado del gobierno chino no hay muchas discusiones, pero en la segunda parte de esta afirmación hay un a ambigüedad e imprecisión radical sobre lo que el marxismo prescribe y lo qué critica u observa del mundo capitalista. Aun dejando de lado esta discusión filosófica, podríamos ir a los hechos más concretos para observar que, precisamente, nada diferente ha hecho la prensa al servicio del capitalismo. Bastaría con recordar las manipulaciones de la prensa amarilla en el siglo XIX, la prensa imperialista en las Guerras bananeras a principios del siglo XX, las manipulaciones de la sensibilidad y de la opinión pública en Estados Unidos a manos de Edward Bernays y las PR; las manipulaciones agresivas de los medios de prensa en varias decenas de países por parte de Washington y la CIA; la creación de opinión por parte de grandes empresas privadas contratadas por corporaciones para crear falsos movimientos sociales (ver capítulo "Relaciones sociales y *astroturfing*"); o, más recientemente, la manipulación de algoritmos en las redes sociales por parte de un puñado de megacorporaciones como Twitter, Facebook o Instagram en manos de un puñado de empresarios capitalistas tan alejados del control ciudadano y la democracia participativa como el mismo gobierno de China.

En democracias liberales como Estados Unidos, las corporaciones juegan un rol central en la creación de opinión, pero los gobiernos son el siguiente nivel de influencia. En 2015, por ejemplo, el presidente Obama mantuvo una conversación con gente supuestamente "del pueblo", una tradición que denominan como "town hall", pero en este caso a través de Twitter. El slogan y hashtag de "pregúntale al presidente". Según uno de los empleados veteranos de Twitter, el administrador Dick Costolo ordenó diseñar un algoritmo que filtrase cualquier pregunta incómoda o abusiva dirigida al presidente. Costolo renunció un mes después de este evento, pero negó la versión de una manipulación a favor del presidente. No negó que estas manipulaciones fueran posible, que es lo que realmente importa.[427]

Un caso más reciente que se pudo confirmar fue la creación de un ejército de personas falsas para atacar las protestas de los nativos de Dakota, quienes se oponían a la construcción de un gasoducto por sus tierras sagradas. Los encargados de la manipulación operaron desde una base militar MacDill Air Force en Florida. La práctica es mucho más antigua. En 2011, se reveló que el Central Command, Centcom, del ejército estadounidense habría contratado por casi tres millones de dólares una corporación de California llamada Ntrepid, para crear perfiles falsos ("sock puppets") administrados por militares para difundir propaganda "pro estadounidense", similar al software usado por el gobierno chino para silenciar disidentes y similar al usado en la guerra psicológica de Washington en Medio Oriente, como en la llamada Operación Earnest Voice (OEV).

Según el manual de esta operación militar, los títeres, operando consistentemente desde sistemas virtuales y múltiples VPN alrededor del mundo, debían estar "repletos de antecedentes, de historias personales, de detalles y presencias cibernéticas que sean técnica, cultural y geográficamente consistentes". Todo, siempre, bajo incuestionables excusas como la "seguridad nacional". El objetivo de estos "títeres hechos con medias" era (y es) crear opinión pública y consensos artificiales. De esta forma, los militares podían operar hasta 50 controladores con la capacidad de operar identidades falsas desde sus estaciones de trabajo "sin temor a ser descubiertos por adversarios sofisticados". En su defensa, miembros del ejército afirmaron que ninguna de estas manipulaciones sería en inglés, ya que sería ilegal "dirigirse [manipular] al público estadounidense".[428] Lo cual por un lado es una falacia que ya quedó demostrada con revelaciones como, por ejemplo, la del Congreso en 1975 sobre Mockingbird Operation, y por el otro una confesión de cuánto importan los seres humanos y las leyes más allá de las fronteras del "País de las leyes". De hecho, hacerse pasar por otra persona en Internet está penado por la ley de Estados Unidos con años de cárcel, ley que ya fue aplicada en individuos que no pertenecen a alguna de estas super mafias legales.

Así se da la paradoja que en el mundo aparentemente libre y anárquico de internet el poder está más concentrado que nunca. Bastaría con echar una mirada a los resultados, que a su vez son causas: las crecientes diferencias de acumulación de capitales: hoy un puñado de familias poseen más que la mayoría de la población en países "desarrollados" como Estados Unidos. Lo mismo podemos decir a escala global y en la esfera de la realidad virtual de las redes sociales. Unas pocas plataformas tienen en sus manos a miles de millones de usuarios en todo el mundo y, aunque posan de neutrales cas día, de hecho, deciden qué deben pensar esas verdaderas masas del siglo XXI con un simple cambio de algoritmo.

En los países con un arsenal económico y militar importante, las agencias de desinformación son lo que durante la Guerra Fría y antes eran las agencias de espionaje. En el caso de Rusia, por ejemplo, ese rol lo cumple la Agencia de Investigación de Internet (IRA) o el Instituto Ruso de Estudios Estratégicos (RISS). En el bloque del Capitalismo hegemónico (en su mayoría resumido en los países que integran la OTAN), las agencias de los gobiernos son efectivamente complementadas por las agencias privadas. ¿Cuál es la ideología de estas megacorporaciones? Para responder a esta pregunta hay que seguir la ruta del dinero.

En 2018 se disolvió Cambridge Analytica, no porque no fuese un gran negocio sino porque fue descubierta traficando los datos personales de los usuarios de Facebook sin su consentimiento. Como fue el caso de diferentes matanzas en Medio Oriente por parte de los ejércitos civilizados, la verdad sólo salió a luz luego de una filtración de un empleado llamado Christopher Wylie y del periodista de *The Guardian* Harry Davies.[cliii]

Cambridge Analytica era una compañía vinculada a la monarquía y al partido conservador británico y su objetivo era la propaganda política personalizada en los países desarrollados. Aquello de hablarle a Juan en el bar.

[cliii] En el área militar, los casos más conocidos de filtraciones son los de Chelsea Manning y del teniente coronel Dean W. Korsak, quien sacó a la luz el bombardeo de un mercado en Baghuz en Siria, donde murieron casi un centenar de civiles, ocultado por el Pentágono. La apuesta de los grandes poderes políticos y militares consiste en que "si no se filtra, no existe", por lo cual se debe castigar cualquier tentación de revelar una verdad hasta llegar al absurdo del caso Julian Assange, por el cual quienes cometieron matanzas se convirtieron en los jueces de quien los descubrió.

Sin embargo, y no por casualidad, había surgido de la compañía británica SCL Group (Strategic Communication Laboratories), una corporación privada que todavía brinda servicios militares y que se dedica desde 1990 al estudio, la manipulación de la conducta de masas y la guerra psicológica en países "en vías de desarrollo". SCL Group, un cliente de la OTAN, se define a sí misma como una "agencia mundial de gestión de elecciones" y es reconocida como parte de la industria de la desinformación.[429]

Cambridge Analytica trabajó con éxito en favor del Brexit y para algunos candidatos del Partido republicano en Estados Unidos, resultando en la elección del senador Ted Cruz y del presidente Donald Trump. Como todos saben, en política y en los grandes negocios no hay devoluciones. Solo para la campaña electoral de Ted Cruz, la familia Mercer (Robert, su esposa Diana y su hija Rebekah), accionista de Cambridge Analytica, aportó 37 millones de dólares. A su vez, la compañía de la familia fue contratada por la campaña del senador por al menos 5,8 millones. No por casualidad, la red de bots de Rusia también contribuyeron a las dos causas del Brexit y de Trump presidente en el mismo año. Cinco de cada seis bots apoyaron la opción del Brexit mientras que dos tercios de los bots (los cuales escribieron 2,2 millones de tweets solo en los tres meses antes de las elecciones) apoyaron la candidatura de Trump. La proporción fue más baja en las elecciones presidenciales de México de 2018, donde un cuarto de los tweets fueron generados por bots.

En 2017, poco después del éxito de la manipulación de la opinión pública que terminó con el proceso de destitución de la presidenta Dilma Rousseff en abril de 2016, Cambridge Analytica abrió una oficina en San Pablo, Brasil. Según Symantec (uno de los mayores proveedores de seguridad, propiedad de Broadcom Inc.), para el año 2016 Brasil ya se había convertido en el octavo país con mayor producción de bots políticos.[430] Por su parte, el Centro de Estudos, Resposta e Tratamento de Incidentes de Segurança no Brasil reportó casi un millón de ataques cibernéticos sólo durante el año 2014.[431]

También podemos especular, dada la similitud de los tres fenómenos, que es muy probable que el plebiscito sobre los acuerdos de paz en Colombia (la tercera gran sorpresa electoral del año 2016) se haya debido a una manipulación similar de las redes sociales.

El escándalo del uso de información privada de decenas de millones de usuarios sin su consentimiento terminó en la comparecencia del fundador de Facebook, Mark Zuckerberg, ante el congreso de Estados Unidos. Pero eso fue parte del circo para entretener a los críticos de un sistema y una práctica que continuó de forma impune. El acusado se hace responsable de una parte del "error", llora un poco y (propio de la cultura protestante), los buenos corazones se conmueven y le creen. Y aquí no pasó nada. Antes que el Congreso de Estados Unidos terminase su investigación, Cambridge Analytica fue disuelta con la aprobación de una corte en Inglaterra, la cual desestimó un juicio iniciado por David Carroll, un profesor estadounidense, y permitió a la compañía mantener sus datos en secreto.

Sin embargo, algunos estudios han logrado probar la manipulación de las redes sociales hasta cambiar el mismo lenguaje político usado por los usuarios. El año de inflexión fue 2016. Antes no se detectaron diferencias entre las plataformas sociales y el lenguaje común. A partir de ese año, se detectó una similitud, como si un pequeño grupo (un grupo coordinado de voces) estuviese detrás de la inoculación de cada red social. El nuevo patrón reveló una insistencia nativista y antiinmigrante. En Estados Unidos, la retórica de la derecha política, pro-Israel y antisemita deriva en un odio pronunciado por la prensa aunque por las razones equivocadas: según esta visión, todos los medios pertenecen a la elite judía que, a su vez, intenta reemplazar a los blancos con negros y mestizos corruptos, población fácilmente manipulables—la "raza superior", las etnias blancas no son manipulables ni son corruptas...

Como decía uno de mis personajes, hace ya casi tres décadas, *"no existe mejor estrategia contra un rumor verdadero que inventar otro falso que pretenda confirmarlo"*.[432]

La verdad no vende; miénteme lentamente

UN ESTUDIO DEL MIT ANALIZÓ 126.000 rumores generados y esparcidos en Twitter y llegó a la conclusión de que las historias falsas se trasmiten seis veces más rápido que las verdaderas. *"La falsedad se esparce más, llega más lejos, más rápido y penetra más profundo que la verdad, en todas las categorías de la información"*. El estudio también mostró que la conclusión era la misma aún eliminando todos los bots de las muestras. *"Las noticias falsas tienen un 70 por ciento más de probabilidades de ser compartidas que las verdaderas. Por su parte, las historias verdaderas tardan seis veces más en llegar a 1500 personas que las falsas [...] Las falsedades alcanzan una profundidad de cascada de 10, unas 20 veces más rápido que los hechos verdaderos"*.[433]

Esta confirmación probablemente revela una debilidad psicológica inherente a los individuos y colectividades, pero sin duda son tenidas en cuenta y explotadas por quienes poseen capitales en forma significativa, tanto para aumentar sus beneficios comerciales como para confirmar su dominio ideológico. Para esto es necesario poner en marcha la vieja practica de la manipulación secreta de la opinión pública.

Los soldados anónimos de la Red Oscura cumplen la función del enmascarado, tradición nacida de la manipulación y deformación del mito de El Zorro, luego convenientemente continuado con Lone Ranger, Superman y Capitán América. La cultura de las máscaras es propia de la dualidad *narrativa/acción* del mundo angloamericano.[434] Son los héroes oscuros, como Batman, que se asumen guardianes de la verdad y la moral que luchan desde la oscuridad y el anonimato contra los villanos que quieren apoderarse de un mundo que ya tiene dueño.

Sus conspiraciones de bar al mejor estilo Homero Simpson no se basan en ninguna prueba y, como las historias religiosas, dependen de una narrativa repetida, libre de cualquier prueba objetiva, y, sobre todo, de la infinita fe del parroquiano para desafiar cualquier lógica. La fragmentación de la lógica y la repetición del discurso tiene su modelo en el rosario de la tradición católica, pero los protestantes, aparte de masculinizar esa tradición sin los elementos visuales y sensuales del catolicismo, lo elevaron a un nivel de fanatismo con objetivos más materiales. Si algo puede ser probado, entonces es ciencia o algo igual de sospechoso, derivado de la academia o de alguna agenda de la izquierda que quiere destruir la "verdadera esencia" del país elegido por Dios.

Tres días antes de las cruciales elecciones presidenciales de 2016 en Estados Unidos un diario menor de Colorado, el *Denver Guardian*, publicó un artículo titulado "FBI Agent Suspected In Hillary Email Leaks Found Dead In Apparent Murder-Suicide" ("Agente del FBI sospechoso de filtraciones de los correos electrónicos de Hillary hallado muerto en aparente caso de asesinato-suicidio"). El artículo informó que *"Los investigadores creen que el agente del FBI, Michael Brown, de 45 años, mató de un disparo a su esposa Susan Brown, de 33 años, el viernes por la noche antes de incendiar la casa de la pareja y luego se suicidó. Brown trabajó 12 años en el Departamento de la Policía Metropolitana de Washington D.C. antes de pasar los últimos seis años en el FBI"*. La noticia fue reproducida en las redes sociales hasta alcanzar más de quince millones de lectores.

El 23 de noviembre, pasada las elecciones que decidieron el triunfo de Donald Trump, la histórica cadena estatal de radio, NPR, publicó una investigación sobre el tema. Con la asistencia del ingeniero John Jansen de Master-McNeil Inc., lograron identificar al autor de una de las *fake news* más influyentes de la historia reciente. La única noticia de *"El diario más antiguo de Denver"* había sido un invento reciente de Jestin Coler, quien logró hacerse hasta con 30.000 dólares al mes. Una vez descubierto, Coler, un respetable padre de familia de cuarenta años de edad, demócrata registrado y votante de

Hilary Clinton y graduado de Ciencias políticas, reconoció que había comenzado creando medios y perfiles falsos para infiltrar y descubrir in grupo de extremistas de derecha, conocidos en Estados Unidos como "*alt-right*". No le fue bien. Luego intentó escribir noticias falsas para los *liberales* (para la izquierda estadounidense) "*pero ellos nunca mordieron el anzuelo*". La fama y el dinero le llegarían gracias a la naturaleza creyente de la derecha. Luego de inventar la historia que la gente quiere leer, "*nuestros muchachos de las redes sociales iban, las plantaban en los grupos y en los foros de Trump, y listo. La cosa corría como reguero de pólvora*".[435]

Todas las noticias falsas inventadas por Coler, quien llegó a contar con 25 escritores contratados, se reprodujeron con gran facilidad. Una de sus exitosas *fake news* publicada el 3 de enero de 2014 en *NationalReport.net* había denunciado el uso de "*food stamps*" (ayuda del gobierno estadounidense para comprar comida) por parte de los pobres para comprar marihuana. Por alguna razón, en todo el mundo, mucha gente se siente indignada cuando el Estado se encarga de repartir las limosnas. Siempre queda mejor hacerlo uno mismo a través de donaciones para que Dios pueda verlo. Como resultado, la senadora republicana Vicki Marble de Colorado elevó un proyecto para que los usuarios de "food staps" no puedan usarlas para comprar marihuana.

Una investigación de Sophie Nightingale y Hany Farid del Departamento de psicología de la Universidad de Lancaster junto con el Departamento de ingeniería eléctrica e informática de la Universidad de California demostró no sólo que los rostros inventados por IA son imposibles de distinguir de los rostros verdaderos, sino que son más confiables. Según los investigadores, "los rostros sintetizadas pueden considerarse más confiables porque se parecen más al rostro promedio."[436]

Por algún tiempo, Coler intentó salirse del negocio de las *fake news*, pero, si lo hace, como lo ha resumido la periodista de NPR, Laura Syndell, "*cientos de emprendedores estarán listos para ocupar su lugar y será cada vez más difícil diferenciar sus sitios web de los sitios de noticias reales. Ahora saben que las noticias falsas venden y solo estarán en esto por el dinero*".

Historias similares abundan en los llamados Primer y Tercer mundo. Sólo como ejemplo, pondré una más que bordea los límites de la sátira y del circo. El 2 de noviembre de 2021, los seguidores del expresidente Donald Trump y de la secta virtual QAnon, se congregaron en Dealey Plaza y en AT&T Discovery Plaza, en el centro de Dallas, para recibir a *Camelot*, es decir, a John F. Kennedy Junior. Varios manifestantes portaron carteles anunciando la fórmula de las próximas elecciones: "TRUMP/JFK JR 2020." "Trump será nombrado presidente número 19 junto con un nuevo vicepresidente, JFK Junior", escribió un destacado influencer de QAnon con más de 250.000 seguidores en Telegram. Según los seguidores de esta conocida secta con una creciente influencia en la política estadounidense, Trump se convertiría en "1 de los 7 nuevos Reyes. Muy probablemente, el Rey de Reyes", confirmando así la profecía bíblica del Apocalipsis 17.[437]

Pornografía puritana

AUNQUE JOHN FITZGERALD KENNEDY JR. NUNCA APARECIÓ porque, como todos saben, había muerto en 1999, esto no desanimó a la secta de creyentes que desde 2017 ha insistido que existe una conspiración de la izquierda mundial y, sobre todo, en Estados Unidos, que se dedica a tener sexo con niños y a beberles la sangre (*"blood-drinking"*).

Como vimos antes, una de las obsesiones históricas de la extrema derecha, aparte de creerse la raza elegida por algún Dios único, ha sido desde siempre el sexo—sobre todo el sexo ajeno. El 8 de marzo de 2022, la cuenta de Twitter *Libs of TikTok* publicó un video de una maestra de primaria dando clases de sexualidad en Kentucky. La maestra fue etiquetada como "depredadora". Al momento, esta cuenta tenía 648.000 seguidores y su perfil era claramente anti-LGBT. Al día siguiente, este post fue reproducido y comentado en el programa de Laura Ingraham en el influyente canal FOX News. Ingraham lanzó la pregunta retórica, recogida por el Washington Post un mes más tarde: "*¿Cuándo nuestras escuelas públicas se convirtieron en lo que son ahora, centros de preparación para radicales de identidad de género?*" El Post ha sugerido que la entrevistada anónima en varios canales de extrema derecha y dueña de *Libs of TikTok* es Chaya Raichik, una vendedora inmobiliaria de Brooklyn. Raichik (autodefinida como judía ortodoxa) se había dedicado a promover diferentes historias sobre tráfico sexual de niños y temas similares que inmediatamente atraen a los seguidores de extrema derecha y había participado del asalto al Congreso del 6 de enero de 2021. Según el mismo medio, el propósito principal de esta cuenta y de similares de la extrema derecha es provocar indignación y rabia en millones, lo que había logrado con lecturas y reproducciones.

El efecto político fue inmenso. Por ejemplo, en lo referido a la ley *"Don't Say Gay"* aprobada el 28 de marzo de 2022. Según el Washington Post: "Libs of TikTok tuvo un impacto directo en la legislación [de Florida]. La secretaria de prensa de DeSantis, Christina Pushaw, reconoció que la cuenta le había 'abierto los ojos' y le ayudó en el proyecto sobre la legislación del estado que prohíbe la discusión sobre sexualidad o identidad de género desde el jardín de infantes hasta el tercer año, conocida como la ley "No* *digas gay". Ella [la secretaria del gobernador] y Libs de TikTok han interactuado al menos 138 veces en público".*[438]

En abril de 2023, la directora de la secundaria Tallahassee Classical School en, Florida, fue removida después de que en una de sus clases de arte mostró el David de Miguel Ángel. Algunos padres acusaron a Carrasquilla de mostrar material pornográfico a sus inocentes adolescentes y el Directorio de la institución le dio dos opciones: renuncia o despido.

La publicidad y la fuerza de lo personal

EN UNA CULTURA CONSUMISTA Y ALTAMENTE irracional, el miedo y el sexo venden sin competencia. Sus canales no conducen por ninguna idea racional o compleja sino por el húmedo laberinto de lo visceral, de lo personal, de lo increíble, de aquello que es capaz de capturar la atención y provocar la ira y la reacción, ya sea consumiendo, votando o reprimiendo a propios y ajenos. El arte contemporáneo (la propaganda, la publicidad) presume de estar desinfectado de política pero es el instrumento más poderoso de esta política del capitalismo consumista. La publicidad, el arte más popular de la Era Moderna y Posmoderna es el arte de la persuasión con fines económicos, utilitarios y de poder social. Aunque todavía es un arte, sus fundamentos han sido estudiados y testeados desde hace más de un siglo hasta convertirse en una ciencia más dura que la misma psicología.

En 1917 George Creel, el director de Comité de información pública (CPI) creó un escuadrón de 75.000 hombres llamado *"four minute men"* (Cuatro-minutos-hombre) para vender la Primera Guerra Mundial en Estados Unidos.[cliv] Aparte de comprender la importancia de las celebridades de Hollywood en la opinión popular, Creel entendió perfectamente que el ciudadano común era influenciado por algo que le resulta personal, como la opinión del borracho que en el bar bebe codo a codo con un individuo sobrio. Nada muy diferente al efecto de las redes sociales hoy y algo muy propio de la cultura protestante: ese ciudadano veía y aún ve rostros concretos, no ideas abstractas; reacciones viscerales, no análisis complejos. Es el lenguaje de las tripas que se conectan con el centro reptiliano; no el de la corteza cerebral dialogando con el corazón.

Por otra parte, el proyecto de Creel estaba basado en un descubrimiento reciente: la atención de una persona sobre un producto que se quiere

---

[cliv] Por entonces, Edward Bernays era en director de la sección Latin News Service del CPI.

vender no dura más de cuatro minutos. Un siglo después, el grupo conservador dedicado a la creación de contenido mediático, conocido como PragerU, ha excedido ese límite en apenas un minuto. Todos sus videos son de cinco minutos, reconocido la misma razón para ese límite: "*La mayoría de las personas no tienen capacidad de atención prolongada para temas serios o simplemente no tienen tiempo*".[439]

Prager University, referida en los medios como "PragerU" fue fundada en 2009 para producir videos propagandísticos a favor de las políticas de derecha de Estados Unidos. Es muy difícil encontrar ejemplos que se le aproximen desde la izquierda o el progresismo. Como Trump University, PragerU no es una universidad acreditada sino un canal de YouTube con más de mil millones de espectadores y con ganancias de 28 millones de dólares anuales, en gran parte procedentes de las donaciones que los tributarios evitan pagar al gobierno (lo que en este país se conoce como "*tax-deductible donations*") o de magnates de la industria del petróleo. Aproximadamente el 40 por ciento de sus ganancias se vuelcan a su autopromoción en otros medios, nada de lo cual llega a los miles de estudiantes de secundaria que trabajan gratuitamente para promocionar su ideología a cambio de alguna visibilidad fugaz en las redes. Su agenda no solo es reaccionaria en política nacional, sino que crea opinión sobre temas internacionales, previsiblemente demonizando países como Irán o Palestina, la mayoría de las veces aprovechándose del tiempo y la inexperiencia de estudiantes que ni siquiera terminaron la secundaria, como fue el caso de un joven de 15 años con ideas liberales como Matt Knaster que, luego de hacerse popular por sus videos con obviedades previsibles para la política estadounidense, terminó convirtiéndose a un conservador al estilo de los consumidores de PragerU.[440] Otra perlita para Karl Marx.

El objetivo de estas plataformas sin acreditación académica, es contrarrestar la tradición de las verdaderas universidades, cuya mayoría ha sido, desde generaciones, de izquierda o progresista, tal vez la única tradición institucional, aparte de los sindicatos, donde los conservadores no son mayoría ni están dominados, política o financieramente, por una elite de derecha. En 2015 PragerU consideraba que, debido a su escaso puritanismo Trump estaba "*incapacitado para ser candidato a la presidencia y mucho más para ser presidente*" pero poco después lo apoyó, alegando que "*la izquierda es un cáncer*", por lo cual un incapacitado en la Casa Blanca era mejor que cualquier otra enfermedad.[441] Poco después extendió sus negocios creando PragerU Kids, para llevar los "valores judeocristianos" y la salvación a los niños preescolares—como cualquier santa iglesia. Aparte de alertar a la población mundial sobre las mentiras del cambio climático, el calentamiento global y las mentiras de las ciencias que contradicen la fe y la religión.

El lema de PragerU, vastamente reproducido en otras plataformas por otras universidades falsas es *"Give us five minutes and we'll give you a semester."* ("Danos cinco minutos y te daremos un semestre"). Como las promesas de aprender un nuevo idioma en tres semanas, esta promesa no sustituye un semestre en una universidad real; sustituye la idea de que aprender es un proceso que lleva tiempo y organización desde los especialistas en un determinado tema por su contraria, hecha a medida del consumidor contemporáneo: lo pago y quiero satisfacción inmediata. Claramente, es parte de la macdonalización de las universidades. El consumidor satisface su hambre en pocos minutos y no percibe los efectos en su salud, por lo que vuelve a incidir y se convierte en un fanático consumidor y defensor (propagandista) de esta patología. El factor *distancia* convierte cualquier video y cualquier charlatán en inalcanzable e irrefutable, como puede serlo una investigación presentada en un seminario de expertos sobre un determinado tema.

Actualmente PragerU se presenta como lo que es: "una plataforma de medios educativos dedicada a promover valores pro-estadounidenses. Nuestros videos educan, inspiran y entretienen a millones de espectadores…" Nada más que agregar.

El negacionismo y la fe sobre todo y sobre todos

En 2020, el gobernador Ron DeSantis promulgó otra ley que exige que todas las escuelas primarias y secundarias certifiquen que están enseñando a las nuevas generaciones sobre el Holocausto—el holocausto judío, porque holocaustos hubo muchos en la historia. Por entonces, los senadores de la comunidad afro lograron que también se incluya en los programas la mención a la Masacre de Ocoee, donde 30 personas negras fueron asesinadas en 1920, lo que, para entender el racismo endémico y las injusticias sociales sólo en los últimos dos siglos, viene a ser como explicar el cuerpo humano por su sombra.

Por ley, también, desde el año 2022, en esas mismas escuelas secundarias de Florida, está prohibido discutir la historia racista de Estados Unidos. La razón radica, según el gobernador DeSantis, en que *"no se debe instruir a nadie para que se sienta como si no fuera igual o avergonzado por su raza. En Florida, no permitiremos que la agenda de la extrema izquierda se apodere de nuestras escuelas y lugares de trabajo. No hay lugar para el adoctrinamiento o la discriminación en Florida"*. Si de eso no se habla, eso no existe. De este lado del Atlántico, el racismo no existe y nunca existió. Si de eso no se habla, eso no existe. De este lado del Atlántico, el racismo no existe y nunca existió y a eso no se llama adoctrinación porque es nuestra adoctrinación.

Como desarrollamos más arriba, el método de "cierra los ojos y cree" es ancestral y ha sido mantenido vivo y pujante por la educación, el entrenamiento intelectual y el pensamiento religioso. No por casualidad, esta forma de pensamiento favorece las ideologías de extrema derecha como el nativismo, el conservadurismo, el fascismo y el nazismo. También vimos cómo la confusión creciente, sobre todo a temprana edad, entre el mundo actual y la realidad alternativa de las redes sociales, de la propaganda computacional y de las plataformas conspiratorias habían borrado los límites entre realidad y ficción. La *homofilia*, la actitud de aceptar sólo las ideas que se ajustan al deseo del creyente, tiene dos consecuencias: si la realidad no se ajusta a nuestros deseos, peor para la realidad; si, por el contrario, la realidad nos aplasta porque es más fuerte que nosotros, entonces negamos la realidad.

Desde el inicio de la expansión territorial, primero, y geopolítica después, la estrategia de la negación consistió en provocar una reacción del vecino que se intentaba atacar, sean indios salvajes, mexicanos de sangre impura, negros tropicales que no sabían gobernarse o blancos pobres enfermos de ideología comunista. A la reacción del adversario, del enemigo, seguía la serie clásica: "debimos defendernos", "nunca lo olvidaremos" y el llamado a las armas, que nunca eran escasas, para salvar el honor de la nación y de la raza superior. Esa práctica se repitió infinidad de veces hasta hoy, aunque con algunas variantes del momento, siendo el caso más reciente la guerra en Ucrania—"no sabemos por qué los rusos invadieron ese país; nosotros sólo estábamos ejerciendo el derecho a defendernos expandiendo la OTAN rodeándolos con misiles …"

Una de las formas más repetitivas de los últimos años consiste en atribuir al adversario nuestros propios defectos, acciones o deseos. Bastará con citar dos ejemplo dramáticos de los últimos cinco años en Estados Unidos. Podemos entender que las sociedades del llamado "Tercer mundo" aún son colonias financieras, ideológicas y culturales, por lo cual adoptan cualquier tendencia de moda en el obsoletamente llamado "Primer mundo" (el "mundo desarrollado" o que ha asentado su desarrollo en el saqueo del Tercer mundo sin remotas miras a una posible indemnización).

Veamos esta misma patología en nuestro post capitalismo medieval. En agosto de 2017, en Charlottesville, Virginia, un grupo de ciudadanos salió a las calles a protestar contra la marcha de *Unite the Right*, un grupo racista integrado por simpatizantes de la Confederación, de los nazis y de los supremacistas blancos de todo color. La protesta pacífica y sin el despliegue de armas de guerra (propio de los grupos supremacistas blancos como los del KKK una vez derrotados en la Guerra Civil que ilegalizó la esclavitud) fue atacada por miembros del Unite the Right. 30 manifestantes antirracistas fueron heridos. El 12 de agosto, un miembro del grupo de extrema derecha, identificado a sí mismo como neonazi, lanzó su automóvil sobre la multitud hiriendo a 19 personas y matando a una de ellas. Casi inmediatamente, comenzaron a circular titulares como "*El atacante del automóvil de Charlottesville es un partidario anti-Trump y simpatizante de Antifa*". La plataforma *PuppetStringNews.com* publicó fotografías de un joven parecido al asesino apoyando protestas contra la criminalización de los inmigrantes y otra con una camisa con el retrato del músico negro Jimi Hendrix, lo cual fue suficiente para encender la mecha de quienes *querían creer* que "fuimos atacados primero" y "somos víctimas de un complot de fuerzas demoníacas"—los indios, los negros, los mexicanos, los bananeros, los comunistas, los musulmanes, los palestinos, los chinos…

Antifa (antifascista) será mencionada con frecuencia por los grupos de extrema derecha (fascistas) como Alt-Right. Como, por ejemplo, en el ataque de los mismos grupos de extrema derecha al Capitolio de Estados Unidos el 6 de setiembre de 2021. Este ataque, resultado de un complot real, se basó en la teoría oscurantista pero harto repetida en la historia de este país, según la cual los grupos en el poder (visibilizados por el color de piel, no por el poder real de su posición social) en realidad son víctimas de la corrupción de las razas inferiores a las que deben rescatar del caos mientras ellas planean exterminarlos. De ahí proceden las teorías del siglo XIX sobre la violación sexual de los negros libres a las hijas rubias, la teoría del gran reemplazo y exterminio de la raza blanca, puestas de moda otra vez en el siglo XXI para canalizar las frustraciones sociales y económicas de quienes solían dictar el destino el mundo.

Unos meses antes, el 2 de junio de 2020, el Lincoln Memorial en Washington DC había sido rodeado por una policía militarizada (fenómeno creciente del neoliberalismo en todo el mundo) y por la Guardia Nacional para evitar que una manifestación pacífica de negros pudiese derivar en el caos. Los negros siempre son identificados con el caos y el peligro. Los manifestantes protestaron pidiendo justicia por el asesinato de George Floyd, un hombre negro que había pagado con un billete falso de veinte dólares y el cual murió asfixiado bajo la rodilla de uno de los policías, hecho que sólo repetía y recordaba un patrón de violencia y discriminación racial crónico.

Diferente fue el trato de la policía para proteger el Congreso donde se encontraban los legisladores. El acoso organizado al Congreso pretendía anular las elecciones de noviembre bajo más teorías conspirativas sin fundamentos factuales ni indicios de un robo en el conteo de votos. Exactamente como ocurrió a fines del siglo XIX cuando algunos negros liberados, ganaron algunas elecciones locales y fueron removidos por turbas de blancos. Los supremacistas blancos siempre se consideraron sujetos de derechos especiales. Para contener un número varias veces mayor, armados y con un largo historial de violencia, unos pocos policías trataron de contener la turba provistos con palitos. El resultado es conocido: la turba entró en el congreso rompiendo ventanas, desplazaron a los legisladores, rompieron, robaron y flamearon triunfal la bandera racista de la Confederación en los salones del gobierno de la Unión que los había derrotado en 1885. En total murieron cinco personas y decenas fueron hospitalizadas.

Desde su púlpito televisivo, la presentadora de Fox News, Laura Ingraham, afirmó que los asaltantes del Capitolio "probablemente no todos eran partidarios de Trump, y hay algunos informes de que los simpatizantes Antifa pueden haber estado esparcidos entre la multitud". Para millones de creyentes, "probablemente" significa "probado". Sus colegas, voceros morales de la extrema derecha en Estados Unidos, Sean Hannity y Tucker Carlson confirmaron la teoría como sólo pueden hacerlo los profetas, es decir, despreciando cualquier prueba. Lo mismo hizo uno de los más célebres arengadores de la extrema derecha, el comentarista de radio Rush Limbaugh, poco antes de morir. En las 24 horas que siguieron al asalto, la hipótesis de que había sido Antifa la responsable se mencionó 400.000 en Internet.[442]

El negacionismo se expresa, al menos, de dos formas: negando de hecho algo (cambio climático) o atribuyéndole causas a medida del consumidor (decadencia económica, violencia política y social). En 2022, por ejemplo, contrario a los estudios sobre el tema, el influyente presentador de Fox News Sean Hannity afirmó que *"los conservadores ganaron seguidores en Twitter después de que la compañía anunciara su acuerdo con Elon Musk porque Twitter se convirtió en una plataforma anti-conservadora y anti-Trump"*.[443] Los estudios académicos que lo contradicen con análisis cuantitativos no importan.

Más tradicional es la acusación de "liberal" (izquierda, socialista) a los grandes medios de prensa, desde el *New York Times* hasta la cadena de televisión *CNN*. El resto del mundo lo ve de forma muy diferente, pero eso tampoco importa mientras se es una superpotencia hegemónica. Mucho menos cuando la mentalidad desde la cual se ve la realidad procede de un profundo fanatismo religioso que crea su propio mundo factual como un sastre crea un traje a medida del consumidor.

Personalización de la propaganda

EN 2016 ME ENCONTRABA ESCRIBIENDO la novela *Silicona 5.0* sobre el robo de identidad, la comercialización de muñecas sexuales provista de inteligencia artificial y la inoculación de los traumas humanos en los robots. La historia se inicia con un paro cardíaco del protagonista, Facundo, inmigrante argentino y exitoso hombre de negocios residente en Daytona Beach, Florida. Debido a estas características específicas de la situación, estuve algún tiempo buscando información sobre hospitales y clínicas del área que se especializan en la recuperación de pacientes que han sufrido algún problema cardíaco. Pocos días después recibí en mi buzón una avalancha de publicidad en papel sobre clínicas y especialistas cardiólogos. Dos años después, el mismo día que cumplí 50 años, recibí una hermosa invitación con unas tarjetas en letras doradas para un almuerzo gratis en un distinguido restaurante para discutir las opciones para mi funeral y otros beneficios que recibiría mi familia de la empresa.

Naturalmente, tomamos estos hechos como simples anécdotas. De la misma forma, no pocas veces afirmamos que no nos importa que nos espíen, ni en nuestra vida privada ni en nuestras clases en la universidad porque no tenemos nada que ocultar. Pero quienes no tenemos nada que ocultar somos nosotros, no ellos, los ladrones legales de datos personales. Podemos invertir la acusación y preguntar: ¿Si las agencias secretas no tienen nada que ocultar a sus ciudadanos, por qué ninguno de ellos, ni siquiera los senadores que no están en el Comité de seguridad, tienen idea de lo que hacen cada día con el resto de los mortales? De la misma forma, más de una vez he aclarado que no tengo nada contra los millonarios, sólo que no quiero que ejerzan su poder económico en la política, convirtiéndose en ciudadanos de primera categoría, en el mejor de los casos, o en gobernantes de facto, en el peor de los casos, que es el más común de los casos.

El espionaje comercial no sólo es materia de estudio del espionaje político y de la policía ideológica de turno, sino que comparten datos y medios. Según el experto en medios Robert McChesney "*la vigilancia comercial está estrechamente vinculada a la vigilancia militar... Es por eso que todos estamos en deuda con Edward Snowden...*" Luego, parafraseando al expresidente Dwight Eisenhower: "*No hay dudas que cualquier reforma digital y mediática estará en conflicto con el complejo-industrial-digital militar*".[444]

Lo mismo sucede con el robo o la recolección de datos personales. Como la política refleja una paradigma de dominio social, y la lógica de los negocios y las ganancias económicas predominan como dogma sagrado, esta ideología transparente es la que reina en la política.ᶜˡᵛ Si dejamos por un momento de lado la lógica paradigmática de cómo se organiza el poder en las sociedades, podemos ver innumerables ejemplos de acciones concretas en este mismo sentido. Por ejemplo, en 2018 el *New York Times* demostró que Facebook proveyó a 150 corporaciones los datos de sus usuarios, incluidos sus mensaje personales, sin consentimiento alguno de los usuarios.[445]

Según varios estudios, los dos sectores más vulnerables para el consumo y distribución de noticias falsas son los jóvenes menores de 19 años y los mayores de 65.[446] Aparentemente, esto se debe a que los primeros carecen de los instrumentos de pensamiento crítico, más comunes de la Era de los libros, y los segundos carecen de la experiencia necesaria del mundo digital. Razón por la cual las agencias publicitarias del bajo mundo apuestan siempre por estos dos grupos: los más viejos para desparramar las viejas ficciones que les ponen en sus pantallas, y los más jóvenes para convertirlos en nuevos creyentes.

En 1995 el profesor del MIT Nicholas Negroponte había profetizado que con Internet cada individuo iba a tener un resumen personalizado de las noticias del mundo, lo que llamó "Daily Me" (expresión difícil de traducir, pero podrida ser "Yo al Día"). Cada individuo recibiría sólo las noticias que pudieran interesarle. Como todos nosotros por esos años, Negroponte sufría de un exceso de optimismo. No pudo prever que esa *personalización* del consumo de noticias, como de productos, sólo iba a reforzar las burbujas ideológicas a través de una auto segregación. En 2004 definimos este fenómeno como *tribalismo* en artículos como "Las fronteras mentales del tribalismo".[447] En 2012, un Power Point didáctico de la NSA para sus empleados (filtrado a su pesar) incluía la siguiente pregunta como titular: "*¿Qué país no quiere hacer de este mundo un lugar mejor... para sí mismo?*"[448] Los tres puntos suspensivos más hipócritas de la humanidad, sobra decir, y una obviedad para una conocida patología anglosajona que comparte con otras culturas, pero no con el resto de la humanidad.

Irónicamente, los algoritmos no sólo muestran las noticias que pueden interesarle al lector-consumidor, como los productos en los avisos, sino que se pueden adelantar meses y hasta años a los futuros intereses de cada individuo, ya sea porque pueden predecir una *maduración* o un *cambio natural y espontáneo* sino, sobre todo, porque tanto los algoritmos como la inteligencia artificial, al adelantarse a los eventos, puede cambiarlos cambiando la

---

ᶜˡᵛ Si billonarios como Donald Trump o, quizás en un futuro, Elon Musk se presentan como candidatos presidenciales, no es porque el verdadero poder económico y financiero necesite ese circo, sino por sus propios egos personales.

opinión y la sensibilidad y los gustos de los futuros consumidores, como si se tratase de una profecía autocumplida.

Ahora vayamos al gran negocio de la personalización de la propaganda y la manipulación. Para las elecciones de 2016, Cambridge Analytica fue contratada por diversos políticos de la derecha estadounidense, los cuales pagaron altas sumas por el servicio, al tiempo que los accionistas de Cambridge Analytica donaron dinero a sus clientes. Todos expresaron su alto nivel de satisfacción por el servicio. Cambridge Analytica, trabajando con los datos robados a los usuarios de Facebook logró crear categorías de votantes que iban desde "Madre con hijos jugadores de fútbol" hasta "Padres trabajadores" para personalizar la oferta política (cada discurso en cada pueblo tenía un sabor especial, muy local), exactamente como ocurre en el marketing de otros productos.[449]

Como mencionamos en el capítulo anterior, George Creel, el director de Comité de información pública (CPI) en 1917 había creado un escuadrón de miles de empleados llamados *"Four minute men"* (Cuatro minutos hombre) para vender la Primera Guerra Mundial en Estados Unidos. Sin descuidar el relevante rol en la creación de opinión pública de las celebridades de Hollywood, Creel sabía que el ciudadano común era muy fácilmente influenciado por todo aquellos que le resultara personal, como la opinión de su vecino o de un colega en el bar.

La fragmentación y la personalización de la propaganda es un fenómeno relativamente nuevo. Durante los siglos XIX y XX, los periódicos, las radios y la televisión publicaban avisos generales sobre productos que podrían interesarles a una pequeña parte de la población, como artículos femeninos para un sector específico de mujeres o instrumentos médicos para una minoría de profesionales. Este problema fue resuelto en la era digital con la personalización de la publicidad.[clvi] Pero para dirigir un aviso a un pequeño número de interesados, perímetro habrá que identificar y localizar a los interesados. Es así como surgieron los múltiples servicios gratis a cambio de la extracción de los datos del consumidor: gustos y debilidades, poder adquisitivo y lugar de residencia.

La publicidad política funciona con los mismos instrumentos, pero de forma algo diferente. La forma más efectiva radica en la *personalización* de la oferta, en hacer sentir que el consumidor es escuchado y entendido. Como en el mercado comercial, en el mercado político el votante (el consumidor) debe sentirse que es una víctima con una solución de alguien que le habla

---

[clvi] Luego de la pérdida de la venta de ejemplares como primer recurso económico, la prensa tradicional perdió uno de los pocos ingresos que procedían de los lectores: la publicación de clasificados.

directo al corazón. Debe sentir que hay alguien que lo entiende y ése es el candidato, el partido, la secta, la tribu que lo protegerá y salvará o, al menos, aliviará sus angustias y frustraciones. Es decir, el viejo principio del borracho de la taberna que nos habla al corazón, el *Piano Man* de Billy Joel.

En 2008 el candidato republicano a la presidencia de Estados Unidos, John McCain, comenzó a hablarle a John El Plomero. John existía (Samuel Wurzelbacher),[clvii] pero su personaje era más real que el mismo John. Su rival, la estrella mediática ascendiente de entonces, Barack Hussein Obama, no se quedó atrás. En cada discurso de masas contaba cómo alguien, con nombre y con estado civil, le había dicho "*Barack, no he podido llenar el tanque del auto hoy*". Es decir, el pequeño Juan sufriendo por una necesidad y una obsesión de todos los Juanes y las Marías del país: el precio del combustible. Las historias de discursos y debates apelando a personajes pequeños y concretos no solo son un clásico del periodismo, de la publicidad-propaganda política y una reacción epidérmica de la cultura protestante que no puede entender ideas abstractas ni responsabilidad colectiva sino historias bíblicas de individuos llamados Juan y Noé, quienes le ponen rostro a un Dios que no se puede ver. De ahí por qué revistas como TIME necesitan poner un rostro en sus portadas y elegir una como "Persona(je) del año".

Desde la política tradicional, apelar a los sentimientos del votante (a una emoción de miedo primero y de esperanza en segundo lugar) significa toda la diferencia entre el ganador y el perdedor, tradición que, como todo, se fue filtrando a la política latinoamericana. En este nervio sensible de la política, las redes sociales corren con una ventaja aún mayor. Los grandes medios tradicionales pueden difundir un personaje como Juan el Plomero, alguien que se parece al promedio de los votantes, aunque no a todos. Las redes sociales, en cambio, con su astronómico banco de datos, su tecnología y su experiencia para usarlos sólo en los potenciales compradores, pueden hablarle a Juan el Plomero sobre la arrogancia de los candidatos con doctorado y a David el Soldado sobre lo injusto que es la sociedad con aquellos que se sacrificaron en alguna guerra del otro lado del planeta para defender la libertad de su país (si la campaña es contra los Obamas y a favor de los McCain); puede hablarle del precio de los caños de PVC, lo poco que pagan los clientes un arreglo las 7: 00 PM, de la carestía de la cerveza (si John es aficionado a la cerveza, algo

---

[clvii] Wurzelbacher se hizo famoso el 12 de octubre, luego de que cuestionase a Obama sobre la posible suba de impuestos (en Estados Unidos los temas electorales son pocos, y los impuestos, junto con las armas y el terrorismo ajeno ocupan el primer lugar de la ira popular). En realidad, John nunca fue plomero, aunque dijo que quería serlo y los impuestos no lo dejaron. Nunca inició su empresa de plomería, pero, aprovechando su buena suerte mediática, se convirtió en un comentarista profesional en favor del Partido Republicano y en un fanático defensor de las armas.

que es fácil saber por sus compras de supermercado), de lo mal que trata la ley a los padres divorciados (si John es divorciado) o del injusto robo de cuidados médicos de las mujeres pobres con cuatro hijos (si Mary tiene solo uno o es una exitosa profesional soltera).

La propaganda de las redes sociales es como un Don Juan que enamora a múltiples mujeres diciéndoles por qué cada una es única.[clviii] Este mecanismo tecnológico de ingeniería social sólo ha radicalizado la vieja política. De igual forma, quien tiene más dinero para pagar semejante manipulación ganará las elecciones. En esas mismas elecciones de 2008, los dos candidatos en disputa gastaron 1,6 mil millones de dólares, un tercio más que en las elecciones de 2004. Para las elecciones de 2016 esa cifra se incrementó a 6,5 mil millones y para las de 2020 llegó a 14,4 mil millones. Más que toda la economía de algún país africano o de América central.

En México, los activistas anti-PRI fueron desmovilizados en redes como Facebook al igual que los curdos en Turquía sin que los administradores de estas plataformas hicieran algo para evitarlo, ya que estas prácticas son legales y aumentan la clientela. La base de datos personales creada por las mismas redes sociales permiten que cualquiera que pueda comprar sus servicios apunte sus intereses políticos y empresariales a grupos específicos, como negros, latinos, blancos, jóvenes, viejos, hombres, mujeres, gordos o flacos, lindos o feos.

Lo mismo la guerra. Según Woolley, *"sitios como Facebook o YouTube se convirtieron en campo de batalla en una Siria dividida. Ejércitos de bots en Twitter acosaron a los disidentes"* del régimen de Bashar al-Assad. Los instrumentos incluyeron redes sociales, bots políticos, memes, spam y videos. Según el FBI, *"Los hackers sirios lograron secuestrar sitios webs y redes sociales de prominentes medios de prensa estadounidense"*. Sin embargo, los adversarios de al-Assad no se quedaron atrás en prácticas similares.[450] Según Daniel Kreiss y Shannon McGregor, *"las firmas tecnológicas están motivadas a trabajar en política por razones de marketing, ganancias por publicidad y la construcción de una red de relaciones al servicio de los lobbies [...] es más, Facebook, Twitter y Google van más allá de una simple promoción de sus servicios de publicidad digital; de forma activa se dedican a influir en las campañas políticas..."*[451]

Una vez que los hechos verificables a favor de una opción no son suficientes para alcanzar el objetivo deseado, se pasa al recurso tradicional de la invención de los hechos. O, como lo definió la consejera del presidente

---

[clviii] La cuenta de Twitter del presidente Donald Trump en pocos años escribió 40.000 tweets, lo que viene a ser una forma de "personalización masiva" del mensaje político.

Trump, Kellyanne Conway en 2017 para defender una afirmación falsa, podemos considerar "*hechos alternativos*". Para 2022, el gigante Google a través de su servicios de publicidad, Google Ads, era el principal canal de ingresos económicos de miles de sitios web que se dedicaban a producir noticias falsas. En los países de habla inglesa, esta desinformación auspiciada por Google llegaba al 13 por ciento, pero en América Latina alcanzaba el 28 por ciento y en países como Brasil y Turquía pasaba del 80 por ciento. Al mismo tiempo, Google se beneficia de estos sitios especializados en el mercado de la desinformación.[452]

El ego globalizado y la libertad del individuo-masa

LO QUE VALE PARA CANDIDATOS Y PRODUCTOS vale para electores y consumidores. La técnica de la personalización de la oferta, sea en productos físicos, culturales o políticos, lleva la *comunicación* a extremos nunca antes visto desde que las sociedades dejaron de ser clanes familiares. Sin embargo, como en una gran urbe cosmopolita, como Nueva York, como en cualquier aeropuerto, como en el mito de la Aldea Global, la gran diversidad cultural y étnica conduce a la ilusión de que conocemos mejor al otro cuando, en realidad, lo que se ha globalizado no es el conocimiento del Otro sino el *ego* de cada uno. *No vivimos en una Aldea Global sino en la Globalización del Yo*. Cada Ego es el centro del Universo y cada una de sus partes, de los otros egos, se miden y valoran en relación a mi propio ego, a cómo se relacionen conmigo, si están a favor o en contra de mis ideas, es decir, mi yo. Incluso el cuerpo, aunque continúa siendo un objeto dominante de producción y consumo, no alcanza la trascendencia de las ideas (generalmente simples como para que se acomoden en un Tweet) que representan a mi tribu y, sobre todo, a mí.

Este mecanismo psicosocial desarticula los fundamentos de cualquier democracia. *Desmoviliza* y, en consecuencia, hace al individuo más fácil de manipular. Más allá de sus miedos, de sus deseos propios y particulares, al yo globalizado y pedido en el océano de otros egos se les ofrece un marco general que le da sentido de unidad al caos con conceptos básicos como la *familia*, la *tribu*, la *patria* y un invitado contradictorio, ficticio pero aglutinante: la *libertad*.

Al mismo tiempo que se opone con pasión a cualquier forma de colectivismo, el individualismo se convierte en masa pura, como los granos de arena se convierten en un puñado que una mano deja deslizar sobre la otra. En una democracia existe cierta idea de la *libertad individual*, lo cual es un concepto abstracto, muchas veces una superstición, pero en cualquier caso una aspiración universal. Con frecuencia esta "libertad individual" es manipulada por las ideologías de derecha, por el liberalismo conservador y por el neoliberalismo, partiendo del secuestro mismo de la palabra *libertad*, incluso cuando se practicó con múltiples dictaduras militares en África y en América latina. Ahora, debido a que el ideoléxico *neoliberal* se llenó de experiencias negativas, se transfirió su contenido semántico a un nuevo ideoléxico: *libertario*—siempre recurriendo al abuso de la misma palabra secuestrada.

Las referencia a la *libertad* son obligatorias desde que a mediados del Renacimiento y, sobre todo con la Ilustración, dejó de ser, al decir de Santa Teresa, "un instrumento del demonio". Pero todo este humo ideoléxico oculta el hecho de que libertad y liberalismo, libertad y libertarismo, individuo e individualismo no son la misma cosa sino sus opuestos. Es más, en una democracia el individuo renuncia al individualismo al menos en parte. El individuo cede parte de su egolatría y del famoso "egoísmo benefactor" de los liberales económicos en beneficio de un grupo, de una sociedad. No puede cederlo todo, porque entonces se convierte en un fanático de sistemas políticos como el maoísmo, el nazismo, el fascismo, el consumismo capitalista y las diferentes sectas religiosas y políticas de hoy en día. Pero al ceder una parte de su ego al grupo establece un diálogo, una negociación de significado y de sentido tanto del grupo como del individuo.

Diferente, en la actualidad el yo globalizado no se adapta al grupo, sino que le exige a los demás que se adapten a sus ideas, que nunca son sus propias ideas, pero las vive como si lo fueran, de la misma forma que vive su prisión como una opción propia, es decir, como un ejercicio de su libertad. El yo globalizado es un consumidor que le exige al vendedor que satisfaga de forma inmediata sus caprichos que él considera la verdad revelada por un mecanismo misterioso que ni él mismo comprende y por lo cual llama *hechos*—así, en cursiva.

Es la cultura del tribalismo en guerra, pero sin la humanización comunitaria de la tribu precapitalista.[clix]

[clix] Majfud, Jorge. "The Slow Suicide of the West [El Lento Suicidio De Occidente]." *Monthly Review*, 2006.
Majfud, Jorge. "Las Fronteras Mentales Del Tribalismo." *Voltaire Net*, 6 Sept. 2004.

La lógica de las elecciones

JEAN PAUL SARTRE DECÍA QUE SI EN EL MUNDO hay dos cabezas que piensan igual, probablemente se trate de un error. La diversidad de ideas y preferencias existenciales es una de las condiciones humanas más básicas. Pero el poder social tiende a ser una estructura piramidal y en el ápice hay lugar sólo para uno, sea le jefe de la tribu, el faraón, el rey, el emperador o el presidente. ¿Cómo se resuelve esta contradicción entre realidad humana y poder social que, en última instancia es el resultado entre ganadores y perdedores?

Por esta lógica, la hermosa diversidad tarde o temprano se reduce a una dicotomía, a una lucha de antagónicos y, acto seguido, debe simplificarse en aras de un triunfo en la disputa. La compleja diversidad se simplifica como un ejército o un equipo de fútbol en una final. Para ello, la fe en una narración se vuelven centrales hasta que las múltiples opciones desaparecen con un único y tal vez razonable objetivo: ganar, imponerse.

Saltemos unos milenos hasta los más actuales sistemas electorales de lo que llamamos "democracias liberales". Esta enorme diversidad debe reducirse a dos partidos. Siempre a dos. Siempre a un par, porque el poder (al menos la administración burocrática del poder) no acepta ser compartido. Como si la dicotomía estuviese en la raíz de los problemas más profundos de la especie humana, más o menos resuelta por la unidad de un dios o de una ideología que, a su vez, crea su opuesto, por las necesidades de los relegados del poder e, incluso, por la necesidad del poder de ejercitarse y justificarse en la lucha contra el opuesto—el representante del mal.

Una de las dicotomías más importantes plantadas en el debate histórico desde la Edad Moderna fue la falsa dicotomía *libertad vs. igualdad*. La idea simplista que, como una pandemia inoculó la mente de miles de millones de individuos a lo largo del planeta, asumía que la lucha por la *igualdad* destruía la *libertad* individual. Esto evitó que la idea más justa y razonable de la "igual libertad" fuese siquiera considerada. También evitó que se considerase una dicotomía ampliamente practicada: la *libertad vs. seguridad*. Aunque todos queremos asegurarnos las dos, libertad y seguridad, la historia de los fanáticos de la *seguridad* se han ensañado con los defensores de la *libertad*. El proceso natural fue secuestrar a ambos ideoléxicos monopolizados en una minúscula clase social, cuyos enemigos eran los de abajo, aquellos que lo cuestionaban o desafiaban. Para proteger su *libertad* (privada), los de arriba se especializaron en ejercer la *seguridad* contra los de abajo. Se secuestró ambas aspiraciones creando una nueva dicotomía: nosotros vs los enemigos del *orden* y la *libertad*.

Así, con frecuencia los pares de opuestos (feudalismo vs monarquía en la Inglaterra del siglo XVI) orbitaron uno sobre el otro hasta fusionarse como dos estrellas para volver a crear nuevos pares de opuestos con sus respectivas fuerzas gravitatorias (liberales vs comuneros en el siglo XIX).

COMPAÑÍAS Y CORPORACIONES

El secuestro de las democracias

EN 2015, EN UNA DE LAS REUNIONES CON "LA TROIKA" (el BCE, el FMI y la Comisión Europea), el por entonces ministro de economía del nuevo gobierno de Grecia, Yanis Varofakis, presentó un pedido de renegociación sustancial del llamado "programa económico griego" y reclamó la devolución de alguna soberanía económica para su país. El ministro de finanzas alemán, de la canciller Angela Merkel, Wolfgang Schäuble le advirtió: *"No está permitido que las elecciones cambien el programa económico de un estado miembro"*. Más tarde, otros miembros de otros países de la CE trataron de amenizar la advertencia: *"Yanis, debes entender que ningún país puede ser soberano hoy. Sobre todo uno pequeño y en bancarrota como el suyo"*.[453]

Las similitudes del sistema dominante actual con otros que le precedieron, como el feudalismo, la esclavitud y el colonialismo son, por lejos, mucho mayores que las percibidas por la población a través de los medios. Las realidades cambian mucho menos y mucho más despacio que los discursos que las crean y encubren. Las orgullosamente llamadas democracias del siglo XIX no solo estaban asentadas en el sistema esclavista sino que su sistema político exigía que, para votar o ser votado, los ciudadanos debían ser propietarios.

La excusa por entonces y de una forma más encubierta hoy es que sólo quienes tienen intereses materiales tienen algún sentido de la responsabilidad. La idea de *responsabilidad* es el comodín de los políticos que a lo largo de las últimas generaciones han ganado elecciones por izquierda y gobernado por derecha. También la condición de propiedad privada transmutó para continuar dictado las políticas convenientes de los propietarios. Pero no a cualquier propietario, ya que hoy la propiedad privada es casi universal en nuestro mundo capitalista y hasta un pobre obrero organiza su vida entorno a esa realidad, sólo que su capital es un auto y una casa, la que por lo general termina de pagar poco antes de jubilarse. Con frecuencia, ni eso. La elite propietaria que antes decidía las elecciones, por ley primero y por dinero después es ahora la elite corporativa y financiera. Como en el siglo XIX, las elecciones son compradas por los donantes millonarios hasta en los países más poderosos que se presentan como grandes democracias, como Francia, Inglaterra o Estados Unidos, en los cuales existe una simbiosis entre democracia política y dictadura económica. Por si fuese poco, el sistema económico mundial es aún más tiránico, ya que ni siquiera tiene un sistema político que pueda amenazarlo con algún límite. Lo más parecido a un sistema político mundial, la ONU, es un perro sin dientes dominado por los criterios, antojos e intereses de las potencias vencedoras en la Segunda Guerra Mundial.

Otra realidad actual es una herencia aún más antigua. Las corporaciones actuales funcionan como feudos medievales por los cuales los señores dueños de vidas y tierras se reparten los reinos cuyas coronas, sus gobiernos, poco pueden hacer para limitar su poder. En algunos casos, plataformas como Facebook o Twitter se han convertido en feudos globales donde sus cientos de millones de habitantes viven, consumen, producen contenido gratis, realizan transacciones, se informan, son expuestos a las noticias que deciden las reglas del reino gobernado por un solo hombre, sea Mark Zuckerberg o Elon Musk con su corte CEOs, administradores y "moderadores". Esos feudos globales son propiedad privada de un puñado de hombres que no reciben órdenes de sus sirvientes y mucho menos son elegidos por ellos.

Ésta es sólo la radicalización de una tradición que, a partir de 2007 llevó a que el 90 por ciento de los capitales de Wall Street estén en manos de tres grupos de inversiones llamados The Big Three (solo BlackRock, Vanguard y State Street suman 22 billones de dólares en capitales, el PBI de Estados Unidos).[454] Pero las corporaciones también están en los comités de redacción de leyes, son importantes donantes de los candidatos de los dos partidos en perpetua disputa, gracias a las leyes y a las decisiones judiciales que, por ejemplo, en 2010 eliminaron el tope máximo de donación permitido a las corporaciones (a través de Super PACs) bajo el argumento de que atentaba contra la libertad de expresión (*Citizens United v. Federal Election Commission*). Irónicamente, la demanda ante la Suprema Corte a favor de las grandes corporaciones fue realizada en nombre de una "organización independiente" llamada *Ciudadanos Unidos*, cuando los ciudadanos de este país estaban en contra de la propuesta de Ciudadanos Unidos. En países como Argentina, la donación de las empresas y sindicatos también estuvo prohibida, mientras que la donación de individuos estuvo limitada. Esto se cambió en 2019, aunque las donaciones todavía deben ser públicas, problema que el sistema electoral estadounidense solucionó con el secreto.

Como ya detallamos en otro momento, y según diferentes estudios académicos, prácticamente todo el sistema político, incluidos legisladores, presidentes y jueces, está a favor o bajo presión de las principales corporaciones. Pero este poder no se limita a las fronteras nacionales de aquellos países en los cuales tienen residencia declarada y personería jurídica reconocida. Su poder se extiende de diferentes formas al resto del mundo, tanto financieras como legales. También detallamos casos de extraterritorialidad judicial, como el que en 2018 afectó a la ejecutiva de la empresa china Huawei, Meng Wanzhou.[clx]

Gracias a las leyes aprobadas bajo extorciones en los gobiernos, nacionales y extranjeros, las corporaciones privadas poseen inmunidad y hasta soberanía, mucho más soberanía que los mismos Estados soberanos, ya que pueden demandar a gobiernos pero no ser demandadas por éstos. Gracias a su poder financiero, los países atrapados en la telaraña de deudas y en la necesidad de desarrollo eternamente interrumpido por las superpotencias noroccidentales hacen hasta lo imposible por atraer sus inversiones y luego por mantenerlos contentos para que no se vayan. Como los tratados de libre comercio que estas mismas corporaciones logran que los gobiernos firmen sin conocimiento popular (y cuyas negociaciones sólo se conocen cuando ocurre una filtración, como la de WikiLeaks en 2013) suele establecer la libertad casi absoluta de los capitales de invasión, su poder de extorción es máximo: cuando se les antoja, entran en un país y, cuando algo no les gusta, como algún derecho ganado por los trabajadores, se van sin avisar, descalabrando la economía de países grandes y chicos.

Cualquier forma de regulación que limite esta "libertad de inversión" para asegurar condiciones de estabilidad para los países cautivos, es saboteada como una amenaza contra "la libertad" y el "libre mercado", propia de los fracasados países comunistas, etc. El mismo Banco Mundial, cuyo declarado propósito es ser un "*banco de desarrollo*" para países "*apoyar con préstamos a los países subdesarrollados*", no sólo no tiene expertos en desarrollo en su cúpula sino que trabaja para los especuladores financieros, demostrando que, en la práctica, su verdadero objetivo son los negocios de las corporaciones y la protección de los grandes capitales. Con regularidad, el Banco Mundial publica rankings de países según su docilidad ante los inversionistas trasnacionales —uno de los tantos rankings mundiales dictados por el norte según sus intereses y de los que el Sur Global debe liberarse. Su publicación principal, *Doing Business*, alerta en tiempo real a los especuladores cada vez que

---

[clx] El primero de diciembre de 2018 Meng Wanzhou, ejecutiva de la empresa china de telecomunicaciones Huawei e hija de su fundador, fue detenida en Canadá en tránsito hacia México por agentes estadounidenses bajo la acusación de haber hecho negocios con Irán, en violación con las leyes de Estados Unidos... Luego fue acusada de por fraude y sobreseída en 2022, año en que pudo regresar a su país. ("El verdadero fraude financiero". *Rebelión*. Majfud, Jorge. 2019: rebelion.org/el-verdadero-fraude-financiero/)

un país se aparta un centímetro del dogma corpofeudal: en América del Sur el congreso del país X ha aprobado un proyecto de ley reconociendo un derecho laboral; en África, el país Y enfrenta manifestaciones populares contra el dictador amigo N; en Asia, una encuesta sugiere que el 60 por ciento de la población de Z está a favor de la regulación bancaria; etc. Los países con salario o con impuestos a las corporaciones mínimo son ranqueados bajo en este índice de libertad. Whisky en una mano y el mouse en la otra, los inversores mueven sus capitales de un país a otro generando el "pánico de los mercados" en los países X, Y y Z y sus políticos criollos explican la crisis por "la falta de libertad de los mercados" y, como suele decir el escritor Mario Vargas Llosa, por "no estar en el camino correcto" y "por no votar bien" a favor de la libertad, del desarrollo y de la prosperidad capitalista que, si por algo se ha destacado a lo largo de cuatro siglos es en promover la riqueza (desarrollo) de las potencias colonialistas y la muerte y la miseria (subdesarrollo) en los países colonizados.

Mantener la opinión pública dentro de ciertos márgenes es conveniente pero no una condición necesaria. Si la opinión de la gente contradice los intereses de las corporaciones, los políticos, deudores de fortunas en donaciones, favorecen a sus donantes. Luego la prensa se encargará de sermonear a la ciudadanía y convencerla de que fue por su propio bien. O simplemente la distraerá con alguna guerra, con alguna disputa sobre sexo y familia ajena o con programas de entretenimiento que aseguren una amnesia segura hasta las próximas elecciones.

En 2014, los profesores Martin Gilens de Princeton University y Benjamin I. Page de la University of Northwestern analizaron datos de más de 20 años de procesos legislativos para responder una pregunta muy simple: "¿El gobierno representa a la gente?" [455] En su exhaustivo estudio, encontraron que las leyes aprobadas en el Congreso de Estados Unidos ignoraban o iban en contra de la voluntad de la población ubicada en el 90 por ciento inferior en la escala de ingresos. En otras palabras, si en un tema político la gente fuera del diez por ciento más rico estaba a favor de una opción, los legisladores aprobaban la ley que iba en contra de esta opinión. El mismo estudio identificó los sectores más influyentes y sus donaciones: Farmacéuticas 2,16 mil millones de dólares; Energía, 2,93; Defensa 1,26; Finanzas 3,29; Agronegocios 1,21; Comunicaciones 3,50... *"Solo en los últimos cinco años, las 200 empresas políticamente más activas de Estados Unidos gastaron 5,8 mil millones de dólares para influir en nuestro gobierno mediante contactos y a través de donaciones a las campañas de los políticos. Esas mismas empresas obtuvieron 4,4 billones de los impuestos, lo que significa un retorno de 750 veces su inversión. Ellos invierten miles de millones para influir en el gobierno de Estados Unidos y a cambio nosotros les damos billones"*.[456] El resto de las donaciones por parte de millonarios y corporaciones se destina a propaganda para consumo del pueblo y para lavar sus túnicas de ángeles de la guardia. Starbucks, por ejemplo, realizó donaciones caritativas a los pobres en Kenia mientras era acusada de pagar salarios de miseria a los cultivadores de café. Lo mismo hizo Coca-Cola en Guatemala resistiendo los sindicatos azucareros. En un tweet del 23 de abril de 2023, Elon Musk presumió ante el escritor Stephen King: *"He donado 100 millones de dólares a Ucrania, ¿cuánto has donado tú?"* [457]

Esta lógica no nace en Estados Unidos pero es aquí donde se desarrolla y se proyecta al resto del mundo. Bastará con considerar un solo ejemplo entre cientos. Al mismo tiempo que Washington endurecía el embargo y el discurso contra Cuba, los directivos de Disney enviaban a Henrry Kissinger a China para convencer al gobierno de darles un pase libre a su gigantesco mercado. Finalmente se llegó a un consenso: Disney iba a maximizar sus beneficios en China al tiempo que se comprometía a no producir algo que incomodase al gobierno comunista.[458]

En la historia casi nada desaparece de un día para el otro, ni siquiera por una fulminante guerra mundial como la Segunda Guerra mundial o la conquista de las Américas contra las culturas y civilizaciones precolombinas. No por casualidad el auge de las corporaciones privadas surge al mismo tiempo que el sistema esclavista es abolido en las leyes. El 11 de marzo de 1889, el expresidente Rutherford Hayes ya denunciaba que el gobierno de Estados Unidos se había convertido en un instrumento de los millonarios y de las grandes corporaciones: *"El dinero es poder. Es poder en el Congreso, en los Estados, en los ayuntamientos, en los tribunales, en las convenciones políticas, en la prensa, en las iglesias, en la educación—y la influencia del dinero es cada vez mayor (…) El problema radica en la gran riqueza y el poder en manos de unos pocos inescrupulosos que controlan los capitales. En el Congreso nacional y en las legislaturas estatales se aprueban cientos de leyes dictadas por el interés de estos hombres y en contra de los intereses de los trabajadores… Este no es el gobierno del pueblo, por el pueblo y para el pueblo. Es un gobierno de las corporaciones, por las corporaciones y para las corporaciones"*. Luego advirtió: *"La riqueza excesiva en manos de unos pocos significa pobreza extrema, ignorancia, vicio y miseria de unos muchos… Si el pueblo estuviese debidamente informado, si pudiese entender cuál es el problema, seguramente buscaría la solución… Una solución sería, por ejemplo, poder aprobar leyes que regulen el poder de las corporaciones, de sus propiedades… de los impuestos que pagan"*.[459]

Siguiendo la tradición de *liberalismo económico-conservadurismo social*, a fines del siglo XIX el sistema esclavista se continuó por el primer liberalismo y a pesar del segundo. Antes que cambiaran roles nuevamente en el próximo siglo, no fueron los liberales (económicos) sino los conservadores quienes se opusieron inicialmente al crecimiento y dominación de las corporaciones privadas, a lo que llamaron "*retorno al feudalismo*". En su libro *Rogue States* Noam Chomsky lo resumió de la siguiente forma: "*La crítica conservadora* (y) *John Dewey, el principal filósofo social de Estados Unidos, sostuvo que las formas democráticas tienen poca sustancia cuando 'la vida del país' (producción, comercio, medios) está gobernada por tiranías privadas en un sistema que llamó 'feudalismo industrial', en el que los trabajadores están subordinados al control gerencial, y la política se convierte en 'la sombra proyectada por las grandes empresas sobre la sociedad'*". En realidad Dewey "*estaba articulando ideas que eran moneda corriente entre los trabajadores desde hacía muchos. Lo mismo su llamamiento a la sustitución del feudalismo industrial por una democracia industrial autogestionada*".[460]

Poco a poco las corporaciones comenzaron un proceso de metástasis de su ideología y su dogma al resto del poder político primero y de las creencias populares después. A principios del siglo XX, durante el período que los historiadores llaman La era progresista (1896 a 1917, sobre todo por los nuevos movimientos sociales y antiimperialistas) no fueron los políticos progresistas sino los conservadores quienes se opusieron a la decisión de la Crote Suprema de reconocer a las corporaciones como personas de derecho. Casi al mismo tiempo se creaba uno de sus brazos públicos, la Reserva Federal, sin el control del pueblo.

Algunos conservadores consideraron este paso como una vuelta al feudalismo medieval. En realidad, no sólo estaban en lo cierto en sus efectos sino en sus orígenes: la misma palabra corpus deriva del latín cuerpo y, durante la Edad Media, varias asociaciones de intereses eran reconocidas como personas con derechos. Entre ellas la iglesia. Pero las nuevas corporaciones imperiales, como la británica East India Company, se convirtieron en empresas privadas con personería jurídica.

En 1886 la Suprema Corte decidió que las corporaciones estaban amparadas en le enmienda 14 de la constitución que había reconocido pocos años antes que los negros también eran ciudadanos. Si los negros lo son, ¿por qué no las corporaciones? En 1917 se prohibió que las corporaciones donaran a las campañas políticas. Su promotor fue el senador demócrata de Carolina del Sur Ben Tillman, un supremacista blanco y paramilitar y aficionado al linchamiento de negros libres y opositor al derecho de las mujeres a participar en las elecciones. Por entonces, los racistas estaban en desventaja económica con sus enemigos del norte industrializado. Pero, como lo indica nuestro modelo de Progresión Inversa, los bandos irían a cambiar otra vez de signo a finales del siglo XX y los más férreos defensores de la libertad del dinero en política serán los conservadores, ahora republicanos. El juez ultraconservador negro, campeón de la lucha contra los derechos de gays y lesbianas en el siglo XXI, Clarence Thomas, se opuso a la ley Tillman por considerarla motivada por intereses contra las corporaciones que a principios del siglo XX simpatizaban con la causa de los negros y reformistas. En 1976 se reconoció que invertir dinero en política era parte de la "libertad de expresión" hasta que en 2010 la Corte Suprema abolió el límite de donaciones en base al mismo argumento. Todo decidido en contradicción a la opinión pública que, al menos en este caso, no había sido convencida por la propaganda previa.

En la campaña electoral de 2012, el candidato republicano, el hombre de negocios Mitt Romney respondió a una crítica del público sobre derechos ciudadanos afirmando: "*amigo, las corporaciones son personas también*".

La ironía consiste en que esas corporaciones, reconocidas como personas, poseen más capitales que muchos países y, según las nuevas leyes aprobadas bajo la acción de sus propios lobbies, pueden demandar países soberanos mientras son protegidas con inmunidad de que países los demanden, porque en la práctica son individuos soberanos que deciden por encima de países donde tienen intereses económicos.

Esta casi impunidad legal no sólo los protege de juicios y demandas en países dependientes sino también previene cualquier forma de control popular a través de la opacidad de sus operaciones. Al ser empresas privadas, se mantiene el derecho al secreto y a las decisiones unilaterales. El problema radica en que no se trata de pequeñas empresas, como puede serlo una pizzería o un taller mecánico, sino gigantes que poseen más poder financiero que muchos países, aparte del poder legal que ya vimos. Los tratados comerciales amablemente llamado "tratados de libre comercio", a pesar de que de libres solo tienen la libertad de los ejecutivos y los inversores más importantes de esas corporaciones. La transparencia, base de cualquier control democrático y popular, brilla por su ausencia.

Luego de la crisis de los años 80 debido a la matanza de cerdos en Haití, requerida por Washington para prevenir un posible contagio de peste porcina de República Dominicana, el arroz se convirtió en el alimento y en el producto de mercado más importante del país. Para 1990, dos tercios de la economía de Haití dependía del arroz. En 1994, como fórmula mitológica de un libre mercado inexistente, los cultivadores de arroz de Haití se arruinaron en masa cuando el FMI y el presidente Bill Clinton los obligó a eliminar los aranceles a la importación de arroz. El acuerdo benefició a los arroceros de Arkansas, el estado natal del presidente Clinton, pero arruinó a los modestos arroceros en la media isla, por lo que muchos, desesperados, se arrojaron al mar para buscar trabajo en otras tierras. Muchos se hundirán en las aguas del Caribe y en el olvido del mundo desarrollado. Los que llegaron a Estados

Unidos fueron vistos como el ejemplo vivo y perpetuo de la corrupción, de la improductividad y de la falta de comprensión de la libertad del mercado.

Casi simultáneamente, se firmó el tratado NAFTA entre Canadá, Estados Unidos y México, se asoció la idea de libertad con el recorte de tarifas para la libre circulación de las exportaciones. La promesa era que esta libertad de mercado bajaría los precios de los productos y generaría prosperidad en ambos lados de las fronteras. No era secreto que la frontera seguía existiendo, y a partir del tratado de forma más impenetrable, para los seres humanos, sobre todo para los pobres que nunca son bienvenido a pesar de que la ley de la oferta y la demanda los moviliza de un país al otro y a pesar de todas las leyes que intentan evitarlo. El resultado fue estrictamente el opuesto al prometido. El precio del maíz, base de la alimentación y de la economía en distintos pueblos de México, irónicamente aumento como consecuencia de la importación de maíz más barato de Estados Unidos. Lógicamente, por la destrucción de la producción local, una tradición capitalista e imperialista que lleva siglos. El precio de las tortillas se duplicó en pocos años. En una década, casi veinte millones de mexicanos cayeron en la pobreza gracias a las bondades del libre mercado. La desnutrición infantil dejó marcas conocidas en al menos una generación. Dos millones de campesinos mexicanos debieron abandonar sus tierras, las que, como un siglo antes durante el régimen liberal y privatizador del Porfiriato, pasaron a manos de los hacendados más ricos, muchos de ellos extranjeros. La inmigración ilegal a Estados Unidos explotó y quienes no pudieron cruzar se alquilaron en las maquiladoras de la frontera por salarios de hambre. Como siempre, las mujeres fueron víctimas dobles de la necesidad: como obreras explotadas, como empleadas de servidumbre, como víctimas sexuales que, no en pocos casos, se usaba y tiraba en algún pozo. El mismo viejo y conocido negocio redondo de los de arriba. En una década, casi veinte millones de mexicanos cayeron en la pobreza gracias a las bondades del libre mercado.

Según la idea de soberanía de los países, los Estados no podían ser llevados a juicio. El régimen global de las corporaciones cambiaron esa incomodidad de la "inmunidad soberana" hasta revertirla. No sólo lograron demandar a Estados soberanos sino que se establecieron a sí mismos con derechos de inmunidad con cláusulas de "inmunidad de inversión". Como bien lo resumió Jason Hickel, *"las corporaciones tienen el poder de regular estados democráticos, en lugar de ser al revés [...] las corporaciones tienen el derecho de llevar a juicio a los Estados soberanos pero estos no tienen el mismo derecho de demandar a las corporaciones extranjeras; lo más que pueden hacer es abogar por una anulación de la demanda, pero no pueden demandar en base a daños y perjuicios"*.[461]

El mismo derecho de inmunidad protege a instituciones que operan como dictaduras transnacionales, con cero participación de algún pueblo, como el Banco Mundial y al FMI, no importa qué catástrofe hayan causado en uno o en decena de países. Cuando se produce alguna disputa legal, las deliberaciones se llevan a cabo en total secreto y los jueces que arbitran son abogados de las corporaciones privadas.

Los dos últimos proyectos de tratados de libre comercio son conocido como TIPP (Estados Unidos y Europa) y TPP (Acuerdo Transpacífico de Cooperación Económica), los cuales son similares al NAFTA pero sobre un área geográfica mayor, el último en la cuenca del Océano Pacífico. Los tratados, negociados en secreto, no consisten meramente en una reducción de aranceles, los cuales ya están muy bajos, sino en la extensión de los derechos de las corporaciones a hacer y deshacer a su antojo. Por algo es secreto. Los términos del acuerdo firmado a espaldas de los pueblos de las Américas y de Asia incluyen limitaciones a los derechos laborales y derechos medioambientales mientras se desregularizan las prácticas bancarias.

Como bien observa Hickel, *"lo más preocupante es que sólo sabemos en qué consisten esos tratados debido a una filtración"*.[462] Exactamente la misma y única razón por la cual conocemos algunas masacres por parte de los ejércitos y los drones civilizados en algún país lejano del siglo XXI. Sólo los representantes de 605 compañías tenían acceso a los términos del acuerdo. En 2015 se filtró una parte del acuerdo del TPP, gracias a lo cual sabemos que el proyecto de acuerdo incluía la eliminación de regulaciones sobre seguridad alimenticia, de salud y medioambiental.

En Estados Unidos, diferentes manifiestos firmados por decenas de profesores de economía protestaron contra este abuso de las corporaciones privadas sobre países soberanos. Como lo resumió Juan Fernández-Armesto el presidente de la Comisión Nacional del Mercado de Valores de España, *"a tres particulares se les concede el poder de revisar, sin ningún tipo de restricción o procedimiento de apelación, todas las acciones del Gobierno, todas las decisiones de los tribunales y todas las leyes y reglamentos que emanan del Parlamento"*.[463]

En 2005, la empresa canadiense Pacific Rim demandó al El Salvador porque sus ciudadanos votaron por prohibir la explotación de oro en sus comunidades para preservar sus ríos. La demanda por 315 millones, amparada en el Tratado de Libre comercio CAFTA, fue por "pérdida de beneficios". Lo mismo ocurrió en Ecuador con Occidental Petroleum, en Perú, para evitar demandas por el envenenamiento de niños en La Oroya, y en Uruguay, por la osadía del gobierno de prohibir los cigarrillos en espacios públicos, lo cual provocó una demanda de la tabacalera Philip Morris en base a leyes de Suiza, el país de residencia legal de la compañía. El senador socialista por Vermont,

Bernie Sanders, lo resumió así: "*la tabacalera Phillip Morris demandó a un pequeño país como Uruguay porque no le permitían ejercer su libertad de matar a sus jóvenes libremente*".[464] Por un lado son individuos con derechos y por el otro son Estados soberanos que deciden por encima de países semicoloniales donde tienen intereses económicos. En todos los casos son perfectas dictaduras trasnacionales.

En un siglo, si la civilización sobrevive a la catástrofe climática, nuestros descendientes (máquinas inteligentes incluidas) verán este tiempo de tiranía capitalista y corporativa como nosotros vemos ahora a los esclavistas del siglo XIX.

Ejemplos exitosos de neocolonialismo

EN BASE AL ESTUDIO QUE DESARROLLAMOS en este libro, podemos ver que la particularidad de los llamados Tigres Asiáticos, incluido el Vietnam comunista (ejemplos recurrentes de la propaganda neoliberal de El Uno y sus escribas) radica en que están en un sistema global financiero que premia a unos y castiga a otros de formas selectivas y diferentes. Todas las teorías, los "video-en-el-que-te-explicamos-en-cinco-minutos" y sermones mediáticos que ensalzan el milagro de estos países, omiten el rol que cumple cada parte en el todo, cada individuo, cada país en el actual sistema global—que, como vimos, no se diferencia mucho del sistema heredado de los siglos anteriores.

Como vimos en capítulos anteriores, el capitalismo global ama los esclavos, sean *chattel slaves* (esclavos de propiedad privada), *indentures* (esclavos a término) o esclavos asalariados (recursos humanos de uso flexible). Los contemporáneos Tigres Asiáticos son apenas cuatro países, dos dedicados a las finanzas debido a sus posiciones geográficas y de tránsito estratégicas y en su ubicación ideal de uso horario para la eterna continuidad de los mercados mundiales (Hong Kong y Singapur); los otros dos son manufactureros (Corea del Sur y Taiwán).

Los dos primeros son micro repúblicas que, como otras micro repúblicas o repúblicas virtuales, sirven al capitalismo financiero ultraliberal pero tienen gobiernos centrales que participan decisivamente en el proceso económico. Aparte de sus conocidas leyes medievales y de su autoritarismo y fuerte injerencia en el diseño macroeconómico del país, el gobierno de Singapur es dueño del 90 por ciento de las áreas habitables y participa en más de un tercio de las empresas importantes del país.

Lo mismo los otros dos tigres manufactureros, con la particularidad de que estos últimos, Taiwán y Corea del Sur, son receptáculos de inversiones tecnológicas. Londres y Wall Street necesitan esclavos manufactureros en países sin reservas minerales. Es decir, necesita que esos países tengan una producción obsesiva y esclavizada para la exportación de electrónicos, por ejemplo, al mismo tiempo que una educación superior a la media mundial—por supuesto, una cultura y una educación amoldada al utilitarismo, a la comercialización de la vida y, sobre todo, a los intereses de los centros financieros mundiales.

La exportación en masa de productos de alta tecnología (posterior a la masiva inversión de capitales y razón de "la prosperidad económica" de estas neocolonias) compensa la importación masiva de esos productos de los centros financieros, es decir, de los países consumidores, como Europa y, sobre todo, Estados Unidos. Si tuviesen materias primas apetecidas por el centro, como es el caso de África y América Latina, su educación sería deprimida tanto como las inversiones: como lo indica la historia, cuanto menos educada la población de países extractivos, más barata la mano de obra, más autoritaria y clasista su sociedad y más obedientes las masas que sufren esta condición en beneficio de las oligarquías criollas y de sus socios, los capitales y corporaciones extranjeras.

Los principales administradores de las inversiones, de la producción de dinero, de los bancos privados e internacionales, de la trasferencia de superávit de los países productivos al país hegemónico con el mayor déficit de la historia (Estaos Unidos), continúan residiendo en los actuales centros imperiales y, sobre todo, continúan beneficiando, antes que a nadie, a El Uno, a la oligarquía internacional, a ese club minúsculo de hombres que dominan las finanzas y la opinión global—aunque, claro está, nunca de forma absoluta.

El resto de los países en el Sur Global se dividen en dos tipos de colonias: (1) las economías estratégicamente endeudadas y con materias primas y (2) las fábricas del mundo con superávits, sin riquezas naturales pero con mano de obra abundante, con un nivel alto de educación utilitaria, es decir, igualmente esclava. Para ilustrarlo basta con estudiar las condiciones de vida de los trabajadores en Hong Kong o en Corea del Sur. Ni siquiera el Índice de desarrollo de la ONU es capaz de considerar estos factores cualitativos, concentrándose en factores fácil de cuantificar, como la educación (sin aclarar de qué tipo), la salud y el ingreso per cápita. China, por su particularidad demográfica, ha logrado colocarse en una tercera categoría; ni es una colonia del sistema ni es todavía el centro de un imperio financiero beneficiándose de la vampirización del resto del mundo, como ha sido la historia del capitalismo imperial.

Antes las industrias estaban en la metrópolis imperiales como Londres y Nueva York. Ahora están en la "industria financiera", también en Londres y Nueva york.

Fascismo y liberalismo

LUEGO DE LA EDAD MEDIA Y DEL RENACIMIENTO, el liberalismo occidental fue una consecuencia imprevista del reclamo de los señores feudales primero y de la burguesía después contra el poder absoluto de los reyes. Una vez erosionado el antiguo régimen de las monarquías, la discusión y los conflictos entre monarquistas y liberales continuó de diversas formas según los países y los tiempos. Los liberales, triunfantes de esta disputa, se encontraron con un problema, consecuencia de su propio éxito: ¿Qué hacer con las democracias liberales que habían defendido contra las monarquías? Claramente, la idea, lo libros y los discursos amenazaban a la nieva elite triunfante con los reclamos de los de abajo, de los trabajadores, del pueblo, del *demos* que reclamaba su parte de *cracia*.

     Es en este preciso momento (finales del siglo XIX, principios del siglo XX) en donde surge, se consolida la propaganda como instrumento de liberado, organizado, científico. Gracias a la propaganda, potenciada con los nuevos medios de comunicación (de propagación, como la rotativa a mediados del siglo XIX y la radio a principios del siglo XX), aquellos que poseían una ventaja abismal en su control hicieron posible el sueño de Stuart Mill, de los padres fundadores de Estados Unidos y de cualquier liberal a partir de finales del siglo XIX. Gracias a la propaganda, irradiada desde los centros del poder financiero de Occidente, las activas organizaciones sociales y populares como los gremios industriales estadounidenses fueron fácilmente demonizados y sus reivindicaciones secuestradas, como fue el caso de los mártires de Chicago (1886) o de las mártires de Nueva York (1908). Los primeros neutralizados con el abstracto "Día del trabajo" en el mes de setiembre, y las segundas con el "Día Internacional de la Mujer" que en sus inicios fue el "Día Internacional de la Mujer Trabajadora". Otro secuestro y neutralización ideológica propia de la propaganda cultural. La demonización de los trabajadores (como durante el periodo de la esclavitud lo fue la demonización de los esclavos) alcanzó hasta las raíces de la cultura popular, como lo demostró mi amigo Ariel Dorfman en *Para leer al Pato Donald* (1971): en Disneylandia no existen ni los padres ni los trabajadores, y cuando existen, son delincuentes, como es el caso del único trabajador que aparece, "El lobo" que injustamente amenaza la enorme fortuna de Tío McPato. Disfrutamos de esas historias cuando niños.[clxi] El objetivo de las minorías históricas en el poder, desde los señores

---

[clxi] En 2009, una de mis estudiantes afroamericanas de Lincoln University, en Pensilvania, me dijo que tanto las barbies como las historias de Walt Disney no deben ser politizadas porque son historias para niños. Precisamente, porque *son para niños*

feudales hasta los señores financieros, no es otro que mantenerse en el poder y, para ello, necesitan de un discurso legitimador. Siglos atrás, en Occidente, ese discurso apelaba a la legitimación de Dios. Actualmente, sobre todo luego de la Ilustración y del éxito del liberalismo, ese discurso se centra en otras arbitrariedades, como la *meritocracia* o en flagrantes contradicciones como la *libertad* y la *democracia*.

En teoría, el fascismo y el liberalismo son opuestos. Sin embargo, hace décadas que el neoliberalismo (económico) logró poner en un mismo combo un menú diverso. Así, en un mismo partido iban los capitalistas y belicistas más radicales justo con los cristianos que no tenían nada que ver con el Jesús de los Evangelios, sino más bien con Judas, alguien que podía vender a su propio amigo por treinta monedas de plata. Así, defender a Jesús implicó defender a los mercaderes injustamente expulsados del templo y meter al maldito camello por el ojo de la maldita aguja y a los imperios que crucificaron a otros rebeldes. Los señores del dinero, los directorios de corporaciones que desparramaron dictaduras bananeras por todo el mundo y dictaduras legalizadas en sus propios países, todo en nombre de la libertad y la democracia como en tiempos de la esclavitud, lograron unir las dos ideologías opuestas. Los neoliberales de la última mitad del siglo XX son los libertarios de hoy y beben en el bar con neonazis y neofascistas con total comodidad.

Uno de los mogules del neoliberalismo junto con su amigo Milton Friedman, Friedrich von Hayek, visitó el Chile de Pinochet varias veces y le recomendó el nuevo modelo chileno a Margaret Thatcher. Como Friedman y como Harberger, Hayek decidió abandonar eso de la democracia como principio y lo convirtió en lo que para muchos siempre fue: una excusa y un instrumento. *"Prefiero una dictadura liberal a una democracia que no respete el liberalismo"*, declaró el 12 de abril de 1981 a *El Mercurio*, el diario de Agustín Edwards, protagonista del boicot contra Allende y preferido de la CIA por décadas para plantar sus editoriales.[465]

Uno de los íconos del liberalismo, John Stuart Mill, consideraba que era necesario que el voto de las clases altas, de los propietarios y de los educados valiese más que el de las clases populares, vulgares. Nada diferente pensaban los fundadores de la democracia estadounidense y, no por casualidad, eso se refleja en el sistema electoral, según el cual un voto puede valer la mitad o el doble que otro, dependiendo del estado en que se deposite, y de

---

(como lo debe saber cualquier religión) son de crucial importancia proselitista para la adoctrinación de las generaciones por venir, desde aquellas que disfrutan ciertos privilegios en la nación imperial como las otras que residen en las colonias y neo colonias del llamado, despectivamente, mundo subdesarrollado.

la estructura de poderes legislativos que subsiste hoy en día, como el colegio electoral y el poder desproporcionado de estados despoblados en el senado.

Las democracias liberales fueron secuestradas por la ideología de los capitales, por el dictado de las corporaciones y por las decisiones secretas de las poderosas agencias secretas. La ideología liberal ha reducido el derecho del pueblo a gobernarse según sus propios intereses al derecho a votar. El derecho al voto universal no equivale a tener el control de la economía y, por lo tanto, el control de la narrativa social. Porque una cosa es tener un derecho y otra es tener la posibilidad.

Fascismo, narcisismo colectivo y el miedo a la libertad

LAS INVESTIGACIONES PSICOLÓGICAS SOBRE NARCISISMO en las últimas generaciones no han llegado a una conclusión clara. Tal vez porque todas, aunque buscan entender un fenómeno colectivo, se centran en el estudio de individuos.

La discusión es menos ambigua cuando, por ejemplo, consideramos los nuevos medios de comunicación que se benefician económicamente de "la globalización del yo", aunque sea tan fugaz como una pompa de jabón, representada en prácticas obsesivas como las *selfies* y la publicación de hechos personales e irrelevantes, algo ausente en las generaciones anteriores a excepción de las vedettes y de algunas pocas celebridades. Si antes un hecho ocurrido en el barrio no era real si no aparecía en la televisión, hoy la experiencia de felicidad por un viaje o por el nacimiento de un hijo no es real (o no es completa) si el individuo no se lo cuenta al mundo entero. Así, al mismo tiempo que las relaciones comunitarias desaparecen, el ego narcisista se disuelve en el espejo de una comunidad anónima, inexistente.

Existe un entendido popular de que tanto en el comunismo como en el fascismo el individuo desaparece. Paradójicamente, la narrativa es la contraria cuando se refiere al individualismo capitalista. Pero individuo e individualismo, como libertad y liberalismo no son equivalentes sino opuestos. El neofascismo tiene más que ver con los segundos. Veamos.

En *El miedo a la libertad*, Erich Fromm adelantó en 1941 la idea de que el individuo escapa de la incertidumbre renunciando a su libertad y poniéndola en manos de una autoridad o de una creencia. Por ejemplo, la predestinación calvinista como solución a la inestabilidad creada por el capitalismo. Esta ha sido una práctica común por milenios: el individuo pone su fe en un profeta o en un sistema religioso y calma así su ansiedad ante la posibilidad de cometer un error capital, sea en este mundo como en el más allá (nos detuvimos en esto en *Crítica de la pasión pura*, 1998). De la misma forma, el ritual, opuesto a la festividad, es la necesidad de poner *orden* y *predictibilidad* en un mundo impredecible y fuera de control. También la obsesión fascista sobre el pasado es el miedo al futuro de un presente inestable.

Los estudios psicológicos actuales no consideran el narcisismo colectivo, tribal (el neofascismo) que, en cualquier caso, no trasciende nunca las fronteras nacionales porque se define en su necesidad de combatir un antagónico que supone una amenaza a la existencia de su tribu. De ahí su recurrente obsesión a los símbolos y rituales: banderas, escudos, eslóganes, juramentos, tatuajes, ceremonias de iniciación, de salvación, gritos, gesticulaciones y todo tipo de lenguaje primitivo, no verbal. Al fin y al cabo, no dejamos de ser primates caídos de los árboles.

La mayor expresión de narcisismo colectivo en la historia es el nacionalismo. En sus orígenes no estaba tan definido por fronteras como por una etnia. Luego, como colección de etnias, por una religión. Todos los pueblos fundados en el nacionalismo se definieron como elegidos por sus dioses. El más conocido por la tradición occidental es el pueblo hebreo y, más recientemente, los imperios modernos, desde el inglés hasta el Destino manifiesto del Estados Unidos en plena expansión territorial durante el siglo XIX.

Este narcisismo colectivo se agrava en tiempos de crisis, como ocurrió en Europa hace un siglo: la inestabilidad económica, el orgullo herido y la propaganda de los nuevos medios conformaron la tríada perfecta y necesaria para el resurgimiento cíclico del fascismo. El fascismo necesita mirar hacia el pasado y ver hechos mitológicos que nunca existieron o fueron magnificados como santos, heroicos y grandiosos. Es la psicología de la inestabilidad y del miedo en búsqueda de la solidez de un pasado fácil de manipular por el deseo y la propaganda.

Hoy la propaganda de la radio ha sido sustituida por la propaganda de los medios digitales, de las redes sociales. Si bien como principio el fascismo no es ideológicamente consistente con el capitalismo y menos con el liberalismo clásico, ambos, capitalismo y liberalismo se han casado, una vez más, con el fascismo como lo hicieron antes con el imperialismo. Es la conciencia de la decadencia nacional, de la pérdida de los privilegios simbólicos, como la de un trabajador empobrecido o de un mendigo orgulloso de su imperio.

Ahora, si consideramos qué relación tienen los dos datos más duros de la realidad actual, por un lado (1) el surgimiento de la extrema derecha fascista y nacionalista y (2) la hiper concentración de los capitales y del poder financiero en grupos e individuos que se cuentan con los dedos de una mano, creo que es razonable concluir que la popularidad del fascismo no es necesariamente consistente con la hiper acumulación económica del capitalismo, pero es *la mejor forma* de bloquear cualquier cuestionamiento a esa realidad, demonizando y aplastando cualquier crítica y, sobre todo, cualquier opción política o social que la amenace.

La concentración de capitales no solo es una característica fundacional del capitalismo desde el siglo XVII sino que, como cualquier otro sistema anterior, es concentración de poder. El dinero no es inocente y mucho menos cuando acumulado en el centro hegemónico global suma más riqueza que muchos países enteros.

Esta riqueza debe protegerse y expandirse, y para ello necesita del poder político. Necesita administrar las leyes y los ejércitos más poderosos del mundo a nivel internacional y los ejércitos criollos a nivel nacional. Pero este poder político, tanto en las democracias, en las semi democracias y en dictaduras tradicionales necesita controlar la opinión pública, tanto para elegir candidatos obedientes detrás de una máscara histriónica, como para evitar masivas protestas sociales.

Es aquí donde se establece la relación entre fascismo y medios de comunicación. La dictadura es perfecta. Mientras las plataformas de "redes sociales" dedican el uno por ciento al pago de salarios y hacen que mil millones de personas trabajen gratis para unos pocos señores feudales, los *usuarios-usados* lo hacen felices, sintiendo que tienen libertad y publican lo que quieren. Sienten que sus hábitos e ideas son espontáneas, no inoculaciones de un sistema dictatorial.

La raíz del problema está en la estructura de acumulación de riquezas, de consecuente y conveniente producción de miedo, deseo e insatisfacción, una de las industrias más prolíficas del actual sistema capitalista.

Las opciones a este orden son dos: (1) se revierte de forma progresiva la hiper acumulación y el paisaje político, social e ideológico cambia radicalmente o (2) se llega a una crisis total de la civilización (económica, social, ecológica) y los humanos son obligados a adaptarse y sobrevivir sobre las ruinas de un sistema hasta que encuentren otra forma de volver a empezar.

La primera opción, la gradualista, es demasiado racional para una mentalidad autocomplaciente. Es decir, es la más improbable. La segunda, la más dolorosa, es la más común en la historia de la humanidad. Es decir, la más probable.

Low tech

Luego del 11 de setiembre de 2001, muchos analistas apuntaron a las ventajas de la *low tech* (baja tecnología o tecnología no sofisticada) para combatir un mundo tecnológicamente super desarrollado. Sin embargo, al menos en este tema, Al Qaeda y ISIS pertenecen a mundos opuestos. Por algún tiempo, el éxito proselitista y estratégico de ISIS se basó en la alta tecnología digital de sus numerosos miembros y voluntarios de la generación Millennials o Generación del milenio.

Es imposible que los humanos puedan competir con los futuros bots y los creadores de realidades provistos con Inteligencia Artificial. Sería como pedirle que los capeones olímpicos de natación compitan con los delfines a mar abierto. En el futuro, las luchas (sino las guerras) contra la elite financiera y tecnológica y, posiblemente más tarde, contra las inteligencias artificiales independizadas de los humanos, se dará en el terreno de las Low Tech. Es decir, cuanto más primitiva sean los medios de comunicación (una hoja de papel) y las formas de pensamiento (una conversación cara a cara en algún rincón de una montaña o de una playa desolada) más efectiva. Cuanto más primitivo sean los medios y las herramientas contestatarias o de resistencia, más libres y, por lo tanto, más poderosas.

Desde la prehistoria, la creación y dominio de la opinión pública siempre fue crucial para el poder de turno. ¿Cuál es la diferencia en nuestro tiempo? La diferencia radica en que miles de millones de individuos alrededor del mundo están armados con los instrumentos de dominación, de resistencia y de liberación. Lo cual, políticamente hablando, es como caminar en una cuerda floja: para un lado, la manipulación total de una elite poderosa; para el otro la liberación de esos mismos poderes con intereses especiales.

Por esta misma razón, la importancia de los ejércitos tradicionales se reducirá de forma dramática, dejando lugar a los oscuros e invisibles manipuladores de un lado y los rebeldes hackers del otro.

VII. ¿ES POSIBLE OTRO MUNDO?

POSIBLE E INEVITABLE

Cambio de modelo civilizatorio o extinción

TODOS SABEN QUE UN ESPECTÁCULO de fuegos artificiales está llegando a su fin cuando se intensifica la descarga de pólvora. Como hemos visto, capitalismo y merado no son la misma cosa, aunque el capitalismo ha mercantilizado la vida humana. El mercado capitalista no es el libre mercado sino un dogma que justifica la extracción y concentración de una minúscula clase dominante; no puede encargarse de la economía de sus países y mucho menos de sus propias externalidades y de los problemas sociales y ecológicos que ha creado. El destructivo y anacrónico dogma del crecimiento ilimitado del PIB nace en los años 30 pero es consecuencia de la misma naturaleza del capitalismo que se desarrolla y sobrevive vampirizando a la humanidad con el objetivo de mantener una perpetua acumulación de capitales, desde la expulsión de los campesinos en Inglaterra en el siglo XVI, pasando por la destrucción masiva de sus colonias imperiales en Asia y África, la esclavitud en América, las guerras y las dictaduras de todo tipo alrededor del mundo, hasta las deudas y el permanente bloqueo de cualquier sociedad que no se alinea a su arrogancia de amos y señores del mundo. Actualmente, estamos consumiendo un 60 por ciento más de lo que el planeta puede resistir sin daño ecológico. El planeta posee la capacidad de destinar la producción de 1,8 "hectáreas globales" para cada uno de sus habitantes. Guatemala consume 1,8 hectáreas por habitante pero los países desarrollados en Europa necesitan 4,7 y Estados Unidos y Canadá llegan a 8.[466] En este momento, ya nos encontramos en la sexta mayor extinción de especies del planeta. La última ocurrió hace 66 millones de años debido al impacto de un meteorito gigante.

En 1995, en una conversación con Carl Sagan, el biólogo Ernst Mayr afirmó que es improbable que los seres humanos duremos mucho tiempo más como especie, ya que, por nuestra inteligencia, somos una mutación letal. Por otra parte, el promedio de vida de una especie, de las miles de millones de especies que han existido, es de unos 100.000 años, lo que es más o menos la extensión de tiempo que los humanos modernos han existido.[467] El optimismo de los críticos de Mayr de entonces casi ha desaparecido hoy. No sólo la catástrofe del cambio climático ha pasado de ser una mera "teoría conspiratoria" y la poderosa propaganda de las corporaciones asociadas al petróleo y el consumismo ya no es tan efectiva ante la abrumadora evidencia, sino que desde hace pocos años se ha agregado una segunda amenaza a la especie humana, al menos en la conciencia colectiva. Ya no sólo la inteligencia humana es "una variación letal" sino que, por si fuese poco su mayor novedad es una variación artificial que pronto se convertirá en una nueva naturaleza: la inteligencia artificial, la cual no es simplemente una alarma de filósofos y novelistas sino de los mismos involucrados en su negocio y desarrollo.

Como ejemplo, basta considerar la advertencia colectiva de 130 ingenieros y CEOs de OpenAI, Google Deepmind, Anthropic entre otros gigantes advirtiendo que los sistemas futuros podrían ser tan mortales como las pandemias y las armas nucleares, representando un "riesgo de extinción" real de la especie humana.[468]

Tanto las advertencias científicas sobre la catástrofe climática ya eran conocidas durante los 60s y 70s sino también propuestas como la necesidad de repensar el mito del "crecimiento ilimitado" y la peligrosa falacia de mediciones como el PIB. En 1972, un colectivo llamado el Club de Roma propuso establecer los límites en el crecimiento económico.

Es posible que nos encontremos en esta etapa de la hegemonía del capitalismo, lo cual no significa que ocurra un colapso semejante a la Unión Soviética en 1990 la que, como su nacimiento en 1917-1922, fue el resultado más de decisiones de una minoría que del proceso histórico de un sistema que se apaga y es, lenta y progresivamente, reemplazado por otro, como lo indica la historia en todos los casos y parece desprenderse de los escritos del mismo Marx.

El capitalismo todavía es el sistema dominante y, probablemente, lo será por algunas generaciones más, pero no existe y nunca existió en estado puro. De hecho, el capitalismo se benefició del feudalismo, primero en Europa y luego en las colonias bajo su poder imperial y extractivo. Es más, el capitalismo no hubiese sido posible sin la parasitación de los espacios no capitalistas, de las regiones que se mantuvieron bajo regímenes feudales y absolutistas, como las dictaduras coloniales o neocoloniales.

Desde su nacimiento en la Inglaterra del siglo XVII hasta un par de siglos después en la misma Europa, el capitalismo debió convivir con los vestigios del feudalismo y del posterior absolutismo monárquico. La Revolución Rusa es un salto del feudalismo y del zarismo al comunismo de Estado (una de las tantas variaciones del comunismo) sin casi pasar por el capitalismo, de no ser por unas décadas de burguesía muy minoritaria. Lo mismo podemos decir del feudalismo latinoamericano en el siglo XX, lo que de paso prueba que el orden de sistemas vividos en el centro dominante del mundo no tiene por qué necesariamente reproducirse en el margen.

En su necesidad de acumular y monopolizar, este sistema dominante todavía hoy convive con el sistema feudalista, como hasta el siglo XIX convivía y se beneficiaba del sistema esclavista. Basta con recordar el desarrollo de las textiles algodoneras en Inglaterra gracias a la expansión de la esclavitud en Estados Unidos sobre inmensos territorios robados a México, aun cuando Inglaterra había ilegalizado el tráfico de esclavos.

El feudalismo todavía funciona en regiones como África y América Latina. Por siglos, los terratenientes criollos y extranjeros se encargaron (y se encargan) de mantener una población lo suficientemente alejada de una educación mínima, libre del sermón social y la propaganda mediática, que podría no solo encarecer la mano de obra barata sino también podría multiplicar los conflictos a través de una mayor conciencia de clase, de una mayor conciencia sobre la injusticia social a la que son sometidos los individuos y los pueblos en beneficio de sus elites criollas y de sus principales socios del centro hegemónico global (el estratégicamente llamado "mundo desarrollado").

Pero el feudalismo, el primer enemigo conocido del capitalismo, no es su único asistente. Uno de sus más feroces críticos y adversarios, surgido de la Revolución industrial en Europa pero conocido por siglos en otras regiones colonizadas del mundo, es el socialismo, en sus diferentes versiones. Aparte de su todopoderosa propaganda mediática y cultural, el éxito del capitalismo y su existencia misma se debe a que toma las ganancias de sus riesgos y le deja los problemas sociales derivadas de su éxito al socialismo: escuelas públicas, servicios de salud estatales, sistemas de seguridad social estatales, bancos nacionales que aparecen siempre para salvar las grandes corporaciones en crisis, ejércitos nacionales o internacionales (como los ejercicios imperiales) que, desde el Estado, se encargan de "corregir las imperfecciones del sistema" invadiendo, presionando y extorsionando otros países no alineados, etcétera.

Cuando algunos de los programas o de las empresas públicas fracasa, se responsabiliza del fracaso al socialismo o a la "ineficiencia de la empresa pública". Cuando las empresas capitalistas fracasan (algo que ocurre todos los días) y no son salvadas por el Estado por no ser suficientemente poderosas, su fracaso se llama "destrucción creativa". Esta idea es una de las más recurrentes de los apologistas del capitalismo para explicar lo que Marx consideraba una debilidad del sistema capitalista: sus permanentes y cíclicas crisis. Joseph Schumpeter tomó esa misma crítica marxista y la convirtió en una virtud, básicamente cambiando el nombre: las crisis que dejan trabajadores en la calle y sus hijos malnutridos, en realidad son momentos de "destrucción creativa". En otras palabras, las crisis periódicas, inherentes al capitalismo, no 'sólo son una debilidad del sistema sino que es representada como una fortaleza. De hecho, cultural y psicológicamente ha sido naturalizada en la población mundial de forma que cada nueva crisis es recibida como un fenómeno natural, como un terremoto o un huracán contra los cuales no se puede hacer mucho más que resignarse y esperar que pasen. Pero las crisis económicas y, sobre todo, financieras, están en el ADN del capitalismo desde su nacimiento, como vimos en capítulos anteriores, con la invención de la renta variable en el siglo XVII que liquidó la estabilidad del sistema anterior (feudal y, en casos, comunal) con la promesa de que es una inestabilidad (una inseguridad) que produce más riqueza y, a la larga, beneficia a la humanidad entera. Sólo la primera parte es verdad, de la misma forma que el sistema esclavista creó una riqueza que pocos sistemas pudieron igualar—sólo que no para beneficio de la humanidad sino de los amos y, en menor medida, del resto de la clase social superior. Hoy, por ejemplo, los sistemas sociales más estables como el retiro y la salud son presionados permanentemente para ser privatizados, con lo cual pierden su razón de ser: ser seguros. Por ejemplo, cuando se invierte los ahorros de los retiros para aumentar los beneficios, no se aumenta la seguridad de estos ahorros sino que se los pone a caminar en la cuerda floja. En algunos casos, cuando las cosas salen peor de lo que se preveía, es el Estado el que sale al rescate de las personas afectadas. El capitalismo es un sistema que permanentemente está jugando con fuego y, cuando ocurre un incendio, los que se queman son los de abajo. Para que un absurdo histórico se mantenga popular entre sus víctimas, como la esclavitud solía ser popular entre los esclavos, un sistema hegemónico debe moldear las ideas, las creencias y las sensibilidades, desde las religiosas hasta las artísticas. El capitalismo, como otros sistemas dominantes del pasado, ha demostrado ser implacable en este sentido. El capitalismo corrompe desde la mente del individuo (el productor, el consumidor, el esclavo feliz) hasta las relaciones humanas e internacionales (los imperios, las masacres, las dictaduras), simplificando la existencia humana al extremo, reduciendo su objetivo existencial a la búsqueda de beneficios monetarios.

Claro que no son las empresas ni las poderosas corporaciones las que se hacen cargo de la población para que no se muera de hambre mientras llegan los beneficios de la nueva *creación capitalista*, llevada a cabo por los heroicos *entrepreneurs* (emprendedores), los "tomadores de riesgos"—esos cuyos riesgos, cuando algo sale mal, son siempre apoyados por el Estado que tanto odian.[clxii]

[clxii] De hecho, para Schumpeter, emigrado a Estados Unidos y profesor de Harvard, la misma destrucción del capitalismo se debería a su propio éxito. Una especie de sistema mártir. Otra vez, una reescritura de Marx (la eliminación del gobierno, el

Para la lógica de los negocios, su *éxito* es siempre a corto plazo. Nadie piensa u organiza una empresa para que de beneficios dentro de cien años. Ni cincuenta, ni treinta. Tal vez, diez o veinte años, pero de todas formas es nada en términos históricos y planetarios. Para peor, tampoco existe negocio que consta en beneficiar a la sociedad y mucho menos a la humanidad sino al dueño del negocio o a los miembros del directorio o, pero, a la abstracta causa de "la firma". En cualquier caso, las consecuencias de cualquier negocio exitoso a largo plazo no son consideradas por sus directivos. Si cualquiera de nosotros fuésemos el gerente general de Pepsi Cola, nuestro objetivo principal no es la salud de los consumidores sino el aumento de las ganancias de la empresa. Lo mismo si fuésemos los dueños de alguna fachenda criadora de ganado en la Amazonas. En cualquier caso, no saber jugar el juego es mortal. Mortal para la existencia de la empresa. Saber jugar muy bien el juego s mortal también. Mortal para el planeta y el resto de la humanidad.

Es aquí dónde está el centro del problema existencial del siglo XXI. La solución, el sistema que reemplace al destructivo capitalismo en nombre del progreso y el bienestar todavía no ha sido pensado. Ni siquiera imaginado. Es probable que se parezca más al demonizado colectivismo, una forma de organizar las sociedades más como lo habían hecho los antiguos nativos de las Américas y menos como lo hicieron los vencedores europeos. Un sistema más austero que loguer salvar a la humanidad de la catástrofe medioambiental y que, sin detener el progreso humano en ciencia, tecnología y pensamiento social logre reducir la obsesión el consumismo y la depresión del mundo de las cosas. Un sistema que no imponga tanto austeridad en los de abajo sino austeridad en los de arriba. Un sistema que tenga el coraje de eliminar el abuso histórico de los super ricos que lo han secuestrado todo (capitales y narrativas morales) y logre un equilibrio m[as razonable entre el consumo promedio y los recursos posibles del planeta.

Pero el Paraíso es peligroso. Con el tiempo y con el desarrollo de la tecnología y de políticas sociales razonables (es decir, *radicales*), se podría llegar a un momento de la historia en que la Humanidad pudiese asegurar la satisfacción de las necesidades básicas a todos los habitantes del planeta. De hecho, no estamos tan lejos. En este preciso instante en que escribo estas palabras o usted lee este libro, el mundo tiene la capacidad de alimentar y dar cobertura médica a todos sus habitantes. Si ni siquiera en el país más rico y poderoso del mundo, Estados Unidos, esto es una realidad, no se debe a la carencia de medios sino a la carencia de las políticas dominantes, dominadas

---

comunismo, seguiría a la dictadura del proletariado), pero con palabras apológicas del capitalismo.

por la ambición sin límites de quienes poseen una desproporción de poder debido a sus obscenas acumulaciones de capitales.

Todo esto tiene, al menos, dos soluciones. Una más civilizada y razonable y la otra del todo dolorosa: (1) una transición a un salario universal, a la distribución de la producción de los robots y de la Inteligencia Artificial y a la redistribución de la riqueza acumulada por los psicópatas que han secuestrado naciones enteras en nombre de la *libertad de empresa* o (2) una rebelión violenta que termine con este orden social y mundial antes de que podamos encontrar o madurar las nuevas leyes de una nueva civilización.

El capitalismo agoniza, pero nos sobrevivirá a todos nosotros. Naturalmente, aquí entramos en terreno de la conjetura y la especulación futurista. No vamos a detenernos demasiado, pero no podemos no mencionarlo.

Todos los intentos y todos los éxitos para evitar las noticias falsas, las mentiras y, en una palabra, la *propaganda*, serán siempre parciales y limitados. Si es que se puede hablar de algún éxito en esta lucha que claramente tiene un ganador y es el titiritero, no la audiencia que observa a hipnotizada al títere. La propaganda no es el origen de la mentira, de la manipulación de las ideas y de las sensibilidades de una sociedad sino un instrumento del poder social acumulado. En nuestro tiempo, el sistema económico, financiero, político, cultural y militar que lleva a que siete hombres posean tanta riqueza como 3.800.000.000 habitantes del planeta (es decir, la mitad de su población) y apenas tres de ellos tengan tanto como la mitad de la población del país más rico y poderoso del mundo.

Rescatar el lenguaje es rescatar la conciencia

EN EL INVIERNO AUSTRAL DE 2023, en una de mis charlas con Víctor Hugo Morales en el teatro Caras y Caretas de Buenos Aires, aproveché la oportunidad para insistir sobre la necesidad de rescatar el lenguaje, sobre todo ideoléxicos secuestrados por los neoliberales (ahora llamados libertarios y, paradójicamente, partidarios de las dictaduras fascistas del pasado) como *libertad*. Estos ideoléxicos deciden la clave de lectura de las narrativas sociales. Poco después, en un diálogo con Boaventura de Sousa Santos para un canal colombiano, insistí en un problema similar: cuando los críticos de la OTAN decimos que la guerra de Ucrania sólo benefició a Estados Unidos, una vez más estamos asumiendo que las corporaciones dueñas de casi todo el dinero emitido y acumulado en ese país son Estados Unidos. Pues, vean a su pueblo. Si en los años 50 se benefició de la destrucción del resto del mundo (sin contar negros, latinos y blancos pobres) desde entonces ha caído por un tobogán económico, social, cultural, moral y psicológico. Ciudades de carpas en los estados más ricos; cada año cien mil muertos por sobredosis de drogas, cuarenta mil muertos solo por armas de fuego, la mitad de la población endeudada, una juventud desesperanzada, una creciente violencia social y política, un declive en la infraestructura, cierres de escuelas públicas por falta de dinero y de maestros, mientras cientos de miles de millones de dólares son enviados a una nueva guerra.

A una nueva guerra que se perderá, como todas las anteriores, no sólo porque el ejército más rico y poderoso del mundo hace generaciones que no gana una guerra sino porque, sospecho, perder guerras es parte del negocio: si las guerras se ganasen, se perdería el negocio de la guerra

Es decir, también los estadounidenses son víctimas de un fanatismo inoculado por los medios y las prédicas de sus mayordomos. Pero si alguien se atreve a decirlo, entonces pasa a ser "antiestadounidense"... Es, precisamente, ese el miedo: que los críticos antiimperialistas digamos la verdad: *"en realidad no, señores; nosotros somos pro-pueblos, incluido el estadounidense; les estamos haciendo un favor, ese que los adulones nunca harán"*. Rescatar el lenguaje es rescatar la conciencia.

En Occidente, en gran medida, los patriotas adoctrinados que acusan al resto de adoctrinación son cristianos. En nombre del amor irrestricto de Jesús, palo. Incluso si no considerásemos los Evangelios, con su centro en el amor a los débiles y perseguidos, con su condena a la arrogancia moral y religiosa, bastaría con echar una mirada al más violento Antiguo Testamento, tan citado por la derecha senil. Allí no veremos nada parecido a la propiedad privada o al libre mercado, aunque uno de los modelos ideológicos de Javier Milei sea Moisés. En el Antiguo Testamento "profeta" solo significaba aquel que se atrevía a decirle a un pueblo lo que no quería escuchar. Como Amos, criticaban a sus pueblos por la avaricia de los ricos y por las diferencias sociales que eran consideradas propias de sociedades corruptas—uno de ellos fue crucificado hace dos mil años por las mismas razones políticas

Los patriotas de yugulares hinchadas aman sus países pero odian a su gente. Yo me defino como antiimperialista, pero no soy capaz ni de amar ni de odiar a ningún pueblo así, por entero. ¿Cómo alguien puede amar u odiar a tres millones de desconocidos? Imagínense amar y odiar a 340 millones...

La historia también demuestra que la mentada libertad de una sociedad existe por sus críticos, no por sus patriotas tatuados. Cierto, las universidades de todo el mundo están invadidas por la crítica de izquierda. La cultura también. Siempre fue así. Pues, para la derecha hay una solución: pónganse a estudiar, boludos. El problema es que si alguien ama el dinero, difícilmente se dedique a esas cosas, desfinanciadas por ellos mismos. Como decía

Octavio Paz, la derecha no tiene ideas, sino intereses—y cuando no tiene intereses en la bolsa, compensan con mucho odio ad hominem.

Crisis y civilización Post-anglosajona

UNA CIVILIZACIÓN SE BASA EN UN SISTEMA socioeconómico, como en el pasado antes del último sistema dominante, el capitalismo, lo fue el feudalismo. Cuando uno de sus componentes, sea el sistema económico o el sistema de valores culturales cambia, la civilización comienza a cambiar.

El capitalismo, sobre todo el capitalismo anglosajón ha muerto. Su sistema y estructura de poderes no tienen nada que ver con los siglos en los que reinó con brutal fuerza. Si no lo vemos es porque todo lo vemos a través de un pasado reciente y porque, de hecho, el capitalismo persiste como un zombi, como persistió el feudalismo por la mayor parte del tiempo en que el capitalismo dominó como paradigma. Estamos en el mismo momento cuando el capitalismo nació en el siglo XVII. Dos sistemas conviviendo, uno en declive y el otro en ascenso.

Si bien en este momento de la agonía y muerte del capitalismo no se vislumbran aún con claridad las alternativas (¿acaso John Locke llamó *capitalismo* a la era que ya se había iniciado casi un siglo antes?), podemos observar que sólo el traslado del centro geopolítico y económico del mundo anglosajón a China y a otros centros secundarios implicará, más que un cambio económico de sistema, un cambio económico de distribución de poder geopolítico y, consecuentemente, un cambio de paradigma cultural que tendrá efectos en la psicología y en la filosofía dominante en otras regiones—incluida la región anglosajona. En este caso, la transferencia será desde el paradigma materialista, utilitario, individualista del capitalismo anglosajón probablemente a un modelo más próximo a la filosofía confuciana o budista. Es decir, menos consumista, lo cual es, precisamente, lo que el maltrecho sistema ecológico está necesitando desesperadamente. De esta forma, se continuará el desplazamiento del centro civilizatorio de Este a Oeste, siguiendo el recorrido del sol e iniciado miles de años atrás—solo que ahora el Oeste del otro lado del océano Pacífico es, otra vez, el Este.

Aparte de la propia crisis de Estados Unidos en el siglo XXI, el cambio de centro geopolítico operará de ejemplo de que "otro mundo, otras formas de pensar y de vivir son posibles", lo que facilitará una revolución inevitable en la cultura y en el sistema socioeconómico dentro mismo de Estados Unidos. Algo que por más de dos siglos hubiese sido imposible de imaginar, ocurrirá en este siglo que vivimos. Golpeadas por la degradación social, por su pérdida de privilegios globales (desde el geopolítico, el económico, el financiero, el monetario en base al dólar), por el acoso de las deudas de las generaciones anteriores y por la insatisfacción de una vida dedicada a un objetivo de éxito material que se revelará como un fracaso, las nuevas generaciones operarán un cambio radical en su concepción de sociedad y, sobre todo, existencial. ¿Es la producción y la acumulación de riquezas el objetivo supremo de un individuo que morirá en unas pocas décadas? ¿Qué sentido tiene ser los "número uno" del mundo? ¿Qué sentido tiene que en 1845 el expresidente Andrew Jackson, agonizando por una diarrea que lo estaba llevando a la muerte, hasta su último suspiro estaba tan preocupado por robarle California a México...?

Preguntas que hasta hoy han sido tabúes, serán puestas sobre la mesa mañana. Y las respuestas no serán las que hoy da la abrumadora mayoría de los estadounidense, cegados por la propaganda corporativa de una elite financiera sino también por una mentalidad fanática que combina Jesús con Mammón como el café con leche. Una fiebre materialista, supremacista, de ganar a cualquier precio aunque para ello haya que matar a miles o millones y perder la vida en una empresa ciega que funciona como distracción neurótica.

Como dice un viejo refrán sobre las posibilidades vanas del optimismo de nuestro tiempo: *"cuando pensamos que hay una luz al fondo del túnel, luego resulta que es otro tren"*. Es cierto que en lo que se refiere a los seres humanos no hay muchas razones para ser optimistas, pero siempre hay, o debe haber espacio para imaginar un mundo mejor. Entonces, tal vez la esperanza, que a veces mata, a veces ayuda a vivir y hasta hace posible que sigamos luchando por una salida a nuestros problemas.

Por ejemplo, es posible que la nueva civilización cambie el paradigma de la guerra y la opresión del otro por un tiempo de mayor paz, de colaboración. Un cambio civilizatorio centrado en el individuo, en el egoísmo sobre todas las cosas como el resumido por Ayn Rand, por otro más asiático, más confuciano, más budista, más indígena americano centrado en valores comunitarios, menos materialistas, menos beligerantes en procura de un único absurdo llamado dinero—*capitales,* en el lenguaje de los poderosos de hoy.

Después de todo, después de tantos siglos de violenta historia, no estaría mal cambiar la filosofía del águila y del oso por la del panda—esa especie que parecería ser la más feliz del mundo. Sin idealizar, tanto la naturaleza como esos seres desprendidos de ella, los humanos, necesitamos de una nueva perspectiva, de un nuevo paradigma civilizatorio. No es una contradicción sino simplemente una paradoja que los nuevo necesita de lo viejo, como ser original significa ir al origen. Ese nuevo-antiguo son las filosofías orientales como el confusionismo. Algo que, como las mismas filosofías nativas del continente americano o de varias culturas africanas como el Ubuntu o la tradición pacifista del longevo reino de Nri, en el occidente post capitalista son demonizadas como socialistas o comunistas. En alguna medida lo son, pero ese nuevo-antiguo deberá crear una cultura y una civilización menos fanática, como lo ha sido la brutal civilización capitalista que, en su fanatismo, ha logrado colonizar hasta la misma idea de libertad, progreso a fuerza de opresión y miseria—económica y humana.

Un mundo post-dólar

En capítulos anteriores detallamos cómo la sola propiedad de imprimir e inventar dólares desde el teclado de los grandes bancos comerciales, funciona como una aspiradora de recursos ajenos alrededor del mundo. Este orden injusto no puede ser cambiado en un par de años, ya que las cifras de dólares en cofres públicos y privados alrededor del mundo es astronómica. Algunos economistas ha sugerido que para los países acreedores de Estados Unidos deberían condonarle sus deudas para liberarse del deudor. Lo que parece una paradoja no es tan absurda, si consideramos que luego de la conversión del dólar en una divisa fiat la hegemonía de Washington se basó en su poder de deudor, no de acreedor, como en el pasado.

Para que esto sea posible, los países del Sur Global deben independizarse de las instituciones financieras bajo la tutela de Washington, como lo son el Banco Mundial y el FMI, aparte de otras instituciones internacionales como la Organización Mundial del Comercio. La opción más lógica radica en la creación de bancos de financiación independientes de los países de la OTAN.

Todo esto probablemente va a llevar más tiempo del que la gente imagina hoy, luego de no imaginar ningún cambio en la realidad, cuando éstos siempre se están operando. Esto se debe a que el futuro es siempre, o casi siempre, una proyección de los últimos años y no se cuentan puntos de inflexión ni reacciones violentas ni novedades disruptivas. Cuando la gente se imagina el futuro e, incluso, el estado actual del mundo, a veces esa imagen va por detrás de la realidad y a veces salta por delante.

Estructuras de poder, colonización del futuro

Cuando el centro del poder global, cuando los países hegemónicos comenzaron a perder capacidad extractiva de sus imperios, comenzaron a consumir en el mercado interno la violencia que ya no pudieron exportar. Esta exportación de violencia no sólo les garantizaba una catarsis doméstica, una unión que hacía invisible las profundas contradicciones y divisiones internas, sino que también les proveía de recursos y riquezas astronómicas a través del saqueo y la extracción, ya sea a través de sus gobiernos o de sus empresas privadas, como vimos desde el siglo XVI. Pero esta colonización de otros países, traducida luego en la recolonización a través de sus deudas soberanas, ahora debilitada, se continuó con la colonización de su propio futuro a través de su propia deuda. En los últimos veinte años, las deudas de Europa y Estados Unidos se han multiplicado varias veces. Como ya vimos antes, esto es posible por la habilidad de crear dos divisas globales, sobre todo el dólar, de la nada y así transferir superávits de países como Alemania y China o producción de materias primas de países endeudados alrededor del mundo, los cuales deben producir algo para comprar dólares con los cuales pagar sus deudas. También por el hecho de que, al menos por el momento, al menos Estados Unidos no será invadido por algún país acreedor, tal como lo hacía Washington con su "política del dólar", otorgando deliberadamente créditos que sabía que los países pobres no podían pagar para luego usarlos como excusa de una invasión y la posterior creación de protectorados. Las deudas masivas de Europa y Estados Unidos son casi irrelevantes por el momento, pero no lo serán para las generaciones futuras, sobre todo cuando Estados Unidos e Inglaterra hayan perdido la hegemonía y control de las finanzas mundiales. Entonces será un problema de las nuevas generaciones de estos países. Es decir, estamos colonizando las generaciones del futuro para continuar extrayendo riqueza de la nada.

Ahora, ¿qué puede hacer una generación de jóvenes que cada vez es más consciente de la catástrofe climática y de su endeudamiento? Poco, por dos razones. La primera, porque la progresiva abstracción operada por el capitalismo desde el siglo XVII, separando política de economía, ha hecho imposible que una rebelión decapite el poder decapitando al rey o a su clase dirigente, como pudo serlo la Revolución francesa. La concentración de capitales se hizo progresivamente más abstracta cuando los estándares de oro (en Estados Unidos) y plata (primero en España con el peso y luego en Gran Bretaña, con la esterlina), es decir, intocable, con la inconvertibilidad de los dólares a oro en los años 1930 en Estados Unidos y luego a nivel global, con la cancelación del sistema Bretton Wood en 1971. Con todo, el dinero aún continúa siendo algo tangible, como un mazo de billetes. Hasta no hace mucho, alguien podía entrar a un banco, asaltarlo e irse con un botín de millones de dólares. Hoy, si un asaltante intenta robar algo de un banco tendrá que conformarse con una silla, una computadora y unas pocas monedas. Elk 97 por ciento del dinero es digital. Para robarlo debería tener control del sistema que lo crea de la nada apretando una tecla del delado. Esta abstracción radical ha producido tanto dinero como diez veces el valor de la economía mundial y está concentrado en los miembros de un club tan pequeño como una secta financiera.

Lo mismo podemos decir del poder de represión. Tanto la policía militarizada (sobre todo a partir del neoliberalismo) hasta la fuerza militar de las superpotencias, radica en la alta tecnología y en una estructura global de armamentos, como sus ochocientas bases militares por todo el mundo. ¿Qué grupo de rebeldes podría asaltar un portaaviones? Sólo otra potencia militar, como China, podría hacerlo, y no sin riesgo de entrar en una escalada que termine con la economía y la civilización toda. Pero todo super poder tiene sus talón de Aquiles. En Estados Unidos, a pesar de que su presupuesto suma la economía de varios países, y que el exceso de dinero les permite el lujo de decir que a veces se pierden miles de millones de dólares que no alcanzan a explicar ni al Congreso, sus torpezas son célebres. El Pentágono no solo tiene un récord paupérrimo de derrotas con medianos y pequeños países, sino que cualquier adolescente puede robarle información crucial. Por no seguir con la multimillonarias agencias secretos como la NSA y la CIA.

La difícil salida del laberinto

NO ES POSIBLE RESOLVER UN PROBLEMA central de ninguna democracia si no se erosionan sus estructuras de poder acumulado. No es posible pretender una democratización en alguna área de la sociedad cuando el poder está concentrado hasta el extremo de hacer cualquier participación similar a la de los esclavos en una plantación del siglo XIX o de los mineros africanos y latinoamericanos en el siglo XX, sin importar cuán exitosa es la plantación o la minera y cuán benevolente son sus amos.

En nuestro tiempo, y como ya lo sabían los atenienses hace 25 siglos, el poder social y geopolítico deriva del dinero. En otras palabras, no hay solución posible a los males crónicos de las democracias occidentales sin un verdadero "control ciudadano" de los gobiernos y, sobre todo, de las intocables corporaciones. No hay control posible de los ciudadanos, de los humanos libres sobre el planeta sin una redistribución real de los ingresos derivados de la producción social e histórica.

¿Existe algún ejemplo aproximado de este control de los de abajo? Sí, aunque imperfecto. Un caso que ya mencionamos es la gigantesca edición de artículos en Wikipedia, que aún ante una casi perfecta anarquía ha logrado una mayor independencia y una aproximación mayor a los hechos que cualquier otra enciclopedia.^{clxiii} Otro ejemplo puede ser el sistema académico, según el cual los mayores controladores y los más temidos críticos de las investigaciones y sus resultados son otros especialistas en el área. Otro ejemplo, aunque tradicionalmente recubiertos de sospechas, serían los sistemas electorales donde participan todos los contendientes, los observadores externos (internacionales), etc.

Similar caso es el de los sistemas "open source", como Linux, los que se encuentran más protegidos contra el espionaje de los gobiernos, de las agencias secretas y de las grandes corporaciones. Resultan más confiables e independientes que un gran medio de información por dos razones: como Wikipedia, son más independientes en su creación y autocontrol y, además, porque son gratis. Cuando un error o un ataque secreto del sistema ocurre, la *"white hat community"* ("comunidad de hackers con ética") actúa de una forma razonablemente rápida y eficaz.

En el caso específico de los medios, una solución pasa por considerarlas estructuras y *"utilities"*, por lo cual los gobiernos de los países y en coordinación deberían por lo menos regularlos y auditarlos, como se hace con cualquier universidad, en lugar de dejarlos al antojo privado las corporaciones y megaempresas, todo en el nombre de una libertad que sólo se aplica a los dueños de esas potencias económicas.

De hecho, el desarrollo de un país depende del desarrollo de sus estructuras, como las autopistas, los aeropuertos, las redes eléctricas, los sistemas legales, e Internet. Todas o casi todas funciones de los gobiernos o de administraciones no privadas. Con la cuestionable excepción de los gigantes de Internet, pese a no ser sus inventores sino sus secuestradores (como vimos, bastiones antidemocráticos de este siglo). Los "emprendedores" son fusibles, y donde no hay uno necesariamente aparecerá otro no para cambiar el mundo, ni siquiera un país, sino para responder a una demanda de estado social, económico y ecológico del momento.

[clxiii] La paradoja de Wikipedia es que, siendo una razonable representante de una anarquía funcional que no depende de los grandes capitales o de una corporación con fines de lucro, una vez desarrollada ha hecho imposible el surgimiento de cualquier otro competidor. Para que surja una opción a Wikipedia, la tecnología debería desarrollar una Metapedia, en la cual el usuario sea capaz de entrar en el espacio virtual del "artículo", es decir, aproximarse a una experiencia física de un evento como una guerra, la construcción de una pirámide miles de años atrás o la Crucifixión de Cristo, como lo elaboramos en el relato "La Era de Barbaria" (1995).

Cyborgs e Inteligencia Artificial

EL MAYOR PELIGRO DE LAS INTELIGENCIAS ARTIFICIALES no consiste en que sean robots dictadores, gobernantes globales, soldados impiadosos como el interpretado por Arnold Schwarzenegger en la película *The Terminator* (1984). Es decir, robots antropomórficos que podamos ver y tocar, como Sophia y otras variaciones más humanizadas y atractivas. No, esas serán acompañantes, sustitutos de los humanos semi robotizados, cyborgs, quienes no pueden escuchar, comprender y tener sexo con otros seres humanos deshumanizados por el consumismo de cosas y sensaciones.

No se trata de eso ni de ninguna dictadura tradicional reemplazada por máquinas. El mayor poder de la inteligencia artificial radica en que es invisible y, más aún, *imperceptible* y, no en pocos casos, *incomprensible*. No solo no se tratará de cuerpos físicos, metálicos o de silicona, algo que podemos ver y tocar, sino lo contrario. Esta evolución no darwiniana (por diseño inteligente, no de un dios sino de los humanos) producirá seres inorgánicos que interactuarán con los humanos de una forma indistinguible de la interacción entre humanos a través de las redes digitales y de información. De hecho, hace años que ya tenemos ejemplos de esta realidad que llegará a dominar la humanidad. Si actualmente los bots, las redes sociales, los centros de Big Data son usados para manipular la opinión pública por otros humanos, el paso hacia su independencia es mucho más pequeño de lo que la Humanidad se imagina en este momento… No solamente es pequeño, sino que será imperceptible—como el momento en que una persona agotada pasa de la conciencia a su primer sueño.

Esta realidad de un gobierno global en manos de la Inteligencia Artificial ya se encuentra en pleno desarrollo y práctica. No me refiero solo a los *bots* acompañantes ni a las promocionadas y todavía muy primitivas herramientas de consulta, como ChatGPT. Consideremos que los actuales amos del mundo, quienes manejan más capital de lo que vale toda la economía global, hace años que dejan en manos de estas herramientas virtuales el juego de las inversiones en las mayores bolsas del mundo, como la de Londres y Wall Street. Si esto hacen con lo que más quieren y atesoran, sus propios capitales, imagínense lo que harán con las masas humanas—simples números y abstractas ecuaciones.

A largo plazo, podemos especular que en una distopía donde las inteligencias artificiales desplacen a los humanos en el control de mundo y de sus vidas, tendría el mismo efecto de una invasión extraterrestre con seres tan perversos como los humanos pero más inteligentes o, al menos, con más poder tecnológico: sería el primer momento y la única forma en que la humanidad se uniría ante un enemigo común. Hoy la humanidad ya tiene enemigos en común, como la pobreza y el cambio climático, pero la micro clase global que está en el poder aún se beneficia de esos enemigos, razón por la cual no se realiza ninguna unión global ni algún cambio significativo. Mientras haya beneficios a corto plazo, no importa las futuras pérdidas. Los cambios sociales sólo se operan cuando las pérdidas son a corto plazo o se producen en el presente.

Una catástrofe global debido al cambio climático y a la pérdida de control de las inteligencias artificiales nos devolverían a nuestra condición humana. Un estado más animal, más humano. No será el ideal que soñó el humanismo.

Sistemas sociopolíticos

SIENDO UN ESCÉPTICO IRRECUPERABLE EN MATERIA política y social, no puedo adherirme a ninguna fórmula mágica. Mucho menos a un partido político o a una ideología. Por la misma razón, desde que asistía a la escuela primaria en Uruguay en plena dictadura de extrema derecha y conociendo la contradicción entre hechos y discursos de primera mano, he desconfiado siempre de los discursos oficiales y, más aún, de los mitos sociales y de las narrativas dominantes. Lo cual, por lógica en un mundo dominado por el capitalismo y su maquinaria propagandística, me ha posicionado hacia lo que se entiende comúnmente como *izquierda*—aunque considero que la dicotomía de *los de arriba* y *los de abajo*, también simplificadora, es por lo menos más realista.

Aun así me cuesta, o no puedo, subscribir ciegamente a ninguna fórmula ideológica. Por otra parte, cualquier integrante de una sociedad con un sentido ético, no puede no sentirse obligado a tomar parte y partido ente las situaciones concretas que le toca vivir, como por ejemplo votar por "el menos malo" y apoyarlo de forma pública para evitar un cambio de timón histórico hacia el sentido contrario. Pues, entonces, no ha de ser novedad que considere este modelo actual, el capitalista, neoliberal, neofascista y neofeudal como uno de los peores males a los que nos enfrentamos como humanidad. Para combatirlo desde nuestra disciplina (la dialéctica, el trabajo intelectual) lo mejor es aportar aquella perspectiva que contradice el dogma dominante. Ese dogma que se presenta como la solución histórica y reclama todo el crédito de cualquier progreso humano, a pesar de haber sido, en los hechos, todo lo contrario.

Dejando de lado que el dominio del mercado internacional siempre estuvo en manos de las potencias capitalistas, desde los años 70 hasta recientemente, diversos estudios académicos, como los de Cereseto y Waitzkin en 1986, muestran que antes y después de la disolución de la Unión Soviética y del auge del neoliberalismo, los países socialistas mostraron un mejor resultado en la salud general de la población que los países capitalistas.[469] En 1993, Hugh F. Lena de la University of Notre Dame y Bruce London de Clark University en un estudio sobre el impacto de los sistemas políticos en la salud, concluyeron que *"los sistemas políticos marcan una diferencia en la salud y el bienestar independientemente de los factores económicos nacionales (producto nacional bruto per cápita) e internacionales (dependencia de la inversión)"*.[470] Más recientemente, en 2023, los profesores Dylan Sullivan (Macquarie University) y Jason Hickel (Universidad Autónoma de Barcelona), luego de años de investigaciones sólidamente asentadas en datos incontestables, concluyeron, contra la tela-narrativa dominante, que el historial de eficiencia para el mejoramiento del bienestar social estaba más del lado de los países socialistas que de los capitalistas. Sin dejar de observar que en muchos países socialistas y, más aún, en experiencias comunistas incluyen catástrofes, destacan que todas ellas se debieron al carácter autoritario del líder de turno (como la China de Mao, la que produjo la hambruna de los años 60, causando la muerte de millones de personas), algo que no es un principio ni una característica excepcional del socialismo. Para entenderlo, bastaría con echar una mirada a las hambrunas y matanzas de cientos de millones de personas bajo los regímenes capitalistas de los imperios del Norte. Como ya vimos antes en este libro y publicamos en otros medios en las últimas décadas, estos números no son una exageración. Según Sullivan y Hickel *"es claro que la política neoliberal no ha logrado seguridad alimentaria ni desarrollo humano para la mayoría del mundo"*. En base a datos de mortalidad por malnutrición y niveles de violencia (y sin mencionar el factor determinante del largo bloqueo económico), entienden que *"Cuba ha demostrado que un enfoque más efectivo es organizar la producción directamente en torno a la satisfacción de las necesidades humanas (…). Los sistemas de abastecimiento público han demostrado ser una poderosa herramienta para el alivio de la pobreza en muchos otros países. Un estudio de 1986 sobre indicadores de salud y educación encontró que, en cualquier nivel dado de desarrollo económico, los países socialistas se desempeñaron mejor que los estados capitalistas para asegurar sólidos resultados de bienestar para su población (…) El* International Journal of Health Services *encontró que los altos niveles de democracia y las fuertes políticas de izquierda se asociaron con mejores indicadores de salud. El investigador de salud pública Vicente Navarro llegó a conclusiones similares en su análisis región por región sobre los resultados de salud en los estados capitalistas y socialistas. En América Latina, Cuba se desempeñó mejor que la mayoría de los demás estados; en Asia, China y la Unión Soviética tuvieron resultados de bienestar más sólidos que las economías capitalistas como India o Turquía; y en los países de altos ingresos de Europa y América del Norte, las socialdemocracias con estados de bienestar generosos, incluidos Suecia, Noruega y Dinamarca, superaron a los estados neoliberales como Estados Unidos".*[471]

Familias socialistas, sociedades capitalistas

UNA FAMILIA EN CASI CUALQUIER CULTURA se parece más a un sistema socialista al estilo soviético que a un sistema capitalista liberal o a su opuesto, un sistema anarcosindicalista. Tradicionalmente el padre (y más recientemente la madre también) deciden las políticas de su hogar. Se puede escuchar y pedir la opinión a los hijos, pero éstos no deciden. Por más de dos décadas (milenios, digamos), los padres proveen de forma gratuita todo lo necesario para el desarrollo de sus hijos: casa, alimentación, salud, educación y hasta recursos para el ocio.

En las sociedades modernas, sean socialistas o capitalistas, una parte de esas necesidades están cubiertas por los Estados, como, por ejemplo, educción. Ahora, si el Estado provee los recursos para cubrir otras estas necesidades básicas, ese gasto de los padres es trasferidos al Estado y se llama comunismo, socialismo o, de forma más moderada, socialdemocracia.

¿Por qué no habría de estar de acuerdo en que lo que gasto como padre sea hecho a través de un Estado? Un argumento liberal es que eso afecta la economía porque los impuestos son siempre el demonio, pero distintos estudios demuestran que, de estar razonablemente administrado, los servicios básicos de los Estados son más confiables y económicos que los provistos por privados, ya que a éstos solo los mueven las ganancias y, si no tienen mucho de eso, no hay servicio. Cuando logran oligopolios, los precios saltan a las nubes, como es el caso de la salud en Estados Unidos o de distintas experiencias neoliberales, como el agua y otros servicios no gratuitos pero estatales en América latina.

Creo que la razón principal es otra y no está formulada a la luz del día sino enterrada en el inconsciente ideológico. Si yo proveo de todas las ventajas de la mejor educación a mi hijo, eso le dará una ventaja competitiva sobre todos sus compañeros y sobre todos los otros muchachos de su generación. Como el mundo es una selva ultra competitiva, no dudaré en hacerlo. Mi hijo primero, naturalmente. Pero si es el Estado el que se encarga de cubrir las necesidades básicas, entonces todos tendríamos que competir de igual a igual, sin privilegios de cuna.

La paradoja singular del renacimiento chino

EN LOS ÚLTIMOS AÑOS, como no podía ser de otra forma, los medios, la clase empresarial y política de Estados Unidos inventó su nuevo enemigo. Esta vez sin los disfraces raciales, religiosos e ideológicos del pasado. Ahora el gran enemigo, China, es malo sólo porque es competencia, y la mentalidad de los grandes negocios busca desesperadamente eliminar la competencia—si es posible, en nombre de la libre competencia; si no, pues lo sentimos.

La paranoia anglosajona nunca aceptó que el mundo pueda ser compartido por otras potencias o por otras formas de ser, hacer y pensar. Nunca dejó de planificar la supresión de la competencia usando los viejos métodos de la Guerra fría. Para una mentalidad imperialista, cualquier otro siempre es inaceptable competencia. Algo que, como analizamos antes, recientemente se reveló con (1) la salida apresurada de Afganistán, (2) con el regalo de millones de dólares en equipamiento militar a los pseudo enemigos de Washington, los talibán, (3) como fuerza de reserva contra Irán; (4) con el desplazamiento de recursos para una nueva guerra estratégica en Ucrania que se previó y precipitó siempre con la estrategia de culpar al enemigo; y (5) con la reactivación de la vieja reivindicación de China sobre Taiwán, la que fue retomada por Washington antes que por Pekín.

La vieja obsesión sigue todos los patrones del centenario imperialismo anglosajón: no aceptamos competidores; no aceptamos que no nos obedezcan; creceremos en base a sometimientos mediáticos, militares, políticos y económicos. Nada de diálogos o negociaciones que no nos sean favorables. El mundo es un negocio privado y el más fuerte se reserva el derecho a imponer. Sólo nosotros podemos ganar, aunque para eso tengamos que descargar mil toneladas de bombas sobre alguna aldea o sobre todo un país. Hay un solo modelo de éxito y una única forma de existencia. El mundo es una propiedad privada y si no es nuestro podría ser de otro. Etc.

Desde el exterminio indígena, todos estos intereses centrales fueron justificados por "el derecho a defendernos" contra nuestros invadidos; por la "lucha por la libertad" que nuestros esclavos y colonias no entendían; y por la democracia y los derechos humanos que "l sacrificado hombre blanco" (Rudyard Kipling) debió llevar al resto del mundo.

Sin embargo, la historia de los últimos siglos demuestra que casi todos los brutales imperios que dejaron cientos de millones de muertos, fueron orgullosas democracias (capitalista-liberales) que, por si fuera poco, se dedicaron a plantar dictaduras satélites, cuando no promovieron previsibles dictaduras resistentes y anticolonialistas.

Durante la última envestida del capitalismo más radical, conocido como *neoliberalismo*, el acoso de los bancos internacionales bajo la hégira de Washington como el FMI y el Banco Mundial impusieron sobre los países deudores sin capacidad de coacción planes agresivos de privatización para ampliar el saqueo de las corporaciones noroccidentales a las excolonias, ahora llamadas Sur global. Todas esas experiencias fracasaron de forma dolorosa, no para las corporaciones ni para los bancos ni para Estados Unidos sino para las excolonias, desde la privatización del agua en Bolivia hasta México, África y cualquier otro ejemplo que se considere. Incluso en Estados Unidos los servicios básicos como la salud y la educación se fueron a las nubes hasta hacerse impagables por la clase trabajadora, debido a la natural avaricia de las grandes empresas privadas que hicieron, hacen y continuarán haciendo todo lo posible por maximizar sus objetivos centrales: los beneficios, no los servicios. La imposición, no la democracia. El conocido juego neoliberal que provocó diferentes crisis de servicios básicos, como el agua en América Latina, África y Asia también llegó al "Primer Mundo", donde la raza superior sabe cómo hacer las cosas.

El conocido juego neoliberal que provocó diferentes crisis de servicios básicos, como el agua en América Latina, África y Asia también llegó al Primer Mundo, donde la raza superior sabe cómo hacer las cosas, aunque ahora casi sin colonias comienza a ser parte de ese Tercer Mundo que destruyeron o, visto de otra forma, comienzan a ser parte de una neocolonia de sus propias empresas privadas. Según la poderosa publicación liberal *The Economist* de julio de 2023, la catástrofe de la privatización del agua en Gran Bretaña hace 30 años no se debió a la privatización sino a la falta de regulación del Estado: *"la privatización de los servicios públicos de agua en Inglaterra y Gales, hace más de 30 años, ahora parece una estafa. Las firmas de capital privado han endeudado a algunas compañías de agua. Eso ayudó a impulsar sus ganancias, pero los dejó financieramente frágiles. Mientras muchos gerentes se besaban como bandidos, las aguas residuales sin tratar se vertían en ríos y en playas. Las empresas, en particular Thames Water, ahora se ven como la cara inaceptable de las privatizaciones de servicios públicos de Gran Bretaña. Los críticos, respaldados por votantes de izquierda y derecha, piden una renacionalización... Después del desastre del agua, los consumidores terminarán pagando más, no por culpa de los CEOs sin escrúpulos de las compañías de agua, sino por Ofwat, el regulador débil y desacertado de la industria"*.[472] Liberales.

Cuando la dictadura China invirtió su superávit en África y en América Latina se la acusó de imperialismo. Claro que los capitales son uno de los recursos del imperialismo, solo que la acusación procede de aquellos que han practicado y practican el imperialismo financiero—aparte de la varias veces centenaria brutalidad militar. En la actualidad, las empresas chinas son socias de las trasnacionales como Apple y Tesla en la extracción de cobalto de Congo con uso de mano de obra esclava. No obstante, a China aún le falta el recurso tradicional del imperialismo noroccidental, sobre todo franco-anglosajón, como fue la invasión y la destrucción a fuerza de miles de toneladas de bombas, siempre en nombre de la libertad, la democracia y los derechos humanos.

Los antecedentes históricos de China tampoco son tan brutales como los noroccidentales. En el momento de su apogeo económico, mientras fue la mayor superpotencia del mundo en los siglos precedentes a su destrucción por parte del Imperio Británico, por siglos los grandes conflictos en Asia fueron muy menores en comparación a los provocados por Occidente. De hecho, las dos mayores invasiones de un país a otro en un período de tres siglos preoccidentales se debieron la intervención de Japón.

Occidente actuó de forma contraria. Desde antes del nacimiento del capitalismo, su mayor energía estuvo concentrada en el fanatismo religioso, desde las Cruzadas hasta la Inquisición. Luego, el capitalismo anglosajón surge en el siglo XVII a fuerza de forzados desplazamientos internos (*enclosure*) y continuó con imposiciones, saqueos, matanzas y guerras sobre el Sur global. Esta obsesión de dominar al otro, de crecer y prevalecer a fuerza de cañón y religión, fue continuada por Estados Unidos el que, desde el primer momento de su creación, se fundó en la esclavitud y el permanente y violento robo de tierras de sus vecinos, sean naciones indígenas, mexicanos o colonias tropicales para luego continuar con una locura irrefrenable por invadir, imponer gobiernos títeres a fuerza de capitales, complots secretos, bombardeos y sermón mediático.

El Renacimiento chino fue consecuencia de dos grandes factores. En primer lugar, está el factor geoeconómico. La lógica de expansión del capitalismo anglosajón cuando, desde los años 90 necesitó explotar una inconmensurable mano de obra barata en los países pobres para aumentar el margen de ganancia de las corporaciones occidentales y presionar aún más contra los derechos laborales y redistributivos de su propia población. Esto funcionó por un tiempo, pero terminó por explotarle en la cara a la paranoia mercantilista anglosajona y a la misma necesidad de control de las elites capitalistas que entendieron que eran bienvenidas en China pero no podían dictar sobre el gobierno comunista como lo han hecho desde siempre con los gobiernos occidentales. La manipulación fácil de las colonias fragmentadas, desde los países pobres productores de materias primas, como en África, hasta los microestados enriquecidos pero dependientes del imperio financiero, como Singapur y Hong Kong, se encontró con una notable excepción en China. Por su escala demográfica, por su centralismo político, su poder de independencia y, por ende, de desarrollo, la despegó de la lógica imperial occidental de los últimos siglos.

En segundo lugar, podemos observar un poderoso factor geopolítico. El vertiginoso resurgimiento de China de los últimos cuarenta años no se basó en invasiones militares, conquistas, cambios de regímenes en otros países, sino en dos elementos fundamentales: (1) créditos y compra estratégica de buena voluntad sobre otros países y (2) capitalización de la casi universal resistencia a la historia imperialista de Occidente, en particular la última, la de Estados Unidos.

Geopolítica, geoeconomía

COMO NO PUEDE SER DE OTRA FORMA, la transición del Poscapitalismo está llena de elementos capitalistas, algunos radicalizados, como la concentración de la riqueza. Con una particularidad distintiva de toda la historia del capitalismo: es un *capitalismo post anglosajón* y, en consecuencia, en camino a un paradigma civilizatorio diferente, es decir, en un camino divergente de la particularidad de lo que antes llamamos "el nuevo hombre anglosajón", internacionalizado en el siglo XVI con la obsesión privatizadora de la naturaleza y la comercialización de la existencia humana. Sobre todo, a partid de la globalización del poder de corporaciones privadas, como la East India Compay y las múltiples corporaciones anglosajonas que invadieron y colonizaron el mundo desde Asia hasta América del Norte, de diferente formas esclavistas y saqueadoras, como la Virginia Company. Seguramente no por casualidad la bandera de Estados Unidos es casi una copia de la bandera de la East India Company británica.

Este fenómeno de transición ha puesto el acento en un factor más geopolítico que ideológico. La guerra en Ucrania, con posicionamientos y alianzas de naciones diversas y bloques más que agrupamientos ideológicos, es solo un ejemplo. Otro ejemplo más institucional es la creación del Nuevo Banco de Desarrollo de los BRICS. Hasta hace poco, la dictadura financiera a nivel global estaba marcada por la agenda privatizadora y pro-anglosajona de los dos bancos mayores nacidos del acuerdo de Breton Woods en 1944: El Banco Mundial y el Fondo Monetario Internacional. El lema y los objetivos declarados del Banco Mundial ha sido siempre el de financiar el desarrollo de los países pobres, al tiempo que se dedicaba a proteger los capitales de inversiones de los países ricos y mantener el Sur Global en perpetuo estado de subdesarrollo y endeudamiento. Con algunos maquillajes lingüísticos: de la invención de los asesores del presidente Truman de incluir el lema "*ayuda para el desarrollo*", se pasó a premiar a algunas economías modelos (obedientes, funcionales) con el título de "*Países en vías de desarrollo*" y con los previsibles maquillajes faciales y éticos para celebrar la diversidad: el último presidente del Banco Mundial, Ajay Banga, es un indio nacionalizado estadounidense (condición para ser presidente del Banco Mundial de Desarrollo) quien, como sus predecesores, no tiene ninguna especialidad ni experiencia en materia de desarrollo de países pobres, pero sí un currículum propio del "exitoso hombre de negocios": ex gerente de Mastercard, cobrador de deudas de Citigroup, y nominado por el presidente Joe Biden, sin competencia. Banga le confirmó al Financial Times que su presidencia se enforcaría en el sector privado en busca de fondos e ideas.[473]

Una vez nombrado presidente del BM, Ajay Banga hizo referencia a la importancia de la diversidad (para los negocios). La diversidad ha pasado a ser también un producto de consumo especialmente en los eximperios territoriales. Así, los desplazados por la misma pobreza inducida por los imperios y los Programas de Desarrollo expulsaron a millones de las excolonias proveyendo a los imperios blancos de su cuota de negros famosos en el fútbol, en el mundo de los negocios y, más recientemente, en el mundo de la política, como son los casos de Sadiq Khan alcalde de Londres hijo de paquistaníes, o Rishi Sunak, hijo de indios y electo primer ministro británico. En todos los casos se trata de individuos que representan el margen que aparece para confirmar los valores del centro.

En 2009, en "BRIC, la comunidad fantasma" resumimos los elementos que unen y separan a los miembros de este bloque. Nada de eso ha cambiado, excepto que la historia continúa moviéndose a su favor.[474] A los BRICS no los une ninguna ideología sino un objetivo (y un enemigo) común. Poseen sistemas políticos diferentes, culturas diferentes, poderes económicos diferentes, historias diferentes, pero todo san sido y, en gran medida lo son, víctimas del fanatismo anglosajón, imperial, privatizador de lo ajeno y obsesionado con el control (militar, económico, político, cultural, psicológico) del otro.

Ahora el Nuevo Banco de Desarrollo de los BRICS surge en este contexto, no sólo de la obvia necesidad de independencia a través de una unión estratégica, sino también en un proceso postcapitalista que se aparta, o intenta apartarse de la patología privatizadora, comercial e imperial de la hegemonía anglosajona a cualquier precio. El nuevo banco posee tanto o más capitales de inicio que el Banco Mundial y sus presidentes no son elegidos con una sola nacionalidad sino entre candidatos de cualquiera de los países miembros. Si bien, por las condiciones antes señaladas es prácticamente imposible una moneda común, tipo euro de la Unión europea, sí es posible la administración de fondos y préstamos bajo criterios diferentes al de los megabancos surgido del acuerdo Breton Woods. Una de esas nuevas políticas financieras se inició en 2016 con la emisión de bonos verdes en divisa china para planes de desarrollo ecológico.

En resumen, podemos ver un lento desarrollo de nuevas instituciones, en este caso financieras, que, surgidas de una reacción y una nueva realidad geopolítica podría conducir a un nuevo modelo de economía global y, simultáneamente, un nuevo paradigma cultural, es decir, una nueva civilización más allá del postcapitalismo actual.

Redistribución y Salario Universal

LA PARÁBOLA "*NO HAY QUE DARLE PESCADO a un pobre sino enseñarle a pescar*" no sólo es la preferida de los *memes* de las redes sociales y un instrumento de autocomplacencia cuando uno es un pobre que ha logrado ahorrar cien dólares (empleado o pequeño empresario que se cree miembro del gremio de Elon Musk), sino otro recurso de moralización del capitalismo colonialista que nunca pierde oportunidad de culpar al pobre de su miseria. Pocos saben cómo pescar mejor que un pobre, pero no debe sorprender, sobre todo cuando aquellos que los odian en secreto los califican como holgazanes en público. Esos holgazanes que construyen nuestras casas, que cultivan y recogen a pleno sol nuestra comida, esos que limpian los baños de nuestras universidades y de los aeropuertos y a los que nadie les dice siquiera "muchas gracias". Esos que trabajan como esclavos en trabajos esenciales pero no pueden ir al dentista porque no tienen seguro de salud y deben resignarse a expresar sus modestas alegrías sin dientes. Esos, cuyos hijos no pueden ir al psicólogo ni al psiquiatra y mucho menos comprar las medicinas que los mantenga equilibrados hasta que su cerebro madura a los 25 años y terminan antes, a los 17 o 19 años, en los informativos policiales, en la cárcel y en el desprecio social por haber *elegido* una vida de crimen y violencia. Esos invisibles, malditos pobres, que mantienen nuestro mundo, rico, orgulloso y putrefacto, funcionando al antojo de los orgullosos exitosos del sistema.

La idea de un salario básico garantizado, como casi todo, hunde sus raíces en los filósofos de la antigua Grecia. Platón y Aristóteles entendían que era obligación del Estado y de los más ricos asegurarles a los pobres un mínimo de subsistencia. Ideas similares sobre un "salario de subsistencia garantizado" fueron elaboradas por Tomás de Aquino en la Edad Media y siglos después por el mismo Adam Smith, héroe de los liberales contemporáneo que nunca lo leyeron.[475]

La historia contemporánea demuestra que la forma más efectiva de reducir la pobreza y las obscenas diferencias sociales es dando dinero a los pobres. Esto, que en principio levanta cejas y provoca la risa unánime, es una lógica que se puede entender si uno le dedica un tiempo mínimo de reflexión. Reducir la pobreza a cualquier precio es lo más económico que tiene una sociedad, la mejor estrategia de desarrollo y lo más justo desde cualquier punto de vista de alguna justicia social. La pobreza no deriva de una raza, de un síndrome o de una carencia cultural. Deriva, profundamente, de las reglas y de un orden social establecido por una historia y, sobre todo, por las clases dominantes que controlan los recursos, la economía, la política y la narración de su realidad creada y deseada por medio de los medios.

Cada vez que un gobierno de América Latina propuso alguna reforma agraria o la nacionalización de sus recursos naturales, con algunas pocas excepciones (como la nacionalización del petróleo mexicano en 1938), siempre terminó en un golpe de Estado promovido por Washington y las grandes corporaciones. No hace mucho, cuando el presidente de Bolivia Evo Morales expulsó a los semidioses del FMI y propuso que el país se hiciera cargo de sus propios negocios, fue acusado de dictador. Para peor, su partido político incluía la palabra *socialismo*. Los números de la economía y la realidad social le dieron la razón al "*indio ignorante y dictador*" (cito, porque es lo que debí escuchar más de una vez de visitantes bolivianos en mi oficina en la Universidad de Jacksonville), algo que los de arriba nunca le perdonaron. Lo mismo podíamos decir de otro presidente exitoso en la región, el presidente de Brasil, Lula da Silva, quien entre 2003 y 2010 sacó a 30 millones de brasileños de la miseria económica y reduciendo la desnutrición infantil a la mitad, dándole cheques (canastas) a los pobres. Con el esperado efecto de una mejoría general aparte del ajusticia social.

Pero cada vez que un líder de algún país del Sur Global (de las excolonias) propone una redistribución de la riqueza por la doble razón de justicia social y desarrollo social y económico en general, es automáticamente demonizado como "socialista". Irónicamente, aquellos países o estados nacionales que más demonizan esta idea de redistribución de los recursos a su población son los que más la practican. Consideremos, por ejemplo, Arabia Saudita y otros países petroleros, ultraconservadores, cuyos habitantes reciben subsidios directos de la explotación de sus recursos nacionales, considerados "recursos comunes", ya que no fueron creación de ningún genio de los negocios sino de la naturaleza. O consideremos el caso de Alaska, el estado territorialmente más grande de Estados Unidos, bastión de los conservadores de la derecha estadounidense. Sus ciudadanos reciben una parte de sus recursos de petróleo, sólo por vivir allí.

La propuesta del Salario Universal, desacreditada por neoliberales y conservadores (ambos en camino de cruce en nuestro modelo de *Progresión inversa*), ha sido criticada como una idea que promovería la holgazanería. ¿Deben recibir un sustento básico aquellos que no trabajan? La respuesta es sí: incluso los holgazanes tienen derecho a la vida. ¿Alguien estaría dispuesto a ejecutar o a castrar a quienes no trabajan, como quienes estaban a favor de la eugenesia en el siglo XX? Lo que comúnmente llamamos *holgazanes* suelen ser individuos con necesidades especiales que no han sido asistidos por la sociedad para lograr una vida más plena y, si tanto importa, más productiva también. Se construyen rampas para quienes usan sillas de ruedas, pero se les da con un mazo en la cabeza a aquellos que sufren de alguna condición más difícil de visualizar, sobre todo cuando son pobres y no han tenido la suerte de recibir tratamientos médicos accesibles a otros grupos con mayor educación, información y poder económico. A los excluidos, a las víctimas jóvenes se las deposita en las cárceles o, en el mejor de casos, se los estigmatiza como holgazanes que merecen tener una vida miserable y morir antes de tiempo entre el hambre y las drogas.

Eso no quiere decir que "los zánganos" tengan los mismos derechos que aquellos que se esfuerzan, que estudian y trabajan en beneficio propio y de la sociedad. (Me refiero a los holgazanes de las clases bajas y no a los de las clases altas, porque nadie necesita ampararse en derechos cuando le sobran privilegios.) El Salario Universal no elimina el principio basado en méritos personales, ni la característica intrínseca del ser humano por la cual la abrumadora mayoría de cualquier sociedad tiende a crear y producir cosas nuevas. Asumir que los seres humanos nos movemos sólo por intereses económicos y de acumulación ilimitada de riquezas es asumir una concepción simplificada y deshumanizada de la condición humana. Condición que ha sido corrompida por la cultura capitalista, mercantilista y utilitaria, pero no podemos decir que ha sido eliminada para siempre. Hay otras formas de existir, y la historia está llena de ejemplos concretos, no simplemente hipotéticos.

La propuesta de un Salario Universal tiene un antecedente contradictorio y paradójico. Durante la Segunda Guerra mundial, Juliet Rhys-Williams, miembro del Partido Liberal (por entonces la izquierda en Inglaterra), propuso un "impuesto negativo" por el cual todos aquellos quienes tuviesen un ingreso por debajo de una línea mínima de subsistencia deberían recibir un subsidio en relación inversa a su ingreso. Es decir, si consideramos una curva de ingresos ascendentes y la atravesamos con una recta horizontal definiendo un mínimo de subsistencia, todos aquellos que queden por debajo de la recta deberían recibir tanto como sea necesario para alcanzar el mínimo, mientras los demás deberían pagar tanto más cuanto más altos sean sus ingresos. Obviamente que los impuestos progresivos son un criterio conocido y practicado desde hace mucho tiempo, pero no la primera parte. En su libro *Where Do We Go from Here Chaos or Community?* (1967), Martin Luther King había entrevisto la solución: "*Debemos crear pleno empleo o crear ingresos. Estoy convencido de que el enfoque más simple demostrará ser el más efectivo: la solución a la pobreza es abolirla directamente mediante una medida ahora ampliamente discutida: el ingreso garantizado*".[476]

Esta idea fue retomada décadas después por uno de los ideólogos del capitalismo neoliberal, Milton Friedman, y por el presidente Richard Nixon. ¿Por qué este repentino gesto de ternura, cuando otros de su mismo signo ideológico, como la escritora de novelas panfletarias Ayn Rand eran partidarios del *egoísmo moral*? Octavio Paz escribió que la derecha no tiene ideas sino intereses. Sin embargo, cuando de vez en cuando en la derecha aparece alguien que parece un intelectual, no faltan los capitales ni el aparato de los grandes medios para promocionarlo. Al fin y al cabo, los medios viven de las rarezas y las excepciones, no de las ideas. Rand tuvo varios declarados admiradores en la política, como el influyente director de la reserva federal, Alan Greenspan, uno de los arquitectos del des-*enclosure* (desregulación) bancario y especulativo que sembró diversas crisis en el imperio más poderoso del mundo.

El *laissez-faire*, la repetida *libertad* de los conservadores capitalistas, parte siempre del principio de la *propiedad privada sin límites*, inaugurado como axioma sagrado en el siglo XVI con la *limitación (y destrucción) de la propiedad comunal* a través del *cercado* (*enclosure*). Pero en el caso de Friedman y de cualquier política capitalista y neoliberal, el cuidado de los pobres no se produce por un quiebre del egoísmo moral sino para preservar la propiedad privada, el derecho a la acumulación ilimitada, de posibles rebeliones o de un aumento de la criminalidad de los de abajo que pudiese afectar la seguridad de los de arriba.

Un mundo sin hambre y sin opresiones

NO OBSTANTE, AUNQUE NOS ACERCÁSEMOS A ESA UTOPÍA global, aún persistirían serios riesgos. A los mismos riesgos que la Humanidad ha sufrido por miles de años y que, básicamente, proceden del interior de cada uno de nosotros. Nos detuvimos en esos componentes profundos de la naturaleza humana (es decir, más allá de las culturas) en los primeros capítulos.

En el silgo XIX lo había advertido el novelista ruso Fiódor Dostoyevski, en medio del entusiasmo positivista. No es verdad que el mal es sólo ignorancia. Hay algo en la naturaleza humana, en su ADN, que no se conforma con un estado indefinido de paz y armonía. Si bien esos impulsos ancestrales (*libido*, en términos psicoanalíticos) en gran medida se han canalizado en monumentales actividades fundadas en la irracionalidad y el surrealismo, unas mejores que otras como el fútbol o el circo político, aun así, existe en lo más profundo de la condición humana un fuerte impulso al conflicto, a la violencia en el peor de los casos.

Algo similar podemos observar en la biología de los anticuerpos. A medida que la humanidad ha hecho grandes progresos en sus formas de vida, con una mejor alimentación y con una mayor higiene (que, junto con otras razones más sociales, han elevado las expectativas de vida en las sociedades contemporáneas), los anticuerpos, resultado de miles de años de evolución contra un medio mucho más hostil, han comenzado a atacar al propio cuerpo humano, produciendo todo tipo de alergias y otros problemas de salud como artrosis, como si fuesen soldados aburridos en tiempos de paz.

Un salario universal podría resolver muchos problemas básicos de la Humanidad, pero un mundo sin problemas a resolver, un mundo hedonista puede ser la receta perfecta para un mundo depresivo. De igual forma que los anticuerpos en un mundo perfectamente higiénico se vuelven contra el mismo cuerpo que deberían defender, la impulso histórico de la lucha contra los problemas del mundo podría convertirse en un impulso autodestructivo. Claro que la misma palabra sugiere la solución, que es la canalización de las energías humanas a la creación, no a la destrucción,

Otra posibilidad para evitar esta realidad que nos acompaña como condición humana, sería un cambio en la misma genética de los seres humanos, algo que será un centro de debate en las próximas generaciones como "la perversión del bien", es decir, la conversión del ser humano en una planta espiritual. Pero aquí ya entraríamos en especulaciones sobre un futuro que se encuentra más allá del horizonte.

Volvamos a lo concreto de los problemas presentes. Como desde los tiempos prehistóricos hasta nuestros días, pasando por períodos religiosos y seculares, tiempos de guerra y tiempos de paz, todas las sociedades se han autoimpuesto límites. Límites individuales, como la auto represión moral, y límites colectivos, como las reglas, leyes y constituciones que rigen desde gremios y empresas hasta países enteros. Al mismo tiempo, el establecimiento de límites de conducta, límites a la libertad individual y colectiva ha estado en permanente disputa y mutación.

Si algo podemos decir a favor de estos límites individuales y colectivos es que su justificación se basa en la potenciación de la libertad individual y colectiva. Tanto en regímenes políticos liberales o individualistas como en regímenes estatistas o colectivistas, bien o mal la idea es la misma: unos creen lograr expandir esas libertades reduciendo el poder de los gobiernos y extendiendo la libertad de los individuos y de los grupos privados, mientras los otros creen lograr lo mismo reduciendo el poder acumulado de los individuos y las corporaciones de una Sociedad y, para lograrlo, expanden el poder de los Estados. No por otras razones surgieron los Estados modernos en la Europa del siglo XVII y, al mismo tiempo, sus oponentes, los liberales clásicos.

Una de las libertades que tanto la izquierda como la derecha defienden (con excepciones en ambos grupos) es la libertad de expresión. Sin embargo, también aquí hay discrepancias en sus límites. Por ejemplo, Estados Unidos y Alemania, dos países similares en sus formas de gobierno, difieren en sus leyes que regulan este derecho reconocido. En Estaos Unidos el partido comunista fue prohibido en 1954 pero nunca el partido Nazi ni sus marchas públicas. En Alemania sí, y basta con negar o cuestionar el Holocausto judío para ir a prisión.

Lo que parece claro, aparte de que los límites a la libertad se justifican cuando potencian la libertad misma en una mayor cantidad de los individuos que componen una sociedad, una civilización, es que esos límites, esas regulaciones a la libertad son debatibles y está en permanente negociación en cualquier sociedad. Más cuando las generaciones cambian y mucho más aun cuando se produce un cambio radical e histórico del hábitat, como debió ocurrir (1) cuando nuestros antepasados bajaron de los árboles para caminar en dos patas; (2) cuando abandonaron el nomadismo recolector y cazador por la práctica localidad de la agricultura; (3) cuando cambiaron la vida de las praderas por la conglomeración de las grandes urbes de Sumeria y Egipto y, finalmente, (4) cuando comenzaron a abandonar los espacios tridimensionales de las ciudades y se sumergieron en las dos dimensiones de Internet, primero, y en la realidad virtual del No-espacio más tarde.

En esta cuarta etapa, que se parece tanto a la primer etapa arbórea, las sociedades deberán adaptar una vez más sus reglas de juego para continuar potenciando el delicado arte de la libertad (está de más decir que en la idea de *igual-libertad* incluyo a la justicia y la seguridad). Concretamente, los cambios pueden ser localizados y cosméticos, como la aprobación de algunas leyes, hasta quiebres más radicales, como puede ser el reemplazo de un sistema político, económico y social que ya ha demostrado no sólo agotamiento sino inefectividad para resolver los problemas globales y primera responsabilidad en la creación de los mismos, como lo es la obscena inequidad social y la destrucción del medio ambiente.

Tecnología, arma y herramienta

EN 2018, EL COMITÉ DE COMERCIO, CIENCIA Y TRANSPORTE del congreso de Estados Unidos interpeló a Mark Zuckerberg por el escándalo de datos en el cual Facebook participó junto con Cambridge Analytica. Como mencionamos antes, ambas megaempresas vendieron y utilizaron datos privados de 90 millones de usuarios de Facebook (sobre todo de sus perfiles psicológicos) desde 2010 para propaganda política, principalmente para beneficiar al partido Republicano en las elecciones de 2016 en Estados Unidos y a favor el Brexit en Inglaterra. El día después del referéndum en Inglaterra del 23 de junio, las búsquedas de información sobre lo que realmente significaba "brexit" se dispararon en Inglaterra. En 2021 un empleado de Facebook testificó sobre el activo rol que Facebook había tenido en la promoción del ataque al Capitolio el 6 de enero de 2021 por parte de grupos extremistas de derecha.[477]

En todos los caso el fundador y CEO de Facebook se defendió negando las acusaciones o, cuando éstas fueron probadas y reconocidas, negando tener un impacto importante en los resultados electorales o sociales. La solución a un problema que no existe, según Mark Zuckerberg, es la misma tecnología. Una mayor inversión en Inteligencia Artificial resolvería el problema de las noticias falsas y la manipulación política de los datos personales y la "propaganda computacional".

Sin embargo, muchos bots son creados por IA y, aunque esta opción es cara, es un fenómeno en crecimiento. Que algo sea caro siempre ha sido un problema para muchos y una solución para unos pocos. Según el especialista Samuel Wooley, Salesforce, Inc., Microsoft y Google han logrado finalmente crear máquinas con IA para resumir las noticias, por el cual se apropian del trabajo de miles de medios y periodistas que producen contenido. Se apropian de un producto sin pagar.

Casi desde sus orígenes, tanto la CIA como el FBI han invertido tiempo y recursos humanos en dominar la narrativa de algunos artículos de esta novedosa enciclopedia.[478] Ahora esta nueva forma de inoculación en una de las plataformas más confiables del universo Internet se ha visto potenciada por la apropiación desproporcionada de tecnología de la Inteligencia artificial desarrollada en distintas universidades para beneficio de los dueños de los capitales. Google, incluso, ha desarrollado máquinas autónomas para escribir en Wikipedia.

Aunque la Inteligencia Artificial parece ser la protagonista que dominará las nuevas tecnologías, la economía y las preocupaciones de los habitantes del siglo XXI, hasta el momento no han sido tan poderosas como se supone. No se trata solo de su elevado costo sino de la baja tecnología que es necesaria para mentirle a la gente, es decir, los medios funcionales de cualquier democracia. La opinión pública ha sido hackeada desde mucho antes de la invención de la escritura. Por lo menos desde la invención de los mitos orales. Para no irnos tan lejos, recordemos que millones de estadounidenses fueron engañados en 1898 con la prensa amarilla para lanzar la guerra Hispano-estadounidense en Cuba; de la misma forma que un programa de radio creó el pánico sobre una supuesta invasión de extraterrestres en Nueva York en 1938; de la misma forma que la radio y el cine fueron suficientes para que los nazis en Alemania convencieron a millones de civilizados de que eran superiores por su raza pero las razas inferiores iban a exterminarlos; de la misma forma que la CIA creó invasiones ficticias usando radios ficticias, como en Guatemala 1954 para engañar a la gente sobe el peligro comunista de su presidente democrático; de la misma forma hoy en día no se necesita mucha sofisticación tecnológica para engañar a millones de personas que están dispuestas a creer mucho antes que a pensar contra sus deseos.

La eliminación de bots y trolls significaría una de esas reparaciones al mecanismo. No es tan difícil implementarla, ya que se le podría exigir a los usuarios alguna forma aleatoria de identificación, como una tarjeta de crédito o un teléfono celular que no pudiese ser usado para más de una o dos cuentas. Si esto no se ha implementado aún no es por razones técnicas sino de marketing. Las redes sociales compiten por tener más usuarios, no menos.

No soy partidario de plantear "soluciones" específicas, ya que creo que lo mejor que podemos hacer los individuos es realizar un diagnóstico lo más certero posible de la realidad, tanto pasada como presente, pero les toca a las sociedades en su conjunto decidir en base a prueba y error qué cambios debe hacer y hacia dónde debe dirigirse.

Por otro lado, también como individuos, no podemos rehusar a aportar algunos bosquejos de lo que deberían hacerse para resolver algunos problemas y para evitar problemas mayores. Por eso va aquí un resumen de esas ideas desde un punto de vista muy personal y sin pretensiones proféticas o salvadoras.

En 2008, uno de los "padres de Internet" y vicepresidente de Google, Vint Cerf, reconoció que era posible que Internet sería mejor si no estuviese en manos privadas, como una autopista. En 2011, dos años antes de su muerte, André Schiffrin propuso que se debatiera en público sobre la necesidad de convertir a Google en una empresa pública.[479] No hubo discusión sobre la trampa de transferir las mandos de megaempresas a las de un determinado gobierno (obviamente el estadounidense) como una transferencia temporal y fácil de secuestrar por los lobbies. En el específico caso de Internet es necesario un gobierno acorde a la globalidad de la red, es decir, un gobierno internacional.

Prohibir, regular, sobrevivir

POCAS COSAS MÁS DIFÍCILES PARA MÍ QUE RECOMENDAR prohibiciones. Entiendo que el objetivo de toda democracia, probablemente de toda civilización es la expansión de las libertades individuales y colectivas, no su restricción. Razón por la cual la historia ha sido siempre una dialéctica permanente entre el poder y la justicia—el poder de unos pocos y la justicia del resto; es decir, el poder concentrado y el poder distribuido.

En esta dialéctica poder-justicia las prohibiciones cubren un rango amplio que va desde la arbitrariedad de uno (el rey) o de una minoría (los señores feudales, las corporaciones) hasta la posibilidad de organización justa y pacífica del colectivo social.

En ambos casos, cualquier ley civil, religiosa o moral parte de prohibiciones. No harás esto, no hará aquello. El tráfico automotriz es uno de los ejemplos más radicales. Es uno de los sistemas más represivos, controlados y regulados, pero por el momento ninguna sociedad en el mundo ha logrado hacer funcionar ese sistema complejo y dependiente de trillones de decisiones individuales de otra forma.

Más referido a los medios, la prohibición selectiva de publicidad también es una herramienta ampliamente usada, como prohibir o regular cierta promoción de cigarrillos, cocaína o pornografía infantil. Es también necesario expandir ese método desde una perspectiva más global y ecológica, por ejemplo, prohibiendo la publicidad de decenas de marcas diferentes (con frecuencia importadas del otro lado del mundo) de agua embotellada, uno de los signos más evidentes de la destrucción capitalista del planeta.

Es más, tal vez un día se llegue a la conclusión de que en realidad toda publicidad comercial es propaganda capitalista y que sólo le da una ventaja a quien tiene más capitales para gastar en ese sector. También podemos y debemos incluir la propaganda política. Cuanto más dinero tiene un sector, más posibilidades de ganar una elección. De hecho, en Estados Unidos, según los mismos que trabajan en agencias de publicidad, el dinero es el principal factor que decide elecciones. Es decir, la publicidad y la propaganda no sólo es un componente esencial de la economía capitalista y su acumulación y control del poder sino que, además, es antidemocrática.

¿Por qué no prohibir la publicidad, desde la publicidad de drogas y de políticos de raíz y reemplazarla por un sistema más racional de información de las opciones del consumidor? ¿Qué va contra la libertad individual? ¿La manipulación política y la destrucción del planeta no? Tal vez más que eso: en lugar de solo prohibir la publicidad de agua embotellada, tal vez se podría prohibir el agua embotellada. De forma automática se argumentará que eso podría arruinar a muchos empresarios y trabajadores. ¿No es eso lo que hacen siempre los grandes empresarios cuando la venta de tóxicos no alcanzan las expectativas y se despiden trabajadores sin lástima, porque así es el sistema? Bueno, podemos crear otro sistema más racional que no genere beneficios para unos pocos acosando sociedades y destruyendo el planeta.

Wikipedia, un caso de estudio

EN EL *DICCIONARIO DE PENSAMIENTO ALTERNATIVO* (2015) editado por Hugo Biagini en Argentina, reconocí el valor inusual de Wikipedia desde el punto de vista de lo que muchos años antes había especulado sobre una posible *democracia radical*, una democracia directa o la sociedad desobediente.[480] Es verdad, tenía y aún tiene debilidades. Alguna vez, escéptico, introduje alguna afirmación absurda sobre la Segunda República en España, la que sobrevivió al menos un día. Alguien corrigió el error. Esto significa que nadie puede citar a Wikipedia como la misma enciclopedia recomienda, pero, por otra parte, nadie puede decir que es una fuente de *fake news* sino todo lo contrario. En muchos artículos se puede ver que el peso propagandístico sostenido por décadas por la gran prensa, es cuestionado de una forma admirable.

Actualmente, esa valoración positiva se ha reforzado y con argumentos aún más consistentes y hasta paradójicos. Si excluimos sitios académicos, por ejemplo, existen pocos, sino ningún lugar en el vasto océano de Internet que sea tan confiable. Su principal particularidad radica en que todos sus editores son anónimos y, si bien podemos discrepar con muchas resoluciones sobre la existencia o eliminación de algún artículo, su administración colectiva es más justa que lo contrario. La creación de información falsa es más bien una rareza. Por la importancia e, incluso, por el prestigio que posee Wikipedia en el mundo, es frecuente objeto de intentos de manipulación de sectores con intereses especiales, como grupos ideológicos o agencias secretas de los gobiernos que, en ocasiones levan a "guerras de ediciones", un fenómeno indeseable en su funcionamiento, pero, por otra parte, inevitable debido a la naturaleza humana.

Wikipedia es actualmente, con todos sus defectos, el sitio de Internet más recurrido y más confiable de Internet. Seguramente no por casualidad, no es un sitio que base su existencia en la comercialización de su, digamos, *producto*. Por otro lado, aunque posee una administración y un número mínimo de moderadores, el desarrollo de su contenido, de sus billones de artículos, agregados y correcciones, no depende de un directorio. Por el contrario, es un fábrica anárquica, ordenada y autorregulada.

Otra paradoja mayor (recordemos que toda paradoja es una lógica sin explicar) consiste en las más recientes estrategias de gigantes corporativos como Google, tanto en su buscador como en su principal plataforma de videos, YouTube. Como forma de recuperarse de una batalla perdida contra las *fake news*, Google comenzó a referir determinados temas controvertidos a los artículos de Wikipedia sin siquiera consultar a la enciclopedia. Es decir, que el gigante corporativo que puede decidir cuál es el tema que el mundo entero debe empezar a discutir, con 140 mil empleados con salarios envidiables y ganancias de cientos de miles de millones de dólares, acude desesperado a una cooperativa sin fines de lucros que opera con apenas doscientos empleados pagos, para legitimar y lograr alguna credibilidad en la información que privilegia.

Entonces, ¿por qué el anonimato es tan tóxico y produce tantas falsedades en casi todas las plataformas conocidas y tiene un efecto opuesto en Wikipedia?

Robert McChesney entiende que hoy una perspectiva de izquierda es más necesaria que nunca: a lo largo de la historia *"la izquierda lideró la lucha contra la esclavitud, contra la discriminación de las leyes Jim Crow, en favor de los derechos de las mujeres, de los trabajadores, de los sindicatos, de una educación pública, de los derechos civiles, luchó contra los abusos militaristas, en favor de la seguridad social y por la regulación en favor de los consumidores y del medio ambiente, en cada caso mucho antes que otros se subieran al carro a último momento; la izquierda ha sido la responsable de hacer de Estados Unidos una sociedad más democrática... y lo mismo debe hacer con una reforma del poder de los medios"*. El mismo McChesney recordará que *"los sistemas mediáticos no son sistemas naturales, sino resultado de políticas"*. [481] Y una de las medidas inmediatas sería la promoción de medios no comerciales.

Democracias digitales

EN LOS AÑOS 90, PUBLICAMOS ENTUSIASTAS ARTÍCULOS Y LIBROS sobre una democracia directa, sorbe la Sociedad Desobediente, en gran medida apoyadas con las nuevas tecnologías que iban a hacer que la participación política de los pueblos sea tan inmediata y frecuente como la compra de un producto o un servicio a través de Internet. Ese optimismo que, en mi caso, nació de mi experiencia en Uruguay y en Mozambique, fue noqueado poco después de migrar a Estados Unidos para continuar estudios de posgrado en UGA. Mis discusiones con estudiantes y colegas, con amigos y amables pastores que me invitaban a sus iglesias para mejorar mi inglés no me dejaron mucho lugar a didas: antes que una radicalización de una verdadera democracia directa y participativa íbamos a enfrentarnos a una reacción tribalista, nacionalista y medieval.[clxiv] Precisamente eso en lo que estamos inmersos en este momento.

Pero la idea no murió y la posibilidad tampoco. Actualmente existe y se encuentra en desarrollo el Digital Democracia Proyect o e-Democracy, cuya idea central, aunque extremadamente limitada, consiste en la participación directa sobre decisiones políticas a través de aplicaciones de teléfono. Una aplicación desarrollada en Boston y que actualmente se usa en varios estados. Estos nuevos sistemas permiten participar en una elección aun estando en otro país.

Claro que, una vez más y como siempre a lo largo de la historia, la nueva tecnología por sí sola no es ni la solución ni el problema, pero tiene la capacidad de amplificar ambos. Mientras el poder social continúe concentrado en los centros financieros, en las elites de millonarios, no habrá muchas esperanzas para un cambio democratizador, para una democracia real que expanda la libertad de todos los individuos y no los convierta en zombis obedientes que se crean el súmmum de la libertad.

Cooperativas y democracia laboral

UNO DE LOS ARGUMENTOS MÁS REPETIDOS en defensa del capitalismo refiere a la naturaleza humana: si un barco naufraga y sus sobrevivientes se refugian en una isla deshabitada, a lo largo de unas generaciones tendremos una sociedad jerárquica con ricos y pobres, con jefes y sirvientes. El experimento mental es razonable: es probable que la nueva sociedad reproduzca, más o menos, la historia humana desde los cavernícolas hasta los romanos, como las pirámides de sumeria y de México se reprodujeron sin aparente contacto cultural o histórico. Sin embargo, esta naturalización de "lo que es" asumiría que también debemos resignarnos al racismo y a las matanzas entre tribus, a la esclavitud y a la explotación capitalista.

[clxiv] El lector podrá encontrar una parte de estos escritos publicados en varios medios, los que todavía sobreviven en Internet. La memoria digital es muy frágil y la mayoría se han perdido. Conservamos escritos en arcilla de Sumeria y papiros del antiguo Egipto de varios miles de años de antigüedad, pero océanos de información de hace apenas veinte años han desaparecido.

Tampoco es una teoría nueva. Todos los sistemas que precedieron al capitalismo la usaron como forma de justificar un status quo: los señores feudales recurrieron a Dios y a un orden social divino y petrificado. El último sistema esclavista, basado en el color de piel y en su estatus permanente y hereditario también recurrió a múltiples excusas, desde la voluntad de Dios hasta la superioridad racial y proto teorías sociológicas que indicaban que la esclavitud era necesaria para el desarrollo del orden, la paz, la libertad y la civilización.

Por generaciones, la narrativa global logró identificar el capitalismo con la democracia, básicamente a partir de la convivencia de este sistema con la democracia liberal estadounidense. Sin embargo, los ejemplos históricos a partir del siglo XVII abundan en pruebas de que el capitalismo es, por naturaleza, un sistema antidemocrático: se desarrolló expropiando tierras en Europa, saqueando por siglos colonias y asesinando a cientos de millones alrededor del mundo, estableciendo dictaduras amigas en las nuevas repúblicas independientes de América, Asia y África cada vez que las democracias no le fueron funcionales.

En países centrales, como Estados Unidos y algunos de Europa, el sistema político de democracia liberal ha convivido con el sistema autoritario y antidemocrático del mundo laboral y financiero—podríamos incluir también el sistema universitario en Estados Unidos a su nivel de administración de directorios y presidencia, totalmente alejados de los sistemas democráticos en otros países.

En el sistema actual dominante es muy difícil encontrar ejemplos de democracia laboral en un sistema mundial dominado por el capitalismo, por sus instituciones y por el hecho de que un puñado de individuos poseen tanto capital como la mitad del planeta. Algo así como encontrar ejemplos de "emprendedores exitosos" aun cuando el feudalismo agonizaba, como agoniza el capitalismo en este siglo.

Lo que en el mundo capitalista se llama *libertad* (y es recurrente grito de guerra de los neoliberales expertos en prohibir), durante el sistema esclavista se llamaba *"la raza libre"* y *"la expansión de la libertad"* a través de la expansión de la esclavitud. De hecho, Estados Unidos se fundó y luego se duplicó tres veces a través de tres despojos masivos (territorios indios, compra de Luisiana sin consultar a sus dueños, y toma del territorio mexicano) con el declarado propósito de expandir la *"bendición de la esclavitud"*.[482] Lo mismo su poderío económico: no se fundó sobre ningún capitalismo basado en *riesgos y beneficios* ni sobre ningún libre mercado sino sobre la esclavitud, el control de las armas, el desarrollo de las industrias por un fuerte proteccionismo y subsidio del Estado hasta derivar en el predominio financiero y político de las corporaciones privadas (sustitutos de los amos esclavistas luego de la Guerra Civil) y, finalmente, por la continuación de sus prácticas imperialistas a través de sus transnacionales, de sus marines, de los complots de la CIA y de su imposición del dólar como divisa global a parir de la Segunda Guerra. Todo, naturalmente, apoyado y bendecido por un aparato gigantesco de propaganda mediática y cultural.

Es decir, la repetida *libertad* de los capitalistas no se refiere a la libertad del empleado sino a la del empleador, como la libertad del esclavista se refería a la de "la raza libre" (el amo blanco y rico) y no a la libertad de los esclavos, sean negros o blancos. Cada vez que el empleado amenaza con limitar la libertad del empleador es estigmatizado como peligroso irracional ("comunista, revoltoso") que pretende poner la lógica del mudo patas arriba y "destruir la libertad individual". Exactamente la misma advertencia que por siglos sostuvo la criminalización de los esclavos rebeldes. Como lo prueba la historia, antes y después de la esclavitud, antes y después de las Repúblicas bananeras y de la Guerra Fría, el mayor peligro para las corporaciones y los capitales acumulados fue siempre la democracia. No por casualidad las trasnacionales se dedicaron a destruir toda forma incipiente de democracia y reemplazarlas por dictaduras militares, siempre en nombre de la libertad, hasta que en los años 80 fue suficiente con extorsionar a los pueblos del Sur Global a través de deudas inoculadas por los mismos poderes del Norte en sus dictaduras amigas.

Cuando el vicepresidente Richard Nixon volvió de su gira por América Latina en 1958, insultado en varios países y recibido con una lluvia de escupitajos en Venezuela debido al apoyo de Washington a sus dictaduras, el presidente Eisenhower recomendó cambiar en cada discurso la desprestigiada palabra *capitalismo* por "libertad de empresa". A partir de ahí, se simplificó aún más y sólo quedó la palabra *libertad*, la que todavía es repetida como grito de guerra por los neoliberales más apasionados.

La libertad de expresión es un requisito de cualquier democracia, pero en las democracias capitalistas es casi una formalidad, ya que poco o nada puede hacer contra la maquinaria propagandística. Igual o más importante es lo que falta, es decir, la democracia laboral. La participación en las decisiones laborales es la base de cualquier democracia, ya que en nuestro mundo el trabajo es a sus individuos lo que la tierra era en la Edad Media para un campesino o en las Américas para las comunidades indígenas. En el sistema capitalista, las posibilidades de decisión de un trabajador en cualquier rubro son prácticamente cero. Como respuesta, la cultura y la narración derivada del poder administrativo, público y privado, insiste en que el trabajador es libre de dejar su trabajo y buscar otro. Algo como decir que los esclavos eran libres de ser buenos o malos negros. El empresario es libre de castigar al empleado echándolo de su puesto y el empleado es libre de castigarse a sí mismo renunciando y quedándose sin su salario de sustento, el cual, no por casualidad, es siempre mínimo (incluso el ingreso familiar combinado de sus integrantes suele ser el mínimo de subsistencia). Cada vez que los Estados intentan resolver este problema con algún tipo de ayuda o de derechos de desempleo, es demonizado como responsable de la "distorsión del mercado", cuando no es acusado de robar los beneficios de exitoso empresario que no puede desarrollarse por culpa de los derechos ajenos. Para el mercado, incluso la muerte de un desocupado es más lógica que la seguridad social, sobre todo cuando no ha sido privatizada en nombre de más ganancias y más acumulación. Esta coacción de la gerencia de las empresas se excusa en la ley de la oferta y la demanda del libre mercado, minimizando lo que es la ley determinante: el libre mercado no es y nunca fue libre. No existe libertad en una pirámide de poder donde los de arriba toman las decisiones y los de arriba obedecen. Esta extorción del mercado se aprovecha del siempre disponible margen de desocupados que deprimen los salarios y maximizan los beneficios de las empresas. Si ese margen no está en la misma ciudad, en el mismo país, se lo encontrará en países más pobres. Esta dinámica explica por qué hasta un individuo con un exceso de preparación festeja la obtención de un trabajo con un salario muchas veces por debajo del límite de subsistencia y, también, explica por qué poco a poco terminan convirtiéndose en paladines del sistema y los mejores abogados de sus empleadores: los críticos no son bienvenidos sino más bien expulsados. De una forma consciente o inconsciente, el trabajador que quiere mantener su empleo y lograr los ascensos que le aseguren a él y a su familia que no terminarán en la calle o endeudados es siendo "un buen negro" o, lo que Malcolm X llamaba "el negro de la casa", aquel que hacía todo lo posible por mantener a su amo contento y al sistema de explotación protegido para no perder sus mínimos privilegios acumulados con el esfuerzo de toda una vida.

Más allá de todos los defectos de las alternativas, podemos señalar como una virtud democrática el hecho de que, en una cooperativa, la expulsión de un trabajador no depende de la decisión del jefe absoluto sino de una decisión colectiva. Las cooperativas son de las pocos ejemplos existentes de asociaciones de trabajadores con control democrático de la gestión y producción de sus empresas y, probablemente, modelos de la etapa histórica que seguirá al capitalismo.

Como lo conocemos hoy, este sistema surgió de la Revolución Industrial con los primeros obreros expulsados de las fábricas y con los socialistas utópicos, pero podemos verlo siglos antes en los gremios de trabajadores y comerciantes durante la Edad Media europea y en el sistema económico y social de los pueblos originarios en África y las Américas, el que, como ya vimos en capítulos anteriores, era socialmente más exitoso que el impuesto por la conquista europea e, incluso, más exitosa que el nuevo sistema de propiedad privada en Europa, surgido en el siglo XVI. En las Américas, este éxito se reflejaba en una expectativa de vida mayor e, incluso, en una estatura mayor que la europea, debido a mejores condiciones de salud y de trabajo (los nativos trabajaban menos horas por día y la mitad de los días al año que los trabajadores europeos), un sistema de seguridad social que se encargaban de los integrantes más débiles, como los ancianos, una desigualdad social mucho menor y dedicada a menos guerras. Por no detenernos mucho en un ejemplo conocido de democracia en Norteamérica siglos antes de la fundación de la llamada "democracia americana": la democracia de la federación de pueblos iroqués, que intelectuales fundadores como Benjamín Franklin conocían muy bien pero no quisieron mencionar en los voluminosos debates constitucionales y unionistas. No es difícil adivinar por qué, si consideramos el profundo racismo de los llamados Padres fundadores.[clxv] De hecho, muchos otros pueblos sudamericanos eran más democráticos que los europeos y más democráticos que la nueva nación llamada Estados Unidos.

A partir del surgimiento del capitalismo, Europa no mejoró sus condiciones de vida sino todo lo contrario (la expectativa de vida y la estatura cayeron por siglos mientras la desigualdad creció), pero se especializó en el arte de la guerra y la acumulación privada, lo que hizo posible extender sus estructuras dictatoriales de las empresas privadas a la explotación criminal de transnacionales como la West y la East India Company, realizando la transferencia de riqueza más grande de la historia, de las colonias y provincias al centro de poder político y geopolítico en Occidente (y dejando, como vimos más en detalle, varios cientos de millones de muertos). La colonización convirtió a Asia, África y a las Américas en continentes pobres. América se convirtió en la región más violentas del mundo, pero Europa (y luego Estados Unidos) continuó siendo el continente más guerrero del mundo, lo cual no se explica sólo por su historia sino por la misma lógica de la privatización, explotación y acumulación inherentes al capitalismo.

A diferencia de las empresas capitalistas, las cooperativas son empresas, por lejos, más democráticas. Si bien es cierto que en negocios familiares o con pocos empleados las empresas capitalistas no alcanzan la tiranía autoritaria de las grandes corporaciones privadas, aun así, por lógica del sistema, el patrón es el dueño y quien decide la suerte de sus empleados en base a sus

---

[clxv] El mismo Franklin, argumentando a favor de la posibilidad de crear una confederación de doce colonias independientes, se refirió a la vergüenza de que los colonos ingleses no pudieran lograrlo cuando desde hacía mucho tiempo ya lo habían hecho "*seis naciones de salvajes ignorantes*". (Carta de Benjamín Franklin a James Parker, 20 de marzo de 1751.)

propios criterios, necesidades y, más frecuentemente, en base a la misteriosa lógica del mercado, que no es otra cosa que la razón y el interés de los invisibles inversores. Las cooperativas no están libres de esta "lógica del mercado", casi siempre manipulada por quienes poseen el control del capital y las finanzas, o por sus intermediarios, los gobiernos doblados ante su poder económico y financiero.

Sin embargo, su organización interna es, por lejos, más democrática que la de cualquier empresa capitalista. No sólo más democrática sino más efectiva en muchos aspectos. Por ejemplo, los salarios están regulados por un radio acordado por cada cooperativa y suelen ser de 4:1 a 5:1 entre los puestos mejor pagos y aquellos menos especializados. Es decir, son más equitativos y más trasparentes. Como resultado, los ingresos de los gerentes son, en promedio, menores que el de sus pares capitalistas mientras que los salarios promedios de los niveles más bajos son superiores.

En la actualidad, en Estados Unidos existen varios ejemplos de cooperativas gestionadas por sus trabajadores. Una de ellas es la Cooperación Jackson, fundada en 2014 como forma de dar oportunidades de trabajo y de dignificación social a la empobrecida y marginada población negra e hispana en Jackson, Mississippi. Este estado, el más pobre del país, no sólo ha sido uno de los estados más productivos durante la esclavitud sino el que más violencia ha sufrido hasta la actualidad por parte de los supremacistas blancos, desde nazis hasta miembros y simpatizantes del Ku Klux Klan que no sólo se dedicaron a linchar y aterrorizar a casi la mitad de su población por su color, sino que hasta hoy no ahorran en planes legislativos para continuar su marginación. Esta cooperativa no se limita a la producción de un producto sino a la asistencia de decenas de miles de personas a través de huertas locales en base a un principio ecológico, las que no solo han aliviado la pobreza de la población sino también han sido fundamentales en momentos de crisis como durante la pandemia de Covid de 2020-22. Un trabajo similar realizan cooperativas como Cooperation Humboldt en California.

En España, Mondragón es la mayor red de cooperativas del mundo y la empresa más grande del País Vasco. Con ochenta mil trabajadores, opera en industria (desde productos tradicionales hasta automatización), finanzas e investigación con centros tecnológicos y con la Universidad de Mondragón. Esta universidad es privada y sin fines de lucro, como la mayoría de las universidades privadas de Estados Unidos y de otras partes del mundo, pero su estructura es aún más democrática. Como en muchas universidades públicas en América Latina, los profesores, estudiantes y egresados votan por electores que deciden sus autoridades hasta el rector. En Estados Unidos la participación democrática termina al nivel de las asambleas de profesores; de ahí para arriba la estructura es similar a la de cualquier corporación privada e, incluso, es la misma que rige la política en El Vaticano.

La debilidad de cooperativas como Mondragón es la misma que la de las políticas socialdemócratas en Europa. Radica en estar y operar desde y para un contexto capitalista, es decir, expuesto a los caprichos de las trasnacionales capitalistas, de los grandes inversores y de sus gobiernos nacionales. Más que eso, para sobrevivir deben reproducir la relación de explotación de los países del llamado Sur Global a través de salarios deprimidos en el proceso de la extracción de materias primas baratas y de producción de productos básicos.

En América Latina, las cooperativas poseen una larga tradición. Todos los países poseen cientos y hasta miles de estas organizaciones de economía democrática. En Paraguay, por ejemplo, uno de cada cinco trabajadores es cooperativista. Esta alta proporción se debe a que los guaraníes, como todos los pueblos originarios del continente, antes de la llegada de los colonizadores desconocían la propiedad privada y se organizaban de forma colectiva para la producción y el consumo. Como en otras partes del mundo precolombino, su nivel de participación democrática era superior al europeo, y era ejercido a través de asambleas (*amandayé*) y el trabajo solidario (*oñondivepá*). Los misioneros jesuitas aprovecharon esa condición cultural para desarrollar sus reducciones, las cuales, desde un punto de vista económico, resultaron más efectivas y prósperas que cuando se les impuso el dogma de la propiedad privada.[clxvi]

Estos ejemplos de autonomía cooperativa, sindical y social son ampliamente más democráticos y participativos que la tradicional empresa capitalista. No obstante, su mera existencia ha representado siempre una amenaza a través del mal ejemplo para el sistema dominante. Más si, en muchos casos, han sido ejemplos exitosos. Esta condición de "oveja negra" es un lastre económico y cultural, pero creo que sienta el modelo de un sistema que seguirá al dominio absoluto del capitalismo, sobre todo si la crisis climática y las desigualdades sociales se agravan, como todo indica que podría ocurrir a mediados de este siglo como tarde. Ni el centralismo autoritario de las corporaciones capitalistas ni el centralismo del pasado modelo bolchevique, sino de uno de sus precedentes, tanto en las Rusia revolucionaria como en España republicana: la participación del trabajador, del individuo, en el proceso de producción y consumo, en la administración de la política nacional y

---

[clxvi] Los jesuitas no sólo aprovecharon la cultura y la estructura socioeconómica existente sino que, como en cualquier otro sincretismo y evangelización, superpusieron su propia utopía, el Paraíso, con la utopía guaraní, la búsqueda de la Tierra sin mal.

no simplemente por un voto en base a opciones mínimas y controladas cada dos o cuatro años.

El sistema cooperativo en alguna medida sería una vuelta a la Edad Media, pero no en su componente religioso y político, como lo hemos estado observando desde hace décadas, el cual llamamos Neomedievalismo, sino en su componente de organización local independiente de las dos grandes opciones del siglo XX: el capitalismo y el comunismo en su versión bolchevique. En ambos casos, el trabajador, el individuo perdió poder de decisión ante el poder concentrado de las corporaciones privadas, en un caso, y ante el poder concentrado en el Estado en el otro. Como en la Edad Media, esta expansión de las cooperativas, sean con sedes físicas o virtuales, tendrán un impacto notable en las fronteras de los países, las cuales, por mucho tiempo permanecerán más o menos en el lugar geográfico en las que se encuentran hoy, pero su poder de muralla quedará reducido a un mínimo irrelevante. Se establecerán nuevas formas de asociación entre una constelación de comunidades alrededor del mundo, no simplemente relacionadas por los intereses laborales (asumiendo que el trabajo existirá dentro de un siglo), sino por otros tipos de intereses sociales, culturales y existenciales.

Propiedad privada

EN EL SIGLO XVI, LA RADICALIZACIÓN DE LA PROPIEDAD PRIVADA de la tierra (no el "libre mercado" que fue destruido entonces) significó el inicio del capitalismo y de la violenta civilización anglosajona. Aunque en la actualidad, y desde hace al menos cuatro siglos en Europa, se considera como una obviedad y un factor inmutable en las sociedades modernas, la propiedad privada de los recursos básicos como la tierra y el agua (por extensión, la vivienda, la salud, la educación, la información) han sido más bien una rara excepción en la historia de la humanidad. Sobre todo cuando consideramos como humanidad también a los pueblos no europeos. En todo el continente americano, la forma de propiedad de la tierra, de la naturaleza toda, antes de la invasión y del saqueo europeo, era de uso colectivo. Lo mismo en África y en Asia.

El egoísmo como motor del progreso humano (desde Adam Smith hasta Ayn Rand) es una invención teórica y mitológica surgida de la obsesión anglosajona de la propiedad privada y la acumulación de riquezas—legitimada primero por las reformas protestantes, como el calvinismo, y más tarde por un ejército de contadores elevados a la categoría de teóricos y profetas.

Como lo vimos antes, en todas las grandes y pequeñas religiones, en todos los sistemas éticos y morales de los distintos pueblos a lo largo de miles de años, se prescribía el altruismo, la cooperación y la solidaridad como valores superiores y vitales para la existencia humana, al tiempo que se condenaba el egoísmo, la avaricia y la violencia de todo tipo que derivaba de aquellas dos corrupciones humanas.

Aunque la propuesta de la abolición de la propiedad privada ha sido asociada desde el siglo XIX con el comunismo marxista, creo que el destino de una rareza de la historia que hoy se considera universal, es la desaparición—o, por lo menos, su subordinación a la forma más persistente y extendida de propiedad: la propiedad colectiva.

Una consecuencia que podemos criticar del modelo de propiedad colectiva sería su tendencia al *colectivismo*. Este, en el peor sentido de la palabra, requirió en los experimentos pasados—todos los fascismos de derecha y los estalinismos de izquierda—la sumisión del individuo al cuerpo colectivo a través de una centralidad estatal. Naturalmente, que no nos estamos refiriendo a esta centralidad y mucho menos a la concentración del control estatal sobre cada individuo. Esos son fantasmas de experimentos frustrados del pasado y de la propaganda presente en favor de un status quo. Por otra parte, un análisis cuidadoso de los sistemas democráticos ya nos ha revelado el mismo efecto de masificación, de desaparición del individuo a través de la propaganda masiva de los poderosos medios (evangelizadores) del llamado *mundo libre*. Preciosamente, ese mundo que, por definirse por una *no centralidad*, por una feudalización del poder, por ciertos derechos al voto en un sistema electoral que luego se llama *democracia*, deben ser sujetos de la propaganda científica y sistemática en un grado aún mayor que en cualquier dictadura personal.

Es probable que el siglo XXI alcance a ver este regreso a los orígenes, por una razón de evolución o como consecuencia de la catástrofe climática y social derivada de la patología anglosajona de la propiedad privada, del egoísmo y la comercialización de la existencia como aspiraciones máximas de bienestar y justicia.

Un nuevo paradigma civilizatorio

NO SÓLO OTRO MUNDO ES POSIBLE; ES INEVITABLE. Pero el mayor problema de la humanidad para prever nuevos sistemas sociales ha sido una natural falta de imaginación colectiva y, sobre todo, una gran dificultad (por razones estructurales, económicas y psicológicas) para ensayar experimentos sociales a gran escala. También, porque la vida bilógica de un individuo nunca alcanzaría para experimentar los efectos y las necesarias correcciones que necesita toda opción nueva y desconocida. Por lo general, los individuos tienen una familia por la que preocuparse, hijos a los que ha educado en valores para sobrevivir en un orden heredado (en nuestro caso, los valores capitalistas) y, si no tiene deudas y espera alcanzar algún día una jubilación decente, tal vez tenga unos pequeños ahorros a los que dedicó una gran parte de su existencia por lo que, naturalmente, no le resultará justo perderlo con un cambio de reglas a último momento.

Pero nada es para siempre. Si no lo es la naturaleza mucho menos un sistema socioeconómico. En el capítulo "Neomedievalismo vs Ilustración" nos ocupamos de esta posible etapa postcapitalista. Lo cual es una especulación sobre un tiempo casi imposible de prever. Si en la Edad Media, durante el feudalismo, alguien hubiese dicho que en el futuro se crearía riqueza imprimiendo papel o apretando la tecla de una máquina con el símbolo "0", le sonaría aún más irreal que el cuento del rey Midas, quien convertía en oro todo lo que tocaba. Esa es la misma situación hoy: no podemos, o nos cuesta mucho, imaginar un sistema distinto al capitalismo y de ahí que se considere como una parte de la incuestionable naturaleza, así como en la Edad Media el feudalismo se consideraba un orden incuestionable de Dios. Incluso cuando, como hemos visto, el capitalismo se ha transmutado múltiples veces, aun así no podemos ver que , en realidad, hace algún tiempo que ha sufrido muerte cerebral y se encuentra en terapia intensiva, sobreviviendo por asistencia artificial, como lo es la creación de dinero. El capitalismo todavía existe en los estratos inferiores (el nivel Adam Smith de una sociedad simple) pero ha muerto hace algún tiempo en sus estratos superiores, donde radica el poder global y de las naciones. En realidad la riqueza no se imprime; se imprime dinero, que es el principal instrumento de extracción de riqueza de los sectores productivos. Una forma de impuesto invisible e ilimitado a las clases trabajadoras.

Para comenzar debemos ver, otra vez, el caso de Estados Unidos, la todavía potencia hegemónica, la representante del moribundo orden capitalista-liberal. Consideremos solo el último siglo de la superpotencia económica, militar y cultural y veamos cómo experimentó la sinusoide de la progresión inversa de forma notable y acelerada, con periodos de cincuenta años.[clxvii] Durante la Gran depresión de los años 30, se produjo uno de los giros más importantes hacia la izquierda con las nuevas políticas del demócrata Franklin D. Roosevelt en favor de los sindicatos, con la creación de la Seguridad Social, con la participación del gobierno federal en la economía y

---

[clxvii] Esta dinámica se puede verse también cuando extendemos esta observación al pasado: 1776 (Revolución americana); 1828 (revolución Jacksoniana); 1860 (Abolición de la esclavitud) y 1900 (globalización estadounidense).

con el New Deal en general. Este ciclo terminó con la elección de Ronald Reagan en 1980 y el triunfo previo de la reacción neoconservadora-neoliberal, también facilitada por la crisis mundial de los años 70, debida a los precios del petróleo, la inflación y recesión en Estados Unidos y la explosión de las deudas soberanas en África y América Latina.

Hoy, cincuenta años después, el sistema se encuentra otra vez en crisis por tercera vez, con síntomas menores pero con causas mayores. Para Estados Unidos todavía no es una crisis económica masiva, pero ya es una crisis de hegemonía que terminará con sus privilegio monetarios y, más tarde, geopolíticos. Como ocurrió con la crisis del imperio español en 1898, este país deberá volcarse a una profunda introspección.

Esta megacrisis ocurrirá probablemente al inicios de los años 30, y será una nueva oportunidad, a juzgar por la dinámica de la Progresión inversa, para que las nuevas generaciones se reorganicen en un sistema alejado del neoliberalismo, del capitalismo como marco existencial y cuestionen la dictadura postcapitalsita con opciones atomizadas pero con el factor común de una política y filosofía menos consumista y más cooperativa. La muerte del paradigma capitalista no significará la automática desaparición de sus instituciones, sino una nueva forma de ver y vivir el mundo. Llevando la teoría de la Progresión inversa, no sería exagerado predecir que, incluso, si se mantiene el sistema bipartidista, el hoy Partido republicano, secuestrado por la ultraderecha nacionalista, hasta podría volver a cambiar roles en unas décadas y representar estas nuevas aspiraciones que en el silgo pasado se asoció a la izquierda, mientras que el partido demócrata volvería a su rol del siglo XIX de representar al sur conservador, corporativo y eurocéntrico. Pero esto último sería un detalle.

Ahora, antes de visitar las posibilidades de un cambio ideológico, cultural y civilizatorio, detengámonos un momento en el cambio de orden que se está produciendo en el mundo, el cual se ha acelerado con la Guerra en Ucrania.

Si Estados Unidos tuvo suerte con el descubrimiento de oro un mes después de arrebatar California a México en 1848; si corrió con la misma suerte cuando elimina la convertibilidad del dólar en oro (asumiendo, como lo afirman los economistas que se trató de una "negligencia benéfica), parecería que los políticos en Washington se han empeñado en seguir probando suerte ejerciendo el único recurso que ha conocido este país desde su fundación y la expropiación de tierras indígenas, mexicanas y de recursos en base a la adicción a las armas y a la guerra y al discurso religioso.

Como publicamos hace algún tiempo, la salida urgente y desordenada de Afganistán, luego de una siesta de veinte años, sólo sugería la realineación para una nueva guerra. Ésta se dio en Ucrania, donde Washington ya dictaba desde la creación de este país y, sobre todo, desde el golpe de Estado de 2014. La receta de continuar presionando a Rusia con una nueva expansión de la OTAN, la generación de una nueva guerra que en términos geopolíticos y económicos funcionase creando déficit en Washington y más obligaciones del resto del mundo de sostener el dólar, más las clásicas sanciones al país acosado, se revelaron con resultados opuestos.

El tradicional acoso y bloqueo a países no alineados o demasiado independientes creó una nueva singularidad: Washington bloqueó a Venezuela y a Rusia, dos de las principales reservas de petróleo del mundo, los cuales, entrenados en la resistencia al dolor económico, comenzaron a alejarse de los mercados y de la influencia de Washington, siendo reemplazados por China. A su vez, de forma consistente, en 2023 China logró un acuerdo entre Irán y Arabia Saudí, dos viejos enemigos creados por Washington, uno (otra dictadura) como aliado y otro (una semi democracia) como representación del mal. El aislacionismo no intencionado de Washington y el progresivo reemplazo del dólar como divisa global y como instrumento de coacción comenzaron un proceso irreversible, el cual sólo podría indicar una guerra mayor por parte de un imperio global que va quedándose sin municiones.

Como lo indica la trampa de Tucídides, el reemplazo de un imperio por otro siempre trajo conflictos bélicos. La única excepción de los últimos siglos fue el reemplazo del imperio británico por el imperio estadounidense, y esto se debió no solo a intereses comunes sino a un enemigo común en un conflicto mayor, Alemania. Aun así, podríamos sospechar que la Segunda Guerra responde a la lógica de Tucídides pero con una variante (el desplazamiento del enemigo a un tercero competidor).

Como hizo Washington con Fidel Castro en 1961, empujándolo a los brazos de la Unión Soviética y llevando el conflicto de la Guerra Fría casi al extremo nuclear, la misma tradicional arrogancia ha empujado a los países del Tercer mundo fuera de la órbita de Estados Unidos. Si este proceso no sucedió antes y de forma más rápida sólo se debió a la permanente coacción económica y militar de Washington. Aunque parece demasiado tarde, una política de reparación de las relaciones con esos países debería comenzar, como mínimo, con el reconocimiento de los crímenes pasados, ya que descartamos que se tome en cuenta nuestra sugerencia (más bien retórica) de pagos de indemnización por todos los muertos, los robos, las democracias destruidas y las dictaduras creadas o apoyadas por Washington.

Claro que esta sugerencia no es para nada optimista. Cuando en el mismo Estados Unidos comenzó un movimiento de revisión histórico de los tiempos de la esclavitud, de despojo y de discriminación, la respuesta fue una reacción epidérmica de las fuerzas conservadoras. Hasta se llegaron a prohibir ciento de libros y se ganaron elecciones estatales y nacionales en base a la negación de los crímenes del pasado y a la criminalización de quienes intentaban investigarlas y ponerlas a consideración de la sociedad.

En base a esta experiencia histórica, se podría adelantar que un cambio social, cultural e ideológico en Estados Unidos no llegará hasta que el país sufra una derrota, muy probablemente militar, que simbolice el fin del imperio y una introspección crítica, tal vez algo similar a la ocurrida en España luego de su derrota y pérdida de sus dos últimas colonias en 1898.

BIBLIOGRAFÍA BÁSICA

Por razones de espacio y de claridad, en esta bibliografía se mencionan solo los libros que el autor considera más importante en su proceso de investigación. Las "notas finales" suman varios cientos de referencias, donde el lector podrá buscar y rastrear las fuentes documentales de cada afirmación o referencia del texto central de este libro.

Agee, Philip. *Inside the Company: CIA diary*. Farrar Straus & Giroux, 1975.

Alfonso X El Sabio. *Las siete partidas*. Selección, prólogos y notas de Francisco López Estrada y María López García-Berdoy. Madrid: Editorial Castalia, 1992.

Attkisson, Sharyl. *The Smear: How Shady Political Operatives and Fake News Control What You See, What You Think, and How You Vote*. HarperCollins, 2017.

Bernays, Edward. "The Engineering of Consent", Annals of the American Academy of Political and Social Science No. 250. March 1947.

Bernays, Edward L. *Propaganda*. United States, Ig Publishing, 2004

Biagini, Hugo E. *Diccionario del pensamiento alternativo*. Editorial Biblos, 2008.

Black, Edwin. *IBM and the Holocaust. The Strategic Alliance Between Nazi Germany and America's Most Powerful Corporation*. Three Rivers Press, 2002

Cascardi, Anthony J. *The subject of modernity*. Cambridge: Cambridge University Press, 1992.

Courtois, Stéphane, Rémi Kauffer. *Le livre noir du communisme. Crimes, terreurs et répression*. Robert Laffont, 1997.

Davis, P., Francois, A., & Starger, C. University of Baltimore School of Law *"The Persistence of the Confederate"*.

Dimsdale, Joel E. *Dark Persuasion: A History of Brainwashing from Pavlov to Social Media*. Yale UP, 2021.

Fanon, Frantz. *Les damnés de la terre*. Paris : Françoise Maspero, 1968.

Fanon, Frantz. *Peau noire, masques blancs*. [1952] Préface (1952) et postface (1965) de Francis Jeason. Paris, Éditions du Senil, 1965.

Gelbspan, Ross. *Break-ins, Death Threats and the FBI: The Covert War Against the Central America Movement*. South End P, 1991.

Gibbs, David N. *The Political Economy of Third World Intervention: Mines, Money, and U.S. Policy in the Congo Crisis*. U of Chicago P, 1991.

Goytisolo, Juan. Makbara. Barcelona: Editorial Seix Barral: 1980.

Greenwald, Glenn. *No Place to Hide: Edward Snowden, the NSA, and the U.S. Surveillance State*. Macmillan, 2014.

Hamilton, Alexander. *Report on the Subject of Manufactures*. Cosimo, 2007.

Hickel, Jason. *The Divide: A Brief Guide to Global Inequality and its Solutions*. Random House, 2017.

Hudson, Michael. *Super Imperialism: The Origin and Fundamentals of U.S. World Dominance*. Islet, 2021.

Hunt, E. H., and Greg Aunapu. *American Spy: My Secret History in the CIA, Watergate and Beyond*. John Wiley & Sons, 2007.

Jones-Rogers, Stephanie E. *They Were Her Property: White Women as Slave Owners in the American South*. Yale University Press, 2019.

Kagan, Donald, and Gary Schmitt. *Rebuilding America's Defenses: Strategy, Forces and Resources for a New Century*. Project for the New American Century, 2000.

Leffler, Melvyn P., and Odd A. Westad. *The Cambridge History of the Cold War*. "The Cold War in Central America, 1975–1991" (John Coatsworth). Cambridge UP, 2010.

Locke, John. *Second Treatise of Government and a Letter Concerning Toleration*. United Kingdom, Oxford University Press, 2016.

Majfud, Jorge. *La frontera salvaje. 200 años de fanatismo anglosajón en América Latina*. Rebelde Editores, abril 2021.

Majfud, Jorge. *El eterno retorno de Quetzalcóatl: Una teoría sobre los mitos prehispánicos en América Latina y sus trazas en la literatura del siglo XX*. Editorial Academia Española, 2012.

Majfud, Jorge. *La Narración de Lo Invisible: Una Teoría Política de Los Campos Semánticos*. 4th ed., Humanus, 2021.

Marx, Karl. *Capital: a critical analysis of capitalist production*. Tr. from the 3d German ed., by Samuel Moore and Edward Aveling, and ed. by Frederick Engels. New York: Humboldt pub., 1890.

Marx, Karl. *Free Trade: A Speech Delivered Before the Democratic Club, Brussels, Belgium, Jan. 9, 1848. With Extract from La Misère de la Philosophie*. 1888.

McCain, John. *The Official Senate Report on CIA Torture: Committee Study of the Central Intelligence Agency's Detention and Interrogation Program*. Simon & Schuster, 2015.

McChesney, Robert W. *Rich Media, Poor Democracy: Communication Politics in Dubious Times*. The New Press, 2016.

Montaner, Lidia B. *Atentados a la libertad de información y a los medios de comunicación en Chile, 1973-1987*. CENECA, 1988.

More, Thomas. Utopia. United Kingdom, Dent, 1899.

Nowlan, Robert A. *The American Presidents From Polk to Hayes: What They Did, What They Said & What Was Said About Them*. Outskirts P, 2016.

Phillips, David A. *The Night Watch: 25 Years Inside the CIA*. Robert Hale Ltd, London, 1978.

Roosevelt, Theodore. *Works: American ideals, with a biographical sketch by Francis Vinton Greene; Administration-Civil service*. 1897.

Sábato, Ernesto. *Hombres y engranajes*. Buenos Aires, Emecé, 1951.

Sábato, Ernesto. *Uno y el universo*. Buenos Aires, Sudamericana: 1973.

Saunders, Frances S. *Who Paid the Piper? The Cultural Cold War*. Granta Books, 2000.

Scheidel, Walter. *The Great Leveler: Violence and the History of Inequality from the Stone Age to the Twenty-First Century*. Princeton UP, 2018.

Simpson, Christopher. *Blowback: America's Recruitment of Nazis and Its Destructive Impact on Our Domestic and Foreign Policy*. Open Road Media, 2014.

Singer, Peter W., and Emerson T. Brooking. *Likewar: The Weaponization of Social Media*. Eamon Dolan Books, 2018.

Snowden, Edward. *Permanent Reocrod*. Picador, 2019.

Stephens-Davidowitz, Seth. *Everybody Lies: Big Data, New Data, and What the Internet Can Tell Us About Who We Really Are*. HarperCollins, 2017.

Stiff, Edward. *The Texan Emigrant: Being a Narration of the Adventures of the Author in Texas*. Cincinnati: George Conclin Ed, 1840.

Sullivan, D., & Hickel, J. (2023). Capitalism and extreme poverty: A global analysis of real wages, human height, and mortality since the long 16th century. *World Development, 161*.

Talbot, David. *The Devil's Chessboard: Allen Dulles, the CIA, and the Rise of America's Secret Government*. Harper Perennial, 2016.

Twain, Mark. *My Autobiography: Chapters from the North American Review*. United States, Dover Publications, 2012.

Veciana, Antonio, and Carlos Harrison. *Trained to Kill: The Inside Story of CIA Plots against Castro, Kennedy, and Che.* Skyhorse, 2017.

Vespucio, Américo. *El nuevo mundo. Cartas relativas a sus viajes y descubrimientos.* Textos en italiano, español e inglés. Estudio preliminar de Roberto Levillier. Buenos Aires: Nova, 1951.

Vine, David. *The United States of War: A Global History of America's Endless Conflicts, from Columbus to the Islamic State.* University of California Press, 2020.

Weiner, Tim. *Legacy of Ashes: The History of the CIA.* Anchor, 2008.

White, Gregory L., et al. *The Chilling Effects of Surveillance: Deindividuation and Reactance.* 1975.

Whitney, Joel. *Finks: How the C.I.A. Tricked the World's Best Writers.* OR Books, 2017.

Wood, Ellen M. *The Origin of Capitalism: A Longer View.* Verso Books, 2017.

Wooley, Samuel. *The Reality Game. How the next wave of technology will break the truth.* Endeavor, 2020.

Woolley, Samuel C., and Philip N. Howard. *Computational Propaganda: Political Parties, Politicians, and Political Manipulation on Social Media.* Oxford Studies in Digital Poli, 2018.

Zaller, John R., and Zaller J. R. *The Nature and Origins of Mass Opinion.* Cambridge UP, 1992.

Zegart, Amy B. *Spies, Lies, and Algorithms: The History and Future of American Intelligence.* Princeton UP, 2022.

FUENTES

[1] Kim, Kil W., et al. "Functional values of stabilimenta in a wasp spider, Argiope bruennichi: support for the prey-attraction hypothesis". *Behavioral Ecology and Sociobiology*, vol. 66, no. 12, 2012, pp. 1569-1576.
[2] Zaller, John R., and Zaller J. R. *The Nature and Origins of Mass Opinion*. Cambridge UP, 1992. P. 15.
[3] Jorge Majfud. (2006, November 14). "The Slow Suicide of the West [El lento suicidio de Occidente]" Montly Review. mronline.org/2006/11/14/majfud141106-html
[4] "Minutes before El Paso Killing, Hate-Filled Manifesto Appears Online (Published 2019)." *The New York Times*, 2022, www.nytimes.com/2019/08/03/us/patrick-crusius-el-paso-shooter-manifesto.html.
[5] Radio Uruguay. (2016). "La teoría de la cabra de Majfud". 14 de junio de 2016: www.youtube.com/watch?v=Y1DXbl2MvIA
[6] Majfud, Jorge. *La frontera salvaje. 200 años de fanatismo anglosajón en América Latina*. Rebelde Editores, febrero 2021, p. 161.
[7] Majfud, Jorge. *Crisis*. Colectivo Cultural Baile del Sol, 2012, p. 61.
[8] "Thin line between desire and dread: Dopamine controls both". (2008, July 14). University of Michigan: news.umich.edu/thin-line-between-desire-and-dread-dopamine-controls-both/ Ver también: Baumgartner, H. M., Cole, S. L., Olney, J. J., & Berridge, K. C. (2020). Desire or Dread from Nucleus Accumbens Inhibitions: Reversed by Same-Site Optogenetic Excitations. *The Journal of Neuroscience*, 40(13), 2737–2752. https://doi.org/10.1523/jneurosci.2902-19.2020
[9] McChesney, Robert W. *Rich Media, Poor Democracy: Communication Politics in Dubious Times*. New Press, 2016, p. 34.
[10] "New study finds that violence doesn't add to children's enjoyment of TV shows, movies". Indiana University. (2012): newsinfo.iu.edu/web/page/normal/18805.html
[11] Bachman, Frank Puterbaugh. Great Inventors and Their Inventions. United Kingdom, American Book Company, 1918, p. 222.
[12] Schlenoff, Daniel C. "50, 100 & 150 Years Ago: Ads Go Subliminal, Wrights Soar and Continents Connect." *Scientific American*, Aug. 2008, https://www.scientificamerican.com/article/50-100-150-first-transatlantic-telegraph/.
[13] Creelman, James. *On the great highway: the wanderings and adventures of a special correspondent*. Boston, Lothrop, 1901.
[14] Singer, Peter W., and Emerson T. Brooking. *Likewar: The Weaponization of Social Media*. Eamon Dolan Books, 2018.
[15] Idem.

[16] Idem, p. 32.
[17] Majfud, Jorge. *Narracion de lo invisible. Una teoría política de los Campos semánticos*. Editorial Académica España, 2018.
[18] Bourcier, Nicolas, et al. "En Amérique Latine, Les Accents pro-Poutine De La Gauche." *Le Monde.fr*, Le Monde, 27 Mar. 2022, https://www.lemonde.fr/international/article/2022/03/27/en-amerique-latine-les-accents-pro-poutine-de-la-gauche_6119309_3210.html.
[19] "Neanderthals Boosted Our Immune System." *Www.mpg.de*, 2016, www.mpg.de/9819763/neanderthal-genes-immune-system.
[20] Majfud, Jorge. "La libertad vigilada de los Libertarios. ALAI." *ALAI*, 22 Apr. 2022, www.alai.info/la-libertad-vigilada-de-los-libertarios/.
[21] Snowden, Edward. *Permanent Reocrod*. Picador, 2019, Pg. 113.
[22] Gelbspan, Ross. *Break-ins, Death Threats and the FBI: The Covert War Against the Central America Movement*. South End P, 1991, p. 22.
[23] Alter, C. (2016, April 29). "California Rejects John Wayne Day Because of Actor's Comments on Race". *Time*: time.com/4312343/california-john-wayne-day-race/
[24] "President's Message. Message From the President of the United Stales, to the two Houses of Congress, at the commencement of the Second Session of the Twenty-Second Congress". David V. Culley. Indiana Paladium, Volume 8, Number 49, Lawrenceburg, Dearborn County. 22 de diciembre de 1932. No. 49.
[25] The United States Magazine and Democratic Review. United States, Langtree and O'Sullivan, 1852.
[26] "Crucible of Empire" PBS. www.pbs.org/crucible/tl7.html
[27] "Allende Wins". National Security Archive. (2020, September 4). nsarchive.gwu.edu/briefing-book/chile/2020-09-04/allende-wins
[28] "Harry S. Truman: Decisive President" The Lightning' Strikes in War. Alden Whitman. *The New York Times*, 27 de diciembre de 1972, p 46-47. https://timesmachine.nytimes.com/timesmachine/1972/12/27/84161748.pdf?pdf_redirect=true&ip=0
[29] Howard, Philip, et al. *Social Media, News and Political Information during the US Election: Was Polarizing Content Concentrated in Swing States?* 2017, arxiv.org/ftp/arxiv/papers/1802/1802.03573.pdf.
[30] "Streams of Content, Limited Attention: The Flow of Information through Social Media." *Danah.org*, 2022, www.danah.org/papers/talks/Web2Expo.html.
[31] "Dissecting the #PizzaGate Conspiracy Theories (Published 2016)." *The New York Times*, 2022, www.nytimes.com/interactive/2016/12/10/business/media/pizzagate.html.
[32] Diamond, Jeremy. "Donald Trump: 'I Will Totally Accept' Election Results 'If I Win.'" *CNN*, CNN, 20 Oct. 2016, www.cnn.com/2016/10/20/politics/donald-trump-i-will-totally-accept-election-results-if-i-win/index.html.
[33] "La Pornografía Política". *Rebelion.org*, 1 octubre 2016, rebelion.org/la-pornografia-politica/.
[34] Cobb, C. *The Atlantic*, 12 de noviembre de 2015. www.theatlantic.com/magazine/archive/1995/10/if-the-gdp-is-up-why-is-america-down/415605/

[35] Hickel, Jason. *The Divide: A Brief Guide to Global Inequality and its Solutions.* Random House, 2017, p. 285.
[36] Rowson, Jonathan. *The Understandable Madness of Economic Growth.* The RSA, 26 de marzo de 2012. www.thersa.org/blog/2012/03/the-understandable-madness-of-economic-growth
[37] Hoover Institution. "The De-Population Bomb". *YouTube.* www.youtube.com/watch?v=uNdnlrkx-wg
[38] Adam. *An Inquiry into the Nature and Causes of the Wealth of Nations.* General Editors. H. Campbell and S. Skinner. Indianapolis: Liberty Classics, 1979, p. 181 (I.xi.c).
[39] Kuhlmeier V, Wynn K, Bloom P. "Attribution of dispositional states by12-month-olds". Psychological Science. 2003; 14:402-408.
[40] J. Kiley Hamlin, & Wynn, K. "Young infants prefer prosocial to antisocial others". *26*(1), 30–39. doi.org/10.1016/j.cogdev.2010.09.001
[41] Henry C. Simons. "Economic Policy for a Free Society". Chicago: University of Chicago Simons (1947), p. 43.
[42] *El Mercurio*, Chile, 12 de abril de 1981.
[43] Sábato, Ernesto. *Sobre héroes y tumbas.* Seix Barral, 1986, C. X.
[44] Popova, M. "All Ideas Are Second-Hand: Mark Twain's Magnificent Letter to Helen Keller About the Myth of Originality". *The Marginalian*, 10 de mayo de 2012. www.themarginalian.org/2012/05/10/mark-twain-helen-keller-plagiarism-originality/
[45] Bhadra, S. "The Impact of British Industrial Revolution on a Bengal Industry". *IOSR Journal of Humanities and Social Science*, 2014, *19* (4), p. 14.
[46] Majfud, Jorge. *"What consumerism learnt from slavery"* Art, Londres, 30 de julio de 2021. IAI TV. Changing How the World Thinks: iai.tv/articles/what-consumerism-learnt-from-slavery-auid-1851?_auid=2020
[47] Bhadra, S. "The Impact of British Industrial Revolution on a Bengal Industry". *IOSR Journal of Humanities and Social Science*, 2014, *19* (4), p. 12.
[48] Sengupta, S. *"Bengal's plunder gifted the British Industrial Revolution".* Financial Express (7 de febrero de 2010): www.financialexpress.com/archive/bengals-plunder-gifted-the-british-industrial-revolution/576476/
[49] *The Cambridge History of Western Textiles.* United Kingdom, Cambridge University Press, 2003, p. 743.
[50] "Population Growth and Renaissances" (1993). Schillerinstitute.com: archive.schillerinstitute.com/fid_91-96/934_population_growth.html
[51] Majfud, Jorge. *El eterno retorno de Quetzalcóatl: Una teoría sobre los mitos prehispánicos en América Latina y sus trazas en la literatura del siglo XX.* Ewe Editorial Acad MIA Espa Ola, 2012.
[52] Smith, Adam. *An Inquiry into the Nature and Causes of the Wealth of Nations.* General Editors. H. Campbell and S. Skinner. Indianapolis: Liberty Classics, 1979, p. 471 (IV.ii.43).
[53] Idem, p. 386 (III.ii.8).
[54] Idem, p. 114 (I.ix.22).
[55] Idem, p. 464 (IV.ii.30).

⁵⁶ Polanyi, Karl. *The Great Transformation: The Political and Economic Origins of Our Time*. Beacon P, 2001, p. 37.
⁵⁷ Wood, Ellen M. *The Origin of Capitalism: A Longer View*. Verso Books, 2017, p. 23.
⁵⁸ Scheidel, Walter. *The Great Leveler: Violence and the History of Inequality from the Stone Age to the Twenty-First Century*. Princeton UP, 2018.
⁵⁹ Wood, Ellen M. *The Origin of Capitalism: A Longer View*. Verso Books, 2017, p. 175-6.
⁶⁰ Wood, Ellen M. *The Origin of Capitalism: A Longer View*. Verso Books, 2017, p. 184.
⁶¹ Arama, N. "Elon Blasts WEF Effort to Run World, Tucker Finishes Them Off". RedState, 19 de enero de 2023. redstate.com website: https://redstate.com/nick-arama/2023/01/19/elon-blasts-wef-effort-to-run-world-tucker-finishes-them-off-n690668
⁶² Pareene, A. "Now apparently it's a slam to say Paul Ryan likes Ayn Rand". *Salon*, 26 de abril de 2012; www.salon.com/2012/04/26/now_apparently_its_a_slam_to_say_paul_ryan_likes_ayn_rand/
⁶³ Wood, Ellen M. *The Origin of Capitalism: A Longer View*. Verso Books, 2017, p. 99 y 128.
⁶⁴ Parry, Richard. "In a Sense Citizens, but Not Altogether Citizens...: Rhodes, Race, and the Ideology of Segregation at the Cape in the Late Nineteenth Century." *Canadian Journal of African Studies / Revue Canadienne Des Études Africaines*, vol. 17, no. 3, 1983, pp. 377–91. JSTOR, https://doi.org/10.2307/484923.
⁶⁵ Wood, Ellen M. *The Origin of Capitalism: A Longer View*. Verso Books, 2017, p. 143.
⁶⁶ More, Thomas. *Utopia*. United Kingdom, Dent, 1899, p. 18.
⁶⁷ Locke, John. *Second Treatise of Government and a Letter Concerning Toleration*. United Kingdom, Oxford University Press, 2016. Capítulo V. "Of Property" (p. 25-51) y IX "Of the Ends of Political Society and Government" (p 63).
⁶⁸ Wood, Ellen. *The Origin of Capitalism: A Longer View*. Verso, 2017, p. 111.
⁶⁹ Locke, John. *Second Treatise of Government and a Letter Concerning Toleration*. United Kingdom, Oxford University Press, 2016, p. 16.
⁷⁰ Alden t. Vaughan, *New England Frontier: Puritans and Indians, 1620-1675* (1965), p. 110. También, ver: Winthrop 1629. Indiana University. konstantindierks.indiana.edu/H105-documents-web/week04/Winthroponnatives1629.html
⁷¹ Idem p. 110. También: Winthrop 1629. Indiana University. konstantindierks.indiana.edu/H105-documents-web/week04/Winthroponnatives1629.html
⁷² Dorfman, Ariel y Armand Matterlart. *Para leer al pato Donald*. Prólogo de Héctor Schmucler. Buenos Aires, Siglo XXI, 1972, p. 41, 48, 49 y 64.
⁷³ Hickel, Jason. *The Divide: A Brief Guide to Global Inequality and its Solutions*. Random House, 2017, p. 102.
⁷⁴ Wood, Ellen M. *The Origin of Capitalism: A Longer View*. Verso Books, 2017, p. 128 y 113.
⁷⁵ Hamilton, Alexander. *Report on the Subject of Manufactures*. Cosimo, 2007.

[76] *Theory and Methodology of World Development: The Writings of Andre Gunder Frank.* United Kingdom, Palgrave Macmillan, 2010, p. 47.
[77] Tusveld, Ruud, and van de Heetkamp, Anne. *Origin Management: Rules of Origin in Free Trade Agreements.* Germany, Springer Berlin Heidelberg, 2011, p. 39.
[78] Alberdi, Juan Bautista. *La barbarie histórica de Sarmiento.* [1865] Buenos Aires: Ediciones Pampa y cielo, 1964, p. 13 y 56.
[79] Sarmiento, D. F. "Argirópolis o la Capital de los Estados Confederados del Río de la Plata" (1896). *Obras de Sarmiento.* Tomo XIII, Buenos Aires, Gobierno argentino, p. 85.
[80] Unamuno, Miguel D. *Del sentimiento trágico de la vida. La agonía del cristianismo.* Ediciones AKAL, 1983.
[81] Ricardo, David. *The Principles of Political Economy and Taxation.* 1817, p. 360-363.
[82] Marx, Karl. *Free Trade: A Speech Delivered Before the Democratic Club, Brussels, Belgium, Jan. 9, 1848. With Extract from La Misère de la Philosophie.* 1888.
[83] Hobson, J.A. *Imperialism: A Study.* London: James Nisbet. 1902, p. 60.
[84] McMaken, Ryan. "South Africa's Land Confiscation: Socialism by Another Name". 24 de Agosto de 2018. Mises Institute: mises.org/wire/south-africas-land-confiscation-socialism-another-name
[85] Birnbaum, E. "South African president: Trump ill-informed on land and farm seizures". *The Hill,* 21 de noviembre de 2018: thehill.com/homenews/administration/417818-south-african-president-trump-ill-informed-on-south-african-land-farm
[86] Brown, M. (30 de junio de 2020). "Fact check: United Kingdom finished paying off debts to slave-owning families in 2015". USA TODAY. www.usatoday.com/story/news/factcheck/2020/06/30/fact-check-u-k-paid-off-debts-slave-owning-families-2015/3283908001/
[87] "The New Reparations Math". (15 de junio de 2020), University of Connericut Magazine. magazine.uconn.edu/2020/06/15/the-new-reparations-math/
[88] Wood, Ellen. *The Origin of Capitalism: A Longer View.* Verso, 2017, p. 96.
[89] Alfonso X El Sabio. *Las siete partidas.* Selección, prólogos y notas de Francisco López Estrada y María López García-Berdoy. Madrid: Editorial Castalia, 1992.
[90] Huarte, Juan. *Examen de ingenios para las ciencias.* [1575] Edición preparada por Esteban Torre. Madrid: Editora Nacional, 1977, p. 291-292.
[91] Hickel, Jason. *The Divide: A Brief Guide to Global Inequality and its Solutions.* Random House, 2017, p. 75.
[92] Farris, H. (2017). "Shashi Tharoor argues why British Rule destroyed India, North Korea & Liberalism". www.youtube.com/watch?v=jaNotcGak3Y
[93] Sullivan, D., & Hickel, J. (2023). Capitalism and extreme poverty: A global analysis of real wages, human height, and mortality since the long 16th century. *World Development, 161,* 106026. https://doi.org/10.1016/j.worlddev.2022.106026
[94] "16 million and counting: the collateral damage of capital". (2022, December 22. *New Internationalist*: https://newint.org/features/2022/12/05/neoliberalism-16-million-and-counting-collateral-damage-capital

⁹⁵ Marx, Karl. *Capital: a critical analysis of capitalist production*. Tr. from the 3d German ed., by Samuel Moore and Edward Aveling, and ed. by Frederick Engels. New York: Humboldt pub., 1890, p. 359.
⁹⁶ Idem. 481.
⁹⁷ Idem, p. 483-494.
⁹⁸ *General History of the Caribbean: The long nineteenth century*. United Kingdom, Macmillan, 1997, p. 571.
⁹⁹ "Empire and Economics: The Long History of Debt-Cancelation from Antiquity to Today". Conferencia The People's Forum, Nueva York. www.youtube.com/watch?v=M4DkZ3CWFOk
¹⁰⁰ Senador John F. Kennedy. Comité de Relaciones Exteriores de los Estados Unidos, 10 de junio de 1959. "Executive Sessions of the Senate Foreign Relations Committee. (1959)". United States, U.S. Government Printing Office, 1982, p. 618.
¹⁰¹ Parisien, L. "Quand Sankara contestait avec humour la dette du Burkina Faso". 9 de julio de 2015. Le Parisien www.leparisien.fr/archives/video-quand-sankara-contestait-avec-humour-la-dette-du-burkina-faso-09-07-2015-4931821.php
¹⁰² "One in three of world's poorest countries pay more on debt repayments than education." 12 de octubre de 2022. Save the Children International. www.savethechildren.net/news/one-three-world-s-poorest-countries-pay-more-debt-repayments-education-save-children
¹⁰³ McDonnell, T. "U.S. Supreme Court Rules That World Bank Can Be Sued" (7 de marzo de 2019). NPR: www.npr.org/sections/goatsandsoda/2019/03/07/699437482/supreme-court-rules-that-world-bank-can-be-sued
¹⁰⁴ Majfud, Jorge. *Teología Del Dinero: El Lento Derrumbe Del Orden Anglosajón*. Humanus, 2022./ "Teología del dinero" *Bitácora*, La República, Montevideo 2002. web.archive.org/web/20021228082231/http://www.bitacora.com.uy/articulos/2002/noviembre/98/98general.htm#majfud
¹⁰⁵ Majfud, Jorge. *La Frontera Salvaje: 200 Años de Fanatismo Anglosajón en América Latina*. Rebelde 2021, p. 61.
¹⁰⁶ Hudson, Michael. *Super Imperialism: The Origin and Fundamentals of U.S. World Dominance*. Islet, 2021, p. v, p. 21.
¹⁰⁷ Idem, 2021, p. v, p. 18.
¹⁰⁸ Idem, 2021, p. v, p. 24.
¹⁰⁹ Griffin, G. Edward. *The creature from Jekyll Island*. United States, American Media, 1995, p. 218.
¹¹⁰ *British Medical Association* "Child and Adolescent Mental Health". Junio 2006.
¹¹¹ Nurnberg, Hugo, and Douglas P. Lackey. "Ethical Reflections on Company-Owned Life Insurance." *Journal of Business Ethics*, vol. 80, no. 4, 2008, pp. 845–54. www.jstor.org/stable/25482185
¹¹² Sky News Australia. (2023). "They can cry in a Ferrari". *YouTube*. www.youtube.com/watch?v=CNCs4Gz4TiY
¹¹³ Mishra, S. (2022, December 29). "Internet bows down to Greta Thunberg's savage response to influencer Andrew Tate's '33 cars' tweet". *India Today*: https://shorturl.at/biqP3

[114] Wood, Ellen M. *The Origin of Capitalism: A Longer View.* Verso Books, 2017, p. 7, 12, 14.
[115] Wood, Ellen M. *The Origin of Capitalism: A Longer View.* Verso Books, 2017, p. 126.
[116] Majfud, Jorge. *La frontera salvaje. 200 años de fanatismo anglosajón en América Latina.* Rebelde Editores, febrero 2021, p. 43.
[117] "What consumerism learnt from slavery", Jorge Majfud. *Changing how the world thinks. Art, IAI TV,* 30 de julio de 2021: iai.tv/articles/what-consumerism-learnt-from-slavery-auid-1851?_auid=2020
[118] Sábato, Ernesto. *Hombres y engranajes.* Buenos Aires, Emecé, 1951.
[119] *El Mercurio,* Chile, 12 de abril de 1981.
[120] "The World Bank and water privatisation: public money down the drain". Bretton Woods Project, 26 de setiembre de 2008. Bretton Woods Project: www.brettonwoodsproject.org/2008/09/art-562458/
[121] Governor DeSantis Announces Legislative Proposal to Stop W.O.K.E. Activism and Critical Race Theory in Schools and Corporations. (2021). www.flgov.com/2021/12/15/governor-desantis-announces-legislative-proposal-to-stop-w-o-k-e-activism-and-critical-race-theory-in-schools-and-corporations/
[122] Wood, Ellen M. *Democracy Against Capitalism: Renewing Historical Materialism.* Verso Books, 2016.
[123] *El Mercurio,* Chile, 12 de abril de 1981.
[124] "Top 1% Of U.S. Households Hold 15 Times More Wealth Than Bottom 50% Combined". *Forbes,* 12 de octubre de 2022.
[125] "The Productivity-Pay Gap". Economic Policy Institute, octubre 2022: www.epi.org/productivity-pay-gap/
[126] Weiner, Tim. *Legacy of Ashes: The History of the CIA.* Anchor, 2008, p. 3-4.
[127] Cordesman, Anthony H., et al. "China's Emergence as a Military Superpower: China vs. US and Russia." *China and the U.S.: Cooperation, Competition and/or Conflict An Experimental Assessment,* Center for Strategic and International Studies (CSIS), 2019, pp. 193–204. JSTOR, http://www.jstor.org/stable/resrep22586.20.
[128] McChesney, Robert W. *Rich Media, Poor Democracy: Communication Politics in Dubious Times.* New Press, 2016, liv.
[129] "Birth of an Era", *Time,* 13 de agosto de 1945, p. 17.
[130] "Awful Responsability", *Time,* 20 de agosto de 1945, p. 29.
[131] AFP. "Yo no les tiré una bomba atómica" El Mundo, 29 de mayo de 2002.
[132] John Thornhill. "Russia's Unfinished Revolution". *Finantial Times.* 30 de mayo de 1996, p. 13.
[133] Chomsky, Noam. "Paths Taken, Tasks Ahead." *Profession,* 2000, pp. 32–39. JSTOR, http://www.jstor.org/stable/25595700.
[134] Wood, Ellen M. *The Origin of Capitalism: A Longer View.* Verso, 2017, p. 113.
[135] McIntire, Mike. "The Secret History of Gun Rights: How Lawmakers Armed the N.R.A". *The New York Times,* 30 de julio de 2023, Sección 1, P. 1.
[136] Idem.
[137] Singer, Peter W., and Emerson T. Brooking. *Likewar: The Weaponization of Social Media.* Eamon Dolan Books, 2018, p. 127.

¹³⁸ Majfud, Jorge. "La pornografía política." *Página12*, 22 Feb. 2017, www.pagina12.com.ar/1678-la-pornografia-politica.
¹³⁹ Twain, Mark. *My Autobiography: Chapters from the North American Review*. United States, Dover Publications, 2012, p. 96.
¹⁴⁰ "Highs and lows of an Englishman's average height over 2000 years". University of Oxford. (17 de abril de 2017). https://www.ox.ac.uk/news/2017-04-18-highs-and-lows-englishman%E2%80%99s-average-height-over-2000-years-0
¹⁴¹ Vespucio, Américo. *El nuevo mundo. Cartas relativas a sus viajes y descubrimientos*. Textos en italiano, español e inglés. Estudio preliminar de Roberto Levillier. Buenos Aires: Nova, 1951, ps. 100-120.
¹⁴² Idem, p. 165.
¹⁴³ Leutwyler, K. "American Plains Indians Had Health and Height". (30 de mayo de 2001). *Scientific American*. www.scientificamerican.com/article/american-plains-indians-h/
¹⁴⁴ "Standing Tall: Plains Indians Enjoyed Height, Health Advantage" (23 de mayo de 2001). The Ohio State University: news.osu.edu/standing-tall-plains-indians-enjoyed-height-health-advantage/
¹⁴⁵ Roosevelt, Theodore. "National Life and Character." (1894) *Teaching American History*: teachingamericanhistory.org/document/national-life-and-character/
¹⁴⁶ *William Lloyd Garrison's The Liberator*. 11 de setiembre de 2015. www.accessible-archives.com/collections/the-liberator/
¹⁴⁷ *Abolitionists and Free Speech*. (2021). Mtsu.edu. www.mtsu.edu/first-amendment/article/2/abolitionists-and-free-speech
¹⁴⁸ *Avalon Project. Constitution of the Confederate States;* March *11, 1861*. Yale University. avalon.law.yale.edu/19th_century/csa_csa.asp
¹⁴⁹ "The fin de siècle newspaper proprietor". F. Opper. (2015). The Library of Congress: www.loc.gov/resource/ppmsca.29087/
¹⁵⁰ "The Spymaster's Toolkit", CIA, 2016, www.cia.gov/stories/story/the-spymasters-toolkit/.
¹⁵¹ "Morale Operations Branch." *Military Wiki*, 2014, military-history.fandom.com/wiki/Morale_Operations_Branch.
¹⁵² Nowlan, Robert A. *The American Presidents From Polk to Hayes: What They Did, What They Said & What Was Said About Them*. Outskirts P, 2016, p. 599.
¹⁵³ Talbot, David. *The Devil's Chessboard: Allen Dulles, the CIA, and the Rise of America's Secret Government*. Harper Perennial, 2016, p. 318.
¹⁵⁴ Talbot, David. *The Devil's Chessboard*. Harper Perennial, 2016, p. 317.
¹⁵⁵ Idem, p. 324.
¹⁵⁶ Idem, p. 330.
¹⁵⁷ Talbot, David. *The Devil's Chessboard*. Harper Perennial, 2016, p. 330.
¹⁵⁸ Talbot, David. *The Devil's Chessboard*. Harper Perennial, 2016, p. 333.
¹⁵⁹ Talbot, David. *The Devil's Chessboard*. Harper Perennial, 2016, p. 334.
¹⁶⁰ Hunt, E. H., and Greg Aunapu. *American Spy: My Secret History in the CIA, Watergate and Beyond*. John Wiley & Sons, 2007.
¹⁶¹ *American Foreign Policy: Basic Documents, 1950-1955*. United States, U.S. Government Printing Office, 1957, p. 1315.

[162] Talbot, David. *The Devil's Chessboard*. Harper Perennial, 2016, p. 377.
[163] *Senate Report. 1st Session.* (n.d.). www.intelligence.senate.gov/sites/default/files/94465.pdf
[164] Foreign Relations of the United States, 1958–1960, Africa, Volume XIV. Office of the Historian. State.gov. history.state.gov/historicaldocuments/frus1958-60v14/d221
[165] U.S. Energy Information Administration (EIA) Independent Statistics and Analysis. (n.d.). www.eia.gov/international/content/analysis/countries_long/Algeria/algeria.pdf
[166] Phillips, David A. *The Night Watch: 25 Years Inside the CIA*. 1978.
[167] Weissman, Stephen R. "What Really Happened in Congo: The CIA, the Murder of Lumumba, and the Rise of Mobutu." *Foreign Affairs*, vol. 93, no. 4, 2014, pp. 14-24.
[168] Beirlant, B. (2002, February 5). "België biedt excuses aan voor Lumumba". De Standaard. www.standaard.be/cnt/dst06022002_001
[169] Staes, B. (2021, January 21). Stad Gent schrapt Leopold II-laan, bewoners krijgen compensatie voor adreswijziging. Het Nieuwsblad: www.nieuwsblad.be/cnt/dmf20210121_96144084
[170] Snider, T. (9 de agosto de 2021). "US-Cuban Relations: How It All Got Started" - Antiwar.com: original.antiwar.com/ted_snider/2021/08/08/us-cuban-relations-how-it-all-got-started/
[171] James, J. (n.d.). "Harlem Hospitality and Political History: Malcolm X and Fidel Castro at the Hotel Theresa". *Contributions in Black Studies*, 12. scholarworks.umass.edu/cgi/viewcontent.cgi?article=1088&context=cibs
[172] Markle, Seth M. "Brother Malcolm, Comrade Babu: Black Internationalism and the Politics of Friendship." *Biography*, vol. 36, no. 3, 2013, pp. 540–67. JStor. www.jstor.org/stable/24570209.
[173] "The mafia: The Demise of a Don". (30 de junio de 1975). TIME.com. content.time.com/time/subscriber/article/0,33009,917569,00.html
[174] "Discurso pronunciado por el Comandante Fidel Castro en la Sede de las Naciones Unidas el 26 de setiembre de 1960". Cuba.cu. www.cuba.cu/gobierno/discursos/1960/esp/f260960e.html
[175] Talbot, David. *The Devil's Chessboard*. Harper Perennial, 2016, p. 344.
[176] Ell, D., & Eleased, R. (1956). *Name of Projects LCCASSOCK Headquarters Case Officers Field Case Officer: SECRET*. www.cia.gov/readingroom/docs/
[177] Sabatini, Christopher. "The Land of Too Many Summits." *Foreign Policy*, 12 Apr. 2012, https://foreignpolicy.com/2012/04/12/the-land-of-too-many-summits/.
[178] Attkisson, Sharyl. *The Smear: How Shady Political Operatives and Fake News Control What You See, What You Think, and How You Vote*. HarperCollins, 2017, P. 12-13.
[179] Idem, p. 14.
[180] Greenwald, Glenn. *No Place to Hide*. Macmillan, 2014, p. 194.
[181] LoGiurato, B. (16 de junio de 2013). "CBS' Bob Schieffer Destroys Edward Snowden In 90 Seconds". Business Insider: https://www.businessinsider.com/bob-schieffer-edward-snowden-face-the-nation-2013-6

[182] Ramirez, S. (n.d.). *The Racist Roots of the War on Drugs and the Myth of Equal The Racist Roots of the War on Drugs and the Myth of Equal Protection for People of Color Protection for People of Color*. University of Arkansas: lawrepository.ualr.edu/cgi/viewcontent.cgi?article=2106&context=lawreview

[183] Hu, Y., Pereira, A. M., Gao, X., Campos, B. M., Derrington, E., Corgnet, B. Dreher, J.-C. (2021). "Right Temporoparietal Junction Underlies Avoidance of Moral Transgression in Autism Spectrum Disorder". *The Journal of Neuroscience: The Official Journal of the Society for Neuroscience*, 41(8), 1699–1715. https://doi.org/10.1523/JNEUROSCI.1237-20.2020

[184] White, Gregory L., et al. *The Chilling Effects of Surveillance: Deindividuation and Reactance*. 1975.

[185] Feldman, B. (2014, January 7). *The Atlantic*: https://www.theatlantic.com/national/archive/2014/01/burglars-who-revealed-cointelpro-have-come-forward/356754/

[186] Gelbspan, Ross. *Break-ins, Death Threats and the FBI: The Covert War Against the Central America Movement*. South End P, 1991, p. 14.

[187] Idem, p. 17.

[188] Idem, p. 27-28.

[189] Idem, p. 71-72.

[190] "Life In The Shadows" (19 de julio de 1987). Washington Post: https://www.washingtonpost.com/archive/lifestyle/magazine/1987/07/19/life-in-the-shadows/c33d7d99-d590-41bf-9bfa-0c426bb41f25/

[191] Gelbspan, Ross. *Break-ins, Death Threats and the FBI*. South End P, 1991, p. 56.

[192] "Theodore Roosevelt's Corollary to the Monroe Doctrine" (1905). (15 de setiembre de 2021). National Archives: https://www.archives.gov/

[193] Roosevelt, Theodore. "National Life and Character." (1894) *Teaching American History*: teachingamericanhistory.org/document/national-life-and-character/

[194] McChesney, Robert W. *Rich Media, Poor Democracy: Communication Politics in Dubious Times*. New Press, 2016, p. 6.

[195] "American Aurora". (2018). New York Times: archive.nytimes.com/www.nytimes.com/books/first/r/rosenfel-aurora.html

[196] Weiner, Tim. *Legacy of Ashes: The History of the CIA*. Anchor, 2008, p. 390.

[197] *Chilling Effects: NSA Surveillance Drives U.S. Writers to Self-Censor*. (12 de noviembre de 2013). PEN America: https://pen.org/research-resources/chilling-effects/

[198] Savage, Charlie. "N.S.A. Gets More Latitude to Share Intercepted Communications". *The New York Times*, Seccion A, Page 11. 12 de enero de 2017.

[199] Greenwald, Glenn. *No Place to Hide*. Macmillan, 2014, P. 11.

[200] Greenwald, G. (2012, April 8). "U.S. filmmaker repeatedly detained at border". *Salon*: www.salon.com/2012/04/08/u_s_filmmaker_repeatedly_detained_at_border/

[201] Jacksonville University Faculty Bylaws. (2019). https://www.ju.edu/provost/info/JUbylawsfinalcopy.pdf

[202] "Manhunting Timeline 2010 TOP SECRET//SI/TKHNOFORN": navigation, search. (n.d.): www.aclu.org/sites/default/files/field_document/Manhunting%20Timeline%202010.pdf

[203] "EFF 07022014 NBC GCHQ honey trap cyber attack." (2012). *Archive.org*: archive.org/stream/EFF_-_07022014-nbc-gchq_honey_trap_cyber_attack/EFF_-_07022014-nbc-gchq_honey_trap_cyber_attack_djvu.txt

[204] "The JEA indictments: Secret spreadsheets, a false 'death spiral'". Jacksonville Daily Record, Florida: https://www.jaxdailyrecord.com/article/the-jea-indictments-secret-spreadsheets-a-false-death-spiral

[205] Bauerlein, D. (2022, June 24). "FPL consultant obtained personal information, surveillance photo of journalist Nate Monroe". The Florida Times-Union website: https://www.jacksonville.com/story/news/local/2022/06/24/fpl-consultant-obtained-research-jacksonville-journalist-nate-monroe/7712000001/

[206] O'Carroll, L. (27 de setiembre de 2013). "Seymour Hersh on Obama, NSA and the 'pathetic' American media". *The Guardian*: https://www.theguardian.com/media/media-blog/2013/sep/27/seymour-hersh-obama-nsa-american-media

[207] McCombs, Maxwell E., and Donald L. Shaw. "The Agenda-Setting Function of Mass Media." *The Public Opinion Quarterly*, vol. 36, no. 2, 1972, pp. 176–87. JSTOR, http://www.jstor.org/stable/2747787. Accessed 8 Jul. 2022.

[208] "Home | National Security Archive." *Nsarchive.gwu.edu*, nsarchive2.gwu.edu/NSAEBB/NSAEBB138/CIA%20Information%20Act%20-%20Chile%20Op%20File.pdf. Accessed 8 July 2022.

[209] "250,000 Germans Reported Held". *The New York Times*, 14 de febrero de 1947, p. 5. www.nytimes.com/1949/02/14/archives/250000-germans-reported-held.html

[210] Shaunak Agarkhedkar. "CIA, Ford Foundation, and Political Warfare" (6 de febrero de 2022). Substack: https://espionage.substack.com/p/cia-ford-foundation-and-political

[211] Leffler, Melvyn P., and Odd A. Westad. *The Cambridge History of the Cold War*. "The Cold War in Central America, 1975–1991" (John Coatsworth). Cambridge UP, 2010.

[212] McChesney, Robert W. *Rich Media, Poor Democracy: Communication Politics in Dubious Times*. New Press, 2016, p. 62.

[213] "Corporate Interests and Their Impact on News Coverage". The Institute for Applied & Professional Ethics. (2022). Ohio University. www.ohio.edu/ethics/2001-conferences/corporate-interests-and-their-impact-on-news-coverage/

[214] "Behind TV Analysts, Pentagon's Hidden Hand" (Published 2008). *The New York Times*. www.nytimes.com/2008/04/20/us/20generals.html

[215] "Journalist took $240,000 to push Bush education program". (2005, January 13). World Socialist: www.wsws.org/en/articles/2005/01/will-j13.html

[216] Cockburn, Alexander. "The Press Devours Its Own". *The Nation*, August 24, 1998, p. 10-24.

[217] LoGiurato, B. (16 de junio de 2013). "CBS' Bob Schieffer Destroys Edward Snowden In 90 Seconds". Business Insider: https://www.businessinsider.com/bob-schieffer-edward-snowden-face-the-nation-2013-6

[218] "Bloomberg News Killed Investigation, Fired Reporter, Then Sought To Silence His Wife". (2020, April 14). NPR. www.npr.org/2020/04/14/828565428/bloomberg-news-killed-investigation-fired-reporter-then-sought-to-silence-his-wi

[219] Montaner, Lidia B. *Atentados a la libertad de información y a los medios de comunicación en Chile, 1973-1987.* CENECA, 1988, p. 70.
[220] Robinson, Dan. "Spare the indignation: Voice of America has never been independent". Columbia Journalism Review. 30 de marzo de 2017.
[221] Uttaro, R. A. (1982). "The Voices of America in International Radio Propaganda". *Law and Contemporary Problems*, 45(1), 103. https://doi.org/10.2307/1191297
[222] Media, A. "Americano Media anuncia un acuerdo de transmisión con Audacy". Prnewswire.com. www.prnewswire.com/news-releases/americano-media-anuncia-un-acuerdo-de-transmision-con-audacy-857592636.html
[223] Whitney, Joel. *Finks: How the C.I.A. Tricked the World's Best Writers.* OR Books, 2017.
[224] Itulain, Mikel. *Estados Unidos y el respeto a otras culturas y países.* España, Ediciones Libertarias, 2012.
[225] Sagué, M. "Cámara de Representantes de EEUU aprueba resolución que denuncia los horrores del socialismo". Radio y Televisión Martí: radiotelevisionmarti.com/a/c%C3%A1mara-de-representantes-de-eeuu-aprueba-resoluci%C3%B3n-que-denuncia-los-horrores-del-socialismo-/349927.html
[226] Ver: Russia: life expectancy 1845-2020. Statista. (2020). www.statista.com/statistics/1041395/life-expectancy-russia-all-time y Eberstadt, Nick. "The Health Crisis in the USSR". International Journal of Epidemiology, vol. 35, no. 6, 2006, pp. 1384-1394.
[227] Leffler, Melvyn P., and Odd A. Westad. *The Cambridge History of the Cold War: Volume 3, Endings.* Cambridge UP, 2010.
[228] O'Rourke, John. *The History Great Irish Famine.* Dublin: J. Duffy and Co. 1902, p. 107.
[229] Trevelyan, Charles Edward. *The Irish Crisis.* United Kingdom, Longman, Brown, Green & Longmans, 1848.
[230] Welch, Richard E. "American Atrocities in the Philippines: The Indictment and the Response." *Pacific Historical Review*, vol. 43, no. 2, 1974, pp. 233-53. JSTOR, doi.org/10.2307/3637551 p. 241.
[231] *The Complete Works of Mark Twain.* United States, Artnow, 2017.
[232] "Hearts and Minds; Vietnam War 1974" (Documental, 2018) www.youtube.com/watch?v=9ov4wBozhMw
[233] "Unnatural Disaster" (7 de diciembre de 2012). *The New York Times*, p. BR22.
[234] Masani, Zareer. "Every Effort Must Be Made". (1970). International Churchill Society. winstonchurchill.org/
[235] Cannon, Lou. *President Reagan: the role of a lifetime.* United Kingdom, Simon & Schuster, 1991, p. 196.
[236] Courtois, Stéphane, Rémi Kauffer. *Le livre noir du communisme. Crimes, terreurs et répression.* Robert Laffont, 1997, p. 665.
[237] Cockburn, A. "Shocked Over Kerrey? It's How We Fought the War". 3 de mayo de 2001. *Los Angeles Times.* www.latimes.com/archives/la-xpm-2001-may-03-me-58812-story.html

[238] Utsa Patnaik. Arindam Banerjee y C. P. Chandrasekhar editores, *Dispossession, Deprivation, and Development. Essays for Utsa Patnaik*, Columbia University Press, 2018.

[239] *Fox News*. "James Woolsey on the Russians' efforts to disrupt elections". 2018, www.youtube.com/watch?v=SpWai3kZ-gM

[240] Remarks by President Biden in Press Conference. The White House: www.whitehouse.gov/briefing-room/speeches-remarks/2021/06/16/remarks-by-president-biden-in-press-conference-4/

[241] Willmetts, Simon. "The Burgeoning Fissures of Dissent: Allen Dulles and the Selling of the CIA in the Aftermath of the Bay of Pigs." *History*, vol. 100, no. 2 (340), 2015, pp. 167–88.

[242] Hunt, E. H., and Greg Aunapu. *American Spy: My Secret History in the CIA, Watergate and Beyond*. John Wiley & Sons, 2007.

[243] "Laura *Bush Roasts Husband*". CBS News, mayo 2005. www.cbsnews.com/news/laura-bush-roasts-husband/

[244] "The Reach of War: Intelligence; Tenet's Leadership, His Pride, Faces Attack From Senate Panel as He Leaves C.I.A." (11 de julio de 2004). *The New York Times*. www.nytimes.com/2004/07/11/world/reach-war-intelligence-tenet-s-leadership-his-pride-faces-attack-senate-panel-he.html

[245] Talbot, David. *The Devil's Chessboard: Allen Dulles, the CIA, and the Rise of America's Secret Government*. Harper Perennial, 2016, p. 620.

[246] "Contribution Limits." *FEC.gov*, 2021, www.fec.gov/help-candidates-and-committees/candidate-taking-receipts/contribution-limits/.

[247] "Poll: Large Majority Opposes Supreme Court's Decision on Campaign Financing." *Washingtonpost.com*, 17 Feb. 2010, www.washingtonpost.com/wp-dyn/content/article/2010/02/17/AR2010021701151.html.

[248] "The Supreme Court Throws out a State Law Requiring Nonprofits to Name Rich Donors." *NPR.org*, July 2021, www.npr.org/2021/07/01/1004062322/the-supreme-court-guts-a-state-law-requiring-nonprofits-to-name-their-rich-donor.

[249] "Hard-Nosed Advice from Veteran Lobbyist: 'Win Ugly or Lose Pretty' (Published 2014)." *The New York Times*, 2022, www.nytimes.com/2014/10/31/us/politics/pr-executives-western-energy-alliance-speech-taped.html.

[250] Sólo como ejemplo: Mendenhall, M. "Curry wants the city to borrow $208.3 million for Lot J development". Jax Daily, 13 de October de 2020: www.jaxdailyrecord.com/news/2020/oct/13/curry-wants-to-city-to-borrow-dollar208-3-million-for-lot-j-development/

[251] Bush, Chunping. "Dealing with the conflicts of interest of credit rating agencies: a balanced cure for the disease". *Capital Markets Law Journal*, vol. 17, no. 3, 2022, pp. 334-364.

[252] Hickel, Jason. *The Divide: A Brief Guide to Global Inequality and its Solutions*. Random House, 2017, p. 229.

[253] OECD. *Illicit Financial Flows from Developing Countries Measuring OECD Responses: Measuring OECD Responses*. OECD Publishing, 2014.

[254] How laws are written by corporations and interest groups, explained visually. (2018). USAToday: www.usatoday.com/pages/interactives/asbestos-sharia-law-model-bills-lobbyists-special-interests-influence-state-laws/
[255] Jacksonville University Media Services. "A Conversation with Aviva Chomsky", JU, 2017. www.youtube.com/watch?v=EmQAp9voEwM
[256] Gilens, M., & Page, B. I. (2014). Testing theories of American politics: Elites, interest groups, and average citizens. *Perspectives on Politics*, *12*(03), 564–581. https://doi.org/10.1017/s1537592714001595
[257] Mansur Gidfar. (2015, May 20). 20 years of data reveals that Congress doesn't care what you think. *Upworthy*: www.upworthy.com/20-years-of-data-reveals-that-congress-doesnt-care-what-you-think
[258] McChesney, Robert W. *Rich Media, Poor Democracy*. The New Press, 2016, p. 113.
[259] WhoWhatWhy. (2016, April 22). "Anniversary of an Attempt to Overthrow France's Charles De Gaulle. Did CIA Help?" whowhatwhy.org/politics/government-integrity/anniversary-attempt-overthrow-frances-charles-de-gaulle-cia-help/
[260] Bird, Kai. "The Color of Truth". (1998). New York Times. A1, 5 de diciembre de 1998.
[261] Creitz, C. "*RFK Jr. doubles down on allegation CIA involved in JFK's assassination: '60-year cover-up'*". Fox News, 9 de mayo de 2023. www.foxnews.com/media/rfk-jr-doubles-down-allegation-cia-involved-jfk-assassination-60-year-cover-up
[262] Majfud, Jorge. *La frontera salvaje. 200 años de fanatismo anglosajón en América Latina*. Rebelde Editores, febrero 2021, p. 323.
[263] Willmetts, Simon. "The Burgeoning Fissures of Dissent: Allen Dulles and the Selling of the CIA in the Aftermath of the Bay of Pigs." *History*, vol. 100, no. 2 (340), 2015, pp. 167–88.
[264] Cooper, K. (23 de agosto de 2021). "How to break into the FBI: 50 years later, Media burglars get local honors. WHYY (PBS): whyy.org/articles/how-to-break-into-the-fbi-50-years-later-media-burglars-get-local-honors/
[265] "Assault on the Left: The FBI and the Sixties Antiwar Movement" *Office of Justice Programs*. www.ojp.gov/ncjrs/virtual-library/
[266] Perry Fellwock . WikiLeaks. (2022). Wikileaks.org: wikileaks.org/wiki/Perry_Fellwock
[267] "The Clapper 'Lie,' and the Senate Intelligence Committee". *Federation of American Scientists*, 20 de abril de 2023. fas.org/publication/clapper-ssci/
[268] Greenwald, Glenn. *No Place to Hide*. Macmillan, 2014, p. 31.
[269] Idem, p. 42.
[270] "Awful Responsability." *Time*, 20 Aug. 1945, p. 20.
[271] America's Secret War. CIA FOIA (foia.cia.gov). (2016). Sitio de la CIA: https://www.cia.gov/readingroom/document/cia-rdp90-01208r000100050012-5
[272] Zegart, Amy B. *Spies, Lies, and Algorithms: The History and Future of American Intelligence*. Princeton UP, 2022, P. 29.

[273] "A Revived CIA Drone Strike Program? Comments on the New Policy." (2017, March 14). https://www.lawfareblog.com/revived-cia-drone-strike-program-comments-new-policy.

[274] Dimsdale, Joel E. *Dark Persuasion: A History of Brainwashing from Pavlov to Social Media.* Yale UP, 2021, pg. 60.

[275] Hudson, Michael. *Super Imperialism: The Origin and Fundamentals of U.S. World Dominance.* Islet, 2021, p. 1.

[276] Thompson, M. (2012). "Security: How Much Is Too Much? TIME magazine: nation.time.com/2011/08/29/security-how-much-is-too-much/

[277] Veciana, Antonio, and Carlos Harrison. *Trained to Kill: The Inside Story of CIA Plots against Castro, Kennedy, and Che.* Skyhorse, 2017.

[278] "Downgrade Foreign Policy" *The New York Times*, 1991, p. 15.

[279] Shuster, Bud "American Intelligence: Do We Still Need the C.I.A.?; Independence Means Integrity". *New York Times.* 19 de mayo de 1991, Sección 4, p. 17.

[280] Program, C. (n.d.). *Kennedy School of Government.* Retrieved. Disponible en el sitio de la CIA como documento desclasificado: www.cia.gov/readingroom/docs/DOC_0005302423.pdf

[281] "Congressional Oversight of Intelligence Is a Joke." (2015, November 11). Cato Institute: https://www.cato.org/commentary/congressional-oversight-intelligence-joke.

[282] Majfud, Jorge. "Masacre que no se filtra, no existe." *Página12*, 24 Nov. 2021, www.pagina12.com.ar/384639-masacre-que-no-se-filtra-no-existe.

[283] Greenwald, Glenn. *No Place to Hide.* Macmillan, 2014, p. 43.

[284] Ackerman, S., & Roberts, D. (2013, June 7). Anger swells after NSA phone records court order revelations. The Guardian: https://www.theguardian.com/world/2013/jun/06/obama-administration-nsa-verizon-records

[285] *The Official Senate Report on CIA Torture: Committee Study of the Central Intelligence Agency's Detention and Interrogation Program.* Simon & Schuster, 2015, p. 1.

[286] *The Official Senate Report on CIA Torture: Committee Study of the Central Intelligence Agency's Detention and Interrogation Program.* Simon & Schuster, 2015, p. II, 3.

[287] *The Official Senate Report on CIA Torture.* Simon & Schuster, 2015, p. 3.

[288] Idem, p. 4.

[289] Idem, p. 14

[290] Greenwald, Glenn. No Place to Hide. Macmillan, 2014, p. 141.

[291] Greenwald, G., y Fishman, A. (25 de marzo de 2015). "Netanyahu's Spying Denials Contradicted by Secret NSA Documents". The Intercept website: https://theintercept.com/2015/03/25/netanyahus-spying-denial-directly-contradicted-secret-nsa-documents/

[292] *The Official Senate Report on CIA Torture.* Simon & Schuster, 2015, p. 8.

[293] Ide, p. 401.

[294] Idem, p. 402-403.

[295] "Essay: How to Care for the CIA Orthans." *TIME.com*, 19 May 1967, content.time.com/time/subscriber/article/0,33009,840898,00.html.

[296] Zegart, Amy B. *Spies, Lies, and Algorithms: The History and Future of American Intelligence*. Princeton UP, 2022, p. 26.
[297] "In-Q-Tel: The CIA's Tax-Funded Player in Silicon Valley." *NPR.org*, 16 July 2012, www.npr.org/transcripts/156839153.
[298] "The Engineering of Consent", *Annals of the American Academy of Political and Social Science* No. 250 (March 1947), p. 113.
[299] "Wal-Mart Tries to Enlist Image Help (Published 2006)." *The New York Times*, 2022, www.nytimes.com/2006/05/12/business/12walmart.html.
[300] Newman, J. (11 de diciembre de 2009). "Google's Schmidt Roasted for Privacy Comments". *PCWorld*: https://www.pcworld.com/article/515472/googles_schmidt_roasted_for_privacy_comments.html
[301] Matyszczyk, C. (11 de octubre de 2013). "Zuckerberg buys four new houses for, um, privacy". CNET: https://www.cnet.com/culture/zuckerberg-buys-four-new-houses-for-um-privacy/
[302] Greenwald, Glenn. *No Place to Hide*. Macmillan, 2014, p. 113-115.
[303] "Advisers urge Obama to dump NSA phone database". (18 de diciembre de 2013). *Washington Post* www.washingtonpost.com/world/national-security/nsa-shouldnt-keep-phone-database-review-board-recommends/2013/12/18/f44fe7c0-67fd-11e3-a0b9-249bbb34602c_story.html
[304] Greenwald, Glenn. *No Place to Hide*. Macmillan, 2014, p. 168.
[305] Data Protection with Microsoft Privacy Principles. Microsoft Trust Center. (2018). www.microsoft.com/en-us/trust-center/privacy
[306] Data Privacy in the Trusted Cloud. Microsoft Azure. (2022). azure.microsoft.com/en-us/explore/trusted-cloud/privacy/
[307] Sneddon, Joey. "NSA Wanted Backdoor Access in Linux, Says Linus Torvalds' Father." *OMG! Ubuntu!*, OMG! Ubuntu!, 19 Nov. 2013, www.omgubuntu.co.uk/2013/11/nsa-ask-linus-torvalds-include-backdoors-linux-father-says-yes.
[308] Perlroth, Nicole. "How Spy Tech Firms Let Governments See Everything on a Smartphone" *New York Times*, 2 de setiembre de 2016. www.nytimes.com/2016/09/03/technology/nso-group-how-spy-tech-firms-let-governments-see-everything-on-a-smartphone.html
[309] Alexzee. "Linus Torvalds Was Approached by NSA for Backdoor in Linux - Nils Torvalds (Father of Linus)." *Linux.org*, 3 Feb. 2020, www.linux.org/threads/linus-torvalds-was-approached-by-nsa-for-backdoor-in-linux-nils-torvalds-father-of-linus.27390/.
[310] Majfud, J. "Masacre que no se filtra, no existe". *Página12*: www.pagina12.com.ar/384639-masacre-que-no-se-filtra-no-existe
[311] Greenwald, Glenn. *No Place to Hide*. Macmillan, 2014, p. 47-48.
[312] Singer, Peter W., and Emerson T. Brooking. Likewar: The Weaponization of Social Media. Eamon Dolan Books, 2018, p. 77.
[313] Garber, M. (2013, June 9). "Meet Boundless Informant, the NSA's Secret Tool for Tracking Global Surveillance Data". *The Atlantic*: https://www.theatlantic.com/technology/archive/2013/06/meet-boundless-informant-the-nsas-secret-tool-for-tracking-global-surveillance-data/276686/
[314] WikiLeaks, "The Spy Files". (2013): https://wikileaks.org/the-spyfiles.html

[315] The internet in China: a tool for freedom or suppression?" (2006). chrissmith.house.gov/uploadedfiles/2006.02.15_the_internet_in_china_-_a_tool_for_freedom_or_suppression.pdf

[316] "Pacto con el diablo: congresista de Estados Unidos denuncia vínculos del Gobierno de Argentina con China". Semana.com, marzo 2023: www.semana.com/mundo/articulo/pacto-con-el-diablo-congresista-de-estados-unidos-denuncia-vinculos-del-gobierno-de-argentina-con-china/202300/

[317] Idem.

[318] Sun, T. "Senator Lindsey Graham says US must back Ukraine to avoid China taking over Taiwan" *YouTube* www.youtube.com/watch?v=R8ejPbK99B0

[319] Kliegman, A. *"Trump says biggest threat to America is not Russia but USA-hating people, including 'godless Marxists'"* (17 de marzo de 2023). Fox News. www.foxnews.com/politics/trump-says-biggest-threat-america-not-russia-but-usa-hating-people-godless-marxists

[320] "In 1945, George Orwell wrote an introduction to *Animal Farm*. It was not printed, and remained unknown till now". *The New York Times*. 8 de octubre de 1972, p. 142.

[321] Haring, B. (2022, April 2). "Google Tells Publishers They May Be Demonetized For Ukraine Content". deadline.com/2022/04/google-threatens-demonetization-publishers-on-ukraine-war-coverage-1234992917/

[322] Dave, P. "YouTube blocks Russian state-funded media channels globally". Reuters, 11 de marzo de 2022. www.reuters.com/business/media-telecom/youtube-blocks-russian-state-funded-media-channels-globally-2022-03-11/

[323] Bernays, Edward L. *Propaganda*. United States, Ig Publishing, 2004, p. 37.

[324] "Secrecy. American Civil Liberties Union" (15 de febrero de 2022). *American Civil Liberties Union*: https://www.aclu.org/issues/national-security/secrecy

[325] Majfud, Jorge. *La frontera salvaje. 200 años de fanatismo anglosajón en América Latina*. Rebelde Editores, febrero 2021.

[326] Cardozo, Fabián. "EEUU Carece de una política estratégica para América Latina." *Sputnik Mundo*, 15 June 2022, mundo.sputniknews.com/20220615/eeuu-carece-de-una-politica-estrategica-para-america-latina-1126795844.html.

[327] McChesney, Robert W. *Rich Media, Poor Democracy: Communication Politics in Dubious Times*. The New Press, 2016, 62.

[328] Wooley, Samuel. *The Reality Game. How the next wave of technology will break the truth*. Endeavor, 2020.

[329] Staff, Reuters. "Ukraine Bans Russian TV Channels for Airing War 'Propaganda.'" *U.S.*, 19 Aug. 2014, www.reuters.com/article/us-ukraine-crisis-television/ukraine-bans-russian-tv-channels-for-airing-war-propaganda-idUSKBN0GJ1QM20140819.

[330] "Ukraine Bans Independent Russian TV Channel Dozhd." *Rsf.org*, 22 June 2022, rsf.org/en/ukraine-bans-independent-russian-tv-channel-dozhd.

[331] Ryan, Missy, et al. "Outmatched in Military Might, Ukraine Has Excelled in the Information War." *Washington Post*, The Washington Post, 16 Mar. 2022, www.washingtonpost.com/national-security/2022/03/16/ukraine-zelensky-information-war/.

332 "U.S. Used Billions of Leaflets in Indochina War (Published 1971)." *The New York Times*, 2022. www.nytimes.com/1971/06/03/archives/us-used-billions-of-leaflets-in-indochina-war-among-functions-are.html.
333 Breitman, Kendall. "Half of Republicans still believe WMDs found in Iraq". *Politico*, 7 de enero de 2015. www.politico.com/story/2015/01/poll-republicans-wmds-iraq-114016
334 "A Genocide Incited on Facebook, with Posts from Myanmar's Military (Published 2018)." *The New York Times*, 2022, www.nytimes.com/2018/10/15/technology/myanmar-facebook-genocide.html.
335 "In Myanmar, a Facebook Blackout Brings More Anger than a Genocide Charge (Published 2018)." *The New York Times*, 2022, www.nytimes.com/2018/08/31/world/asia/myanmar-genocide-facebook-military.html.
336 *Gapminder Misconception Study* 2017. Gapminder. www.gapminder.org/ignorance/studies/gms/
337 *Bioastronomy News: Newsletter of the International Astronomical Union Commission* 51, vol. 7, números 3 y 4, Lemarchand editor, 1995. Referido por Noam Chomsky en nuestra compilación de textos de Chomsky publciado como *Ilusionistas*, Ediciones Irreverentes, 2012. También en *Sin Azúcar*, Humanus, 2022, p. 128.
338 "A.I. Poses 'Risk of Extinction,' Industry Leaders Warn" *The New York Times*, 30 de mayo de 2023. www.nytimes.com/2023/05/30/technology/ai-threat-warning.html
339 Huppke, R. "Just a quick heads up: AI-powered robots will kill us. K, bye." USA Today. 9 de julio de 2023.
340 McChesney, Robert W. *Rich Media, Poor Democracy: Communication Politics in Dubious Times*. New Press, 2016, p. 29.
341 "There's No Business Like Show Business. In fact, it just may be the weirdest business on earth. Today a handful of powerful CEOs are battling for the hearts, minds, and eyeballs of the world's six billion people. But the harder they fight, the more they need each other". June 22, 1998. *Fortune*.com: archive.fortune.com/magazines/fortune/fortune_archive/1998/06/22/244178/index.htm
342 Mullins, B., Ballhaus, R., Day, C., West, J., & Jones, C. (2022, October 13). "The Regulators of Facebook, Google and Amazon Also Invest in the Companies' Stocks". WSJ: www.wsj.com/articles/
343 McChesney, Robert W. *Rich Media, Poor Democracy: Communication Politics in Dubious Times*. New Press, 2016, p. 19.
344 "A communications oligopoly on steroids". *Equitable Growth*. (2018, June 6): equitablegrowth.org/research-paper/communications-oligopoly-steroids/?longform=true
345 Woolley, Samuel C., and Philip N. Howard. *Computational Propaganda*. Oxford Studies in Digital Poli, 2018, p. 28.
346 Wooley, Samuel. *The Reality Game. How the next wave of technology will break the truth*. Endeavor, 2020, pg. 139.
347 Majfud, Jorge. "La sociedad desobediente". Biagini, Hugo E. *Diccionario del pensamiento alternativo*. Editorial Biblos, 2008, p. 506-508.

³⁴⁸ Majfud, J. "Las fronteras mentales del tribalismo". *Red Voltaire*, 6 de setiembre de 2004. www.voltairenet.org/article122037.html
³⁴⁹ "The Far-Right Christian Quest for Power: 'We Are Seeing Them Emboldened.'" *The New York Times*, 2022, www.nytimes.com/2022/07/08/us/christian-nationalism-politicians.html.
³⁵⁰ Graham, Megan. "Fake Followers in Influencer Marketing Will Cost Brands $1.3 Billion This Year, Report Says." *CNBC*, CNBC, 24 July 2019, www.cnbc.com/2019/07/24/fake-followers-in-influencer-marketing-will-cost-1point3-billion-in-2019.html.
³⁵¹ Arendt, Hannah. *The Origins of Totalitarianism*. Saint Lucia, Harcourt Brace Jovanovich, 1973, p. 474.
³⁵² "Stanford Researchers Find Students Have Trouble Judging the Credibility of Information Online." *Stanford Graduate School of Education*, 21 Nov. 2016, ed.stanford.edu/news/stanford-researchers-find-students-have-trouble-judging-credibility-information-online. / Edu, Sheg. Evaluating Information: The Cornerstone Of Civic Online Reasoning Executive Summary Stanford History Education Group Produced With The Support Of The Robert R. Mccormick Foundation. 22 Nov. 2016, stacks.stanford.edu/
³⁵³ Bump, Philip. "How Facebook Plans to Become One of the Most Powerful Tools in Politics." *Washington Post*, The Washington Post, 26 Nov. 2014, www.washingtonpost.com/news/the-fix/wp/2014/11/26/how-facebook-plans-to-become-one-of-the-most-powerful-tools-in-politics/.
³⁵⁴ Singer, Peter W., and Emerson T. Brooking. *Likewar: The Weaponization of Social Media*. Eamon Dolan Books, 2018 (p. 135).
³⁵⁵ Huszár, Ferenc, et al. "Algorithmic Amplification of Politics on Twitter." *Proceedings of the National Academy of Sciences*, vol. 119, no. 1, Dec. 2021, https://doi.org/10.1073/pnas.2025334119.
³⁵⁶ "Why the Right Wing Has a Massive Advantage on Facebook." *POLITICO*, 26 Sept. 2020, www.politico.com/news/2020/09/26/facebook-conservatives-2020-421146.
³⁵⁷ "Partisanship, Propaganda, and Disinformation: Online Media and the 2016 U.S. Presidential Election." *Berkman Klein Center*, 2019, cyber.harvard.edu/publications/2017/08/mediacloud.
³⁵⁸ Onehand77. (2013). "Kissinger, Rockefeller, War Crimes and Bilderberg" by David Knight. www.youtube.com/watch?v=MuhraDTCK5E
³⁵⁹ Donald J. Trump (2023). *Truth Social*. truthsocial.com/@realDonaldTrump/posts/110034402803297281
³⁶⁰ "Remarks at the Opening of 'the American Cowboy' Exhibit at the Library of Congress." *Ronald Reagan*, 24 de marzo de 1983, www.reaganlibrary.gov/archives/speech/remarks-opening-american-cowboy-exhibit-library-congress.
³⁶¹ Woolley, Samuel C., and Philip N. Howard. *Computational Propaganda*. Oxford Studies in Digital Poli, 2018, p.136.
³⁶² Ortellado, Pablo y Esther Solano. "Nova Direita Nas Ruas? Uma análise do descompasso entre manifestantes e os convocantes dos protestos antigoverno de

2015." *Perseu: História, Memória E Política*, no. 11, 2015, revistaperseu.fpabramo.org.br/index.php/revista-perseu/article/view/97.
[363] "Graban el aval de Temer al pago de coimas". *Página12*, 18 de mayo de 2017, www.pagina12.com.ar/38407-graban-el-aval-de-temer-al-pago-de-coimas.
[364] Goytisolo, Juan. *Makbara*. Barcelona: Editorial Seix Barral: 1980, p. 28.
[365] McChesney, Robert W. *Rich Media, Poor Democracy: Communication Politics in Dubious Times*. The New Press, 2016, p. 291.
[366] Broadcasting Station Survey, Jan 1, 1926. Edwin H. Colpitts Papers, Box 77. American Telephone and telegraph Archives, Warren NJ.
[367] McChesney, Robert. *Rich Media, Poor Democracy:* New Press, 2016, p. 193.
[368] "Educators and the Fight for Public Media". (2020, December 8). Rethinking Schools: rethinkingschools.org/articles/educators-and-the-fight-for-public-media/
[369] McChesney, Robert W. *Rich Media, Poor Democracy*. New Press, 2016, p. 201.
[370] "Public Interest, Convenience, and Necessity in a Nutshell". *Education by Radio*. 28 de abril de 1932, p. 61. ia800809.us.archive.org/12/items/educationbyradio02nati/educationbyradio02nati.pdf
[371] McChesney, Robert W. *Rich Media, Poor Democracy*. New Press, 2016, p. 201.
[372] Carta de Graham Spry a Armstrong Perry, fechada el 12 de mayo de 1932. Carpeta 873, 45 PF. (Citado por McChesney, p. 233)
[373] "A commercial code revision tries to take on the task of legislating the Internet" (1998). *The New York Times*. www.nytimes.com/1998/06/22/business/technology-digital-commerce-commercial-code-revision-tries-take-task-legislating.html
[374] *WPA Handicraft Project. 8601. Milawakee, WI. Milawakee State Teachers College*. ia800809.us.archive.org/12/items/educationbyradio02nati/educationbyradio02nati.pdf (páginas 41, 61)
[375] McChesney, Robert W. *Telecommunications, Mass Media, and Democracy: The Battle for the Control of U.S. Broadcasting, 1928-1935*. Oxford UP, 1995, p. 243.
[376] McChesney, Robert W. *Rich Media, Poor Democracy*. The New Press, 2016, p. 218.
[377] Idem, p. 129.
[378] "The death of an icon". The Economist (1998, October 22). www.economist.com/science-and-technology/1998/10/22/the-death-of-an-icon
[379] Rebecca Quick, "U.S. Sidesteps Thorny Issue of Internet Names," Wall Street Journal, June 4, 1998, p. 26.
[380] McChesney, Robert W. *Rich Media, Poor Democracy: Communication Politics in Dubious Times*. New P, The, 2016, p. 47.
[381] Ralph Reed. Discurso en el Dartmouth College, C-Span, junio de 1998.
[382] Jurgen Habermas. "There are Alternatives". NLR I/231, Setiembre–octubre 1998. New Left Review. newleftreview.org/issues/i231/articles/jurgen-habermas-there-are-alternatives
[383] McChesney, Robert W. *Rich Media, Poor Democracy*. The New Press, 2016, p. 246.
[384] "US television network CBS pulls program to please corporate sponsor". (2001, August 21). World Socialist Web Site: www.wsws.org/en/articles/2001/08/cbs-a21.html

385 *Congressional Record: Proceedings and Debates of the Congress*. United States, U.S. Government Printing Office, 1937, p. 2528.
386 Griffin, G. Edward. *The creature from Jekyll Island*. United States, American Media, 1995.
387 McChesney, Robert W. *Rich Media, Poor Democracy: Communication Politics in Dubious Times*. New P, The, 2016, liv.
388 Roberts, Kayleigh. "The Psychology of Begging to Be Followed on Twitter". *The Atlantic*, 26 Feb. 2014, www.theatlantic.com/health/archive/2014/02/the-psychology-of-begging-to-be-followed-on-twitter/283947/.
389 Adgate, B. "Agencies Agree; 2021 Was A Record Year For Ad Spending" *Forbes*. 9 de noviembre de 2022. www.forbes.com/sites/bradadgate/2021/12/08/agencies-agree-2021-was-a-record-year-for-ad-spending-with-more-growth-expected-in-2022/?sh=18dad5f77bc6
390 Majfud, Jorge. *La frontera salvaje. 200 años de fanatismo anglosajón en América Latina*. Rebelde Editores, febrero 2021, p. 170. También: "Letter from Frederick Funston to Theodore Roosevelt". Theodore Roosevelt Papers. Library of Congress Manuscript Division. Theodore Roosevelt Digital Library. Dickinson State University. "*Hearts and Minds*" Interview with William C. (William Childs) Westmoreland, 1981.
391 McSpadden, Kevin. "You Now Have a Shorter Attention Span than a Goldfish." *Time*, 14 May 2015, time.com/3858309/attention-spans-goldfish/.
392 Andersson, Hilary. "Social Media Apps Are 'Deliberately' Addictive to Users." *BBC News*, 3 July 2018, www.bbc.com/news/technology-44640959.
393 Retter, Emily. "Tech Mogul Bill Gates Says He Banned Kids from Mobile Phones until They Were 14." *Mirror*, 21 Apr. 2017, www.mirror.co.uk/tech/billionaire-tech-mogul-bill-gates-10265298.
394 Price, Catherine. "Trapped; The Secret Ways Social Media Is Built to Be Addictive (and What You Can Do to Fight Back)." *Sciencefocus.com*, BBC Science Focus Magazine, 29 Oct. 2018, www.sciencefocus.com/future-technology/trapped-the-secret-ways-social-media-is-built-to-be-addictive-and-what-you-can-do-to-fight-back/.
395 McChesney, Robert W. *Rich Media, Poor Democracy: Communication Politics in Dubious Times*. New P, The, 2016, p. 45.
396 Lakritz, T. (26 de agosto de 2021). "Athletes who have fought for equal pay in women's sports". *Insider*. www.insider.com/athletes-olympians-equal-pay-womens-sports#billie-jean-king-was-a-champion-of-equal-pay-in-womens-sports-in-the-1970s-1
397 Romaine, J. (2022, March 11). "Single women spend more on health insurance than single men, study says". *The Hill*, 11 de marzo de 2022.
398 "U.S. Soccer and Women's Players Agree to Settle Equal Pay Lawsuit". (2022). *The New York Times*. www.nytimes.com/2022/02/22/sports/soccer/us-womens-soccer-equal-pay.html

[399] "New Endorsements for College Athletes Resurface an Old Concern: Sex Sells". (2022). *The New York Times*. www.nytimes.com/2022/11/08/sports/ncaabasketball/olivia-dunne-haley-jones-endorsements.html
[400] "Propaganda - Goebbels' Principles." *Smu.edu*, 2022, www.physics.smu.edu/pseudo/Propaganda/goebbels.html.
[401] Fan R, Zhao J, Chen Y, Xu K (2014) Anger Is More Influential than Joy: Sentiment Correlation in Weibo. PLoS ONE 9(10): e110184. https://doi.org/10.1371/journal.pone.0110184
[402] "Is Social Media Threatening Teens' Mental Health and Well-Being?" *Columbia University Irving Medical Center*, 20 May 2021, www.cuimc.columbia.edu/news/social-media-threatening-teens-mental-health-and-well-being.
[403] "No More FOMO: Limiting Social Media Decreases Loneliness and Depression | Journal of Social and Clinical Psychology." *Journal of Social and Clinical Psychology*, 2018, guilfordjournals.com/doi/10.1521/jscp.2018.37.10.751.
[404] "Sean Parker: Facebook Takes Advantage of 'Vulnerability in Human Psychology.'" *Cbsnews.com*, CBS News, 9 Nov. 2017, www.cbsnews.com/news/sean-parker-facebook-takes-advantage-of-vulnerability-in-human-psychology/.
[405] "Facebook Calls Links to Depression Inconclusive. These Researchers Disagree." *NPR.org*, 18 May 2021, www.npr.org/2021/05/18/
[406] Snefjella, Bryor, et al. "National Character Stereotypes Mirror Language Use: A Study of Canadian and American Tweets." *PLOS ONE*, edited by Ryan L Boyd, vol. 13, no. 11, Nov. 2018, p. e0206188, doi.org/10.1371/journal.pone.0206188.
[407] "A Stanford Study of Japanese and U.S. Twitter Users Sheds Light on Why Emotional Posts Are More Likely to Go Viral." *Stanford.edu*, 8 Sept. 2021, news.stanford.edu/press-releases/2021/09/08/cultural-values-ral-social-media/.
[408] Woolley, Samuel C., and Philip N. Howard. *Computational Propaganda*. Oxford Studies in Digital Poli, 2018, p. 46.
[409] Fanon, Frantz. *Les damnés de la terre*. Paris : Françoise Maspero, 1968, p. 13. ("*La bourgeoisie colonialiste, quand elle enregistre l'impossibilité pour elle de maintenir sa domination sur les pays coloniaux, décide de mener un combat d'arrière-garde sur le terrain de la culture, des valeurs, des techniques, etc. [...] La fameux principe qui veut que tous les hommes soient égaux trouvera son illusion aux colonies dès lors que le colonisé posera qu'il est l'égal du colon*".)
[410] Fanon, Frantz. *Peau noire, masques blancs*. [1952] Préface (1952) et postface (1965) de Francis Jeason. Paris, Éditions du Senil, 1965, p. 99: "*Je commence à souffrir de ne pas être un Blanc dans la mesure où l'homme blanc m'impose une discrimination, fait de moi un colonisé, m'extorque toute valeur, tutte originalité, me dit que je parasite le monde. [...]*
Alors j'essaierai tut simplement de me faire blanc, c'est-à-dire j'obligerai la Blanc à reconnaître mon humanité. Mais, nous dira M. Mannoni, vous ne pouvez pas, car il existe au profond de vous un complexe de dépendance. [...] le Blanc obéit à un complexe d'autorité, à un complexe de chef, cependant que la Malgache obéit à un complexe de dépendance. Tout le monde est satisfait".
[411] Majfud, Jorge. *Cyborgs*. Izana Editores, Madrid, 2012.

[412] Business Insider UK. "Donald Trump Quoted Bots on Twitter 150 Times, Analysis Claims." *Business Insider*, Insider, 11 Apr. 2016, www.businessinsider.com/donald-trump-quote-bots-twitter-2016-4.

[413] Woolley, Samuel C., and Philip N. Howard. *Computational Propaganda: Political Parties, Politicians, and Political Manipulation on Social Media*. Oxford Studies in Digital Poli, 2018, p. 7.

[414] Zaller, John R., and Zaller J. R. *The Nature and Origins of Mass Opinion*. Cambridge UP, 1992, p. 10.

[415] "Meet Tay - Microsoft A.I. Chatbot with Zero Chill." *Archive.org*, 2016, web.archive.org/web/20160323194709/tay.ai/.

[416] Majfud, Jorge. "La tiranía del lenguaje (colonizado)." *Página12*, 20 Feb. 2022.

[417] Sandvig, Christian, et al. "When the Algorithm Itself Is a Racist: Diagnosing Ethical Harm in the Basic Components of Software." *International Journal of Communication*, vol. 10, 2016, pp. 4972–90, social.cs.uiuc.edu/papers/pdfs/Sandvig-IJoC.pdf.

[418] "Webcam Can't Recognize Black Face." *Thestar.com*, thestar.com, 23 Dec. 2009, www.thestar.com/news/2009/12/23/webcam_cant_recognize_black_face.html.

[419] Dyer, Richard. White. London: Routledge, 1997.

[420] Woolley, Samuel C., and Philip N. Howard. *Computational Propaganda*. Oxford Studies in Digital Poli, 2018, p. 49-51.

[421] Bill Moyers Journal . Senator Dick Durbin. PBS. (2012): www.pbs.org/moyers/journal/05082009/profile.html

[422] McChesney, Robert W. *Rich Media, Poor Democracy: Communication Politics in Dubious Times*. New P, The, 2016, p. xl.

[423] Nowlan, Robert A. *The American Presidents From Polk to Hayes: What They Did, What They Said & What Was Said About Them*. Outskirts P, 2016, p. 599.

[424] Henry C. Simons, *Economic Policy for a Free Society* (Chicago: University of Chicago Press, 1948).

[425] Message to Congress on Curbing Monopolies. The American Presidency Project. (2022). www.presidency.ucsb.edu/documents/message-congress-curbing-monopolies

[426] Woolley, Samuel C., and Philip N. Howard. *Computational Propaganda: Political Parties, Politicians, and Political Manipulation on Social Media*. Oxford UP, 2018.

[427] Guynn, Jessica. "Did Ex-Twitter CEO Censor Abuse of President Obama?" *USA Today*, 11 Aug. 2016, www.usatoday.com/story/tech/news/2016/08/11/did-twitter-ceo-dick-costolo-censor-responses-president-obama/88568558/.

[428] Cobain, Ian. "Revealed: US Spy Operation That Manipulates Social Media." *The Guardian*, 17 Mar. 2011, www.theguardian.com/technology/2011/mar/17/us-spy-operation-social-networks.

[429] Stokols, Eli, et al. "Cruz Partners with Donor's 'Psychographic' Firm." *Político*, https://www.politico.com/story/2015/07/ted-cruz-donor-for-data-119813.

[430] "Symantec Names Brazil as Eighth-Largest Global Source of Malicious Botnet Activity - Nearshore Americas." *Nearshore Americas*, 2014, nearshoreamericas.com/brazil-one-major-sources-malicious-activity-cyber-world-symantec-study/.

[431] NIC.br. "CERT.br Registra Aumento de Ataques de Negação de Serviço Em 2014." *CGI.br - Comitê Gestor Da Internet No Brasil*, 2014, www.cgi.br/noticia/releases/cert-br-registra-aumento-de-ataques-de-negacao-de-servico-em-2014/.

[432] Majfud, Jorge. *Hacia qué patrias del silencio: memorias de un desaparecido*. Montevideo, Editorial Graffiti, 1996.

[433] Dizikes, Peter. "Study: On Twitter, False News Travels Faster than True Stories." *MIT News | Massachusetts Institute of Technology*, Mar. 2018, news.mit.edu/2018/study-twitter-false-news-travels-faster-true-stories-0308. Soroush Vosoughi, Deb Roy, and Sinan Aral. / "The Spread of True and False News Online". MIT initiative on the digital economy research brief. *Science* 359. No. 6380, 9 de marzo de 2018.

[434] Majfud, Jorge. *U.S.A. ¿Confía Dios En Nosotros?* Publicacions de la Universitat De València, 2017.

[435] Sydell, Laura. "We Tracked down a Fake-News Creator in the Suburbs. Here's What We Learned." NPR, NPR, 23 Nov. 2016, https://www.npr.org/sections/alltechconsidered/2016/11/23/503146770/npr-finds-the-head-of-a-covert-fake-news-operation-in-the-suburbs.

[436] Nightingale SJ, Farid H. AI-synthesized faces are indistinguishable from real faces and more trustworthy. Proc Natl Acad Sci U S A. 2022 Feb 22;119(8):e2120481119. doi: 10.1073/pnas.2120481119. PMID: 35165187; PMCID: PMC8872790.

[437] "On the ground with the QAnon believers who flocked to Dallas for the grand return of JFK Jr." E.J. Dickson. *Rolling Stones*. https://www.rollingstone.com/culture/culture-news/qanon-kennedy-jfk-jr-dealey-plaza-dallas-1251929/.

[438] Lorenz, Taylor. "Meet the Woman behind Libs of Tiktok, Secretly Fueling the Right's Outrage Machine." *The Washington Post*, WP Company, 19 Apr. 2022, https://www.washingtonpost.com/technology/2022/04/19/libs-of-tiktok-right-wing-media/.

[439] Bernstein, Joseph. "How Prageru Quietly Became One of the Right's Loudest VoicesHow Prageru Is Winning the Right Wing Culture War without Donald Trump." *BuzzFeed News*, BuzzFeed News, 10 Nov. 2018, https://www.buzzfeednews.com/article/josephbernstein/prager-university.

[440] Idem.

[441] Prager, Dennis. "Trump, Conservatives, and the 'Principles' Question." *National Review*, National Review, 6 Sept. 2016, https://www.nationalreview.com/2016/09/never-trump-supporters-dont-realize-hillary-clinton-worse-option-donald-trump/.

[442] "Antifa Didn't Storm the Capitol. Just Ask the Rioters." *NPR.org*, 2 Mar. 2021, www.npr.org/2021/03/02/972564176/antifa-didnt-storm-the-capitol-just-ask-the-rioters.

[443] WRAL. "Hannity says Elon Musk bid exposed Twitter 'shadow ban'". WRAL.com. 3 de mayo de 2022.

[444] McChesney, Robert W. *Rich Media, Poor Democracy: Communication Politics in Dubious Times.* New P, The, 2016, p. li.

[445] "As Facebook Raised a Privacy Wall, It Carved an Opening for Tech Giants (Published 2018)." *The New York Times*, 2022, www.nytimes.com/2018/12/18/technology/facebook-privacy.html.

[446] Guess, Andrew, et al. "Less than You Think: Prevalence and Predictors of Fake News Dissemination on Facebook." *Science Advances*, vol. 5, no. 1, Jan. 2019, https://doi.org/10.1126/sciadv.aau4586.

[447] Majfud, Jorge. "Las fronteras mentales del tribalismo." *Red Voltaire*, Red Voltaire, 6 Sept. 2004, www.voltairenet.org/article122037.html.

[448] Greenwald, Glenn. *No Place to Hide*. Macmillan, 2014, p. 167.

[449] Stokols, Eli, et al. "Cruz Partners with Donor's 'Psychographic' Firm." *POLITICO*, https://www.politico.com/story/2015/07/ted-cruz-donor-for-data-119813.

[450] Woolley, 39.

[451] Woolley, 34.

[452] Silverman,Ruth, C. (2022, October 29). "How Google's Ad Business Funds Disinformation Around the World". www.propublica.org/article/google-alphabet-ads-fund-disinformation-covid-elections

[453] Varoufakis, Yanis. "Why we must save the EU". *The Guardian*, 5 de abril de 2016. www.theguardian.com/world/2016/apr/05/yanis-varoufakis-why-we-must-save-the-eu

[454] Manjoo, Farhad. "What BlackRock, Vanguard and State Street Are Doing to the Economy". *The New York Times*, 22 de mayo de 2022.

[455] Gilens, M., & Page, B. I. (2014). "Testing theories of American politics: Elites, interest groups, and average citizens". *Perspectives on Politics, 12* (03), 564–581. doi.org/10.1017/s1537592714001595

[456] Study: Congress literally doesn't care what you think. (2014). Retrieved November 5, 2022, from Represent.Us website: https://act.represent.us/sign/problempoll-fba/

[457] Twitter. 23 de abril de 2023. twitter.com/elonmusk/status/1650008972865224704

[458] "At the Movies; Disney Hires Kissinger" (Published 1997). *The New York Times*. www.nytimes.com/1997/10/10/movies/at-the-movies-disney-hires-kissinger.html

[459] Nowlan, Robert A. *The American Presidents From Polk to Hayes: What They Did, What They Said & What Was Said About Them*. Outskirts P, 2016, p. 599.

[460] Chomsky, Noam. *Rogue States: The Rule of Force in World Affairs*. United Kingdom, South End Press, 2000, p. 208.

[461] Hickel, Jason. *The Divide: A Brief Guide to Global Inequality and its Solutions*. Random House, 2017, p. 208, 209.

[462] Hickel, Jason. *The Divide: A Brief Guide to Global Inequality and its Solutions*. Random House, 2017, p. 208, 211.

⁴⁶³ "¿Quién vigila a los guardianes? Los conflictos de interés de los árbitros de inversiones". Corporate Europe Observatory. (2013). Corporateeurope.org: corporateeurope.org/es/trade/2013/03/cap-tulo-4-qui-n-vigila-los-guardianes-los-conflictos-de-inter-de-los-rbitros-de
⁴⁶⁴ Estevez-Dovan, A. (2016). Bernie Sanders sobre Uruguay y las corporaciones trasnacionales www.youtube.com/watch?v=9IWHo5itVBY
⁴⁶⁵ Majfud, Jorge. *La frontera salvaje. 200 años de fanatismo anglosajón en América Latina*. Rebelde Editores, febrero 2021, p. 445.
⁴⁶⁶ *Earth Overshoot Day*. MoveTheDate. www.overshootday.org/
⁴⁶⁷ *Bioastronomy News: Newsletter of the International Astronomical Union Commission* 51, vol. 7, números 3 y 4, Lemarchand editor, 1995. Referido por Noam Chomsky en nuestra compilación de textos de Chomsky publciado como *Ilusionistas*, Ediciones Irreverentes, 2012. También en *Sin Azúcar*, Humanus, 2022, p. 128.
⁴⁶⁸ "A.I. Poses 'Risk of Extinction,' Industry Leaders Warn" *The New York Times*, 30 de mayo de 2023. www.nytimes.com/2023/05/30/technology/ai-threat-warning.html
⁴⁶⁹ Cereseto, S., & Waitzkin, H. (1986). "Capitalism, Socialism, and the Physical Quality of Life. *International Journal of Health Services*", *16*(4), 643–658. doi.org/10.2190/ad12-7ryt-xvar-3r2u
⁴⁷⁰ Lena, H. F., & London, B. (1993). "The Political and Economic Determinants of Health Outcomes: A Cross-National Analysis". *International Journal of Health Services*, *23*(3), 585–602. doi.org/10.2190/equy-acg8-x59f-ae99
⁴⁷¹ Sullivan, D., & Hickel, J. (2023). "Capitalism and extreme poverty: A global analysis of real wages, human height, and mortality since the long 16th century". *World Development*, *161*, 106026. doi.org/10.1016/j.worlddev.2022.106026
⁴⁷² "The real problem with Britain's water companies". *The Economist*, 5 de julio de 2023.
⁴⁷³ Williams, Aime, Camila Hodgson y Attracta Mooney. *Financial Times*, 12 de marzo de 2023. www.ft.com/content/6005c44f-6786-49ba-8f0c-bf54fc55212f
⁴⁷⁴ Majfud, Jorge. BRIC, *la comunidad fantasma*. Instituto Argentino para el Desarrollo Económico, 26 de junio de 2009. IADE. www.iade.org.ar/noticias/bric-la-comunidad-fantasma
⁴⁷⁵ Rowett, C. (2022). "Philosophical Reflections on the Idea of a Universal Basic Income". *Royal Institute of Philosophy Supplements, 91*, 81-102. Werner, A., Lim, M. "The Ethics of the Living Wage: A Review and Research Agenda". *J Bus Ethics* 137, 433–447 (2016).
⁴⁷⁶ King, Martin Luther. *Where Do We Go from Here: Chaos Or Community?* United States, Beacon Press, 2010.
⁴⁷⁷ "Whistle-Blower to Accuse Facebook of Contributing to Jan. 6 Riot, Memo Says." *The New York Times*, 2022, www.nytimes.com/2021/10/02/technology/whistle-blower-facebook-memo.html.
⁴⁷⁸ Mikkelsen, Randall. "CIA, FBI Computers Used for Wikipedia Edits." *U.S.*, 16 Aug. 2007, www.reuters.com/article/us-security-wikipedia/cia-fbi-computers-used-for-wikipedia-edits-idUSN1642896020070816.

[479] McChesney, Robert W. Rich Media, Poor Democracy: Communication Politics in Dubious Times. New P, The, 2016, p. L.
[480] Biagini, Hugo E., and Hugo E. Biagini. *Diccionario Del Pensamiento Alternativo*. Editorial Biblos, 2015.
[481] McChesney, Robert W. *Rich Media, Poor Democracy: Communication Politics in Dubious Times*. New P, The, 2016, p. xlii-xliv.
[482] Brown, Albert Gallatin. *Speeches, Messages, and Other Writings of the Hon. Albert G. Brown: A Senator in Congress Fronm the State of Mississippi*. United States, J. B. Smith & Company, 1859, p. 595.

www.ingramcontent.com/pod-product-compliance
Lightning Source LLC
Chambersburg PA
CBHW020825160426
43192CB00007B/532